徐复观全集

徐复观全集

中国思想史论集续篇

九州出版社

图书在版编目（CIP）数据

中国思想史论集续篇 / 徐复观著. -- 北京 ： 九州
出版社，2013.12（2017.5重印）
（徐复观全集）
ISBN 978-7-5108-2560-6

Ⅰ．①中… Ⅱ．①徐… Ⅲ．①思想史－中国－文集
Ⅳ．①B2-53

中国版本图书馆CIP数据核字(2013)第304280号

中国思想史论集续篇

作　　者	徐复观　著
出版发行	九州出版社
地　　址	北京市西城区阜外大街甲 35 号（100037）
发行电话	(010)68992190/2/3/5/6
网　　址	www.jiuzhoupress.com
电子信箱	jiuzhou@jiuzhoupress.com
印　　刷	三河市东方印刷有限公司
开　　本	650 毫米 ×950 毫米　16 开
插页印张	0.5
印　　张	41
字　　数	459 千字
版　　次	2014 年 3 月第 1 版
印　　次	2017 年 5 月第 2 次印刷
书　　号	ISBN 978-7-5108-2560-6
定　　价	96.00 元

中國思想史論集續篇自序

徐复观先生手迹

徐复观先生手迹

出版前言

徐复观先生的著作散见于海内外多家出版社,选录文章、编辑体例不尽相同。现将他的著作重新编辑校订整理,名为《徐复观全集》出版。

《全集》共二十六册,书目如下:

一至十二册为徐复观先生译著、专著,过去已出版单行本,《全集》基本按原定稿成书时间顺序排列如下:

一、《中国人之思维方法》与《诗的原理》

二、《学术与政治之间》

三、《中国思想史论集》

四、《中国人性论史·先秦篇》

五、《中国艺术精神》与《石涛之一研究》

六、《中国文学论集》

七、《两汉思想史》(一)

八、《两汉思想史》(二)

九、《两汉思想史》(三)

十、《中国文学论集续篇》

十一、《中国经学史的基础》与《周官成立之时代及其思想性格》

十二、《中国思想史论集续篇》。编辑《全集》时,编者补入若干文章,并将原单行本《公孙龙子讲疏》一书收入其中。

十三至二十五册,将徐复观先生散篇文章分类拟题编辑成书:

十三、《儒家思想与现代社会》

十四、《论智识分子》

十五、《论文化》（一）

十六、《论文化》（二）

十七、《青年与教育》

十八、《论文学》

十九、《论艺术》。并将原单行本《黄大痴两山水长卷的真伪问题》一书收入其中。

二十、《偶思与随笔》

二十一、《学术与政治之间续篇》（一）

二十二、《学术与政治之间续篇》（二）

二十三、《学术与政治之间续篇》（三）

（二十一至二十三册是按《学术与政治之间》的题意，将作者关于中外时政的文论汇编成册，拟名为《学术与政治之间续篇》。）

二十四、《无惭尺布裹头归·生平》。并将原单行本《无惭尺布裹头归——徐复观最后日记》收入其中。

二十五、《无惭尺布裹头归·交往集》

二十六、《追怀》。编入亲友学生及各界对徐复观先生的追思怀念以及后学私淑对他治学理念、人格精神的阐明与发挥。

徐复观先生的著作，以前有各种编辑版本，其中原编者加入的注释，在《全集》中依然保留的，以"原编者注"标明；编辑《全集》时，编者另外加入注释的，以"编者注"标明。

为更完整体现徐复观先生的思想脉络，编者将个别文章，在不同分类的卷中，酌情少量选取重复收入。

《全集》的编辑由徐复观先生哲嗣、台湾东海大学徐武军教授，台湾大学王晓波教授，武汉大学郭齐勇教授，台湾东海大学薛顺雄教授协力完成。

九州出版社

二〇一三年十二月

编者前言

　　徐复观教授，始名秉常，字佛观，于一九〇三年元月卅一日出生于湖北省浠水县徐家坳凤形墈。八岁从父执中公启蒙，续在武昌高等师范及国学馆接受中国传统经典训练。一九二八年赴日，大量接触社会主义思潮，后入日本士官学校，因九一八事件返国。授身军职，参与娘子关战役及武汉保卫战。一九四三年任军令部派驻延安联络参谋，与共产党高层多次直接接触。返重庆后，参与决策内层，同时拜入熊十力先生门下。在熊先生的开导下，重启对中国传统文化的信心，并从自身的实际经验中，体会出结合中国儒家思想及民主政治以救中国的理念。年近五十而志不遂，一九五一年转而致力于教育，择菁去芜地阐扬中国文化，并秉持理念评论时事。一九七〇年后迁居香港，诲人笔耕不辍。徐教授于一九八二年四月一日辞世。他是新儒学的大家之一，亦是台、港最具社会影响力的政论家，是二十世纪中国智识分子的典范。

　　我们参与《徐复观全集》的选编工作，是以诚敬的态度，完整地呈现徐复观教授对中华民族的热爱和执著，对理念的坚持，以及独特的人生轨迹。

　　九州出版社出版《徐复观全集》，使得徐复观教授累积的智慧，能完整地呈现给世人，我们相信徐复观教授是会感到非常欣慰的。

王晓波　郭齐勇
　　　　　　　　谨志
薛顺雄　徐武军

《中国思想史论集续篇》由台北时报文化出版社一九八二年三月初版。《全集》增入曾作为单行本印行的《公孙龙子讲疏》一书。《公孙龙子讲疏》由台北学生书局一九六六年十二月初版。

目 录

前　言

　　去岁十一月间，复观先生自港来函，谓三十年来所写学术论著，除出版专书者外，其单篇论文，在五十年代所作者，已印为《中国思想史论集》，由学生书局出版。六十年代以后，拟再予整理，以"续篇"为名付梓。嘱询时报出版公司意见。当商诸高信疆兄伉俪，即荷承诺。乃复书先生，旋接来示，至表欣慰，并谓俟整理后约三月间交稿。盖是时先生精神充沛，体力正旺，贯注于研究学术及论衡时事，固不因宿疾未瘳而有所芥蒂也。

　　今岁二月五日，忽接先生快函，谓因筋骨痛急欲来台，嘱代办入境证及治疗安排，经顺利完成。先生偕夫人于二月八日下午搭华航班机自港启程，余迎之于中正机场，见先生步履尚健，神态如常，惟时以手抚背，盖剧痛也。行箧殊简约，仅所携小手提箱，须臾不离，意者其中必为细软或随身用品。迨至海关检查，启而视之，则别无他物，只书稿一束而已。即《中国思想史论集续篇》也。

　　先生抵台后，即入台大医院，住九〇七病房。翌日检查，诊断为癌细胞扩散，即照钴六十。越三日，忽感足部麻木，自踵至股。二月十四日，余得电话，谓先生有事须面谈，当即赶往，先生在病榻上，握余手，曰："经询医师'下肢麻木，是癌细胞侵入神经否'，答曰'有此可能'。'此项现象，将继续扩延否'，答曰'有此可能'。恐旦夕间口不能言，爰将《思想史续篇》稿先行交代。整理工作，仅及其半，余将委之于曹永洋、陈淑女诸生，并烦君作一序冠诸篇首，述其经过。"余方欲辞以不敏，先生亟止之。重以先生嘱咐之殷，不敢再言。

自先生入台大医院治疗以来，瞬将两月。先生病况，时有起伏，或谈笑自若，或剧痛难忍。先生谓余曰："纵令全身麻木，但求脑子不废，仍可将沉思所得，吐而出之也。"其忧时爱国，播学传薪之志业，溢于言表。余以清人吴锡麒寿袁随园八十文中"病到难回之日，又懒升天"之句慰之（今年农历正月初三日为先生八十整寿），先生为之莞尔。

《中国思想史论集续篇》都六十万言，经时报出版公司同仁尽力编校，历时仅月余而全书杀青。以之持献于先生病榻之前，庶期先生见心血所瘁之作，得以问世，色然而喜，瞿然而愈。此则馨香祷祝者也。至于兹书内容，精深博大，如海如渊，浅学如余者，固不敢赞一词矣。

后学杨乃藩谨记

一九八二年三月二十五日

自　序

　　余自八岁受读以来，小有聪明而绝无志气。四十年代，始以国族之忧为忧，恒焦劳心力于无用之地，既自知非用世之才，且常念熊师十力"亡国族者常先自亡其文化"之言，深以当时学风，言西学者率浅薄无根无实，则转而以"数典诬祖"（不仅忘祖而已）为哗众取宠之资，感愤既深，故入五十年代后，乃于教学之余，奋力摸索前进，一以原始资料与逻辑为导引，以人生社会政治问题为征验。传统文化中之丑恶者，抉而去之，惟恐不尽；传统文化中之美善者，表而出之，亦惧有所夸饰。三十年之著作，可能有错误，而决无矫诬，常不免于一时意气之言，要其基本动心，乃涌出于感世伤时之念，此则反躬自问，可公言之天下而无所愧作者。然偶得摸入门径，途程尚未及千万分之一，而生命已指日可数矣。

　　五十年代所写学术性单篇论文，早已汇印为《中国思想史论集》。六十年代以后，积力于专书写作，亦间或写有单篇论文，附录于各专书之后，今已烦陈君淑女、曹君永洋汇编为《中国思想史论集续篇》，其中所收孔学数文，乃写于五十年代，收入以表余之所向，得时报文化出版公司诸友之助，印行问世。老友程沧波先生题署，乐君炳南、蓝君吉富参与校对之劳，俱可感念。

《程朱异同》一文，以"为己之学"，贯通孔、孟、程、朱、陆、王学脉，老庄对知识与人生态度与儒学异，但其学问方向亦与此相通，此乃余最后体悟所到，惜得之太迟，出之太骤，今病恐将不起，以未能继续阐述为恨。

一九八二年二月十四日口述于

台湾大学附属医院九〇七病室床上

烦曹君永洋记录

阴阳五行及其有关文献的研究

　　梁任公有《阴阳五行说之来历》一文，其结论谓："春秋战国以前所谓阴阳五行，其语甚希见，其义甚平淡。且此二事从未尝并为一谈。诸经及孔老墨孟荀韩诸大哲，皆未尝齿及。然则造此邪说以惑世诬民者谁耶？其始盖起于燕齐方士，而其建设之，传播之，宜负罪责者三人焉。曰邹衍，曰董仲舒，曰刘向。"① 任公此文，虽内容疏略，但极富启发性。以后栾调甫有《梁任公五行说之商榷》，及吕思勉有《辨梁任公〈阴阳五行说之来历〉》② 两文，对梁文提出不同的意见，惜二文均条理不清，不仅使仕公所提出的问题，未得进一步的解决，且使人有越说越糊涂的感觉。齐思和在《北师大学报》四期上有《五行说之起源》一文，着眼与梁任公略同，而内容稍为具体。日人狩野直喜在其《中国哲学史》中及泷川资言在其《史记会注考证·五帝本纪》中，现京都大学中国哲学研究室教授重泽俊一郎在其《中国合理思维之成立》一文中，对五行观念之演变，均有很好的见解，惟皆语焉不详。今草此文，意在进一步探索此种观念逐渐演变之经路。并以此为基准，对先秦若干有关文献成立之时代问题，看能否提供新的解决线索。同时，因阴阳五行观念演变

---

① 梁文收入《饮冰室文集》之三十六，引文见页五六。
② 栾文见《东方杂志》二十卷十九期，吕文见《东方杂志》第二十卷第二十期。

之义不明，于是对先秦古典之有关注释，常踵误承讹，历两千年而莫之或悟，也想在本文中，于其关涉所及者，略加疏导，触类引申，对此类谬误的注释，或可稍收澄清之效。并由此以说明先秦与两汉的思想性格，实有基本上之不同。此为治思想史者所不可或忽的大关键。文中偶有与前述诸氏相同之论据，但因各人立言之体要不同，故不复——举出，读者谅之。

一九六一年九月六日于东海大学

一、从文字学上看"阴阳"二字之原始意义

以阴阳为宇宙间两种相反而复相成的基本元素（在中国则称为"气"）或动力，因而以此来说明宇宙间各种现象成坏变化的法则或根源的，是经过相当时期的发展演变而来。站在治思想史的立场，并非如梁任公拈出"迷信"两字便可以收拾得了的。

《说文》十一下雲部："霠，雲覆日也。从雲，今声。仌，古文霠省。"段《注》："今人陰陽字，小篆作霠昜。"《说文》九勿部："昜，开也。从日一勿。一曰扬，一曰长也。一曰，强者众皃。"段《注》："此陰陽正字也。陰陽行而仌昜废矣。"按霠为雲覆日，雲覆日则阴暗，徐锴谓"山北水南，为日所不及"，故孳乳为陰。《说文》十四下𨸏部："陰，暗也。水之南、山之北也，从𨸏，仌声。"是许以为系形声字，实则应为从𨸏仌，仌亦声，系会意兼形声字。许氏对"昜"字之解释，王筠在《说文释例》中已指其欠妥，并从而加以改正说："窃谓从一者地也。勿非字，只象昜气郁勃凑地而出之形。"按王谓"勿非字"者甚是，但此乃象日初

出时的光芒，不可谓"象易气郁勃凑地而出之形"，因为在造"易"字时尚无此观念。日出照于地上为易，日出照于地上则明朗，而山之南、水之北，为日所易照之处，故孳乳为"陽"字。《说文》十四下𨸏部："陽，高明也，从𨸏，易声。"此亦当为会意兼形声字，其不言山之南为阳者，段《注》以为系与"陰"字之解释可以错见，而《说文句读》则以为缺文。由此可以总括地说，会易二字，与日有密切的关系，原意是有无日光的两种天气。《六书正讹》谓"会易以天地之气言，陰陽以山水之南北言"，下一句话是说对了，上一句话则有些含混不清。由有日光或无日光所形成的两种天气，是临时的现象，"天地之气"是天地间的基本元素，所以二者之间，有很大的分别。"陰陽"二字，是由"会易"二字孳乳出来的。虽然"陰陽"二字行而"会易"二字废。但以后一切有关阴阳观念的演变，都是由与日光有密切关系的"会易"二字之原义引申演变而出，大概是没有问题的。

二、《诗经》中的阴阳观念

《诗经》上大概有八个"阴"字，其中有四个是"阴"字与"雨"字连用，加上《邶风》的"噎噎其阴"的"阴"，皆就天气而言。《秦风·小戎》的"阴靷鋈续"及《豳风·七月》的"三之日纳于凌阴"的两个"阴"字，皆由阴暗而来。《大雅·桑柔》"既之阴女"的"阴"，则引申而为覆荫之阴。《诗经》大概有十八处用了"阳"字，其中有十一个"阳"字皆就山水的方位而言，如《召南·殷其雷》"在南山之阳"，《齐风·还》"遭我乎狃之阳兮"，《唐风·采苓》"首阳之颠"、"首阳之下"、"首阳之东"，《秦风·渭阳》"曰至渭阳",《小雅·六月》"至于泾阳",《大雅·大明》"在洽之阳",《皇矣》"居歧之阳",《公刘》"度其夕阳"(《毛传》:山西曰夕阳),《卷阿》"于彼朝阳"(《毛传》:山东曰朝阳)等,都是"阳"字的本义。有一个"阳"字指日光而言,即《小雅·湛露》"匪阳不晞"。有三个"阳"字乃引申而为温暖之意,《豳风·七月》"春日载阳",郑《笺》"阳,温也";《小雅·采薇》"岁亦阳止",《杕杜》"日月阳止",此两"阳"字,郑《笺》皆以"十月为阳"释之,此乃用后起之观念,解释以前的文句。将阴阳分配于四时十二月,在战国末期,乃渐渐形成,《诗经》时代无此观念,故此二"阳"字,亦指气候之温暖而言。且《采薇》之"岁亦阳止",乃承第一章之"曰归曰归,岁亦莫止"而言,则在下文中所叙述的时序发展,只能由岁暮而入春,入春则温暖,故曰"岁亦阳止",而不应由岁暮再回头去叙述十月。《杕杜》"日月阳止"之上文为"有杕之杜,有皖其实",杜结实非十月之时,故此处之"阳"亦只能作温暖解释,"日月阳止",即"时光已经很温暖了"之意。以上的"阳"字,应系"易"字原义之引申。另一个"阳"字,则是由日光引申而为明朗之意,《七月》之"我朱孔阳"者是。另两处之"阳"字,则由天气晴朗而引申为舒展自得之意,如《王风》之"君子阳阳",《周颂》之"龙旗阳阳"者是。《诗经》上有一处"阴阳"连词,即《大雅·公刘》"相其阴阳",乃指山之南北而言,系"阴阳"二字之本义。综上所述,《诗经》上所有的"阴阳"字,都没有后来作形成万物原素的阴阳二气的意义。

三、春秋时代阴阳观念之演变

由《诗经》时代下来，便是春秋时代。在这二百四十二年之中，各种文化观念，开始作丰富的展开，阴阳观念亦有其发展。

《左传·僖公十六年》："陨石于宋，五，陨星也。六鹢退飞过宋都，风也。周内史叔兴聘于宋，襄公问焉，曰，是何祥也？吉凶焉在？曰，今兹鲁多大丧……退而告人曰，君失问。是阴阳之事也，非吉凶所生也。"按由此一段话，可以了解两种意义。第一，祝史之言吉凶，许多是为了应付环境所随意编造出来的，并没有什么一定的规律可循。第二，这里所说的阴阳，乃继承《诗经》时代，以阴阳言天候，所谓"阴阳之事"，系说天候失调之意。正因为如此，所以才与人事无关，因而可以说"非吉凶所生也"。若如后来以阴阳言天道，则天道与人事，密切相关，便不能说"非吉凶所生"了。

《左传·襄公二十八年》"春无冰"，鲁梓慎谓"阴不堪阳"。按《诗经》时代，已经以为阴寒而阳暖。《左传·昭公四年》有"冬无愆阳"、"夏无伏阴"之语，杜《注》以"愆阳"为冬温，"伏阴"为夏寒，则此处所谓"阴不堪阳"，乃"愆阳"之意，不可故求深解。

春秋时代阴阳观念最大之发展，乃在以阴阳为天所生的六气中之二气。它与原义不同之点，原义只是以有无日光作基准所形成的现象，其本身并非独立性之实物。它和《诗经》时代不同之点：《诗经》时代虽已进一步以气候言阴阳，但阴阳仅表示气候变化中的一种现象，或气候所给予于人的感觉，如寒暖之类，其本身依然不是一种独立的实物的存在。春秋时代，则演变而为天所发生的六种气体中的两种气体，则其本身已成为实物性的存在。因此，它便开始发生更多的作用、影响。最值得注意的是《左传·昭公元年》的一段话，因为这是比较完整的说法。

> ……晋侯求医于秦，秦伯使医和视之，曰，疾不可为也……天有六气，降生五味，发为五色，征为五声，淫生六疾。六气，曰阴阳风雨晦明也。分为四时，序为五节，过则为灾。阴淫寒疾，阳淫热疾，风淫末疾，雨淫腹疾，晦淫惑疾，明淫心疾。女阳物而晦时，淫则生内热惑蛊之疾。

《左传·昭公二十五年》"生其六气"，《国语·周语下》"天六地五"注："天有六气。"又"所以宣养六气九德也"注："六气，阴阳风雨晦明也。"一直到《庄子·逍遥游》，还说"乘六气之辩（变）"，可知这是在很长时间内，对于天的观察所得出的共同观念。不过此时的阴阳，只是把寒暖的感觉，推想为实物的气，所以能与风雨晦明四者列在一起，而称为"六气"。在六气的观念中，不仅是比后来的阴阳观念多出了四个，而且这六气虽然发生许多作用，但并非形成万物的基本元素。它不是在万物的背后或内部，而系与万物平列于天地之间，所以都是人的耳目肌肤等感官可以接触得到的具体的存在，不像后来阴阳二气的自身，完全是不能以耳目等感官接触得到的抽象的存在。

在上面这一段话中，六气还生出五味、五声、五色，这是《诗经》时代所没有的说法。同时，也可以了解，对"五"的数字的应用，乃是古代的一种习惯，并非以"五行"之"五"为基准而牵附上去的。因为这里是以六气为主。杜《注》在这里把五行的

中国思想史论集续篇

观念拉进来作解释，完全与本文不合。且《左传·昭公二十五年》也说"气为五味，发为五色，章为五声"，与此处完全相合。但此处特须留意的，味、色、声，都是与人生活有关的物的属性，而不是物的自身。即是，此时只认为六气能发生三种与人生有关的物的属性，并没有认为六气能生万物。

上文"分为四时"，这是把六气与四时相配合。春夏暖而秋冬寒，可以把阳配在春夏，阴配在秋冬。但风雨晦明皆为四时所俱有，所以这是极不完整的配合，与后来仅以阴阳配四时的完整性不同。至"序为五节"一语，杜《注》以"得五行之节"释之，这与前面以五行释五味、五色、五声等，为同样的错误。日人竹添光鸿所著《左氏会笺》，能辨前面杜《注》之谬，[①]而在此处却引王樵"序此四时，以为五行之节，计一岁每行得七十二日有余"云云，以证成杜《注》，其谬误实与前杜《注》相等。按"五节"之"五"，乃指上面五味、五色、五声而言。"序为五节"者，谓顺（序）此五味、五色、五声自然之节制，即对此三者之享受有节制之意，故下文有"今君不节不时"之言，"不节"即系对五味、五声、五色之享受无节制。

"阴淫寒疾……"云云，这说明六气对人的影响，但没有像后来把人身各部分分配属于阴阳。至"女阳物而晦时"，这是开始以阴阳比拟男女，犹之当时以水火比拟男女一样，这是演变出的新的倾向，是非常值得注意的。但杜《注》谓"女常随男，故言阳物"，似乎很牵强。按若就后来阴阳五行的观念来说，则火属阳而水属阴。但《左传·昭公九年》"火，水妃也"，《左传·昭公十七

---

①《左氏会笺》第二十："五味五色五声，皆是六气之发也。注插入五行作解，谬矣。"

年》"水，火之牡也"，这都与后来的观念不合。当时水火、阴阳、男女、牝牡等刚刚开始相配合，尚缺少明确的理路，可能即以女为阳物，而不必用后来的观念去附会。同时，若了解此时阳的观念是由暖的感觉推想出来的，《礼记》中的《王制》、《内则》皆谓"八十非人不暖"，则以女为阳物，倒是很自然的。《左传·昭公二十五年》"民有好恶喜怒哀乐，生于六气"，这比前面六气对人的影响，更前进了一步。

《左传·昭公二十一年》："秋七月壬午朔，日有食之。公问于梓慎曰，是何物也？祸福为何？对曰，二至二分，日有食之，不为灾……其他月则为灾，阳不克也，故常为水。"《左传·昭公二十四年》"夏五月乙未朔，日有食之。梓慎曰，将水。昭子曰，旱也。日过分而阳犹不克，克必甚，能无旱乎？"此两处以日食为阳不克，是以日为阳。这只要想到作为"阳"之母字"易"字本是日光，则以阳为日，是很自然的。但此时决没有以阴为月的。

根据《左传》来看，春秋时代对阴阳观念的发展，可以得出三点结论：（一）它开始成为天地间作为实物而存在的六气中的两种性质的气，这是从原来气候的观念升上来的。（二）六气开始与人发生关系，一种是直接的，如"阴淫寒疾"，及六情生于六气之类；另一种是间接的，因六气能发为五味、五色、五声，而味、色、声是为人所需要、所享受的。（三）在六气中，因阴阳二气较之风雨晦明四气稍为抽象，更适合于人们合理的想像，在想像中所受的限制，比风雨晦明四气来得小，所以它对许多现象所具备的解释力特大，于是它开始从六气中突出，而与其他更多的事物或现象发生关连，尤其是它开始作为男性女性的象征，这对于尔后的发展，具有相当的意义。不过此时还是模模糊糊的。

《国语》上对阴阳的观念，如前所述，依然是以六气为主，这与《左传》可以互相印合。《周语》上："古者太史顺时覡土，阳瘅愤盈，土气震发……阳气俱蒸，土膏其动，阴阳分布，雷震出滞。"《周语下》："灵王十二年，谷洛斗，将毁王宫，王欲壅之，太子晋谏曰，不可……故天无伏阴，地无散阳，水无沉气，火无灾燀……"《周语下》伶州鸠就音乐的影响而言"于是乎气无滞阴，亦无散阳；阴阳序次，风雨时至"。《越语下》"因阴阳之恒，顺天地之常"，及"阳至而阴，阴至而阳……"这都是就寒暖所推论出的阴阳之气，当在六气范围之内。《越语下》"古之善用兵者……后则用阴，先则用阳……后无阴蔽，先无阳察"，则系以天候明暗之度而言。这也都与《左传》上的材料相合。不过《周语上》"幽王三年，西周三川皆震。伯阳父曰，周将亡矣。夫天地之气，不失其序。若过其序，民之乱也。阳伏而不能出，阴迫而不能蒸，于是有地震"。据此，则是西周末年，已开始把阴阳看作是天地之气，而且突出于其他四气之上。阴阳的原始观念是与日光密切相关，因而与气候季节，也很容易关连上，这便成为天文研究中的重要对象。古代天文的传统，集中于周室，因而周室的阴阳的观念发展得较早，再渐渐向列国传播，或者也是可能的。另外一种解释，则是《国语》一书，与《左传》最大不同之点，在于《左传》对后来有关之事件，必顺其发生之年月，始加以叙述，而《国语》则常将后来有关的事件，并叙入于前一事件之中，由此可以证明《国语》中受着主观之影响，似较《左传》为大，因而《国语》中杂入后起之观念亦较多。但此一新观点，尚待专文论述〔补记：按《左传》、《国语》同出于左氏之手，《国语》所以补《左传》之所不及〕。

四、春秋时代的五行观念

现在再看五行方面的情形。《史记·历书》谓"盖黄帝考定星历，建立五行，起消息，正闰余"，这是以五行起于黄帝，当然是附会的，不足置论。传统上认文献中出现"五行"一辞最早的是《尚书》中的《甘誓》，其次是《洪范》。这留到后面，另作研究。《尚书》中的《周书》中，无五行的名词、观念。整个《诗经》中，同样的没有。在《左传》《国语》中，才有五行的名词、观念。一般所说的五行，是构成万物的五种基本原素，有同于印度佛教之所谓"四大"。但对五行观念的运用，却主要是放在由这五种元素的相互关系，即所谓相生相胜的相互关系上面，以说明政治、社会、人生、自然各方面现象的变化。以下，看《左传》《国语》中的五行，是否与上述的观念相应。再推上去考查《甘誓》《洪范》中的五行观念。

《左传·文公七年》："晋郤缺言于赵宣子曰……子为正卿，以主诸侯，而不务德，将若之何？《夏书》曰（杜《注》：逸书也），戒之用休，董之用威，劝之以九歌，勿使坏（以上《夏书》之文，下乃郤缺之解释）。九功之德，皆可歌也，谓之九歌。六府三事，谓之九功；火水木金土谷，谓之六府；正德、利用、厚生，谓之三事。"按上引《夏书》之文，见今伪古文《虞书·大禹谟》，而杜《注》则以为系逸书，则郤缺之所谓《夏书》，当然与伪古文《尚书》之《大禹谟》无涉。谷为生活之重要资材，此处之水火金木土与谷并列而为六府，其并为民生所不可或缺之生活资材可知，正因为如此，故与正德利用厚生，同为政治设施上之重大目标，故合称为"九功"。

《左传·襄公二十七年》"子罕曰……天生五材，民并用之，废一不可，孰能去兵"，古人因手指为五，所以好以五为事物之定数，而六府中之谷，实为土所产生，因此，六府亦去谷而称为"五材"。就其为人所蓄聚而言，故称为"府"；就五者之功能而言，故称为"材"。五材为生活所通用而不可缺，故又称为"五行"。《论语》"子张问行"，"行"乃通行无阻之意，五行者，乃五种通行应用之资材，所以别于一般的资材，以见其特别重要。由五行亦可称为五材之事观之，其原始为五种实用资材，盖毫无疑义。

《左传·昭公十一年》晋叔向答韩宣子"楚能否克蔡"之问，有谓"且譬之如天，其有五材，而将用之，力尽而毙之"。杜《注》："金木水火土，五者为物用，久则必有毙尽。"据此，则此处之五材，其为人所用之实用资材，亦无疑义，否则不会有"力尽而毙之"的情形。

《左传·昭公二十五年》子太叔答赵简子问礼："吉也闻诸先大夫子产曰，夫礼，天之经也，地之义也，民之行也。天地之经，而民实则之。则天之明，因地之性，生其六气，用其五行。气为五味，发为五色；章为五声，淫则昏乱，民失其性。"按"生其六气"，是就"天之明"来说的；"用其五行"，是就"地之性"来说的。此处，分明以五味、五色、五声为六气所出，而未尝以其为五行所出；因五行为地所生之五种实用的资材，故人得而"用"之。不过，因为这是五种最重要、最基本的资材，所以便把它作为地生万物的代表。

《左传·昭公二十九年》晋蔡墨答魏献子"虫莫知于龙"之问

中有"……官宿（安）其业，其物乃至……故有五行之官，是为五官，实列受氏姓，封为上公，祀为贵神，社稷五祀，是尊是奉。木正曰勾芒（杜《注》：'正，官长也。'竹添光鸿《左氏会笺》'此文以五正言之，则为古之官名，非神名也'，甚是），火正曰祝融，金正曰蓐收，水正曰玄冥，土正曰后土。龙，水物也。水官弃矣，故龙不生得。……献子曰，社稷五祀，谁氏之五官也？对曰，少皞氏有四叔，曰重、曰该、曰修、曰熙，实能金木及水。使重为勾芒，该为蓐收，修及熙为玄冥，世不失职，遂济穷桑，此其三祀也。颛顼氏有子曰犁为祝融，共工氏有子曰句龙，为后土，此其二祀也。后土为社。稷，田正也。有烈山氏之子曰柱为稷，自夏以上祀之。周弃亦为稷，自商以来祀之。"按依蔡墨所说的原文，社稷五祀，分明是对于主管木、火、金、水、土、稷的几个成绩特别好、有功德于民的几位好官员，死后加以祭祀，这种死后的祭祀，与生前的"列受氏姓，封为上公"，同样是崇德报功的意思，与天神地祇毫无关系。而此处的五行，都是民生不可缺少的实物，与"稷"是民生不可缺少的实物，完全是一样。这和后来的五行观念，全不相干，所以才说"实能金木及水"，即是能把金木及水的资材培植管理得很好，等于柱和弃能把"稷"培植管理得很好一样。把五行当作五种天神，这到秦以后才渐渐形成的。但过去的注释家不了解这一点，所以此处的杜《注》说"五官之君长，能修其业者，死皆配食于五行之神"，这真与原文离得太远了。后来环绕"五祀"所发生的论争，都是因没有历史发展观念而来的盲人摸象的争论。

《左传·昭公三十二年》"赵简子问于史墨曰，季氏出其君而民顺焉……对曰，物生有两，有三，有五，有陪贰。故天有三辰，地有五行，体有左右，各有妃耦。王有公，诸侯有贰也……"按史墨即《左传·昭公二十九年》魏献子所问之蔡墨。五行若作为生物元素的气，即不应仅属于地。所以董仲舒便说"天有五行"（《春秋繁露·五行对》三十八），和此处之与天相对之"地有五行"，恰可作一明显的对照。前引《左传·襄公二十七年》子罕所说的"天生五材"的天，乃兼天地而言。

在《左传》中，有用水火的观念来解释天象，并因以论断吉凶的，如前所引之"水，火之牡也"之类。但后来五行观念中之水火，必与金木土三者排列在一起，以发生相生相胜的相互作用，而始能构成其意义。故《左传》中凡仅言水火的，皆与后来之五行说无关。借地上明显之事物，以言天象，古代都是如此。水火乃作用不同，但又相须为用之两物，故天文上借此两物以言其相类之天象，恐起源甚早。《诗经·豳风》"七月流火"，火是大火星，此即以火言天象。《淮南子·天文训》前段以水火言日月，此乃古代天文说法之遗，亦与其后面所言之五行，毫无关系。

《国语·周语下》"天六地五，数之常也"，韦《注》："天有六气，谓阴阳风雨晦明也。地有五行，金木水火土也。"这与前引的《左传·昭公二十五年》子太叔的话完全相合。《郑语》"故先王以土与金木水火杂，以成百物"，若此处所说的土金木水火五行，即后来五行的性质，则五行之自身，有其自动自主的运行法式，无待先王的运用。而先王也只能顺应五行的法式，不能主动地去运用它。由此可以断言这里的五行，指的是民生实用的五种资材。

总结地说，通过《左传》、《国语》，来看春秋时代的所谓五行，皆指生活中不可缺少的五种实用资材而言，决无后来所说的五行的意义。

不过，在上述的材料以外，尚应注意两个特殊例子：（一）《左传·昭公三十一年》十二月晋史墨答赵简子辛亥日食之问谓"六年及此月也，吴其入郢乎，入郢必以庚辰，日月在辰尾。庚午之日，日始有谪，火胜金，故弗克"，则是已以干支配五行而言生克，但《正义》谓"……日在辰尾，自谓在辰星（辰尾乃星之名）。庚辰入郢，乃谓日是辰日（庚辰是日之干支）。二辰不同，而以日在辰尾配庚为庚辰者，二辰实虽不同，而同名曰辰，故取以为占。此则史墨能知，非是人情所测"；又谓"虽食在辛亥之日，而更以庚午为占；按两者相去四十一日，舍近而取远，自是史墨所见，其意不可知也"。准此，则是此一纪录，并不能以后来干支配五行之说，作顺理成章的解释，只有采存疑的态度。（二）哀公九年"晋赵鞅卜救郑，遇水适火……史墨曰，盈（赵鞅之姓），水名也。子（宋姓），水位也。名位敌，不可干也。炎帝为火师，姜姓其后也，水胜火，伐姜则可"。按《正义》引服虔以龟兆分土、木、金、火、水释"遇水适火"，果尔，则《洪范》言五行，而其七卜中，何以无五行一字？《春秋》之记卜者甚多，何以五行仅见于此一处？此说之不可信，甚为明白。又炎帝为火名官，详见于《左传·昭公十七年》，这里的"火"，是与云、水、龙、鸟连在一起，则此"火"与五行无关，尤为明白。而杜《注》赵鞅姓盈，宋姓子，何以为水名水位，皆不可解。水之胜火，乃显而易见的。可能此一现象，早为人所发现、应用，及五行新说逐渐成立，乃将此水胜之现象，推及于五行的全般关系，以成立五行相胜之说。这在发展上是非常可能的。《荀子·天论》谓"在天者莫明于日月，在地者莫明于水火"，故以水火作各种重要事物的象征，如前所述，其起源当甚早，不必与五行有关。尤其重要的是，五行演变而为五种元素以后，发生相胜相生的作用，此作用决非由抽象化之五元素所推论而得，乃系在使用金木水火土五种实物的经验中，始能找出其相胜相生的构造。《白虎通·五行》篇对五行相胜之理皆有解释，如"众胜寡，故水胜火也"，此当谓水多可以灭火；"精胜坚，故火胜金"，此当谓火可以烁金；"刚胜柔，故金胜木"，此当谓金器可以伐木；"专胜散，故木胜土"，此当谓木能冒土而出；"实胜虚，故土胜水也"，此当谓土可以壅水。可见一直到东汉，还是出于具体实物的构想。但土可以胜水，水又何尝不可以胜土？这已经没有什么道理可说。至于由《春秋繁露·五行之义》篇所说的相生，则"木生火"，这是由钻燧取火而来，这说法是可以成立的。"火生土"，当由火焚物成灰而来，这说法已经很幼稚。"土生金"，因金藏于土，故误以为金由土所生。"金生水"，当由金可融成液而来，水来于地下者曰泉，水来自天上者为"云行雨施"之雨，这是中国很早便有的常识，"金生水"的说法，简直是不通的说法。"水生木"，是因木须水的浇溉，但若说"土生木"岂不更为合理吗？由此可以了解，五行的相胜相生，实际是很幼稚乃至不合理的说法。若五行说之出现，一开始即是为了解释自然现象，则这种解释，与春秋、战国时代一般知识分子对自然现象所了解的程度，实有很大的距离。从一般的文化背景说，是说不通的。因此，在情理上，也只能假定五行原指的是人生日用的五种资材，后经社会逐渐傅会演变，扩大而为解释自然现象，及人事现象变迁的法式。在这种扩大中，不能不受原有实物的限制，虽然如后所说，它已因与阴阳观念的傅合而使其成为五种气（元素），但还脱不了这种幼稚而不合理的构造。历史资料正证明了这一点。

五、我对今文《尚书》在文献上的一般看法

然则《尚书·甘誓》中所说的"五行"，到底是什么性质？这便牵连到《甘誓》成立的时代问题。在谈到此问题之前，先略述我对二十八篇〔补记：若将《顾命》、《康王之诰》分而为二，则为二十九篇〕今文《尚书》的一般观点。

这二十八篇东西，在文献上我认为可分作三类。第一类是开始并无原始文献，而只有许多口头传说，这些传说，到了文化发展到更高的阶段时，即由史官加以整理、编纂，把口传的材料，写成文字的材料。希腊荷马有名的叙事诗《伊里阿特》(*Iliad*) 和《奥德塞》(*Odyssey*)，实际也是由许多口传的故事组织而成。《尚书》中的《尧典》、《皋陶谟》、《禹贡》，当属于这一类。传说开始是以"口"为主，"古"字从十、口会意，所以历史是从口传开始的。对于这种材料，第一，我们应当了解口传它在时间上的持续性是很强的。因为古代进化得很慢，事物的变化又少，所以对口传的持续性特别大。第二，我们应当了解它的内容在口传中会不断地流动而有所增减、改变的，必须经文字纪录后，才开始定型化、固定化。在未有公认的统一纪录以前，因纪录所根据的口传有出入，所以文字纪录的彼此之间，在内容上亦可以发生差异。第三，不仅在开始以文字纪录代替口传的时候，常常不免假借纪录时流行的名词观念，以表现口传的语言观念，即在口传过程中，也常不免于由时代、地区不同而来的语言上的翻译。所以对于这种材料，只能从大体上加以论定。既不可因在大体上可以承认是真，例如尧舜是真有其人，唐虞真有其朝代，便认由传说而来的

　　　　　　　　　　　中国思想史论集续篇

每一内容都是真的。也不可以因为内容的某些部分不可信，因而将其全部故事，也加以推翻。并且可信与不可信之间，是非常不易断定，万不可掉以轻心的。譬如《尧典》中所说的历象星辰，现在有的人便以为不足信，但我们只要想到古巴比伦在天文上的成就，则中国在唐虞时代已积累有了若干历象的知识，而这种知识，在政治上是有一定的人加以传承，可以不受改朝换代的影响，因而保存了下来，又有什么稀奇？在古希腊时代已有事实上的民主政治，但到近代的启蒙时期，才把它作政治的理论而加以宣扬。则尧舜有了禅让，到了战国时代〔补记：应当说，到了孔子〕，乃把它当作政治的理想而加以宣扬，这在治史的立场上，有什么地方说不通，而必须倒因为果地加以反对呢？孔子"信而好古"、"多闻阙疑"，孟子说"尽信书，则不如无书"，可见他们都是有批判意识的人。但孔子对尧舜的称赞，《论语》对尧舜禹政权授受的纪录，孟子对尧舜的禅让，都说得那样的叮咛郑重，假定此数事，本来是出于战国时凭空而至的谣言，便能使孔子、孟子乃至另一思想系统的墨子，都这样笃信不疑吗？就现代考古学进步的情形来说，可以了解人类出现的时间、人类文化开始的时间，比过去所能知道的为长为早。而我们对古代的知识，尚极为有限。例如梅原末治在《中国出土的一群铜利器》一文中（《京都大学人文科学研究所创立二十五周年纪念论文集》），介绍在河南卫辉出土的青铜所制的利器中，有的系把铁嵌入到里面去作刃，其年代为在纪元前一千年代之初期，这岂不把西周尚无铁的应用，由此以推断《禹贡》成编的年代的根据推翻了吗？《尚书·立政》乃周公告成王之辞，其中谓"其克尔戎兵，以陟禹之迹；方行天下，至于海表，罔有不服；以觐文王之耿光，以扬武王之大烈"。准此以推，则我民族在夏禹时声教所被，已经"至于海表"，因而对域中有所规划，这在周公是信以为真的，因为他不仅生在我们三千年之前，而且他是实际政治的负责人，看到了我们所不能看到的典册，加以他亲自把天下从商朝手中接收过来，他不能像一般文人样，随意地夸大，所以他的话是有权威性。然则今人凭什么理由、证据，而可认为《禹贡》上所说的疆域，不是三代相传之旧呢？

近几十年来，我国的疑古派，对世界古代史研究发展的情形，对古代社会研究的进步的情形，多半是闭目不睹，而只凭个人想像所及，随意否定历史上的资料，合于自己想像的便以为是真，不合于自己想像的便认为是假，我觉得这是值得重新考虑的。《尧典》究写定于何时？我可以这样的推断：《尧典》里面的道德观念，较周初文献中的道德观念更为丰富，但孟子已把仁义观念加到尧、舜身上，《大戴记·五帝德》竟称尧为"其仁如天"，然而《尧典》上"敬敷五教"之语，可以说包括了义的观念；但没有出现仁的观念和礼的观念，这或许可以推断在《尧典》定写时，礼与仁的观念尚未十分流行。因此，它可能写定于西周之末、东周之初〔补记：应说为"写定于西周时代"〕。这便与《左传·僖公二十七年》、《左传·文公十八年》引用了《尧典》的话，[①] 及《论语》、《墨子·节用中》引用了《尧典》的情形，皆可吻合。[②]

《尚书》中第二类的材料，为将原典重加整理过的材料。此种材料，原有真实文献存在，但经过若干年后，尤其是经过了改朝换代以后，有人重新加以整理，以便于流传阅读。在整理时，不

---

① 《左传·僖公二十七年》引"敷奏以言"，《左传·文公十八年》年引"慎徽五典"。
② 先秦人引书，有概括大意之例。《论语》之"尧曰咨"数语，及《墨子·节用中》"古者尧治天下，南抚交阯，北降幽都"数语，皆概括《尧典》有关之文句而言。

免把原文加以今译，因而杂有整理时的名词、口吻、气氛，但对于原有的底子并未加以改变。今日《尚书》中的《甘誓》、《汤誓》、《高宗肜日》、《西伯戡黎》、《微子》、《洪范》等皆是。而负责整理的人，有三种可能：《甘誓》、《汤誓》等，代远年湮，且夏、殷亡而周继，可能是由西周的史臣所整理的。《洪范》是古代王者所积累的政治法典，可以说是要作为政治教材之用的，因此，它经过了箕子及周室的两重整理。又其次是由于传承的学者所作的小整理。凡是经儒家及墨家引用过的《诗》与《书》，几乎都有字句的出入，而属于儒家系统的，文句都较为顺畅，这即说明儒家系统对文字的整理工作做得比较多。

第三类是传承下来的原始资料。《商书》中的《盘庚》及《周书》，大体是属于这一类。但其中文句，凡经儒家系统引用过的，若以之与其前后未经引用过的文句来比较，都比较平顺，这即说明儒家系统的人，为了传授的方便，也不得不把当时史官或周公代周王宣布的诰诫，即所谓"王若曰"，^①稍加整理了。

何以知道《甘誓》等篇是出于原典的整理呢？第一，从文体看，都是单一事件的完整纪录，既没有《尧典》等的"曰若稽古"，及由编纂而成的复杂内容，也不同于先秦诸子中所述的古代故事，都是与上下的议论相连，因之，从内容与文体看，总没有独立性。先秦有能力凭空编造出这些东西的人，要就是把它容纳在一连贯的

---

① 甲骨文及《周书》的"土若曰"，即是"王如此说"，以表明代替开口说话的史官或周公，他说的不是自己的话，而是代表王说的话。《君奭》之"周公若曰"，则是史官把周公的话加以纪录的口气。这问题非常简单。今人董作宾氏有《王若曰古义》一文，似乎因为过求深密，反流于迂曲。而日人加藤常贤氏的《王若曰考证》（《二松学舍大学创立八十周年纪念论集》），把它解释成降神的话，恐怕更与原义相远了。

故事中，要就是把它容纳在表达自己思想的议论中。主张《甘誓》这些东西是出自战国人之手的人，谁能在先秦诸子百家中，找出以一事件为单元的独立而完整的文体之例？第二，从内容看，它们的文字，虽比周初文献远为平顺，但如前所述，周初文献中的道德观念，较《尧典》为单纯，而《甘誓》、《汤誓》等文献中的道德观念，又较周初文献更为单纯。这只要稍为留心作一对比，不难立刻可以承认的。但今人却多在这些文献中找出许多证据，以证明这些都是战国的伪造品，我现在试以屈万里先生最近《〈尚书〉中不可尽信的材料》一文 [1] 中关于《甘誓》、《洪范》的部分，稍加检讨，因为这牵涉到五行的问题〔补记：屈先生对《尚书》的观点，多本之陈梦家《尚书通论》，而未出其名。陈著我到港后始看见〕。

六、《甘誓》的成立时代及其中的五行问题

屈先生因《甘誓》中有"六卿"、"五行"、"三正"三个名词，尤其是有"五行"的名词，而断定它"用了终始五德之说"，"但《墨子·明鬼下》、《庄子·人间世》、《吕氏春秋·召类》篇和《先己》篇，都曾引述过《甘誓》，《明鬼下》和《人间世》的作成时期，虽难确定，但《吕氏春秋》乃秦八年以前完成的作品"，因此屈先生断定"《甘誓》的作成时代，当在邹衍之后、秦八年之前"。就常情讲，《明鬼下》和《人间世》，照传统的说法，皆成篇于邹衍之前。此二篇既皆引有《甘誓》，则《甘誓》又必在此二篇之前。最低限度，屈先生既"难确定"此二篇作成的时期，则亦难确定

此二篇所引过的《甘誓》的作成时期。所以屈先生对《甘誓》所作的断定，在屈先生自己的文章中，是没有根据的。又按《吕氏春秋》中记有六国灭亡之事，则《序意》篇之所谓"维秦八年"，乃就初定稿之时而言，不仅吕不韦罢相后的两年间，宾客尚盛，在情理上当以全力修补初稿，即死后亦尚由其门客不断地加以修补，所以认此书是在秦八年以前完成的传统说法，不能轻易加以承认。其次，据《史记·孟子荀卿列传》，邹衍略在孟子之后，他适梁，见到梁惠王；适赵，见到赵平原君；如燕，燕昭王拥彗先驱，此乃他大倡终始五德之说的时候，由此而至秦八年，其间不及百年，从《战国策》看，当时赵、梁、燕之君，虽大为邹衍之说所掀动，但尚未见有任何一国把它应用作实际政治变动上的解说之迹。当时游说之士，亦无以此作游说之资的。所以《战国策》中，没有一处提到五行。因此可以推断，邹氏终始五德之说，除了少数君主贵族外，并没有引起其他思想家的注意。以此施之于朝廷政令，乃在秦并天下之后。如屈先生之说，必须假定在邹衍之后，有一个人，深信他的终治五德之说，捏造了这八十八个字一篇的《甘誓》，把它流传出去，于是作《墨子·明鬼下》和《庄子·人世间》的人，上了那位作伪者的大当，不约而同地承认伪造出的这篇东西是历史上的真文献，因而加以引用。自然也得到了儒家系统的人的承认，因而把它与其他的文献编纂在一起。而对《甘誓》加以引用和编纂的人，是属于三个思想系统不同的人。若以表表其先后，则是：

| 邹衍终始
五德说之
出现 | → | 伪造《甘
誓》的人
加以援用 | → | 儒家
墨家
道家（庄子） | 皆承认
《甘誓》
之真实性 |

这在不及一百年的时间之内，就当时文献实际流布的情形说，大概不是一件容易的事。《墨子》中的《经上》、《经下》，《经说上》、《经说下》，《大取》、《小取》等篇，大概成篇在孟、庄时代以后，但研究墨学的人，恐怕很难说像《明鬼下》这些质朴的基本思想，不是成篇于孟、庄时代之前。加以《墨子·明鬼下》所引的是《甘誓》的全文，除各处文字与现行《尚书》中之《甘誓》，颇有异同，可以解释古人引书，常有随意改定者外，其中更多出三十二个字的一整段。且全篇文字，远不及今文《尚书》的平顺，则孙诒让的《墨子间诂》谓"墨子所见古文书与今本异"，殆为可信。今文《尚书》的《甘誓》恐怕是经过儒家进一步作过文字整理的。这种整理，只有在更长的传播时间中方有其可能。现行《庄子》中间，不少的材料是战国末期的，但《人间世》恐怕是出于庄子自己，最迟也是出于与庄子极为接近者之手，而此篇仅有"昔者尧攻丛枝胥敖，禹攻有扈"，它只提到禹攻有扈的故事，并未直接涉及《甘誓》之文。由此可知屈先生不仅以《甘誓》之文为伪，并以禹伐有扈之故事，亦全由此伪造之《甘誓》而来。由现今之《甘誓》，不能断定伐扈的到底是禹还是启。《墨子》与《庄子》皆称为禹，这是一种暗合。由此不难想见，在邹衍之后，有一个人伪造了一篇东西，而得到了儒、墨、道三家的共同承认，这恐怕是不可能的事。但试看屈先生所举的理由：

第一，是因"在西周和其以前的文献里没有过'六卿'这一名词。'六卿'这一名词之起源，恐怕是由于晋国的范、中行、知、韩、赵、魏六族世为命卿之故。《甘誓》说'大战于甘，乃召六卿'，可知此篇的著成，不会早在春秋前"。按《左传·成公三年》"十二月甲戌，晋作六军，韩厥、赵括、巩朔、韩穿、荀骓、赵旃皆为卿，赏鞍之功也"，《史记·齐太公世家》谓"晋初置六卿，赏鞍之功"。此乃屈先生之说之所本。但晋在此以前，事实上已有六卿。或至此而始正式定为官制，或卿有正卿与非正卿之别，故晋在事实上至此而有十二卿，而在官制上仍为六卿，此皆难于断定。不过，《左传·文公七年》称宋"六卿和公室"，则是宋有六卿，且较晋赏鞍之功一事，尚早三十二年。而郑亦有六卿。[①] 由此可以推断，必在官制上早有六卿之存在，故宋、郑之公族，亦得起而效之。传统的一般说法，六卿与"六军"、"六师"不可分，《诗·大雅·棫朴》"周王于迈，六师及之"，《诗序》以为此乃"文王能官人"之诗；《诗·大雅·常武》"整我六师，以脩我戎"，《诗序》以为此乃"召穆公美宣王"之诗；《诗·小雅·瞻彼洛矣》"声韎韐有奭，以作六师"，《诗序》以为此乃刺幽王之诗，以上盖皆在西周之时。综合观之，六师六卿之制，其来盖久。且《尚书·顾命》有"张皇六师，无坏我高祖寡命"之语，而小盂鼎（《小校金阁金石拓本》卷三称"盂乍口白鼎"）乃记周康王伐咸方归告成功于周庙之事，其中有"三左三右"之文，与《甘誓》"六事之人"相合，并与"左不攻于左……右不攻于右"之"左"、"右"亦相合。由此可知六师六人，乃古人相沿之军制。则屈先生谓"在西周和其以前的文献里，没见过'六卿'这一名词"的说法，值得考虑。况《甘誓》的"乃召六卿"，《墨子·明鬼下》，引作"王乃命左右六人"，以现《甘誓》"王曰嗟，六事之人"推之，则不作

---

① 《左传·襄公九年》："郑六卿公子騑、公子发、公子嘉、公孙辄、公孙虿、公孙舍之，及其大夫门子，皆从郑伯。"

"六卿"而作"六人"者，为近于原始文献，此盖由军队之编制而来。而"六卿"一词，殆来自整理者的以今述古。由此可知，由"六卿"一辞以断定《甘誓》之著成不会早在春秋以前的说法，恐怕很难成立。

第二，屈先生因为"五行之说，原于《洪范》，而《洪范》乃战国时的作品。终始五德之说，则创自邹衍。《甘誓》说有扈氏威侮五行，它这话是说有扈氏看不起应运而生的帝王，它已用了终始五德之说。据此，可知它的著成不在邹衍之前"。按从《左传》、《国语》看，五行一词早已流行，但与邹衍所说的内容，完全不同。假定五行之说是源于《洪范》，而《洪范》又是战国时的作品，则《左传》、《国语》中有关五行的材料，将也是战国时的人，受《洪范》的影响而伪造进去的，这恐怕是很难成立。在西周及其以前，认为政权的存废兴亡都是出于"天命"，即是出于神意。但自西周之末，天命的权威已逐步下坠，于是儒家将宗教性的天命，转化而为道德性的天命，道家则转化而为自然法则性的天命。到了战国时代，以天命言政权兴废的，可以说是绝无仅有。齐宣王伐燕胜利后对孟子说"不取，必有天殃"，孟子立刻折之以"取之而燕民悦，则取之……"至于孟子所说的"天与贤，则与贤；天与子，则与子"，乃是对此一传统故事加以新的解释。《战国策》上，便没有以"天命"为政治上重要说辞的。邹衍终始五德之说，如后所述，乃是在政治中原始天命的观念垮掉以后，重新提出的一种新说，以重建政治上的天人关系，因而即以代替古代天命之说。此说较古代天命的观念更为具体，更为易于把握，其所以能掀动一时者在此。所以邹衍的五德终始，即"天命"的另一种说法，此观于以后凡言五德终始者，即不另言天命，可以知之。其与古代天命在本质上不同之点，天命是有目的，有所选择，有赏罚，而与人类的行为关连在一起的，五德终始，则是机械的、盲目的、定命的。但《甘誓》"天用剿绝其命，予惟恭行天之罚"的说法，完全是古代宗教性的天命的说法，为什么还要把"看不起应运而兴的帝王"的五德终始的新说，即是应五行中某一行的作用而兴起的帝王的新说，来作战争的口实呢？不仅在战国时代，不论在理论上或事实上，都找不出这种作为战争的口实，即在秦统一天下，实际采用了五德终始之说以后，也从来找不出这种战争的口实，因为邹衍的说法，实在很难言之成理，事实上不能构成强力行为的动机。而伪造《甘誓》的人，独一无二地采用在当时是一种深僻的战争口实，这未免太为突出了。再从另一方面看，由前引《左传·昭公二十九年》"故有五行之官"的材料，可以知道古代在政治上对水、火、木、金、土、谷等社会生活资材的非常重视。六府、五行是相关的观念，从《左传》有关六府、五行有关的资材看，在夏朝是把五行、六府当作政治上的大经大法。若承认在殷周以前，中国已有一段相当长的文化历史，则这种由长期实际生活要求而来的经验，表现于政治设施之上，在历史上并没有说不通的地方。因此，"威（依《经义述闻》当作威）侮五行"，解释作轻威侮慢了五行之官及五行之政，有什么不可以呢？

第三，屈先生认为《甘誓》中有"怠弃三正"的话，而"三正是夏正建寅，殷正建丑，周正建子，这些说法之兴起，决不会早到战国以前。何况夏人竟预知殷周的月建，尤其使人捧腹"。按一般所说的月建的三正，恐怕最早是出现于《尚书大传》，即汉初才有此一说法。陈寿祺辑《尚书大传定本》卷五"王者存二王之后，与己为三，所以通三统，立三正"。若如屈先生之说，则《甘誓》成立之时间当更后。但我们试想想，伪造《甘誓》之人，竟连殷周乃在夏代之后也不知道，而把它直接牵入到伪造的夏代文献之内，则这种无历史常识到使人捧腹的人，有什么历史知识、动机，而会伪造出禹或启伐有扈的故事，且写出八十八个字的文献来，并很快便得到儒、墨、庄三派学徒的承认呢？所以《孔传》便解释作"天地人之正道"，而《陔余丛考》则以为"夏之前有三正"，雷学淇《竹书纪年义证》则以为"三正者，即黄帝所纪斗纲之法"，这些恐怕都是傅会之谈。但由此亦可知前人已注意到不应当有这种捧腹的情形。"三正"可能与"六府三事"的"三事"有关。《周书·立政》有"立政任人准夫牧作三事"的话，而《诗·小雅·雨无正》有"三事大夫"，及《诗·大雅·常武》有"三事就绪"的说法，则所谓"怠弃三正"，乃指荒废了主管三事之官而言。《史记·周本纪》引《太誓》（今逸）讨纣之言有"毁坏其三正"，则是殷亦有三正之官，上推于夏，当亦不诬。

依我看，屈先生所提出的三个论证，都不容易成立，而从《甘誓》的思想内容看，则非常单纯质朴，决找不出春秋时代及其以后所发展的有关政治道德方面的内容。所以我认为此篇的原始材料，乃夏典之遗，经周代史官及孔门曾加以整理过的。

七、《洪范》的成立时代及其中的五行问题

《洪范》之所以成为问题，大概始于刘节的《洪范疏证》，他的结论，认为其著作时代，当在战国之末。在讨论此篇之前，我先提两点概括的看法：

第一，一九〇一至一九〇二年，摩尔根发现了古巴比伦六代王

哈姆拉比（Hammurapi）的法典，有二百八十二条的条文，集古代萨麦（Sumer）法及习惯法的大成。准此以推，假定我们先民文化，也有相当长的历史，则在夏禹时代，把过去政治的经验教，训聚结起来，作为人君的政治法典，因而一代一代地传承下来，并不是希罕之事。所以它是一条一条的列举的形式。此一形式，在今日可以看到的先秦文献中，是很特殊而突出的形式〔补记：按此系错误〕。

第二，《洪范》本身，是保有神话宗教的色彩。它的来源，不是圣主明王，而是上帝。并且把卜筮的方法，列为九畴之一。如前所述，这是在传承中经过了修饰整理的一篇文献，不难推想它原文会带有更多神话的色彩。同时，这篇书，从汉人起，一直把它捧得很高，因而多附益张皇之说。但考其实际内容，则其中的政治观念，却非常简单质朴。虽然有"遵王之义"的一个"义"字，但这里的义是属于王的，并没有后来作为一般人所共有的普遍性的意义。西周时代所展开的"敬"的观念，春秋时代开始所展开的仁义礼智忠信等重要观念，可以说，在《洪范》中尚不曾明显地透了出来。《孔传》虽以"大中"释其中的"皇极"，但我根本怀疑这依然是以后起的"中"的观念去加以傅会，原来的意义，只是由"极，屋脊之栋也"[①] 所引申出来的作为大家所应共守的标准之意。《朱子语类》七十九："皇是指人君，极便是指其身为天下做个样子，使天下视之以为标准。"按"皇"应作"大"解，而不能作"君"解，惟"极"作"标准"解则甚为正确。还有一点，就其字句而言，除了其中被其他文献所征引了的极少字句外，

---

① 《说文》六上："极，栋也。"《系传》："臣错按，极，屋极之栋也。"

并不如屈先生所说的"它们和《论语》、《孟子》等书,一样的平易"。例如"惟天阴骘下民"、"用敷锡厥庶民,惟时厥庶民于女极,锡女保极"、"时人斯其惟皇之极"之类。还有牵连卜筮的七种形兆,亦为先秦其他文献所未见。综上所述,大体可以推断,它依然保有周初所承传的文献的面貌。

刘节《洪范疏证》一文中的论证,混乱牵傅,无一说可以成立。例如他说,《洪范》"八政之目,盖隐括《王制》之义。其说,孙星衍《尚书今古文注疏》及江声《尚书集注音疏》,均已言之"。按《王制》系从分封建国及官制等说起,陈述政治上整个的制度。试把《王制》的重点所在,及其政治观念之丰富,与《洪范》的"八政"略加比较,则只要稍有常识的人,如何可以得出这样奇怪的结论呢?江声《尚书集注音疏》,对《洪范》"八政"一段,引用《国语·周语》及《尧典》各一,《王制》二,《周礼》六,以作互相印证的解释。孙星衍《尚书今古文注疏》,则引《周语》、《尧典》各一,《王制》、《周礼》各六,以作互相印证的解释。在他们两人的解释中,什么地方可以找出"《洪范》八政,盖隐括《王制》之义"呢?若因引了《王制》以解释《洪范》之有关字句,便认为是"隐括了《王制》之义",则为什么不可以说"《洪范》八政,盖隐括《周礼》之义"呢?这不仅是睁开眼说白话的考据,简直是栽赃问罪的考据了。刘氏的立说,在本质上大率类此。此处若一一加以纠正,将要费很大的篇幅。下面仅将他的老师梁任公对刘氏此文所加的考语中认为"皆经科学方法研究之结果,令反驳者极难容喙"的三点,略作商讨。因为刘氏之说,所以发生影响,与梁任公之考语有很大的关系。

梁任公认为"经科学方法研究之结果"之一,是"圣、肃、

谋、哲、乂五名之袭用《小旻》"。刘氏《疏证》原文为"且肃、
乂、哲、谋、圣五义，亦有所本，盖出于《诗·小雅·旻》。其诗
曰'国虽靡止，或圣或否。民虽靡膴，或哲或谋，或肃或乂。如
彼流泉，无沦胥以败'，此所言，并无时雨休征之义。且《诗》义
有六，此节其五，其为袭《诗》，显然有据"。按《诗序》所谓
《诗》有六义，系指风、雅、颂、赋、比、兴而言，刘节此处谓
"此节其五"，不知系何所指。且按《诗》之圣、哲、谋、肃、乂，
是统就一般的国与民而言，而《洪范》则系分就一个人的貌、言、
视、听、思而言，这是一看便可以了解的两方最大的差异。此段
《洪范》之文，前后实由四部分构成：第一部分是"二，五事。一
曰貌，二曰言，三曰视，四曰听，五曰思"，这是对于一个人的活
动事项的列举；接着第二部分是"貌曰恭，言曰从，视曰明，听
曰聪，思曰容（从钱大昕说）"，这是对于五种事项的标准；再接
着第三部分是"恭作肃，从作乂，明作哲，聪作谋，容作圣"，这
是陈述合乎标准以后所得的效果；而下面庶征的休征咎征，则是
以雨、旸、燠、寒、风五者之时否，为貌、言、视、听、思之合
乎标准与否的感应，这可说是第四部分。我想不出从《小旻》的
五句诗中，能抄袭（袭《诗》）成《洪范》这样一套有组织的说法，
并且抄袭的不在头、不在尾，恰恰抄袭在第三部分，这岂不奇怪
吗？假定不用"抄袭"的名词，而用"发展"的名词，即是说《洪
范》的"五事"是从《小旻》的五句诗发展而来，或许稍为通顺
一点。但这也必须把《小旻》的五句诗，作为前提条件，再由此
前提条件发展下来，才可以说通。而《洪范》"五事"的中心，是
恭、从、明、聪、容的五种标准，这五者才有构成前提条件的资
格，但《小旻》诗中，并不具备这种前提条件。至于肃、乂、哲、

谋、圣，在《洪范》乃是作为恭、从、明、聪、容的效果，在《小旻》则是指一国之中，有各种成就不同的人。所以《小旻》诗的五句话，只有五个名词与《洪范》相同，而五个名词在两方面所代表的地位，完全不相对称，因之，这是无法抄袭，也是无从发展的。并且这类的论证方法，乃是"辘轳式"的论证方法，即是这种方法，可以两边移动，同时可以运用作任何一方在先，任何一方在后的证据，所以这是最无价值的论证方法。且在此处说，毋宁以《小旻》系受《洪范》的影响，更为自然而合理。

梁任公认为"经科学方法研究之结果"之二，是"如'无偏无党'数语，《墨子》引作周诗"。按刘氏以《洪范》之"无偏无颇"数语，"见于先秦诸子者凡四，见于《左传》者一"，而或称"书曰"，或称"周书"，或称"商书"，仅《吕氏春秋》称"洪范"，《墨子·兼爱下》则称"周诗"，于是刘氏认为"显见此数语为春秋、战国间颇为流行之诗……假定此数语确在《洪范》，墨子决不名之为'诗'"。按孙诒让《墨子间诂》在此条下注云："诒让案……古《诗》、《书》亦多互称。《战国策·秦策》下引诗云，大武远宅不涉，即《逸周书·大武》篇所云远宅不薄，可以互证"。又《尚同中》"是以先王之书，周颂之道之曰，载来见彼王，聿求厥章"，《间诂》云"古书，《诗》、《书》多互称"。又《明鬼下》"子墨子曰，《周书》、《大雅》、有之，《大雅》曰，文王在上……此吾所以知周书之鬼也"，《间诂》云"古者《诗》、《书》互称"。我在《老子其人其书的再考查》一文中指出："古人引用典籍，不是出于文献学的意识……加以竹简繁笨，翻阅不易……有的引述，指出原书原名，有的则不指出，甚至随便加上极不明了的名称……"在我写那篇文章时，还没有注意到孙诒让在《墨子间诂》中已经提出此类意见，不过他还未进一步追求其原因所在。由此可知刘氏之说，乃由未明了先秦人引用典籍的惯例而来，是根本不能成立的。

梁任公认为"经科学方法研究之结果"之三是"如东、阳、耕、真之叶韵，与三百篇不相应"。按刘氏对于《洪范》"岁月日无易"一段的用韵说："此章成、明、章、康、宁为韵……皆与《诗经》不合。战国时，东、阳、耕、真韵多相协。例在《荀子》最多，《老子》亦然。《诗经》则分别甚严。《荀子·乐论》篇……（见后），又老子曰……（见后），此两证皆'成'与'明'协，乃战国时协韵之通例，亦可为《洪范》作于战国时之一证。"按古人韵语均出于自然，既无韵书之限制，更易随时间地域而变迁。今人对先秦古韵，只能靠归纳方法以略寻端绪，到现在为止，谁也不能说实际上已解决了问题。对先秦古典，只能问其有韵无韵，不必问其与《诗经》合不合，因为《诗经》并非标准的韵书，亦非包罗了一切的韵语。而《洪范》出于箕子，在《诗经》之前，其用韵亦不必同于《诗经》。且先秦古典用韵，其间亦有特殊之例，断非随意可加论断的。因此，段玉裁《六书音均表》，特设"古合韵"之说，以解决"古与古异部而合用"之困难（见《六书音均表》吴省钦冲之甫序）。江有诰《群经韵读·凡例》亦谓："但有字从今音可谐，而古则非正音。如……明字古音芒，今音鸣。既以芒音为正，则读鸣者仍须从叶。读者慎勿怪今音可谐，而多此一注也。"他对《洪范》用韵，举之甚详。他对刘氏所举的一段《洪范》，其韵读如下：

岁日月时无易，百谷用成。乂用"明"，俊民用"章"，家用平"康"（阳部）。日月岁时既易，百谷用不"成"，乂用昏不"明"（叶音鸣），俊民用"微"，家用不"宁"（耕阳通韵）。

由江氏之韵读，以与刘氏所说"此章成、明、章、康、宁为韵"的说法相比较，即不难发现刘氏对此段用韵的观念的混乱。据江氏所列，明（音芒）、章、康为韵，与《诗经》用韵相合。成、明（音鸣）、宁为韵，则除《尚书·尧典》之"姓"、"明"，段玉裁《六书音均表》五，分入第十一部，《楚辞》之"明"、"身"，分入第十二部外，不仅在战国以前为特例，即在战国整个时期，亦为特例。一直到《楚辞》，其中《九歌·东君》，仍是"方"、"桑"、"明"为韵，断无刘氏所谓"战国时，东、阳、耕、真诸韵多相协"，及"成"与"明"协，"乃战国时协韵之通例"之说。断不能由此一二特例以得出考证上之结论。《洪范》五福"三曰康宁"，可知《洪范》是"康宁"连辞而互用。则安知《洪范》上文之"家用不宁"，原系"家用不康"，因而本是"明"、"康"为韵，偶经后人以"宁"易"康"吗？刘氏前引《荀子·乐论》篇及《老子》的几句话来证明战国时的东、阳、耕、真诸韵多相协，若如此，则"明"必读为鸣。今试将刘氏所引的两段话转录在下面，而将用韵之字注出。

《乐论》篇："故乐行而志'清'，礼修而行'成'，耳目聪明，血气和'平'，移风易俗，天下皆'宁'，莫善于乐。"

按此处"耳目聪明"之明，亦可读芒而根本不入韵。因为下面两句是隔句用韵，则此两句亦可隔句用韵。若"明"读为鸣而入韵，则亦仅可谓为《荀子》用韵之特例，而非其"通例"。因为《荀子》完全的韵语，是《成相》篇及《赋》篇，《成相》篇"请成'相'，道圣'王'。尧舜尚贤身辞'让'，许由善卷，重义轻利行显'明'"，"契玄'王'，生昭'明'，居于砥石迁于'商'"，"君法'明'，论有'常'"；《赋》篇"爰有大物，非丝非帛，文理成'章'。非日非月，为天下'明'。死者以葬，城郭以固，三军以'强'"，"比干见剖，孔子拘'匡'，昭昭乎其知之'明'也，郁郁乎其遇时之不'祥'也"。可知其中之"明"，无不读芒，而无一读鸣的，更无东、阳、耕、真相协之例。

　　刘氏所引的《老子》是"不自见，故'明'；不自是，故'彰'；不自伐，故有'功'；不自矜，故'长'。夫惟不'争'，故天下莫能与之'争'"。

按上文是"明"、"彰"、"功"、"长"为韵，而"争"、"争"另为韵。《老子》全书中，"明"字皆读芒，而没有读鸣的，不知刘氏何以在《老子》一书中能找出"明"、"成"为韵之例。

综上所述，可知刘氏以"成"、"明"相协，乃"战国时协韵之通例"之说，全无根据。则由《洪范》尚难论定之"成"、"明"、"宁"之协韵，以断定其为战国之书，全是无稽之谈。今人好采用此类方法以论断古典成书时代之风气颇盛，未免把一点点古韵知识，过分加以神化了。

屈万里先生在其所著《尚书释义》及《尚书中不可尽信的材

料》一文中，对《洪范》的看法，大体是采用刘节之说。但把《洪范》著成的年代，从战国末年提早到战国初年。兹将其五点论证略加研讨如下：

（甲）屈先生以为《洪范》之"恭作肃，从作乂"数语，系出于《诗·小雅·小旻》之诗，此乃全采刘氏之说，前面已加研讨过，不赘。

（乙）屈先生以为本篇又云"王省惟岁，卿士惟月，师尹惟日"，"师尹地位在卿士之下，与《诗经》及早期金文皆不合，可知本篇非西周时之作品"。按此亦承刘节之说。刘节认师尹为三公之官，不应在卿士之下。但屈先生正和刘氏一样，以为伪造《洪范》之人，既经抄袭《诗·小旻》以成"恭作肃，从作乂……"之文，则此人对《诗经》应当很熟悉，何以对于师尹的地位，却又不留心与《诗经》上所说的师尹的地位不合？这种不合，若因春秋、战国时代，有师尹之官，而其位确在卿士之下，因而致误，殆犹可解释。但春秋、战国时代，并未见有师尹之官，楚之令尹，其地位又甚高，然则伪造此书之人，究因受何影响而露出此一马脚呢？

不仅如此。在《书》、《诗》及金文有关的资料中，并不能证明刘氏所说的师尹为三公之官的说法。刘氏的说法，是受王国维氏《释史》一文的影响。王国维《释史》一文，有对的地方，也有不对的地方，而刘氏对《释史》一文，亦似未曾完全看懂。王氏以为"师与尹乃二官，与《洪范》之'师尹惟日'，《鲁语》'百官之政事师尹'同"，这是对的。因为《顾命》有"乃同召……师氏、虎臣、百尹、御事"之文，是师与尹，同为官名。但推此以解释《诗·小雅·节南山》的"赫赫师尹"，却是错的，《诗》《毛传》"师，太师，周之三公也。尹，尹氏，为太师"，《正义》："下云'尹氏大师'，是尹氏为太师也。"王氏在上文中驳之曰："说《诗》者以《诗》之尹氏为太师之氏，以《春秋》之尹氏当之，不亦过乎！"王氏之意，《诗经》的尹氏，是官名而不是人的姓氏，以尹为姓氏，乃春秋时代之事。按《左传·隐公十一年》，郑有尹氏，[①]日人竹添光鸿《左氏会笺》以为"郑近出自周，必是周尹氏之分族"，其说近是。《左传·文公十四年》"使尹氏与聃启讼周公于晋"，《左传·昭公二十六年》"王子朝及召氏之族、毛伯得、尹氏固、南宫嚚，奉周之典籍以奔楚"，这都是周室的尹氏。若谓西周没有尹氏，而春秋时代突然出现了尹氏，这在事实上恐不容易说通的。《诗·小雅·都人士》"彼君子女，谓之尹吉"，郑《笺》"吉读为姞，尹氏姞氏，周氏婚姻之旧姓也"。又《大雅·常武》"王谓尹氏，命程伯休甫"，郑《笺》"尹氏，天子世大夫也"。此三诗之时代，大约相去不远，彼此互证，是西周已有因官得氏之尹氏，而《节南山》的师尹，乃"尹氏大师"的约称，与《洪范》之所谓"师尹"，性质根本不同。在同一名词之下，含有不同内容的，这种例证太多了。更由此可知《节南山》诗里师尹之所以赫赫，乃来自尹氏当了大师的三公的官职，并非尹氏的官，即是三公之职。然王氏上文中所引周初金文中的"尹氏"，到底是指史官而言，抑系指担任史官册命之职的尹氏而言？就金文本身说，不能作确切的断定。但有一点可以断定的是，王氏说尹氏的官，"与大师同秉国政"，是不能成立的。王氏引《诗》"赫赫师尹"以证

---

①《左传·隐公十一年》："公（隐公）之为公子也，与郑人战于狐壤，止焉，郑人囚诸尹氏，赂尹氏而祷于其主钟巫……"

成其说，但据《毛传》、郑《笺》的解释，并不能为他作证。而王氏之说，亦不足以推翻毛、郑的解释。现在再从《尚书》的可靠文献中，看可不可以找出支持王氏的说法。王氏引《书·大诰》"肆予告我友邦君，越尹氏庶士御事"，《多方》"诰尔四国多方越尔殷侯尹氏（王氏认为'民当为氏字之误'）"，而认为"尹氏在邦君殷侯之次，乃侯国之正卿"，此说如能成立，则诸侯之正卿，并非天子之三公，即是他并不能"与大师同秉国政"。且同在《大诰》中又有"义尔邦君，越尔多士尹氏御事"，是在同一文献中，"尹氏"又在"多士"之次，则王氏由"尹氏在邦君殷侯之次"，以推其"乃侯国之正卿"，完全失掉了根据。又据《尚书·顾命》"乃同召太保奭、芮伯、彤伯、毕公、卫侯、毛公、师氏、虎臣、百尹、御事"，此中之"百尹"，亦当即是《大诰》、《多方》中的"尹氏"。此文的叙述，较《大诰》、《多方》皆为详备，《孔传》以太保奭至毛公为周之六卿，百尹乃在师氏虎臣之次，则其地位当然在卿士之下。且《梓材》"我有师师，司徒，司马，司空，尹，旅"，屈先生在《尚书释义》中释云"尹，正也，谓大夫"。而《立政》中则有"小尹"、"尹伯"的名称，更不能依其排列之次序，以证明其位次"不应在卿士之下"，且恰与之相反。又《国语·鲁语下》"是故天子大采朝日，与三公九卿，祖识地德。日中考政，与百官之政事师尹，惟旅牧相，宣序民事"，此段乃追述过去的情形，而非述当时的情形。则师尹本在三公九卿之下，彰彰明甚。所以西周"师尹"一辞，只能有两种解释；一种是韦氏引"三君云，师尹，大夫官也"，此与《顾命》相合；另一种即《洪范》孔传"众正官之吏"。不论哪一种解释，它的地位，皆在卿士之下，《洪范》把它列在卿士之下，正可以证明其为殷周官制，何以能反

中国思想史论集续篇

转来证明《洪范》是战国时的作品呢？谁能发见战国时有师尹之官呢？

（丙）屈先生根据"《荀子·非十二子》篇，以为五行之说乃子思所倡。而《修身》篇及《天论》篇（荀子）两引本篇（《洪范》）'无有作好'至'遵王之道'四句，且均谓之'《书》曰'，是荀子曾见本篇。关于五行之文献，更无早于本篇者。兹就荀子之说推之，本篇如不成于子思之手，则当成于子思之徒"。屈先生此说，亦出于刘氏，而刘氏则系援章太炎之《子思孟轲五行说》①以立论。按章氏昧于学术流变，凡此类论述，皆十九谬戾。《中庸》言"智仁勇"三达德，而孟子则言"仁义礼智"四德，此皆无法与五行相配。以仁义礼智信为五常，始于董仲舒，而《春秋繁露》卷十三《五行相生》中，虽开始以五行配五常，然皆就政治上之要求以立论，如"东方者木，农之本，司农，尚仁"之类。直接以五行与人之五常之德相配，始见于《白虎通德论》之《五行》篇。郑康成取演变至东汉始出现之"木神则仁……"之妄说，以释《中庸》"天命之谓性"，此乃郑氏之陋。而章氏复以此为"子思之遗说"，因以此作荀子"案往旧造说，谓之五行"的证明，更为疏陋可笑。若子思以五行言天命，则《中庸》内之言天道者屡矣，岂特无五行之痕迹，即阴阳之痕迹亦无之。章氏因沈约谓《礼记》中之《表记》取自子思，于是又将《表记》中以水火土天命鬼六者，比拟父母对于人子的关系，②硬说这"犹董生以五行比臣

---

① 章论见《太炎文录初编》卷一。
②《表记》："今父之亲子也，亲贤而下无能。母之亲子也，贤则亲之，无能则怜之。母亲而不尊，父尊而不亲。水之于民也，亲而不尊，火尊而不亲。土（按当作'地'）之于民也，亲而不尊，天尊而不亲。命之于民也，亲而不尊，鬼尊而不亲。"

子事君父"，又以此作子思造说五行之证。《表记》所说者为水火土天命鬼，五行为水火木金土，《表记》之水火土为经验中的具体实物，而董生所说的五行为天之五气。两者稍加比按，立可了然，不知章氏何以混乱至此。且屈先生根据《荀子·非十二子》篇对子思的说法，而能断定《洪范》为子思或子思之徒所造，则直接说"案往旧造说，谓之五行"的荀子，当然更知道《洪范》为子思或子思之徒所造。荀子既知道子思或子思之徒，伪造《洪范》的底细，他又是不相信五行之人，但他何以在《修身》、《天论》两篇中，两引《洪范》"无有作好"的四句，而偏偏称之为"《书》曰"，这岂非是一件很可怪的事情？若了解《洪范》之所谓五行，与荀子之所谓五行，有本质上的不同，则纵然承认荀子非难子思、孟子的话并非诬妄，亦不能说《洪范》是出于子思或子思之徒之手。这一点，留在后面再加申述。

（丁）《左传·文公五年》曾引《洪范》中"沉潜刚克，高明柔克"二句，《左传·襄公三年》曾引"无偏无党，王道荡荡"二句，《左传·成公六年》曾引"三人占，从二人"二句。刘节认为"《左传》是否先秦旧籍，尚成问题，则《左传》引书，未可据为典要"，而完全加以抹煞。屈先生则以《左传》成书约当战国前期，而《洪范》已传布，且《洪范》"所代表之物事，尚约而不侈，至邹衍乃变本加厉，以此证之，可知本篇之著成，当在邹衍之前……盖约当战国初年也"（见屈先生《尚书释义》）。从抹煞《左传》之地位，到承认《左传》之地位，把《洪范》由邹衍之后、秦八年之前，提早到战国初年，这都是屈先生比刘节大大进步的地方。但由屈先生的说法，则似乎《左传》中的故事，都是作书的人一手想像出来的，《左传》中二百四十二年的记载，好像实际并不是代表历史，而只是代表作者一人想像的结构。否则《左传》中最先引《洪范》的是文公五年，在春秋二百四十二年的总时间中，才过了一百零一年，若承认文公五年卫宁赢引《洪范》的话是事实，则是《洪范》在春秋的前期已经流行，何能说它著于战国的初年？我觉得近代在中国学术上最大的谎言，及表现学者只知立门户、争意气，而毫无是非之公的，莫过于刘逢禄、康有为、崔适诸人对《左传》之诬妄。《左传》作者自己的话，分明用两种方式表示出来：一是对经的解释，如《左传·隐公元年》"不书即位，摄也"者是，另一为作者表明自己的见解，书中凡所谓"君子曰"者是。其书或由前期之左氏学者，有若干史实之增益，有如《史记》中记有司马迁死后之事，但其根据鲁史及各国之史以成书，而非出于作者之臆造，这只要平心静气地把《左传》细读一过，试问古今中外，有谁人能凭空想像得出上千个的内容无　相同的故事情节呢？关于《左传》的问题，这里只说到此处为止。

（戊）屈先生谓《洪范》"言五行所代表之事物，尚约而不侈，至邹衍乃变本加厉，可知本篇之著成，当在邹衍之前"，此系屈先生的卓见。但其与邹衍不同者，非仅约而不侈，此见后。

其实，《洪范》过去所发生的重大影响，并不是来自他的思想内容，而是来自对五行的附会。今日对《洪范》所引起的怀疑，又是来自对五行的新附会。荀子非难子思、孟子的话，在今日由可以考见的先秦文献及两人思想的内容来看，当然是诬妄之辞。但"案往旧造说，谓之五行"两句话，却透出了"五行"这一名词，作了本质转换的消息。所谓"往旧"，正指的夏时在政治上所重视的社会生活的实用资材的五行而言。"案往旧造说"，乃是按照传统的"五行"一词而造成新说。而新说造成之后，并不另造名词，依然谓之"五行"，这即他所说的"谓之五行"一语的意义。他所以把这一公案加在子思、孟子身上，就我的推想，第一，倡终始五德（五德，乃五行的五种作用）的邹衍，依然是归结在仁义方面，因此，他们可能援子思、孟子以自重。第二，子思、孟子的思想带有超经验的性格，故易为邹衍所假借，而荀子则完全是经验的性格，他尚未看到七篇《孟子》的流布，所以便容易相信这种流言。过去的人，因为不知道"五行"一词在内容上前后的转换，所以便把邹衍所造的一套，加到《甘誓》、《洪范》上面去，以为这是来自古圣之遗。今人渐渐知道由汉儒所大大信服、提倡的五行思想，是出自邹衍，于是不问内容，便把凡是有"五行"一辞的文献，都拉在邹衍之后。因此，有关《洪范》的争论，最根本之点还是在"五行"的内容上。

在前面引过的章太炎文章里说"古者《洪范》九畴，举五行傅会人事"，这完全是受了西汉人蒙骗的妄说。因为《洪范》中的所谓"人事"，乃指"二，五事：一曰貌，二曰言，三曰视，四曰听，五曰思"而言。不仅《洪范》中未曾以五行配五事，即在邹衍的五行新说已经流行的战国末期乃至秦代，也还未以五行配五事。吕不韦的门客，承邹衍终始五德论以作《吕氏春秋》中的"十二纪"，"十二纪"中未将《洪范》的五行傅会五事。以五行配五事，是西汉初才出现的。《洪范》中讲天人感应的关系，是在"八，庶征"一段。天所用以表现自己意志的是雨、旸、燠、寒、风五者的"时"、"不时"，而不是五行。所用以表现天象历数的，是"四，五纪"中的岁、月、日、星辰、历数，也不是五行。所以五行在《洪范》中，与天道完全无关。作为人与天相通的桥梁的，是人的貌、言、视、听、思五者合不合肃、乂、哲、谋、圣五者的要求，也不是五行，所以五行在《洪范》中亦与人事完全无关，更不是天人感应的桥梁或实质。这只要平心静气地把《洪范》细续一过，便脉络分明，其中的五行，是在什么地方傅会上人事呢？至于邹衍以后，虽有以其他事物列成五数，以求与五行相配的情形，但在邹衍以前，中国人大概因伸手便是五指，所以好以"五"名数。五行之"五"，也是由此而来。所以《洪范》中的"五事"、"五纪"、"五征"、"五福"，决不是为了配合五行之五而来。因为不能发现它们与五行有任何关连。并且"八政"、"三德"、"七卜"、"六极"，并非如后世截长补短地非拼凑成"五"不可。

把《洪范》的五行与邹衍的五行相附会，如后所说，并非始于邹衍自己，而是西汉迂愚之儒所完成的。后世对《洪范》的解释，盖无不受此影响。尤以清儒不了解两汉学术的性格与先秦迥殊，以为两汉去先秦未远，故两汉人对经典之说最为可靠，因而《汉书·五行志》对清儒所发生的毒素特别大。孔颖达《五经正义》对《洪范》五行的解释，当然也受了汉儒的影响。但《正义》的解释，实际是由两部分所构成：一部分是顺着《洪范》本文及《孔传》的解释，根据这一部分解释，则《洪范》的五行，只能是社会生活所必须的实用资材，无半丝半毫神秘的、形上的意味；另一部分是把从战国之末，到两汉所逐渐演变而成的阴阳五行之说，糅杂在一起的一套胡说。这两部分，在思想上不论怎样推论，也是不能连结在一起的，但居然连结在一起，经千余年而不以为异，这即说明中国自秦统一后，知识分子缺少思考的能力。现在仅把前一部分抄在下面，以说明《洪范》五行的本来面目。第二部分乃二千年来共同的胡说，从略。

经文：

一，五行：一曰水，二曰火，三曰木，四曰金，五曰土。水曰润下，火曰炎上，木曰曲直，金曰从革，土爰稼穑。润下作咸，炎上作苦，曲直作酸，从革作辛，稼穑作甘。

《正义》：

此章所演文有三重。第一言其名次，第二言其体性，第三言其气味。言五者性异而味别，名（当作“各”）为人之所用。《书传》云，水火者，百姓之求（当作“所”）饮食也。金木者，百姓之所兴作也。土者物之所资生也。是为人用，五行即五材也。襄二十七年《左传》云“天生五材，民并用之”，言五行各有材干也。

按上面解释五行，与春秋时代所说的五行，完全一致，即是社会生活所必须的五种实用资材。尤其值得注意的是，《书》孔氏传或系伪托，但在此等处，并未受董仲舒、刘向辈之影响，则其“根据古训”（《四库全书总目》“尚书正义”条中语），自有师承，其价值正未可轻加抹煞。

又：

揉曲直（《孔传》释“木曰曲直”）者，为器有须曲直也。可改更（《孔传》释“金曰从革”）者，可销铸以为器也。木可以揉令曲直，金可以从人改更，言其为人用之意也。由此以观，水则润下，可用以灌溉。火则炎上，可用以炊爨，亦可知也。

按《正义》对土爱稼穑之解释不甚明洁。《孔传》："种曰稼，敛曰穑。土可以种，可以敛。"以上正说明五材之各有材干。

又：

"水性本甘，久浸其地，变而为卤，卤味乃成。""火性炎上，焚物则焦，焦是苦气。""木生子实，其味多酸。""金之在火，别有腥气，非苦非酸，其味近辛，故辛为金之气。""甘味生于百谷，谷是土之所生，故甘为土之味也。"

由上可知，《洪范》之五行与邹衍以后之五行，有本质上的不同，不仅是"约而不侈"。夏禹在治水后，急于重建民生，因而在政治上特重视六府或五行的设施，故箕子所传承的《洪范》，首先将其提出，是可以相信的。而《洪范》之传自箕子，也是可以相信的。《周易·明夷·象传》，将箕子、文王并称，[1]不会没有缘故。

屈先生在他大文的后面，说了一个非常有意义的譬喻，略引在下面：

战国年间人，而根据传闻以述唐虞夏商或周初时事，那正像近代人根据传说而塑成的关公神像一样。那神像是亦

---

[1]《易·明夷》："象曰……内文明而外柔服，以蒙大难，文王以之。……内难而能正其志，箕子以之。"

红脸，五绺长须，魁梧的身材，坐在太师椅上，拿着一本线装本的《春秋》。太师椅和线装书，我们可以确知非三国时代所有。至于面貌、胡须和身材，有没有一点和真关公相似之处，就很难定了……

把屈先生的譬喻应用到治学的风气上去，守旧者便一律认为是真的，趋新者便一口断定是假的。疑古学派则因太师椅等确实非汉代所有，便断定历史上并无关公其人。其实，一律认为是真的很容易，一口断定是假的也同样的容易。困心衡虑于真假之际，以找出真中之假、假中之真，这才是不容易的事。譬如关公有一副漂亮的胡须，这由诸葛亮给他的信，可以断定是真的。但到底是不是五绺呢？恐怕便有问题。手拿着线装《春秋》，并说他"志在《春秋》"，这是假的，但《江表传》说他"好《左氏传》，讽谕略皆上口"，这以当时《左氏》盛行，且其中战史材料甚多的情形看，便未必是假。而有的关公像却手上拿的是卷子而不是线装书，也不容一概而论。数十年来，许多整理国故的工作是白做，问题大概便出在真则全真、假则全假的对材料批判态度之上。这才是今后所应特别注意的地方。

八、战国时代阴阳观念的演变与在《易传》中的发展

因阴阳原义，本与太阳有关，所以在春秋时代，已经开始以日为阳；并且在《诗经》及春秋时代，多由气候的寒暖以言阴阳，这便与四时发生联系。太阳、四时，都是史官所主管的，因此，

阴阳的观念，恐怕是由主管天文历象的史官所发展出来的。所以在春秋时代，有关"阴阳"一词，出之于史官口里的也比较多。

对阴阳观念，作决定性的演变，恐怕是顺着《易传》的发展而来。而受影响最快的却是道家，最后乃得到各家共同的承认。

墨子较孔、老为后，现行《墨子》一书中，两次出现了"阴阳"的名词。一次是《辞过》第六"凡回于天地之间，包于四海之内，天壤之情，阴阳之和，莫不有也。……天地也，则曰上下，四时也，则曰阴阳"，《天志中》"是以天之为寒热也节，四时调，阴阳雨露也时"。《墨子》中这两篇东西，是早期的文献，这两处的"阴阳"的含义，只是以寒暖分时序的意思。"四时也则曰阴阳"，即是"四时由寒暖而分"的意思。阴阳时，也即是"寒暖得其时"的意思，这都是属于春秋时代的观念。不仅在墨子早期文献中，没有以阴阳言造化之迹，即在墨学长期演变中，也不曾以阴阳言造化。这原因非常简单，墨子是主张天志的。主张天志，即是主张一种人格神的天，墨子可以把阴阳、四时、雨露等作为天志的表现，但阴阳不能代天志而实行造化之权。何况《墨子》中所说到的阴阳，还没有突出于其他相关事物——如雨露等之上。

最奇怪的是，在儒家系统中，不仅《论语》中没有阴阳的观念，连认为是出于子思的《中庸》及战国中期的孟子，也同样没有阴阳的观念。《庄子·天下》篇有"《易》以道阴阳"之语〔补记，按此语当为后人旁注，羼入正文〕，《礼记·祭义》可能受《庄子·天下》篇的影响而有"昔者圣人建阴阳天地之情，立以为《易》"之语，于是过去许多人以为《易》是阴阳思想的发源，或其总汇。但如后所说，用阴阳的观念来解释《易》，乃是《易》学发展的最后阶段，这一发展，在《易传》的本身恐怕尚未完成。

现行《礼记》四十九篇，正如孔颖达们所说，[①] 这是"上自游夏之初，下终秦汉之际……各记旧闻，错综鸠聚，以类相附"而成的。其中除《月令》录自《吕氏春秋》"十二纪"者外，言阴阳最多者，莫如《礼运》、《郊特性》、《乐记》数篇，而这数篇，实承《易传》之流，大约成篇于秦汉之际。《乐记》则为汉武时河间献王等所编定。《荀子》书中出现阴阳的观念，如《礼论》"故曰天地合而万物生，阴阳接而变化起，性伪合而天下治"，《天论》"是天地之变，阴阳之化"。这里的"阴阳"，在实质上与天地同义。但荀子是主张"不求知天"的，所以阴阳的观念，与他的思想并无关涉。由上面简单的叙述，可以了解先秦儒家，一般地说，与阴阳造化的观念，实际是非常缘远的。

何以知道用阴阳的观念来解释《易》，是后起的呢？不仅《易》的卦辞、爻辞无阴阳的观念，[②] 即在《左传》、《国语》中的筮辞中，还是用由各卦所象征的具体事物之相互关系，来作吉凶判断的解释。例如《左传·庄公二十二年》"周史有以《周易》见陈侯者，陈侯使筮之，遇观之否"，《周易·观卦》六四的爻辞是"观国之光，利用宾于王"，周史对此的解释是："坤，土也；巽，风也；乾，天也。风为天，于土上，山也。有山之材，而照之以天光，于是乎居土上，故曰'观国之光，利用宾于王'。"土、风、天都是具体的实物，筮者以想像力在这些实物之间，建立某种关系，即由此关系以作所以吉所以凶的解释，这种解释，有如街头的测

---

①《礼记正义》序。
②《中孚》九二"鹤鸣在阴"，乃阴暗之义，与后起的阴阳观念无关。

字，多是相机说话，并没有什么一定的规律的，这是非常原始性的东西。

对《周易》作进一步解释的是《易传》。关于《易传》（"十翼"）是否为孔子所作，打了一千多年的冤枉官司。《易传》中引有"子曰"的，分明是编定的人①认为这是孔子的话，没有"子曰"的，便是传承孔子《易》学者的话，并且凡是"子曰"的话，除了《系辞下》第五章"子曰，乾坤其易之门耶"的下面，接着"乾，阳物也；坤，阴物也"，有阴阳的观念以外，《乾》之《文言》中有六个"子曰"，《系辞》上、下中，有二十二个"子曰"，不仅没有阴阳的观念，并且也没有刚柔的观念，而仅稍有"时位"的观念。所谓"时位"的观念，即是中正或不中正的观念，这是"中"的观念的应用，而"中"的观念，在《论语》里面是可以清楚看出的。②因此，我们可以断定上面引到的《系辞下》第五章"子曰，乾坤其易之门耶"的一段，孔子的话，只此一句，下面"乾，阳物也……"乃是后学的申述。更因此，我们可以推断，《易传》中所引的"子曰"，可信其是出于孔子。从《易传》中引用的"子曰"的内容看，孔子对《易》的贡献，是从由实物相互关系的想像所形成的吉凶观念中解放出来，落实在人间道德的主动性上，③并把作为行为理想标准的"中"，应用到《易》的解释上去。

继之而起的当是解释一卦之象的所谓"大象"。大象是以各卦

---

① 《易传》各篇的作者，既非一人、一时，而一篇之中，虽以类相从，但也如《礼记》各篇一样，亦多由编纂而成。

② 《论语》："不得中行而与之，必也狂狷乎。""中庸之为德也，其至矣乎。""允执厥中。"

③ 由卜筮之数所决定的吉凶，人完全是被动的。由行为的道德性所决定的吉凶，人依然是居于主动的地位，因为人对自己的行为有自主性的。

所象征的实物情形或关系，直接和对人的道德要求相结合。它与卦辞、爻辞所象征的实物的最大不同之点，在于卦辞、爻辞是相当的驳杂，而大象则表现得非常简炼明洁。例如《坤》的卦辞是"坤，元亨，利牝马之贞……"，而大象则只有"地势坤"三字。在大象中还没有出现刚柔的观念，更没有出现阴阳的观念。

再其次出现的，当是解释卦辞的象辞和解释爻辞的小象。象辞则从卦辞、爻辞的具体实物中解放出来，而专以刚柔及刚柔得中正不中正来解释卦象。刚柔是一切物的两种不同属性，以刚柔解释卦象，便可以打破各个实物的限制，建立比较合理的规律。这是《易》的一大进步。小象一面用了刚柔、中正的观念，但同时因为它是直接对各爻辞负责的，所以便不能不受各爻所举的实物的限制，而需要顺着它加以解释。但有的解释得开，有的却解释不开。例如《坤》六四"括囊无咎无誉。象曰，括囊无咎，慎不害也"，这是解释得开之例。《无妄》六三"无妄之灾，或系之牛；行人之得，邑人之灾。象曰，行人得牛，邑人灾也"，这是没有解释得开，用废话来塞责之例。但在六十四卦中，《乾》初九的小象，有一"阳"字，《坤》初六的小象有一"阴"字，[①]《泰卦》与《否卦》的两"象曰"皆有"阴阳"字，[②]我认为这是阴阳观念流行以后，秦汉的《易》学家中，有人特别重视此四卦，因而加以改写的。并且如后所述阴阳观念在《系辞》中出现以后，阴阳与刚柔，在先还没有配成一个系统，例如"立天之道，曰阴与阳；

[①]《乾》初九"潜龙勿用"，象曰"潜龙勿用，阳气潜藏"。《坤》初六"履霜坚冰"，象曰："履霜坚冰，阴始凝也"。

[②]《泰卦》："象曰……内阳而外阴，内健而外顺。"《否卦》："象曰……内阴而外阳，内柔而外刚。"

立地之道，曰柔与刚"，这是把四者分属于天地的。但在《泰》、《否》两卦的象辞中，则阳是刚而阴是柔的观念，已经配成了一个系统。这即说明《泰》、《否》两卦的象辞出现得很迟。否则若在象辞、小象形成时，已引入了阴阳的观念，而在六十四卦中，象辞仅应用于《泰》、《否》两卦，小象仅应用于《乾》、《坤》两卦的初爻，这是不可能的事。

《乾》及《坤》的《文言》都是杂凑成篇的，并且《乾》之《文言》"元者善之长也"一段，实来自《左传·襄公九年》鲁穆姜释《随卦》之辞，而穆姜说"元者体之长也"，较之现《文言》的"元者善之长也"，与"元"字之本义更合。《孟子》"勇士不忘丧其元"，是"元"与"首"同义，所以说是"体之长"。编《文言》的人，改为"善之长"，这是他借用了穆姜对《随卦》的解释，而将其内容加以发展。且《乾》之《文言》中除有两次解释六爻以外，亦有释《彖传》之辞，其为晚出，固不待论。但其中除引小象有一"阳"字外，更无阴阳之辞。而《坤》之《文言》则是比照《乾》之《文言》仿造出来的。《乾》之《文言》中引有"子曰"，《坤》之《文言》中完全没有。且《坤》之《文言》中阴阳消长之观念甚明，则《坤》之《文言》较《乾》之《文言》尤为晚出，其成篇恐在《系辞》、《说卦》之后。

把上面的总说一句，即是在直接解释各卦各爻的《象辞》大象、小象中，除了前面所引的四卦的特例之外，尚未引入阴阳的观念。而《易》发展的顺序，应当是：

$\dfrac{卦辞}{爻辞}$（可能较卦辞更早）→由易传中所引用之"子曰"

所代表的孔子的易学→$\dfrac{象辞}{小象}$→乾文言→系传→说卦→坤文言

→序卦→杂卦

但治《易》学的人，要把各卦中所象征的实物，构成一个有机体，以完成其整个的宇宙人生的体系，则仅靠刚柔的观念还不够。因为刚柔只不过是各物的共有属性，并非构成各物的共同元素。各物之间，若没有构成的共同元素，则各卦、各爻所象征的实物与实物之间，找不出内在的关连，便不能演进而成为有机性的宇宙构造，以满足想通过《周易》以把宇宙人生连结为一体的愿望。但这不是能由物的两种属性——刚柔，能加以建立的，而须进一步追求到构成各物的基本元素上去。有通于各物的共同元素，更有通于各卦的内在关连。并且由刚柔互相交涉所表现出来的变化，只能表现社会人生相互关系间的变化，若以之表现宇宙创生过程的变化，便非常勉强。作《彖传》的人，已经在刚柔两种观念之上，表现了上述的要求。如《剥·彖传》的"剥，剥也，柔剥刚也……君子尚消息盈虚，天行也"，这里是要以刚柔相互的关涉来表现宇宙的变化。《咸·彖传》"咸，感也。柔上刚下，二气感应以相与……"，这里实际已把刚柔当作气来看。"气"在春秋、战国时代，是介乎形上与形下之间的东西，有被视为万物共同元素的资格。《咸·彖传》称刚柔为"二气"，这即可证明要把刚柔的观念，作进一步的转化，以满足解释宇宙变化的要求。春秋时代"六气"的说法，太粗太浅。在春秋之末，阴阳已开始从风雨晦明中突出。《易》本来建立有相连的"**一**",与不相连的"**--**"代表两种性质不同的符号。宇宙创生的现象是变化,同质的东西不会发生变化,从六气中突出来的阴阳二气体,恰恰可以套在《周易》里两个基本符号中去。以阴阳为性质相反相成之二气体,即以之作为构成万物之二元素,这对宇宙创生过程,及万物在此过程中成为统一的有机体的说明,方便得太多了。用阴阳的观念来解释《周易》,这才完全转变《周易》的卜筮的迷信性质,而赋予以哲学性质的构造,这是经过了现在不能完全知道的许多人长期努力的结果。刚柔可以由各物的属性,升进而为阴阳的属性,因而组织成一个体系。原始的实物,也应重新由阴阳加以分类,以分别隶属于阴阳观念之下。并且把卦的性质,也应重新分类。这完全是《周易》的彻底改造。但汉人的《易》学,不曾了解《周易》在发展中的改造的意义,却完全是开倒车。《易传》中如《文言》、《系辞》、《说卦》等,皆由编纂而成,各篇内的材料,在时间上也有先后,故"阴阳"一辞的性质、地位,并不是完全相等的。《系辞上》第一与第二章,还是以刚柔的观念言《易》,不仅以刚柔言变化,且以刚柔言昼夜,凡是这一类的,都是比较早期的材料。《说卦》"是以立天之道,曰阴与阳;立地之道,曰柔与刚;立人之道,曰仁与义",此处是反映已把阴阳、刚柔、仁义三者平列,这是已经引进阴阳的观念,而尚未将三者组织成一个系统时的情形,所以这是中期的材料。《系辞上》"一阴一阳之谓道,继之者善也,成之者性也。仁者见之谓之仁……",《说卦》"观变于阴阳而立卦,发挥于刚柔而生爻,和顺于道德而理于义。穷理尽性,以至于命",这里已完成了有机体的组织,由天到人,形成了一个统一的体系。在此阶段之阴阳,是作为宇宙创生万物的二基本元素，及由此二元素之有规律性的变化活动而形成宇宙创生的大原则、大规范，并以之贯注于人生万物之中，而作为人生万物的性命。阴阳的观念，至此才发展完成。

阴阳观念，是在长期中，作不知不觉地发展，但进入到《周易》里面以后，则似乎是作了有意识的建立，以迄于完成。据《史记·儒林列传》："自鲁商瞿受《易》孔子。孔子卒，商瞿传《易》六世，至齐人田何，字子庄。"《汉书·儒林传》上则有较详细的叙述。总之，《易》的传承地乃在齐、鲁，但与曾子、子思、孟子这一派似乎并无关系，与荀子的关系亦甚少。至荀子时，在《易传》中的阴阳思想，当已发展完成，而《荀子》引《易》者有三条，[①]他可能已经受了《易传》阴阳变化思想的影响。[②]但《易传》主张天人合一，而荀子则主张"惟圣人不求知天"（《天论》），二者思想的性格，迥然不同，所以汪中谓《易》亦传自荀子，[③]乃为了伸张荀学所作的夸张之论。荀子《劝学》篇"《礼》之敬文也，《乐》之中和也，《诗》、《书》之博也，《春秋》之微也，在天地之间者毕矣"，此乃总述各经，而未尝及《易》，则荀子之未尝重视《易》为甚明。总结地说，《易传》系统，在儒家中恐系独成一派的。

九、《易传》与道家的关系

由"阴阳"一词，以审定《易传》与道家的关系，这也是很

---

① 荀子引易，一见于《非相》篇，两见于《大略》篇。但《大略》篇及其门人所辑录的材料。
②《荀子·礼论》"阴阳接而变化起"，《天论》"是天地之变，阴阳之化"。
③ 见汪中《述学补遗·荀子通论》。

重要的一件事。有的认为道家出于《大易》，①亦有人主张《易传》是受道家的影响而成。《易传》与道家，在思想上，一主阳刚、一主阴柔；一主积极、一主消极；一要建造人文、一要返回自然。这种思想上的不同，只要稍为平心静气地读读两方的原典，即不致受王弼《易注》的蒙蔽，而承认是两不相干的。两者共同之点，乃在以阴阳解释宇宙的创生变化。这到底是先由哪一方面发展出来的呢？我因为下面的理由，认为是由儒家系统的《易传》作者所先发展出来的，但在发展出来以后，道家后学所受的影响，却大过于儒家内其他系派所受的影响。儒家全面受此一思想的影响，恐怕是在秦统一天下以后。

首先，《老子》及《庄子·内篇》，对于宇宙创生的过程，是用"有"、"无"两个概念来说明的。而《老子》上的"负阴而抱阳"，及《庄子·内篇》中所用的"阴阳"一辞的意义，依然是属于春秋时代的意义。②道家中新义的"阴阳"一辞比较多的，始于《庄子》的《外篇》、《杂篇》。《外篇》、《杂篇》凡用"阴阳"一辞的，都可以说，在《庄子》中是比较迟的材料，且其应用时，较《易传》更为成熟明白；应用的范围，较《易传》更为广泛。就一般思想发展的情形说，《易传》上阴阳的观念应当在前，而《庄子》上阴阳的观念应当在后。

其次，《周易》本来有两个性质不同的符号"━"与"╍"，由这两个符号所成的八卦，皆象征的是实物，后来则代以刚柔，再由刚柔而代以阴阳，这是顺着两个基本符号而来的很自然的演

---

① 黄冈熊十力先生即如此主张，而戴君仁教授近著的《谈易》，则系采用后说。
② 请参阅《中国人性论史》第十一、第十二两章。

进。《易传》"太极"的观念，相当于道家"无"的观念；"阴阳"的观念，相当于"有"的观念，[1]但较"有"的观念更为明确而易把握。若前期道家已经把"阴阳"的观念演变完成，则对宇宙生化过程的说明，不必用"有"、"无"两个不易使人把握的观念。若《易传》的"阴阳"观念系由道家而来，则《易传》中不可能毫无"有"、"无"两观念的痕踪。后期道家虽继续保持"无"的观念，但几乎都是用"阴阳"去代替"有"的观念。由此可知，老、庄自身还没有后来的阴阳观念。

又其次，《庄子·天下》篇"《易》以道阴阳，《春秋》以道名分"数语，我怀疑这是把注释混为正文的结果。因为《庄子》中较早的材料只称"《诗》、《书》、《礼》、《乐》"，如《徐无鬼》，而较迟的材料则始称"六经"，如《天运》。而《天道》篇的所谓"十二经"，迄不能得其解。《天下》篇从全篇看，乃是出于庄子或庄子最为接近的学徒之手，不应出现"六经"的完整名称，而其上文正是"其在《诗》、《书》、《礼》、《乐》者，邹鲁之士、搢绅先生多能明之"，仅称"《诗》、《书》、《礼》、《乐》"而未及《易》、《春秋》，故知下面说到"《诗》以导志"的六句话，当为注文的混入。虽然如此，《礼记·经解》只称"絜静精微，《易》教也"，而未及阴阳。以"道阴阳"称《易》，实与《庄子·天下》篇这句话，有密切关系。由此，可以了解两点：（一）后期道家所取于《易》学者，仅在《易传》的阴阳观念。（二）道家学徒承认阴阳的新观念是出于《易传》（过去经传不分），而不是出于自己的先辈。《易》

---

① 《老子》中的"有"，一指的是现象界，另一则指的是现象界所自来的基本元素。此即"天下万物生于有"的"有"。详见《中国人性论史》第十一章。

中国思想史论集续篇

学的传承是以齐、鲁为中心，则《易传》受南方道家之影响而成立于南方儒者之说，可谓全无根据。

先秦道家，无受新五行观念影响的。《庄子》中仅《说剑》篇有"制以五行"的话，而《说剑》篇之出于伪托，早有定论。但《礼记》中凡提到"阴阳"的，几乎都与五行组织成一个系统，这说明儒家内其他系派，受阴阳观念的影响，如后所述，是较道家为迟的。

现在要进一步研究的，何以《易传》中阴阳思想发展完成之后，先受影响者却是道家，而不是儒家其他各派呢？

就我个人的了解，儒家所说的"天"，自孔子、子思到孟子，乃是道德性的天。如实地说，这是道德精神所达到的境界。这种精神境界，表面上好像是由天所命于人的性、人的心，实则是由人心之量的无限扩充而感到直通于天。如实地说，天只是人在精神中的一种感受性的存在，不要求有什么严格的客观规定。而由心到天，也不须另要什么媒介物，以致增加其夹杂性。荀子所说的天，是自然性的天，所以他便用上了阴阳的观念。但他把自己的思想，完全限定在经验界内，与天不发生关连。阴阳，是气，是物质的观念，所以《庄子·在宥》篇广成子答黄帝"欲取天地之精以佐五谷"、"欲官阴阳以遂群生"之问，为"而所欲问者物之质也，而所欲官者物之残也"。老子由思辨所建立的道与天的观念，客观的自然法则的意味比较重。由此以言宇宙生化的过程，很自然地会落到物质的构造上面去。这从知识的架构来讲，倒是一个大进步。至于后来儒家由阴阳的架构以言心性、言道德，这是儒家思想内《易传》这一系派影响的扩大，也是儒家思想性格本身的一大转变。

十、战国时代五行观念的演变与邹衍

阴阳、五行，原系两个不相干的名词，其演变亦来自各不相干的线索，并且五行观念的演变和阴阳观念的演变，有很大的不同。首先我们应注意到，"阴阳"的名词，从《诗经》时代、春秋时代，以至战国中期，是不断出现、不断演变的。而"五行"一词，则不仅在同时期出现得比较少，并且出现时，多是对过去的追述，而其内容亦在长期内固定未变。且自战国初期一直到孟、庄时代，不仅儒家系统中无"五行"一词，即《墨子》、《庄子》中，亦无"五行"一词。《墨经》系别墨所编纂，其中收有战国末期的材料，故其中"五行无常胜"一语，当然系杂采了邹衍之说。其次，邹衍提出五德终始之说以后，虽为少数国王所掀动，但在思想上所发生之影响，远不如阴阳观念影响之大。凡先秦诸子及秦汉之际的典籍中，有"五行"一词者多有阴阳，而有"阴阳"一词者多无五行。这即说明在阴阳观念中可以不要五行的观念，而五行观念，则非附丽于阴阳观念不可。五行观念之流行，乃在于把它组入于阴阳观念之后〔补记：此说错误。五行组入于阴阳观念之中，乃董仲舒以后之事〕。凡此，可以说明，阴阳观念之发展，有其必然性、进步性，而五行观念之发展，则只是偶然的，没有什么意义的产物。

齐思和在《五行说之起源》一文中，以为五行由五种实物升进而为五种物质元素，是在古代天文家手中所发展起来的，我觉得这很难成立。前面已经说过，作为元素性的五行，其主要意义，是在把这五样东西配成一套，以发生相胜相生的神秘而有机的作用，才可以成立的。齐氏在《左传》中所找到的例证，都是水、火等片段的证据。人间对天象的解释，除了能用人间显见或特出的事物以外，实在没有其他的方法，这种方法之采用，可以与五行观念完全没有关系。即如在《易》的系统中，以坎为水、离为火，此水、火系与雷（震）、风（巽）、山（艮）、泽（兑）组织在一起（见《说卦》），故水、火观念之应用于宇宙现象之说明者甚早，但根本与五行无关。《吕氏春秋》的"十二纪"，是现在可以看到最早把五行思想渗透到各方面而组成一完整体系的东西。假若如齐氏之说，新五行观念是由古代天文学家所发展出来的，则以五行为天上五星的说法，必出现于吕氏的"十二纪"中。但"十二纪"中对古代天文知识作了一大整理，其中所举的星宿，却与五行毫无关系。如《孟春纪》"孟春之月，日在营室。昏参中，旦尾中"，高注"营室，北方宿"，"参，西方宿；尾，东方宿"。以五行说成天上的五星，大概始于《淮南子》的《天文训》，而为司马迁《史记·天官书》所采用。但《天官书》很显然可以分成两个部分，自"中宫，天极星"起，至"察日月之行，以揆岁星顺逆"止，虽其间稍杂有五行的观念，但大体上是古天文学家观察所得之遗；自"曰东方，木，主春，日甲乙……"以下，系采用五行家的傅会。细心去了解，前后两部分，并不相对称，因此，可以断定把五行说成天上的五星，乃汉初所演出，所以五行观念的演变，与古代天文家无关。

五行观念的演变，我的推测，是在社会低级迷信中酝酿出来的。古代许多迷信，今日已不能完全知道，有知道其名称，而不能了解其内容，更不知道其形成的因缘与过程的。大约都由人们的愿望、幻想，偶然事物的诱发，对现实事物或观念所作的傅会等，非常复杂的关系而来。此即在今日我国比较落后的习俗中，尚很可看出这种情形。我小的时候，村子中的人，有把儿女结拜在碾稻子的石碾作它的义子的。《墨子·贵义》篇有"子墨子北之齐，遇日者。日者曰，帝以今日杀黑龙于北方，而先生之色黑，不可以北"一段，即是当时流行迷信之一。有的人认为这个故事即是五行之说。但组成此故事的是"四方"的"四"，而不是后来勉强与五行配合的"五方"之"五"。毕沅增"以戊己杀黄龙于中方"一句，王念孙已斥其谬（见《读书杂识》七之四）。且若此一故事即系五行之说，则何以新五行说成立以后，并未受此一故事的影响？何况此一故事之本身，与新五行相胜相生的构想，并不相容。因为若按照新五行的说法，则黑龙正是位居北方，可以在北方大行其道（即所谓"旺"），帝说杀黑龙，也不应当是在北方的。《韩非子·饰（同"饬"，戒也）邪》第十九有"邹衍之事，燕无功而国道绝"之语。按《史记·孟子荀卿列传》，邹衍曾为燕昭王师，但此处所说的事实，今日已无从知道，不过从上文"凿龟数荚，兆曰大吉"之言观之，则所谓"邹衍之事"，似指的是卜筮而非五行。同篇另有一段是"初时者，魏数年东攻尽陶、卫，魏数年西乡以失其国。此非丰隆、五行、太一、王相、摄提、六神、五括、天河、殷抢、岁星，非数年在西也；又非天缺、弧逆、刑星、荧惑、奎召，非数年在东也"。上面所举的十五样东西，今日已多不知其详，但都是当时流行的迷信，则无可疑，而"五行"恰在这一列的迷信之中，毫无五种元素的意味。并且由下文"左右背乡，不足以专战"之语观察，可能"五行"和其他十四种，是首先被江湖术士，傅会到方向的吉利与否的这一部分去，但其决非邹衍终始五德之说，殆可断言。韩非虽在邹衍之后，但他在

中国思想史论集续篇

这里所引的，乃转述当时社会流行的迷信，其由来当已非一日。则五行之被傅会为迷信，当较邹衍之说为早。因为凡是这类迷信，都是在很长期间内，一点一点地"踵事增华"的。

但把五行从杂多的社会迷信中提出来，以建立新说，引起世人注意者，毕竟始自邹衍。《汉书·艺文志·诸子略》阴阳家列有《邹子》四十九篇及《邹子终始》五十六篇，今皆不传。现略可考其内容者，惟赖《史记·孟子荀卿列传》中的记载。《列传》说他"乃深观阴阳消息，而作怪迂之变，《终始》、《大圣》之篇十余万言"。就上数语考之，他的学说可分为三点：第一，他开始以五行与阴阳相傅合。阴阳消息的思想，出于《易传》，但《易》及《易传》中，绝无五行思想。《系辞上》"天数五，地数五"，及"天一地二，天三地四，天五地六，天七地八，天九地十"，此皆言揲蓍之法，而郑康成注此乃云"天一生水于北，地二生火于南，天三生木于东，地四生金于西，天五生土于中，此五生数也。然阳无耦、阴无配，未得相成也，于是地六成水于北，与天一并天七成火于南，与地二并；地八成木于东，与天三并……"这是康成援引《汉书·律历志》的无根之谈。天一何以生水于北？凡此种种，不仅为先秦所未见，且一直到了董仲舒，亦尚无此说，又皆无法作任何合理性的了解。此真出于汉代愚妄术士之手，而为班固所采用。《易传》虽然把阴阳观念引进，使其成为宇宙化生过程的说明，但在这一过程中，怎样也插不进五行的思想。因为在《系辞上》"是故《易》有太极，是生两仪，两仪生四象，四象生八卦，八卦生吉凶，吉凶生大业"的一段话，即是对于此一生化过程很完整的构想。在此一构想中，因为有八卦的八个基本符号，决牵不到五行身上去。并且此处的"两仪"，指的是天地的法象，所以

阴阳五行及其有关文献的研究

下文便说"法象莫大乎天地"。"四象"指的是四时变化之象，所以下文便说"变通莫大乎四时"。而"大衍之数五十"一段中，说"揲之以四，以象四时"，是对四时在《易》中有确定的地位。前人每以阴阳释"两仪"，以金、木、水、火或老阴、老阳或少阴、少阳释四象，皆与原义不合。且先秦凡言及天地生化过程的，皆就四时而言，如《论语》"四时行焉"，《庄子·至乐》"是相与为春秋冬夏四时行也"等皆是。一直到《淮南子·天文训》尚称："阴阳之专精为四时，四时之散为万物。"先秦决无以五行言生化过程的。《吕氏春秋》虽将五行拉进去，但亦只认为五行乃五方的德用，如"盛德在木"之类。《易传》虽发展了阴阳观念，但只承用四时以言生化。道家受《易传》影响最早，《淮南子》中虽然已渗入了五行的观念，但在《天文训》中言宇宙生化的过程，依然是以四时为阴阳的次级观念而不及五行，所以说"天地之袭（合也）精为阴阳，阴阳之专精为四时，四时之散为万物……"，由此可知，在《易传》系统的阴阳观念下，决不需要五行观念。后来凡是把五行与阴阳混在一起来解《周易》的，都是上了汉儒的大当。把阴阳、五行牵合在一起，应该是始于邹衍"《终始》、《大圣》之篇"，当即《汉书》的"《终始》五十六篇"，其内容即史公在下文所叙述的"称引天地剖判以来，五德转移，治各有宜，而符应若兹"，这即指的是他所建立的新五行观念而言。而这种新五行观念，乃来自他的"深观阴阳消息"，这即可证明把阴阳与五行牵合在一起是从他开始。至于他如何牵合法，现已不可详知，合理的推测，是把五种实用资料，上升为五种元素（气），使其成为阴阳二气再向下分化时的次一级的东西〔补记：此说失之太早〕。其书在汉时尚存，则汉人凡是这类的牵合，大概会与他有若干关系。

中国思想史论集续篇

第二点是"作迂怪之变"。这可以分为两部分，一部分是下文所说的"因载其禨祥度制，推而远之，至天地未生，窈冥不可考而原也"，这大概是把星相方术的各种迷信，组织于阴阳五行观念之内，使成为有系统的说法。另一当为下文大九州之说，这是在东海之滨，已开始与外岛有来往，所以容易引起的对世界的想像。

第三点，也是发生影响最大之点，即是"五德转移，治各有宜"，这是邹氏的创说。邹氏所说的"五行"，已不是五种具体物，而系五种气，即五种元素。五德，是金、木、水、火、土的五气所发生的五种作用。"五德转移"，即每一朝代与五行中的某一德相应，亦即受某一德的支持。等到某一德的势力已衰，即由另一有克制前者之德，取而代之。《吕氏春秋·应同》篇"黄帝之时，天先见大螾大蝼，黄帝曰，土气胜，故其色尚黄，其事则土。及禹之时，天先见草木秋冬不杀，禹曰，木气胜，故其色尚青，其事则木。……水气至而不知数备，将徙于土"一段，马氏辑佚以为是邹衍《终始五德》的遗文，大概是不错的。《文选·魏都赋》李注引《七略》云"邹子终始五德，从所不胜。木德继之（按继土德），金德次之，火德次之，水德次之"。所谓"从所不胜"，即后来之所谓"相克"。至刘向又将其程序改为"相生"。这种说法，本是邹衍胡诌出来，以掀动当时齐、燕之君，等齐、燕之君被掀动以后，然后进以自己想说的真话。这与当时纵横之士的诡辞广喻，本是同样的性质。不晓得听的人硬以为真，便只好假戏真唱了。他之说大九州，是因为当时"有国者益淫侈"，而其所以"益淫侈"，乃因国君自己觉得非常伟大，故邹衍告之以"儒者所谓中国者，于天下乃八十一分居其一耳"。由此可见中国已经是很渺小的，何况中国中之一国、一国中之一君，实在更为渺小，有什么值得骄纵呢？邹子说终始五德的本意，乃为使当时国君知命之有常，战争之无益。所以司马迁推论之曰："或曰，伊尹负鼎，而勉汤以王，百里奚饭牛车下，而缪公用霸。作（诈）先合，然后引之大道。邹衍其言虽不轨，傥亦有牛鼎，之意乎？"因此，邹子所说的这一大套，并不是代表他的真正思想，而只作为使当时国君接受他真正思想的工具。当时国君，却只接受这一套，可以说是"买椟还珠"了。

当时齐、梁、燕、赵的王侯大人，所以"初见其术，惧（同'瞿'）然顾化"的，我想，不仅因为其说"怪迂"，有如听天方夜谭，恐怕终始五德之说，在思想史上另有一种意义。

古代在原始宗教居于支配地位时，政权的移转，认为是出于神意，此即所谓"天命"。所以国家的兴亡，人君可以不负直接责任的。到殷周之际，尤其是以周公为代表的周初，随人类理性的觉醒，开始认为天命乃随人君的"德"为转移，而人君之德的好坏，又从人民身上反映出来，于是人民成为天的代表。这样，便减低了神对政权移转的决定力，增加了人君对兴亡的责任感。经过了春秋以迄战国，人文精神早代替了原始宗教，对于政权的移转，儒、墨认为决定人君是否能行仁义，孟子说"三代之得天下也以仁，其失天下也，以不仁"，这可以说是"仁的历史观"。至于当时的人君及法家、兵家乃至一般纵横家，则认为是决定于智力的强弱。邹子终始五德之说，乃原始宗教的变相复活，五行的德，以次运转，乃"天命"的"命"的具体化。虽然"天命"是来自神的意志，而五德只是盲目性的法则，但对于当时的人君而言，则等于是政治中的神意，在更明确的形态之下，复活了起来。他们一方面感到新奇，一方面又感到轻松和新的希望。这是政治中的新宗教。后来的统治者——秦始皇，果然首先采用此说，并沿此建立他们（统治者）所希望的新宗教，愚儒方士，从而傅会之。由此所出现的天上的五帝，[①] 实同于黑克尔（Eynst Haeckel）"在其《世界之谜》一书中所说的"瓦斯体的一个脊椎动物"的上帝，[②] 这是完全没有社会性的非驴非马的宗教。但在这里我应当郑重提醒一句，邹衍的五行新说，与《洪范》发现不出任何关系。

十一、阴阳五行的融合——从《吕氏春秋》到董仲舒

《战国策》中没有出现"五行"的名词。荀子在《非十二子》篇中有"案往旧造说，谓之五行"的话，完全是采用非笑的态度。韩非《饰邪》篇中如前所引述，曾一度提到五行，而是把它视为一般的迷信风习，与文化政治无关。由此可以得出两点结论:（一）邹衍之说，除引起了一部分统治者的兴趣之外，没有引起当时思想界的兴趣。（二）因为下述的理由，凡称阴阳而又牵连到五行的文献，几乎可以断定是《吕氏春秋》以后的文献。

进一步把阴阳、五行、天文、律历、风习及政治的理想，组织成一个完整系统的，是《吕氏春秋》的"十二纪"，这是吕不韦门客的一大杰作，因为这虽是合理与迷信的混合物，但其中表现有绝大的组织能力。他悬之国门，有人能修改一字而愿赏以千金，我怀疑主要指的是这一部分。在"十二纪"中，大概把过去凡是

① 郑康成所主张的五帝。
② 德国黑克尔站在科学的立场，是一彻底的无神论者。他于一八九九年出版《世界之谜》。在这部书里，他认为假使宗教家所说的人格神的上帝真正存在，那一定是"瓦斯体的脊椎动物"。见日译《二十世纪的德国哲学》页一三九。

可以牵连得上的材料，都加以整理融合了。从"其味酸"等语句看，《洪范》当然已经牵合在一起，有关《洪范》的一切傅会，当以此为起点。但有一点须注意的是，《吕氏春秋》的"十二纪"中，尚未将《洪范》的五行与《洪范》的五事牵连在一起，因之，他也决没有根据五行、五事的配合以言政治上的休咎。

吕不韦的门客，对阴阳、五行，既下了很大一番工夫，而秦始皇统一了天下，便"推终始五德之传，以为周得火德。秦代周，德从所不胜，方今水德之始……更名河曰德水，以为水德之始。刚毅戾深，事皆决于法……然后合五德之数"。①于是五行之说，大大受到提倡，为当时的儒生所不能不接受。所以秦代儒生，多与方技之士相混杂。其中有一部分优秀突出之士，对儒家传统之道德精神的天人关系，亦开始吸收阴阳、五行这两个新因素，而加以再建。《礼记》中除了把《吕氏春秋》中的"十二纪"抄录为《月令》外，我以为《礼运》、《郊特牲》等，都是秦代儒者的杰作。《礼运》："故人者，其天地之德，阴阳之交，鬼神之会，五行之秀气也。"这是通过阴阳五行，以把人与天连结在一起，这对儒家而言，完全是一种新说。此一新说之出现，不仅是阴阳五行说的一大发展，同时也是儒家性格的一大改变。这将在《人性论史》中有所论列。

这里，尚应提出一个问题：若《汉书·五行志》中的"传曰"，果出于伏生《尚书大传》，②则以《洪范》之五行配五事，更由此以

---

① 《史记·秦始皇本纪》。
② 按《汉书·艺文志》及郑康成《尚书传序》，皆仅称之为"传"，而未尝称为"大传"。《晋书·五行志》谓"伏生创纪大传"，此当为称"大传"之始，恐系由康成序中"特选大义"一语中"大义"一辞之讹传而来。今从俗。

　　　　　　　　　　　　　中国思想史论集续篇

言灾异，当始于伏生。但我认为这一部分不是出于伏生本人，而是出于他的学徒之手。因为第一，据郑康成注《尚书大传》叙："盖自伏生也……至孝文时年且百岁，张生、欧阳生等从其学而授之。音声犹有讹误，先后犹有差舛，重以篆隶之殊，不能无失。生终后，数子各论所闻，以己意弥缝其阙，别作章句。又特撰大义，因经指名之曰传。刘子政校书，得而上之，凡四十一篇。至玄始诠次为八十三篇。"据此，伏生仅口授而未尝自己著书，他的学徒"各论所闻"，传述师说，以"别作章句"，所以康成说"盖自伏生也"。但其中也有"以己意弥缝其阙"的地方，里面并非仅伏生一人所口授的东西。除了章句之外，"又特撰大义"，这当即是《尚书大传》，当然更是伏生的学徒，本师说而有所发挥的。第二，《汉书·五行传》叙中，把汉初发展五行思想的人，说得很清楚，但没有提到伏生。《汉书·夏侯胜传》说"从始昌受《尚书》及《洪范五行传》，说灾异"，这是把《尚书》与《洪范五行传》分为两事，所以中间用一"及"字，特别加以简别。夏侯胜从受《尚书》的始昌，据《汉书·儒林传》，即夏侯胜的族叔，为济南张生的再传、伏生的三传。若《洪范》五行灾异之说出自伏生，即应包括在夏侯胜从夏侯始昌所受的《尚书》之内，而不应另加标出。第三，《尚书大传》，迄明已佚，现有陈寿祺所辑之定本，稍可覆按。以五行配四时，已见于《吕氏春秋》。若伏生已接受邹衍系统之五行思想，则卷一下中之言四时，何以竟与五行毫无关系？而全书及卷五略说之言及三皇五帝、二工，亦与终始五德之说，毫不相干。如言黄帝仅谓"黄者光也，厚也。中和之色，德施四季，与地同功，故先黄以别之也"，根本不言"以土德王"。书中凡《吕氏春秋》已与五行相配之五色、五服及律吕等，亦皆不与五行相配合。而卷三《洪范》下对五行的解释是"水、火者，百姓之所饮食也；金、木者，百姓之所兴作也；土者，万物之所资生也，是为人用"。这完全是用五种实物来释五行，而未尝视之为"气"。则《尚书大传》中若有如《汉书·五行志》所引之"传曰"，其不出于伏生，而系出于其后学的附益，殆可断言。由此益可了解，在《尚书》的传统中，一直到伏生，还未与新五行说发生关系。亦即可证明《甘誓》、《洪范》中的五行，与新五行全不相干。

阴阳五行思想，在西汉形成了更完整的格架，因而发生了更大的影响，应当是出于董仲舒。所以《汉书·五行志》叙说他"始推阴阳，为儒者宗"。《春秋繁露》，可信为出于董仲舒。从《春秋繁露》看，在董仲舒手上的第一演变，是阴阳、五行，有了更明显而密切的结合。他在《五行相生》第五十八里说："天地之气，合而为一，分为阴阳，判为四时，列为五行。"《十指》第十二又说："水为冬，金为秋，土为季夏，火为夏，木为春。"是以四时为五行运行显现的结果。因此，它正当的构造，应当是"天地之气，合而为一，分为阴阳，列为五行"，而不必把四时杂入。他之所以把四时杂入到里面，这是受了先秦传统观念的影响。总之，上面《五行相生》的一段话，是认阴阳五行，乃天地浑元之气的一系列的分化。《天辨在人》第四十六说："金木水火，各奉其所主，以从阴阳，相与一力而并功。……故少阳因木而起，助春之生也；太阳因火而起，助夏之养也……"这一段话，是说明一气演化为五行之后，各有其特性，更各由特性以助长阴阳之气，如此，阴阳、五行便更为密切了。

第二，他通过阴阳五行而把天与人的关系，更具体化了，由此以强调天人的感应。《人副天数》第五十六："天地之符，阴阳之副，常设于身。身犹天也，数与之相参，故命与之相连也。天以终岁之数，成人之身，故小节三百六十六，副日数也；大节十二分，副月数也；内有五脏，副五行数也……行有伦理，副天地也。"由此可知人身即是一小天地。《天辨在人》第四十六："故春夏之阳，秋冬之阴，不独在天，亦在于人。"这是以人亦像天一样，含有阴阳四时之气。《阴阳义》第四十九："天亦有喜怒之气、哀乐之心，与人相副。以类合之，天人一也。"这是说天亦像人一样，含有喜怒哀乐之情。因此，天人之间，便发生一种自然感通的作用。《同类相动》第五十七："天有阴阳，人亦有阴阳。天地之阴气起；而人之阴气应之而起；人之阴气起，而天地之阴气亦宜应之而起。"由此以推，可知天人感应的密切了。

第三，天人关系既如此密切，则人伦道德亦当与天同体。《易传》阳尊而阴卑的观念尚不显著，至董仲舒，则特别强调此一点，所以有《阳尊阴卑》（卷十一）一篇。这站在宇宙论的立场上是说不通的，而只是把人间的关系，投射到阴阳中去，先使其人间化，再把人间化了的阴阳，来作人伦关系的根据。人伦是如此，道德亦是如此。《基义》第五十三："阴者阳之合，妻者夫之合，子者父之合，臣者君之合。……阳兼于阴，阴亦兼于阳；夫兼于妻，妻亦兼于夫……君臣、父子、夫妇之义，皆取诸阴阳之道。君为阳，臣为阴；父为阳，子为阴；夫为阳，妻为阴。……"由此而言阳尊而阴卑，以立三纲之道，而认为二纲之道，是"可求于天"的。这是儒家向专制政治开始低头，是伦理思想的一大转变。但董生之尊阳而卑阴，并非仅以明分位，而主要是由此以显贵德而贱刑之意。至于人的道德，也与阴阳不可分，这在后面还要说到。《深察名号》第三十五："人之诚（诚者，真实情形之意），有贪有仁。仁贪之气，两在于身。身之名取诸天。天两有阴阳之施，身亦两有贪仁之性。天有阴阳（刘师培：'阳'衍文）禁，身有情欲栣。"人之身及人之性，既皆来自天，所以应当"志意随天地，缓急仿阴阳……天人之道兼举，此谓执其中"（《如天之为》第八十）。这是他《循天道》第七十七及《如天之为》第八十两篇的用意所在。

至于董仲舒在《五行相生》第五十八以五行配仁义礼智信之五常，如前所述，并非直接扣就人身人性而言，乃就政治上之要求而言。因为他并未说由金木水火土生出仁义礼智信来。由金木水火土生出仁义礼智信，这是以后的发展，直到《白虎通义·五行》篇始明白说出。

第四，董仲舒思想的中心是在政治，是要以阴阳之说，把西汉所继承的法家尚刑的政治，转变为儒家尚德的思想。在《易传》中，已露有贵阳贱阴的端倪，因为由阳的暖而配于四时中之春夏，由阴之寒而配于四时中之秋冬，在以农业生产为主的社会中，自然觉得春夏较秋冬为可爱，由此而推到气之阳，较气之阴为可爱。这一思想，到了董仲舒大大地加以发挥。他认为"阴，刑气也；阳，德气也。阴始于秋，阳始于春，以夏养春、以冬丧秋，大人之志也。是故先爱而后严，乐生而哀终，天之当（疑是'常'字）也。而人主资诸天，大德而小刑也。是故人主近天之所近，远天之所远，大天之所大，小天之所小。是故天数右阳而不右阴，务德而不务刑。刑之不可任以成世也，犹阴不可任以成岁也。为政而任刑，谓之逆天，非王道也"（《阳尊阴卑》第四十三）。《春秋繁露》一书及《天人三策》，对于这一点，真是叮咛反复。这才是在他思想的神秘构造中所包含的真实意义。

第五，董仲舒为了约束大一统的皇帝，除了张大《春秋》中灾异之说以外，不仅把《洪范》中的实用性的五行，变质为生化性的五气，并进一步把变为五气的五行，使其与《洪范》中的貌、言、视、听、思的五事密切关连起来，[①] 以使其受到天意通过灾异而表现出来的考验，如此，大概他便觉得可以使皇帝的一举一动，皆受到天的干预，而一点也不敢乱来了。

董仲舒烦琐性的阴阳五行之说，实含有一种宗教性的意义。但由阴阳五行之气，以言天人感应，实际只是一套物质法则的神秘性的机栝，所以他所说的天，有时好像有意志，但实际只是气而不是人格神，因此，并不能真正成为宗教神的意志。秦始皇统一天下，要求有一种新的宗教神，作为他的政权与生命的护持，于是各种方士和阴阳五行之说，混杂汇合起来，要构成为统治者所需的新宗教。这在《史记·封禅书》中，可以看得很清楚。方士不是神，皇帝也不是神，《礼记·祭义》中虽已把气解释作神，[②] 但这实际是把传统宗教的神，完全消解于气，于是这种新宗教，好像有神，如五帝之类，而实在又不是人格神，只能算是满足统治者无限欲望所需要的四不像的宗教。董生在这一趋势之下，却把儒家的政治思想，装入于这一四不像的宗教躯壳之中，想由此使大一统的皇帝，在意志与行为上，不能不有所畏忌，在这种畏

---

① 由前面对《尚书大传》的考查，我以为将《洪范》中之五行与五事相配，恐怕是始于董仲舒，而后由今文《尚书》家采入《大传》。

②《礼记·祭义》："宰我曰，吾闻鬼神之名，不知其所谓。子曰，气也者，神之盛也。魄也者，鬼之盛也。"

忌中，不能不接受儒家政治的理想。这是儒家精神，在专制政治之下，所迫出来的于不识不知之中，所作的非常巧妙之宗教形式的转换。但此一新宗教的底子，本是非驴非马的，所以新宗教的目的性转换了过来，但非驴非马的构造，却一直维持下去。这大概便是董仲舒及以后的刘向们盛言阴阳五行的时代背景，而集其大成于《汉书·五行志》。阴阳五行的演变，到此亦大概成为定局。因为他已浸透到了思想的各方面。尔后的发展，乃是把过于繁琐、过于具体，因而过于牵强的说法，稍加净化，使其更具条理一点。不过到了汉光武提倡谶纬，乃是统治者把西汉儒生所加在皇帝身上的精神枷锁，又转换到维护统治者的欲望、意志之上去。但经此以后，此一新宗教运动，也更瘫痪无力，实际便由此告一结束了。

若以阴阳五行，纯作宇宙论的说明，这是一种"前科学性"的说明，在知识上，有其进步的意义，但以此来作为宗教的构造，乃至以此作为道德的根据，则不仅为先秦思想所无，且把先秦逐渐落实到从人心上去言道德，从人民好恶上去言政治的内容，堕退到四不像的物质性的宗教上去求根据，并以此歪曲了先秦典籍中的许多解释，这是学术上西汉与先秦截然不同的性格，也是我国学术发展上的一大转变，平添尔后两千年学术中的许多纠葛夹杂。把这点弄清楚了，则对中国古代文献的整理，及思想发展中的曲折、条贯，大概可以稍收澄清之效，而不致重堕入于两千多年的烟雾之中了。

此外，还得一提的，因为邹衍的新说，并没有给当时的思想界以什么影响，他自己也非真正相信自己所说的那一套，所以先秦不论在名称上，或在内容上，没有"阴阳家"可言。到了司马谈在《论六家要旨》中，始有"阴阳家"之名。但由其"尝窃观阴阳之术，大祥而众忌讳，使人拘而多所畏，然其序四时之大顺，不可失也"之言观察，他所指的阴阳家，应指的是发展《吕氏春秋》"十二纪"的系统而言，再加上"十二纪"所未详录的迷信，对于邹氏终始五德之说，并未齿及。因司马父子，对终始五德之说，毫不相信，此观于司马迁对邹衍叙述的态度而可见。所以司马谈所说的阴阳家，不一定指的是邹衍。最低限度，不是以邹衍为主体。《汉书·艺文志·诸子略》中对阴阳家之叙述，乃敷衍司马谈对阴阳家的说法以成文，但所著录的阴阳家的典籍，则以两邹的著书为主。这在叙述与著录之间，可能存在有一种矛盾。至于《艺文志·兵书略》中的"阴阳"一目，《数术略》中的"天文"、"历谱"、"五行"等目，皆应属于阴阳家之内。但因为阴阳五行之说在西汉得到非常的发展，所以《汉志》便不得不多分条目了。

由《尚书·甘誓》、《洪范》诸篇的考证
看有关治学的方法和态度问题*
——敬答屈万里先生

一、治学的态度比方法更重要

《新时代》一卷三期，有屈万里先生《〈尚书〉中不可尽信的材料》一文（以下简称"原文"），我在《阴阳五行观念之演变及若干有关文献的成立时代与解释》一文（以下简称"拙文"中，以《甘誓》、《洪范》为中心，对屈先生的许多观点，曾加以讨论。《新时代》二卷二期，承屈先生以《对于与五行有关的文献之解释问题》一文（以下简称"答文"）相答，至深感谢。屈先生答文的后面说，他和我"意见不同的地方……也都是些有关治学的方法或态度的问题"，这不仅搔到两人争论的痒处，并且也接触到做学问的基本问题。态度是由心理作用的惯性所形成的。在我看，态度问题比方法问题更重要。乾嘉以来，许多人在文献上用力甚勤甚深，但在带思想性的文字训诂上，多属幼稚可笑，这是因为他们先横一反宋儒的心理的缘故。近数十年来，有人口口声声地喊

---

* 摘要。原文见《民主评论》十三卷十一、十二两期。

科学方法，而其考据工作，却最不科学，这是因为他们先横一反中国文化的心理，以后又为了维护自己的面子或者辩护自己的好恶等等的缘故。有了能虚、能勤、能慎、能改的态度，则方法是在工夫中产生、修正的。但一个人作学问的态度对不对，常常自己并不觉得，而有赖于朋友相互间的批评讨论。所以屈先生在答文中归结到方法与态度问题，我有责任加以答复。

二、历史问题应让历史自身有优先发言权

拙文把今文《尚书》二十八篇分为三类：

（一）开始并无原始文献，而只有许多口头传说，这些传说，到了文化发展到更高的阶段时，即由史官加以整理、编纂，把口传的材料，写成文字的材料。……《尚书》中的《尧典》、《皋陶谟》、《禹贡》，当属于这一类。

（二）将原典重加整理过的材料。此种材料，原有真实文献存在，但经过若干年后，尤其是经过了改朝换代以后，有人重新加以整理，以便于流传阅读。在整理时，不免把原文加以今释，因而杂有整理时的名词、口吻、气氛，但于原有的底子并未加以改变。今日《尚书》中的《甘誓》、《汤誓》、《高宗肜日》、《西伯戡黎》、《微子》、《洪范》等皆是。

（三）是传承下来的原始资料。《商书》中的《盘庚》及《周书》，大体是属于这一类。

屈先生答文，认为我"所定的第一类，除了'史官'二字，我觉得还有推敲外，我都是赞成的"。第一类我认为是"由史官加以整理……"，而屈先生认为还有推敲，这是一个大关键。从先秦

典籍中引用第一类的材料情形来看，从《论语》"子所雅言，《诗》、《书》执礼"，《诗》、《书》已有定型的情形来看，从孔子、墨子言尧、舜、禹的情形来看，《尚书》中第一类的材料，必定编成于孔子之前。凡是把这类材料说成为战国时代作品的，无一说足以成立。我希望将来有机会加以全面的讨论。孔子、老子、墨子的话，只是由他的弟子纪录传授，无私人著书之痕迹，则第一类的材料只有由史官整理。

屈先生对于我所定的第二类，认为问题便多了。屈先生承认太史公译《尚书》，但认为"只译单篇，以便于流传阅读的，在古代我找不出这种例子，因而我不敢相信在先秦时一定会有这种情形"。屈先生对于这一点的口气说得很谨慎。而我的这一说法，虽似新说，但亦实非全是新说。朱元晦疑古文、疑《书序》，但他又说《书》有易晓者，恐是当时做底文，或是曾经修饰润色来。其难晓者，恐只是当时说话"（《语类》七十八）。而我之所以提出此一说法，则因为：

（一）《诗经》十五国的"国风"，文体大体一致，屈先生在其大著《诗经释义》中，也认为是经过了润色，此最先润色之人，非周的史官莫属，则商、周易代之后，何以能断定周的史官，基于史官的职责，要把前代的文献传承下来，而不将前朝的典册更加以润色？

（二）屈先生以为若如我的说法，是"只译单篇"，与司马迁译《尚书》不同。殊不知，若周代史官把夏、商文献编在一起，这与司马迁之作史，虽因时代不同，而形式大异，但在性质上完全相同，即是同样出于史官的职责，属于历史文献的编定与传承。司马迁之作史，正因为他要完成他的史官世家的职责，他在纂录古代文献时，以今译古，视为寻常之事，未尝加以特别说明，可能正是继承古代史官的传统。

（三）屈先生在研究历史问题时，似乎忘掉了一个最大的原则，即是关于历史问题，应当让历史的本身，有最优先的发言权。这些文献本身的纪录，这些文献被先秦其他文献所引用时，这些文献在儒家的传授中，都说是夏、商的文献，这即是历史自身的发言。对于这种历史的发言，只有更重要的不同意见的历史发言，才能加以推翻。否则，现代的人，有再大的学问，在历史面前，也是无效的。以《甘誓》《洪范》为例，屈先生们对自己的新说所举的理由，无一能成立，即无一条有代替原有历史发言的资格。于是提出了两条妙法：即是先一口断定这些文献是出现得很晚的，对于引用到这些文献的其他文献，也把它们一齐拉后。例如《墨子·明鬼下》引了很完整而又与现《尚书》中并不完全相同的《甘誓》，屈先生虽说《明鬼下》成篇的年代不能确定，但屈先生既断定《甘誓》是成篇于邹衍五行说大行之后、秦八年《吕览》成书之前，则《明鬼》篇自然也只能比《甘誓》成篇更晚，否则《明鬼》篇便无从引用，研究墨子的人恐怕不易接受这种说法。其次，如有互见乃至两相疑似的材料，凡是其中可断定系战国的作品的，便一口断定它是伪造《尚书》者的蓝本。例如屈先生认为"《尧典》显然地受了儒家思想的影响"，所以《尧典》是战国时代的作品。但从《论语》看，孔子对尧、舜的赞叹，可谓至矣，并且他还听到舜的音乐——《韶》！为什么不可以说儒家思想，曾受到《尧典》的影响呢？在屈先生原文中，能断定屈原的《天问》有两句话是櫽括《尧典》，则《论语》"尧曰咨"一章，何以又能断定他不是櫽括《尧典》呢？孔子的思想，以"仁"为中心！若《尧典》

系受儒家思想而成立，为什么《尧典》中没有一个"仁"字呢？凡是屈先生原文中这一类的说法，我看都不能成立。为了不使文章过于枝蔓，我只说到这里为止。

（四）屈先生认为属于这一类的文字很平易好懂，我在拙文中已指出《洪范》并不像屈先生所说的那么平易。朱元晦曾说："看《尚书》渐渐觉晓不得，便是有长进。若从头至尾解得，便是乱道。《高宗肜日》是最不可晓者，《西伯戡黎》是稍稍觉不可晓者。"（《语类》七十九）朱元晦的话，似乎值得大家参考。因为他在典籍上所下的工夫，比我们好像尚深一点。

（五）再加上我在拙文中所举出的两个理由（见下文所引），把它综合起来，我决不认为战国时代，有一个伪造文书集团，伪造出一批夏、商文献，而又散布到其他文献中去。上面所说的，假定仅单举一样，其作证性尚嫌薄弱。综合来看，则我所分的"将原典重加整理过的材料"的一类，为确不可易。因为我们所以提出一个观点，是为了解释研究的问题。只有我这一观点才能把有关《尚书》的问题，完全加以解释。

但屈先生对拙文把《尚书》中认为应属于第二类所举出的两个理由，认为"都很难成立"。再看屈先生认为何以不能成立的缘故吧。拙文是：

第一，从文体看，属于第二类的，都是单一事件的完整纪录，既没有《尧典》等的'曰若稽古'，及由编纂而成的复杂内容，也不同于先秦诸子中所述的古代故事，都是与上下的议论相连，从故事的内容与文体看，总没有独立性。先秦有能力凭空编造出这些东西的人，要就是容纳在一连

　　　　　　　　　　　　中国思想史论集续篇

贯的故事中，要就是容纳在表达自己思想的议论里面。主张《甘誓》这些东西是出自战国人之手的人，谁能在先秦诸子百家中，找出以一事件为单元的独立而完整的文体之例？第二，从内容看，它们的文字，虽比周初文献，较为平顺，但如前所述，周初文献中的道德观念，较《尧典》为单纯，而《甘誓》、《汤誓》等篇中的道德观念，又较周初文献更为单纯。这只要稍为留心作一对比，不难立刻可以承认的。

屈先生认为我上述的理由很难成立的反证是，"第一，从文体看，现存的《逸周书》五十九篇，几乎篇篇都是以一件事为单元的独立而完整的文体，怎能说在先秦诸子百家中，找不出这种文体的例子？"按现存《逸周书》七十篇，《汉志》是把它收录在《六艺略》中的"《书》家"里面，而注明其为"周史记"，颜师古集注引刘向云："周时诰誓号令也。"其中有为"后之好事者所增益"（刘知几《史通·六家》篇），亦犹《左传》、《史记》，也有由后人所增益的一样〔补记：对《左传》、《史记》说得轻率〕，但其与"《尚书》相类"（同上），因而为先秦史籍之遗，则无可质疑。以同类的东西，证同类的东西，而二者的情形相同，则只能益信我从文体方面的判断是确切不移的。屈先生似乎不应把《逸周书》划入战国时的"诸子百家"中去。自《汉志》起，从来没有把它列入"诸子"或"子部"的。

屈先生举出的第二点反证是，"从内容看，像晋士匄同盟于亳的载书，卫蒯聩的战祷，这两篇誓辞中的道德观念，以（当系'似'字之误）乎也较周初文献，更为单纯，我们能据此便认定这两篇誓辞是西周初年以前的作品吗？"按我所举的"第二，从内容看……"，这是从思想、观念发展的情形，来作为考订古典时代先后的一种重要方法。过去的人，一说到二帝三王，以为其道德便是至高无上，其实历史上的事实并非如此。道德观念是渐渐出现的，孟子以"血流漂杵"疑《武成》（《孟子·尽心下》），而不知这正足以证明其为实录。后人对《汤誓》的"予则孥戮汝"，觉得汤不应有孥戮之事，因而作许多曲说的解释，殊不知这正保存了未受儒家思想影响以前之真。就现在可以看到的材料看，殷末开始有"义"与"敬"的观念，到周初而大为流行。周初开始出现有"礼"的观念，到西周之末及春秋时代而大为流行。春秋时代出现了"仁"的观念，经孔子而成为众德之主。我在今文《尚书》二十八篇中所分的第二类，只有《高宗肜日》有一个"义"字，有一个"敬"字；《洪范》被后儒尊为帝王大法，但只有一个"义"字。分属于这一类中的，其文字虽较平易，但其中所反映的时代精神，都是以在厉、幽时代已经垮掉了的原始宗教为背景。例如《甘誓》的"天用剿绝其命"、"予恭行天之罚"，《汤誓》的"天命殛之"、"予畏上帝，不敢不正"、"致天之罚"，这和孟子所说的汤伐桀的情形相同吗？孟子所说的汤伐桀，不是根据天命而系本于民心。这几篇东西代表了约近千年的历史，而出现的道德观念是如此之贫乏，试把这一类的，上与在西周编成的第一类的几篇比较，下与保持原有面貌的第三类的周初文献比较，这种道德意识非常贫乏的情形，能说是偶然的吗？屈先生不拿整个春秋时代的道德观念发展的情形，来与那代表近一千年时代的几篇文献的情形相比，却在春秋时代中选出两个特例来相比……这似乎不是好的治学方法。

并且《左传·襄公十一年》晋士匄同盟于亳的载书，是鉴于襄九年戏之盟的失败，所以很谨慎地规定出各同盟国间对若干具体问题的遵守。不仅夏、商时代不会出现这样丰富之内容，即周初、西周时代也不会出现这样丰富之内容，我现抄一段在下面：

> 凡我同盟，毋蕴年（杜《注》：蕴积年谷，而不分灾），毋雍利，毋保奸，毋留慝。救灾患，恤祸乱。同好恶，奖（杜《注》：助也）王室。……

就我看，这简直可以作今日国际政治极有价值的参考，屈先生是与周初什么同类的文献相比较，而能断定"更为简单"呢？尤其是他们在两年前失败了的戏之盟中，郑公子骍提出"郑国而不唯有礼与强，可以庇民者……"，晋"知武子谓献子曰，我实不德，而要人以盟，岂礼也哉"。两方面都浮出了作为春秋时代精神的礼的观念。屈先生也承认在战国时代写文章的人，没有存心作伪的必要。假定上述《尚书》中属于第二类的那一批文件，是在春秋、战国时写定的，而不沾染一点当时流行的道德观念，恐怕是不可能的。至于屈先生提到《左传·襄公二年》卫蒯瞆的战祷，即是蒯瞆参加晋郑之战，他为赵简子的戎右，"望见郑师众，太子（蒯瞆）惧，自投于车下"，子良骂他是"妇人"，他为了鼓起自己的勇气，求他的三位祖宗给他保佑，而便申述了长七十五个字的祷词，主要是"敢告无绝筋，无折骨，无面伤，以集大事……"，此事的本身，牵涉不到道德观念的问题。"以类取，以类予"（《墨子·小取》篇），这是作材料比较时所必须具备的方法。假定在夏、殷、周初能找到同样的战祷作比较（例如《史记·齐太公世家》所载太公的誓词），其内容会同样反映出各个不同的时代。没有东西可以瞒过时代的。且如屈先生在前面引《逸周书》与《尚书》第二类的文献相比，不错，二者的性质相同，文字上，《逸周书》更为难懂，但因二者时代之不同，故《逸周书》每一篇之内容，皆较《尚书》中第二类文献为丰富！这种情形，总很值得考虑。

三、批评应从对方立论的根据下手

屈先生接着说：

> ……而徐先生的妙用，主要的就在他所定的第二类。因为有此一类，则合乎自己观点的文辞，便可以说那是原典；不合乎自己观点的文辞，便可以说是"整理者以今述古"的。这样，在行文上，自然方便多了。譬如《甘誓》，使人疑为它是后出的史料者，主要的是由它有六卿、五行和三正这三个名词，而徐先生则肯定了"五行"是当时的原典，而"六卿"一词则是"殆来自整理者的以今述古"。至于"三正"，"则不必强为之解"了。又如《周易·乾》初九的小象，有一"阳"字，《坤》初六的小象，有一"阴"字，《泰卦》与《否》的两《象传》中，皆有"阴阳"字。由于这四处"阴阳"字和徐先生的议论不合，于是徐先生便认为"这是阴阳观念流行以后，秦汉的《易》学家中，有人特别重视此四卦，因而加以改写的"。所以有了第二类这一规定，则发而为文，可以上下驰骋，无往而不利了。

按屈先生上面的话，都不很妥当。拙文主要是对古代阴阳五行观念的发展，作一详细考查。我为什么把《甘誓》及《洪范》的时代问题，安放在此一论文之内？是要使读者明了在春秋时代已一再提到五行，但其含义与邹衍所说的性质完全不同，大家不要混淆在一起。同时，邹衍虽建立了五行的新说，但对当时的思想界并没有发生影响。先把这一背景弄清楚了，则因有"五行"一词，而把《甘誓》、《洪范》拉到战国中期以后之说，自可见其不能成立。更重要的是，想把"发展"的观念，导入于人文科学研究方法之中，欧洲到了十九世纪才被多数人应用。中国人便以为同一名词，一定是包含同一的内容，所以一直到现在，许多人因为缺少此一发展观念，便对于历史上许多与思想有关的问题，越说越糊涂。我这几年的工作目的之一，便是要向这一方面，开扩出一条坦途，使今后言考据的人，不致再陷入于前人的泥淖。拙文中论《诗经》中的阴阳观念，及论春秋时代阴阳观念之演变，承屈先生说"都很平实确当"，正是由应用此种方法而来。屈先生所以执着邹衍的五行观念，四处应用，便是因为缺少此种发展的观念。其实，在拙文中所说的五行观念演变的情形，是与谈阴阳方面的，下了同样的功夫，得出同样的结论（其本身是发展的）。所以屈先生无法坚持由"五行"一词而断定《甘誓》是出于邹衍之后。

再关于六卿和三正的问题，屈先生应首先反省自己的说法能否成立？屈先生原文说"'六卿'这一名词的起源，恐怕是由于晋国的范、中行、知、韩、赵、魏六族世为命卿之故"，但拙文中指出在《左传》中，宋比晋（《左传·成公三年》）早三十二年，已出现有"六卿和公室"之文，则宋系原有六卿（《左·襄九年》），郑也出现有六卿。所以我便说"由此可以推断，必在官制上早有六卿之存在，故宋、郑之公族，亦得起而效之"，而屈先生以六卿起于晋的说法，当然不能成立。我颇信王引之古者仅有六卿，而无加三孤为九卿，以三少为三孤，其误起自新莽，班氏据以作表"而康成始袭之，于是东晋古文《尚书》窃其说以入《周官》之说（见《经义述闻》卷八"孤"字条）。《周官》言六卿者四〔补记：此不足为证，因《周官》出于王莽、刘歆〕，而《周书·顾命》"乃同召太保奭、芮伯、师伯、毕公、卫侯、毛公"，皮锡瑞以此为成王时有六卿之确证（《今文尚书考证》）。然由周上推及夏，郑康成虽谓"则三代同矣"，但是否亦称为"卿"，我不敢断定。我之所以说《甘誓》中"六卿"一辞"殆来自整理者的以今述古"，是根据《墨子·明鬼下》引作"乃召六人"，而不作"乃召六卿"，但接着便说"六事之人"，我的立说根据，在拙文中讲得清清楚楚。屈先生在答文中，不止一处的，批评我的立说，不从我立说的根据下手，而只是把我的结论故意向旁的方面转移，竟转到"合乎自己观点的文辞，便可说是原典；不合乎自己观点的文辞，便可以说是整理者以今述古的。这样，在行文上，自然方便多了"。试问，若无《墨子》的《明鬼下》所引的《甘誓》，与现时《尚书》中之《甘誓》，两相比较，我会提出这种结论吗？屈先生若认为我的结论不对，应当从我得结论所根据的材料下手。我对屈先生的批评，无不如此。屈先生故意抹煞他人立说的根据，而将他人的立说，纳入于自己恶意的主观所假设的情况之中，恐怕这不是适当之治学态度与方法。

屈先生在上述的一段话中，也用这种态度方法来批评我对阴阳观念在《易传》中的发展情形，所得的结论。不错，我的结论似乎完全是新的，但它是由原文的详细统计、归纳、分析，所得出来的结论。用这种方法所得出来的结论，不同于悬空的臆想，我不相信是可以随便推翻得了的。屈先生反对我的《乾》、《坤》、《泰》、《否》四卦，"是阴阳观念流行以后，秦汉的《易》学家中，有人特别重视此四卦，因而加以改写"的说法，首先应当对我所提出的问题，加以解答。即是：在三百八十四爻中，何以仅仅《乾》初九的小象有一"阳"字，《坤》初六的小象有一"阴"字？其余的三百八十二爻的小象，有哪一爻的小象，若应用阴阳的观念去解释，岂不解释得更为清楚？为什么不去应用呢？在六十四卦中，何以仅有《泰》、《否》两卦的象辞有"阴阳"二字？其余的六十二卦的象辞，有哪一卦的象辞，若应用阴阳去解释，岂不解释得更为清楚？为什么都不去应用呢？屈先生承不承认这是一个问题呢？若承认这是一个问题，则在我的解说以外，能提出更合理的解说，岂不更好？若不能，则只有暂时接受我的说法。

屈先生提到《甘誓》"三正"的问题，而认为我"不必强为之解"的意见是一种偷巧。不错，我的初稿是这样主张的。我之所以这样主张，是因为屈先生对"三正"的解释是"夏正建寅、殷正建丑、周正建子，这些说法之兴起，决不会早到战国以前。何况夏人竟预知殷周的月建，尤其使人捧腹"。在屈先生的意思，夏、殷、周月建的三正，是战国时的观念，我即指出，"恐怕最早是出现于《尚书大传》"，以指明屈先生对此一说法出现之时代，已犯了错误。所以接着说："若如屈先生之说，则《甘誓》成立之时间当更后"，我不知这一点屈先生承认不承认？接着我又说："但我们试想想，伪造《甘誓》之人，竟连殷周乃在夏代之后也不知道……则有什么历史知识、动机，而会伪造出禹或启伐有扈的故事，且写出八十八个字的文献来，并很快便能得到三派学徒的承认呢？……"屈先生的解释，经过我这样的反问，觉得还能站住吗？但我对伪《孔传》及《陔余丛考》的说法，也不敢信任，所以我认为与其强不知以为知，愈解愈糊涂，不如采取"阙疑"的态度。恐怕"阙疑"在治学上，也要算一个重要的消极性的方法吧。疑古派最大的缺点之一，便在不了解阙疑的重要性，常强不知以为知，平添许多毫无意义的纠葛。不过，以后，我对"三正"又提出了新的解说，而认为"可能与六府三事有关"，并引《周书·立政》篇的"作三事"，及《诗·小雅·雨无正》的"三事大夫"、《大雅·常武》的"三事就绪"作旁证，而推论"'怠弃三正'乃指荒废了主管三事之官而言"，并特声明"这也不过是一种推论，但比夏、殷、周三正之说，或稍合理一点"，屈先生把自己立说的根据，及其对问题所能作的解释的程度，和我的新说，试作一平心静气的比较，觉得是否稍为合理一点呢？

四、由铁及疆域推断《禹贡》成立的年代

屈先生的答文，接着是指出我"关于判断问题的方法和我（屈先生自称）的意见有出入"。下面就其出入所在，略作讨论。屈先生首先提出的是针对我谈到《尧典》的历象问题。我的话是：

> 譬如《尧典》中所说的历象星辰，现在有的人便以为不足信，但我们只要想到古巴比仑在天文上的成就，则中国在唐虞时代已积累有了若干历象的知识，而这种知识，在政治上是有一定的人加以传承，可以不受改朝换代的影响，因而保存了下来，又有什么稀奇？

首先应声明的是，拙文中引用到巴比仑在天文上的成就，这是一种"比定"的方法。用甲民族的情形来比定乙民族，用原始部落的情形来比定古代社会，这在研究古代史时常常是无法避免的一种方法。仅靠这种方法，而没有具体的材料作依据，那是不可以的。有了材料，用这种方法作导引、解释、旁证、推论之资，是很寻常的事。在拙文中，不应当误会到我是主张我们的历术是受巴比仑的影响，所以屈先生的答文"因为如果要说明我们的历术是受巴比仑的影响……即使千真万确地证明我国古代历术，是受巴比仑的影响"的一大段话，完全由不曾看清拙文原有字句而来。屈先生说：

> 即使……千真万确地证明唐虞时代确有历法，也不能就说定《尧典》中所说的历象星辰，真是唐虞时的历法。因为《尧典》所记的四个中星，依照现代天文学家的推算，固然有人说那是唐虞时代的现象，但也有人推算为西周时代的现象，而尤以推算为战国时代之现象的人为多。这个问题如果不能解决，则《尧典》中所说的是否为唐虞时代的历法一问题，便不能轻下断语。

关于屈先生提出《尧典》中四个中星的考证问题，要有这方面的专门知识，我和屈先生都没有说话的资格，所以拙文只从"于理为应有"来作一种推论，以批评屈先生原文中"于理所应无"的推论，而不敢深入到问题的里面去。不过，这里我可以提供两点意见。第一，屈先生说"尤以推算为战国时之现象的人为多"，这在日本，主张最力的是白鸟库吉、饭岛忠夫这一派，他们认为四个中星的年代为公元前四百年。这是他们对于中国古代史整个看法的一部分。与这一部分有不可分的关系的，乃是他们对于殷墟甲骨文，坚持是战国时的东西（以上见白鸟库吉的《中国古代史》、《中国古代史的批判》，及饭岛忠夫的《支那古代史与天文学》）。我想，屈先生未必会赞成这一派人对甲骨文的说法吧。若不赞成他们对甲骨文的说法，难说便会赞成他们对《尧典》中的中星问题的解释吗？第二，历术是长时间积累起来的经验，《论语》孔子曾说"行夏之时"，在孔子认为"夏时"是较周时更为合理。假定没有理由推翻这一资料，则不难推断"夏时"不会突然出现，而在唐虞时代已有历象的知识，大概可以成立。

屈先生提出的第二点是《禹贡》的问题。对于《禹贡》的基本看法，也和对于《尧典》的看法一样，我和屈先生并无太大的出入，即同认为是属于我所分的第一类，并无原始文献，只是后人根据口传材料所编纂的。意见不同的，是编纂的时代问题。因为屈先生在原文中认为"铁的确是推论《禹贡》著成时代的重要证据"，而《禹贡》中的梁州有铁、镂，屈先生便说"在真正可信的史料里，在考古学者所发掘的材料里，我国在西周时还没有铁器的痕迹"，并加上《禹贡》所牵涉的疆域问题，因而断定《禹贡》是成篇于"春秋的晚叶"。我对于铁的问题，是说"我们对古代的知识，尚极为有限。例如梅原末治在《中国出土的一群铜利器》一文中，介绍在河南卫辉出土的青铜所制的利器，系把铁嵌入到里面去作刃，其年代为在纪元前一千年代之初期，这岂不把西周尚无铁的应用，由此以推断《禹贡》成编的年代的根据推翻了吗"？

屈先生为了此一问题，特写信给日本的梅原末治氏，把他的原文要来（我是前年在日本时，毫无目的地随便摘录一点下来的），并将原文转寄给我看，这种对材料搜讨的认真，我同朋友谈天及向学生授课时，都说出我对屈先生衷心的感佩，但屈先生在答文中却说：

> 用徐先生所引的证据，在我是不敢得到徐先生那样的论断的。在纪元前一千年代的初期，我国已有铁器之应用，这一说法，其真象如何，似乎还有讨论之余地。因为日本近重真澄和道野鹤松，都曾用化学方法分析过秦代记有铭文的戈，和类似该型的戈各一个。近重真澄分析的结果，在该戈中，铁的成分，竟没有丝毫。道野鹤松分析的结果，铁的成分只占百分之〇．三。由此看来，诸德彝氏卖给美国人的那些所谓卫辉出土的铜器（即梅原博士所论者），其实际情形，究竟如何，似乎还有待于检讨（它们是否确为西周初年之物？它们那铁的成分，是有意使用的，还是无意混入的？都是值得讨论的）。即使撇开这些不谈，而承认在西周初年我国已有铁器使用，然而西周初年，上距夏禹的时代，还有一千余年（依照孟子的说法）。又怎能因为周初已用铁器，从而断定夏禹时也已用铁器呢？

我先急于指破一点，在拙文的文字里，没有说过"夏禹时也已用铁器"。拙文是把《禹贡》分在第一类里面，从这 类的性质说，也不能推论出我是断定夏禹时已用过铁器的。我只说出梅原氏研究的结论，并没有增加半分半毫东西到里面去。……

再谈到梅原博士那篇文章，主要是讨论在卫辉出土的十二件铜利器，其中有两件是"以铁作刃"的，并不止于是在铜中含有铁的成分占百分之几的情形。梅原博士原文中并附有相当精密的照片。梅原博士的大意是说，他先看到十二件铜利器的照片，其中注明有两件是以铁作刃的，这便引起他的注意。战后他有机会到美国去，为了详细观察这两件铜利器，便在收藏的博物馆里特别住了两天，得出了最低限度，在周初已有一部分东西开始使用到铁的结论。过去在安阳发掘出的铜器中，偶然看到有铁的锈，便使他怀疑是否殷末也有的用到了铁？但因为没有实物，所以不能作认真的考虑。现在居然看到实物了。他认为此一发现，对中国古代史的构造，实带有革命性的改变。

屈先生认为梅原博士的结论"有待于检讨"，但梅原博士论文上的图片、说明、陈述，已可以构成检讨的条件。梅原博士前几年曾在历史语言研究所及台大考古系讲学半年，和屈先生们都很熟悉，如对梅原博士的论文有值得怀疑的地方，便应向梅原博士提出正式的讨论。梅原博士所提出的问题，在我国考古学上，是一个大问题。历史语言研究所有专设的考古组，事先既无科学情报，事后又无接受新事物新结论的雅量与勇气，面对地下实物，尚不肯放弃个人意见之私，这似乎不是对学术有诚意的态度。……

屈先生提到近重真澄和道野鹤松用化学方法分析古铜器的问题，近重博士的东洋古铜器的化学的研究，及道野鹤松的确认古代支那纯铜器时代的存在，及从化学上看古代支那的金属与金属文化等论文，我没有看到。但我看到梅原博士《对于从化学上确认支那纯铜器时代的疑问》一文，这是针对道野鹤松的结论所作的批评。在梅原博士的文章中，也提到了近重的分析工作，他是以古鉴镜为主。道野氏的化学分析工作，据梅原的叙述，先分析

中国思想史论集续篇

殷墟出土的两个铜矛，因其中未含锡的成分。以后又分析四个利器，一个是矛的断片，三个是戈，其中一个戈，含百分之二以上的锡，其余三个没有锡。所以道野的结论是殷代是纯铜器时代，也可以称为青铜器时代的发芽期。在考古学上，纯铜器时代，是直承石器时代下来的。这样，便把中国古代史，向下拉了许多年。梅原博士认为殷代已经是青铜器时代，其中并引到了李济之先生的《殷墟铜器五种及其相关之问题》一文作证。此一争论，是发生于昭和十二、三年之间。下距梅原之研究铁刃的铜利器，尚约有二十年之久。而其所争论的内容，乃是殷代系纯铜器时代？抑系青铜器时代？这在时间上、内容上，可以说与周初有无一部分铁的使用问题，毫无关系，屈先生似乎不应引它来作讨论的论证。

拙文引《周书·立政》周公告成王的"其克诘尔戎兵，以陟禹之迹，方行天下，至于海表"的话，我认为周公生在我们三千年之前，是亲手把天下从商朝接受过来，是实际政治的负责人，而他说话的对象，是继他负政治责任的成王。以他所生的时代与地位，可以看到我们所不能看到的典册，因此，认为他的话有权威性，而《禹贡》上的疆域，是三代相传之旧。

屈先生对我的批难，认为《立政》的'方行天下，至于海表'，是说周人，所以下文说，'以觐文王之耿光，以扬武王之大烈'"。屈先生这种解释，恐怕不很妥当。文王三分天下有二，武王克殷不久便死了，克徐伐奄，在周公手上才完成，恐怕都不能说"至于海表"。顺文字来讲，"陟"乃升进之义，"以陟禹之迹"是说"升进到禹的旧有疆域"，由此可以反映出在周公的心目中，当时的疆域还没有能达到禹所旧有的疆域，所以便用一个"陟"字。"方行天下，至于海表"，是对"禹之迹"的说明。周公认为若能如此，才算完成了先人的德业（"以觐文王之耿光，以扬武王之大烈"）。屈先生又说"周公诚然以王命对殷人说过'惟尔知惟殷先人，有册有典'，但我们应当注意这个'知'字，知和见究竟还有分别"。我想，屈先生所立的"知"与"见"的这种分别是完全错了，《孟子》上说"或见而知之，或闻而知之"，"见"一定要归结到"知"上去，不应对举以立分别。至于屈先生接着再说"殷朝的典册，在纣都付之一炬之后，究竟还能存着多少"，"至于夏代有没有典册，都成问题"，因而认为周公"所知道的禹迹，最可能的，也不过是开始无原始文献，而只有许多口头传说的《禹贡》之类"。屈先生的话，都说得很牵强，我想很难推翻"周公会看到我们所无法看到的典册"推断。我现在退一步来承认屈先生的说法，也可以向屈先生提出两点看法：第一，我曾再三说过，"古代的传说，虽不免有所增益，但多数皆有事实或心理作背景，连神话也如此"。"禹迹"在西周已经是很普遍的传说，我这里不必一一列举，则屈先生何以能断定《禹贡》的疆域，不是出于三代相传之旧呢？第二，从《商颂》、《周书》来看，禹定九州的传说，已经很具体，则《禹贡》为什么不能定篇于西周之世呢？

我已经把《禹贡》归于《尚书》中的第一类，即是"把口传的材料写成文字的材料"，并且我特提出这种材料有三种特性，而只能从大体上加以论定。既不可以因为在大体上可以承认是真，便认为由传说而来的每一内容都是真的；也不可以因为内容的某些部分不可信，因而将其全部故事，也加以推翻。疑古派的研究方法，只是采用机械的，真则全真、假则全假的陈旧之二分法。《禹贡》上的疆域写得这样整齐，当然是经过了有资格展望全局者的整理缘饰，但其大体轮廓则是可以相信的，即可以说是"大致不差"。春秋时代，尚无私人著作，战国时的诸子百家，很难有那种全面的地理知识，只有西周的史官，才有写定《禹贡》的资格。同时，我们对于古代疆域的看法，要先去掉几种心理上的障碍。第一，我们不应当用秦以后的中央集权的标准去看古代之所谓疆域。《禹贡》里当然杂有周初封建的观念在里面，但由"五百里甸服"、"五百里侯服"、"五百里绥服"、"五百里要服"、"五百里荒服"的划分来看（实际不会划分得这样整齐），甸服才是王室直接统治所及之地，侯服已经是半独立的政权，此外，则皆系羁縻而仅可以互通声气的性质，与以后的疆域观念不大相同，这正足以反映古代帝国之特性。第二，历史上疆域的演变，不可抱着开疆辟土，一定是一代进步一代的观念。在中世纪的欧洲人，恐怕很不容易相信古代许多帝国的疆域；例如巴比仑、古埃及、古波斯等帝国的疆域。即如罗马帝国所看到的世界，也比欧洲中世纪的人所看到的世界要大得多。因此，我们没有理由不相信在夏禹时代，中国历史上第一次出现了一个声气达到很远的大帝国。不然，这些传说为什么不加到尧、舜身上去？因为自孔子起，诸子百家心目中的尧、舜的历史地位，比禹更为崇高。第三，中国古代与西部的关系，较东周后更为密切，这在《穆天子传》中也可以反映出来。周若得不到西南夷的支持，武王便没有力量伐纣，文王也不能三分天下有其二。所以屈先生认为甲骨文中的"蜀"字，指的是鲁国之蜀，恐怕是先横一疆域的成见在胸中所作的说法，是值得考虑的。

五、有根据的判断不能称为"意必"之辞

又其次，屈先生觉得在我的文章里面，"颇不乏意必之辞"。下面试将屈先生举出我所说的"意必之词"，共有五点，以括弧括出，一一加以检讨。

（一）"六府亦称为五材"。按日人狩野直喜博士，发表过好几篇研究五行的专文，其结论具见于其所著《中国哲学史》七一至七三页，中有一段说，"以我的想法，古代中国人是否把它（五行）当作原素看，殊为有疑……又合称五行与谷为'六府'，乃《左传·文公七年》所说……又称五行为五材，即《左传·襄公二十七年》'天生五材，民并用之'……"狩野氏认六府、五材、五行为同一事物之说，乃是一种通说。我在中国典籍中，发现不出有人认为六府中的金木水火土，与五材的金木水火土，是两件不同的事物的说法。就其效用而言，便谓之"材"；就其通用而言，便谓之"行"；就其收藏而言，便谓之"府"。因为这里指的是重要生活资材，所以可加谷而为"六府"；亦可因"土爰稼穑"，去谷而称"五材"，所以便说"六府亦称五材"，这有什么"意必"可言呢？至若邹衍五行新说，则将五者组成为相生相克的五种元素，便缺一既不可，添一也同样不行了。五行可以加谷而为六府，正足以证明六府中之金木水火土，与邹衍所说的金木水火土的性质绝不相同，否则不能把谷加到里面去。屈先生在原文中说《尧典》记述四宅观日和舜四时巡守，已经把四方配四季，这显然是五行之说盛行以后的事，在《尧典》的四方四时中，没有发现金木水火土中的一件的影子。同时，屈先生能发现新五行说盛行以后，有以"四"配"五"的情形吗？以五行配方位，始见于《吕

　　　　　　　　　　　　中国思想史论集续篇

氏春秋》的"十二纪"，它必须加"中央"而为五。若如屈先生之说，则《尧典》最早也应当为战国末期的东西。但屈先生因孟子确凿引用了《尧典》，只好说"可知至迟当战国的中叶，《尧典》已出世了"，屈先生这段话中，似乎含有矛盾。邹衍在孟子之后，不要说他所创出的五行新说，如拙文中指出，在战国并没有盛行，即使一创出即盛行，则受其影响而成立的《尧典》，孟子何以能再三地征引呢？

（二）"《诗经·豳风》'七月流火'，即以火言天象"、屈先生加一按语曰"徐先生是把此'流火'之'火'，当作"水火"之'火'"。按"流火"之"火"，说的是天上的星，我在乡下读村塾，九岁读到《诗经》时，这种知识大概是具备的。但把天上的星而称之为"火"，这即是我所说的"以火言天象"，我不知道屈先生何以能在这种地方发生误解？

（三）"六卿与六军、六师不可分"。按我这也是一种通说。《周礼·大司马》"凡制军，军将皆命卿"，所以《甘誓》郑注："六卿者，六军之将。《周礼》六军皆命卿，则三代同矣。"《周书·牧誓》之《正义》："孔以时已称王而有六师，亦应已置六卿。今呼三卿，是指誓战者，故不及大宰、大宗伯、司寇。"以上或可委称为古文学家之说。《春秋左传·襄公十一年》"春王正月，作三军"，《公羊传》："三军者何？三卿也。"公羊以三军为三卿，自亦必以六军为六卿，是今文家对此亦无异辞。《左传·襄公十九年》"享于晋公六卿于蒲圃"，是因晋为鲁伐齐，还师过鲁，晋是时有六军，则鲁公所享之晋六卿，正其六军之帅。又《左传·襄公二十五年》"赂晋侯以宗器、乐器，自六正、五吏……皆有赂"，杜《注》以六正为卿，是对的，但以"三军之六卿"，则有问题。此时晋侯正亲率六军以伐齐，则六卿仍指其六军之帅而言。古代贵族皆兵，一直到春秋，犹是如此，故文武合一。"国之大事，在祀与戎"，其出师以卿士为统帅，乃情理之常。《周礼·大司马》"六军皆卿"之说，实合于历史之事实。《诗·大雅·常武》述宣王出师的情形，也是"王命卿士"。后人多不明古代贵族皆兵的情形，对此辄生异说，皆不足取。且古代官制，可能即由军制演变而来。则我说"六卿与六军六帅不可分"，不应当有大的错误。

（四）"不仅吕不韦罢相后的两年间，宾客尚盛，在情理上当以全力修补初稿（《吕氏春秋》），即死后亦当由其门客，不断地加以修补"。按因屈先生原文说"《吕氏春秋》，乃秦八年以前完成的作品"，而我因《吕氏春秋》中"记有六国灭亡之事"，故觉得"《序意》篇之所谓'维秦八年'，乃就初定稿之时而言……（见上屈先生所引），所以认此书是在秦八年以前完成的说法，不能轻易加以承认"。我的说法能否成立，关系于《吕氏春秋》中曾否记有六国灭亡之事。吕不韦死于秦政十二年，而秦灭六国的工作，完成于秦政二十六年。屈先生不先追究我的立说的根据，而遽否定我的结论，这是不应当的。《吕氏春秋·孟秋纪·振乱》篇谓"天子既绝……"，《有始览·谨听》篇谓"乱无大于无天子"，这当然是秦未并吞六国以前的话。但《孟冬纪·安死》篇谓"以耳目所闻见，齐、荆、燕尝亡矣，宋、中山已亡矣，赵、魏、韩已亡矣，其皆故国矣"，这分明是秦灭六国以后的口气。并且《审分览》中的《慎势》篇有"封建众者其福长"、"多封建，所以便其势"等的主张，我想，这也是把秦始皇二十六年因丞相绾等主张恢复封建，"始皇下其议于群臣，群臣皆以为便"（《史记·秦始皇本纪》）的这一派的议论，整理纪录到里面去的。像上述的情形，不作我

　　　　　　　　　　　　　中国思想史论集续篇

那种解释，更作何解释呢？一部书，初稿写定后，又有修补附益，这种例子太多了。先秦的诸子百家所遗留下来的著作，曾由其后学加以修补附益，可以说是一个通例。

（五）我对《洪范》有下面一段话：

所以它是一条一条的列举的形式，在今日可以看到的先秦文献中，是最为独一无二的突出的形式。

屈先生驳上面这一段话是：

按《论语》里的"六言六蔽"、"君子有九思"、"尊五美，屏四恶"……《中庸》里的"凡为天下国家有九经"，都是一条一条列举的形式。这些，也许徐先生要说：它们的篇幅太短了，不足和《洪范》相提并论。那么，《周礼》的全部，都是一条一条列举式的。这，也许徐先生要说：它没标明一、二、三等数字，也和《洪范》不同。那么，我们试看《逸周书》的《大武》、《小开武》、《宝典》、《文酌》等篇，《韩非子》的《内储说上七术》，《内储说下六微》，《外储说左上》、《左下》、《右上》、《右下》，《八经》等篇，《管子》的《兵法》、《四时》等篇，《孙子》的《计篇》，《吕氏春秋》的全部，都是一条一条列举的形式，都和《洪范》的形式一样。所以，与其说《洪范》"在今日可以看到的先秦文献中，是最为独一无二的突出的形式"，不如说"就今日所能看到的先秦文献看来，像《洪范》那样一条一条列举的形式，是春秋到战国年间很流行的文体"，才合乎事实。

屈先生上面举的反证，我认为《论语》的三条、《中庸》的一条，一半可以成立，一半不能成立，因为它没有构成一篇独立的文献。《周礼》全书中有一部分可以成立，原因屈先生已自己说了。《逸周书》的四篇，可以成立，《韩非子》的七篇，不完全能成立，因为在以数字列举的这一点上与《洪范》相同，但《韩非子》是采用列举故事以作说明的方式，与《洪范》不同。《管子》的两篇，可以成立，但这恐怕已经不是先秦的材料。《孙子·计篇》除"经之以五事"为数字列举，所以不能成立。《吕氏春秋》的数字，乃是计篇数与次第的，并非各篇以数字叙述内容，所以它的目录一开始是"孟春纪第一凡五篇"，直到最后"士容论第六凡六篇"，所以完全不能成立。由此可以了解，在屈先生所举的反证中，只有《逸周书》一项，才完全适当。但即使只有一项适当的反证，也足以证明我说《洪范》是"最为独一无二的突出形式"，是错了的，在这里，我非常感谢屈先生的指教，我将把"独一无二"四字，加以修正。不过姚姬传《辨逸周书》谓："庄子言圣人之法，以参为验，以稽为决，其数，一二三四是也。此如箕子陈九畴，及《周礼》所载庶官所守，皆不容不以数纪者。是书以数为纪之词乃至烦复，不可胜纪。"朱右曾《逸周书集训释》序谓："愚观此书，虽未必果出文、武、周、召之手，要亦非战国、秦汉人所能伪托。何者？庄生有言，圣人之法，以参为验，以稽为决，一二三四是也（按'一'字上无'其数'二字非是）。周室之初，箕子陈畴，周官分职，皆以数纪，大致与此书相似。"朱氏系本姚氏之说而稍变其意。据此，可知庄子亦以条列式的叙述，原出于

中国思想史论集续篇

先王的政典，而是一种特殊的叙述方式，后来诸子百家中，偶有受这种叙述方式的影响而加以采用的。但通观诸子百家，采用此种形式的究属极少数。屈先生却说这是"春秋战国中间很流行的文体"，未免稍嫌张大其辞了。

六、我并没有误会屈先生的说法

屈先生说到我对他的说法，"也颇有误会的地方"。一是牵涉《左传》的问题，据屈先生的说明，则我们的态度，实大致相同，则都以《左传》所记的是史实。我之所以觉得"由屈先生的说法，似乎《左传》中的故事，都是作书的人一手想像出来的"，是因为屈先生的原文，承认了文公五年、襄公三年、成公三年都曾引用到《洪范》。若这些引用《洪范》作论据的是历史的事实，则"《洪范》在春秋的前朝已经流行，何能说它著于战国的初年"？而屈先生正是以《洪范》是成书于战国初年的。屈先生在答文中，举出两个理由，坚持《洪范》成于战国初年的说法。这对于史料的判定，是很有关系的，所以我顺便提出来讨论一下。屈先生第一是认为"《左传》的作者在作《左传》的时候，虽然是根据着古代史料，但……记述古人的话语，为了使那些话语说得更圆满些，常有由作者加枝添叶的地方"。屈先生的意思，《左传》中引《洪范》的话，都是作《左传》的人"加枝添叶"添进去的，所以《左传》是成于"战国前期"，而"《洪范》约当战国初年"，二者并不矛盾。第二，屈先生为支持自己的这一说法，认为《左传》中三次引《洪范》，皆称为"商书"，与现在《尚书》里称为"周书"不合，"何以宁嬴（文五年）或人（成六年）和君子（襄三年）所

由《尚书·甘誓》、《洪范》诸篇的考证看有关治学的方法和态度问题

97

见的《尚书》，都是这一个同样的异本"？屈先生由此一问，而认为"他们所引的《洪范》，究竟是真的出于他们自己之口，抑是'君子'（按即《左传》的作者）流在他们口里的？实在是值得讨论的问题"。屈先生虽然很谦虚地说"值得讨论"，但实际认为是由《左传》的作者"流在他们口里的"，否则与屈先生所论定的《洪范》成书的年代不合。不过，屈先生补充的两点说明，似不能解答此一问题。首先，著史者叙述他人之言语，而加以润色，乃至加枝添叶，这是常有的情形。但在情理上，恐怕多只限于口气的调整、词藻的润色。至于叙述他人的语言，而为其引经据典，大概有些不近情理吧。尤其是为一个默默无闻的宁赢，及对晋栾武子讲话的"或人"，去引经据典，未免太精力过剩吧。况且《左传》中的"君子曰"，有不少是引经据典的，即如襄三年的引《洪范》，即是出于"君子"。然则《左传》的作者，即有引经据典以发挥自己意见的自由与惯例，为什么把另外两处引用《洪范》的话，不自己顶上，而偏偏要加到旁人身上去呢？

其次，屈先生以为只有"君子曰"所看到的"异本"，才把《洪范》称为"商书"。意思是说在当时流行的《尚书》中，则皆把《洪范》称为"周书"。所以《左传》其他两处引《洪范》之称为"商书"，当然也是出于同一异本的系统，即是认为只有同出于"君子曰"的系统，才会称之为"商书"。亦即是只有作《左传》的"君子"，才会把它称为"商书"。按全祖望《经史问答》："问：《左传》引《洪范》为'商书'何也？答：是盖殷之遗民所称，而后人因之者。盖曰，惟十有三祀，则虽以为'商书'可也。"孔颖达《尚书正义》："商曰祀，周曰年……故解之（《孔传》解），箕子称祀，不忘本也。此篇箕子所作，箕子商人，故记传引此篇者，皆云'商书'。"按许慎《说文解字》中，五引《洪范》，而皆称之为"商书"（见王鸣盛《蛾术编》"许氏引师说，尊之如经"条下鹤寿按语），则《正义》之说为可信。然则何以现在的《尚书》，称为"周书"呢？日人竹添光鸿《左氏会笺》："笺曰，成六年、襄三年皆引《洪范》为商书，以箕子所传故也。杜云，今谓之周书，则今文《尚书》既作周书，盖伏生以其（按指箕子）为武王所说，改为周书耳。"屈先生谓古文《尚书》亦称之为周书，我不知道屈先生此语的根据〔补记：按今日所传的今文《尚书》，实系孔安国"以今文读之"的古文《尚书》，今文《尚书》亡于魏晋之际〕。而竹添氏的说法，实系孔颖达的说法所应当有的补充。极普通的解释是：明末清初的某些人物，如顾亭林、黄梨洲等，有的人把他们列入明代，也有的人把他们列入清代。因此，把《洪范》称"商书"，实无所谓"异本"。因而屈先生的推论，失掉了作为推论的前提。且即如屈先生所说，《洪范》在《左传》作者时，已有异本，则其成立当已非一日。屈先生对于《洪范》成篇年代，在原文中最具体的说法是"本篇如不成于子思之手，则当成于子思之徒"，而《左传》则屈先生认为成书于战国前期〔补记：应为战国初年〕，姑不追问子思或子思之徒，以何因缘而忽速出此书（此说之绝对不能成立，在拙文中已有批评），即使退一万步而承认屈先生的说法，则《洪范》之成篇，与《左传》之成书，其时间并不相上下。尤以像《左传》这种大著，非短时可以写成。《左传》的作者，我们应当假定，他对春秋时代的史料有丰富的凭借与知识，否则他便无从著作。用现在的语句说，他是一位"近代史"乃至"现代史"的专家。以这样的一位专家，对于与他时代不相上下的一篇假古董——《洪范》，是通过一条什么线索以进入到他手上，而能使他相信是"商书"呢？我们把这些情况，一样样地分析清楚后，屈先生恐怕不能坚持自己的论点。

屈先生认为我对他关于《甘誓》的见解所作的下面一段的批评，是有点栽赃问罪，而不能不令他"喊声冤哉枉也"，这真令我非常惶恐。不仅屈先生是我平生所最钦佩的朋友之一，不可存心冤枉。即与一般人讨论问题时，自己人格的要求，也决不可如此。我的一段话是：

> 如屈先生之说，必须假定在邹衍之后，有一个人，深信他终始五德之说，捏造了这八十八个字一篇的东西，把它流传出去，于是作《墨子·明鬼下》和《庄子·人间世》的人，上了那位作伪者的大当，同时承认伪造出的这篇东西，是历史上的真文献，因而加以引用。自然也得到了儒家系统的人承认，因而把它与其他的文献编纂在一起。……但，《人间世》恐怕是出于庄子自己，最迟也是出于与庄子极为接近者之手，而此篇仅有"昔者尧攻丛枝胥敖，禹攻有扈"，它止提到禹攻扈的故事，并未直接涉及《甘誓》之文。由此可知屈先生不仅以《甘誓》之文为伪，并以禹伐有扈的故事，亦全由此伪造之《甘誓》而来。

屈先生所以认为我是冤枉他，是因为屈先生原文曾说过"后人的述古之辞，诚然不是伪书，那时的作者们，本没有作伪的必要"；"他们只是根据传说，而笔之于书"，因此，屈先生并未尝说写《甘誓》的人是作伪者，而我却说了"如屈先生之说，必须假定……上了那位作伪者的大当……"，所以屈先生说我是栽赃问罪。但我上面的假定，是根据屈先生的"它（《甘誓》）已用了终始五德之说，据此可知它之著成，不会在邹衍之前"；"但《墨子·明鬼下》、《庄子·人间世》、《吕氏春秋》的《召类》篇和《先己》篇都曾引述过《甘誓》。《明鬼下》和《人间世》的作成时期虽难确定，但《吕览》乃秦八年以前完成的作品，则是有明文可据的。如此说来，《甘誓》作成的时代，当在邹衍之后、秦八年之前"。据屈先生上文，可得两点结论：第一点是《庄子·人间世》只有"禹攻有扈"一句，而屈先生也认为曾引述过《甘誓》，则我说屈先生"并以禹伐有扈的故事，亦全由此伪造之《甘誓》而来"，谨把我上句话中的"伪造"两字，改为"后出"两字，大概可以与屈先生的原意相合的。第二点，屈先生是拿邹衍的终始五德之说，及《吕氏春秋》完成的年代，作决定《甘誓》成篇年代的标准，我便在屈先生的这一标准范围之内，就屈先生所承认的材料，看《甘誓》成篇后的流传、影响的情形，是否可能？在我认为是不可能的。从屈先生答文的口气看，似乎也觉得是不可能，所以把问题推到"后人的述古之辞"上面去，意思是《甘誓》的流传影响，可以不受屈先生所说的成书年代的影响，而是在它未成书以前，已经是"述古"的"古"，即是由作为《甘誓》原始材料的传说所发生的影响。但屈先生所举出来作为决定《甘誓》年代的材料，并非是传说的"古"，而是"已用了终始五德之说"的五行，及《墨子·明鬼下》等已成篇后的《甘誓》之文。然则，在我上面的一段话中，若把"作伪者"三字易为"编著者"三字，由此以追问在屈先生所认定的编成年代内，就现时可以知道得到的《甘誓》的流传、影响的情形，是否可能，这应不算是栽赃问罪。

七、应实事求是，多作反省的例证

最后，屈先生引用"实事求是，莫作调人"的两句话，以表明他的治学的态度。在我看，"实事求是"这一句话，是好的。"莫作调人"这句话，原来的意思，大概是不要把世俗的人情世故夹入到学问的辩论中去。若是这种意思，则这句话，对我国今日的知识分子，常常把人情夹到学问的是非中去的情形而言，也有若干意义的。但这句话在实际上，被许多人利用作为"固执已非"的壮胆剂，并作为应用一剖两开的二分法的辩护人，却常发生很坏的影响……若把屈先生所引的两句话改为"实事求是，多多反省"，是否对肯用心做学问的人，更有点帮助呢？因为每一个人，都会有这种经验：即是自己在某一时期，觉得是从"实事"上求得了"是"，假定随时日之经过而学问有了进步，或有了新材料的发现，便会不一定再觉其为"是"的。在此情形之下，有反省力的人，便由对自己过去的某些结论的否定而前进了，固执己见而自矜为"莫作调人"的人，便常花费宝贵的岁月，为自己过去的错误做辩护的工作，这是非常可惜的。……

有反省力的人，便能在探索中，不断改正自己在方法上与结论上的错误，并能吸收新材料、新观点；没有反省力的人，他的心灵，经常在闭锁状态之中，任何方法，对于他都是无效的。因为就文中研究这方面来讲，一个人能知道如何找材料，并且能执笔为文，则对于某一专门性的问题，在一般人面前总会能持之有故，言之成理的。一般人并不会进一步去深求其故。尤其是这几十年来的风气，大家喜欢在冷僻的题目中讨巧。我亲自经历过有种自命为某种专家的人，稍事清检他的底蕴，便发现他连对于文献上极寻常的文句，都作常识之外的解释，并有意改造文献，以求达到作伪的目的。以屈先生的精勤周到，迈越时流，对这种情形，当然也会同样的厌恶。但我之所以特别强调反省的重要，第一，是觉得一个人对材料的掌握，不易完全；第二，是对材料的解释、批评更非易事。所以每一个对学问有诚意的人，在未死以前，都应当在实事求是的基础上，把"探索"和"反省"永远连结在一起。

关于材料的掌握不易完全，例如拙文以《洪范》为在先秦古典中，是独一无二的以数字条列为叙述方式的文献，经屈先生的指正，我能不接受吗？提到铁的问题，我们又有什么理由拒绝新的材料？又如屈先生很相信商代盘庚迁殷后始称为"殷"，并以此为衡断年代的标准（按此说似为傅斯年氏所常用）。然《竹书纪年》帝芒三十三年，"商侯迁于殷"，帝泄十二年，"殷侯子亥，宾于有易，杀而放之"，十六年，"殷侯微以河北之师伐有易，杀其君绵臣"。朱右曾《汲冢纪年存真》卷上引《山海经·大荒东经》注："殷王子亥，宾于有易而淫焉；有易之君绵臣，杀而放之，故殷上甲微假师于河北，以伐有易，灭之，遂杀其君绵臣"的一段话，两相对勘，则《竹书纪年》对此事之记载为可信。《国语·鲁语》谓："上甲微，能帅契者也，殷人报焉。"综合上述材料，则在殷之先王先公中，已从商丘迁殷，商侯改称"殷侯"或"殷王"，其后始还于商丘。而迁殷以后之殷侯上甲微，实复兴其统，故殷人报焉（据沈约注）。则冯景谓"盖自契始封商也，故曰'降而生商'。上甲微已迁殷也，故曰，宅殷土芒芒……"（详见《皇清经解》二百零六冯明经《解春集》疏证第六十之五），即冯氏之意，商人称殷，有指上甲微之殷而言的，有指盘庚迁殷以后而言的。

雷学淇谓："殷商者汤之先代所居国名，既有天下，因以为号，故《诗》曰殷商之旅，又曰咨汝殷商。"（见雷著《竹书纪年义证》卷之十一）参照这些说法，则屈先生的意见，似乎值得反省吧。

关于材料的批评、解释，尤非易事。要进入到材料里面去批评、解释它，要把材料安放在它的历史、时代背景中去批评解释它。我读屈先生原文后，首先引起我注意的是，以《甘誓》《洪范》的问题为例，屈先生似乎和许多人一样，是在与材料保持相当距离的情况下去批评它、解释它。这由拙文可以覆按。兹试另外举一二例。屈先生以为《商书·盘庚》"决非盘庚时之作品，以为作于小辛时者，实亦未的。盖盘庚之名，乃其后人所命，而非在世时之称。本篇既数言盘庚，知其非当时之作也"（见屈先生著《尚书释义》）。按《商书·盘庚》实由两部分所组成，一部分是史臣所加的序录，有如《书序》；另一部分是盘庚本人说话的纪录，二者界线分明，不易淆乱。盘庚本人说话的纪录，和史臣加在前面的序录，在时间上可以是同时的，也可以序录较纪录为后，而以序录较后于纪录之情况为多。原书凡是称"盘庚"的，都是属于序录的文字，屈先生为什么可以无条件地把两部分的时间，混同在一起呢？至于其中的一个"殷"字，参阅上面所说到的"殷"字，大概解释得更顺适一点吧。

又如《诗经》的《商颂》，《国语》的《鲁语》及《诗序》，皆以为系经过校录的《商颂》，《韩诗》及《史记》则谓系正考父所作以美宋襄公的。马瑞辰已明指出正考父在宋襄公之前甚远，则《韩诗》、《史记》之说，应无由成立。但屈先生却主张"《殷武》之篇，为美宋襄公无疑，但非正考父所作。余篇疑亦宋襄公时所作……其人（宋襄公）其事，正与鲁僖公相似也（按《鲁颂》系美鲁僖公之诗）……在在可以证知其非作于商代而作于宋国也"（见屈先生著《诗经释义》）。按屈先生此说，亦系受傅斯年的影响。但夷考其实，则《鲁颂》称"鲁侯"者七，称"鲁公"者一，称"鲁邦"者二。其叙述虽亦近浮夸，但决无一语与王者的气派相混。但屈先生认定是作于"宋国"的商颂，不仅未称"宋颂"，不仅未出现过一次"宋公"，甚至连一个"宋"字都没有，而且五首皆是"王者"的口气，连屈先生认为"美宋襄公无疑"的《殷武》，也不在例外，这岂不是很奇怪的事情吗？不错，《殷武》中提到了伐荆楚的事，但宋襄公与楚一战，大败亏输，而他的臣下在《殷武》篇中居然还要说"商邑翼翼，四方之极"的大话，依然以王者自居，那未免太难乎为情了吧。《太平御览》八十三引《竹书纪年》汤九征，《孟子》言汤十一征。今《竹书纪年》有汤"征荆，荆降"之记载，《越绝书·吴芮传》记有汤献牛荆伯而荆伯委其诚心之事，则《殷武》中撮到伐荆的事，岂不可与古史残缺之余，互相依证吗？屈先生将《商颂》与《鲁颂》相提并论，恐怕不曾将两颂的内容作过比较。

又如在屈先生原文中，以《牧誓》中之"夫子"一词，引崔东壁《洙泗考信录》之说，证明其为战国时人作，似最为有力。即崔谓"凡夫子云者，称甲于乙之辞也，《春秋传》皆然，未有称甲而曰夫子者。至孟子时，始称甲于甲而亦曰夫子，孔子时无是称也"……崔上面的话是可信的。而《牧誓》中的"夫子"，却是"称甲于甲"，这是战国时代的称呼，所以《牧誓》是战国时代的作品。这一说法，初看很站得住，但试再加反省，从春秋时一直到战国，凡称"夫子"的，不论称甲于乙，或称甲于甲，都是单人称，而《牧誓》中的"夫子"，则是多数称。所以《孔传》说

"夫子谓将士"，因此，《牧誓》中的"夫子"，与春秋、战国时的一般用法，并不相同。要由《牧誓》中的"夫子"一词，以证明其成篇于战国，只有两种解决办法：一种是证明战国时也有以"夫子"作多数称的，李玄伯的《夫子与子》的大文，我没有看到，在崔、屈的文章中，似还未提出这种证明。另一种解释是认为战国时作《牧誓》的人，才穷力绌，想不出旁的可以作多数称的名词来，只好用着不合格的"夫子"一词来凑数。此一解释，似乎也不很合理。再加以如后面所说的，从产生此一作品的时代背景，及思想动机的问题，稍加分析，则屈先生之说，恐不易成立。我们经过上述的反省，似乎不妨另辟一条探索的途径。假使我们从"夫子"一词，再追索上去，许氏《说文》："夫，丈夫也，从大一，一以象无（从段《注》，俗作'簪'）。周制八寸为尺；十尺为丈，人长八尺，故曰丈夫。"男子二十而冠，冠而后簪，故"夫"乃成年男子之总称。从军者皆成年之男子，故军士亦称"夫"，《诗·兔罝》之"赳赳武夫"、《杕杜》之"征夫遑止"、《车攻》之"射夫既同"等皆是。而《左传·哀公元年》"夫屯昼夜九日"，注："（夫）犹兵也。"由上可知"夫"原以一字成义，且系成年男子多数之称。又《白虎通》"号子者，丈夫之通称也"，是"夫"与"子"之引申义，原无大分别。叠义同之二字以为一词，此殆为我国用字发展之通例，故"夫子"一词，乃叠意义相同之"夫"与"子"二字以成一名词，其原义应与"夫"之原义及"子"之引申义相去不远，即是原系指一般多数之成年男子而言，至春秋时代演变而为"称甲于乙"，至孟子时代，始演变而为"称甲于甲"，皆成为单称，此亦犹"我"字在甲骨文中原系多数称（据陈梦家《殷墟卜辞综述》之说），尔后逐渐演变而为单人称。故《史记·周

　　　　　　　　　　　中国思想史论集续篇

本纪》引《太誓》（今逸），亦有"勉哉夫子"之言，正与《牧誓》的"勗哉夫子"，为同时期文献用字的互相应证。但屈先生又说，《史记》所引的《太誓》也是战国中期以后的产品，那让我再引一个显证吧，《易经》的卦辞、爻辞，应当是周初的东西，最低限度，没有人能说它是春秋、战国时的产品吧。《恒卦》六五的爻辞是"恒其德，贞；妇人吉，夫子凶"。这里的"妇人"；当然是指一般的妇人，这里的"夫子"，也当然是指一般的成年男子，既无所谓"称甲于乙"，更无所谓"称甲于甲"，与逸《太誓》及《牧誓》之"夫子"，其意义完全相合，与春秋、战国时代之用法，完全不合。则是否因《牧誓》中所用的"夫子"一词的性质，而正可证明其为周初的文献呢？

至于说《牧誓》的文字很平易，则《史记·周本纪》所引逸《太誓》之辞，亦远较五诰之辞为平易。今人好以文字平易与否作衡断典籍时代的标准，《论语》成篇不会早于《墨子》，《孟子》也不会早于《庄子》，但《论语》和《孟子》的文字，都较《墨》、《庄》为平易，而《庄子》的《逍遥游》及《齐物论》，都较《人间世》诸篇为平易。所以文字平易与否的因素，不是简单可以决定的。关于《牧誓》的文字平易的问题，我试提出两种假定：

第一，如朱元晦之说，则五诰乃史臣所记的当面教告之辞，有如今日的口语文学，而《太誓》、《牧誓》乃对大军所作的誓师之辞，事先把文章作好了，再当大众前面念出的，其所用的多是"雅言"，因而后人觉得好懂些。

第二，我再假定，屈先生也承认战国时的诸子百家，没有作伪的必要。但他们并非史官，即使他们有心述古，亦必有其述古的时代背景与思想动机；或借古可以发挥，乃至伸张自己的思想；

或由古而可以反映出当时的问题，似乎找不出无背景及动机的述古之辞。《牧誓》最强调的是纣的"惟妇言是听"，这在战国时代，找不出这种背景，在诸子百家中，恐怕也找不出在政治上这样的反对妇人的强烈动机，它只与逸《太誓》的"乃用其妇人之言，自绝于天"相合，这说明《史记·殷本纪》所述的纣受了妲己的大影响，是历史的事实。在古代历史中，第一个因女人亡国，而又有比较明确记载的是商纣，第二个则是周幽王，所以褒姒常与妲己并称。当周室遇着褒姒的女祸，而西周将覆灭之时，周人多奔走呼号地想加以挽救。《诗·大雅·瞻卬》，《诗序》以为是"凡伯刺幽王大坏也"，其中的"哲妇倾城"、"懿（笺：有所痛伤之声）厥哲妇，为枭为鸱"、"妇有长舌，维厉之阶。乱匪降自天，生自妇人"，这都是对当时女祸的呼号。而《史记·十二诸侯年表》序谓"周道缺，诗人本之衽席，《关雎》作"，若史公之言为可信，则当时有人"美《关雎》之识微"（《后汉书·冯衍传》），找出历史中有德的女人的例子，想对幽王从正面加以挽救，因而作出了《关雎》。准以此推，可能是幽王时候的史官，为了要幽王以纣为鉴戒，因而将《太誓》、《牧誓》中所反映出的纣因女人而亡国的情形，重新修润一番，希望引起幽王的注意，经过这一番整理，所以其文字便较为平易，但其底子却仍是周初之旧。这比把它无缘无故地拉到战国中期以后是否更合理一点呢？

我上面说得这样枝蔓，是在指出即在初看时，好像极为有力的证据中，也可能受不起反省的考验，而想使大家了解，"古未易明"，传统的说法，尽可以推翻，但决不是能"以轻心掉之"的。因此，我再就屈先生的话而强调治学的态度与方法，应当是"实事求是，多作反省"。

本文写成寄港后，于孙今生先生处看到《大陆杂志》所出之《庆祝朱家骅先生七十岁论文集》，内有屈先生的《〈尚书·甘誓〉篇著成的时代》一文，仔细读过一遍后，觉得拙文不需要再改一句，也不需要再添一句。他在学问上假定受到了限制，主要是从方法与态度上来的，这对今日的文史界，将从何说起呢？！

与陈梦家、屈万里两先生商讨
周公旦曾否践阼称王的问题

一、现代中国史学的反省

在公元前一千一百年左右，[①]周武王灭殷六年后死去，其弟周公旦，曾否践阼称王七年，然后再把政权交还给武王的元子的问题，不仅关系于周初几篇重要文献的解释，并且关系于"通古今之变"的我国古代史自身演变情形的了解。更重要的是，我们可由此对"史学"自身作一深切的反省。

史学，极简单地说，是由资料及对资料的解释，和由解释所作的"复原性"的编排所构成的。在这一过程中，都离不开史学工作者或隐或显之若干观念，即是一个人衡量事物的看法，或者可称为"尺度"，所发生的重大作用。从理论上说，史学工作者对历史的观念，应当是由资料中抽聚而得。此即是一般所谓很客观的态度或观念。但事实上，这几乎是不可能的。对资料的追求、发现，必受有某种观念的诱导，与观念无关的资料，经常是视而

---

① 武王伐纣之年，据屈万里先生《西周史事概述》，异说有十种之多，而皆无确证。在这种情形之下，不如暂从传统刘歆《世经》之说，以待将来论定。我这里只好用"概略数字"。

不见的。尤其是对资料的解释，常要凭藉相关的观念作分析与综合的钥匙。任何观念都没有的人，也就是对摆在面前的资料完全不能作解释的人。观念，实际是由经验的长期积累而来。经验的扩充，不仅有赖于闻见的广博，尤关系于一个人的反省能力，有反省能力的人，可以不断由新资料修正自己原有的观念与解释，此时是凭原有观念来追求资料、解释资料，同时也即凭新资料突破原有观念，形成切合资料的新观念，资料与观念，是相缘而互相增进的。没有这种反省能力的人，便只能以资料增益他原有的观念，凡与他原有观念不合的，只有出于被删除或歪曲之一途。不过，观念是由经验而来。突破由个人经验而来的观念轻易，突破由时代经验而来的观念，亦即是突破笼照一个时代的观念，便万分困难。这样便影响到相关资料的解释及由解释所作的对历史的把握。

治我国古代史，有两大困难：第一，从资料上说，把文献和地下的资料总加起来，对当时实际的情况而言，依然只能算是只鳞片爪，而文献资料，有许多是经过长期口传以后，再由一人或数人，在不完全相同的时地中偶然记录下来的，在口传中的增益，及记录者个人与时代的影响，常混在一个故事之中，真伪先后，杂糅在一起，对此而采取真则全真、伪则全伪的态度，尤其是采取后者的态度，便无古史可言，其结果，只有像顾颉刚一样，从字形上断定禹是一条虫，日本研究中国古代神话的，还有不少人走这一条路。至于文字训诂上的困难，是更不待说的。

第二，历史的演变，常常走的是曲折的路。尤其人身的智慧与行为，常不能以简化的进化观念来加以推论。假定对于自己所生存的"现代"把握得并不完全，对于现代事物关连的合理性把握得非常有限，但却以此为基点，倒推上去，认为站在进化的立场，有些事情在古代是不应出现的，同时，有些事情又觉得在现在是不合理，所以在古代便不应当存在的，这便不能通古今之变。

上面的两个观点，不是完全没有用处，但也常易冒着很大的危险。

上述的困难，在近代学术已经很发达的国家，正在逐步地克服。而我们近三百年来，学术上局部的前进，远抵消不了全局的沉滞甚或后退，在史学上更是如此。上述两大困难，促成我国疑古派的出现。疑古派的意义，是可以引起对传统史学的反省，由此反省而引起新的努力。但因导引他们的观念，首先认定中国历史，不会像传统说法这样长久，因而古代史多出于后人虚构，他们的责任，便在揭穿这些虚构，重新建立真实的古代史。加以作为他们个人追求的出发点的是在标新中取得个人的声名，而不是在落实中尽到个人的责任。他们始终浮在资料的表面，以浅薄之知，发而为鲁莽灭裂的论断，把史学导向混乱、虚无的境地，乃是必然的现象。假定没有近几十年来，尤其是近二十年来，在考古方面的重大发现，则西周及其以前的历史，会完全看作后人虚构的神话，而由西周共和所开始的历史，也要被破弃几分之几。

想从历史的虚无主义中脱出，以重新构成中国古代史的，则有以郭沫若为代表的"模仿史学"。所谓模仿史学，是模仿马克思、恩格思所说的西方历史发展的阶段，把中国历史，生硬地套上去，以符合马、恩心目中的历史发展的法则。马、恩提出"生产力"，及生产关系中的阶级斗争，以作为人类历史发展的"铁则"，在对历史的解释上，不应完全否定他的意义。但是，马、恩不是史学家；对东方的历史，更是一无所知；他们所说"亚细亚生产方式"，只能表明他们以极概略的方法，把东方历史的发展，与西方的历史发展，检别出来，这是他们治学态度的谨慎。他们对西方一百年来的史学，不是完全没有影响；但只是局部的，而不是全面的。是间接的，而很少是直接的。除了制式著作之外，硬要把中国的历史，套到他们的简单架子上去，不仅在学术上是傅会，在政治上也看不出有何必要。模仿是人类遇到新鲜事物，而想加以学习时所必经的阶段。由模仿阶段以进入到独立研究，不是没有可能。但中共正在强调以观念控制资料的时代，要从模仿史学中脱出，恐怕更为困难。

二、周公问题在历史中的演变及其重新提出

周公曾否践阼称王，在两汉及其以前的相关资料中，都是肯定的。对《尚书》有关文献中的"王"是否是周公，今古文学家，也是肯定的。至王肃及可能是王肃伪造的《孔传》，开始提出异说，六朝、隋唐的经学，肯定与否定在交织状态之中。到了宋代，则一反先秦及汉人遗说，彻底否定，周公曾践阼称王，对《尚书》有关文献中的"王"，都不承认是周公。清代乾嘉学派，因系标举"汉学"，故对此问题，有的又恢复了两汉的遗说，有的虽标汉学，甚至标举是今文学派，但在此一问题上，却陷入宋人的藩篱。现时陈梦家及屈万里两先生，又重新走上宋人的老路。

先秦及西汉经学家，何以都承认周公曾践阼称王的说法呢？因为当时君臣的关系是相对性的，且有强烈的"天下为公"的要求，所以在他们的观念中，周公曾践阼称王，是一个寻常的事情，并且也是应当的事情。自班固父子以后，"家天下"的观念已得到

一般的承认，然经学传统未绝，故尚未摒弃西汉经师遗说。王肃好与郑玄立异，而其政治背景为反对曹爽、接近司马氏，其异说或由此而来。君臣关系，至宋儒而绝对化。宋代诸儒，除程明道、陆象山这一系统外，把君臣之分当作天经地义的不可逾越。周公践阼称王，与他们的观念绝不相容，所以一反先秦两汉遗说，而断言周公无称王之事，对《尚书》中有关文献的"王"，其无法解释到成王身上的，便只好说是武王。如《朱子语类》卷七十九：《康诰》三篇，此是武王书无疑。其中明明说"王若曰，孟侯朕其弟，小子封"，岂有周公方以成王之命命康叔，而遽述己意而告之乎？决不解如此。五峰、吴才老皆说是武王书……

"《康诰》、《酒诰》是武王命康叔之词，非成王也"，朱子的学生蔡忱，秉承朱子遗志为《书集传》，当然一守朱子的观点。清人一面标举汉学，但君臣大义，更深锢于人心，觉得周公而以人臣称王，"其将何以为圣乎"。所以在这一点上，他们是不能了解汉代经师的。到清代晚年，对君臣关系的观念渐变，所以晚期汉学家反而多能接上两汉，尤其是西汉的师承。陈梦家、屈万里两先生，则以宋人之说，合于他们求新疑古的要求，只好走上宋人的老路。基本资料相同，因观念的演变而不知不觉地在解释上发生演变。

我曾看到陈梦家早年出的有关《尚书》的小册子，正是疑古派的进一步的发挥，此书一时找不到〔补记：后来我买到，是《尚书通论》〕，也不一定值得批评。这些年来，他在甲骨文和金文方面下了不少工夫，渐趋平实细密。但对周公是否曾称王的问题，没有改变态度。兹先将其《西周铜器断代》（一）中的有关论点抄录如下：

（一）《作雒》篇（《逸周书》）述代三监后，"俾康叔宇于殷"，而康侯殷曰"王束伐商邑，征令康侯图于卫"，是殷即卫……卫国之称，当始于康叔之时（按《世俘》篇中已出现卫国之名，故康叔封于卫，仍沿故国之称）。

（二）据上所述，则周武王灭纣以后，分殷国为三，即鄘、邶、殷。及武庚与管、蔡叛周，成王、周公讨之，于是邶入于燕，鄘封微子开为宋，殷封康叔封为卫……

（三）"《诗》的'东方'，也指齐、鲁"，"由此可知卫、洛师、商奄、薄姑、淮夷等地，都属于东土"。

（四）武王灭殷以后的封土，据《周本纪》所述，有两类是褒封，一类是封功臣谋士，"封尚父于营丘曰齐，封弟周公旦于曲阜曰鲁，封召公奭于燕，封弟叔鲜于管，弟叔度于蔡，余各以次受封"。但武王所封同姓应不止此，《管蔡世家》述武王同母弟十人，除伯邑考早卒、康叔封、冉季载尚幼外，所封者为管、蔡、鲁、曹、成、霍六人。

（五）《康诰》曰"小子封，惟乃丕显考文王"，与此器（天亡殷）武王之称其父为"丕显考文王"相同，此足证《康诰》为武王诰其弟康叔之父（疑当作"文"）。

（六）"康侯殷'王束（刺）伐商邑，征令康侯图于卫……'"，"周初攻伐商邑有先后两次，先是武王伐纣，后是成王伐武庚。但此次刺伐商邑之王，必须是成王，因封康叔于卫，在成伐武庚之后，诸书记载相同。《左传·定公四年》'分康叔以……命以康诰而封于殷虚'，《逸周书·作雒》'殷大震溃，俾康叔宅于殷'，《史记·卫世家》'以武庚余民封康叔为卫君，居河淇间商虚'，凡此殷、殷虚、商虚，皆指一地，即殷文'征康侯于卫'之'卫'。卫所都之地，诸书皆认为是朝歌……朝歌、殷虚、商虚、沫、妹、卫、旧卫，都是一地。而'妹'者即《酒诰》'明大命于妹邦'……之'妹'"，"此康侯图当是康侯封……西周金文称康侯、康侯丰，《尚书·康诰》、《酒诰》称封，《史记》称康叔封，《左传·定公四年》称康叔，《易·晋卦》有康侯。康是封卫以前的封地，《卫世家》索隐云'康，畿内国名'"，"《左传·定公四年》记成王封康叔以殷虚而'命以《康诰》'，今所传《尚书》中的《康诰》、《酒诰》、《梓材》三篇，都是命封的，《书序》以为成王所作，都有问题。《康诰》开首（按指'王若曰'以前四十八字）有一段记事，与《康诰》本文恐无关系，乃《召诰》错简。《汉书·艺文志》说'刘向以中古文校欧阳、大小夏侯三家经文'，'脱《召诰》二简，率简二十五字者脱亦二十五字'。《康诰》开首五十字，本是两简，当是三家今文，据中古文体应属于《召诰》。如此说，则《康诰》或是武王将康的诰命，故曰'孟侯，朕其弟，小于封'。《酒诰》和《梓材》都以'王曰封'开始，不是成王口气，也不是武王所命。这个推测若可成立的话，那么，封于武王时食邑于康，而此'康'与《酒诰》的'妹邦'或在同一范围之内，乃是所说的'东土'"。

屈先生的观点，可能是受了陈梦家的影响。他在《西周史事概述》大文"三、西周诸王"的一节中说：

武王克殷之后不多年便死去了，他的太子诵继承了王位，就是成王。贾谊《新书》（《修政语下》）说成王年六岁即位，《淮南子·要略》篇、《史记·鲁周公世家》和《蒙恬列传》、《后汉书·桓郁传》，都说成王即位时还在襁褓之中……郑玄注《尚书·金縢》篇，说成王年十岁即位，《尚书》伪《孔传》说武王崩时成王年十二。这些传说和关于武王年寿的传说，是互相冲突的。因为《礼记·文王世子》篇说武王崩时年九十三，这话如果可信，则武王生成王时候，至少是八十一岁，迟则到了九十岁以上。这就人们的生理来说，都是不合理的。但成王即位时比较年幼，当是事实……不过成王即位不久，就曾亲自东征，足证他的年龄也不会太小。从这些资料来推证，成王即位时，或者已到二十岁以上。

由于成王年幼，而有周公摄政权作天子之说（以下引《尸子》、《韩非子》、《荀子》有关周公权作天子的说法，从略）。这一说法，到汉代更为流行。后世学者，虽有不少人提出反对的意见，但直到现在，在一般人的心目中，还以为是正确的史实。

由于先秦有周公摄政称王的传说，于是汉以后人就把《尚书·大诰》篇"王若曰"的"王"，以为是周公，其实他是武王。……后人习而不察，以为周公称王，既然有明文，自然是史实。……而不知乃是经生解释之误。可是由于这一观念中于人心，以致有些人持反对意见，如王肃、林之奇、焦循、刘逢禄、宋翔凤、魏源等，但能够注意而且理解这些议论的人并不多。

崔述的《丰镐考信录》说武王崩时，"周公盖以冢宰摄政"，从《尚书·周诰》诸篇所记述的史实看来，这说法是可信的。譬如在《尚书》的《雒诰》里，周公称成王曰"王"，成王称周公则曰"公"；在《多方》里，有"周公曰"、"王若曰"的句子。这些资料都产生于所谓周公摄政称王的时代，然而他们所显示的，都是周公称公，成王称王。从这些证据看来，叶梦得和崔述的说法是符合史实的。

屈先生大文所采用先秦的资料，虽没有陈梦家列举得完备，但范围也相当广泛，如《左传》、《国语》、《逸周书》、《竹书纪年》等，大抵都用到了。但屈先生治学最大的特点是"择观念而固执"。择定一个观念，固执起来，合于自己观念的资料便用，不合于自己观念的多弃置，都没有批判性的解释。先举一个例子吧，他相信《逸周书·世俘》篇说武王伐纣时"憝国九十有九国，馘磨亿有十万七千七百七十有九，俘人三亿万有二百三十"，[1] 因为这一资料与他喜欢新奇的观念相合。[2] 但《逸周书·明堂解》第五十五"是以周公相武王以伐纣，夷定天下，既克纣六年而武王崩，成王嗣，幼弱，未能践天子之位。周公摄政君天下弭乱，六年而天下大治……七年致政于成王"的材料，则一字不提。我曾把此处所谓"明堂"的内容，和《吕氏春秋》"十二纪"纪首及汉初几个有关明堂的说法，作过比较，发现这里之所谓"明堂"，确是太庙的别称，大体上犹系周初的旧典；[3] 而"七年致政于成王"，与《洛诰》"惟周公诞保文武受命惟七年"的记载正合。但因与屈先生的求新的观念不合，便一字不提。陈梦家倒没有这种情形。以下试逐一加以讨论。

---

① 我这里是用朱右曾《逸周书集训校释》本，与屈先生所引用之文字小有出入。如"馘磨"，屈引作"馘魔（历）"；"三亿"，引作"二亿"。屈先生当另有所本。
② 我对《世俘》，相信来源甚早，纪录了当时一部分的事实情形，而有点原始性的夸张。
③ 见拙著《〈吕氏春秋〉及其对两汉学术政治之影响》。

三、武王成王的年龄问题

先从武王及成王的年龄谈起。屈先生是以疑古辨伪见称的，但对《礼记·文王世子》，不怀疑它是出于汉初的某位儒者，伪托文王如何尽世子之道，以教导平地茁起的刘氏子弟的产物，这要算是异事。因为里面说文王为世子的情形，在先秦文献中，一点也找不出同样性质的材料，可作互证。里面谈到文王、武王的年龄，是一个近于神话性的故事：

> 文王谓武王曰，汝何梦矣？武王对曰，梦帝与我九龄。文王曰，汝以为何也？武王曰，西方有九国焉，君王其抚诸。文王曰，非也，古者谓年龄，齿亦龄也。我百，尔九十，吾与尔三焉。文王九十七乃终，武王九十三而终。

西周初年，还充满了神话气氛，不能因为它是神话性质而即断其为伪。没有西周的材料与它相印证，而"君王"一词，不仅非宗法制度里子之所以称父，且此一名词，春秋中叶开始流行，专以称楚国之君，非西周及楚君以外所有，其非史实，固甚显然。此一故事之形成，可能受了《孟子·公孙丑》所说的"且以文王之德，百年而后崩"的影响。《尚书·无逸》周公说"文王受命惟中身，厥享国五十年"。周初"受命"一词，皆指的是受天所加于王者之命，即是由天授以王天下之命，周初文献，皆以文王为受命。姑不论文王曾否受纣命为西伯，或文王是否及身而自称王（见后），周人的意思，指的是武王所以能伐纣取商而代之的基础，是由文王所奠定，这是毫无可疑的。文王在"中身（年）"才开始奠定了取商而代之的基础，此"中身"乃在他享国五十年之内，即是他继承王季，一共当了五十年的诸侯。在当五十年诸侯的最后九年，便奠定了代商为王的基础。据《竹书纪年》，王季为纣所杀，则文王决非到了五十岁才继承诸侯之位。所以从上引周公的两句话，虽然可以推定文王的年龄是相当的高，但亦可断言从中找不出文王活了九十七、武王活了九十三岁的根据。可是"文王百年而后崩"的传说，大概是由此傅会出来的。

对武王的年龄，《路史·发挥》引《竹书纪年》是"王陟，年五十四岁"。这一条，被林春溥的《竹书纪年补证》、朱右曾的《竹书纪年存真》、王国维的《古本竹书纪年辑校》、范祥雍的《古本竹书纪年辑校订补》等所采用，应当算是重要的资料。尤以朱右曾所加的一段考证特别有意义：

> 《周书·明堂》[①]曰"既克纣六年而武王崩"，《管子·小问》篇曰"武王伐殷克之，七年而崩"，《作雒》曰"乃岁十有二月崩镐"，是武王以十七年冬崩也。《度邑》曰"惟天不享于殷，自发之未生，至于今六十年，夷羊在牧，飞鸿在野"，是言六十年前，天降妖孽以警殷，时武王犹未生也。乃汉儒言文王十五而生武王，武王尚有兄伯邑考；武王九十三而终，时成王年仅十三，而尚有母弟叔虞。文王生子何其早，武王生子何其晚（原注：孔颖达、金履祥、陈皓皆疑而辨之）？今以《竹书》推之，则文王即位十四

---

① 《周书》即一般所谓之《逸周书》。

　　　　　　　　　　　　　　　中国思想史论集续篇

年而生武王，时文王年六十一矣（谨按此数字系由误信文
王百年而后崩之说而来）。《诗》言亲迎，明是诸侯之礼；
言缵女，则太姒为继室（原注：本邹氏说），皆的然无疑者。
文王崩，武王年三十七即位，五年而生成王，又七年而克
殷，时年四十八。特以克殷后六年而遽崩，故《中庸》云
"未受命"，末犹晚也，非老之谓也。

屈先生谈武王的年龄，对《逸周书》及《竹书纪年》的材料，一
字不提，因一提便影响到他立论的基础。

关于武王死时成王的年龄问题，诚如屈先生所指的，有许多
异说。但我应特别说明两点：第一点是，先秦的材料，都只说"成
王幼"这类的话，而未说出他具体的岁数。《逸周书·明堂》"成
王嗣，幼弱，未能践天子之位"，《艺文类聚》卷六引《尸子》"昔
者武王崩，成王少"，《荀子·儒效》篇"武王崩，成王幼"，《礼
记·文王世子》"成王幼，不能莅阼"等。这是因为先秦的人们，
只知道成王是幼少，并不知道他确实的年岁。说成"年六岁"在
"襁褓之中"、"年十五"、"年十岁"都是汉儒的说法，这些说法，
可以看作一个故事在传述中的踵事增华。谈成王的年龄，遇着这
些后起的歧说，应当追上去，还他一个本来的面目，而不是将这
些说法略过。且《史记》之《鲁周本纪》、《管蔡世家》、《卫康叔
世家》皆称"武王崩，成王少"，仅《鲁周公世家》在"成王少"
的下面加一句"在襁褓之中"。"少"与在"襁褓之中"，内容并不
相同。按《汉书·王莽传》平帝崩后，王莽"使有司征孝宣皇帝
玄孙二十三人，差度（选择）宜者，以嗣孝平皇帝之后，玄孙年
在襁褓"。王莽托周公以篡汉，则《史记》说成王"年在襁褓"，

很可能是此时加上去的。第二点，屈先生"成王即位时或者已到二十岁以上"的说法，断不能成立。过了二十岁的皇帝，而周公、召公，仍称之为"小子"、"冲子"、"冲人"，此乃必无之事。屈先生引《多方》"惟五月丁亥，王来自奄，至于宗周"，认为《多方》是"成王即位不久，就曾亲自东征"，以为其立说的证据。殊不知此"五月"，《史记》以为在周公七年返政之后，《尚书大传》以为在周公摄政三年之时。如在周公七年返政之后，则不应以此时的年龄作为武王死时成王的年龄；如在周公摄政三年之时，则周公载幼主东征，亦为传说之一，不必成王年在二十以上。《诗·破斧》分明说"周公东征，四国是皇"。最低限度，武王死后三年的东征，是周公而不是成王，这是不容易翻案的。所以皮锡瑞《今文尚书考证》，对《多方》的时间，宁采用《史记》之说，并谓："奄凡三见伐，武王诛纣伐奄，是其一；周公克殷践奄，是其一；成王亲政奄复叛，而成王践奄，是其一。"屈先生不能以未经批判的多歧之说，作推论成王年龄的依据。这里顺便要指出一点，史臣对周公的称呼有二，一是事后追述的称呼，此种称呼，以周公返政后一直到死时的身份为准，而称之曰"周公"；一是当事时的称呼，以说话时的身份为准，而称之为"王若曰"、"王曰"、"周公曰"。《多方》的"周公曰，王若曰"，上是事后的称呼，下是当事时的称呼。上面若不用一个"周公曰"而径用"王若曰"，则顺上文的"王来自奄，至于宗周"，会使人以为下面的话是成王说的；若仅用"周公曰"而下面不加上一个"王若曰"，则周公此时系以王的身份讲话的事实不明。"王若曰"者，乃史臣纪录时记明"王如此说"，以见训辞是周公的口述，史官所记，而不是周公的手稿。在"王若曰"的后面又用"王曰"，可见"王若曰"即等于"王曰"，此不仅《多方》一篇是如此，我不了解屈先生为什么把事后的称呼，与当事时的称呼，混同起来？《史记·高祖本纪》中称"沛公"、"汉王"、"上"、"陛下"，皆是当事时的称呼，称他为"高祖"是事后的称呼。这是一种常例。

若《逸周书》上有关周公的材料大体可信，则当时的情况应当是这样的：武王伐商的大业，在军事上太公望的勋劳最大，在政治上周公的功劳最大。《柔武》、《大开》，皆武王向周公请益之言，而《小开》、《酆谋》乃武王与周公商定伐商的大计。《寤儆》，则周公励武王敬命明德，以稳定武王在伐商前的惊疑心理。《克殷》"周公把大钺，召公把小钺以夹王"。《文物》一九七二年第五期《概述近年来山东出土的商周青铜器》一文中，称一九五五至一九五六年在益都苏埠屯发掘了两座大型商代墓，一墓中发现大小铜钺各一；一九六五年《考古》第六期有《说王》一文，谓"王"字起源于钺，而大型铜钺"是用作王权的象征"。按人型的黄钺，一称大钺，一称黄钺，《世俘》篇四称王"秉黄钺"，则《说王》一文的说法为可信。而周公当时已可以代替武王持大钺的地位。《大聚》周公告武王以文王治国之道，《度邑》则武王懔于商之所以亡，而有意将王位传给周公。"于兹乃今，我兄弟相后。我籧龟其何所，即今用建庶建"，这几句话只能作如此解释。《武儆》"诏周公旦立后嗣，属小子诵文及宝典"，这几句话的文字不能完全解释清楚，大意应当是周公不肯继承王位后，武王乃正式立长子诵为太子，并以托付周公。武王克殷六年后便死了，周公秉承武王遗命，应立太子诵为王。但因成王年幼，天下未定，周公暂居王位执政，成王仍居于"储君"的地位，《金縢》"公将不利于孺子"的话，可作两种解释：（一）指的是周公将谋害成王，（二）

指的是周公将终身当王，不再让出来。观周公还政，成王正式即位以后，周公对之皆称"孺子王"，而非仅称"孺子"，可知凡仅称"孺子"，即可证明成王此时并未即王位（见后）。武王死时成王的年龄，除"少"、"幼小"、"幼弱"等概括之辞外，不能确定。在各种推测外，由王肃的"年十三"到王充的"年十五"近是，因通行本《竹书纪年》"秋，王加元服"，与《大戴记·公符（冠）》第七十九"成王冠，周公使祝雍祝王"之说相符，前引朱右曾的推论可纳入于此一范围内。周公即位称王后的第七年，成王年在二十左右，所以返政于成王，而仍称之为"孺子王"。屈先生相信文王在生时已自称王，并承认厉王之后，"共伯和干王位"，曾即王位十四年，是史实，则先秦所传的周公因成王年幼而自己践阼称王，以平定天下，乃极寻常的事。我们今日没有宋人"三纲"的成见，似乎不必为翻新而又不知不觉地堕入到他们的泥沼中去。

四、《康诰》的问题

周公曾践阼称王，在先秦及两汉从无异说，但陈梦家、屈万里两先生，可以作无批判性的翻案，则惟有进而在西周有关文献的自身求内证。首先应从《康诰》着手。因为《康诰》有"孟侯，朕其弟，小子封"的话，"封"是卫国始封者康叔的名字，他是成王的亲叔父，《康诰》中的"王若曰"、"王曰"，怎样也说不到成王身上去，所以在宋以前，把与康叔有关的《康诰》、《酒诰》、《梓材》中的"王"，说是周公，宋人则开始都说是武王。陈梦家和屈万里两先生，也说《康诰》中的"王"是武王，屈先生更说

《酒诰》中的"王"是成王。让我们先把《康诰》中的"王若曰"的"王"加以决定。

《康诰》的传统说法，暂以《史记·卫世家》为代表，兹录如下：

> 武王已克殷纣，复以殷余民封纣子武庚禄父，比诸侯，以奉其先祀勿绝。……恐其（武庚）有贼心，乃令其（武王）弟管叔、蔡叔傅相武庚禄父……武王既崩，成王少，周公旦代成王治，当国。管叔、蔡叔疑周公，乃与武庚禄父作乱……周公旦以成（按此字疑系后人所加）王命，兴师伐殷，杀武庚禄父、管叔，放蔡叔，以武庚殷余民，封康叔为卫君……周公旦惧康叔齿少，乃申告康叔曰：（略引译《康诰》之文）。告以纣所以亡者，以淫于酒……为《梓材》示君子可法则。故谓之《康诰》、《酒诰》、《梓材》以命之。

在《史记》以前，与这有关的资料有：《左传·僖公二十四年》富辰谏周襄王之以狄伐郑，有谓："昔周公吊二叔之不咸，以封建亲戚，以藩屏周室。管、蔡、成、霍、鲁、卫、毛、聃、郜、雍、曹、滕、毕、原、酆、郇，文之昭也……"这可证明卫是在杀管叔，放蔡叔以后所封的。《左传·定公四年》卫子鱼在苌弘前争卫、蔡先后的地位，有谓："昔武王克商，成王定之，选建明德，以藩屏周，故周公相王室以尹天下，于周为睦。分鲁公以大路、大旆……命以伯禽，而封于少皞之虚；分康叔以大路、少帛……命以《康诰》，而封于殷虚，皆启以商政，疆以周索。"殷虚即朝歌，即新封之卫。此可证明《康诰》乃康叔封卫时所命。这些材料，陈梦家皆已列举，并引有《史记·管蔡世家》"康叔封、冉季载皆少，（武王时）未得封"。根据这些资料，则《康诰》为周公平定三监，封康叔于卫时的训诰之辞，毫无可疑之处，而《康诰》称康叔为"弟"之王，乃周公而非武王，亦无可疑之处。屈先生对这些资料竟一字不提，陈氏提了，未加批判、未加否定，而另作结论。细读前面陈氏所录的各种资料，皆可为他的结论作反面的证明，而陈氏毫不觉察，这都是令人费解的。

他们要把《康诰》说是武王封康叔于康的训诰，首先须割掉"王若曰"前面"惟三月哉生魄，周公初基，作新大邑于东国洛……周公咸勤，乃洪大诰治"的一段话。这一段话都说的是周公平定三监后，征召四方人民诸侯开始经营洛邑的情形，若认定下面的"王若曰"是周公，则可以解释为周公在经营洛邑开始之同时，封康叔于卫，以与新营的洛邑，成犄角之势。但这样一来，怎么能由周公一下子跳到武王身上去呢？于是从苏轼起，许多怀疑这是错简。但前引陈梦家所说的（六）引《汉书·艺文志》，断定这是《召诰》的错简，则在资料援引上有点不太忠实。《艺文志》是说刘向"以中古文校欧阳、大小夏侯三家经文，《酒诰》脱简一，《召诰》脱简二，率简二十五字者，脱亦二十五字；简二十二字者，脱亦二十二字"。据此，则刘向校书时，只《酒诰》、《召诰》脱简，而所脱之简既经刘向根据中古文校出，亦当根据中古文补上。简有二十五字与二十二字之不同，按文字的顺序，应当是《酒诰》一简二十五字、《召诰》一简二十二字，乃陈氏将《酒诰》脱简及简二十二字皆略去，一似《艺文志》仅言《召诰》脱两简，而《召诰》每简为二十五字，且将《康诰》前之四十八字，说成是五十字，以求与两简共五十字的字数符合，未免牵强了一点。因此，从《康诰》中去掉这四十八字，虽无关大体，但说出一个理由来去掉，却也相当困难。

其次是康叔的"康"的问题。康叔封于卫，是平定三监以后的事，这是陈、屈两氏所没有推翻的。《康诰》是武王所命，则康叔此时受封的不能是卫而是康，这是陈、屈两氏所继承的宋人以来许多人的说法。《史记·卫世家》之《索隐》："康，畿内国名。宋衷曰，康叔从康徙封卫。畿内之康，不知所在。"马融、王肃、伪《孔传》亦以康叔之"康"，为其始封的畿内国名。但他们并不以《康诰》为封于康国时之诰。郑康成则以康叔之"康"为谥，皮锡瑞《今文尚书考证》坚信郑说。陈、屈两先生，不仅以康叔之"康"为康叔始封之国，且以《康诰》为康叔始封于康国时之诰。但《康诰》内"肆汝小子封，在兹东土"、"往敷求于殷先哲王"、"罚蔽殷彝"、"听朕告汝，乃以殷民世享"等句，怎样也不能把"康"解释为周的"畿内之国"。陈氏"认为此'康'与《酒诰》的'妹邦'或在同一范围之内，乃是《康诰》所说的东土"。此康国既在妹邦同一范围之内，则当武王封三监于妹邦时，康国是夹在哪一个缝隙里面？在文献与地下材料中，有无康国的痕迹？陈氏在他的大文中提出了这么多的资料，但对于康国，毫无办法提出半丝半毫的证明。假定承认立论必须根据证据，则陈氏之说，只能算是空中楼阁。屈先生在他的大著《尚书释义》中谓："传世铜器中有康侯鼎，铭文曰'康侯丰'云云。近年浚县出土铜器，有康侯斧及罍、爵、奇形刀等，其铭皆有'康侯'字，证知其为康叔之器无疑。以始封于康，故有康叔、康侯之称。"屈先生这段话是由陈氏之说敷衍而来，但是很难成立的。因为前引陈梦家之说的（六），他特别提到了康侯殷，康侯殷铭文明说"征令康侯图（封）于卫"，是康叔正式封于卫时仍称为"康侯"，则何能以铜器上的"康侯"两字而能断其系封于康时之器。并且当改封之际，被封者即应以新封之国为名。例如近年出土的宜侯夨毁，夨先封于虞为虞侯，在改封于宜时即称为宜侯，如"王令虞侯曰夨，侯于宜……宜侯夨扬王休……"，此即其显证。准此，则康侯封于卫时，即应称卫侯而不应称康侯。且与康侯有关的铜器，据陈梦家《西周铜器断代》（一）所述，计有近年出土的斤、戊、矛、觯、罍（以上近年出土）、乍册齿鼎（有"康侯"，铭十四字）、康侯鼎（有"康侯丰"，铭六字）、康侯鬲（有"康侯"，铭二字）。据陈梦家说"作器有先后，要皆在成王时期以内"，即是封在于卫以后之器。若如陈、屈两君之说，康叔在武王时期封于康而称康侯，为什么封于卫以后之器而仍称康侯"呢？他在成王时期封于卫，地位更为重要，为什么不称为"卫侯"而一直称"康侯"，且从来没有发现"卫侯丰"或"卫侯"的一件铜器呢？这只有一个合理的解释，康叔之"康"、康侯之"康"是他的谥而不是他的封国。当时生前即有谥，如成王即是生前之谥。这样他才可以一直被称为"康叔"或"康侯"，除此以外，不可能找出其他的解释。《史记·管蔡世家》"封康叔为卫君，是为卫康叔"，这分明是以康为谥。又《史记·自序》"牧殷余民，叔封始邑"，分明说康叔封于卫，即是他始封之邑，在这以前，是因年幼未受封过的。说他先封于康国，根本是出于望文生义的虚构。说《康诰》即是武王始封他于康国时之诰，这是从第一虚构中所引出的第二虚构。这是我就铜器的情形，补足江永、皮锡瑞两氏立说之不足。至于有人怀疑康叔的儿子称"康伯"，父子不应同谥。文王谥文，周公亦谥文（周文公），以此例彼，益足证明康之为谥名而非国名。否则康

　　　　　　　　　　　　　　　中国思想史论集续篇

叔因始封于康而称康叔、康侯，他的儿子是继承卫君，为什么也称康伯呢？蔡邕《述行赋》"悟卫康之封疆"，是蔡邕亦以康为谥。所以以康为谥之说，并非仅始于郑玄。封康叔于卫，命之以《康诰》，亦犹命晋文公为伯而有《文侯之命》，"文"是谥，"康"也是谥。

陈梦家与屈先生不同之点，在于他对材料引用得相当的完全。但他不从所引材料的本身抽出结论，却在毫无材料可凭处生出结论。例如他根据材料，承认卫都于朝歌，又认为朝歌、殷虚、商虚、沫、妹、卫、旧卫皆是一地，更认为妹即是《酒诰》"明大命于妹邦"之"妹"（见上引）。这都说对了。据陈所说，则《酒诰》的"明大命于妹邦"，等于"明大命于朝歌"、"于卫"，这分明是康叔封卫以后的事，怎么可以得出《酒诰》、《梓材》，都以'王曰封'开始，不是成王口气，也是武王所命"的结论？难道说康叔封于妹邦（卫）以后，武王还能从坟里起来训诰一番吗？这即是以自己的观念，歪曲、抹煞摆在眼面前的材料的显证。

屈先生倒注意到上述的问题，在他的《尚书释义》大著中说："按妹邦为纣都所在处，乃武庚或三监所辖之地，康之封域，当不及此；《史记》及《书序》之说近是。"即承认这是"周公以成王之命诰康叔之辞"，而认为《酒诰》的"王若曰"，"其实他就是成王"。但屈先生忽视了两点：（一）《康诰》以"听朕告汝，乃以殷民世享"，若非三监既平之后，以殷余民封康叔于卫，亦即若非封康叔于妹邦，则"以殷民世享"的话，有何着落？屈先生因《酒诰》中的"妹邦"一词而可断定《酒诰》中的王不是武王，为什么能根据"以殷民世享"的话而能断定《康诰》中的王即是武王呢？（二）屈先生似乎完全忽略了周代的宗法与封建有不可分的关系。宗法以亲亲为主，王对诸侯及命卿而言，一面是君臣关系，同时又是宗法中的亲属关系，在称呼上，多以亲属关系为依据。康叔是成王的亲叔父，成王不可能把亲属关系置之不顾而直呼其名，这可以说是对当时政治结构的大破坏，最低限度应称为"孟侯"、"康侯"、"康叔"，而不能直呼其名。成王当《洛诰》的政权交替时，称周公为"公"，决不敢称之曰"旦"或"周公旦"。《诗·鲁颂·閟宫》述成王命封伯禽时是"王曰叔父，命尔元子"，《康王之诰》称其大臣为"今予一二伯父"，《吕刑》穆王称其臣为"伯父、伯兄、仲叔、季弟"，《文侯之命》襄王称晋文公为"父"。《左传》所记，周室对同姓诸侯及命卿无不称伯父、叔父或兄弟，对异姓则称甥舅。这是没有一个例外的。所以有资格呼康叔之名的只能是康叔的哥哥周公，而决不能出于他的侄子成王之口。

综上所述，《康诰》、《酒诰》、《梓材》三篇中的"王若曰"、"王曰"，不可能是武王，不可能是成王，而只能是践阼称王的周公。

五、《尚书》中《康诰》以外的有关文献

现在略谈《尚书》中《康诰》、《酒诰》以外的有关文献。

《大诰》是周公"以尔庶邦，于伐殷逋播臣"，即是讨伐武庚的诰辞，和其他各篇一样，先用"王若曰"，以后用"王曰"。此时周公正摄政称王，此篇之"王"皆指的是周公，两汉今古文家，皆无异说。屈先生在其大著《尚书释义》的标题下谓"本篇是否作于周公，虽不能定，而其为西周初年作品，则无疑义"；在"王若曰"下注，"王谓成王"。按《大诰》系史臣纪录周公诰命之言，

　　　　　　　　　　　　　　中国思想史论集续篇

不是像今人写成一篇文章在那里念，所以中间夹着两个"王曰"。屈先生之所谓"作"，不知何义。若谓不知道纪录者是何人，则凡是这一类的文献，实皆无从查考；若谓不知是何人所说，则屈先生既定"王若曰"之"王"是成王，自系成王所说。以《大诰》的"王若曰"之王为成王，第一道关卡通不过的是"义尔邦君，越尔多士、尹氏、御事，绥予曰，无毖于恤，不可不成乃宁考图功"的这一句话。这句话的意思应当是"宜乎你们大家这样的安慰我，叫我不要以忧患为劳苦（此用伪《孔传》之意），不能不完成你（乃）父亲文王（宁考）所图谋的大功"。《大诰》称"宁王"者七，"宁王"即是文王，这是没有争论的；称"宁武"者一，"宁武"即是文王、武王的合称。死了的父亲称"考"，此处的"宁考"是指死去的父亲文王言，也不应当有问题。全篇称宁王而此处称宁考，乃出于邦君、多士们向训诰者进言，所以说"你死去的父亲宁王"，这怎能扯到文王的孙子成王身上去呢？则此训诰者不是周公是谁呢？"王若曰"、"王曰"不是周公又是谁呢？

但屈先生在他的大著《尚书释义》中对此的解释是"宁考即文考，亡父也，乃金文中习见之语，此谓武王"。宁考是武王，训诰的自然是成王了。按金文有习见的文考，大概没有出现宁考。以文考为亡父的泛称，则文考下面必缀以其考的名字，以示文考某某人。例如卫鼎"卫肇乍厥文考已中中纛"、献殷"乍朕文考光父乙"、鲁侯熙鬲"用享鬻厥文考鲁公"、利鼎"用乍朕文考□白隩鼎"、匦卣"用乍文考日丁宝彝"、师汤父鼎"师汤父拜稽首乍朕文考毛弔将彝"。周初仅称"文考"的，则必系文王的诸子称死去的文王。这和如以"文祖"泛称已死的祖父，则"文祖"下必缀祖父的名称，如师遽方彝"用作文且（祖）它公宝隩彝"；而仅称"文祖"，则必系文王的孙子称自己的祖父文王，是同样的情形。所以《康诰》"今民将在祗遹乃文考"，《洛诰》"王命予来，承保乃文祖受命民"、"朕昭子刑乃单文祖德"，屈先生对此皆不能不解作文王。《逸周书·五权》周公旦曰"维在文考"；《本典》周公曰"臣闻之文考"，这都指的是文王。《大诰》称文王为宁王，则此"宁考"必系指文王。不论在文献上，或在金文上，断乎没有以"文考"或"宁考"指的是武王之例。何况《洛诰》周公向成王称"厥乃先烈考武王"，《逸周书·大戒》周公答成王之命"于敢称乃武考之言曰"，《本典》成王自称"鸣呼，朕闻武考"，则成王称武王为"武考"，正如文王诸子武王、周公、康叔等称文王为文考，是完全相同的道理。《大诰》称文王为宁王，而称宁考却变成了死去的武王，这正是因个人预定的观念歪曲了史料的显例之一。听训诰者当着"王曰"的"王"而说"你应完成你死去的父亲宁王（宁考）所图谋的功烈"，则此"王"一定是文王的儿子，"王若曰"的"王"，除了周公还能找出第二人吗？

再进一步可从《大诰》的称谓上，略加研究。我发现《大诰》有两种显然不同的称谓，一种是以"予"字为主的称谓，间用"我"字、"朕"字。"予惟往求朕悠济"，"予不敢比"，[1] "宁王遗我大宝龟"，"予翼以于敉宁武图功"，"我有大事休，朕卜并吉，肆予告我友邦君……曰，予得吉卜，予惟以尔庶邦，于伐殷逋播臣"，"予造天役"，"予不敢不极卒宁王图事"，"肆予大化诱我友邦君"，"予曷其不于前宁人图功攸终"，"予曷敢不于前宁人攸受休毕"，"若昔朕其逝，朕言艰日思"，"肆予曷敢不越卬敉宁王大命"，"予

---

① 通行本"予不敢闭于"。今文"闭"作"比"，下文无"于"字。

永念曰，若稽夫，予曷敢不终朕亩"，"予曷其极卜敢弗于往"，"肆朕诞以尔东征"。上面的"予"、"我"、"朕"，不待说，是"王若曰"的"王"的第一人称。

但另有一种称呼，是以"冲人"、"小人"为主。"洪惟我幼冲人"，"已，予惟小子"，"越予小子考"，① "越予冲人，不卬自恤"，"已，予为小子，不敢替上帝命"。这里的"冲人"、"小子"，指的是什么人呢？主张"王若曰"的"王"是成王的人，正好以此为成王的自称，以加强他们的论证。上面的"冲人"、"小子"，若是成王的自称，则是第一人称。在《尚书》中可以确认为成王所说的话，无如《洛诰》。《洛诰》中有关成王的第一称是"王若曰，公明保予冲子，公称丕显德，以予小子扬文武烈"，"予冲子夙夜毖祀"，"王曰，公，予小子其退即辟于周，命公后"。第一人称的"冲子"、"小子"，都是"予冲子"、"予小子"，没有例外。《君奭》"在今予小子旦，非克有正"，"今在予小子旦，若游大川"，这里的第一人称也是"予小子"。再推上去，《汤誓》"非台（我）小子"，这里的第一人称也是"予（台）小子"。但《大诰》则是"洪惟我幼冲人"、"予惟小子"，在"冲人"、"小子"上面多了一个"惟"字。这种句法构造上的显然不同，有什么特别意义没有呢？《说文》十下"惟，凡思也"，意思是把"常思"、"念思"等都包括在内之思。这是"惟"字的本义。王莽摹拟《大洛》而作他的《大诰》，将"惟"字皆用作思念之意，若此，则"予惟小子"、"予惟冲人"，其意乃是"我想到小子"、"我想到冲人"，则此处的"小

---

① 此从今文训，意谓三监又是你的小子的父辈，所以当敬之而不可征伐（"翼不可征"）。

子"、"冲人"，不是第一人称而系第三人称。因管叔流言周公将不利于孺子，所以周公在训诰东征时，一定要提到孺子，"予惟冲人"是"我想到冲人"，"予惟小子"是"我想到小子"。至于"越我冲人"，应连同上文一气读下，"予造（遭）天役，遗大投艰于朕躬，越（以及）我冲人，不卬自恤"，这话的意思是说我和冲人都遇着这样大的困难。"越予小子考"的"越"字同样是"以及"的意思，用"越"字，正是周公把自己和成王关连在一起，以反击"公将不利于孺子"的流言，这不是很自然的吗？同时，在《多士》《多方》的训诰中，王决不曾因自谦而自称"小子"或"冲人"，亦可证明《大诰》中的"小子"、"冲人"不是践阼称王的周公，而系周公指犹在储君之位的成王而言。至于《康诰》中的两个"汝惟小子"的"惟"应与"虽"同义。惟、虽通用，这在《经传释词》中已有说明的。

从称谓中判断周公、成王地位的变迁，可以《洛诰》作一个分水岭。《洛诰》是史臣纪录周公把政权交还成王时的情形。周公开始说"朕复子明辟"，即是说"我恢复你的明君之位"。中间述成王向周公请求"诲言"，及周公对成王的"诲言"。周公又重申"予不敢废汝命（不废成王的天命即政权），汝往（汝往即君位）敬哉，兹予其明农哉（退隐于农事）"，接着成王说"予小子其退即辟于周（退而即君位于宗周），命公后（册封周公之子）"，并挽留周公不要离开。把这段政权交替的情形叙完后，史臣以"惟周公诞保文武受命惟七年"，作全文的总结，是说明周公践阼称王，前后共有七年。此文的脉络分明，除宋人因被君臣大义所迷，故立曲说外，今人实无写翻案文章的必要。《洛诰》以前，成王只是储君的性质，《洛诰》时决定"复子明辟"，但尚未即位，所以周公对成王称"孺子"、称"冲子"、称"小子",从未称其为"王"。司马迁及刘歆以《召诰》为七年返政时所作,故周公不称王,而对成王的称呼,在"今冲子嗣"以后便一直称王。《无逸》、《立政》,是周公就臣位以后教诲成王的,《无逸》则两称"嗣王",《立政》一则曰"告嗣天子王矣",再则曰"孺子王矣",三则曰"咸告孺子王矣",四则曰"今文子文孙,孺子王矣"。绝没有仅称为"孺子"之事,更不再称"冲子"、"冲人"、"小子"。这种称呼上的变更,难道说不能反映周公曾践阼称王七年后,再把王位交回给成王的事实吗?

还有,自《大诰》起,《康诰》、《酒诰》、《梓材》、《召诰》、《洛诰》、《多士》、《君奭》、《多方》、《立政》,皆盛称文王,而仅偶然一称武王,《无逸》则完全不称武王。《洛诰》周公面对着成王,一称"王命予来承保乃文祖受命民",再称"朕昭子刑乃单文祖德",而仅一次提及"越(及)乃光烈考武王"。这种情形,与周初之诗互证,可知武王在周公及一般人心目中,不是什么了不起的人物,并且可能有许多过失,不足为训。但在《洛诰》及《顾命》中的成王口中,则必"文武"并称,绝不例外,因为他是武王的儿子。这一点也可证明从《大诰》到《多方》中的"王若曰"、"王曰",必然是周公而不是成王。

周公若未践阼称王,则鲁国何以得用天子的礼乐?而"周公在丰,病将殁,曰,必葬我成周,以明吾不敢离(按当作'附离'之'离'解,即'比'之意)成王。周公既卒,成王亦计,葬周公于毕,从文王,以明予小子不敢臣周公也"(《史记·鲁周公世家》),这将作何解释?封建诸侯,是王者之事,《左传·僖公二十四年》周的富辰谓:"昔周公吊二叔不咸,故封建亲戚,以藩屏周室。"周公未居王位，他有什么资格封建亲戚？而封建时，在"文之昭"、"武之穆"外，还有"周公之胤也"，等于把家产分作三大份，文王的后人、武王的后人，及周公的后人，各占一份，这又说明什么呢？且从来没有人注意到周公之"周"，乃周室之国号。历代曾有以其本朝的国号为封邑的吗？周公所代表的即是周，故即以周公称之，这是非常特殊的称号，不仅因为他的功勋太大，而且他曾称王七年，而又肯把王位让出来的特殊地位的关系。

六、《尚书》以外的两点讨论

屈先生的大文，在史实上，还有两点应稍作讨论。

一是关于"弃后稷"的问题。弃后稷以后的世次，诚如屈先生所说，是一笔难于清理的陈账。《史记·周本纪》所说的世次必有脱误，殆已成定论。但史公说"后稷之兴，在陶唐虞夏之际"的这句话，过去的人，大都认为没有问题。屈先生却引钱穆、顾颉刚的新说，而认为"似乎比较合理"，我倒觉得有点奇怪了。屈先生的大文是：

> 昭公二十九年《左传》蔡墨说"有烈山氏之子曰柱，为稷，自夏以上祀之；周弃亦为稷，自商以来祀之"。顾颉刚和史念海合著的《中国疆域沿革史》（页三四）根据这个资料，以为"苟打破传统观念，不以后稷为虞廷之官"，而依照《左传》此一记载，"则知弃本商稷，世数年代，固无不合也"。这一说和钱穆之说相似，而于古有据，似乎比较合理。

按祭典中之稷，为谷神而非祖先神。从宗教史的观点说，一个现世之人，假定他没有与宗教相关连的某种奇迹，或生者对他存有某种特殊目的，而死后即把他升为祖宗神以外之神而加以祭祀，这几乎是不可能的。人的神格化，必须经过一段历史时间中的演变，在演变中逐渐把它作为"人的形象"升进而为"神的形象"。若弃身为商的稷官，死了商人就奉祀他为稷神，这是可能的吗？而他降生的神话，出现于商代，也稍嫌迟了一点。蔡墨的话，只能证明稷是商以前的稷官，但他在农业方面的贡献，商人实受其赐，所以商人便祀他为稷神。我常想，顾颉刚是一理解能力与胆量太不相称的史学家，所以他才可以当疑古派的领袖。

屈先生说"于古有据"，我现在引两条真正"于古有据"的材料在下面：

《左传·昭公九年》："周甘人与晋阎嘉争阎田……王使詹桓伯辞（讼）于晋曰，我自夏以后稷。魏骀芮歧毕，吾西土也。"

《逸周书·商誓（哲）》第四十三："王曰（武王），在昔后稷，惟（思念）上帝之言，克播百谷，登禹之绩。凡在天下之庶民，罔不惟后稷之元谷用蒸享。在商先誓（哲）王，明祀上帝，□□□□亦惟我后稷之元谷，用告和，用胥饮食，肆商先誓（哲）王，维厥故，斯用显我西土。"

上面的材料是互相符合，且与蔡墨之言，亦可互相印证。并且《国语·周语》"昔我先王世后稷"，即说"世世代代为后稷"，亦由此而得到证明。近人把周发迹于"西土"的史实，要凭"新奇动众地观念"移到"北土"的太原一带去，不更完全破产了吗？

其次，屈先生引《论语·泰伯》孔子说文王"三分天下有其二，以服事殷"的两句话，认为"这是传统的，人所共知的西周开国史。但早期所记述的史事，却不这样。《诗·鲁颂·閟宫》篇说：'后稷之孙，实为太王。居歧之阳，实始翦商。'《后汉书·西羌传》注所引的《竹书纪年》，说周人在武乙和大丁时代，曾伐西落鬼戎，伐燕京之戎，伐余无之戎，伐始呼之戎，伐翳徒之戎，可见季历开拓疆域的雄心。《太平御览》卷八十三所引《竹书纪年》在帝乙二年且明说周人伐商。从甲骨文的资料看来，殷周的关系，也时好时恶。……文王是缵太王之绪……《诗·大雅·皇矣》篇说文王曾经伐密，《尚书·西伯戡黎》篇说西伯曾经灭黎，《尚书大传》说文王曾经伐崇……而且《康诰》说'天乃大命文王殪戎殷，诞受厥命'……（以下引《诗》文王受命的资料），从这些文献里，都可以证明文王已经及身称王，不必等到武王克殷之后再给他追加王号……因此，文王当时是否作过商的西伯，也是有问题的"。

我读完屈先生的文章，首先感到的是：屈先生仿佛认为西周的第一手资料，都很完整地传承了下来，而为屈先生所尽见。孔子以及战国时人和司马迁们所读到的文献，不会比屈先生多出毫分。[①] 若是常识告诉我们，西周的第一手资料，只能传十一于千百，则对第二手的、早期的转述性的资料，必定要采取慎重处

---

① 屈先生对《殷本纪》所记纣王的罪恶而下断语说："太史公这些记载，大部分是根据战国以来的传说。拿早期的史料来对勘，知道有些事情是于古无征……"这口气当然是认定早期史料都传了下来而为屈先生所尽见。

理的态度。第二点感到的是，屈先生仿佛以为周代天下统一的情形，及王——天子的地位，和秦以后的一样；商代天下统一的情形及王的地位，和周代一样，因而以后代的情形，作古代史实的判断。实际则是秦及其以后的统一，是中央集权的统一，天子是至高无上而不容稍有异图的，除非去完全打倒他。周代的统一，是在当时"中国"的范围之内，以宗法体制为骨干的地方分权的统一，王的地位，在宗法体制的中国范围之内，是"民无二王"的，在此范围之外，则楚、越称王，是无所谓的。齐桓公伐楚，并没有指责让他不应称王。到了战国初期以后，更是惟力是视。商代的统一，乃是自古以来便存在的许多独立性的氏族国家，承认一个共主的统一，王的支配权，较之西周，受到更多的限制，氏族国家中对共主的叛服无常，崔述的"古者天子有德则诸侯归之，无则去之"的话，是说对了的。先把这两点澄清了，才便于下面的讨论。

转述性史料的可信程度，与转述者的性格及讲话的动机有关系。首先我们应了解孔子是一个"好古敏以求之"、"信而好古"、"多闻阙疑"、"言忠信"、"知之为知之，不知为不知"的人，与顾颉刚的一知半解、夸夸其谈的人，在性格上是完全不同的。开始我们得追问，孔子的"三分天下有其二，以服事殷"的话，能不能找出其他的证明。

《左传·襄公四年》晋韩献子谓："文王率殷之叛国以事纣。"《左传·襄公三十一年》卫北宫子答卫君之问中有谓："纣囚王七年，诸侯皆从之囚，纣于是惧而归之。"《逸周书·程典》第十二"维三月既生魄，文王合六州之侯，奉勤于商。商王用宗谗，震怒无疆，诸侯不娱，逆诸文王，文王弗忍，乃作《程典》。"三说大体相合。而"合六州之众"，即是九州的三分之二。又《逸周书·太子晋》第六十四，太子晋说："如文王，其大道仁，其小道惠，三分天下而有其二，敬人无方，服事如商。既有其众，而返（反）失其身（被囚），此之谓仁。"通行本《竹书纪年》"二十三年囚西伯于羑里"，"二十九年释西伯，诸侯逆西伯归于程"，与《左传》纣囚文王七年之说相合。但大家说它是明人伪编的，所以不算数。

《逸周书》我曾通读过几次，从全书的文字及意味看，似乎与孔门的关系不太深，若谓《程典》及《太子晋》的话，都是因受了孔子的话影响所造出来的，似乎没有太大之可能。而襄四年韩献子的话，及三十一年北宫文子的话，则断然在孔子之前，是可以信赖的。文王若不曾"服事殷"，纣便不得而囚之。文王若不是"三分天下有其二"，即是有大部分诸侯归向文王，也不会有"诸侯皆从之囚"，所谓"皆从之囚"，只是表示皆愿从之囚，这是向纣抗议的一种方式。文王到底曾否及身称王，在当时有此可能，但《逸周书·世俘》第三十七"王烈祖自大王、大伯、王季、虞公、文王、邑考，以列升维告殷罪"，朱右曾释谓"以列升，谓以王礼祀三王，以侯礼祀大伯、虞仲、邑考也"。据此则文王并未及身称王，《尚书·西伯戡黎》首句为"西伯既戡黎"，此乃殷或周初史臣叙述之词，是文王生时实为西伯。《孟子·离娄》篇谓："伯夷……闻文王作，兴曰，盍归乎来，吾闻西伯善养老者。"是孟子所承受之传说，以文王生时为西伯。《吕氏春秋·诚廉》篇："昔周之将兴也，有士亦处于孤竹，曰伯夷叔齐。二人谓曰，吾闻西方有偏伯焉，似将有道者，今吾奚为处乎此哉。二子西行如周……"是此传说亦以文王生时为"伯"。皆与《逸周书》相合。而所谓

　　　　　　　　　　　　　中国思想史论集续篇

"文王受命"者，正如传统的说法，因诸侯的归向，而周人在伐商的准备中，即宣传文王已受命。从《大诰》、《多方》及《诗经》中周初的篇什看，文王在各诸侯中有很大的声望与信用，武王伐商，周公平乱以及立教，都要凭借着文王的声望，这是不应怀疑的。但不论文王自己称王未称王，与"三分天下有其二，以服事殷"不相冲突。未及身称王，也不是说文王便不会用兵征讨；及身称王，也在他死前的九年。而文王"三分天下有其二，以服事殷"，可以如《程典》及北宫文子所说，乃在他被囚之前。

屈先生说商周间的关系是"时好时恶"，这是很对的。这正反映当时的所谓"天下"的结构。由春秋时代所反映的各大国对周王的关系，也是大体如此，不过商王在亡以前，手上还有一股军事力量。但屈先生引用资料，即使是同一出处而关连密切的，也只引用与自己观念相合的一部分，把与自己观念不合的（"以服事殷"）部分，便轻轻抹煞掉了。例如同是《太平御览》八十三引《竹书纪年》，但"三十四年周王季历来朝，武乙赐地三十里，玉十瑴、马八匹"，又同是《后汉书·西羌传》注引《竹书纪年》"四年，周人伐余无之戎，克之。周王季命为殷牧师"，又《晋书·束晳传》、《北堂书钞》、《史通·疑古》篇等引《竹书纪年》"文丁杀季历"。这些材料，屈先生都一字不引。《太平御览》八十三引的"二年周人伐商"是紧承"文丁杀季历"来的，这是文王想为父报仇，而"以服事殷"则是文王对殷的和解。把王季与殷的关系，有了比较全面性的了解，则对文王与纣的关系——伐商、戡黎、以服事殷、被囚、受命为西伯等，岂不是很容易了解而加以承认吗？

现在能读古典的人太少，而对古史的探索，还只算开其端，我希望大家把自己已经得到的结论，只当作反省的基点，以便再向前开扩，而不必早视为定论。则假使因我这篇文章而能引起更多的讨论，或许可为反省的一助。在讨论时，我希望大家努力于资料的搜集、理解，以资突破既成观念，从资料的全面而深切的把握中，形成新的观念，则讨论当会更有益处。

一九七二年八月十二日夜于九龙斗室灯下

有关周公践阼称王问题的申复

当我看到屈万里先生的大著《尚书释义》（以后简称"《释义》"）时，对屈先生的若干意见，即欲写一文提出讨论，因循未果。及读到屈先生大文《西周史事概述》（以后简称"原文"），这是中央研究院历史语言所预定的古代史的一部分，屈先生若干意见的影响，将由此而扩大，为使古代史减少一分障蔽，所以在生活流动中，写了《与陈梦家屈万里两先生商讨周公旦曾否践阼称王的问题》一文（以后简称"拙文"）在《东方杂志》复刊第六卷第七期刊出。旋得屈先生赐教，谓将写一文详复。前几天香港中文大学中国文化研究所转来屈先生所寄《东方杂志》七卷七期《关于所谓周公旦践阼称王问题敬复徐复观先生》（以后简称"答文"）的大文，屈先生所预许的详复，期待了一年，终于能够读到，感到十分欣慰。屈先生大文所采用的是"以徐先生之矛，攻徐先生之盾"的方法，这对我的思考训练，是非常有益的。但拜读后，更增加我对这位老朋友的怅惘，不能不作申复。

一

在未入正文以前，首先应感谢屈先生答文中指引我引用金文，错了三个字，这三个字虽然我早经校正了，但经屈先生指出，依然是非常可感的。又拙文引《大诰》"洪惟我幼冲人",在解释时顺着"予惟小子"而误写作"予惟冲人",并在事后自己未经校正,虽不至犯上答文中所说的"用了乌有的资料"的大罪,但任何过失,只要经人指出,我便情不容已地十分感谢。

屈先生答文在"一、《大诰》中之王是否周公的问题"一节中,援引《书序》、《史记》、《尚书大传》的材料,反驳拙文"周公曾否践阼称王,两汉及其以前的资料中,都是肯定的,对《尚书》有关文献中的'王'是否周公,今古文学家,也是肯定"的说法。并认为周公践阼称王之说,乃出于王莽,"东汉以来,才有因袭王莽之说,把《大诰》中和其他有关各篇的'王'字说成周公的",是屈先生认定东汉以前并无周公践阼称王之说。

首先,我应指出,屈先生与拙文,这种地方的陈述,可说是完全相同的。在拙文中引用屈先生的原文是:

> 由于成王年幼,而有周公摄政权作天子之说(以下引《尸子》、《韩非子》、《荀子》有关周公权作天子的说法,从略)。这一说法,到汉代更为流行。后世学者,虽有不少人提出反对的意见,但直到现在,在一般人的心目中,还以为是正确的史实。

> 由于先秦有周公摄政的传说,于是汉以后人就把《尚书·大诰》篇"王若曰"的"王",解释为周公,其实他就是成王。同样地,也把《康诰》篇"王若曰"的"王",以为周公,其实他是武王。后人习而不察,以为周公称王,既然经有明文,自然是史实。……而不知乃是经生解释之误。可是由于这一观念深中于人心,以致有些人持反对意见,

　　　　　　　　　　　　中国思想史论集续篇

如王肃、林之奇、焦循、刘逢禄、宋祥凤、魏源等，但能够注意而且理解这些议论的人并不多。

上面一段原文要点：（一）先秦周公权作天子之说，"到汉代更为流行"。（二）先秦时"周公摄政称王"的传说，由汉的经生家应用到《大诰》等的解释上，而被屈先生斥为"经生解释之误"。（三）反对周公曾摄政称王之说的，乃始于魏晋之际的王肃，可知在王肃以前的皆认周公摄政称王。这与拙文的说法，在什么地方不同？屈先生最低限度应在答文中先申明自己在原文中这一段陈述的错误，然后可改写有关的历史事实来攻击我对有关历史叙述的错误。隐瞒自己有关的原文，提出与自己原文相反的说法来攻击我与屈先生原文相同的说法，这不是"以徐先生之矛，攻徐先生之盾"，而是屈先生以自己之矛，攻自己之盾。且屈先生忽略了一点，西汉知识分子多反秦，东汉知识分子多反莽。刘歆、工莽们所编的《周官》所以能售其欺，因为里面有许多先秦资料，及迎合了儒家知识分子的要求。若先秦及西汉经生本无周公摄政称王的说法，则王莽们凭空造为此说，既不能成为他的政治野心的有力借口，更不会被东汉儒生所接受。他造了些谶语和符瑞，东汉儒生接受过一条吗？尤其是王莽假周公摄政之事以篡汉，东汉儒生认为上了他的大当。两汉经学，虽不像清人所强调的师承家法之严，要亦传承有绪、训诂有方，从学术大势看，周公摄政称王，乃始于王莽之说，是屈先生自己先前也不曾想到的。

其次，应就屈先生答文所引作立说证明的文献略加考查，先从《书序》说起。这里附带说句闲话。拙文中曾说屈先生大著《释义》中的若干特出观点，是由陈梦家氏之说敷衍而来，屈先生说这是我的"臆测之言，确与事实不合"。按当屈先生写《释义》时，当然不会看到陈氏的《西周铜器断代》，但应当看到陈氏早出的《尚书通论》，此次我清出约略翻阅，屈先生受了此书很大的影响，似非我的臆测，对《书序》的看法也是如此。我并应更正我在拙文中对此书所采的轻率态度。我虽不赞成陈氏若干说法，但他用力之勤、援引之博，远非屈先生与我能企及，则屈先生受他的影响，也是应当的。

《书序》的争论很多，此处只能简单说，今日看到的《书序》，并非两汉《书序》之旧，而系配合伪《孔传》就原文加了一番手脚。最显著的证明，即在对有关周公的叙述。屈先生答文中引《书序》是：

> 三监及淮夷畔，周公相成王，将黜殷命，作《大诰》。

又《康诰》的《书序》：

> 成王既伐管叔、蔡叔，以殷余民封康叔，作《康诰》。

但《汉书》二十八下《地理志》第八下：

> 河内本殷之旧都。周既灭殷，分其畿内为三国，《诗》风邶、庸、卫国是也。邶（邶）以封纣子武庚；庸，管叔尹之；卫，蔡叔尹之，以监殷民，谓之三监。故《书序》曰：武王崩，三监畔，周公诛之，尽以其地封弟康叔，号曰孟侯，以夹辅周室。

今日所见到的《书序》，把伐三监及封康叔的事系之周公，则《大诰》中的"王"，当然是周公。然则我们是相信今日所通行的聚讼纷纭的《书序》呢，还是相信《地理志》中所引的《书序》呢？如屈先生相信今日通行的《书序》，则它分明说《康诰》是康叔封于卫时之诰，屈先生为什么一定要坚持是康叔封于康之诰呢？

屈先生引《史记》、《尚书大传》的材料，我不知道还是应当采用全部有关的材料来确定它的意义呢，还是仅凭主观节取适合于自己要求的几句话，来决定它的意义？屈先生对《史记》仅节取"成王命周公诛之"、"周公奉成王命"、"周公乃奉成王命"、"周公旦以成王命"等语句，而断定"《书序》作者和太史公的心目中，关于《大诰》中的王，必然是成王而不是周公"。又引《尚书大传》"周公以成王之命杀禄父"一句，而断定"可见伏生也没把《大诰》中的王说成周公"（同上）。但《史记》"成王少，周初定天下，周公恐诸侯畔，周公乃摄行政当国"（《周本纪》），"初，管、蔡畔周，周公讨之，三年而定，故初作《大诰》，次作《微子之命》，次《归禾》，次《嘉禾》，次《康诰》、《酒诰》、《梓材》，其事在周公之篇"（同上），"其后武王既崩，成王少，在强葆之中，周公恐天下闻武王崩而畔，周公乃践阼代成王摄政当国"（《鲁周公世家》），"管、蔡、武庚等，果率淮夷而反，周公乃奉成王命，兴师东伐，作《大诰》。遂诛管叔，杀武庚，放蔡叔，收殷余民，以封康叔于卫"（同上），"成王长，能听政，于是周公乃还政于成王，成王临朝。周公之代成王治，南面倍依以朝诸侯。及七年后，还政成王，北面就臣位"（同上），"成王既幼，周公摄政，当国践阼，召公疑之"（《燕召公世家》），"武王既崩，成王少，周公旦专王室，管叔、蔡叔疑周公之为不利于成王，乃挟武庚以作乱。周公旦承王命，伐诛武庚……从而分殷余民为二：其一，封微子启于宋，以续殷祀；其一，封康叔为卫君，是为卫康叔"（《管蔡世家》），"武王既崩，成王少，周公旦代成王治，当国。管叔、蔡叔疑周公，乃与武庚禄父作乱，欲攻成周。周公旦以成王命兴师伐殷……以武庚殷余民封康叔为卫君，居河、淇间故殷墟。周公旦惧康叔齿少，乃申告康叔曰……故谓之《康诰》、《酒诰》、《梓材》以命之"（《卫康叔世家》）。把上面的材料加以综合判断，史公认周公曾践阼南面主持国政，应毫无疑问。若史公认定《大诰》为成王所作，《康诰》为武王所作，则必系之于《周本纪》，有如《太誓》、《牧誓》等。上引《周本纪》，把三年内周公所作的《大诰》等七篇的次序，说得清清楚楚，而结之以"其事在周公之篇"，"周公之篇"云者，乃指有关周公的纪录，并非仅指《鲁周公世家》。史公这样明白地说明《大诰》、《康诰》等乃周公所作，则其中的"王"，不是"南面倍依以朝诸侯"的周公，是谁呢？至于"以成王命"这类的语句，只要想到管、蔡之衅，系以周公将不利于孺子为口实，则周公针对此点而有这样的说法，自然是可以理解的，其中并无矛盾。假定不把通行的《大诰》和《康诰》的《书序》合在一起看，而如屈先生仅抄《大诰》之《书序》，并看不出它和《史记》的断然的区别。

至于《尚书大传》，只要把"周公身居位，听天下为政，管叔疑周公"，"故鲁郊（按天子始可郊祭），成王所以礼周公也"，"周公居摄六年，制礼作乐"，"周公摄政，一年救乱，二年克殷，三年践奄，四年建侯卫，五年营成周，六年制礼作乐，七年致政成王"，和屈先生所引"周公以成王之命杀禄父"合在一起看，与《史记》的情形正同，不必费词。

这里顺便把屈先生答文"六、践阼与称王"一节略加答复。屈先生说："徐先生把这些践阼资料，都当作了称王的证据，而忽略了践阼之下，都没有'称王'二字，又忽略了'相'、'假'、'代'、'摄'等字，于是得到了先秦及两汉经学家，都承认周公曾践阼称王的结论，用徐先生自己的话来说，'这正是因预定的个人观念歪曲了史料的显例之一'。"后面又引了召公、王莽两个践阼而不称王的例子以作证明。按：（一）屈先生原文"由于先秦有周公摄政称王的传说，于是汉以后人就把《尚书·大诰》篇'王若曰'的'王'解释为周公……"，屈先生若不以"摄政"、"践阼"即作为是"称王"，上面的话从何而来？（二）若践阼下没有说称王，则《大戴记·武王践阼》篇只说"武王践阼"而没有说"武王践阼称王"，然则武王是不是称王？（三）前引《史记·鲁周公世家》说周公"南面倍依而朝诸侯"，七年还政后是"北面就臣位"，南面当然是王位，周公若以人臣的资格而南面，则名与实相犯，断无此体制。（四）"天子"一词，与"王"可以互用。《荀子·儒效》篇："武王崩，成王幼，周公屏成王而及（继）武王以属（系）天下，恶天下之倍周也。履天子之籍（王念孙：籍者位也）……杀管叔，虚殷国……立七十一国……周公归周，反籍于成王……北面而朝之。天子也者，不可以少（少顷）当也，不可以假摄为也……乡有天下，今无天下……故以枝代王，而非越也，以弟诛兄，而非暴也，君臣易位而非不顺也。"荀子对西汉经学影响之大，稍有国学常识的人，应当可以知道的。《礼记·明堂位》"天子负斧依南乡而立"，郑注："天子，周公也。"《明堂位》又说："周公践天子之位以治天下。"既践天子之位，即是践阼，即是天子，即是王。（五）《后汉书·郎顗列传》"陛下践阼"，《魏志·管宁传》"陛下践阼，缵承洪绪"，是汉人以"践阼"即是即位，这已成一专用名词。说成王未能践阼，是说成王未能即王位；说周公践阼，即是说周公即王位，即王位，当然可以称"王"。（六）屈先生引《顾命》"太保……由阼阶"，而说"召公奭虽然践阼了，但没有称王"，以证明周公践阼亦不曾称王。按《顾命》只说召公"由阼阶阼"，并没有说他"践阼"。屈先生为什么不拿《仪礼·冠礼》"主人玄端爵韠，立于阼阶"来比呢？召公在《顾命》中所演的角色，与周公所演的角色，天壤悬隔，可谓"拟不于伦"（参阅王国维《周书顾命考》）。（七）"摄政"之"摄"，作"持"解；"摄位"之"摄"、"摄皇帝"之"摄"，作"代"解。周公与成王是亲叔侄关系，他在武王伐纣时已有"秉大钺"的地位。他的时代可以兄终弟及，他的用心是把成王教养大了便把王位归还给他。《礼记·文王世子》的作者，实际认为周公是把成王作"世子"看待。汉家姓刘，王莽姓王，是自执戟的"郎"，凭外戚关系一步一步地爬上去的，他的时代是"非刘氏而王者，天下共诛之"，他的用心是要有步骤地做真皇帝，"摄皇帝"是一个步骤。他要伪托周公，难道说我们可以把他的置境和周公置境等同起来吗？即使是如此，"摄皇帝"依然不是"安汉公"的"公"，人称他还是称"摄皇帝"而不能再称"安汉公"。他是以摄皇帝的地位莅政，不是以安汉公的地位莅政。周公践阼后，还是以"公"的地位莅政吗？（八）周公是暂时践阼称王，最后还是要归还给成王的，所以从周公的心理说，历史家从问题的归结说，都可以用上"相"（乃辅助之相）、"假"、"代"等限定词，与践阼称王的历史事实不相矛盾。周公的情形，与春秋鲁隐公的情形有些相似。隐公"元年春王正月"，《左氏传》："不书即位，摄也。"《公羊传》："公何以不言即位？成公之志也。"《穀梁传》同《公羊传》。鲁隐公是摄鲁君之位，但他是以君的地位莅政及与各国相交往呢，还是以"公子"的地位莅政与各国相交往呢？以这样的切例，还不能把问题想通，便真"吾莫如之何也已"。

其实，全部问题都早由《荀子·儒效》篇及《史记·周本纪》作了全面性的明白解答，王肃开始所引起的纷扰，只能算是无端之纷扰。屈先生原文，对王肃以前问题的陈述，并不算错，但因他信服陈梦家太过，拿王肃所引起的纷扰，抹煞王肃以前的全部有关史实，这已经十分可怪，而答文又想以自己的观点，改窜王肃以前的全部史实，认两汉及其以前的有关史实和自己的观点是一样，这种前言不对后语，栽诬许多古人，以争一时之胜，实在是不应当的。

二

上面实际已经解答了全部的问题，但若不简单答复屈先生对我的责难，屈先生会以为我有所逃避。

屈先生答文"二、《大诰》中'洪惟我幼冲人'及'予惟小子'的解释问题"一段，是反驳我从《大诰》句法构造上的不同来研究《大诰》的"小子"、"冲人"究系何指的。首先我应说明的是，我是抽两种相接近而实有所不同的语句，加以比较后，再进行解释，得出结论的。例如旁的地方称"予小子"，而《大诰》则称"予惟小子"，《大诰》中有的称"予"、称"朕"、称"我"，有的又称"小子"、"冲人"等，两相比较，为什么有这种不同？要批评我的解释，第一，承不承认在文句上有这种不同？第二，若承认，则应解答何以有这种不同？屈先生抹煞我所举出的两者不同的对比，而只顺着一方面的字句作批评，这是回避由比较而来的真正问题，讲的是与我的说法毫不相干的话。屈先生坚持《大诰》中的"洪惟我幼冲人"一句的"洪惟"两字是发声词，但《经传释词》只说"洪，发声也"，王氏并没有把"洪惟"连在一起也释为发声词。王氏又说："解者皆训为大，失之。"但甚为杨树达所推服的曾运乾《尚书正读》对此句的解释是："洪，代也。见《尔雅·释诂》。……幼冲人，目（指）成王也。"《尔雅》乃主要由归纳《诗》、《书》的训诂而成，是先秦或西汉经师，确实以代释"洪"。总之，句中第一字的"洪"字纵然可以释作发声词，但第二字的"惟"字恐怕很难作发声词吧。《尚书正义》引王肃注以"洪"为大，"惟"为念。《汉书·翟义传》"洪惟我幼冲孺子"，师古注："洪，大也；惟，思也；冲，稚也。大思幼稚孺子……"以此处之"惟"字作思字解，可以说是通义。屈先生以我对《康诰》"汝惟小子"之"惟"作"虽"解，而《大诰》"予惟小子"之"惟"作"思念"解，是我随观念为取舍。但在一书中，甚至是在一篇中、一句中，同字异解乃起码的常识。"予惟小子"、"汝惟小子"，屈先生大概不注意这些主词"予"和"汝"的分别。屈先生又引《洛诰》、《康王之诰》、《文侯之命》中王自称"予冲子"、"予小子"这类的话，反驳我由《多士》、《多方》中只称"我"、称"朕"、称"予"，以推定《大诰》中的"小子"、"冲人"，不是"王若曰"的"王"的自称。按《大诰》、《多士》、《多方》，周公是以王的身份对"多邦"、"商王士"、"四国多方"讲话，这是君对臣的讲话。《洛诰》中的成王是对"叔父"讲话。《康王之诰》首段是在康王刚受册命的典礼中所作的答词，此时他还没有庙祭，正式即位以后，是面对着"一二伯父"面前讲的。《文侯之命》是面

　　　　　　　　　　　　中国思想史论集续篇

对着"父羲和"的"同姓尊长"所讲的。以上三者都不是站在君臣的立场来讲话,而是站在宗法亲亲的立场来讲话,这一点我在拙文中已有所指陈。对周代的宗法制度没有一点知识而大谈周代史,这是学术界中的怪现象!

三

屈先生答文"三、《大诰》中的宁考是否专指文王的问题",是坚持"宁考非武王莫属"的。说《大诰》出于成王,始于伪《孔传》,宋人因"君臣大义"的观念,秉承了这种说法。伪《孔传》因《尚书正义》的采用而成为权威。蔡忱《书经集传》因八股的采用而成为官学。但清代在经学上有成就,对《尚书》有全书注释的经学家,无不认定《大诰》的"王若曰"的"王"是周公。例如江永的《尚书集注音疏》、王鸣盛的《尚书后案》、刘逢禄的《尚书今古文集解》、陈乔枞的《今文尚书经说考》、孙星衍的《尚书今古文注疏》、皮锡瑞的《今文尚书考证》,还有今人曾运乾的《尚书正读》等。他们既认定《大诰》是出于周公,则《大诰》中的"宁王",当然认定是文王,《大诰》中的"宁考"当然也认定是指周公的亡父——文王。即使伪《孔传》这一系统的人,既都认宁王是文王,便决找不出一个人说宁考是武王的。因为篇中有七次提到宁王都是文王,有一次提到"宁武","宁"是文王、"武"是武王,突然把"宁考"说成是武王,这是训诂的常识所不许的。所以伪《孔传》虽然把"王若曰"的"王"说是成王,但他既把"宁王"说是"安天下之王,谓文王也",对"宁考"便只好分成两人,把"宁"说成"宁祖",成王当然以文王为祖,把"考"说

有关周公践阼称王问题的申复   153

成"圣考"，这当然是指成王的亡父武王。他何以作此迂曲的解释呢？因为既认《大诰》出于成王，则在世次上不能把宁考释为成王的亡父文王。既把宁王释为文王，则在训诂上不能把宁考变成亡父武王。把宁考释为武王，只有陈梦家及秉承陈梦家之说的屈先生。叙述至此，《大诰》到底是出于周公或出于成王，应当得到了解答。

屈先生说"这些'宁'字，前人都解释为安宁之意"，接着引吴大澂"宁"是金文中的"文"字，"有些是从心，和'宁'字字形相近"，"于是知《大诰》中这些'宁'字，都是'文'字之误"。屈先生的话，说得相当模糊，使人看了以为释宁王为文王，是起于吴大澂。实则把宁王释为文王，如前所述，从无异说。所以把"宁"字解为安宁之意，乃是解答何以把文王称为"宁王"的问题，这是从字义上来解答此一问题。孙诒让、吴大澂们则从"形误"的观点来解答此一问题，对"宁王"、"宁考"之为文王皆不相涉。并且我对孙、吴两氏的此一解答，认为颇有问题，金文中把"文"字左边加一玉字的，较之加一心字的更多，但典册中没有发现把文王写成"玟王"的，何以金文中出现加心字的"文"字，便在典册中出现由此形误而来的"宁"字？难说《大诰》是先铸成金文，再由金文录成典册吗？即使是如此，则《大诰》中已有武王的"武"，又如拙文所举，成王称自己亡父武王皆称"武考"，何以在此处突然称为"文考"？此乃必无之事。若系字误，则加心字的"文"字断不能误成"武"字。所以陈梦家以"宁考"为武王之说，是站在任何立场都不能成立的，学术界大概只有屈先生加以信服。

接着，屈先生便全力攻击我"以文考为亡父的泛称，则文考

中国思想史论集续篇

下面必缀以其考的名字，以示文考某某人"的说法。假使屈先生对我这一说法能完全加以推翻，则如上所述，也不能维护陈梦家宁考是武王的谬说。因为《大诰》只称"宁考"而未称"文考"，而金文中只有"文考"，并没有发现"宁考"。何况我的说法，在文字上只应加以修正，在原则上决不能加以推翻的。因为由专名演变而为通名，这是很普遍的现象。"文考"在周初是专名，也和"武考"是专名一样。所以拙文说"周初仅称文考的，则必系文王的诸子称死去的文王"，接着举了三个例证；再说武王的儿子成王必称死去的武王为"武考"，接着举了四个例子。这种坚强的论证，屈先生何以绕过而只字不提？屈先生能在武、成、康时代的文献和金文中，找出仅称"文考"而不是指文王的例子吗？"文考"演变为亡父的通称，最早也不应早于昭王时代。屈先生说仅称文考而不缀文考名字的"多至不可胜数"，便逼得我非数一数不可。仕于省吾《双剑誃吉金文选》四百七十八器中（《诅楚文》、《石鼓文》、《刀批铭》未入），"文考（祖）"下缀有文考之名的凡三十九器，未缀文考（祖）之名的十六器。在吴闿生《吉金文录》四百十四器中，"文考（祖）"下缀有文考（祖）之名的凡四十器，未缀文考（祖）之名的凡十器。两氏所录之器多有重复，其共同的特点是这些都是西周昭王以后及东周之器，而未缀文考（祖）之名的尤其是多为东周之器，且多姬姓以外之器。铭文中有作器者之名，所以虽未缀文考（祖）之名，但这是什么人的文考（祖），还是可以知道得清清楚楚，否则等于是孤魂野鬼。在缀有文考（祖）之名的，于《录》中有四器未说明系因王、君有所锡而作，余则均因王、君有所锡而作器的。吴《录》中有二器未说明系因王、君所锡而作，余则均因王、君有所锡而作器。在未缀文考（祖）之名的，于《录》中有六器系因王、君所锡而作，余则均系"自作"之器。吴《录》中有五器系因王、君有所锡而作，余则均系"自作"之器。其中师艅鼎"其作厥文考宝鼎"的口气是出自"锡师艅金"的王。概略地说，称文考（祖）之名的，乃君前臣名之义。不称名的多出于"自作"，自作则不应称祖或考之名。其他的可视为例外，或原因不明。上面的统计或有遗漏，但大体不差。总的结论可以这样：（一）"文考（祖）"由专名演而为通名，乃西周昭王以后之事。（二）以"文考（祖）"为通称，则必下缀文考（祖）之名，或上有作器者之名，此对西周说，然后可不致与专名之"文考"相混；对东周以后及异姓说，然后可以使人有所识别。屈先生说"《大诰》中'王若曰'之'王'即是成王，成王的宁（文）考，当然非武王莫属了"，可不可以倒转来说："《大诰》中的'宁考'乃紧承'宁王'而来，宁王既不能不承认是文王，宁考也只好勉强承认是作为亡父称的文王。于是'王若曰'之'王'，只好是宁考的儿子周公了。"至于屈先生指"文考鲁公"并不是其考的名字，等于指出杜甫是一个具体的人，而"杜工部"则是泛称一样。屈先生又引《尧典》中的"文祖"来主张什么，但屈先生早主张《尧典》是战国时代作品，难为"周初"的情形作证，这都可付之不论。

四

屈先生答文"四、《康诰》中的问题"。首先是屈先生认为："依《召诰》、《洛诰》的记载，知成王七年的二月，召公先到洛水一带相宅，三月间周公也到了那里，开始经营洛邑……成王三年即封康叔于卫，为什么隔了四年之后，到周公营洛时，才给他任命的诰书？……徐先生说'周公在经营洛邑开始之同时，封康叔于卫'，这一观念，就不知是由什么'资料中抽聚而得'了。"我先简单奉答一句，我是从《康诰》、《召诰》、《洛诰》及有关的资料中抽聚而得的。

《康诰》：惟三月哉生魄，周公初基，作新大邑于东国洛，四方民大和会。……乃洪大诰治。

《召诰》：惟二月既望，越六日乙未，王朝步自周，则至于丰。惟太保（召公）先周公相宅。越若来三月，惟丙午胐，越三日戊申，太保朝至于洛，卜宅。厥既得卜，则经营。越三日庚戌，太保乃以庶殷攻位于洛汭。越五日甲寅，位成。若（及）翼日乙卯，周公朝至于洛，则达观于新邑营。……

《洛诰》：周公拜手稽首曰：……予惟乙卯，朝至于洛师。我卜河朔黎水，我乃卜涧水东、瀍水西，惟洛食（兆）……

过去的人，把《康诰》"初基作新大邑于东国洛"的"新大邑"，和《召诰》的"相宅"的"宅"混同了，所以在作雒时间上的"四年"、"五年"、"七年"，也随之绞绕不清。《尚书大传》"周公摄政，一年救乱，二年伐殷，三年践奄，四年建侯卫，五年营成周，六年制礼作乐，七年致政成王"，伐殷、践奄共花了三年时间，四年建侯卫，这是平定殷、奄以后，将周的势力更向东北、东、东南扩展，封康叔于卫，即在此年。据《周书·度邑》篇，武王克殷，已有迁移殷之故家大族，使其惟依天室，而要在"自雒汭延于伊汭"，建立一个新政治中心的企图。周公平定三监，封建侯卫，随政治势力的扩展，更须迫切实现武王预定的计划。于封建侯卫的同时，而开始（基）"作新大邑"，有何可疑？曾运乾释《召诰》的"相宅"谓："盖前此所经营者（四年的'基作新大邑'）为城郭、沟洫，今兹（召公）所相视者则宫位朝庙之形。辨正方位，体国经野，固不能程功于数月也。"把"作新大邑"与"相宅"的分别弄清楚了，则与第四年封康叔之同时，开始经营一个新的大政治中心的都市，策划于四年（郑康成训基为谋），实际开工于五年，至七年，而城郭、沟洫有了规模，再由召公来看定宫位朝庙的地位以完成此新政治中心的建设，此乃情势自然的发展，四年、五年、七年之争，岂不都解决了吗？《召诰》周公"达（通）观于新邑营"，正说明新邑的建立已大体完成，故周公可以巡视一番。"太保乃以庶殷攻（治）位于洛汭"一句中的"位"，正《作雒》篇中的"乃位五宫"之"位"，此其确证。建立这样一个大规模的重大政治中心，岂能拖延至第七年而始着手，而于七年着手之后，又岂能于两月左右完工？我不以《康诰》前面的四十八字为错简，总可以说清楚了吧。

接着屈先生引了一些康叔是先封于康，再徙封于卫，而《康诰》是康叔先封于康时之诰。我首先说明一点，自汉以来，有以康叔先封于康的一说，但断无《康诰》乃康叔封于康国时之诰的说法。此一奇特说法，乃创于陈梦家而继承于屈先生。所以屈先生所引康叔先封于康的材料，对于他主张《康诰》是康叔封于康时之诰的结论，完全是不相干的。昔人何以没有一个人说《康诰》是康叔封于康国之诰呢？因为《康诰》的内容，都是以如何统治

"殷余民"而说的，若康叔首封于周畿内之康，则在康找不出殷的余民，而《康诰》全篇成为瞎说。屈先生为了弥缝他的谬说，便坚持"康叔故城在颍川"，而"黄河以南，今河南南部地带的居民，在殷代也是殷王统治下的民众。那么康叔封于康，当然可以'乃以殷民世享'了"。换言之，以康叔所封的颍川的人民，也可称为殷民。屈先生上面的说法，乃是太缺乏古代史常识的说法。殷周时代，依然是以氏族为国家的骨干，属于殷这一氏族而又在王畿之内的，乃可称为"殷民"。所以《康诰》中的"殷民"，只能指的是"以武庚殷余民，封康叔为卫君"（《史记·卫世家》）的"殷余民"，即是《左传·定公四年》卫子鱼所说的"殷民七族"。微子封于宋，在今商丘，依然是领着一部分殷余民，所以《史记·宋世家》说"故殷之余民，甚戴爱之"。周是"率土之滨，莫非王臣"的，但只有周畿之民，才被称为"周人"、"周民"。鲁、卫、郑、晋皆与周为同姓国，但只称"鲁人"、"鲁民"，"卫人"、"卫民"，郑、晋亦如此，这在《左传》、《国语》等典籍上是班班可考的。《汉书·地理志》河南郡"雒阳，周公迁殷顽民，是为成周"，又"周既灭殷，分其畿内为三国，《诗》风邶、庸、卫是也"，又"迁邶、庸之民于雒邑"。由此可知，雒邑的殷民，是由河北旧殷畿之内迁来的，颍川郡刘注"雒阳东南五百里"，而屈先生说这里的民也可称"殷民"，未免太奇怪了。且《康诰》内，除屈先生所引"乃以殷民世享"一句外，还有"往敷求于殷先哲王"，"汝不远惟商耇成人"，"应保殷民"，"罚蔽殷彝"，"我时其惟殷先哲王德，用康乂民作求"，这是封于畿内之康的口气吗？

其实，屈先生的答文中还没有答复主要的问题：

（一）《左传·定公四年》卫子鱼当着周室的苌弘面前说："周

公相成王以尹天下……分康叔以大路、少帛、绮茷、旃旌、大吕、殷民七族，陶氏、施氏、繁氏、锜氏、樊氏、饥氏、终葵氏，封畛土略，自武父以南及圃田之北竟。……聃季授土，陶叔授民，命以《康诰》而封于殷墟，皆启以商政，疆以周索。"这一段明白而无法歪曲的材料，屈先生何以一字不提？

（二）康侯殷铭文"征令康侯图（封）于卫"，照宜侯夨殷之例，若康叔（侯）之"康"来自先封于康，则改封于卫时即应改称"卫侯"。何以康叔封卫后，从无称其为"卫叔"、"卫侯"之例？

（三）所发现康侯各器，据陈梦家说"作器有先后，要皆在成王时期以内"，即是皆在康叔封于卫国以后之器。何以封于卫以后，仍称"康侯"而不称"卫侯"？

五

以上，大概已经把主要的争论都解答了。现再简答屈先生"五、《周诰》中关于周公称王说的反证"及"七、余说的几个问题"。

《多方》我依《史记》定为周公返政以后对四国诰训之词。一开始是"惟五月丁亥，王来自奄，至于宗周。周公曰，王若曰"，我的解释是"前面若不用一个'周公曰'，则顺上文的'王来自奄'，会使人以为下面的话是成王说的；若仅用'周公曰'而不加上一个'王若曰'，则周公此时系以王的身份讲话的事实不明"。王鸣盛《尚书后案》"愚谓《大诰》周公身在军中，故假王自重。此凯还（王来自奄）作诰，当称王命，而其词实出周公"。这是解

　　　　　　　　　　　　　　中国思想史论集续篇

释为什么《大诰》不在"王若曰"的上面加一个"周公曰",而此处却要加一个"周公曰"的问题。曾运乾《尚书正读》:"今按周公称'王若曰',犹言摄王意云然也。此(《多方》)为还政以后诰命,嫌仍为摄王意,故史于'王若曰'上加'周公'以明之,言成王之意,周公之辞也。"成王已亲政,对外训诰,犹须假手于周公,则在他未能践阼以前的有关训诰,必出于周公,是可以断定的。周公此时退居臣位,但代成王训诰时,犹须出之以"王若曰",则当他摄政时的训诰,必出之以"王若曰",而"王若曰"之必为周公,是可以断定的。这能为屈先生作反证吗?《多士》的情形,与《多方》相同。我说史臣记事,对某人的职位,有当事时的称呼;有用其最后职位以作其终身职位的称呼,这是定论,屈先生不信,也便算了。屈先生引用《召诰》中召公称周公为"公",以作反驳,若孤立地看此处文字,屈先生之说是可以成立的。但若把有关的材料作关连性的考查,即可了解,周公既是暂时为王以临天下,则周、召两人相对之言,乃对内之私言,且此时周公已决定由洛返宗周后,即把王位让给成王,召公此时称周公为"公",在事实上是可以解释的。且"受命"皆指"即位"之年而言,召公说:"惟王受命,无疆惟休,亦无疆惟恤。呜呼,曷其奈何弗敬!"这正是对成王即将正式即位而加以警惕的口气。由此亦可证明在这七年三月以前,成王并未受命,并未即位,正证明在此以前的"王"皆是周公。《洛诰》是史臣纪录周公与成王政权交替时的情形,成王称周公为"公",与召公称"公"之情形正同,乃对内之辞。而周公称成王为孺子,以见成王尚未正式即位,则其以前之未即位可知。

拙文指出在周室宗法制度之下,康叔是成王的叔父,所以成王不能直呼康叔之名——封，由此断不能如屈先生所说，《酒诰》之"王若曰"之"王"是成王，并举了几条证据。我不知道屈先生何以能反驳？要反驳，便应举出周王对于他的长辈直呼其名的例子。屈先生引金文中有直呼其名的，而得出一结论说："可以考见命书的一般体例，必须著明受命者的名字，这正符合'君前臣名'的礼节。"屈先生想没有想到，金文中直呼其名之器，必然是王称他的弟或子侄及更晚这一行辈的，乃至由作器者对王而自称。在周代文献中，有哪一命书是王者直呼他的长辈之名的？《尚书》、《诗》、《左传》、《国语》俱在，屈先生可以查一查。至屈先生引"君前臣名"，以作在周代人君直呼其臣之名的证据，更使我惊异。《曲礼下》"君前臣名"，郑注："对至尊，无大小，皆相名。"疏引《左传·成公十六年》鄢陵之战，栾针在晋君前呼其父栾书之名为例。"君前臣名"，是说在君前对自己的长辈亦应直呼其名，我不知道屈先生何以连这种寻常的训诂也弄不清楚。至于屈先生引王莽一例，简直是拟不于伦，不必辩。总结一句，屈先生所举的，只是为他自己作反证而已。

其次，屈先生原文是说武王死时成王二十岁以上，拙文是说周公摄政七年时成王应是二十岁以上，中间相差七年时间，所以与屈先生之说并不相合。我没有辩证武王到底是伐殷后六年死的或七年死的，因为这不是争论重点之所在，而六年、七年的一年之差，可能来自计算方法的不同，所以朱右曾也不辩，但这怎么会"影响到我的立论的基础"呢？我说成王未即王位前，周公只称他为"孺子"、"冲人"；即位以后，周公便称他为"孺子王矣"。屈先生说"'王'作动词用"，"徐先生把'孺子王'当作一个名词，我不知道他置'矣'字于何地"？按我是把"孺子王"当两个名词用。"孺子王矣",我译作"孺子是王了呀（矣）","矣"字有地方安放。"王"字作动词用有两义：一是归往、朝见，有如《诗·殷武》的"莫敢不来王"；一是无天下而取得天下，此乃指创业之君，有如《孟子》中之所谓"王天下"。"孺子王矣"之"王"固不能作"归往"、"朝见"的动词用，若如此，则变成"孺子归往了"或"孺子朝见了"。成王乃继承之君，也不能作为"取得天下"的动词用，若如此，则变成"孺子取得天下了"。我不知屈先生对这种浅近辞句的了解，何以都发生问题，并由此而认为我的"孺子王之说既不能成立，则可知凡仅称'孺子'，也绝不可能证明成王此时未即王位"。

《尚书》本是难治的书，也是问题最多的书，而屈先生的文章越写越远。为一般人着想，假定要对《尚书》的了解取得门径，我愿负责推荐曾运乾的《尚书正读》，这书是在民国二十五年写成的。这位为我过去所完全不知道的湖南学者（死于民国二十四年一月），我读他这本书，感到正如杨树达氏所说"学以济其思，思以助其学"，"以声音训诂辞气，推求古人立言真意之所在，其精谨绵密，实事求是，并时承学之士，无与抗手"。当然我不是说他能完全解答《尚书》中的辞句和问题。

一九七四年二月七日于九龙

有关周初若干史实之考证

本文原称《从学术上抢救下一代》，刊于《中华杂志》第六卷第九号。写此文的目的，是想对当代虚浮不实的学风，能稍有所补救。二十年来，证明此种学风，既不幸而一旦形成，即必以积累之势，愈演愈烈，常历劫而未必能改变。所以当时的用心，可以说是完全白费。但其中有涉及周初史实的问题，亦可纠正时流的谬说，故节录于此。

辛亥旧历十一月十七日

引　言

知道自己和自己的同辈，乃至比自己长一辈的人，在学问上完全交了白卷以后，自然把期待寄托在下一代。这几年，我特别留心到许君倬云，想找他的学术论文看看。七月初，我正着手写自己的一篇长文时，恰好收到友人寄来"中研院史语所集刊第三十八本，看到里面有许君《周人的兴起及周文化的基础》一文，便搁下笔来先看他谈"西安半坡"的一段文字，我曾给中研院王院长世杰的公开信中指出李济之先生谈"西安半坡"所犯的几个不应当犯的错误，在许君的叙述中都没有了。当下便很高兴地写封简单的信给那位寄集刊给我的朋友说，"许君的文章写得不坏"。是日晚饭后休息，又继续看许君谈"客省庄第二期文化"的一段，当时我脑筋里虽然并没有"客省庄第二期文化"的印象，但因许君该段文章的混乱、矛盾，便立刻怀疑到他可能完全弄错了。再继续看下去，发现许君治学，走的是一条省力、取巧，以致流于虚浮不实的路。他还未养成阅读古典的能力，所以不曾在基本材料上用功。杂录时人有关的文章，但不知道进一步重新检查时人文章的论证，更因为他不曾把握到基本材料，自然也找不到重新检证的尺度。更使我惊讶的是，许君在美国得有博士，但并没有受到西方学术中的逻辑训练，所以不能发现自己杂抄中的相互矛盾。一篇学术性的文章写出来而要完全没有错误，几乎是不可能的，但像许君这种全篇找不出几句妥当话的文章，却实为少见。昨天我自己的文章初稿完成了，使我踌躇的是，许君比我年轻得多，他这种文章，值不值得提出来作一公开讨论？经再三考虑后，因为下述三种原因，我觉得不必摆出年老人的架子，而挥汗把我所要讨论的拉杂地写了出来，并以就教于审查许君此文的石璋如、高去寻及史语所其余各位先生。所谓三种原因是：

（一）有朋友劝我进一步写篇文章严肃地批评李济之先生的学术成就。我觉得他的几篇田野报告，在考古学上不应当加以抹煞。除了这几篇报告以外，他已经是七十多岁的人了，还能希望他什么？所以我不写。但许君本来天资很好，现时年事尚轻，假定他以我的批评是对他的　种帮助而引起他自己的反省，则他在学问上还会有成就。若是美国若干汉学家和他的老师们都说他已经很有学问，因而觉得我的批评对他没有意义，甚或以为别有用心，则我的批评对其他有治学诚意的青年，也可能发生一点启发作用。

目前在学术圈里，对青年的哄和骗的风气太盛了，我愿尽一分力量，给这种风气一点矫正。

（二）许君现担任台湾大学历史学系的系主任兼研究所的所长及中研院史语所的研究员。有人告诉我，他能一口气指导历史研究所的研究生研究几部古典。假定许君看了我的文章后，知道他自己尚未养成阅读古典的能力而肯少向学生讲些话，学生便可多受到些益处。

（三）据许君文后的附识："本文系《中国上古史稿》第三本第一章，审查人为石璋如、高去寻两位先生。"这即是宣传已久，史语所和美国某一学术基金会合作，由该基金会出钱、史语所出力所写的《中国上古史》的一部分。但就我所看到的李济之先生和许君的这两篇文章来说，则由我对许君大文所关涉到的，稍微提出来讨论一下，或者可以减少若干谬误流传之害。

当然，我的话讲错了，能由任何人指证出来，对我更有很大的益处。因为在我未死以前，总希望能有所寸进。

一九六八年八月十五日志

一、西安半坡文化的启发

许君的大文，是从"西安半坡"的陈述开始。虽然我不能明了西安半坡和"周文化的基础"有什么确定的意义，但许君既提到此一问题，为了对以后的讨论有帮助起见，我想补抄两点：

（一）半坡"石制工具所用的岩石，经鉴定的主要有：玄武岩、砂岩、石英岩、辉绿岩、片麻岩、角闪片岩、辉长岩、花岗岩、石英片岩、片岩、蛇纹岩和石炭岩……（以下述其次的岩石十四种，和使用不多的十四种）。""以上这些岩石，除片麻岩、石英岩、角闪片岩、石英角闪片岩、花岗片岩、煌斑岩、砂质片岩和网云母石英片岩，都产于西安附近的翠华山、临潼以及蓝田等地外，其余大部分均产于关中以西地区。换言之，半坡氏族制作石质工具的材料，只有一部分取材于附近地区，大部分由外地输入。由此可以说明，半坡氏族活动的范围，以及与其他氏族间的交通，是相当广泛的。"（《西安半坡》页一〇三至一〇四）

（二）"非常有趣的是，从人骨的研究，证明半坡的新石器时代人类，在现代中华民族中，除了具有一些华北人种的特性外，更接近是华南的人种（颜闇，一九五九年）。这与我们研究的动物群有符合之处。即半坡新石器时代的动物群，固然有许多现代华北种，但至少也有竹鼠和獐二种南方的动物。"（同上，页二六八）

半坡文化的时代，据推测，大约为纪元前三千年到二千五百年。对于（一），我希望大家注意当时主要制造石器的岩石是来自"关中以西地区"，对于关中以"西"地区的来往交通，构成了当时在西安附近民族生活中不可缺少的部分。这与许多人认为在纪元前一千一二百年左右，殷商和周人，决不能向关中以西活动的构想，完全是相反的。关于（二）的人种问题，虽然在三种可能性中尚不能完全作一断定，但与南方动物曾在此一地区出现的事实连结起来，没有理由不承认在半坡文化以前，南方的民族早有一部分向北向西移动，因而关中地区很早与西南有关涉，这并非神话。因为顾颉刚们疑古派所作的以翻案为主要目的的考据，实际都是在"这些典籍上所记载的事情，在纪元前七百年以前，一千年以前，我们的先民不可能作到的"这一前提之下，所傅会出来的。此一阴魂，还深深地缠在某些先生们的身上。我更希望台湾有人研究考古学，把由考古学所重建的古代中东、近东的历史，介绍给我们的学术界，使大家对于纪元前七八千年以降的诸古国文物及战争等，多有点了解，或者能发生些作用，使若干学人从疑古派的阴魂中解放出来，因而肯对我国的古代史，重新作客观的研究、批判工作。

补注：最近几年在甘肃所继续发现的齐家文化的遗物，证明与山东龙山文化，属于同一类型。因而也证明新石器文化的末期，中国的东部与西部，已有密切关连，并已出现了红铜器的使用。

辛亥旧历十一月十七日

二、两个文化层的混乱

许君说他的文章，是"把考古资料、文献史料，与近人的考证，溶合在一起，以叙述周人灭商的史实"（《集刊》，页四四八）的。许君的考古资料，除了西安半坡外，便着重在沣西的"客省庄第二期文化"及在"客省庄西南约一公里半的张家坡的文化"。现在把许君对客省庄第二期文化的陈述，摘要抄在下面：

> 客省庄第二期文化，事实上是渭河流域的龙山文化，具有地方性，然而也与豫西晋南的龙山文化，有密切的关系。……客省庄第二期文化在渭河流域堆积甚厚，大约一直接续到西周文化出现的时候，客省庄第二期文化与西周文化之间，没有出现过另外的文化遗存，二者在年代上极

可能是衔接的。客省庄第二期文化的晚期部分，可能与河南三里桥的龙山文化同时……遗物中也显示了模仿金属器物的现象……因此沣西报告的撰作者认为，这时在其邻近地区已经出现了金属业，至少也已与有了金属业的地区发生接触。在中原豫西晋南的龙山文化，可能即与郑州早期殷商文化之间，有继承关系。而郑州的青铜文化虽然粗糙，却有人认为可能是安阳出土铜器的不祧之祖。由此推测，客省庄第二期文化的下限，可能延长到中原已有青铜文化的时候。换句话说，客省庄第二期关中居民的晚近一群，可能与殷商青铜文化在郑州的居民声气相通了。这时候假如正是西周祖先太王迁入渭河流域的时代，这些移民看见的文化景观，可能正是客省庄第二期文化遗存所表示的面貌。假如晚期的客省庄第二期文化还晚于太王的时代，那么在客省庄村北出土的文化遗存，简直就是西周祖先的手泽。

在许君上面的颇为混乱的陈述中，可以理出下面两个要点：

（一）客省庄第二期文化与三里桥的龙山文化同时，一直延续到西周文化出现的时候，而他所说的西周文化出现的时候，实指的是周太王迁入渭河流域的时候。所以他以周太王迁入渭河流域，正当客省庄第二期文化的晚期，并延续到较太王的时代为更晚。

（二）他又说客省庄第二期文化的下限，可能延长到中原已有了青铜文化的时候。而所谓"中原已有了青铜文化"，指的是在郑州出土的殷商初年的粗糙铜器。换言之，客省庄第二期文化的最晚期（下限），约相当于殷商的初年。在许君的叙述中，实际承认了客省庄第二期文化的自身，一直未加入到青铜文化的行列，虽然有一个模仿金属的器物。

许君的话，都有根据，因为都是抄来的材料。但在许君所抄的材料中，却发生一个大问题。客省庄第二期文化的下限，一方面约相当于殷商早期青铜文化——郑州青铜文化的时代，一方面又可能晚到比周太王进入渭河流域的时候更晚，即是在太王之子王季及其孙文王的时代，还是客省庄第二期文化的晚期。这样一来，岂非太王、王季的时代，相当于殷商初年郑州青铜文化的时代？朱右曾《汲冢纪年存真》记有季历为商王纣（受）的父亲文丁所杀，记有自盘庚徙殷至于纣之灭，凡"二百七十三年"，又记有"自成汤灭夏以至于受二十九王，用藏四百九十六年"。把周太王、王季的时代，拉得与殷商早期在安阳青铜器以前的郑州铜器时代相同，亦即是拉到盘庚尚未迁到安阳殷虚以前的时代相同，这是可能的吗？又从许君抄的材料看，客省庄第二期文化的晚期自身，并未正式进入到青铜文化时代，则太王、王季们所用的武器，到底用的是什么呢？同时，从许君的文章看，似乎也忽视了太王进入渭河流域，乃是"至于岐下"，这是由西安西去约百余公里的岐山县；而客省庄则属于文王死前一年所徙都的"沣"，在今为鄠县，太王曾否到这里，都大有问题，仅从地缘上说，许君所拉的沣西客省庄第二期文化与太王的关系，已经有点牵强了。

为了稍稍清理由许君文章所造成的混乱，我便把我所能看到的一点资料稍加对勘，才知道许君虽然可以有机会看到较完备的资料，但他看得并不认真，于是把一九五五年在沣河西岸客省庄所发掘的"客省庄西周文化遗存"，及在此一"遗存"下面的所谓"客省庄第二期文化"——亦即所谓"陕西龙山文化"混淆在一起，而将"客省庄西周文化遗存"硬性地淘汰掉了，只留下"客省庄第二期文化"。再凭他自己的想像（在他说这是"推论"），把很可能不曾到过沣西的太王，填充进去，再拉长到比太王更晚，这就把属于两个年代悬殊、性格各异的文化层，拼成个拼盘，而没有想到在这个拼盘中，颠倒了目前大概可以了解的历史年代的顺序。为了对上述混乱的澄清，下面只好补作一点简略的抄录工作。

三、周太王接不上客省庄第二期文化

分布在黄河中下游的新石器文化，主要有两种，一种是仰韶文化（西安半坡属之），另一种是晚于仰韶文化的龙山文化（《新中国的考古收获》，页七）。

目前的考古知识，可以将龙山文化分为（一）庙底沟第二期文化；（二）后冈第二期文化，即"河南龙山文化"；（三）客省庄第二期文化，又称"陕西龙山文化"；（四）典型龙山文化等四种类型（同上，页十五）。客省庄第二期文化和后冈第二期文化，都较晚于庙底沟第二期文化，二者是否都导源于庙底沟文化，目前尚无定论，但四种类型的龙山文化，所代表的社会发展阶段，大体相同。在农业方面、农业工具方面（木制耒已出现）和陶器的制造等，都较仰韶文化为进步，可能是由母权社会过渡到父权社会的阶段（同上，页二〇至二一）。

河南龙山文化是新石器时代晚期的文化，已是父系氏族社会，与有关夏代社会的传说颇为接近。还有介在于商代早期文化与河南龙山文化之间的洛达庙类型的遗存，这是一九五六年在郑州洛达庙发现的。特别值得注意的是，其中有数量很少的青铜小刀，还带有灼焦的卜骨，有的以为这就是夏文化，有的则以为这是殷商早期文化，较这更早的河南龙山文化，才是夏文化（同上，页四四）。

在我可以看到的材料中，没有很明显地说出"客省庄第二期文化"的下限，但它与河南龙山文化，都是属于较晚期的龙山文化，在它的遗物中，没有许君所说的"模仿金属器的现象"，并且也没有作为工具进步之一的蚌制工具，则把"客省庄第二期文化"的下限放在夏末商初，大概不太离谱吧（可能还要早些）。假使许君承认三千年来传统的说法，周本是西方的氏族，而公刘迁豳的时代，马瑞辰们根据《史记·刘敬列传》中刘敬的说法，认为约为夏桀之世，所迁的豳，依然保留在今日的陕西，则公刘们是可以看到此一"文化的景观"的。可惜许君接受了钱穆先生的新说，认为周本是晋地汾水一带的氏族，太王迁岐，是从晋地迁到岐下的。此时乃殷商青铜文化的盛期，他所能看到的文化景观，只能是殷代青铜文化的景观。假定太王具备了史语所的考古学知识，他对在他以前约四五百年的客省庄第二期文化，也只能在马上想像一番了。

四、因抄材料的错误，而迷失了周文化是殷文化的一支

然则，"客省庄的西周文化遗存"的情形是怎样的呢？先得说明一句，这是和一九五六至一九五七年在客省庄附近所发掘的"张家坡"，大体上是属于相同时代的。两遗址延续的时期很长，早、晚期的居住遗存和陶器形式，都有显著的不同。根据遗址的堆积及其与墓葬的地层关系，可以进行分期工作，推测它早期属于成、

康以前，晚期则在穆王以后，直至西周末年（《新中国的考古收获》，页五一）。

在陕西境内，直接压在"西周遗存"下面的是"陕西龙山文化"，亦即"客省庄第二期文化"。陕西龙山文化，在文化的面貌上，与西周文化，亦即与"客省庄西周文化遗存"，有较大的区别（同上，页五二）。

在这两个积层之间，的确如许君所说，没有夹上其他文化层。但在常识上，我不能不接受高去寻先生"直接压在另一层文化层上的文化，与下层之间，未必是直接衔接"的意见（见许君大文注十所引）。沣西乃周文王晚年扩展到这里，经武王、成王所继续经营的地区，亦即所谓丰、镐地区。"客省庄西周文化遗存"即由此而来。考古学上，在两种层积之间，因人口的聚散和新人口的移入，而在层积中间保存了一片空白，因而两层积间并无直接传承的关系，这是很寻常的现象。要把两个层积不同的文化连接起来，只有在遗存实物上找证据。许君不仅没有这样做，并且对"客省庄西周文化遗存"的实况，一字不提。我所以不赞成跳过殷商文化，直接跳到龙山文化上去找西周文化基础的作法，因为这样便抹煞了历史文化的传承关系，因而也抹煞了历史演进的真正内容。《西安半坡》的编者说："在黄河中下游的古文化遗存中，有规律地呈现着仰韶、龙山和殷周三个不同文化堆积的先后压叠。"（《西安半坡》，页二三一）由此可知，龙山与殷商的文化堆积可以分别得清清楚楚，而周文化则是继承殷文化下来的，这只要看"客省庄西周文化遗存"便可明了。所以详细点说，历史的发展顺序，应当是仰韶→龙山（夏）→殷商→周。即使要把"周文化的基础"追到陕西龙山文化上去，许君也没有此一资格。因为许君主张周是晋地的氏族，到文王的祖父太王才由晋迁陕，在太王以前，陕西龙山文化对周人的祖先而言，可以说是无此缘分。

客省庄西周遗存和张家坡西周遗存，所显示的西周农业生产水平，看来和殷代没有什么显著的不同。周人很可能像文献所记载的那样，原是比殷人后进的民族（我不赞成用"民族"，而应当用"氏族"较妥）。农业生产工具都和殷代大体相同，只是发现的刀和铲多为蚌制，用石制的较少，这是西周生产工具的一特点。在客省庄附近的马王村，发现过一些铸造青铜容器的陶范，从陶范的结构和西周铜器上的铸造痕迹观察，铸造方法与殷代略同。陶器以轮制为主。在客省庄、张家坡发现有二百多座西周墓葬，葬俗都与殷代基本相同。早期墓葬品较丰富，常有铜器、玉器，在墓地发现的四座马车坑中，也各在车后有一个殉葬的御者，这些情况都与安阳大司空村殷代墓地一致。其他西周早期墓葬所出铜器，也往往不易与殷代区别，某些葬俗又常相同，可能和西周礼制多承袭殷代有关（《新中国的考古收获》，页五三至五四）。

由以上所抄的近十多年来考古学上的发现，证明了孔子所说的"周因于殷礼"（《论语·为政》）的说法，也证明了我在《中国人性论史·先秦篇》第二章中，周初文化是殷文化的一支的断定。许君抄了"客省庄第二期文化"，但不抄"弥补考古学上空白"（同上，页五一）的"客省庄西周文化遗存"。虽对张家坡抄了七小段，在最后一小段的墓葬一条的后面，却说"但凡此只说明了西周王朝文化与殷商文化间的血缘。在时间上说，这些遗存（按许君是指张家坡墓葬中的遗存），已越出了本文的范围"（《集刊》，页四三九）。这就更使人惊奇了。许君叙述了在西周前十五世纪至二十世纪的西安半坡，又叙述了在西周前约四世纪至五世纪的陕西龙山文化——客省庄第二期文化，不想到在时间上"越出了本文的范围"。从张家坡遗存中发现了殷商文化的血缘关系，可以说这才是"周文化的基础"，这才抄上了正题，却又一笔荡开，摒除于"周文化的基础"的论题之外。许君的这种取舍判断，不是稍有常识的人所能了解的。大概许君因为这些遗存是"早期属于成、康以前"，只注意到"成、康"两字，而忽视了"以前"两字。我的判断，客省庄西周遗存不可能早到文王以前，因为在文王以前，周人还未发展到这里。

至于许君抄资料的能力，可以把所抄的客省庄第二期文化作一例证。他主要是抄发掘出的房子的材料，把"都是半地穴式的建筑"（《新中国的考古收获》，页十七）抄成"都是半地穴式的土窑"，却不知道用了木柱草顶的，不能称为"土窑"。他抄张家坡的也是如此，把"有单室和双室两种"（同上），不抄单室的一种，只抄双室一种，使读者误认这里只有双室的。"内室或圆或方"，这是抄对了。但是，只有内外室皆是方形的"房屋的平面呈'吕'字形"，并特以九八号房子为例（同上），但许君抄成"房屋一般内外两室而成'吕'字"，把内室圆而外室方的不成"吕"字的房子漏掉了。原来的半地穴式的建筑，许君抄成了"土窑"；原来的建筑有单有双，许君抄成了有双无单；原来只有内外两室皆方的平面才成"吕"字形，许君抄成了内室圆而外室方的平面，也成了"吕"字形。许君所抄的材料，大率类此。

使我最不了解的是，史语所系采分工分段方式来写中国上古史，许君在自己分担的周初题目上，对周初许多重要史料不去研究，却要从新石器时代写起，此之谓"舍其田而耘人之田"，不是有史学常识的人所能了解的。此无他，因为不肯在基本材料自身上用功，不把基本材料的内容了解清楚，却急于要摆出一套空架子，以骗美国的"汉学家"及初入大学的年轻人，而不考虑到他自己完全走脱了学术研究的基线。

五、因缺乏文献史料的了解而误解了后稷

现在进入到许君所说的"文献史料与近人的考证"部分。就治学的常识来说，"文献史料"，作者必须直接做了若干研究批评的工作，然后才有资格参考"近人的考证"，才有资格拿起笔来写文章。使我感到诧异的是，许君对于"文献史料"，不仅没有做过直接研究工作，并且对于他的论题所必须凭藉的基本史料，有如《尚书》中无可置疑的周初文献，《诗经》中的《豳风》、《小雅》、《周颂》，及《左传》、《国语》中有关周初开国的史料，或者根本不曾过目，或者只从间接资料中引用几句话，或者抄上了一段，但对其内容却全不了解，而只是把近人的有关说法，横拼直凑地杂抄一顿。用这种方法写成的文章，使人一看，附注一大堆，引用书目一大堆，满可以骗倒外国的汉学家及初入大学的年轻人，但怎能骗倒对本国历史稍有常识的中国人呢？许君要知道，杂抄了一百个"近人的考证"，但若与一条可信的基本史料发生矛盾，则任何人的考证，都成废话。同时，当许君抄录"近人的考证"时，我发现他不仅未能把近人考证的要点摘要地抄出来，而且常常抄得牛头不对马嘴。有的我就手边的资料略加校正，有的我手边没有原文，只好就许君所抄的当作许君自己的说法来加以讨论。因为经过许君赞同的，便可以由许君负责。

许君在"二、周人的祖先"一节中，当然从后稷说起。许君

　　　　　　　　　　　　　　中国思想史论集续篇

对后稷本人的说法是"一位半神半人的人物，在他幼年的时候……逃过了牛羊的践踏，逃过了森林中的迷途，更在冰上也冻不死"，"后稷两字译成白话，即是'稷之神'或'稷之君王'"，"尊称变成了私名，也可以说明这位人物历史性的不足征考"。许君并在注二二抄了《诗经·大雅·生民》及《鲁颂·阂宫》两诗。

后稷诞生的情形是一个神话。在解释上，环绕此一神话的异说很多，我觉得以马瑞辰"无夫而生子"（《毛诗传笺通释》二十五）的说法最为明确，并反映出这还在母系氏族社会的时代。这与传说他是活动在唐虞时代，似乎可以交相印合。神话降生的人，并不等于即是半神半人的人，更不可因此断定其"历史性的不足征考"。世界各民族、氏族的一世祖，多半是神话式的诞生，若因此而断定其历史性不足征考，则是各民族、氏族都没有一世祖。按《生民》诗的内容，后稷降生后被弃的情形，乃他受胎神话的延续。除此以外，虽然经过诗人的夸张，但在什么地方夸张到了"半神"的性格呢？许君能在《生民》、《阂宫》的诗中举出证明吗？《阂宫》诗说神对后稷"降之百福"，正证明后稷本人不是神。齐思和在《周初地理考》（《燕京学报》三十期）中说后稷的"稷"，乃是周氏族的图腾。他根本不了解凡作为图腾的东西，除非万不得已，都是不能拿来食用的，而"稷"正是周氏族经常食用的食物。《生民》诗"诞置之隘巷，牛羊腓字之"，史公《周本纪》译为"牛马过者，皆辟（避）不践"，许君则说成"逃过了牛羊的践踏"，"逃过"的"逃"，只能是后稷自己，被弃的婴儿他能逃吗（许君把初生婴儿称为"幼年"，也是文义不通）？并且依传、笺，也脱掉了"置"字。"诞置之平林，会伐平林"，史公连下两句译为"徙置之林中，适会山林多人，迁之而弃渠中冰上，飞鸟以其翼覆荐之"，许君对这两句则说成"逃过了森林中的迷途"，被弃的婴儿，如何"逃过"？在诗的语句中，如何能看出半丝半毫"逃过了森林中的迷途"的意味？"诞置之寒冰，鸟覆翼之"两句，只说明因鸟来覆翼才不被冻死，并不是说"在冰上也冻不死"，所以诗人接着说"鸟乃去矣，后稷呱矣"，后稷之"呱"，是冻得呱的。许君"在冰上也冻不死，有飞鸟来庇护他"的两句话中间，缺少"因为"两个字，下一句便成为一种附带的情形，也与诗原意不合。至于许君说上述的神话"只是证实了后稷的天命"，大概许君根本不了解周初及其以前的所谓"天命"，乃谓天把王位命于某人而言，所以"天命"即是某人得到了统治天下的王权、王位。周人皆以文王是受命之君，"天命"两个字怎能乱用到后稷身上去？许君说"后稷"一词译成白话是"稷之神"。后稷死了以后被祀为稷神，与一切"先王先公"死后被祀为神，及《左传·昭公二十九年》晋蔡墨所述木正勾芒等死后被祀为木神无异。但若就"后稷"一词的本身而论，如何译得出"神"的意味？把"后稷"译成"稷之王"，也是望文生义。细按许君上述二说，皆以"五谷之长"（《说文》七上）的"稷"来释后稷之"稷"。后稷之"稷"，虽由"五谷之长"的"稷"而来，但根本不应作"五谷之长"的"稷"解。《左传·昭公二十九年》晋蔡墨谓："稷，田正也。有烈山氏之子曰柱为稷，自夏以上祀之。周弃亦为稷，自商以来祀之。"可知稷是一种官职的名称。又按"后"与"後"古多通用，《说文》九上"后，继体君也"，"继体君"亦"後君"之意，则所谓"后稷"者，乃指"周弃後于柱以为稷官"。自此以后，或称后稷，或称稷，皆指"田正之官"而言。《汉书·百官公卿表》上"弃作后稷"应劭注"后，主也，为此稷官之主也"，此与韦昭以君释"后"，恐皆系傅会之词。《国语·周语上》虢文公谏宣王不籍千亩而陈述籍礼的情形，是"太史告稷曰，自今至于初吉……稷以告王……王乃使司徒咸戒公卿、百吏、庶民……命农大夫咸戒农用。……及籍，后稷监之……其后稷省功，太史监之……稷则遍诫百姓……乃命其旅曰，徇。农师一之，农正再之（韦《注》：农正，后稷之佐），后稷三之……宗伯九之，王则大徇"。据此，则稷与后稷之为田正，可谓皎然明白，没有如许君所说的"尊号"的意义在里面。至于许君说把后稷的"尊号变成了'私名'"，此说亦为可异。周人奉为始祖的后稷，其私名是"弃"。《诗经》里有关后稷的诗，是为了纪念他的始祖，有的则是祭祀时为了颂神而作，这样便不好直称"弃"的私名，而只好称他的官衔"后稷"以作他的代名。代名用久了，成了习惯，于是大家一提到代名，便知道所指的即是作后稷之官的弃。私名除了有偶然的同名者以外，他人是不能通用的。据《国语·周语》，"我先王不窋用失其官"，可见未失官以前，都是后稷。由前面所引虢文公的话中，更证明西周还有旁人在作后稷的官而称为"后稷"。《国语·鲁语上》展禽说："夫圣王之制祀也，法施于民则祀之，以死勤事则祀之……昔烈山之有天下也，其子曰柱，能殖百谷百蔬。夏之兴也，周弃继之，故祀以为稷。"这不是把周一世祖后稷的私名说得清清楚楚吗？

上面一段琐细的批评，是在指出许君进入到"文献史料"的第一段话中，对于他所关涉到的史料，根本不曾作过研究，根本没有清楚地了解，所以每句话都有问题，这不是受过学术训练的人所应当有的现象。许君全文都是如此，但我不能像这样详细地批评下去，我仅以此一段话作一例证，也便够引起许君的反省了。后面只以问题为中心，提出讨论。

六、后稷到文王的世次问题

周由始祖后稷到周文王的世次问题。《史记·周本纪》"后稷卒，子不窋立"，与他上面"后稷之兴，在陶唐虞夏之际，皆有令德"的话，也自相矛盾，其为错误，前人多已指出。而由后稷到文王只有十五世，其为不可信，也早经多人指出。许君于此事存疑，是对的。但许君说"《国语》只说到后稷不窋是先世先王，中间别无世代的说明"，《国语·周语上》第一页确是如此。但《周语下》，灵王二十二年太子晋曾谓"自后稷之始基靖民，十五王而文始平之"；敬王十年卫彪傒曾谓"后稷勤周，十有五世而兴"，韦《注》："自后稷至文王十五世也。"可见许君只看《国语》第一页，便替《国语》作了结论。许君又来一句"高圉太于，也似是一人"，《左传·昭公七年》、《国语·鲁语》、《史记·周本纪》、《国语》韦《注》及一切传注，皆作"高圉亚圉"，无一作"太于"的，是否许君另有所出？许君说他们父子俩"似是一人"，若如此，则如何能数成十五世？雷学淇《竹书纪年义证》卷十三盘庚十九年"命邠侯亚圉"，卷十八成王"立高圉庙"，这证明高圉、亚圉之非一人，已经够了。

许君所看到的《国语》是宋"天圣明道本"（据许君注二四）。按宋仁宗天圣共九年，明道仅二年，《国语》有天圣本，也有明道本，许君所看到的不知是否从天圣年始刊，到明道年完成，因而称为"天圣明道本"？此本现藏何处而为许君所见？希望许君告诉我，以广见闻。假定许君看到了宋天圣本的《国语》，便应当注意到通行本《国语·周语上》第一页的"昔我先世后稷"一语，戴震在《毛郑诗考证》中说宋天圣本《国语》，此语却多一"王"字，而成为"昔我先王世后稷"，其意便成为"昔我先王世代为后稷之官"，于是由后稷至文王十五世，可以解释为指周先人的最后一任后稷，而不是指的名"弃"的后稷。《史记·刘敬列传》刘敬对高帝谓"周之先自后稷，尧封之邰，积德累善，十有余世，公刘避桀居豳"，这就可以解释为由周弃到公刘，中历十余世。由此可以补救《史记》载记之失。这是清人研究此一问题所得的概略结论（请参阅马瑞辰《毛诗传笺通释》十六《豳风》，及胡承珙《毛诗后笺》二十四《公刘》）。此一结论，也可以说是由版本的校勘所引发出来的。我不能断定这些说法是否可靠，但可以断定在一篇学术性的研究论文中，不能抹煞这些经学家所作的辛勤工作。

七、公刘问题

公刘的问题。许君根据《诗经·大雅·公刘》和《孟子·梁惠王下》的两种材料来叙述公刘，而得出三要点：（一）"《史记》的记载也不过由此（指上面两种材料）望文生义"；（二）公刘是一个殖民领袖；（三）迁豳"而且有了芮和密两个附属于周的国家"。因此我便要请教许君三点：（一）何谓"望文生义"？《史记》根据上面两种材料以叙述公刘，凡五十八字，在什么地方是"望文生义"？《史记》叙述的缺点，正如日人中井积德所说，漏掉了公刘徙豳的一件大事。但这是遗失漏失，而不是"望文生义"。许君所以对中国史学完全不能沾上边，大概就是因为这种轻浮的态度。（二）何谓"殖民"？郑《笺》以公刘为"夏之始衰，见迫逐迁于豳"，而《谱》以公刘当太康之世；刘敬则以为公刘系避桀居豳。清经学家多采刘说。如二说有一说可信，则公刘是被逼迫而迁徙，说不上是殖民，固不待论。即上面所说的皆不足信，按传统的说法，公刘的祖父不窋失后稷之官"而犇戎狄之间"，则其流徙以择水土之宜，亦不能称之为"殖民"。夏、商迁都者数矣，可称之为殖民吗？我不反对用新名词以解释古代的情况和观念，但要用得谨慎，用得不谨慎即造成混乱。许君是受过西方教育的，"下定义"是西方学术中的优良传统，现代的所谓殖民，皆指由其本国本土膨胀伸展到异国（族）异土而言。如英国殖民，是以本国英伦三岛为根据、为后援的。公刘向豳殖民，他的本国本土保存在何处呢？（三）许君说公刘"有了芮和密两个附属于周的国家"，这是根据《公刘》诗最后两句"止旅乃密，芮鞫之即"而来的。自来的注释家，对此处"密"字或作"安"解，或作"繁密"解。"芮鞫"或从《韩诗》作"汭沠"，乃雍州的川名，或从郑《笺》作"水涯"解。文王伐密，密是国名；"虞芮质厥成"，芮也是国名。但对公刘而言，时间悬隔，空间也有问题，上下文义更是扞格而不通。这才是由许君不通文义，并由忘记历史时间而来的望文生义。

八、太王迁豳的有关问题

太王迁豳的有关问题。许君根据《诗经·大雅·绵》和《孟子·梁惠王下》写太王的史迹，在他的文学性的描写中，夹杂些文学家的想像。描写的文字不去管它，想像的部分稍微讨论一下：

（一）"而逼迫太王迁徙的敌人，一般都认为即是殷末著名的鬼方"（《集刊》，页四四），在注三一举出了徐中舒《殷周之际史迹之检讨》作根据。按鬼方之说凡四：有泛指远方者，如《诗·大雅·荡》"覃及鬼方"，《毛传》"鬼方，远方也"即是。有谓在西方者，《后汉书·西羌传》"至于武丁征西戎鬼方，三年乃克"，《竹书纪年》武乙三十五年"周王季伐西落鬼戎"者是。有谓在北方者，《易》"高宗伐鬼方"，干宝注"鬼方，北方国也"者是。《山海经·海内北经》"鬼国在贰负之尸北"，《史记·五帝本纪》"北逐荤粥"，《索隐》以为"殷曰鬼方"，释文"夏曰熏鬻，商曰鬼方"，此皆以鬼方在北方。有以为在南方者，《竹书纪年》武丁三十二年"伐鬼方，次于荆"，故惠栋以为"商之鬼方，周荆楚之地"。我未看到徐中舒氏的文章。徐文除非能证明当时在北方、在西方的外族皆是鬼方，否则许君信钱穆之说，以为公刘自邰迁豳，是受北方鬼方的逼迫；但我在后面证明钱说不能成立，公刘的迁徙，依然是在陕西的西部，则此时逼迫太王的应当是来自西方的异族，此西方的异族，依然是鬼方吗？徐氏的文章写得再好，许君何以知道"一般认为"？况且这类有争论性的问题，许君应举出徐文中最有力的论证，最低限度，也应举在附注里。至于王国维《鬼方昆夷猃狁考》（《观堂集林》卷十三）仅用同声通假的训诂方法，把殷周时代的外族都说成为一个民族或氏族，文章写得很巧妙，但把当时复杂的民族问题，在训诂上简化为王氏的一元化，大概不能算是适当的治学方法吧。

（二）许君说："自来解经，总把《绵》的'陶复陶穴，未有家室'，说成太王未迁居以前住在地穴中。"按郑《笺》确如许君所说，但《正义》则已为其下转语，而《毛传》及直承《毛传》

的经学家则并非如此。《绵》的首章是"绵绵瓜瓞，民之初生，自土沮漆。古公亶父，陶复陶穴，未有家室"，明冯复京（《四库全书总目》误为"冯应京"）《六家诗名物疏》："孔颖达《绵》诗疏沮漆在豳（公刘徙居之地），非也。若沮漆在豳，则公刘'于豳斯馆'，已有宫室，太王何为陶复陶穴哉？正以太王初至扶风（岐下）之地，故未有家室耳。"陈启源《毛诗稽古篇》："以《绵》诗首章为太王居豳事者始于康成耳，《毛传》本无是说也。传于首章即述太王避狄去豳迁岐之事，而继之曰'陶其土而复之，陶其壤而穴之'，则明以复穴系岐下，为古公初到之居矣……又三章传曰'周原，漆沮之间'，合周原与漆沮为一，是明以首章之居漆沮，即居此周原矣。公刘居豳、至太王已经十世，安得尚无家室？不独'于豳斯馆'已见《公刘》篇，再考《七月》篇所称'塞向墐户，入此室处'、'入执宫功'、'亟其乘屋'、'跻彼公堂'诸语，皆有家室之证也……则首章所言，其为初到岐周，未遑筑室事无疑也。"胡承珙《毛诗后笺》："冯、陈二说，辨明首章是言古公初到岐下之事，深合经意"；陈奂《诗毛氏传疏》"此'陶复陶穴'，但述初迁之始"，许君写文章连极寻常的材料也没看见，令人费解。

（三）许君自己的新解是："可是我们宁可把半地穴式的居室作为关中地区普遍的居住方式，同时把这八个字（按指'陶复陶穴，未有家室'）解为太王迁来这一地带未建都邑前的一般风光。也许太王挑选这个适当的地方建设都城，而这里可能本来就有一个以半地穴为主的聚落，于是诗人咏诗及之。更妥当的看法：太王之世，平民居住半地下室或地下室，仍无妨有贵族居住在茅茨土阶的地上宫室。"许君的新解完全出于他不了解文义，及文字上下相关的脉络，而来一套小说家的想像。第一，"陶复陶穴"不能解释为半地穴式的居室，因为《西安半坡》已经告诉我们，半地穴式的房子，凹入地下的不过是 0.4 到 0.8 公尺，而在以坑壁作墙的上面，依然要用木柱架成屋顶。"陶复陶穴"之"陶"，《毛传》实际是解作掏土之"掏"，郑《笺》则实际作"窑"字用，这只是"穴居"，不能推论出这是用木材架构的半地穴式的居室。第二，"陶复陶穴"的上一句是"古公亶父"（太王），所说的是太王自己和他带来的氏族初到此地的居住情形，看不出这是诗人咏及到原住此地的部落。从此诗的第三章、第四章看，太王是避难而来此垦荒的。第三章"周原膴膴"（《毛传》：美也）而只有"堇荼如饴"，第四章便是"乃疆乃理"的开荒，第五章便是"俾立家室"及"作庙翼翼"。文义脉络分明，容不下许君横扯一套。更奇怪的是，许君写到此处时，突然把他大文开始所摆出的《西安半坡》的地下考古材料，忘记得干干净净。在太王一千四百年乃至一千九百年以前的西安半坡，住在那里的氏族，都有半穴式的房子和地面上建筑的房子，除了其中一间特大的房子，是作他们祭祀乃至聚会之用以外，半穴式的建筑和地面上的建筑都是"茅茨土阶"，都是平等地使用着。陕西龙山文化（客省庄第二期文化）所发掘出的十栋房子也是如此。在早太王十代以前的公刘居豳的平民，也是"入此室处"，文献和地下材料都是互相符合的。难道说到了太王之世，反而大大地退化了吗？

（四）《绵》诗的"百堵皆兴，鼛鼓弗胜"，《毛传》以为系"劝事乐功"，郑《笺》以为"鼛鼓不能使之休息"，两者稍有出入。但许君"在鼓声中立门开户的仪式进行着"的说法，是毫无根据的。因为立门立社，诗人是写在后面，而古人开户是否有仪式，其仪式是否是打鼓，尚待许君举出证据。许君更描写说："好一幅新建都邑的图画，只是由于亘几千年在这一条河谷，已密集地建立了许多聚落，我们还是宁可假定这一番建筑，仅是在于旧有聚落上加上新的宫室城郭，却不是在一片荒地上平地起楼台。"由许君这一想像，太王到了这些密集的"聚落"中以后，是在许多原有居民的住屋中再挤进一些新房子，在原有居民的耕地上，再圈上自己氏族的耕地。像美国拓荒者"平地起楼台"的事，中国在三千年前，地广人稀的时代，是决不可能的。许君的想像力太丰富了，简直一发而不可收。但必须许君另外作一首诗出来以作自己想像的根据。现在我们所能看到的《绵》，对于许君的想像却找不出半丝半毫痕迹。许君若是根据"关中地区仰韶文化遗址分布图"而提出这种想像，那是太没有考古学上的常识了。

九、姜、羌及周祖先居地问题

周人祖先居地的问题。许君对此问题所提出的要点如下：

（一）根据傅斯年氏《姜原》一文，考定与殷商关系密切的羌，是在"豫西渭南许谢迤西的山区中"。"如果范晔在羌与春秋诸戎间拉上的关系，不是无的放矢，这些戎族的居民，即与傅氏指出的姜原甚为吻合。"并且"董彦堂先生据甲骨卜辞的资料指出殷是与羌人之间，时有战争"，"若羌人偏在西部，由安阳（殷都）四周的黄河平原远征陕北陇右，中间须经过周人居地。……比较合理的假定是：羌人故地离洹域（安阳）也不远。若姜原或羌，如傅氏假设，在豫西山地，则各方面皆说得通"。

（二）"如果姜原（按即羌）在豫西山地，则姬原在汾水（按指山西的汾水）流域的假设，就可以顺理成章。……于是我似无妨假定周人祖先在汾域发迹，公刘建国也在晋地，直到太王之世，周人才徙居渭域，并在渭域建都立邑。但是周人的老伙伴诸姜，始终与周为邻，只是相对位置，先为南邻，后在东南而已"。

按羌的问题是历史上非常复杂的问题。以文字训诂上的形近音近来解决这种问题，实际是把在历史中很复杂的具体事物，拿到自己的脑筋中加以单纯的抽象化、概念化。所以近数十年有的人走的这条路，在方法论上根本要加以反省。今日言羌的上古史，应当特别重视范蔚宗《后汉书》的《西羌传》，因为他对西羌的古代史，是以《竹书纪年》为骨干，再综合《左传》、《国语》上的有关材料写成。姜与羌可能原来是一个种族，或二者间原有密切关系，但大家却把《西羌传》一开始的"姜姓之别也"一句话忽略掉。因为进入到西周之后，在可以看到的史料中，与姬姓处于同等地位的姜姓（《左传·成公九年》引逸诗"虽有姬姜"），与当时的所谓姜戎、戎狄等，完全是两种情况。而傅氏凭自己的想像力，混而同之，这完全违反了治学上的经验法则。例如《左传·襄公十四年》姜戎驹支在答复晋范宣子的话中谓"我诸戎饮食、衣服不与华同，贽币不通"，这和傅氏所援引的姜姓大国的甫与申，可以混同起来吗？《西羌传》记宣王晚年，"戎人灭姜侯之邑"（这应当出于《竹书纪年》)，这是戎与姜可以混同的现象吗？我们从《诗经》、《左传》、《国语》诸有关材料看，周人及当时的所有"中国"、"华夏"和戎狄的界线，从精神上到行动上，划分警惕得这样清楚、严格，如何能够和《诗·大雅·嵩高》篇"维周之干"的申、甫混同在一起？姜戎乃至所有戎狄的居地，因为"所居无常"（《西羌传》)，对他们只能断定一个大概的方向或地区，而这种方向或地区，也是随时代而有变迁，并与中原的政治情势有关系，这在《西羌传》中说得清清楚楚。《西羌传》述及平王之末，"周遂陵迟，戎逼诸夏，自陇山以东，及乎伊洛……当春秋时，间在中国，与诸夏盟会。……陆浑戎自瓜州迁于伊川，允姓戎迁于渭汭，东及轘辕。在河南山北者，号曰阴戎……"证以《左传·襄公十四年》晋范宣子亲数戎子（姜戎）驹支于朝的话，及驹支答复的话，《西羌传》所述，皆信而有征。这与傅氏把姜戎、戎狄等，认为在殷周之际即在豫西山区一带，在时间上是天壤悬隔，如何能像许君所说的"甚为吻合"？许君援引董彦堂氏的甲骨研究，以证明傅说的正确，但在甲骨许多殷人对羌的记载中，找不出一条可以证明羌是在豫西山地，并且有一条是"己酉卜，壳，王惟北伐羌"（《前》四、三七、一），由殷墟向豫西伐羌，能称为"北伐"吗？《诗》之《采薇》及《出车》，《诗序》皆以为是"文王之时，西有昆夷之患，北有玁狁之难，以天子（殷）之命，命将率遣戍役以守卫中国"之诗，《采薇》专言伐玁狁，《出车》则兼两者而言。《出车》"天子命我，城彼朔方；赫赫南仲，玁狁于襄"，又"赫赫南仲，薄伐西戎"，按此可知玁狁在北而戎在西。春秋时既有羌戎，傅氏以姜即羌，则西戎即西羌，是周初羌又由北而西。《汲冢纪年存真》后桀下"畎夷入居邠岐之间"，武乙"三十五年，周王季伐西落鬼戎，俘二十翟王"（同上），又大丁二年"周公季伐燕京之戎，周师大败"（同上），《淮南子·坠形训》"汾出燕京"，高诱注以为"在太原汾阳水所出"，这都可以用豫西山地作解释吗？

两千年来都以周人为在陕西境内活动的氏族，至钱穆《周初地理考》（《燕京学报》十期）之文出，则认为后稷之邰，即《左传·昭公元年》子产答晋叔向问之所谓"封诸汾川"之"台骀"。

公刘迁豳，亦实为以汾水得名之邠，其地皆在山西太原、闻喜一带。此为许君姬原在晋地之所本。但钱说之难令人置信者有三：（一）齐思和《西周地理考》（《燕京学报》三十期）中最重要之反证为《诗·大雅·公刘》篇"于豳斯馆，涉渭为乱，取厉取锻"，若豳系以山西汾水得名，与陕西渭水无涉，则公刘居豳以后，何以往返数百里之劳，涉渭水以取最寻常之工具材料？且观诗之口气，亦非远涉远取之口气。（二）汾水区域之诗，在"国风"为《魏风》、《唐风》。《唐风》系晋国之诗，而魏为晋献公所灭，周人何以不将《豳风·七月》之诗编入《魏风》，却与丰镐之诗合编在一起？《魏风》中曾提到汾水，如《汾沮洳》篇之"彼汾沮洳"、"彼汾一方"、"彼汾一曲"者是，而《豳风》中未曾提及汾水。（三）若周人自后稷、公刘，历唐虞夏商，皆在山西，至殷商之末，始由太王迁入陕西之岐下，则唐叔始封，乃返回其祖先曾经营千载之久的发祥故地，系一件大事，何以自受封以迄晋世，曾无一言及其祖德？此非情理上所应有。且唐叔始封时，"命以唐诰"、"启以夏政"（《左传·定公四年》），岂周人祖先经营千余年之故地，反无流风遗泽，稍值得他的子孙追述吗？从豫西山地到汾水区域，隔着有黄河、梁山等山川之险，周人的祖先，要越过这些山川之险以经常与他们的"老伙伴"——羌戎发生关系，并非易事。但许君则认为隔着这些山川之险，周人祖先仍能与这些豫西山地的姜戎、戎狄等成为老伙伴，正足以证明周人祖先之必在晋地的汾水区域，这是反对票当作赞成票的采证方法。

十、周与夏的关系问题

在"三、周人的扩张"一节中，除了重复以前的错误外，更想像出"西周的殖民队伍"向荆楚发展，遇到太多的阻力，乃越过仍在殷商势力之下的荆楚及黄淮平原，由太伯仲雍率领周人"远征之师"去经营江南。至于在什么史料中可以看出太伯仲雍率有一支"远征之师"，许君的想像甚为自由，不必去加以讨论，不过我们如相信西安半坡的地下材料，则传说中太伯仲雍之避地于吴，乃寻常之事，何劳后人另发奇想。

在"四、文王时代的活动"一节里我只想讨论两个问题，第一个问题是：

> 许君根据傅斯年氏的高见，周人是打着"夏代的继承者，夏代的复仇者"的政治口号，正如刘渊自称汉裔一样，在灭商一事上发生了很大的作用。证据之一是"文王迁都于丰……而且说这是夏的故土"，这是据《诗经·大雅·文王有声》篇"丰水东注，维禹之绩"二语而来的（原附注六一）。证据之二是"周人确曾自称为夏人，如《尚书·康诰》'惟乃丕显考文王，克明德慎罚……用肇造我区夏，越我一二邦，以修我西土'，又如《诗·周颂》以'时夏'自称。周之采用夏后故号，当是企图与晋南夏虞诸国拉拢，而且为伐殷找一借口"。

按《周颂》的作者，最早不能出于成王时代。《文王有声》，《诗序》谓为"武王能广文王，有声卒其伐功也"。诗中"维禹之绩", 怎能变成出自文王之口？"丰水东注, 维禹之绩", 从来的注释家只对"绩"的解释稍有出入, 《毛传》以"绩"训"业", 郑《笺》训"功", 马瑞辰则谓为"迹之假借", 惟对"丰水之得东流注渭入河者, 夏禹之功业"(《正义》)的解释, 则略无异辞。《禹贡》: "导渭自鸟鼠同穴, 东会于丰, 入于河。"我根本不相信《禹贡》出于战国时代之说, 乃西周时代的史官根据过去的口传或典册的资料, 编纂而成, 此亦其一证。《左传·昭公元年》刘定公见洛汭之水曰"美哉禹之功也", 又"子盍亦远绩（迹）禹功而大庇民乎", 《左传·哀公元年》"夏禹之绩", 口气皆与诗意相合。当时谓九州（在《商颂》称为"九有"）皆为禹之故土, 丰亦自不例外, 但此诗的意思却只是就当前的丰水而歌咏大禹治水功, 并非强调这是"禹的故土"以自高身价, 在文义上是很显然的。《康诰》的"区夏", 《周颂》的"时夏", 除"时夏"之"夏", 郑《笺》释为乐名外, 无个以"中夏"、"中国"作解释, 而绝无以"夏朝"作解释的, 因为上下文的语义, 不允作此解释。由禹治水之功而称中国为"夏", 可以说是其来有自。《说文》五下"夏, 中国之人也", 虽非"夏"字本义, 亦可见以"夏"称"中国"的久远。《书·舜典》"蛮夷猾夏", 《左传·闵公元年》"诸夏亲眤", 《左传·襄公十三年》"以属诸夏", 《左传·襄公二十九年》"此之谓夏声", 《左传·定公十年》"裔不谋夏", 《公羊·成公十五年》"春秋内其国而外诸夏", 则把"区夏"及"时夏"之"夏"释为"中国", 乃极寻常之事。

《左传·襄公四年》魏绛引周初虞之箴曰"芒芒禹迹, 画为九州", 周人对夏的这类歌颂, 也是承自商人。《商颂·长发》"洪水芒芒, 禹敷下土方", 《殷武》"天命多辟（朱传：诸侯也）设都于禹之绩",则商人实以"九州"皆为禹之绩。这里又牵涉到《商颂》成立的年代问题。《国语·鲁语下》闵马父谓"昔正考父校商之名颂十二篇于周大师,以《那》为首",《诗序》因之,应无异说。但《史记·宋世家》史公据《韩诗》以为《商颂》系正考父美宋襄公之诗,《史记索隐》已指出"正考父佐戴、武、宣,则在襄公前且百许岁,安得述而美之",是《韩诗》之误,已不待论。且在鲁隐公三年,《左传》美宋宣公引《商颂》"殷受命咸宜,百禄是荷",《国语·晋语》公孙固对襄公引《商颂》曰"汤降不迟,圣敬日跻",这都可证明《商颂》出现在宋襄之前,尤足证史公引《韩诗》之误。然时贤犹有坚持《韩诗》之说者,盖内心实以为殷商时代,不会作出诗来,而不知世界各民族诗歌之起源,远在有文字之前。所以我这里引《商颂》以证明周人对大禹功绩的歌颂,实承自商人,决非傅会。若以周人提到夏是为了要打倒商人的政治口号,则商人提到夏又是为了什么呢?

周人打出为夏报仇的口号,必须以商之灭夏为不当。但恰恰与此相反。周初对于国家的兴亡,在原则上,是把天命的基础安放在民意之上,认为凡"敬德"、"保民"者当兴,也必兴;"秽德"、"虐民"者应亡,也必亡。这可以说是以周公为中心所出现的新的历史观。而在策略上,则是以夏之当亡,证明殷商之当亡,以商之灭夏为正当,证明周之灭商也是正当。这岂非与傅氏之说恰好相反?《酒诰》:"我闻亦惟曰,在今后嗣王(指纣)酗身,厥命罔显于民……民罔不盡伤心,惟荒腆于酒……诞惟民怨……故天降丧于殷。……古人有言曰,人无于水监,当于民监。"《召诰》:"呜呼,天亦哀于四方民,其眷命用懋,王其疾敬德。相古先民有夏,天迪从子保,面稽天若,今时既坠厥命。今相有殷,天迪格保，面稽天若，今时既坠厥命。""王敬作所，不可不敬德。我不可不监于有夏，亦不可不监于有殷。我不敢知曰，有夏服天命，惟有历年；我不敢知曰，不其延。惟不敬厥德，乃早坠厥命。我不敢知曰，有殷受天命，惟有历年；我不敢知曰，不其延。惟不敬厥德，乃早坠厥命。"《多士》："我闻曰，上帝引逸，有夏不适逸，则惟帝降格，向于时夏。弗克庸帝，大淫泆有辞。惟时天罔念闻，厥惟废元命，降致罚，乃命尔先祖成汤革夏，俊民甸四方。……惟尔知，惟殷先人有册有典，殷革夏命。"《多方》："惟帝降格于夏，有夏诞厥逸，不肯戚言于民，乃大淫昏……乃大降罚，崇乱有夏……亦惟有夏之民叨懫日钦，劓割夏邑。天惟时求民主，乃大降显休命于成汤，刑殄有夏。……乃惟成汤，克以尔多方，简代夏作民主。慎厥丽，乃劝；厥民刑，用劝，以至于帝乙。……呜呼，王若曰，诰告尔多方，非天庸释有夏，非天庸释有殷……乃惟有夏图厥政，不集于享，天降时丧，有邦间之。"

像上面这样多的可信史料不去采用，却在混乱的文字训诂上发抒奇想，在消极上给这段历史涂上黑色的烟幕，在积极上把此一历史转变并演进的大关键，完全抹煞掉了，这可说是离开了学术的立场。还有"虞夏皆颛顼后，殷周皆帝喾后，宜殷周为亲"（王国维《殷周制度论》），这虽是传说，但传说也常可反映出历史的线索，也恰与傅氏之说相反。由商汤之伐桀，至周武之灭商，据《竹书纪年》，中间已经历了"二十九王，用岁四百九十六年"；由蜀汉之亡（西纪二六三年），至刘渊之自称汉王（西纪三〇四年）凡四十一年。忽视夏、商、周之所出，忽视夏、周与汉及刘渊两者相互间年岁之悬殊，而猥以刘渊之称汉后，遂想像出周乃为夏复仇，真所谓拟于不伦，幻无为有。但史语所的人，一直到现在，还要奉傅氏的臆说为金科玉律，这不能不说是学术界中的怪现象。

十一、上帝与祖宗神的问题及对傅斯年的评价

第二个问题是：

> 许君又根据傅斯年氏认为"古代之上帝，原为部落神，
> 周人竟由商借去，其最初目的可能也是为政治口号"。许君
> 在其原注六六中说"上帝原是殷商祖先之集合体，天可能
> 是西周自然崇拜的对象"。

在我的记忆中，傅斯年氏是认定"上帝是殷商的祖宗神"，许
君这里引为"部落神"，大概许君以为"祖宗神"即是"部落神"，
所以他又说出"上帝原是殷商祖先之集合体"的妙语。殊不知部
落神并不一定是祖宗神，并且在祖宗神之上，另可以有其部落神。
若上帝是殷商的部落神，则殷商成为四百九十六年的共主，根据
一切资料，周人乃其属族或属国，属族属国接受共主的领导，在
政治与宗教不分的当时，其接受共主所信仰的部落神，说不上是
借用。说到祖宗神的情形，则完全两样。由《诗·商颂·玄鸟》
的神话所生的商人一世祖是契，而由《大雅·生民》的神话所生
的周人一世祖是弃，两家的祖宗并不相同。若上帝是商人的祖宗
神，则周人信仰上帝，便是以商人的祖宗神为自己的祖宗神，即
是去掉自己的一世祖弃，而以商人的一世祖契为自己的祖宗神，
扛着商人祖宗神的招牌去翦商。这在古今中外的历史中，确可称
为独一无二的特例。可惜：（一）凡是对甲骨文作过直接研究工作

的人，没有人能发现、证明甲骨中的上帝即是殷商的祖宗神；相反的，陈梦家在《卜辞综述》中，特别证明了上帝不是殷商的祖宗神。（二）若上帝是殷人的祖宗神，则最有资格称为上帝的，当无过于他们的一世祖契，和他们受命为王的汤。在可以看到的资料中，没有发现把契或汤称为上帝，而凡是称上帝的内容，也决无法与契和汤发生关连。契是"天命玄鸟"降生的，即可见契不是天，不是上帝。《汤誓》中汤称天命上帝以伐夏，即可见汤不是天，不是上帝。过去在甲骨文中没有发现"天"字，我曾经说不能因此而认为殷商没有天的观念（拙著《中国人性论史·先秦篇》第二章）。何况甲骨文中并不是没有"天"字。契与汤没有资格称上帝，殷的其他先王先公更有何人具备称为上帝的资格？（三）若如许君之说，上帝是殷商祖先的集合体（从宗教史上看，这是不通的说法），则殷人、周人凡是称到上帝时，即等于称到殷的先王先公，而称到殷的先王先公时，即等于称到上帝，因此，二者的地位不仅在同一层次，并且每一场合，只会称二者中的一种，或者互称互见，有如帝与天的情形，使人一见便知其是一而非二的。下面我将举出例证，以证明历史的情形却完全与此相反。

　　《尚书·洪范》："箕子乃言曰，我闻在昔，鲧陻洪水，汩陈其五行。帝乃震怒，不畀洪范九畴……禹乃嗣兴，天乃锡禹洪范九畴……"

　　《左传》中有三次引用到《洪范》，我相信《洪范》是由夏传承下来的，所以夏已经有了帝、天的信仰，此信仰决非起源于殷商，但有人却认为《洪范》是战国中期以后的赝作，此一材料暂付保留。

> 《汤誓》："有夏多罪，天命殛之。……予畏上帝，不敢不正。……尔尚辅予一人，致天之罚。"

汤口里的天与上帝，无法解释为汤的祖先神。但汤此处未曾与其先王先公并举，也可以不算数。

> 《盘庚》："先王有服，恪谨天命。……今不承于古，罔知天之断命，矧曰其克从先王之烈。……天其永我命于兹新邑，绍复先王之大业。……古我先王，亦惟图任旧人共政。……古我先王暨乃祖乃父，胥及逸勤。……兹予大享于先王，尔祖其从与享之。……呜呼，古我前后，罔不惟民之承保。……汝曷弗念我古后之闻。……予迓续乃命于天……予念我先神后之劳尔先……高后丕降与汝罪疾曰，曷不暨朕幼孙有比，故有爽德……乃祖乃父，乃断弃汝，不救乃死。……乃祖乃父丕乃告我高后曰，作丕刑于朕孙，迪高后丕乃崇降弗祥。……古我先王，将多于前功。……肆上帝将复我高祖之德。"

假定有人说《盘庚》不是殷史官所纪录的"盘庚迁于殷"时告诫臣民之言，则我们无法肯定任何史料。盘庚当殷的中叶，在上面的告诫中，强烈地反映出他们对祖宗神的崇拜，反映出他们的生活行为，乃在祖宗神支配之下，可以与卜辞中的情形互相印证。但祖宗神是祖宗神，天、上帝是天、上帝，二者之间界线分明。面对这种明确的活生生之史料，上帝是殷商的祖宗神之说，不知有什么方法可以提出。

若周人借商人作为祖宗神的上帝，以为伐商的政治口号，则周人提到上帝时，当然不应另提到殷的先王先公，以免露出马脚。但事实恰恰相反。

(1)《康诰》："惟时怙冒，闻于上帝，帝休，天乃大命文王。""往敷求于殷先哲王用保乂民。……别求闻由古先哲王，用康保民。"

(2)《酒诰》："我闻惟曰，在昔殷先哲王……自成汤至于帝乙。……弗惟德馨香祀，登闻于天。"

(3)《召诰》："呜呼，皇天上帝，改厥元子兹大国殷之命。……天既遐终大邦殷之命，兹殷多先哲王在天。……王来绍上帝，自服于土中，旦曰，其作大邑，其自时配皇天，毖祀于上下。"

(4)《多士》："我闻曰，上帝引逸……有夏不适逸……乃命尔先祖成汤革夏，俊民甸四方。 自成汤至于帝乙，罔不明德恤祀。"

(5)《无逸》："周公曰，呜呼，我闻曰，昔在殷王中宗……其在高宗……其在祖甲……"

(6)《君奭》："我亦不敢宁于上帝命。……公曰君奭，我闻在昔，成汤既受命……在太甲时……在太戊时……格于上帝……在祖乙时……在武丁时……公曰君奭，在昔上帝割申劝宁王之德……乃惟时昭文王，迪见冒，闻于上帝，惟时受有殷命哉。"

（7）《多方》："惟帝降格于夏……不克终日劝于帝之迪。"

（8）《立政》："周公曰……古之人迪惟有夏，乃有室大竞，吁俊尊上帝。……亦越成汤，陟丕厘上帝之耿命。"

（9）《康王之诰》："用端命于上帝皇天。"

在上面简录的无可置疑的史料中，不仅天、帝与殷商的祖宗神，不论是个别的、集体的，不论用什么样的傅会的方法，也无法混淆为一，并且：（一）重要的殷先王，周公几乎都数到了。（二），周公认为夏朝的兴废，也是由上帝在那里管事。难道说殷的祖宗神，倒管到夏朝去了吗？（三）天与帝在周是一而非二，这在《诗经》上也有很多的证明，把帝与天分为二，一属商，一属周，完全是没有一毫根据的妄说。

天命由商转移到文王身上，因此文王与上帝的关系非常密切，死后并"在帝左右"，这确实是伐商及以后安抚商遗民的重要政治口号。武王、周公是把文王和上帝结合在一起，而发生了很大的政治作用的。但此一口号的特别强调，乃文王死后，武王即位十一年间，作伐商的准备时期的工作。《诗》、《书》与此有关的陈述，皆出于周公及周公同时乃至以后之人的口里。并且也只有文王死后，才好把文王和上帝结合在一起。许君却分配在"文王活动的时代"，大概有点时间倒错吧。至于周公们所以能把文王与上帝结合在一起，乃由文王能明德、慎罚，保民、爱民，因为"文王之德之纯"。正因为文王在个人与政治上树立了最高标准的行为，上帝才看中了他，把"命"降落在他身上。他们（周公们）对国家兴亡之故，表面上说是决定于上帝，而实际则是决定于统治者的行为，由此而规定出政治的大方向，并由此而实际以"行为史观"代替了"神权史观"，这是殷周之际的历史发展的巨大关键，当然更非许君所能接触得到的。

这里我顺便对傅斯年氏说几句话。傅氏才气纵横，善发奇想。因在学术和政治上双重的得意太早（傅氏虽未做官，但一直是政治圈里的红人），所以向外发抒之日多，沉潜研究之日少。他的考证，十之八九，是很难成立的。但在两点上，他远胜胡适之氏。（一），他能把对时代的深切感受转而为对学术的深切感受，以改变他对学问的态度，而不为自己过去护短。他在台大校长任内，规定《孟子》和《史记》为大一国文教材，这对他来说，是一件了不起的事，即其一例。（二）有人告诉我，在傅氏私人藏书中，可以说网罗了人文学科的各方面，这说明他承认各方面的学问，并常存向往之心。胡适之先生到了七十之年，不后悔他所学的一事无成，却后悔他没有学自然科学。胡先生对学问的行情、识量，与傅氏相去太远了。至于傅氏重视民族气节，重视社会正义，其热情豪气，又足以副之，这尤非心灵幽暗、气象委琐之徒所能企及于万一。我对他的评判是，研究之功尚浅，而领导之才足多。他的早死，是台湾学术界的损失。傅氏的弟子们，应从这种地方去了解自己的老师，继承自己的老师。若以偷惰之私、地盘之见（不足称为"门户"），不求在学问上有以自立，徒因循于傅氏在学术工作上未成熟的意见，今天一个"孟真师曰"，明天一个"孟真师曰"，若傅氏死而有知，会使他含恨于九泉的。

十二、武王伐纣的年代、兵力及八族的问题

在许君的"五、周人灭商"这一节里，为了节省笔墨，我也只提出两件不很重要的和一件相当重要的事来讨论。

所谓两件不很重要的事之一，是指许君所说的武王伐纣的年份问题。许君认为武王伐纣，战于牧野之年，是在西元前一一二二年。他在附注七十中说："关于牧野的年份，自古推算，其说不一，相当于公元前一一一六、一一一一、一〇七〇、一〇六七、一〇五〇、一〇四七、一〇三〇、一〇二七诸年。董彦堂先生以为当是西元前一一二二，参看董作宾《武王伐殷年月会考》（原注：台湾大学《文史哲学报》第三期）。……今暂从董说。"但董氏在上文中是怎样说的呢？"……现在仍然用这一副科学的工具来抉择十种不同的武王伐纣年，找到了只有一个是真的。这一个真的是西元前一一一一年"（台大《文史哲学报》第三期页一八一）。董氏在该文的下篇特立"甲、一一二二说"一节，加以讨论、驳斥。他说："把武王伐纣年列在西元前一一二二年、干支纪年乙卯的，可以说不胜枚举。自然，刘歆的《三统世经》是首创者，宋代的三部权威史书……都从其说……至于近世各种历史教科书、各种年表书，也无一不是从一一二二之说……以致将错就错，迄今两千余年。"（同上，页一九九）董氏主张的一一一一，与《三统历》系统的一一二二，两个末尾数字之差，对董氏来说，实等于香港大马票的末尾一字之差。因为董氏为此写了一篇长达两万多字的文章。许君采用董说，怎可以采用到董氏所最反对的一个说法上去呢？

像上面高中学生也可以不犯的错误，许君何以会犯上了呢？

我觉得不应因此说许君连高中学生的程度也没有。我的推测是许君并没有看董氏的文章，而仅看陈梦家《西周年代考》的第一面，但看得又不仔细，所以便出了这样的笑话。一九五五年十一月商务印书馆重印的《西周年代考》中这条记载的形式是这样的：

> （4）纪元前一一二二年武王即位，一一一一年武王伐纣，董作宾，《殷历谱》一九四五年出版

许君只看到前面的一一二二年，便以为他已看清楚了。我希望有朋友为我这一推测向许君求证，也是一件有趣的事情。许君目前在学问上的可悲情况都是由这一取巧、虚伪的态度而来，这也是我动笔写此文的动机。但为什么我说这是一件小事呢？因为周武伐纣的年份，只有由"西周积年"问题的解决而始能获得解决，没有什么科学工具能悬空解决历史上的问题的。但目前的有关研究，尚未达到解决"西周积年"问题的程度，所以一切说法，都不能超出于"或然率"的范围。

另一个不很重要的问题是武王伐纣，战于牧野，许君认为"纣王七十万大军"，这是从《史记·周本纪》"帝纣闻武王来，亦发兵七十万人距武王"的记载来的。史公的记载，必有所本，今日已无法查考。《诗·大明》言牧野之战只说"殷商之旅，其会如林"，未言数字。《左传·昭公二十四年》苌弘引《大誓》曰，纣有亿兆夷人，亦有离德；余有乱臣十人，同心同德"。"亿兆"乃多数的概括乃至夸张之辞，"七十万人"则系一具体数字，这只要稍有历史常识的人，便会想到当时不可能组成这样一支庞大军队的。许君在引用书目中列有《史记会注考证》，《史记会注考证》

在此处引有陈子龙对此数字的质疑，而未引起许君的注意，可见许君并不曾看过《史记会注考证》。

我所谓重要的一件事是《牧誓》中随武王伐纣的"庸、蜀、羌、髳、微、卢、彭、濮人"的问题。许君谓"自汉、唐以来，史家都以为是来自中国西南部四川、云南各地的蛮夷。但近人考证颇有使人信服的理由，指出这八族可能是汉中以至洛水的若干部族"，许君在注七二里说："……（引徐中舒说从略，但徐此文较平实），钱穆则以为蜀在殷都近畿，髳在陕县，微在微子启之国，或在新安，卢在灵宝函谷之南，彭在龟池，濮在延津滑县，羌在河东近殷，不在西北。按羌之地望已见第二节，据傅孟真先生考证为豫西山地。战国时，四川之蚕丛、开明诸传说，与中原大殊，恐殷周之际，未必与中原有如此密切的关系，云南各族更属山川遥远。以前文第一节姜原所在来说，周人与国，以来自渭南以至伊洛各处者为比较可能。"

在进入正式讨论之前，我应先指出许君在文字上的几种混乱。许君说"自汉、唐以来，史家都以为是来自中国西南的四川、云南各地的蛮夷"。按传统的大概说法，若以今地名指陈，应为甘肃或甘陕连结地带，及陕西的汉中、四川的川北与，湖北的鄂北一带。杜预《左传释例》："建宁郡南有濮夷，无君长总统，各以邑落自聚，故称百濮。"建宁，今云南东北曲靖西南一带皆是，杜说本非为释《牧誓》中之濮，因濮类不一，后人有探求《牧誓》中濮之所在地而偶及杜说者，然不仅《孔传》及孔颖达《正义》中无濮在云南之说，即偶及杜说者，亦无一肯定《牧誓》中之濮，即杜说在云南之濮。许君对传统说法的概括叙述，过于疏漏混淆。

许君在他的正文中说"这八族可能是汉中以至洛水的若干部

中国思想史论集续篇

族”，在注七二中说“以来自渭南以至伊洛各处者为比较可能”。我很奇怪许君不感到他上面的两种说法是有很大的出入。从渭南到汉中，间隔有秦岭山脉，所以从来没有人把汉中包括在“渭南”一词之内。但许君主要是受钱穆氏的影响，则是毫无可疑的。

钱说是否可信，是另一个问题。但若如钱氏之说，则蜀在殷都近畿，微是微子启之国，《书·微子》之《正义》“郑玄以为微俱在圻（畿）内”。濮在延津滑县，则亦应在殷王畿之内。许君没有提到庸，钱氏实际也以为庸在殷的近畿。其余各族，以王畿千里计之，亦皆在殷王畿附近，由此可知纣的畿内及近畿之国，反叛了不少。濮且横过纣之首都安阳，而与周武会师于牧野，可以说未战之先，纣由他肘腋之下的叛变而已经受到东、南、西三面的迫近包围了。许君“信服”钱说，即系承认了纣所处的这种情势。即使将时代移到战国以后，在此一情势之下，纣还有集结七十万人军的可能性吗？许君既认为纣与周作战时集结了七十万大军，则钱说即使能成立，许君也无资格援用。稍有逻辑训练的人，只要动用起码的推理能力，便立刻可以发现二者之间的矛盾。所以我常劝喜欢作考据工作的先生们，还是要由思想史的研究以培养自己的思考能力。两个材料相互的关系，常有赖于推理的活动，而思考活动即是推理活动，思考的训练，由严格之思想史得来的，比由形式逻辑得来的更切实际。

以下再进入到以钱说为主的基本讨论。钱说主要是以为与周武王会师于牧野的八国或八族，除髳之外，都位置于函谷关以东，并且不是远方蛮夷之国。这是讨论的基点。

讨论我想先从《牧誓》中八族的族类开始。《牧誓》：

时甲子昧爽，王朝至于商郊牧野，乃誓。王左杖黄钺，右秉白旄以麾曰，逖矣，西土之人。王曰，嗟，我友邦冢君，御事、司徒、司马、司空、亚旅、师氏、千夫长、百夫长，及庸、蜀、羌、髳、微、卢、彭、濮人。

按上文，武王所誓的实际有三部分。一部分是"我友邦冢君"，这是附随他的中国诸侯，其详已不可考，大概是关中及晋东南的若干诸侯；第二部分是"御事……百夫长"，这是武王自己军队的各级统御者；第三部分才是庸、蜀等八族。说到庸、蜀等八族时，用一个"及"字的连词，以别于上面的两部分，仅称之曰"人"，可推测所来的人数不多。由此我们可以作一断定，这八族是不同于"友邦"的，更非"御事"以下的直辖军队中的统率者，而只能是与周有密切关系的外族。此一"族类"的判定，从来研究此一问题的人都忽略掉了。

其次，应当研究当时的所谓"东"与"西"的观念，因为《牧誓》誓词的第一句是"逖（远）矣西土之人"。"西土之人"到底指的是什么？现在从《尚书》等可信的周初文献中，把有关的材料抄在下面：

（1）《牧誓》："弗迓克奔，以役西土。"
（2）《大诰》："日有大艰于西土，西土之人亦不静。""天降威，知我国有疵，民不康，曰予复反（反复也）鄙（同'图'，助也）我周邦。""天休于宁（文）王，兴我小邦周。""王曰，呜呼肆哉，尔庶邦君……""今天降戾于周邦。""矧今卜并吉，肆朕诞以尔东征（按指征管、蔡而言）。"

（3）《金縢》："周公居东二年，则罪人斯得。"（《史记·周本纪》："管、蔡、武庚等果率淮夷而反，遂诛管叔、蔡叔……二年而毕定。"）

（4）《康诰》："周公初基作新大邑于东国洛，四方民大和会。侯、甸……见士于周。……肆汝小子封在兹东土。"

（5）《酒诰》："乃穆考文王，肇国在西土。""王曰，封，我西土棐（辅）徂（往）邦君御事小子，尚克用文王教，不腆于酒。……尽执拘以归于周，予其杀。"

（6）《召诰》："王朝步自周，则至于丰。（《史记集解》马融曰：'周镐京也。'）……比介于我有周御事。"

（7）《洛诰》："予乃胤保大相东土，其基作民明辟。……予齐百工，伻（使）从王于周。"

（8）《多士》："我有周佑命。……今惟我周王丕灵承帝事。"

（9）《多方》："惟五月丁亥，王来自奄，至于宗周。……我有周惟其大介赉尔。"

（10）《康王之诰》："王出，在应门之内，太保率西方诸侯入应门左，毕公率东方诸侯入应门右。"（《史记·燕世家》"自陕以西召公主之，自陕以东周公主之"，《集解》何晏曰："陕者盖今弘农陕县是也。"）

（11）《诗·豳风·破斧》："周公东征，四国是皇。"（《毛传》："四国，管、蔡、商、奄也。"）

由上面的材料，应当归纳出下面几种结论：（一）周初之人自称则为"周"、"周邦"，若把他自己及其与国包括在一起，则称"西土"，（二）《酒诰》"乃穆考文王，肇国在西土"，《说文》十二上："肁，始开也。"段《注》："凡经传言肇始者，皆肁之假借。肇行而肁废。"则知所谓文王"肇国在西土"者，指文王始开启国运于西土的诸国诸族之间，少数为其所征服，如密与崇者是，多数则成为周之与国。不如此，武王便没有灭商的能力。这证以陕西的仰韶文化和陕西龙山文化与甘肃龙山文化的关系，及周族本是由西向东伸展的情形，则文王在甘陕川鄂的连结地带，团结了一股庞大的外族力量，无宁可以说是顺理成章之事。（三）征管、蔡、商、奄为"东征"，为"在东"，封康叔于卫曰"在兹东土"（《诗》邶鄘卫谱，《毛传》："邶鄘卫者，商纣畿内方千里之地"），卫为东土，是殷畿诸国亦皆属于"东土"，作洛邑亦称"大相东土"。是伊洛一带，在当时皆称为"东土"。（四）康王时之"西方诸侯"、"东方诸侯"，何休谓："东西乃以弘农之陕县为界。"《国语·郑语》"甚得周众与东土之人"，韦《注》："周众，西周之民；东土，陕以东也。"与何说同。惟王应麟《诗地理考》引"朱氏云，《公羊》分陕之说，可疑。盖陕东地广，陕西只是关中雍州之地，恐不应分得如此不均……《公羊释文》曰，陕亦当作郏，王城郏鄏（按即洛）。余（王应麟）谓作郏为是"。按王说昧于西周实情。以洛为"东土"，《洛诰》有明文。平王东迁洛邑，乃称为"东周"，则周初东与西之分，不以洛为基准明甚。武王大会诸侯于孟津，孟津在潼关山脉之北麓，汉、唐之所谓"关东"亦无不以此为自然之分界，则周初之东与西，亦系以此为自然之分界，殆无可疑。《牧誓》所谓"逖矣，西土之人"，乃武王对其麾下的三部分加以总慰劳之辞。而聚集在他麾下听誓词的，武王说得清清楚楚的是"西土之人"。《汲冢纪年存真》"王（武王）率西夷诸侯伐殷，败之于坶野"，与《牧誓》相合，此尤为铁证。若如钱穆之说，则应当是"东土之人"了，并且除髳以外都是"友邦冢君"了。

我所以先把八族的族类及方位加以确定，是因为要孤立地解决一族一族的问题，不仅是很困难，而且也是很危险的。古史茫昧，而地名相同者又多，外族之名称又变易无常。例如就八族中之濮来说吧，卫有城濮，又有宛濮；就髳来说吧，卫有茅氏，邾有茅，晋又有先茅之县，有茅津，又有攒茅之田，又有茅戎（请参阅顾栋高《春秋大事表》第七表）。这都可随意傅会，以补茫昧的空隙。只有先把他们的族类，大方向的问题解决，在相互关连中寻求答案，乃不致陷于随便臆测，争不出一个所以然来。《牧誓》中的八族，以"庸"为首。《左传·文公十六年》有如下的记载，我认为是进一步解决此一问题的大关键，兹简录如下：

　　楚大饥，戎伐其西南……又伐其东南……庸人率群蛮以叛楚。麇人率百濮聚于选，将伐楚，于是申、息之北门不启。楚人谋徙于阪高，蔿贾曰：不可……不如伐庸。夫麇与百濮谓我饥不能师，故伐我也。若我出师，必惧而归，百濮离居，将各走其邑，谁暇谋人？乃出师，旬有五日，百濮乃罢。……使庐戢黎侵庸（杜《注》：戢黎，庐大夫）及庸方城，庸人逐之……又与之遇，七遇皆北……庸人曰，楚不足与战矣，遂不设备，楚子乘驲，会师于临品……秦人、巴人从之，遂灭庸。

上面这一材料之可贵，乃在于出现在湖北、四川、陕西连结地带的几个氏族与秦有密切关系，这即可证明这些氏族与关中地区有密切关系，而又恰恰都是出现在《牧誓》中的角色。这便可证明《牧誓》中所说的，除羌、蜀之外，大体上是在此一范围。按杜《注》："庸，今上庸县也。"顾栋高《春秋大事表》七："今为湖广郧阳府竹山县。县东南四十里有上庸故城。"又，"麇今为湖广郧阳府，治陨县。据鲁庄公二十八年《春秋经》'冬筑郿'下《会笺》引《释文》云《左》作郿'，据杜本也；于《公穀音义》又云《左》作麇'，据贾服本也。眉、微、麇三字同音，古多通假。《仪礼·士冠礼》'眉寿'，郑注'古文眉作麇'；《少牢馈食礼》'眉寿'，郑注'古文眉作微'可证"。过去的人，对《牧誓》八族中的"微"，苦于无线索可寻。现既可证明"麇"、"微"、"眉"古多通假，则"率百濮集于选"的"麇"，实即《牧誓》八族中的"微"，可无疑问，因为这不是孤立的判断，而是在相互关系中，亦即是在相互证明中所作的判断。关于八族中的"濮"的问题，竹添光鸿《左传会笺》"百濮种族非一，各以邑落自集，故称百濮，下曰'各走其邑'，是无君长统之也。《牧誓》彭、濮人，《孔传》濮在江汉之间，然则其地在楚之西北境也"，正与灭庸之役的情况相合。按《国语·郑语》"楚蚡冒于是乎始启濮"，亦可互证。又使"庐戢黎侵庸"之"庐"，《春秋大事表》七谓："故庐戎国、伐罗，传所谓罗与庐戎两军之（按在《左传·桓公十三年》）者也，楚灭之为庐邑。孔疏曰，卢与庐通……在襄阳府南漳县东五十里。"综上以观，《牧誓》中的八族，在灭庸战役中已可确证者有庸、微（麇）、濮、庐四族，此为考定八族方位的基线。惟因气候与物产关系，自古外族之移动，自然是自北向南，自西向东。故此四族在殷周之际，以在川陕交接地区之可能性最大。

对"彭"的说法不一。王鸣盛《尚书后笺》"彭者,《后汉书·岑彭传》'征公孙述至武阳,所营地名彭亡……'按今四川眉州彭山县即汉武阳县,盖彭国故墟,故有彭亡之名",其说盖本之《东坡书传》,殆出之臆测。雷学淇又指出:"成都北九十里之彭县,志谓即古彭国,与传、疏合。又陨阳房县,亦有彭水,与庸相接,即桓十二年《左传》所云楚师分涉及于彭者,未知果孰是也。"(《竹书纪年义证》卷十六)我也可以补充一项,鲁文公二年《春秋经》"晋侯及秦师战于彭衙"。《史记·秦本纪》"武公元年,伐彭戏氏",《正义》"戎号也。并同州彭衙故城是也"。以地理的方位说,以房县之彭水为近是,但不能断定彭水即有彭族或彭国。则《牧誓》中之"彭",或即秦武公所伐之彭戏,两字而单称一字者,亦所常有。

关于八族中"髳"的问题,《诗·小雅·角弓》"如蛮如髦",《毛传》:"髦,夷髦也。"郑《笺》:"髦,西夷别名。武王伐纣,其髦等八国从焉。"是郑以"髦"即"髳"。对"髳"的了解,只能达到这种程度,似不必过事穿凿。

钱穆氏对《牧誓》中八族皆在"周之东南"的说法,是采用在历史上找相同的地名,以填补历史空隙的方法所成立的。历史上相同的地名很多,到现在为止,周代的曾国发现有三,地理位置,相去辽远,所以钱氏的说法,无须乎一一讨论。但其中对"蜀"的说法,却有一条证据,而蜀又是问题最多之地,我借此机会略加检讨一下。钱说:

> 《元和姓纂》:"庸、蜀,殷时侯国。"《诗》有"孟弋"、"孟庸"。《逸周书·世俘》篇"新方(按应作'新荒',钱

因上文有'宣方'而误）乙巳，蜀至告禽"，五日而往返，明为商人近畿小国。(《周初地理考》、《燕京学报》十期）

按《逸周书》原文为"庚子……新荒命伐蜀。乙巳……新荒蜀……至告禽……艾侯"，朱右曾《逸周书集训校释》谓"艾侯都蜀"，故"禽"字应连下读。《元和姓纂》系唐林宝所著，其"庸、蜀，殷时侯国"之泛语，并没有提到这两国的方位与族类，所以对《牧誓》中八族不能证明什么。而钱所说的"孟弋"、"孟庸"，乃出自《诗·鄘风·桑中》"云谁之思，美孟弋矣"，"云谁之思，美孟庸矣"，指的是两种漂亮女人，不知钱氏何以会引作《牧誓》八族中的庸氏"殷侯国"之证。若谓"庸"系因国得姓，则邶、鄘、卫皆灭殷后所封，"孟庸"之"庸"，分明自邶、鄘、卫之"鄘"而来，亦与殷无涉。至于钱氏所引《逸周书·世俘》篇，则不能轻易断定其不足据。同时，由庚子到乙巳的五日间，便完成了往返一次的战役，因而推断蜀是"商人近畿小国"，此一推断，也是很合理的。钱虽未进一步举出蜀国的地理位置，但鲁成公二年《春秋经》"十有一月，公会楚公子婴齐于蜀"，顾栋高谓"今兖州府汶上县西南四十里有蜀山"，朱右曾谓"泰安府泰安县西有蜀亭，似可以此当之"。此外，在殷近畿，再发现不出另有蜀国的痕迹。不论上述二处，何处为当时的蜀国，朱右曾谓"距朝歌俱远，非五日能往返"。关于这点，不妨解释为在今泰安县西之蜀，当时本为殷侯国，商纣与周武在牧野会战时，曾被纣征调去参加。纣败而退避于商畿附近，故武王继续加以扫除，故往返五日而可达到军事目的。《世俘》篇中同时被伐之磨与宣方侯国，皆不妨作如此了解，且亦可称为"商人近畿小国"。

中国思想史论集续篇

但是这并不能解决《牧誓》中"蜀"的问题。因为《世俘》篇的"蜀"，分明是属于纣的一边；而《牧誓》中的"蜀"，分明是属于武王的一边。我们不能想像同一个殷近畿的蜀国，在两军决战时，一方面是在商纣的阵营，另一方面又在周武的阵营。同时，在商纣这一方面的近畿小国，正如钱氏所说"不是僻远的蛮夷"，但《逸周书·王会》篇成王大会诸侯，其在"外台"之四周者皆为"僻远的蛮夷"。并且这些蛮夷所列的方位，即代表这些蛮夷所来自的方位。列在"台"的东方西向的，从"稷慎"至"会稽"二十国，大体上是从东方或东北、东南来的；列在"台"的西方东向的，从"义渠"至"奇干"二十国，大体上是从西方或西北、西南来的。在此二十国中有"卜庐以纨牛"（孔曰：卜庐人，西北戎也），"氐羌以鸾鸟"，"蜀人以文翰"（《尔雅》：翰，天鸡），"卜人以丹沙"（卢曰：即濮也）。此中之"蜀"，不仅为西蜀无疑；且《牧誓》中之八族，此见其四，又方位相属，皆可称为"西土之人"，而其族类又同属蛮夷。则《牧誓》中之"蜀"，必为《王会》篇中之"蜀"，与在鲁国境内之蜀，完全是两不相干的。《竹书纪年存真》：夷王"二年蜀人来献琼玉"，亦当为西蜀之"蜀"。夷王乃厉王之父，是蜀与西周的交通，在厉王以前并未断绝。自厉王以后，因周室与西戎、西羌的和平关系完全破裂了，至平王东迁，蜀与周室关系中断，及战国时，秦以次平定西戎，蜀人又与秦相接，而卒为秦所灭。《说文》十三下"蜀，葵中蚕也"，此其本义。鲁地之蜀，当以产蚕而得名，扬雄《蜀王木纪》"蜀王之先名蚕丛"，此神话亦与"葵中蚕"有关，则蜀名之偶同，亦非无故。

　　近年谈羌、蜀问题的人，根本忘记了不窋"自窜于戎、翟之间"（《国语·周语》），周与戎、翟本有甚深关系的事实。太王避狄（翟），被迫由陕之西北向东迁岐下，乃一时的冲突。不仅豳地及歧下近接陇蜀，即文王晚年所都之丰，与武王所都之镐，皆在今日西安以西，亦近接陇蜀。文、武的移都丰、镐，乃向渭河中下游扩展的结果，并作为进一步发展的基地。但若不能先建立毗连陇蜀这一带氏族的和平关系，便不可能向东方发展。周命秦仲为大夫，为西戎所杀。秦襄公初封为诸侯，至文公、宁公之世，皆与西戎争胜，而后始能立国。由此亦可证明周若不得陇蜀诸族的支持，即不能伐纣。伐纣以后，周室自成王至穆王，皆用兵东方、南方，迄无后顾之忧。周室与西方氏族关系的恶化，自穆王征犬戎始。《史记·周本纪》"王遂征之（犬戎），得四白狼、白鹿以归，自是荒服者不至"，正指此而言。而西周之亡，乃由申侯连结西夷、犬戎，攻杀幽王于骊山。由此可知周室对其西方各氏族的关系，实其兴亡所系，而今日治史者对此一历史之大线索，毫不觉察，岂不可怪！

十三、学术风气的问题

许君的此文所以错误得这样多，若进一步观察，不外下述三个原因：

第一个原因，许君总是有相当天资的人，入学以后，当然功课很不错，但没有遇到负责的老师，肯在爱护中给以学术上的严格训练。尤其是当他提出大学毕业论文和硕士论文时没有受到有如佛家禅宗之所谓"钳锤"，使他不知道学问的甘苦，使他不知道学问是要在平实精密中做出来的，而一下子自我陶醉，不知不觉地走上了虚浮不实的路。从他的文章看，他不曾深入到中外古典中的任何一部，以作为自己的立足点，而只是浮光掠影地以为自己知道得很多。到了现在，他的老师们更是向他恭维之不暇，不敢和许君认真地讨论一个问题，即使讨论，许君也不会接受，这从他论文的附注中可以看出来的。目前文化学术界中的风气，哄骗聪明学生以作自己积极与消极的工具，这是不学有术的中年以上的老师们，为了维持自己的地位和饭碗的最妙方法。多少良材美质，便在此一方法下糟蹋掉了。许君又学熟了一套虚伪的世故，在他文章的附注中，不断地对这位"谢谢"，对那位"谢谢"，并且在正文收尾时，写上"本文草就时，适本所为李方桂先生庆寿，仅借此篇幅为长者寿"的话。这一类的话，有的作为附记而记在文章的前面或后面，我没有看到写进正文的。任何文章都有其风格，风格于不知不觉中流露出了一个人的人格，许君今日正在以这种方法来维护他的地位，一直顺着这样发展下去，那便完全不可救药了。

第二个原因是受了"五四"学风流弊的影响。"五四"学风是在求变动的大要求下，"新奇"高于一切的学风。只要有人能提出新奇的说法，不论此说法有无根据，便会在一夜之间得到大名。这在文化发展的过程中是常有的现象，也是沉滞太久后有其必要的现象。但因我们三百年来学术上的落后，当时学术界的根基浅薄，以致聪明的人，为了获取声名、保持声名，便千方百计地去寻找新奇，寻找新奇之念，远超过求理解、求真实之念。于是许多新奇之说，皆建立在一知半解，以偏概全，以想像代替逻辑推理的情况之上。换言之，走上了以新奇代替真实、掩没真实的一条道路。我们只要想到在当时名满天下的人，多是在具体学问上一无所成的人，最显著的例子，有如钱玄同，便无法否定我上面的观察、论断。当时负声名而后来在具体学问上有所成就的人，必是因为他生活环境的转变，而不能不埋头伏案的人，否则哪怕他的声名能维持到现在，但始终受不起学术尺度的考验。而在学术某些方面有所成就的人，在当时多半是默默无闻的人。中国学术的进步，是要超越"五四"的学风，走上在真实中求新而不必求奇，乃至宁愿守住真实，放弃社会所要求的新奇之路。但有些人依然想拾"五四"时代的便宜，不肯顺着"五四"时代风气中的新奇，去进一步加以检证，所以许君所采的近人有关的"研究"，多半是在当时所谓新奇，但在学术上却近于荒诞的"研究"，更因为许君过于偷懒偷巧，所以连抄也抄得不实在。

第三个原因，大概是误用了美国现时在这一方面的治学方法乃至治学风气。为了研究问题，必须把有关的资料搜集得越完全越好，这是没有疑问的。有关某一问题的后人的论文，当然也是资料，但这只能算是参考资料。参考资料，我们虽然应当参考到，但我们首先要了解两点：第一点，要了解人文学科范围内的论文，和自然科学方面的论文，在性格上有很大的分别。自然科学，每一篇论文出来，必代表某一方面新的成就，而这种成就是经过实验演算得来，大体上是可以信赖的。所以继续研究的人，必以有关的新成就为出发点。在人文学科范围之内的论文，有许多结论只是一种概然率的，甚至多数是不能算数的，可以说在这一方面是相当的杂乱。一个人的学力、努力，便是要在这些杂乱中，择出可信率较大的作参考。研究工作，必须建立在问题自身的基本资料的探索、解释、批评之上（这包括直接间接的第一手、第二手资料）。参考资料，可以帮助、启发对基本资料的了解批评，但决定参考资料价值的，还是基本资料。必须在基本资料上下了功力，才能鉴别有关的参考资料。若不分青红皂白地把参考资料摆出来，以炫耀自己涉猎的广博，便常疏于基本资料的把握，不仅容易陷于杂乱，蒙混了问题，妨碍了进一步作精密的研究，并且常常陷于拿着鸡毛当令箭的境地。第二点，应了解，不可把中国近百年来在人文学科研究方面的水准，随便学西方人文学科研究的水准（他们的汉学水准则例外）相提并论。并且中国并不重视刊物的编辑人，一般刊物的编辑人，多半没有鉴别论文好坏的能力，甚至有的刊物只问与作者的关系，不问论文的好坏。所以把西方在这一方面论文的可信率，转用到中国方面，将会上其大当。许君则不仅不在基本资料上用功，以培养自己的判断力，并且也不在参考资料上用功，而只是模仿美国目前流行的方法（实际只能算是风气），列出百十条附注和一大堆引用书目，实际许君所列的都与许君是不相干的。

我不能断定我上面所说的，在客观上有多少意义，所以我希望中研院史语所的先生们肯加以指正。更不知道在大暑中挥汗所写的这篇文章，能否引起许君及其他类似青年学人的反省。但为了我们学术命运的前途，总算尽了我能尽的一点责任。

答陈胜长先生 "《周官》非古文质疑"

一

前四天，翟君志成从伯克莱加州大学的电话中问我看到《明报月刊》六月号陈胜长批评我的《〈周官〉成立之时代及其思想性格》（以后简称"拙文"）一文没有？我说："没有看到，赶快寄来。"他说："请师母讲话。"原来他是怕我在旅途养病中，不宜受刺激，所以告诉内人，不想寄来。我便由内人转告诉他，还是赶快寄来。今天（七月十五日）收到了，使我感到非常高兴。禅宗有句话："不哭的孩儿抱不得。"我常感到中国学术界讨论的风气不够。拙文刊出后，应当引起一番讨论。因为正如陈文以讥讽的口调所说"作了一次最大的翻案"、"真是破天荒的大发现"，把许多人心目中的权威都冒犯了。假定没有人提出讨论，则中国学术界真有点像"不哭的孩儿"了。我恳切希望陈文只不过是一个开端。但讨论时，我提出下面三点希望：

（一）讨论问题，不必先从"某某是权威，你不是权威"的心理状态开始。学术本是冒犯权威前进的，只看证据与逻辑。同时，我批评某人某书的某些错误，决不等于否定某书的全部价值。笼统地全面肯定，和笼统地全面否定，在学术上是有害的。

（二）在以证据对证据时，要针对对方有关的全面论证，要针对对方得出结果的理由，加以平心静气的讨论。不能避开对方的论证来否定对方的结论，不能未从正面拿出自己的论证，就肯定自己的结论。否则只是"抬杠"，不是讨论。例如我把《周官》的创作者加上王莽，是举了不少论证。陈先生对我的论证一点也不曾触及，便从我的结论中把王莽"所占的分量剔除"，这种权威是谁赋予陈先生的呢？陈文的副标题是"讨论论证方法"，从全文看，陈先生的论证方法太使我失望了。

（三）在讨论中，应当注重分量的比较，例如我说"前人没有下过这种工夫"，陈先生从一千多年的有关争论中能提出任何人的论证，在量与质上都与拙文相比吗？错误，一定是有的，但犯了可推翻我的结论的错误吗？陈文中许多无礼的话，这是从拙文全文论证的权衡中所能导出的吗？文字学是我学问中的弱点。但陈先生的文字学，比我还差一段相当人的距离。至于指出拙文中有误笔失校的字，我非常感谢。但若抓住这点来加以张皇，便无大意义了。以下顺着陈文的顺序略作答复。

二

我不是专门研究文字学的。刘殿爵先生曾以爱护之情向我说："你不提文字的问题，提了而提错几个字，并不影响你的全盘论证。"他的意思是劝我不必提这方面的问题，以免多些纠葛。另外有位好友也表示过这种意思，并提到侯马盟书。我也知道这将引起更多的麻烦。但我已接触到这一点，感到提出来供大家讨论，总是有益的。

我说以《周官》为古文，殆始于许慎。这一点陈先生没有提出反证。但我推测许慎的说法可能受了马融《周官传》的影响，陈先生则指出许冲进《说文解字表》时，马融还只有五十二岁，而他作《周官传》，当为六十六岁。陈先生此处纠正得很好，我非常感谢。但与《周官》是否为古文之争无关。

　　我说《周官》中用了些奇字僻字乃至王莽们自造的怪字。陈文则说这些都是古文，并先提出结论说，《周官》中的古字，反而正是成书年代早于其他一些先秦经籍的有力证据。这是陈文中的主要论点。我向陈先生请教一下，《汉书》上的古字较《史记》多，这便可证明《汉书》早于《史记》吗？清江声以篆文著书，章太炎的著作喜用古字，是不是成为他两人的著作，早于汉人的有力证据？不要把问题看得简单了。

　　我用归纳的方法，认为契文中并无从马从又的"驭"字，陈先生影印一片甲骨出来，认为有从马从又的"御"字。但我依然认为"𢕚"不可隶定它为从马从又的"驭"字。这种隶定，是受了《说文》在心理上的误导。我更不以"迓"为"御"的本义，乃"御"的引申义。我推测（仅是推测而已）"御"是由御车取形的。从马从又的出现，可能是在中原民族，不仅乘车，而且开始乘马之后。借此提出以供专家研究。

　　我说契文中只有"畕"字，何尝有"畺"字，陈先生只要从契文中举出一个"畺"字，便把我驳倒了。乃引用"田"、"囲"、"围"三字，是什么意思？"或会意而为畕，或指事而为畺"这是李孝定的说法，就陈先生所引李说，他在契文、金文中只列出"畕"字，并未列出"畺"字，陈先生由此而说"由畕、畺变为彊"，这是无中生有。我用归纳方法，指出《攈古录》金文中有三十五个

"彊"字，有三个"疅"字，只有一个"畺"字，然则"彊"字算不算古文呢？金文中一字的偏旁左右互易，笔画加笔、减笔的，乃累见不鲜之事，杨树达言之甚详。就我归纳的情况看，当然以"彊"为正体，而"畺"则是减笔字。许慎不知古人以弓量地为界，把"彊"释为"弓强有力也"，而受《周官》的影响，以减笔的"畺"字为"彊"的本字，顾实从而以"畺"为"彊"（此乃后起之俗字）的本字，然则金文中这样多的"彊"字都是由假借而来吗？或者都是从伯角父敦孳乳而出吗？

我说《周官》用"灋"字而不用"法"字，许慎因以"灋"为"法"的本字，而金文的"灋"字，即以后的"废"字。陈先生举出秦权中有"灋"字，这是我没有注意到的。但从影印出的秦权下句看，我还不能断定"灋"字是作"废"字用，还是作"法"字用。陈先生更引睡虎地秦墓竹简中的"灋"字，有作"废"字用，有作"法"字用的，而得出"古时或假法作废了"的结论。按"古时"只称"刑"或"罚"，在春秋时代及其以前，找不出以"灋"为"刑"或以"法"为"刑"的（客中无书可查，大约如此）。金文既明以"灋"为"废"，而秦权、秦竹简乃远在其后，秦简的"灋"字兼法、废两义，只能反映出"灋"字由"废"到"法"的过渡现象，怎能得出"灋"作"废"的结论。陈先生"薛氏云法有时而废"，所以"法"的古文"灋"假借为"废"，便必须找出在秦权、秦简以前、以外，有许多"灋"字作"法"字用。我找不出，陈先生也找不出。战国时代的"法"字这样流行却找不出一个"灋"字，而许慎也看不到秦简，则他的"刑也"，不是受《周官》影响是什么？最低限度，以"灋"为"法"，不论在先秦、在西汉，那是奇字僻字。我推测："灋"训大，秦人以法为大，便转用上了这个字。

我引罗振玉说《周官》中的"飌"字，"乃卜辞中'凤'字之传讹"，作《周官》的人，知道古时以"凤"字为"风"字，但把字形写错了，如此，怎能说《周官》的"飌"字即是甲骨文中的"凤"字？但陈先生因为我没有引这句话下面的"盖讹𩹦为𦥑，讹凡为风耳"，而认为我是"曲解"，认为我的工夫"也会因此大打折扣"。下面两句是"传讹"的证明，一起录上，对"传讹"有补充说明的作用。少抄两句只用他"传讹"的结论，又曲解了什么？这一"传讹"不像陈先生那样看得轻松。若如《周官》的"飌"字，则在此字以前已有"风"字，契文、金文何必以"凤"为"风"？顾实竟以《周官》的"飌"字即契文的"凤"字因而狂喜，岂不可笑？我想不到陈先生还要为他辩解。

我说《周官》有歔（渔）令官，引沇儿钟铭的"歔"字不作"渔"字解，又引段玉裁"作敛者近之，作歔者非也"，"以见《周官》以歔为渔，系来自他们认错了字"。陈先生要加以反驳，只引一条两条金文或古典中确有"歔"作"渔"字解的便够了。但陈先生却绕一个圈子，说"鱼"字与"吾"字因声同而通用，又引王国维之说，我简直不了解这对"歔"是否即"渔"，有什么论证上的意义。

我说《周官》以"簭"为"筮"。《说文》受《周官》的影响，也以"簭"为"筮"，并谓"𢍨古文巫"。但契文、金文及先秦古典中只有"筮"字、"巫"字。陈先生在契文、金文及先秦古典中找不出反证，便扛出侯马盟书来。我也翻阅过侯马盟书。第一，侯马盟书的"筮"字、"巫"字，可视为"筮"、"巫"的异体，但并不与《周官》、《说文》相同。何能以与《周官》并不相同的侯马盟书的字，证明《周官》的"箓"字为古文。第二，若如陈先生之说，则契文、金文及先秦古典上所出现的"筮"字、"巫"字，都应列入汉隶书的"今文"吗？第三，到现在为止，侯马盟书上所不能解读的字，为较任何金文为多。这包括散氏盘、毛公鼎等文字甚多的金文在内。此只有两种可能，它使用了晋的"地方性"的许多异体字，或因它是向神作盟诅之用的，可能因带有符咒性而异体。第四，许慎只看到《周官》而没有看到侯马盟书，他忽视从契文、金文及一切古典上所用的"筮"字、"巫"字的古文事实，而以"箓"为"筮"，以"舞"为古文"巫"，只有说他是受了《周官》的欺。

《周官》中有卝人，许慎因而以"卝，古文矿"，这正是许氏为《周官》作者所欺之一例。我引有贾公彦、段玉裁、朱骏声三氏之说以作证明。陈先生则以"卝字见于古匋文"为说。但我要追问一下：古匋文古到什么时代？它上面如有"卝"字，便是作"矿"字解吗？舒连景之说，不是附会吗？贾公彦疏《周礼》，段、朱专《说文》，皆不信《周官》、《说文》之说，而谓可凭匋片上的单辞只字的"卝"字，可以为《周官》、《说文》作证吗？

我说"《周官》以'垗'为'兆'，《说文》因而以'垗'为正字，谓'兆古文垗省'"。但契文、金文及先秦古典中只有"兆"字，并无"垗"字，以此为许氏为《周官》所欺。陈先生对此，一则曰"今案《十三经注疏》本实作兆"，这是想为《周官》解围，却解脱不了《说文》。而我所据的正是阮校《十三经注疏》本。这能扯到版本上去吗？再则曰"垗、兆之字实不足辩"。举不出反证的就"实不足辩"，这是一种论证方法吗？

《周官》以"撵"为"拜",《说文》因之,顾氏则以"撵"尤为金文所常见,我便把金文上的"拜"字约略统计归纳了一下,"可隶定为拜字的二十五字……决找不出一个字可隶定为撵字的",以反证顾氏"撵"字为金文常见之说。我不知道陈先生何以能得出"与《说文》所收的拜字形体相去不远"的结论。陈先生难说不知道《说文》所收的是"撵"字而不是"拜"字吗?又以我目"撵"为怪字,"令人费解",我把我所根据的二十九件铜器都注出来了,陈先生何必不追根究底地去"解"一下呢?

我说《周官》用"匰"作"枢",《说文》因谓"匰籀枢",及《周官》以"龡"为"副",也为《说文》采信为古文,但契文、金文及先秦旧典中并无"匰"字、"龡"字。陈先生正应举出反证,以见《周官》不是用的奇字僻字乃至他们自造的字,《说文》不是为《周官》所误,顾氏之说更为可信。乃在举不出反证之余,而说出"如果说匰字、龡字仅见于《周官》、《说文》,别无证验,人可存而不论"的抵赖的话。

总结陈先生对文字的讨论,想得出曲说的便以曲说为正理,连曲说也想不出的便出之以蒙混抵赖的方式。陈先生不断以"臆说"这类词句加在我身上,我曾立一言而不举证据吗?我在作推测时,没有指出推测的根据或明白表明是推测吗?

我所举的证据的分量,不比陈先生所举的重得多吗?我在证据的了解上曾作了曲解吗?陈先生对我的论证感到困惑,你有没有考虑自己的水准问题!

我附带说明几点:

陈先生瞧不起我用成书于清季的《攗古录》金文,有的朋友也曾向我提到这一点。但到现在为止,根据原器物把全文按原形摹写下来的，以此书为最多。我运用统计归纳的方法，使其确凿可靠，只好用此书。但我极少采用其中的解释。我很留心新出土的东西，一般的材料我都收集了。但我不是研究金文的。

陈先生指出我引顾实原文错了五个字，很感谢。有的是出于我的笔误，有的则是出于失校，其他总有失校的。但讨论中的文字没有错。

我对《周礼正义》凡例所举出的四十多个字，只节引其中值得讨论的，"驭"字已在附注中谈到，所以也不引。我在文章中已有说明。陈先生不必因此追问我用的是什么版本，我用的是《四部备要》本。

陈先生气势很盛地引用了几位日本学人来助阵。我告诉陈先生，我能看日文书，手上有几百册（现大部分捐给新亚研究所图书馆），常常参考他们的著作。但衡断一概凭证据与逻辑，不因其为日本人而加点什么或减点什么。

三

陈先生作了文字上的讨论后，更进一步谈到《周官》故书的字体问题了。

陈先生引了我对故书的一段话后，接着说"《周官》不属于今文学派，又不属于古文学派，这真是破天荒的发现"。又说"徐复观对东汉今古文之争，似未深究"。我老实告诉陈先生，我没有"发现"，写什么文章，恰于今早寄到台湾请朋友为我清稿的约八万字的《西汉经学史》，其中所发见的岂此处所说者可比。我若不是要写明年参加世界朱熹讨论会的文章，便动笔写《东汉经学史》了。我的发见，陈先生看了虽然不服气，但想推翻却并不容易。

我说杜子春们所引的故书并非古文，陈先生转引徐养源"指其旧本，则称故书，据其字体，则称古文也"两句解释性的话，就可推翻我的说法吗？以故书为古文的多得很，徐养源的话补充了什么论证吗？要反驳我的这一发见，须解答拙文中所提下述各问题：

（一）我由《汉志》本《七略》著录之例，证明刘歆未尝以《周官》为古文。

（二）我指出以《周官》为古文殆始于许慎《说文解字》序，因而指出《说文解字》序中的错误及矛盾。

（三）孙诒让以《周官》为古文，所以内容与属于今文的大小《戴记》及《公羊春秋》不同。但《四库全书总目提要》又指出《周官》与属于古文的《左氏春秋》也不同。岂不足以证明它既不属于今文学派，又不属于古文学派吗？

（四）郑注书之例，凡今古文异字，必一一注出何者是今文、何者是古文，何以独于《周官》只称为"故书"而不称"古文"？东汉人称"古文"者甚多，何以独于《周官》不称古文而称故书？

（五）郑注中有古文与故书对举的。若故书是古文，何以不并称为古文？由他的对举，也可证明古文与故书有别。

（六）由注中所引故书的情形看，正如贾公彦所说"有数本"。若故书是古文，则古文《周官》有数本，这是可能的吗？

以上请阅拙文页一七四至一八一的原文。

陈先生连我所提出的论证的边也没有沾上，却自以为驳倒了我的论证，本领太大了。

我说"没有一个人把它（《周官》）拿到今古文之争中去处理"，陈先生说"这并不足以说明《周官》根本不属于今古文的任何一派"，这已经有些妙了。但他接着又说："况且东汉拥护《周官》的学者，是有把它拿到今古文中去处理的。"于是抄了《后汉书·卢植列传》中的一段话，我也照抄在下面：

> 时始立太学石经，以正五经文字，植乃上书曰："臣少从通儒故南郡太守马融受古学，颇知今之《礼记》特多回冗。臣前以《周礼》诸经，发起秕谬，敢率愚浅，为之解诂，而家乏，无力供缮（写）上，愿得将能书生二人，共诣东观，就官财粮，专心研精，合《尚书》章句，考《礼记》得失，庶裁定圣典，刊正碑文。古文科斗，近于为实，而厌抑流俗，降在小学。中兴以来，通儒达士班固、贾逵、郑兴父子，并敢悦之。今《毛诗》、《左氏》、《周礼》各有传记，其与《春秋》共相表里，宜置博士，为立学官，以助后来，以广圣意。"（中华书局标点本，卷六十四，页二一一六）

陈先生更引了惠栋、王国维两人的话，说"古文科斗……降在小学"，是指下面的《毛诗》、《左氏》、《周礼》而言，所以这三部书是"古文科斗"。这更妙不可言了。

卢植的上书，是经过了删节的，但文脉上"降在小学"的几句，依然与提到这三部书"宜选博士"的话连接不起来。尤其是通过两汉，有谁把《毛诗》、《左氏》"降在小学"？《汉书·儒林传》为《毛诗》、《左氏》立传，这是为传小学的人立传吗？《汉志》将《毛诗》录入《诗》家，将《左氏》录入《春秋》家，这是"降在小学"吗？《汉书·王莽传》刘歆把王莽"发得《周礼》"，说得神圣无比，这是"降在小学"吗？东汉传这三书的无不特加尊重，能找出一条"降在小学"的材料吗？博士系统的人根本不理会这三部书，不愿人传授这三部书，他们若将其"降在小学"，据《汉志》，小学乃儒生必读之书，岂不与他们的目的恰恰相反？"古文科斗……降在小学"，分明指《汉志》"凡小学十家四十五篇"中的《史籀》十五篇"而言。这种眼前的材料都看不清楚，看我的书，当然感到"困惑"了。但学问只看有无诚意，有诚意，总会有进步的。

一九八一年七月十五日夜于纽泽西客次

附记：如陈先生以后提出之讨论文章，仍如此次文章之态度与水准，即不再奉答。

释"版本"的"本"
及士礼居本《国语》辨名[*]

一

《说文》六上："木下曰本。从木，一在其下。"此乃"本"字之本义。"始"、"基"等义皆由此本义引申而出。首先想到的是，版本之"本"，是否与其本义也有某种关连？

叶德辉《书林清话》卷一"书之称本"条："《说文解字》云'木下曰本'，而今人称书之下边曰书根。乃知本者，因根而计数之词。"但古代简牍，固无所谓"因根而计数"，即帛书成卷，亦无所谓"因根而计数"。所以叶氏又说："吾谓书本由卷子折叠而成，卷不如折本翻阅之便，其制当始于秦汉间……《战国策》序高诱注云'……一曰短长书，一曰国本'，盖以一国为一本……《太平御览》学部六百七卷（按当为六百十八卷）正谬误类引刘向《别录》曰：'雠校者，一人持本，一人读析，若怨家相对，故曰雠也。'夫不曰持卷而曰持本，则为折木可知。"按叶氏将鲍彪

---

[*] 按这是由《有关周初若干史实之考证》一文所演生出来的。——一九八二年一月二十日补志。

注误为高诱注，将“国本”乃“纪战国本末”之省文，穿凿为书本之本，李洣的《书林清话校补》已正其失。叶氏又以“晋义熙秘阁书目以下，始云若干帙……所谓帙者，合数卷为之。则折叠之制，在晋时已通行。”按帙乃裹卷轴之“书衣”，而非指折叠之制，屈万里、昌彼得合著《图书版本学要略》已详言之（页一三至一四）。而佛典之梵夹，虽系折叠，但亦无称之为“本”者。宋欧阳修《归田录》卷下：“唐人藏书，皆作卷轴；其后有叶子，其制似今策子。”“叶子”乃折叠之制，宋称“策子”，或称“旋风叶”，或改进为蝴蝶装，亦未闻因折叠而称为“本”的。且刘向所校之书多为竹简，更无“折本”可言。叶氏对“书之称本”的解释，可谓一无是处。

至叶氏“书之称本”一语，亦不能成立。书之称“本”，一为版本之省称，一为书之计数单位（犹一册、两册）。古今未尝称书为“本”。最低限度，须“书本”二字连结以成义，且仍系由版本之“本”而来。欲追寻版本之“本”的本来意义，仍当求之于刘向《别录》。刘向《别录》有关雠校一条，《太平御览》六一八卷所记者，与《文选》卷六《魏都赋》李善注所引者不同，当以李善注所引者为正。《魏都赋》“雠校篆籀”注：

> 《风俗通》曰，案刘向《别录》，雠校，一人读书，校其上下，得谬误为校。一人持本，一人读书，若怨家相对。

按“书”系由动词成为名词，即是“书写的东西”。刘向校书的情形，今试以《荀子》为例：

护左都水使者光禄大夫臣向言：所校雠中孙卿书凡三百二十二篇，以相校除复重二百九十篇，定著三十二篇，皆以定，杀青简书可缮写。

据上文，可知刘向校书，应经过两次手续，首先要搜集有关一书之简册，除其重复，厘其次第，作成定本。再则重新加以缮写，将缮写者与原所根据之定本相校，以是正字句之讹误。因此，所谓"一人读书"，乃读重新缮写之书；"一人持本"，乃持缮写时所根据的定本。其所以称之为"本"，以意推之，乃指缮写时之所根据，亦即指缮写时之所本而言。故此处所用"本"字之原义，实同于后人之所谓"底本"、"祖本"。这正是由"本"字的本义所引申出来的。

自此以后，凡本于钞写的，便称为"钞本"或"写本"。颜之推《颜氏家训·书证》篇提到"江南本"、"河北本"、"江南旧本"、"江南古本"等名称，乃是指某一地区的钞本而言。本于碑上的，便称"碑本"，碑系以石为之，故亦称"石本"。碑本、石本系由拓而来，故亦称"拓本"。自中唐发明雕版印刷以后，书乃本于雕版，故称为"版本"。版本大为流行，又常省称为"本"。由此可以断定，所谓"版本"，乃说的是"本于雕版"或以"雕版为本"而言。版本刻于某时、刻于某地或刻于某人，即冠以某时、某地、某人的名称于"本"之上，以资区别。故版本之"本"，是由雕版而来，雕版的时间、地点、姓氏，决定版本的名称，不是可以随便称谓的。

二

我在《有关周初若干史实之考证》一文中，主要是指出许君倬云在《周人的兴起及文化的基础》一文中犯了过多的错误。我的文章中有如下的一段：

> 许君所看到的《国语》是"宋天圣明道本"。按宋仁宗天圣共九年，明道仅二年，《国语》有天圣本，也有明道本，许君所看到的，不知是否从天圣年始刊到明道年完成，因而称为"天圣明道本"？此本现藏何处而为许君所见，希望许君告诉我，以广见闻。

在我上面一段文章中，很明显地怀疑天壤间不会有"天圣明道本《国语》"。此文发表后，接到史语所张君以仁一九六八年十月八日的一封信，录了一段文字后，接着说：

> 然据以仁所见，世界书局及艺文印书馆影印本扉页之内，即署有"天圣明道本《国语》"诸字样，坊间俯拾可得，不待发诸孔壁，谋之秘府也。该本原开印于天圣七年，至明道二年，得真本，以天圣印本重刊。黄荛圃得其初刻，于嘉庆庚申重雕，世又称士礼居本。……此本流行中外，历时一百六十余年。先生涉猎广博，而称未见，亦别有说否？又汪远孙《国语明道本考异序》云："旧题天圣明道本《国语》，天圣宋仁宗年号，明道乃仁宗改元。乃末署云天圣七年七月二十日开印，明道二年四月初五日得真本，凡刊正

增减，是明道二年以天圣印本重刊也。"吴曾祺《国语韦解补正》凡例亦云："《国语》一书，古本无传，世所见者，乃宋仁宗明道二年取天圣印本重刊，谓之天圣明道本。"则称"天圣明道本"，不特书有明证，且前贤亦有此说，其来有自，其理可通，似非出于许君之浮妄耳。

我得到张君的信，当时极为感动。因为今日肯直接指出他人文章错误的人太少了，所以立即回张君一信，说明我下笔时只就手头资料及版本常识而怀疑许君所说的不真实，当时实没有想到士礼居本《国语》及其流传的情形，这是一种不可原谅的疏忽，并致诚恳的谢意。但就张君所钞示的资料，我依然怀疑士礼居本《国语》只能称为"明道二年本重雕"，而不应称为"天圣明道本"，因为分明是"明道二年重刊"的。亦犹景祐监本《史记》系就淳化本重修而成，傅增湘在《藏园群书题记》续集中谓"与淳化本同观，乃知此是淳化嫡子"，然只能称"宋景祐本《史记》"，而不能称"淳化景祐本《史记》"，是同样的道理。把明道二年本《国语》称为"天圣明道本《国语》"，我当时以为是出于刻书者的夸张，或系黄丕烈（荛圃）的门客所为。

随后把士礼居本《国语》从图书馆中借出，扉页是印着"天圣明道本《国语》"，但钱大昕的序，一开首便谓："《国语》之存于今者，以宋明道二年椠本为最古。"段玉裁序谓："常熟钱氏从明道二年刻本影钞者在其（黄荛圃）家，顾君千里细意校出……今年（嘉庆五年）用原钞付梓，以公同好，此书之真面目始见。"黄丕烈本人《校刊明道本韦氏解〈国语〉札记》的跋，亦谓："《国语》自宋公序取官私十五六本校定为补音，世盛行之，后来重刻，无不用以为祖。有未经其手，如此明道二年本者，乃不绝如线而已。……丕烈深惧此本之遂亡，用所收影钞者开雕以饷世。"是在他们正式的文字中，只称"明道二年本"，而未尝称"天圣明道本"。且黄氏所据以重雕者，乃其所收"影钞"之本，张君所谓"荛圃得其初刻"者，亦显属错误。

三

是不是上述《国语》既可称"天圣明道本"，又可称"明道二年本"呢？若再追查此本之来源，即可发现在黄荛圃以前只称"明道本"或"明道二年本"，决无称为"天圣明道本"的。把它称为"天圣明道本"，始自黄荛圃重雕时的扉页。其原因，据我的推测，是为了便于转售取利。因为玩版本的人，有的和玩其他古董的人一样，常常是一手买进，一手卖出，以收藏家而兼古董商的。叶昌炽《藏书纪事诗》卷五在黄丕烈诗注中引瞿中溶《古泉山馆集·题黄尧夫祭书第二图诗》的第三首自注："时尧夫藏书，已多转让他姓。"据沈士元《祭书图说》谓："黄君绍甫（丕烈字），家多藏书。自嘉庆辛酉至辛未，岁常祭书于读未见书斋。后颇止，丙子除夕又祭于士礼居，前后皆为之图。"则瞿中溶所题之第二图，乃属于嘉庆六年辛酉之次年（七年）壬戌。黄丕烈生于乾隆廿八年癸未，卒于道光五年乙酉，则嘉庆七年壬戌，黄氏尚只三十九岁，而其书多已转让他姓，其有贴卖行为可知。由《国语》明道本的尾款，蒙混称为"天圣明道本"，此非一般收藏者所易察觉，而其价值可因此易于求高。所以黄氏在正式文字中只称"明道本"，而在其扉页却刻上"天圣明道本"。此虽出于推测，但可称为合理的推测。

潘祖荫所编之《士礼居藏书题跋记》卷二"《国语》二十一卷校宋本"条下记有钱士兴在卷首叙后之两跋，其一谓："宋版《国语》二本，一摹吾家明道二年刻本，比真本不差毫发……一是宋公序补音刻本。"又一谓："明道本《周语》'单襄公曰……''襄'字上应无'单'字，以公序本为正。《楚语》王孙围，明道本作'王孙圉'，未审孰是。"按钱牧斋四十八岁时妾朱氏生子孙爱，后名上安。此钱士兴不知为牧斋家之何人？要其所谓"吾家"者，系指牧斋之家而言，殆无疑问。由此可知《国语》明道本的初刻本，是藏在绛云楼上，随庚寅（顺治七年）一炬而成为灰烬。

同条又谓卷首有钱遵王一跋："吾家所藏《国语》有二，一从明道二年刻本影钞，一是宋公序补音南宋椠本。间以二本参阅，明道本《国语》云'昔我先王邤后稷'……而公序本直云'昔我先世后稷'……僖二十四年秦师将袭郑，过周国门，'左右皆免胄而下拜'……公序本又失去'拜'字……"按此，则钱士兴所谓"摹吾家明道二年刻本"者，盖即钱牧斋之族曾孙遵王。但遵王小牧斋四十七岁，绛云楼被焚时，遵王年二十一，则影钞明道本《国语》者，恐为其父钱嗣美。据牧斋《族孙钱嗣美墓志铭》，嗣美亦为好聚书之一人。

《士礼居丛书》中有毛扆之《汲古阁珍藏秘本书目》，列有《国语》五本一套"，并注谓："自绛云楼北宋版影写，与世本大异。即如首章'昔我先王世后稷'，较世本多一"王"字，此与《史记》合。他如此类甚多，此特其一耳。六两。"毛扆乃毛子晋之季子。据此，则钱钞本应已转归毛氏汲古阁。但汲古阁所得之钞本，究系钱氏之原钞，抑系毛氏由钱钞本所转钞，尚有问题，留在后面再谈。

此一明道《国语》影钞本，自毛氏后的流传情形，据陆心源《仪顾堂题跋》谓："此书（明道本《国语》）从绛云楼北宋本影写，原装五本，见《汲古阁秘本书目》。后归潘稼堂太史。乾嘉间为黄荛圃所得，黄不能守，归于汪士钟。后归金匮蔡廷相，余以番佛百枚得之。毛氏影宋本尚有精于此者，此则以宋本久亡，世无二本，故尤为钱竹汀、段懋堂诸公所重耳。"陆氏藏书，以十万元售予日人岩崎氏静嘉堂文库，现《静嘉堂秘书志》卷五列有《国语》毛钞明道本吴韦昭注五本。以上在影钞宋本《国语》的流传中，凡未受到士礼居重雕扉页名称影响的，没有称为"天圣明道本"的。

除了上述影钞明道本《国语》的源流外，在校勘方面，亦略有可述，潘祖荫所编《士礼居藏书题跋记》卷二"《国语》二十一卷校宋本"下记有写在卷末的叶石君识语。又有陆贻典字敕先的校跋两条，其一谓"钱遵王印写钱宗伯的家藏宋刻本，与今本大异，今归于叶林宗，借勘一过。戊戌夏五月六日常熟陆贻典校毕识"。按戊戌为顺治十五年（西纪一六五八年）。更录有惠松崖（栋）校跋八条，或称"影写本"，或称"钱氏本"，或称"明道本"。黄丕烈自乾隆庚戌（五五年，西纪一七九〇年）起，到乾隆乙卯（六十年，西纪一七九五年）八月止，共有校跋六条，其所根据的是宋秋崖临校惠松崖校本，及陆敕先校本、山东孔氏校刊本、浙人戴石经所临本，最后始得"影写明道本，属余友顾涧蘋正之……而今而后，《国语》本当以此为最"。再逾四年而为嘉庆四年，又写了现附于其重雕本后之校跋。又逾一年而为嘉庆五年，将其重雕问世。在上述校跋的系列中，绝未出现"天圣明道本《国语》"字样。

据钱泰吉《曝书杂记》卷下"顾涧薲所校书"条下称"为黄刻《国语》、《国策》"，宋翔凤《铁琴铜剑楼藏书目录》序中谓"黄君重刊《国语》、《国策》，皆顾君涧薲为之手定"。然则对黄氏重雕的《国语》定一适当名称的，莫如顾氏。在顾氏为黄丕烈所作《百宋一廛赋》注中谓："此书（按指剡氏本《战国策》影摹重刊本）与予庚申年刊明道本影钞《国语》，皆颇行于世。"由顾氏上语推之，则士礼居本《国语》，只能如《邵亭知见传本书目》杂史类称"黄丕烈仿宋明道二年刊本"，或如缪艺风为张之洞撰《书目答问》"古史第四"称"黄氏士礼居仿宋刻本"，或如《郋园读书志》卷二称为"黄氏士礼居影刊明道本"，或如《增订四库简明目录标注》杂史类称为"黄氏仿宋明道二年刻本"。断不能如士礼居本重雕之扉页称为"大圣明道本《国语》"。此一称呼，在版本学上是说不通的。

还有《文禄堂访书记》卷二"《国语》十一卷"条录有章钰在甲寅（民国三年，西纪一九一四年）孟冬所写的长跋。章钰因在海丰吴氏看到陆敕先（贻典）根据钱遵王影写绛云楼明道本所作的校本，取以与士礼居本《国语》相较，而发现两者大有出入，乃断定"黄氏所称影写明道本，系属传录之本。段序谓用钱氏原钞付梓之说，亦为同好假借之词"。跋后附有校记一卷。此证以前面所录陆敕先校跋中谓钱遵工钞本"今归于叶林宗"之语，并未言其归于毛子晋，他们都是同时的人，则毛氏汲古阁所得者，乃转钞自钱氏的钞本，并非即是钱氏的自钞本。故钱士兴谓钱钞本"此与真本不差毫发"，而陆心源对由毛氏传下的钞本，反有微词。

则由黄氏辗转而流入日本静嘉堂之所谓钱氏影写绛云楼本者，也发生问题了。

我常常说，政治上的错误或诈欺，因与社会大众在利害上的密切关连，常能并世即可发现；而学术上的错误或诈欺，因穷探冥索之不易，常承讹踵谬，至千百年而莫之或觉。所以学术上的良心，较之政治上的良心，更为重要。

帛书《老子》所反映出的若干问题

一

研究古典，总是想找到最接近原著的传本。流传得最广的，传本便越多越杂，在传本的追溯校勘上所费的工夫便愈大愈难。《老子》因为到东汉便渐渐加上了一层宗教的外衣，其流传之广，传本上文字异同出入之多，可能在我国古典中要首屈一指。因此，在这方面有不少人做了些考核校勘的工作，其中以马叙伦的《老子校诂》较为详备。而他所用的底本，是经训堂刊傅奕校定本。因据谢守灏《老君实录》谓《道德经》唐傅奕考核众本，勘其字数，其中参用了齐武平五年彭城人开项羽妾冢所得之本。这当然要算是最早的《老子》传本，惜项羽妾本仅在"古本"名称中保存了若干异文异字，它的原有面貌不曾保持下来。长沙马王堆第三号汉墓中所发现帛书中的《老子》，应当可以满足研究者这一方面的要求了。

长沙马王堆第　号汉墓发掘后，以未腐散的女尸及帛画，引起了世界很大的惊异。由一九七三年十一月到一九七四年初，继续发掘了二、三号汉墓。经过此一发掘，确定了这是汉初第一代轪侯兼任长沙王丞相的利苍及其妻与子的墓。第一号墓是利苍之妻，第二号墓是利苍本人，第三号墓是下葬于汉文帝初元十二年（西纪前一六八年）的他的儿子。

第三号墓中有大量帛书，包含书籍二十多种，共十二万多字。其中用半幅帛以近小篆体书写，并不避刘邦的讳的《老子》全文，方便称为《老子》甲本。用整幅帛以近隶体书写，避刘邦的讳而不避文帝刘恒讳的《老子》全文，方便称为《老子》乙本。甲本后面附有四篇佚书，乙本前面附有四篇佚书。甲本的帛卷在二.三厘米宽的竹木条上，乙本的帛则折叠成长方形，两者都放在一个漆盒里，漆盒里进了水，两本文字皆有破损，而以甲本破损为大。两本在书写之前，有的在帛上先以朱砂或墨画好七.八厘米宽的界格。甲本每行三十余字，乙本每行六七十字。两本文字没有分章，先后次序完全相同，标明"德"与"道"，即是分为德经与道经的情形与划分的地方也完全相同。并且，乙本题有"德三千册一"，这即是今日通行本的三十八章到八十一章；"道二千四百廿六"，这即是今日通行本的一章到三十七章。[①]

二

帛书发现后，由吕叔湘、唐兰等十六位学人，作了整理工作，并已出版了线装两大巨册，日本已有人看到，到我执笔写此文为止，香港还没方法可以看到。但《文物》一九七四年十一期刊有高亨、池曦朝合写的《试谈马王堆汉墓中的帛书〈老子〉》一文，同期并把帛书整理小组整理的帛书《老子》甲、乙本都印了出来。

---

① 以上根据《考古》一九七五年第一期《马王堆二、三号汉墓发掘的主要报告》一文。

他们整理的方法，是把甲、乙本都根据通行本的分章以划分段落，而未冠以章名，文字的顺序则一依帛书之旧，保留了原文中的古体字、异体字，并用圆括号注明是今之某字，但亦有不少的字未加注明。原来涂改过的废字，用圆圈代替。缺文则先以甲、乙本互补，甲、乙本都缺的"据今本补"。工作做得相当细密，但也有缺点。第一，他们没有把甲、乙本互补的，和据今本所补的，分别加以标出，这便使甲、乙本与今本容易混淆。第二，"今本"并非一本，而各本之间，文字亦多有出入，他们据的是哪一本今本，未加注明，使研究者的工作发生困难。第三，甲、乙两本中比较突出的古体字、别体字，以小组的能力，应能附以简明的考释。但他们遇到比较要稍费手脚的，便只以注明今本某字为满足，而未穷究其因果得失。我花费了几天时间，以含有项羽妾本的傅奕本，亦即马叙伦《老子校诂》所用的底本为底本，针对上述前两个缺点，仔细重校一遍。至于第三个缺点，我只稍稍尝试了一点，认为有做的必要，但这须另整理一部新的《老子》校诂的书了。这里只说出若干感想。

我在《老子其人其书》的拙文中，重新肯定了传统对老子其人的说法，但认为《老子》一书乃由其后学所纪录、承继、发展编纂而成，与《论语》成书的情形相似。书中的"圣人"及"故谓"等，都是纪录的老子的话，而我把这类的话曾加以统计，都是谈政治、人生等现实问题的，没有涉及到形而上方面。《庄子·天下》篇所述的老聃思想亦是如此。当时我推断，现行《老子》中有关道的形而上思想，不是直接出于老子，而是由他的后学所发展出来的。帛书甲、乙本，皆《德经》在前、《道经》在后，与《韩非子·解老》篇所反映出的《德经》在前、《道经》

在后正相符合。由《全汉文》卷四十二严君平《道德指归说目》谓老子是"下经为门，上经为户"的话加以推测，则《老子》到西汉元、成之间，依然是《德经》在前、《道经》在后。高亨们对此种情形加以推论说："《老子》传本在战国期间，可能就已有两种，一种是《道经》在前、《德经》在后，这当是道家传本。……另一种是《德经》在前、《道经》在后，这当是法家传本。……道家重视书中的宇宙论和本体论，并认为德从属于道，所以把《道经》放在前面。法家重视书中的人生论与政治论……所以把《德经》放在前面。"但事实上法家援引老子的道以为君道与法的根据，他们所重视的正是道的形上性格。所以《韩非子·主道》篇"道者万物之始，是非之纪也。是以明君守始以知万物之源，治纪以知善败之端"，全篇皆阐发人主如何发挥虚静无为之道以为"主道"的主张。而帛书《老子》乙本卷前古佚书中的《法经》的第一句，便是"道生法"。至于落实在具体的政治与人生上，则道家与法家相去甚远，不俟多论。所以高亨们完全失掉了作为推论的根据。意者，由先秦以至西汉，皆《德经》在前、《道经》在后，这种情形或因老子本人多言德而少言形而上之道，由此次序以保持其思想发展之迹。或者只反映出《德经》集结于先，《道经》集结于后，另无其他深意。但《老子》本书言及道德时，皆道先德后，所以在西汉末甚或迟至东汉（按以在景帝时的可能性为大，理由见后。），有人按道先德后的语义，而把全书上下的次序倒转来过，并把儒生章句之学应用到《老子》上，分为八十一章。

　　帛书《老子》的甲、乙本，从全书文字的异同看，高亨们认为是出于两种不同的传本，是可以成立的。再加上傅奕所根据的项羽妾本，其时间先后与帛书甲、乙本相去不远，其文字亦当与甲、乙本有异同。是今日可以看到有三种最早的《老子》传本，虽然项羽妾本只能由傅奕本知道若干片断。三本的文字虽各有异同，但在全书文字的结构上、文字先后的次序上及思想的内容上，又可以说是完全一致。除《道经》、《德经》的次序及未曾分为八十一章外，也与今日所看到的通行本，可说是一致的。若项羽妾本与当时流行本有大的异同，傅奕应当特加注出。由三种传本在结构、次序、内容的完全一致，而文字又大有异同，则由三种传本上推其共同的祖本，《老子》一书的定型，应在战国中期以前。也必如此，乃与先秦诸子及《战国策·齐策》中征引《老子》的情形相符合。在这一点上，我完全同意高亨们的看法。由帛书的发现，也可反映出先秦、西汉知识分子求知欲之强，所须典籍，除了由求知者自己抄录以外，可能早已出现以抄书贩卖赚钱的行业，否则不会有这样多的错字。

三

帛书《老子》甲、乙两本与现时通行《老子》相校，可以发现若干有趣的问题。

从避讳这点来说，甲本不避刘邦之讳，乙本则避刘邦之讳而不避惠帝、文帝的讳。惠帝名盈，文帝名恒，景帝名启，武帝名彻。今通行本除九章"金玉盈室"作"金玉满室"而避"盈"讳外，甲、乙本之"恒"，今本皆作"常"，甲、乙本之"启"，今本皆作"开"，是不仅避文帝之讳，且亦避景帝之讳。但未避"彻"字的武帝讳，更没有避武帝以后诸帝的讳。由此可推知，今日通行本的共同祖本，或即重定于黄老说在宫廷中最有势力的景帝时代。

另一尚未被人提及的是，今通行本《老子》有二十六个"兮"字，甲、乙本皆作"呵"。六章"绵绵"下多一"呵"字，二十章傅本"我独若昏"下亦多一"呵"字，"我独若闷"的"闷"下多一"呵"字，二十一章傅本"其中有象"及"其中有物"两句下皆多一"呵"字。甲、乙本共用了三十一个"呵"字。《说文》无"呵"字，《玉篇》："呵，责也。与诃同。"《广韵》"呵，怒也。"按傅本二十章"唯之与阿"，帛书《老子》甲、乙本"阿"皆作"诃"，是帛书《老子》"呵"、"诃"各为一义，至为明显。而甲、乙本中，"呵"之不能训责训怒，亦至为明显。《辞海》："呵，语助辞……用于语气停顿之际，表惊讶或咏叹时用之。"《辞海》的解释，不知其所自出，唯与帛书《老子》甲、乙本所用之"呵"字意义，完全符合。而我的故乡鄂东有一种地方戏，称为"呵荷（借音）腔"，一句收尾时，由"呵"音所拖出之腔，极舒徐曲折之致。平日与人谈话时，亦常以"呵"表示承应或惊叹，与帛书《老子》甲、乙本所用各"呵"字之表示惊叹以引人注意者正合。汉代以楚辞体作赋，始于贾谊而极盛于景帝之时。因楚辞体之辞赋盛行，整理《老子》者，遂以楚辞中所用之"兮"，易《老子》中所用之"呵"，而"呵"字的正当意义遂在典籍中湮没，然在民间戏曲及口语中犹保存数千年之久。今因帛书《老子》的发现，而使民间的语助词重新得到两千年前典籍上的连绳，不可谓非一大幸事。

又《史记·乐书》"高祖过沛，诗三侯之章"，《索隐》："侯，语辞也。诗曰'侯其祎而'者是也。兮亦语辞也。沛诗有三兮，故云三侯也。"方以智《通雅》四谓"兮"与"侯"古通用。帛书《老子》中之"呵"与"侯"乃一声之转，用法相同，《大风歌》亦原作"侯"而后人改为"兮"。

其次我注意到帛书《老子》甲、乙本较通行本多出许多语助辞，尤其是"也"字用得特别多，"乎"字也用得不少。这与《论语》用了六百个"也"字、一百六十多个"乎"字的情形非常相似。"也"字、"乎"字用在一句话的中间，语气便显得舒和婉曲，反映出说话者的精神状态也是安详温厚。战国中期及其以后，表现在典籍上的语气便很少如此。所以在西汉作整理的人，便按照后来的习惯，把这类的虚字大量删削了。这与后来的道士们，为了把《老子》符合"五千言"之数而大量删削虚字的情形不同。"居"字、"处"字可以互用或连用，但《老子》通行本的"处"字，在帛书甲、乙本皆作"居"，此与《诗经》上有四十个"居"字，却只有六个"处"字，《论语》上有二十个"居"字，却只有四个独用的"处"字、两个连用的"居处"，三者互相参照，可以看出在古代语言上，"居"字较之"处"字更占优势。通行本作动词用的"名"字，在帛书甲、乙本上皆作"命"。此与《诗经》只有一个不一定作动词用的"名"字，却有作动词用的二十二个"命"字；及《论语》只有一个作动词用的"名"字，却有三个作动词用的"命"字，参互比较，则知作动词用的"命"字更占优势。由上述义同字异的情形看，应亦可作《老子》成书于战国中期以前的证验。

四

现在略谈有关字句的情形。

因帛书甲、乙本多用"也"字,在断句上,倒可解决若干争论。例如通行本一章"故常无欲以观其妙(帛书甲、乙本'妙'皆作'眇'),常有欲以观其徼"这两句,到底是应在"无"、"有"字下加一逗点,还是在"无欲"、"有欲"字下加逗点?自来便纷纭不定。现帛书甲、乙本皆作"故恒无欲也,以观其眇也;恒有(乙本'有'皆作'又')欲也,以观其所噭",则此二句皆宜在"无欲"、"有欲"字下加一逗点,更无可疑,岂非永断纠葛。

傅本八章"水善利万物而不争,夫惟不争,故无尤矣。……事善能,动善时,夫惟不争,故无尤矣"。"夫惟不争,故无尤矣"两复句,马叙伦认为后句应在"水善利万物而不争"一句之下,但帛书甲、乙本在"水善利万物而不争"下,并无"夫惟不争故无尤矣"之句。

十章通行本"涤除玄览",帛书甲、乙本皆作"修除玄监",证以《淮南子·泰族训》"其所以监观,岂不大哉"之语,则"解"作"监"是对的。"监"指以皿盛水照面之物而言,乃镜未出现以前的照面方法。庄子始以镜比人的心,"玄监"犹玄镜,正指的是人之心。不称"镜"而称"监",亦可证明《老子》成书时镜尚未出现或尚未通行(此点高亨们曾加重谈到,但画龙而未点睛)。

十四章通行本"视之不见名曰夷",甲、乙本"夷"皆作"微";"抟之不得名曰微",甲、乙本"微"皆作"夷",甲、乙本于义为长。通行本二十一章"以阅众甫"的"阅"与"甫"的解释，也是众说纷纭，甲、乙本皆作"以顺众父"（甲本"父"作"仪"）而众说可息。

三十八章王弼本作"上德无为而无以为，下德为之而有以为"，傅本作"上德无为而无不为，下德为之而无以为"，唐龙兴本作"上德无为而无以为，下德□□而有以为"。后人校诂纷纭，莫衷一是，而意义始终纠缠不清。帛书甲、乙本皆作"上德无为而（甲本'为而'两字缺）无以为也"，直接"上仁为之而无（甲本缺'而无'两字）以为也"，中间根本没有"下德为之……"一句。证以《韩非子·解老》篇在"故曰，上德无为而无不为也"下接"仁者……故曰，上仁为之而无以为也"，是韩非根据之《老子》，亦无"下德为之……"一句。且通行本皆无"也"字，惟《解老》篇与甲、乙本有"也"字。仅《解老》篇"上德无为而无不为也"，甲、乙本"不"作"以"，与下句语复而意混，当依《解老》篇校改。"下德为之……"一句，乃后人应文字对称之要求所妄增，今证明并无此句，便理路清楚多了。

四十九章通行本"圣人无常心"，有的本子没有"常"字。因"常"字在《老子》中是圣人所追求的观念，"常心"两字连在一起而为圣人所无，在解释上最费些周折。甲本此句全缺，乙本作"□（缺'圣'字）人恒无心"，此句的意义便确定了。

六十二章通行本"置三公"，甲、乙两本皆作"置三卿"。我在《汉代一人专制政治下的官制演变》一文中，曾指出古代并没有三公九卿的官制，三公首见《墨子·尚同》篇，九卿则可能先见于《吕氏春秋》，此皆系诸子所提出的理想性的官制，到西汉末期，始渐变成现实上的官制。但此一说法，必须假定《墨子》是受《老子》的影响，或《老子》是受《墨子》的影响，所以两书才都有"三公"的名称；固然有此种相互影响之可能，但总要经过相当长的时间。现在这问题总算更圆满地解决了，因为帛书甲、乙本《老子》上只说"置三卿"，并没说"置三公"。但西汉三公的观念盛行，在整理《老子》时便把"三卿"的名词换上了"三公"的名词。《墨子》的"三公"也可能是如此。

六十七章通行本"天下皆谓我大似不肖"，帛书甲本此句全缺，乙本作"天下皆谓我大，大而不宵（肖）"。照通行本，则"大"与"不肖"有连带关系，好像问题是出在"大"上。乙本的意思是说"你的道是大，可是大而不肖"，中间多一转折，则道大而不肖，并非直接连在一起，乙本的意思较圆满。

五

七十六章通行本"人之生也柔弱，其死也坚强"，帛书乙本在"坚强"上多"恒信"两字。所谓"恒信坚强"者，是自己经常相信自己是坚强，如此，便会横冲直撞下去，此乃取死之道。所以有"恒信"两字较圆满。

通行本的"玄通"一词，帛书甲、乙本皆作"玄达"。与《庄子》参证，以作"玄达"为是。

甲、乙本与通行本，在字句上可供比较研究的很多，上仅其一例。

在文字方面的特别情形就更多。"圣人"的"圣"字，甲本皆作"胜"；"百姓"的"姓"字，甲本皆作"省"；"谷"字，甲、乙本皆作"浴"；"胜"字，乙本皆作"朕"，此种例子还相当多。这些字，音虽近而义并不相通，且亦非因形近而误，而笔画亦未加减省。因此我有一个假定，以写书出售为业的人，每书找一个底本，由一个人念给数人乃至数十人分写，必如此，销数较大而始易获利。分写的人文化水准不高，只听其近似之音而根本不知其义，便按照自以为是的字写上去。训诂中的假借，可能多由此而来。

甲本特多奇字，而乙本特多简体字，例如，"聖"字乙本写作"耵"，"惡"字写作"亞"，"戰"字写作"單"，"離"字写作"离"，"終"字写作"冬"，"輻"字写作"畐"；"勤"字甲、乙本皆写作"堇"，"謂"字甲、乙本皆作"胃"。这是由听其音，知其义，而有意简写以求迅速而来。

甲本的奇字，有的是本义而被后来埋没的。例如，通行本的《老子》上的"淵"（"渊"），甲本皆作"潚"（"潚"）。《说文》十一上水部"渊，回水也"，所以颜渊又称颜回。又"潚，清深也"。由此可知《老子》上形容道，及形容体道人的精神状态，应当用"潚"字而不应用"渊"字。但"潚"字竟完全埋没了。关于这一类的字，值得加以考究的很多。

甲、乙两本中写的分明是错字，有的错得连"声近"、"形近"的关系也找不出来。这是在抄中所辗转引用的情形。因此可以推定，在汉景帝时代，应当作了一次文字整理的工作。

六

此外还有三点感想。

第一，关于《老子》的文字校勘与考据的工作，后人作得很多，其中亦有高手。但由甲、乙两本加以对照，则有效的只有十之一二，其余十之八九都是枉费精神，且愈离愈远。三十章"大军之后，必有凶年"，焦竑、严可均、马叙伦皆谓本文无此两句，甲、乙本果无此两句，这是校勘考据最成功之一例。通行本一章的"妙"字，马叙伦谓'妙'字当作'杪'，《说文》：杪，树末也。后同"。此与帛书皆作"眇"对照，岂不哑然失笑。其他与此相似的更不胜枚举。由此可知，这一方面的工作的意义，不应当加以夸张。

第二，不仅现行《老子》各本相互之间，现行各本与甲、乙本之间，文字异同出入，不可胜数。即甲、乙本相互之间，文字也有不少的异同出入，但研究思想史的人，只要能融贯全书，从全书清理出思想的纲维脉络，则这些字句的异同出入，并不会影响到理解的正确性。所以没有看到帛书《老子》甲、乙本的人，不易讲《老子》的校勘，但并非因此而不能讲《老子》的思想。这一点若没有置身工作的体验，很难使人相信的。

第三，帛书甲、乙本出现后，在语言文字方面，可以做许多独立的研究工作。因为过去很少有这样可以古今对照的材料。其中最重要的工作，应当是重新写出《老子》的定本，并重新予以适切的注释。假定我的《两汉思想史》写完后，尚无他人有这类的著作出现，我或许要作此一尝试。

《明报月刊》一一四期

有关老子其人其书的再检讨

一、有关本问题材料批判上的若干基本观点问题

关于老子其人其书的年代、作者等问题，我在《有关思想史的若干问题》①一文中，曾以《庄子·天下》篇的材料为根据，认为现行《老子》一书，其思想出自老聃，其人盖在孔、墨之后，庄子之前，与《礼记·曾子问》中的老聃，并非一人。但现行《老子》一书，系由编纂而成，可能系成篇于《庄子》之后。这是在众说纷纭、莫衷一是的纷扰中，采取一种折衷妥协的说法。但经过这几年不断注意此一问题的结果，对我上述的说法，觉得应当加以根本修正。在提出我的新说法以前，想先提出考证上对材料批判的若干观点问题。因为对于同样的材料，常因批判的观点不同，而可以导向不同的方向，得出不同的结论。照理论上说，观点应决定于材料。所谓材料，除了与问题直接有关者以外，并须扩大到当时一般的背景。但事实上，常因对材料的掌握不完全，对先秦学术活动背景的了解不够，甚至因解释的疏密，因而对材料的处理，常受到自己观点的限制，发生许多不应有的争辩。有

---

① 此文收入拙著《中国思想史论集》中。

关老子问题的考证，即是最明显的一例。若不从观点上先作若干澄清工作，一开始便会陷入于过去许多人所陷的深林密菁之中，而无法清理出一条可走的通路。我所提出对材料批判的观点问题，有下述几点：

第一，《史记·老子列传》已清楚说老子是"隐君子也"，"其学以自隐无名为务"。"自隐无名为务"，即现行《老子》七十章所说的"披褐怀玉"，史公的这一说法是非常合理的。因之，有关他的材料，都是属于传说性质。于是关于他的身世，在黄老盛行的司马迁时代；已经有许多不能确定的问题。先秦的资料，才是解决此一问题的头等资料。一方面对于传说性的资料，只能作大概的论定。同时，在资料中所发现的矛盾、漏洞，可以导使研究者作正反两方向的探索时，应当有一个质与量的比重上的比较。即是，对传统说法作翻案文章的人，所提出的证据，在质与量的比重上，是否够得上推翻传统的说法，这是考据上应最先决定的问题。但许多人却只顾扩大传统说法中的漏洞，而不顾自己立说的漏洞更大，不考虑支持传统说法的证据，与建立新说的证据，在比重上居于何等比重，许多问题，越弄越糊涂，主要多是由此而来。例如汪中在《老子考异》一文中，以为现行《老子》一书，是出于太史儋。冯友兰在其《中国哲学史》中，则以老聃、李耳为二人，而认为《老子》一书出于战国时之李耳。试从先秦有关老子的材料中，寻觅其可以支持两说法的，实在微不足道。尤其分老聃、李耳为二人，在先秦资料中，可谓毫无证据。诸如此类新说，实无参考价值。

第二，我过去不断指出先秦产生某一思想之人，并非即是将同一思想记之于竹帛之人。因此，胡适引《左传》叔孙豹立德、立功、立言为三不朽的话，以证明现行《老子》一书为出于老子本人之手，固系误解，① 但冯友兰以"孔子以前，无私人著述之事"，证明现行《老子》一书系出于战国时之李耳，尤无意义。同时，由《论语》一书，而可断言孔子不曾把自己的话写了出来；由"子张书诸绅"之语推之，可知孔子的话，他的门弟子已私自加以记录。"子张书诸绅"之所以值得记载，不是意味着这是记录之开始，而是因为一般人乃记之于竹简，子张则特别记在自己衣服的带子上。由《论语》之有鲁《论》、齐《论》、古《论》之不同，最后始由张禹定为今本，及在《论语》以外，尚流传有许多孔子的话的事实来看，可以推知一家学说，在其发展过程中，原始记录的传承者既非一人，在传承中之原始记录，亦将有内容之发展，与文字上之歧异或修正。由此不难推想现在所看到的先秦诸子之书，多系经过一段时期的演变而成。仅由某书的少数字句，或内容之某一点，以断定某家某书的思想，系出现于某一时间，多不合当时实际情况。

第三，古人引用典籍，不是出于"文献学"的意识，而是出于理论、教训的印证的意识。加以竹简繁笨，翻阅不易。所以有的引用原典，只概括大意，有的则又随意加以伸缩。其中不仅字句与原典乃至与他人所引者，常互有出入，甚至年代、人名亦易

---

① 胡适十九年三月二十日在致冯友兰书里面，引叔孙豹三不朽中的"立言"，以驳"孔子以前，无私人著述之事"，认当时之所谓"立言"，等于后来的著述，这实在是一种误解。《论语》"不学《诗》，无以言"，"言语，宰我、子贡"，整个春秋时代，都是以语言表现一个人的思想、才华，而不是见之于文字上的。把语言记录下来，常是出于他人（史官，学徒）而不是自己。它与后来著作的分别，除了一是用口说、一是用笔写以外，更重要的是，语言必有对话的人，而著述则系独自从事。立言发展而为后来的著述，但在当时之立言，并不同于后来之著述。

有错误。现代报纸杂志中，有关时人平生的记述，若详细论证，其中几无一不含有错误。但我们不能遽然说在错误的记载中，便没有一点真的事实。真中有假，假中有真，这才是历史记录的实相，也是考据家所最应用心的地方。尤其是关于传说性的材料，更是如此。抱着真则全真、假则全假的二分法的观点的人，我觉得他根本不能利用传说性的材料，不能做考据工作。对先秦的资料，更应当留意到这一点。并且在先秦著作中，引述他人的话，有的引述指出原书书名，有的则不指出，甚至随便加上极不明了的名称，如"记曰"、"志有之"之类。即使在两汉人及以后的著作中，对古代文献的引用，仍多不墨守原书文句。许氏《说文》引书即不少此例。[①] 后人引书，虽对字句少所变更，然中间删节之处，亦无法标出，直至清末民初，尚系如此。《韩非子》的《解老》、《喻老》两篇，引用老子的话，仅标"故曰"两字，间有称"书之所谓"的。而《外储说左上》的"书曰，既雕既琢，还归于朴"，由"书之所谓"推之，则此处的"书曰"，实指的是《老子》，现《老子》二十八章正有"复归于朴"的话。还有《说林上》"《周书》曰：将欲败之，必姑辅之；将欲取之，必姑予之"，实出于现《老子》三十六章里面。《论语·为政》章有"子曰，生事之以礼，死葬之以礼、祭之以礼"的话，孟子在答滕文公问丧礼时，却引作是曾子的话，这只是传述之误，不应因此而怀疑《论语》所述

---

① 见王鸣盛《蛾术编》《说文》引《周礼》条、"许氏引师说尊之如经"条及"引诸家言"条。据王氏，许氏之所谓"周礼"，多指周人之礼而言，并非限于《周礼》一书。惟许氏"师说"即称之为《虞书》《尚书》，乃因古人著作之条例不严，及检阅不便，王氏谓其"引师说尊之如经"，则未了解古人著作时之背景，而因为之比附，并不足信。

者为伪。考据家遇着这种地方，只能从全般资料中来推断局部资料，从可靠性较大的资料中，推论可靠性较小的资料。凡仅根据援引中文字的出入、称谓的参差，以断定一书之真伪或时代之先后的，[①] 皆不足据。《史记·老子列传》已明言"著书上下篇"，司马迁之看到了老子的书，且其形式大体与现行者相同，是没有疑问的。但他引用现行《老子》五十七章"我无为而民自化，我好静而民自正"二语作"无为自化，清净自正"，每句节去"我"、"而民"三字。又《扁鹊仓公列传》赞引现行《老子》三十一章"夫佳兵者不详之器"作"老子曰，美好者不详之器"，这岂不是眼面前的证据？《史记》上像这种情形的还很多。自汉以后，碑卷上的《老子》，异文甚多〔补记：按此为道教系统的《老子》经过道士的删节，如景龙碑本〕，即说明后来把老子神化以后的抄刻情形，仍不甚严格。

第四，不仅由单辞双义的考订，以定古书之真伪与年代，为不可信，即使顺着思想发展的线索，以论定古书之先后，若仅把握住文化中单线的发展，而不了解我国紧承春秋时代以后的思想动向，并不是单线的发展，则其所谓思想的线索，亦多不可信。若根本没有了解所谓"思想"的能力，当然更成问题。即以对"天"的态度而论，儒家发展了道德法则性之天，墨家则继承了宗教性之天，道家则发展为自然法则性之天。儒家的荀子，反而是接受了道家对天的观念。这都不是仅凭单条线索，便可论定其出

---

① 顺此一路数以考证现行《老子》一书成立之年代，而用力甚勤者，有日本武内义雄博士之《老子原始》。最近大阪大学教授木村英一氏之《老子的新研究》，尤为邃密，拙文对先秦资料的搜集，借助于木村氏之大著者不少。然因对先秦时代背景之了解不同，因而对材料之批判各异，遂导致完全不同之结论。

现的先后的。例如梁启超在《评胡适哲学史大纲》中，以为《老子》书中的"王侯"、"侯王"、"万乘之君"、"王公"、"取天下"、"仁义"等名词，不是春秋时所应有。关于前几个名词，已经有人反驳过，至梁氏以"仁义"连为一词，是"孟子的专利品"的说法，我原来也很相信。但现在才知道，春秋时代，才是诸子百家思想的大摇篮，因为这是贵族阶级中，普遍的人文觉醒的时代，而非仅限于一人、一地、一时。《左传》中已经有了很丰富的道德观念，出现过许多"义"字，出现了三十个左右的"仁"字，《国语》中出现了二十四个"仁"字，《国语·周语上》内史兴有"且礼所以观忠信仁义也"的话，可见不仅仁义的观念在春秋时代已经很流行，并且"仁义"亦早已连为一词。而《墨子》书中，也有将"仁义"连用在一起的。以"仁义"一词是孟子的专利品，这是顺着孔子、孟子的一条单线发展所得的结论。

二、重新检讨先秦有关资料

根据上面所述的原则，欲断定现行老子其人、其书的有关问题，首先应从先秦的材料着手。而在先秦材料中，因为庄子既属于道家系统，保有较完整的著作，又居于战国中期的关键时代，并且有人主张老子是在庄子之后，所以《庄子》一书，对于本问题的研究，实处于中心的地位。因此，我便把《战国策》中引用《老子》的早期材料，暂时放在后面，而先以《庄子》上的材料为主，以次及于各家，作一概略的考查。

《庄子》中直接说到老子故事的一共有十六条，计《养生主》、《德充符》、《应帝王》、《在宥》、《天地》、《田子方》、《庚桑楚》、

《则阳》、《寓言》等各一条,《天道》二条,《天运》四条。除《天道》篇"士成绮见老子而问曰"一条称"老子"外,其中十一条皆称"老聃",四条则先称"老聃",而中间称"老子",由此可断定老聃、老子系一人。其次,《庄子》书中虽多寓言,但除完全架空的人物以外,对历史人物相互关系的行辈则从无紊乱,有如孔子和他的学生,在《庄子》一书中出现的情形一样。在上面十六条故事中,有八条记的是孔子与老子间的关系。就这八条故事的内容看,固然多由庄周或其学徒所随意敷衍,但孔、老有过关系,又老子为孔子的前辈,殆无疑义。《吕氏春秋·贵公》篇有荆人遗弓而不肯索的故事,其中有"孔子闻之曰,去其荆而可矣。……老聃闻之曰,去其人而可矣。故老聃则至公矣"的话,此故事之构成,实以孔、老同时为其前提条件。另《当染》篇有"孔子学于老聃、孟苏、夔靖叔"的话,前面的故事及此处的孟苏与夔靖叔,皆不见于《庄子》,则知此等传说,与《庄子》书中的故事,系来自不同的传说系统。在传说不同的系统中,而发现可以互证的材料,则不能不说是有力的材料。

在上述十六条故事中,《天运》篇谓孔子"乃南之沛见老聃",《庚桑楚》谓庚桑子劝南荣趎"子胡不南见老子",《寓言》篇谓"阳子居南之沛",这三处所发现的共同点,是证明老子"免而归居"后的地方,是南方的沛县,这不是随意胡诌的,而必有事实的根据。

关于十六条故事中老子说话的内容,有的分明出于庄子或其学徒的随意发挥,这即是他的所谓"寓言"或"重言"。[①]但在这

---

① 按《庄子·寓言》篇谓"寓言十九,重言十七"。我的解释是寓言居十之九,重言居十之七。重言即在寓言之内,凡寓言中假孔、老等人物以出之者为重言。

种随意发挥中，虽然庄子（或者是他的学徒）是自己说自己的话，实亦皆为《老子》一书中所应有之义。并且《在宥》篇作为老聃的话中有"故曰，绝圣弃知而天下大治"，分明出自现行《老子》一书十九章的"绝圣弃知，民利百倍"。《天运》篇作为老聃的话中有"故曰，正者正也。其心以为不然者，天门弗开矣"，"天门"一词，分明与现行《老子》一书十章"天门开阖，能无（'无'当作'为'）雌乎"有关系。《庚桑楚》篇所述"偏得老聃之道"的庚桑楚的话里面有"夫春气发而百草生，正得秋而万宝成。夫春与秋，岂无得而然哉，天道已行矣"，这分明是现行《老子》一书三十七章"道无为而无不为"的疏释。"举贤则民相轧，任知则民相盗……"一段，这当然是现行《老子》三章"不尚贤，使民不争；不贵难得之货，使民不为盗"，及十九章"绝圣弃知，民利百倍……"等意义的概述。庚桑楚说"吾是以不释于老聃之言"，正指的是这些老聃的话，在他身上似乎还未能实现，因为畏垒山之民"窃窃焉欲俎豆予于贤人之间"。南荣趎向老子所称"然其病之者犹未病也"的话，分明是转述现行《老子》一书七十一章"夫惟病病，是以不病……"的一段话。同篇老子答南荣趎问卫生之经所说的"能抱一乎？能勿失乎？……能儿子乎？儿子终日嗥而嗌不嗄，和之至也；终日握而手不掜，共其德也……"一大段的话，分明是现行《老子》十章"载营魄抱一，能无离乎？专气致柔，能婴儿乎？……"，及五十五章"含德之厚，比于赤子……终日号而不嗄，和之至也……"的复述、概述。《则阳》篇老聃告诉柏矩"财货聚，则民赌所争……"的一段话，分明是现行《老子》一书三章"不贵难得之货，使民不为盗……"的从反面的概述。《寓言》篇老子告诉阳子居"大白若辱，盛德若不足"的话，分明是出于现行《老子》四十一章"大白若辱，广德若不足……"。以上在《庄子》一书中，明白作为老子的话，并与现行《老子》一书相符者，共有五篇之多。

还有未明白举出老聃、老子之名，而援《韩非子》之《解老》、《喻老》两篇对老子之言，先加阐述，再用"故曰"二字，或"书之所谓"四字，以点出所阐述的老子原语之例，则《庄子》一书中，分明系阐述现行《老子》一书者，尚有下述诸例：

（1）《胠箧》"故曰，鱼不可脱于渊，国之利器不可以示人……故绝圣弃智，大盗乃止……"，这是解释现行《老子》三十六章"鱼不可脱于渊……"及十九章"绝圣弃智"。同篇"故曰，大巧若拙"，见于现行《老子》五十六章。

（2）《天地》"故曰，玄古之君天下，无为也，天德而已矣……故曰，古之畜天下者，无欲而天下足，无为而万物化，渊静而百姓定"，见于现行《老子》三十七章，而文字稍有详略。

（3）《至乐》"故曰，至乐无乐，至誉无誉"，按现行《老子》三十九章有"故致数舆无舆"，傅奕作"至誉无誉"，与此处合。又"故曰，天地无为也，而无不为也"，见现行《老子》三十七、三十八、四十八各章，而文字稍有出入。

（4）《达生》"是谓为而不恃，长而不宰"，见现行《老子》五十一章。

（5）《知北游》"故曰，失道而后德，失德而后仁，失仁而后义，失义而后礼。礼者，道之华而乱之首也"，见现行《老子》三十八章。又"故曰，为道者日损，损之又损，以至于无为，无为而无不为也"，见现行《老子》四十八章。

还有，《逍遥游》"故曰，至人无己，神人无功，圣人无名"，我也怀疑是《老子》十三章"及吾无身"、五十一章"为而不恃，长而不宰"等观念的发展。

此外，《庄子》中无"故曰"、"是谓"的冠辞，或另冠以"大成之人"、"夫子曰"、"鸿蒙曰"等，而与现行《老子》一书，在字句上大体相合者，尚有四十余条。从这些材料前后相关的文字看，多是发挥《老子》一书的某些辞句的。不仅先秦著述，常有引用他人语言，而不注明出处，即在许氏《说文》中，不少此例。[①]所以这四十多条，亦可推定其出于《老子》。例如其中《天地》篇"且夫失性有五，一曰五色乱目，使目不明；二曰五声乱耳，使耳不聪；三曰五臭薰鼻，困惾中颡；四曰五味浊口，使口厉爽；五曰趣舍滑心，使性飞扬"一段，与现行《老子》十二章"五色令人目盲，五音令人耳聋，五味令人口爽，驰骋畋猎令人心发狂"，大体相同。可是不仅《天地》篇较《老子》十二章多出"五臭"一目，且《天地》篇的"趣舍滑心"，较之《老子》十二章的"驰骋畋猎"，对人心活动的情形而言，说得更为周衍、贴切。尤其是"性"字流行较晚，故《老子》书中无一"性"字，现行《老子》十二章亦无"性"字，而与十二章大体相同的《天地》篇的上面一段话，一开首便说"且夫失性有五"，首先点出"性"字，这种情形，只能认为《天地》篇的这一段话是现行《老子》十二章的发展，断难认为现行《老子》十二章的话是《庄子·天地》篇这一段话的精约。关于庄子思想是老子思想的发展，我在《中国人性论史》中论到庄子时有较详细的陈述，[②]此不赘。

---

① 见陶方琦《汉孳室读说文记》"许君《说文》多采用《淮南》说"条例。
② 见拙著《中国人性论史》第十二章。

中国思想史论集续篇

更重要的是，《庄子·天下》篇对当时各家思想的叙述，其精密平正，为先秦其他典籍同性质的材料所不及，是治古代思想史最可宝贵的材料。此篇纵非出于庄子本人之手（我以为是出于庄子之手），然亦必出于其及门学徒之手。它叙述关尹、老聃的学术思想，一开始便说"建之以常无有"。"常"、"无"、"有"三个名词，正系《老子》一书的骨干。在"老聃曰"一段中，不仅"知其雄，守其雌，为天下溪；知其白，守其辱，为天下谷"，见于现行《老子》二十八章；"受天下之垢"，见于七十八章"受国之垢"。即使在现行《老子》一书中找不出相同的语句，亦皆系由现行《老子》一书的内容所精约而来，无一句不是现行《老子》一书的精义。例如"人皆取先，己独取后……人皆取实，己独取虚……"，是现行《老子》七章"圣人后其身而身先"，九章"持而盈之，不如其已……"，十五章"保此道者不欲盈"，二十章"众人熙熙，如享太牢，如春登台，我独泊兮其未兆，如婴儿之未孩……众人皆有余，而我独若遗"等内容之精约。"其行身也，徐而不费"，是十五章"古之善为士者，微妙玄通，深不可识……豫兮若冬涉川，犹兮若畏四邻……"等的精约。"无为也，而笑巧"，是十二章"五色令人目盲……"，三十七章"常无为而无不为……"，四十五章"大巧若拙……"，五十七章"人多伎巧，奇物滋起……"等内容的精约。其他各句，亦无不如此。

由上面就《庄子》一书，作简单的检证，应可以得出下面两个结论：

第一，现行《老子》一书，与"老聃"，即"老子"其人是不可分的。而老聃实与孔子同时，且年辈较长。

第二，现行《老子》一书之成立，在现行《庄子》一书成立之前，并已为《内篇》，尤其是《外篇》、《杂篇》及《天下》篇等所明确援用、发挥。若认为《老子》一书成立于《庄子》一书之后，则《庄子》一书中，几有三分之一以上的篇章，受此一说法的影响而须与庄子脱离关系。因为在后的老子，不应出现于在先的庄子。且后出的《老子》，无一语及庄子，而早出的《庄子》却不断提到老子，并指明哪些话是老子的话，这如何能作合理的解释呢？何况主张老子在庄子之后的先生们，拿不出一条能与前面征引的资料可相配敌的证据来。

* * *

《荀子》一书，正式提到老子，的只有一处，即《天论》篇："老子有见于诎，无见于信（伸）……有诎而无信，则贵贱不分。""有见于诎"，恰合于现行《老子》一书中所说的人生处世的态度。可见荀子是看到了如现行《老子》一书，而如现行《老子》一书，荀子认为是出于老子的。至于《荀子》一书，受了老子相当的影响，并且袭用了老子的名词语句，最显明的，如《不苟》篇"廉而不刿"、《荣辱》篇"廉而不见贵者刿也"，是出于现行《老子》五十八章"廉而不刿"；《天论》篇的"不为而成"，是出于现行《老子》四十七章的"不为而成"等，这都已经有人说过的。更重要的是荀子对天的看法，所受于老子的影响，远在于所受的孔子的影响之上。

　　　　　*　　*　　*

　　《吕氏春秋》一书，乃汇合道家、儒家、墨家、阴阳家诸家思想而成，其中明白提到老子的有五处：

　　（1）《贵公》："荆人有遗弓者而不肯索，曰荆人遗之，荆人得之，又何索焉。孔子闻之曰，去其荆而可矣。老聃闻之曰，去其人而可矣。故老聃则至公矣。"

　　（2）《当染》："孔子学于老聃、孟苏、夔靖叔。"

　　（3）《去尤》："庄子曰，以瓦投者翔，以钩投者战……老聃则得之矣，若植木而立乎独，必不合于俗，则何可扩矣。"

　　（4）《不二》："老耽（聃）贵柔，孔子贵仁，墨翟贵廉（按当作'兼'，形近而误），关尹贵清，子列子贵虚，陈（田）骈贵齐，阳生贵己，孙膑贵势，王廖贵先，儿良贵后。"

　　（5）《重言》："故圣人听于无声，视于无形，詹何、田子方、老耽（聃）是也。"

　　《不二》篇谓"老耽贵柔"，正与现行《老子》一书十章之"专气致柔"，三十六章之"柔弱胜刚强"，四十三章之"天下之至柔，驰骋天下之至坚"，五十二章之"守柔曰强"，七十六章之"人之生也柔弱……柔弱者生之徒……柔弱处上"，七十八章之"天下莫弱于水，而攻坚强者莫之能胜……弱之胜强，柔之胜刚……"等相合。由此可以断言参与《吕氏春秋》的道家思想方面的作者，必已见到如现行《老子》一书，且信其出于老聃。又如前所述，《当染》篇之孟苏、夔靖叔，为《庄子》一书所无，而其他四条对老子的叙述，亦皆质实无华，并未受《庄子》一书所铺张的老子故事的影响。故参与《吕氏春秋》之作者，有关老子之叙述，并非袭用《庄子》，而是另有来源的。

　　某一作者对于自己所疏释所引用的原文，而冠以"故曰"、"所谓"，有时则省作"故"，殆为先秦之通例。《吕氏春秋》中，引用了不少现行《老子》一书的词句，固然有的不曾冠以"故曰"、"所谓"，此乃如前所述，古人著述并无严格之体例。但《吕氏春秋》中，亦有冠以"故曰"或"故"字的，例如：

　　（1）《先己》"故欲胜人者，必先自胜……欲知人者，必先自知……"，此殆出于现行《老子》三十三章"知人者智，自知者明；胜人者有力，自胜者强"。

　　（2）《论人》"故知知一，则复归于朴"，此殆系综述现行《老子》十章之"载营魄抱一"，三十九章之"昔之得一者"，二十二章之"是以圣人抱一为天下式"，及二十八章之"复归于朴"。

　　（3）《制乐》"故祸兮福之所倚，福兮祸之所伏，圣人所独见，众人焉知其极"，盖出于现行《老子》五十八章"祸兮福之所倚，福兮祸之所伏，孰知其极……"。

　　（4）《君守》"故曰，不出于户而知天下，不窥于牖而知天道，其出弥远者，其知弥少"，盖即现行《老子》之四十七章。又"故至神逍遥，倏忽而不见其容"，殆现行《老子》二十一章"道之为物，惟恍惟惚……"之约化。

　　（5）《任数》"故曰，君道无知无为，而贤于有知有为"，殆出于现行《老子》十章之"爱民治国，能无知乎……明白四达，能无为乎"。

　　综观《吕氏春秋》一书中，其明言老聃者，无不与现行《老子》一书之内容相合；其冠以"故"、"故曰"者，亦系出于现行

《老子》一书中之内容，则顾颉刚在《从〈吕氏春秋〉推测〈老子〉之成书年代》一文中，谓"《吕氏春秋》的作者……简单地把五千言的三分之二都吸收进去了，但始终不曾吐出这是取材于《老子》的"，因而断定"在《吕氏春秋》著作时代，还没有今本《老子》存在"的说法，这是他不明了先秦引书之例，且未能将《吕氏春秋》中明言老聃之内容，与现本《老子》作详细对勘，其立说的疏漏，是无待多说的。

《韩非子》一书中，除有《解老》、《喻老》两篇外，尚有《主道》篇"是谓习常"，出于现行《老子》五十二章之"是为习常"；《扬权》篇"故去泰去甚，身乃无害"，出于现行《老子》二十九章"是以圣人去甚，去奢，去泰"；《内储说下六微》的"权借"经中有"其说，在老聃之言失鱼也"，"权借"经之说中有"故曰，国之利器不可以示人"，此出于现行《老子》三十六章的"鱼不可脱于渊，国之利器不可以示人"；《难三》篇叙述了子产故事之后，引"老子曰，以智治国，国之贼也，其子产之谓矣"，这里所引的"老子曰"，见于现行《老子》六十五章；又"此谓图难于其所易也，为大者于其所细也"，见于六十三章"图难于其易，为大于其细"；《六反》篇"老聃有言曰，知足不辱，知止不殆"，这见于现行《老子》四十四章。由此可知，韩非很明确地看到了如现行的《老子》一书，而认为系出于老聃。

在诸子以外，属于史传性质的材料，引用到《老子》的，始于《战国策》。《战国策·齐策四》有颜斶引"老子曰，虽贵必以贱为本，虽高必以下为基，是以侯王称孤、寡、不谷，是其贱之本与"，与现行《老子》三十九章一致。《魏策一》任章劝魏桓子予地给知伯，引"周书曰，将欲败之，必姑辅之；欲将取之，必姑与之",见现行《老子》三十六章,若援《韩非子》引老子称"书之所谓"及"书曰"之情形推之,则任章之所谓"周书",其意乃"周人之书",正指《老子》而言。有如许慎称周人之礼为"周礼",而非指的是五经中的《周礼》。则三家分晋前后,《老子》已经开始流传了。又《魏策一》"故老子曰,圣人无积,尽以为人,己愈有;既以与人,己愈多。公叔当之矣",与现行《老子》八十一章一致。《楚策一》苏秦说楚威王有"臣闻治之其未乱,为之其未有也",与现行《老子》六十四章相符。则三家分晋以后,其流行尤为显著。

由上面所引的庄子以外的先秦资料看,可以得出这样的结论:即是诸家对于老子的传说,并非出于庄子系统,而系各有来源。但从许多不同的来源中,能得出一种共同结论,即是现行《老子》一书,与老子其人不可分,并且由各资料引用老子的情形以推论《老子》一书成立的年代,必在《庄子》之前,且在《庄子》前已开始流传。而在战国中期之后,其影响已及于各家,对其人、其书,得到了共同的承认。

关于老聃的另一重要传说系统,是出于《礼记》中的《曾子问》。《曾子问》有四个孔子说到老聃的故事,三个是"吾闻诸老聃曰",一个是"昔者吾从老聃助葬于巷党,及堩,日有食之……",内容都是在某一非常情况下,孔子从老聃所得的礼的教示。此四个故事中,因有日食之确实记载,阎若璩据《皇王大纪》推定为鲁昭公二十四年,时孔子为三十四岁。但《史记·孔子世家》中有"鲁南宫叔言于鲁君,请与孔子适周"的话,后人认为《史记》对此事的记载,乃在孔子十七岁至三十岁之间。若系十七岁,则南宫敬叔未生,若如阎若璩定为孔子年三十四岁,敬叔此时年甫十四，且正当其父初死，虞祭卒哭的时候，恐亦未能至周。① 所以对此一记载，认为不是事实。按《史记·孔子世家》，大为后人所乱。②《世家》有关南宫敬叔与孔子适周的记载，其上文为"鲁复善待，由是反鲁"，其下文为"是时也，晋平公淫，六卿擅权……"，皆与孔子年十七至三十岁之情事不合，则对孔子适周在年十七与三十岁之间的推断，根本失掩了推断的立脚点而不能成立。阎氏所援据的《皇王大纪》，恐亦未可作为典要。对于这种传说，只能从大礼上加以认取。我们只能认为此一故事在内容上，与庄子及其他诸子中之传说，并不相同，这系传自儒家的自身，完全属于另一系统。但在孔、老的关系上，却大体仍可互相印合，便可以承认此故事是真的。

至于《曾子问》中的老聃是深于礼数，而《老子》一书中的老聃则以礼为"忠信之薄，而大乱之首"（三十八章），因为这种态度上的不同，所以叶适在《习学记言》中已认为"教孔子者必非著书之老子，而为此书者必非礼家所谓老聃"。清人汪中在《老子考异》中更从年代的观点以为，"孔子所问礼者聃也，其人周守藏之史……而言道德之意五千余言者儋（太史儋）也，其入秦见献公，即去周至关之事"。按著书者为老聃而非太史儋，在前引先秦文献中已可确定。至就思想的观点说，春秋时代，是以"礼"及与礼密切相关的"名"，为维系政治社会的中心观念。到了春秋之末，"礼"与"名"都发生了问题，而引起了孔子、老子的反省。孔子对"礼"的反省是"宁俭"，是"从先进"，是"人而不仁如

---

① 此说详崔东壁《洙泗考信录》。
② 我在《论孔子诛少正卯》文中曾略加指出。此文收入《中国思想史论集》中。

礼何"；对"名"的反省是"正名"。老子思想的性格与孔子不同，所以对"礼"的反省是"忠信之薄，而大乱之首"，对"名"的反省是"无名"，这都表示只有深通礼数的人，才能知其利弊所在，而加以反省。则老子的由深知礼而反对礼，是很自然的。且孔子的话，有微言大义的分别。老子在未隐居以前，及既隐居以后，其言亦当有微言大义的分别。他在《曾子问》中所表现的思想，不妨视为未隐居以前的随缘的大义，而五千言中的思想，则不妨视为隐居以后的直抒胸臆的微言。《吕氏春秋·不二》篇谓"老聃贵柔"，礼以敬让为主，敬主于自己的敛抑，让主于对人的谦退，则所谓"柔"者，安知不是出自敬与让的精神，进一层的演进？因为在几个不同系统的传说中，却同样可以发现孔子与老聃的关系，且在对孔、老的态度的不同中，依然可以发现思想的脉络，这正可以证明孔、老同时，而老的年辈略早的传说之不误。汉初儒、道两家的对立，已甚为明显，若《曾子问》中的四个故事非传自先秦儒家之旧，则汉儒又何肯将其杂入，以长他人的志气呢？孔子自己说："三人行，必有我师焉。"子贡称孔子为"夫亦何常师之有"，则孔子之师老子是一件很寻常的事情。《论语》中有"或曰，以德报怨，何如"的话，这里的"或曰"，或即系转述老子之言。而孔子答"何以报德？以直报怨，以德报德"，这正表示孔子学礼于老聃，但在思想上并不同于老聃。

三、检讨《史记·老子列传》

现在说到司马迁《史记》的《老子列传》。梁启超认此传迷离惝恍，而称之为"神话"（见《梁任公学术讲演集》）。从梁氏所著

《中国历史研究法》一书来看，他并不很了解《史记》，当然也不了解《史记》中的《老子列传》。司马迁写《老子列传》有三个条件，不是旁人所能具备的。第一，他正处于与先秦相去不远，而又是黄老（实际只是老学）大行的时代。第二，他的父亲司马谈身为史官，又曾"习道论于黄子"（《史记·自叙》），对先秦诸子曾作过一番整理工作，而重点归结于道家，写有"论六家要旨"的重要文献。司马迁既出自这种有道家传统的家庭，自己又"从孔安国问故"，信仰儒家却远过于道家，所以他能了解道家，而又不会故意为道家撑持门面。第三，老子的后人为胶西王卬太傅的李解，犹得与司马迁的时代相接，司马迁可由此而得到文献上所有的材料，以确定其乡里世系。综合上述三点，可知司马迁是最有资格写老子传记的人。但许多人为什么却因《老子列传》反而引起许多误解？这是因为大家忽略了"疑则传疑"，是他所用的重要的史学方法之一，因而没有读懂他的《老子列传》。他著《史记》是效法孔子所作的《春秋》。桓五年《穀梁传》说："《春秋》之义，信以传信，疑以传疑。""疑以传疑"，实来自《论语》的"多闻阙疑"，"阙疑"是对于可疑的东西，既不轻易放过，亦不肯独断加以解决，而只好保留一个空阙在那里，以待有机会填补的意思。史的目的在于传信，但若某一个关键人物①的材料都只是传说性的，属于可疑的性质，此时若完全放弃不用，是抹煞了"疑"中可能含有可信的部分，等于使历史上消失了这一人物；若把这种性质的材料径直写成可信的传记，这便又抹煞了"疑"中可能

---

① 我所说的历史关键人物，指的是：一、表现人类行为的某种重大价值者；二、是对历史有影响者。

含有伪的部分，不忠于史学求真的良心。因此，只好把可疑的资料，依然以"疑"的态度传了下来，使历史上依然保持有这样的一个人物的存在，这是著史的人，在无可奈何的情形之下，所选择的一种最谨慎的方法。所以司马迁在《三代世表》叙中说："故疑则传疑，盖其慎也。"《史记》中的可疑的资料，一是残缺不全，有如《尚书》中的年月；一是属于传说性质的资料，有如《史记》中的《伯夷列传》及《老子列传》，正是最显明的例子。

老子学说，大行于战国中期以后及西汉之初。但因为战国末期，神仙之说起，可以与道家末流中贵生养生的思想相傅合，于是老子已开始初步神化，而产生许多神话性的传说。加以其学"以自隐无名为务"（《老子列传》中语），世人虽熟悉于其学说，但很难明了他平生的行迹，这更是他只有可疑的资料的原因。司马迁在此传中，叙述老子事迹后，而结以"老子，隐君子也"一语，即是点明这种原因。《老子列传》实由三部分构成：自"老子者，楚苦县厉乡曲仁里人也"起，至"莫知其所终"止，可以方便称之为"正传"；自"或曰老莱子，亦楚人也"起，至"或曰，儋即老子，或曰非也，世莫知其然否"止，可以方便称之为"附录"；自"老子之子名宗"起，至"岂谓是耶"止，则直承正传，而叙述在当时所了解的老子的世系，及当时儒、道两家对立的情形。至最后"李耳无为自化，清静自正"二语，正如万承苍所说，是后人将《史记》叙传中语，误入于此。司马迁的用心，是把他认为比较可靠的材料，写成正传。但因正传的材料并非完全可信，其最大漏洞，乃出在"莫知其所终"的事实之上，所以又将可靠的程度很小，但是在当时既已有与老子相混的老莱子及太史儋的两个传说，不好完全加以抹煞，于是以两"或曰"插入作附录，留供作后人参考，这正是他十分谨慎的态度。假定把两"或曰"的两小段去掉，由"莫知其所终"直接"老子之子名宗"，文章的本身不仅还是很完整，而且线索更为分明，便不致引起后人许多误解。但若如此，则正传所叙述者，将被视为完全是信史，而一无漏洞，这会使司马迁感到良心不安的。正传是史家以自己负责的态度来写的，而"或曰"则是史家自己不负责的转述，所以在《老子列传》的结构中，司马迁对材料已作了负责的选择判断。后人要从《史记·老子列传》以探索老子的生平，若非另有先秦的新资料出现，可以证实两"或曰"中的某一"或曰"，其确实性可以压倒正传，便只好顺着司马迁的判断追索上去。而梁启超却似乎不曾了解司马迁的史学方法，及这篇列传的结构。

其次，梁启超"《史记》中之神话（《老子列传》），试究其根源，十之八九，自《庄子·天道》、《天运》、《外物》三篇杂凑而成"的说法，实系一个很大的错误。关于老子行迹的传说，如前所述，是来自各个不同的系统，其中最重要的，一是以《庄子》为中心的道家系统，一是以《礼记》为中心的儒家系统。司马迁所用的原始材料，今日不能完全看到，例如他说老子"名耳，字聃，姓李氏"，在先秦典籍中，现在便找不出"名耳"、"姓李氏"的证据，因为他是隐君子，也不会是出于世本，而可能来自老子后人的传述。但就司马迁《史记》全书著作之例来看，他所根据的原始材料的本身或有问题，但他的纪述必有所根据，则是毫无可疑的。《老子列传》中，正传部分以问礼为中心，可以断言它乃出于儒家系统，而非出于道家系统，尤其是与庄子无关。《庄子》书中孔、老关系的故事，共有八则，在这八则中，孔子向老子所问者并不是礼，而列传中老子答孔子之言，亦不见于《庄子》；"良贾深藏若虚"二语，仅略见于《大戴记·曾子制言上》；《史记》孔、老见面的地点是周，而《庄子》上则为"南之沛"；《史记·孔子世家》谓随孔子适周的是南宫敬叔，而《庄子·天道》篇，则促成孔、老见面的是子路；《庄子·养生主》有秦佚吊老聃之死，而《史记》则谓"不知所终"。这都可证明《史记》所用的原始资料，不出于庄子系统。至于《史记》谓老子是"楚苦县厉乡曲仁里人也"，与《庄子》上的"南之沛"的方位，大体相同；《史记》谓老子是"周守藏室之史也"，与《庄子·天道》篇"周之征藏史，有老聃者"，亦可视为一致；《史记》谓老子"见周之衰，乃遂去，至关"，与《庄子·寓言》篇"阳子居南之沛，老聃西游于秦"，亦可称为暗合；《养生主》称秦佚吊老子之丧，若秦佚之"秦"字，与居地有关，则老子之西游而死于秦，殆为可信。凡此，是两个不同系统的传说，关于老子的行迹，有可以互相证明的地方，在这种地方，其可靠性为大。《史记》载孔子称老子"犹龙"，与《庄子·天运》篇孔子称见老子"吾乃今于是乎见龙"相合，有人遂误以《史记》此段乃出于《庄子》。但若细考其内容，则两者绝无相同之处。盖《史记》中所记孔子之言，乃赞叹老子真能避世避祸，正与《史记》"老子隐君子也"之结语相符。其原文是：

孔子去，谓弟子曰："……走者可以为罔（网），游者可以为纶，飞者可以为矰。至于龙，吾不能知（按谓不能知用何工具可加以弋获之意），其乘风云而上天（按谓其避世高举，犹《鸿鹄歌》所称'鸿鹄高飞，一举千里；虽有绘缴，尚安所施'之意）。吾今日见老子，其犹龙耶？"

至于《庄子·天运》篇所载孔子称赞老子的话，乃形容老子的变化无穷，正与《庄子》"乘天地之正，而御六气之辩（变）"（《逍遥游》）的要求相符。其原文是：

孔子曰："吾乃今于是乎见龙。龙合而成体，散而成章，乘乎云气而养乎阴阳。予口张而不能嗋，予又何规老聃哉。"

《论语》记孔子在陈、蔡之间，颇为隐者所嘲讽，孔子亦尝为之"怃然"，[①]《史记》所载老子告孔子"良贾深藏"之言，意思是不仅应隐之以迹，而且应隐之以心，与《论语》所记楚狂、长沮、桀溺之以避世沾沾自喜者，相去甚远，所以孔子觉得他出于当时一般隐士之上，而叹其"犹龙"。这与当时之情景颇合，当出于儒家故籍之所载。《天运》篇有"养乎阴阳"的话，这已将阴阳视为天地间之二元素，此乃战国中期以后的观念。所以《天运》篇可以推断是出于庄学末徒之手。此庄学末徒，将《史记》所根据的材料，加以张皇附益，以使其与庄学之宗旨相合，更加上子贡"以孔子声见老聃"一段的辩难，其中且有"儒、墨皆起"之言，长约五百字。就此故事的内容及形式之发展情形而言，则只能谓《史记》所援引之原始材料在先，而《天运》篇之故事在后，断不能谓《史记》的材料来自《庄子》。司马迁对先秦记传，虽博采百家，但他有一个大的标准，即"考信于六艺"。此一标准的扩大应用，即其信任儒家的传记，过于其他诸子百家之言。因为儒家有"信而好古"的传统，较之其他各家，历史的意识特为显著。

---

① 《论语·微子》"夫子怃然曰"。

《史记·老子列传》受材料的限制，当然不完备，而且有漏洞，但过去许多人所指摘漏洞，却多来自对原文了解的不够。例如汪中在《老子考异》中，因《列传》谓老子为"楚苦县厉乡曲仁里人也"，而怀疑"楚之于周，声教中阻……且古之典籍旧文，惟在瞽史，其人并世官宿业，羁施无所置其身"，而怀疑老子不可能由楚国到周去当守藏室之史。又谓"身为王官，不可谓隐"，殊不知《论语·微子》篇记有"大师挚适齐，亚饭干适楚，三饭缭适蔡，四饭缺适秦，鼓方叔入于河，播鼗武入于汉，少师阳、击磬襄入于海"，孔、老时代，正是王官散而之四方的时代，先仕后隐，情理之常。而老子的乡里，可能由归隐后所定居，其子孙生长于此，直到为汉胶西王卬太傅的李解，才迁到齐国去。至于《庄子·养生主》有秦佚吊老聃之死，而《史记》谓"不知所终"，这是因为司马迁所根据的资料系统之不同。"不知所终"乃指老子个人而言，并不须由此而怀疑他的子孙的延续。其中认为问题最大的是梁启超以为由《老子列传》所述的老子世系，到景武时的李解是八代，而孔子的十三代孙安国，亦正当汉景武时，"前辈之老子八代孙和后辈之孔子的十三代孙同时，未免不合情理"。梁启超认老子传至李解是八代，因为列传的叙述是"老子之子名宗……宗子注，注子宫，宫玄孙假……而假之子解为胶西王卬太傅"，按照"玄孙"一般的解释，则由宫到假是五代（连宫在内），所以才算成八代。老子的世系，司马迁当然是采自老子的后人。假定从宫到假的世系很清楚，司马迁没有将这三代的名字加以略去的必要，他对孔子的世系，便不曾略去一代。从宫到假的这一段，纪略相当于战国中期以后，经秦、楚之际，以至汉初的一段，这正是战乱频繁，社会变动最大的时代，所以李家把这中间一段的祖先人名记

　　　　　　　　　　　　　　中国思想史论集续篇

不清楚了，司马迁只好略称为"宫玄孙假"。"曾孙"通释为三代孙，但《诗经》常用"曾孙"作"远孙"之通称，则"玄孙"亦当然可作"远孙"之通称，而不必固定指的四代孙，"玄"字即常用作"远"字的意义。《史记·自序》叙述自己先世，对在秦的一支，叙述得很清楚，而叙述在赵的一支，则但云"在赵者，以传剑论显，蒯聩其后也……蒯聩玄孙卬，为武信君（项梁）将"，也较模糊简略。盖居赵者较居秦者所受战乱的变迁为特大，其时间、情景与李家是大体相同的。所以"老子八代孙"的说法，出自后人由误解"玄孙"一词而来的臆测，并非出于司马迁自己摆出的数字。由此而来的怀疑，是没有价值的。又老子姓李名耳为可信，则其屡见于先秦资料的"字聃"当更为可信。这是批判资料的常识。所以冯友兰分老聃与李耳为二人，以孔子向之学礼者为老聃，而著五千言者为战国之李耳，在各种说法中最为无根之说。

综上所述，对老子的生平，我们除了以《史记·老子列传》中的正传为依据外，实再没有其他更好的依据。就《列传》中所根据的资料，我们可以得出两个结论：第一，老子与孔子同时而略早于孔子，且曾发生过关系。司马迁时代的学术空气，"是世之学老子者，则绌儒学，儒学亦绌老子"（《列传》中语），而司马迁又是推崇儒学的人，他著《史记》，自刘向、扬雄之徒皆"谓之实录"，所以孔子问礼于老聃的事，若无确实根据，则就他的思想上、心理上而言，他不会援以入传的。第二，现行《老子》一书，《列传》认为出于老子所自著。以上二点，可从先秦儒家以外的传说系统中，得到许多旁证。惟《列传》谓五千余言系应关令尹之"强为我著书"之请求而写的，则在先秦诸子中找不到旁证，是一个大的漏洞，这只有就现行《老子》本书加以分析，看能否得出更可靠的结论。

四、就现行《老子》一书以考查其作者及其传承

再从现行《老子》一书（本文所用《老子》系《古逸丛书》本）的本身来研究，我想先作这样的一个假定：这是老子的直接门徒阐述他的先生——老子学说的著作。其中有的是引用老子的话，但有的却是门徒为了发明他先生的思想而自己说的话。它和《论语》不同之点，《论语》是由若干弟子的记录编纂而成，而现行《老子》一书则主要是成于一人之手。成书以后，流布渐广，到了战国中期以后，传述的人多了，一经转抄转述，对字句自不免有误记或润饰。《韩非子·解老》所用的底本，我觉得是经过有意识整理过的本子。但到了西汉初年，可能依然流传着若干大同小异的不同本子。到了西汉文帝、景帝的时代，它已成了宫廷里的官学，传述宣扬黄老之学之人，便须把各种不同的本子加以统一，并在这种统一工作中，加上一点适合于当时统治者的口胃的东西〔补记：按此推论太过〕，以便与儒家争胜，且将字句在可能范围内加以通俗化，以适合于窦太后这一类人的理解能力，而始成为司马迁们所看到的分为上下篇的定本〔补记：先秦已分为上下篇，但《德经》在前，《道经》在后〕。《老子》中间有些韵文句子，我怀疑也受到这种影响〔补记：此全错误〕。《管子》一书，对西汉政治发生了很大的影响，其中《九守》第五十五，皆整齐有韵，且系综括全书所言为君之道，我认为这也是经过当时整理过的政治教本，可作西汉初整理《老子》一书情形的旁证。《老子》

中字句修改的最显明的例子，有如《韩非子·解老》篇，自"书之所谓大道也者，端道也"起，到"是之谓盗竽矣"一段是解释现行《老子》五十三章的。但现行《老子》的五十三章，不称为"盗竽"而称为"是谓夸盗"，盗竽的解释是"故竽先，则钟瑟皆随……今大奸作，则俗之民唱，俗之民唱，则小盗必和"（《解老》），这种意思太迂曲了，所以现行《老子》便改为"夸（誇）盗"，就容易懂得多了〔补记：帛书《老子》作"盗夸"〕。到了《淮南子》引用的时候，便与现行本很少有大的出入。经过这次整理后，依然保持有春秋末期的痕迹。例如六十八章"善为士者不武"，这句话反映当时一般的"士"是与"武"连在一起的。"士"与"武"连在一起，这是春秋时代的情形。到了春秋之末，有的士已开始为平民知识分子的性质，到了战国，则"贵族皆兵"已成过去，"士"不复与"武"连在一起。《吕氏春秋·正名》篇："尹文见齐王，齐王谓尹文曰，寡人甚好士。尹文曰，愿闻何谓士？王未有以应。尹文曰，今有人于此，事亲则孝，事君则忠，交友则信，居乡则悌，有此四行者，可谓士乎？齐王曰，此真所谓士已。"由此，亦可见士的演变之一般。所以"善为士者不武"的话，只能反映春秋的时代，到了战国，则不是"善为士者"也都"不武"了。又战国中期以后，几无不以"阴阳"的观念解释宇宙创生的过程，但《老子》一书，则只以"无"、"有"、"道"、"德"的观念来作解释，而对"阴阳"一词的使用，依然是春秋时代所流行的意义。这也可以证明它是春秋之末的作品。至于就时代的文体来看，则《论语》及《墨子》中较早的部分，皆直述己意，极少用譬喻，到了孟子、庄子则常用譬喻，这是战国中期才盛行的文体。《老子》书中极少用譬喻，正足以证明它是出于春秋之末的文体。综上所述，我认为《老子》一书的著者，当是春秋之末、战国初期的人物，即是老子的直接门徒。

以下，再稍详细地说明我的说法的根据。

＊　　＊　　＊

我为什么认为现行《老子》非由编纂而成，而系出于一个人之手呢？因为现行《老子》一书，虽然有若干文体的差异与内容的重复，但这可解释作汉初统一时由统合各个不同的传本而来的，全书的思想则完全是一贯的。所以七十章自称"言有宗，事有君"。并且如附表一，从第四章起到七十四章止，出现有三十五个"吾"字及"我"字，除其中七个外，其余的当然是著者的自称。全书既分明有著者自称的"我"、"吾"，则其非由编纂而成，甚为明显。同时，因为从二十九章"吾"与"圣人"对称，及七十章"我"与"圣人"对称来看，所谓"吾"与"我"，和书中所称之"圣人"，为两个不同的主体。若著者系老子，则自称者即系老子本人，若著者不是老子，则系另一著者的自称。因为后面的理由，我主张是另一著者的自称的。

＊　　＊　　＊

现在我们再注意到在《老子》一书里面，从二章到八十一章，用了三十一个"圣人"的字样（如附表二），这些"圣人"，到底指的是谁呢？《老子》一书的最大特色，是全书中没有出现过历史人物的姓名，因为他的思想对历史而言，完全是反传统的。也没有出现过架空人物的姓名，这是因为它是春秋之末的文体，尚少出现寓言。若谓这些"圣人"是著者悬空假托的理想，则其余的极有重要意义的大部分，何以不假托圣人以出之呢？并且若要假圣人之名以自重，则何不像其他诸子之书一样，举出具体之姓名以资取信于天下？从四十一章的"中士闻道，若存若亡；下士闻道，大笑之。不笑，不足以为道"，六十七章的"天下皆谓我道大，似不肖。夫惟大，故似不肖。若肖，久矣其细也夫"，七十章的"知我者希"等话看来，当时对他思想的反应，都是投以惊奇、猜忌的眼光，则他的思想对传统而言，实完全是新的含有革命的性质，他无从，也无取乎假传统的圣人以自重。《老子》十七章有"大上，下知有之"一语，河上公注："太上，谓太古无名之君也。"因为这一解释，容易使人发生错误的联想，以为书中"圣人处无为之事"这一类与政治有关的话里面的圣人，即指的是"太古无名之君"而言，尤以《庄子》一书，多此类的寓言，更易助长此种联想。殊不知"大上"乃春秋时代颇为流行的名词，如《左传·僖公二十四年》"大上以德抚民"，《左传·襄公二十四年》"大上有立德"，《穀梁传·隐公三年》"大上，故不名也"等皆是。《大戴》卢辨注云："大上，德之最上者"，证以"大上有立德，其次立功，其次立言"，系以贤愚为上下，而非表示时代的先后，则卢辨之说为可信，而自郑玄《曲礼》注以下皆属错误。"大上"即最好、最高之意。《穀梁传·隐公三年》释"天王崩"谓"其崩之何也？以其在民上也，故崩之。其不名何也？大上，故不名也"，此处之"大上"乃最高之意。《老子》书中喜用"上"字，如"上德"、"上善"、"上仁"、"上士"之类，"上"乃对当时一般人而言。再强烈地表示一点，便用"大上"。由此一词之使用，正可见其与春秋时代之接近，决不能由此而将"圣人"联想为"太古无名之君"。同时，五十七章及七十八章皆有"圣人云"，以指明下面的话，是出于圣人之口，可见书中所指的圣人决非架空的人物。并且在由"圣人"一词所表现出的思想，可以说形成了全书中最主要的部分。若说它是泛指传统的圣人而言，则老子的思想，便完全是出于传统。但就古代思想发展的线索及文献来看，老子的思想，只能说是由对传统思想的深刻反省而开辟出新的发展方向，从正面决找不出传统的线索。由此，我不妨断定，书中所称的圣人，乃著者对老聃的称呼。书中所谓"圣人之治"，乃指的圣人对政治的主张，决不应误解这类的说法指的是实际政治的事实。其余类似的文句，都应如此了解。孔子在当时已有人称他为圣人，据前引《吕氏春秋·重言》篇，老聃也被人称为圣人。这是春秋之末、战国之初的风气，以后便少见了。孔子是公开救世、设教的，所以孔子的学生便称之为"夫子"、"仲尼"，对他所说的话，便称之为"子曰"、"夫子曰"、"仲尼曰"、"孔子曰"。但老聃是以"自隐无名为务"的，所以他的学生只好泛泛地称之为"圣人"。而"老子"一词，在当时也是他的学生为了避免称先生的姓名而不得已的称呼。当时的所谓"子"，即是"先生"，《论语》的"子曰"，即是"先生曰"，所以"老子"即等于后世的所谓"老先生"。老子自周隐退后，创立新说，其年龄活得很大，大概是没有问题的，所以他的学生便对他加上一个"老"字而称之为"老子"或"老聃"。老聃的思想，在当时完全为新的思想。并且从老子思想的性格，及他为了深藏避祸的情形来推想，他的话一定说得很简约。他的学生为了向社会传播，便必需再加以疏释，他学生的这种疏释工作，便形成了现在这样的一部书。《老子》书中，凡是在"圣人"前面的话，都是为"圣人"作疏释的话。这正与现行《墨子》一书中在疏释墨子的思想之后，而结以"故子墨子曰"的文体，完全相同。七十章"吾言甚易知，甚易行。天下莫能知，莫能行。言有宗，事有君。夫惟无知，是以不我知。……是以圣人被褐怀玉"，这正是著者自述他开始向社会传布此种思想，而与社会相扞格的情形。因为他遇到此种困难情形，便想到他的老师有先见之明，所以装傻（"被褐"）而不肯把自己的意思轻易说了出来（"怀玉"）。

＊　　＊　　＊

不仅"圣人"一词，指的是老子，书中十五章、二十二章、六十二章、六十五章中所说的"古之"，三十九章所说的"昔之"，四十　章所说的"建言有之"，我以为也都指的是老子。我在《有关中国思想史的若干问题》一文中曾指明：先秦人所说的"古"，有的并不含有"古代"的意思，而只是泛泛地指"前些时候"的事或人。

另外，我还注意到一点，《老子》全书中，从第六章起到七十四章止，一共用了二十二个"是谓"（附表三）。"是谓"的用法，是把上面的话，作为是对于紧连着"是谓"下面的辞句所作的疏释的。由"是谓"所标出的被解释的辞句，都是由重要的名词，或精练的短句所代表的重要观念，然则这些被解释的名词或短句，还是著者自己的呢，还是引用旁人的呢？我们从《庄子》、《吕氏春秋》、《韩非子》上面的例子看，他们对于被解释的《老子》的辞句，都是冠以"故曰"或"故"。《韩非子·解老》篇也有引用老子的话而冠以"所谓"的，便是表示引用的文句是属于老子，而对此文句的解释，一定是连结在此一文句的后面。仅在《难三》有"此谓图难于其所易也，为大于其所细也"的"此谓"，同于《老子》中的"是谓"。"故曰"与"是谓"，在文法上的用法相同，但"是谓"较"故曰"的指陈，其关连性更为切近。若"是谓"所标出的名词词句，是出于著者自己的，则著者何以对于有许多重要的名词、观念，例如自一章到五章，即有不少重要的名词、观念，却不采用这种自己作解释式之陈述方式？因此，我认为凡是由"是谓"所标出的名词、短句，都是老聃的金言，而由其弟子，即本书的著者加以发挥的。

*　　*　　*

由以上的考查，现行《老子》一书，实由两部分所构成，一部分是由"圣人"、"古之"、"昔之"、"是谓"所标出的老聃的原始记录，连同四十一章中的"建言有之"与五十章中的"盖闻善摄生者"也在内；此外，则是出于疏释、发展原始记录而著成大体与现行《老子》一书相同的老子的弟子。在原始记录与他弟子所疏释、发展的两部分之间，我们可以发现一个发展的线索，即是在原始记录中，除了第十四章牵涉到道的形而上的意味以外，其余很少说到形而上性质的东西，切就人生问题、政治问题的，占绝对的多，因而可以推测，在老聃本人，只是注意人生问题（包括政治），而对于道的形而上的性质，则仅有很少数之启示；由道的形而上的性质，以建立宇宙论的间架，是由他的弟子所发展完成的。但虽然如此，他的弟子却依然认为这书上的思想，是属于他的先生——老聃，依然是作为老聃的思想而传承下来。这是先秦诸子百家传承中的通常现象。在他这一传承以外的人，因为受了"自隐无名"的影响，可能只知道里面若干内容，而不能知其出处，所以《战国策》的《魏策》一中任章劝魏桓子予地与知伯，引用现行《老子》三十六章"将欲败之，必姑辅之；将欲取之，必姑予之"的话，这恐怕是最早引用老子的话，但却称之为"周书曰"。《韩非子·说林上》引此一故事而亦称为"周书曰"，《吕氏春秋·行论》篇引此文又称为"诗曰"，这四句话的思想，对于《诗经》及西周文献而言，是太突出了，所以可以断言不是《老子》引用了逸《诗》，而是引用《老子》的话的人，尚不知道这几句是出于《老子》，所以随意加上一种名称。又《韩非子·说林下》有"此周书所谓下言而上用者惑也"（"惑"字疑衍），《淮南子·氾论训》亦有"周书曰，上言者下用也，下言者上用也……"，而文子《道德》篇则以此为老子之言，此或亦可作古人引书，称谓不严格之一证。或因先引用的人，随意所加上去的称呼，沿用者遂因而未改。由此我们可以想见《墨子》一书，非儒而未非老，可能他还不知道有老子的存在。因为老子的学徒，对于社会仍保持着老师"以自隐无名为务"的宗旨。但在传承老子这一思想系统的，却对于这一无名无姓的书，都认定它是出于老聃。经过庄子及庄子学徒的传播，老子的思想，始影响于道家以外的各家之中，此书之出于老子，也得到各家的公认了。

* * *

老子的思想，在庄子时代以后，各家都受到他的影响。法家、后起的阴阳家等不待说，即儒家的荀子，也如前所述，未尝例外。换言之，在战国中期以后，《老子》已成为最流行的学说。但现行《老子》四十一章"上士闻道，勤而行之；中士闻道，若存若亡；下士闻道，大笑之。不笑，不足以为道"，六十七章"天下皆谓我道大，似不肖。夫唯大，故似不肖。若肖，久矣其细也夫"，这两段话，都是老子思想开始传播时的情形，这种情形不可能出现在庄子以后。这一点，不仅也可证明《老子》一书，必成于《庄子》之前，并且我以为即可证明它是成于他的直传弟子。至于此一弟子究系何人，现时无材料可资查考。假定允许大胆地推测，或者可能即是《史记·老子列传》中所说的要老聃"强为我著书"的关令尹喜。《庄子·天下》篇把他和老聃列在一起，即所以说明他与老聃的思想，是性格相同的。假定此一推测为可靠，则他除了疏释老聃的思想而著成现行《老子》一书以外，也不妨他另有代表自己思想的著作。不过，这只是一种可能性的推测而已。

附表一 《老子》用"我"、"吾"一览表

章　名	内　　容
四　章	道冲而用之……吾不知谁之子，象帝之先。
十三章	吾所以有大患者，为吾有身，及吾无身，吾有何患？
十六章	致虚极，守静笃。万物并作，吾以观复……归根曰静，是谓复命。
十七章	大上，下知（按疑当作"而"）有之，其次亲而誉之……功成事遂，百姓皆谓我自然（按此"我"字当系百姓之自称）。

二十章	众人熙熙……我独泊兮其未兆，如婴儿之未孩……众人皆有余，而我独若遗。我愚人之心也哉……俗（河上本作"众"）人昭昭，我独昏昏。俗（众）人察察，我独闷闷……众人皆有以，而我独顽似鄙。我独异于人，而贵食母。
二一章	吾何以知众甫之状哉？以此。
二五章	吾不知其名，字之曰道。
二九章	将欲取天下而为之，吾见其不得已……是以圣人去甚，去奢，去泰。
三七章	化而欲作，吾将镇之以无名之朴。
四二章	人之所教，我亦教之。强梁者不得其死，吾将以为教父。
四三章	无有入于无间，吾是以知无为之有益。
五三章	使我介然有知，行于大道，唯施是畏。
五七章	故圣人云，我无为而民自化，我清静而民自正，我无事而民自富，我无欲而民自朴（此处"我"字当系圣人之自称）。
六七章	天下皆谓我道大，似不肖……我有三宝，持而保之，一曰慈，二曰俭，三曰不敢为天下先。
六九章	用兵有言，吾不敢为主而为客……轻敌几丧吾宝（按此处"吾"字当系兵家自言）。
七十章	吾言甚易知，甚易行；天下莫能知，莫能行。言有宗，事有君。夫唯无知，是以不我知。知我者希，则我者贵，是以圣人被褐怀玉。
七四章	民不畏死，奈何以死惧之？若使民常畏死而为奇者，吾得执而杀之，孰敢？

附表二 《老子》用"圣人"一览表

章　名	内　　容
二　章	是以圣人处无为之事，行不言之教，万物作焉而不辞；生而不有，为而不恃，功成弗居。夫唯弗居，是以不去。
三　章	是以圣人之治，虚其心，实其腹……常使民无知无欲。使夫知者不敢为也。为无为，则无不治。

（续表）

五　章	……圣人不仁，以百姓为刍狗。
七　章	是以圣人后其身而身先，外其身而身存，非以其无私邪？故能成其私。
十二章	五色令人目盲……是以圣人为腹不为目，故去彼取此。
二二章	曲则全……是以圣人抱一为天下式。……古之所谓曲则全者，岂虚言哉，诚全而归之。
二六章	重为轻根，静为躁君，是以圣人终日行不离辎重。
二七章	善行无辙迹……是以圣人常善救人，故无弃人；常善救物，故无弃物。是谓袭明……是谓要妙。
二八章	朴散则为器，圣人用之则为官长。
二九章	将欲取天下而为之，吾见其不得已。……是以圣人无为，故无败；无执，故无失。……是以圣人去甚，去奢，去泰。
四七章	不出户，知天下。……是以圣人不行而知，不见而名，不为而成。
四九章	圣人无常心，以百姓心为心……圣人在天下，歙歙为天下浑其心。百姓皆注其耳目，圣人皆孩之。
五七章	……人多伎巧，奇物滋起；法令滋彰，盗贼多有。故圣人云，我无为而民自化，我好静而民自正，我无事而民自富，我无欲而民自朴。
五八章	其政闷闷，其民淳淳……是以圣人方而不割，廉而不刿，直而不肆，光而不耀。
六十章	……非其神不伤人，圣人亦不伤人。
六三章	是以圣人终不为大，故能成其大。夫轻诺必寡信，多易必多难。是以圣人犹难之，故终无难矣。
六六章	是以圣人欲上民，必以下言之；欲先民，必以身后之。……以其不争，故天下莫能与之争。
七〇章	是以圣人被褐怀玉。
七一章	圣人不病，以其病病……是以不病。
七二章	是以圣人自知不自见，自爱不自贵，故去彼取此。
七七章	是以圣人为而不恃，功成而不处，其不欲见贤。

七八章	是以圣人云，受国之垢，是谓社稷主；受国不祥，是为天下王。
七九章	是以圣人执左契而不责于人。
八一章	信言不美……圣人不积。既以为人己愈有，既以与人己愈多。天之道，利而不害；圣人之道，为而不争。

附表三 《老子》用"是谓"一览表

章　名	内　　　容
六　章	谷神不死，是谓玄牝。
十三章	宠辱若惊，贵大患若身。何谓宠辱若惊？……是谓宠辱若惊。
十四章	视之不见名曰夷……是谓无状之状，无物之象，是谓惚恍。……执古之道，以御今之有，能知古始，是谓道纪。
十六章	归根曰静，是谓复命。
二七章	是以圣人常善救人，故无弃人；常善救物，故无弃物，是谓袭明……是谓要妙。
三六章	将欲歙之，必固张之……是谓微明。
五一章	生而不有，为而不恃，长而不宰，是谓玄德。
五二章	用其光，复归其明，无遗身殃，是谓习常。
五三章	服文采，带利剑……财货有余，是谓夸盗，非道也哉。
五六章	知者不言……和其光，同其尘，是谓玄同。
五九章	夫唯啬，是谓早服。早服谓之重积德……有国之母，可以长久，是谓深根固柢，长生久视之道。
六五章	常知稽式，是谓玄德，玄德深矣、远矣。
六八章	善为士者不武……善用人者为之下，是谓不争之德，是谓用人之力，是谓配天，古之极。
六九章	用兵有言，吾不敢为主而为客，不敢进寸而退尺，是谓行无行……
七四章	常有司杀者杀。夫代司杀者杀，是谓代大匠斫。

先秦名学与名家

一、名的起源问题

许氏《说文》二上："名，自命也。从口从夕。夕者，冥也。冥不相见，故以口自名。"《淮南子·缪称训》"名，自命也"，许氏之说盖本此。名到底是起于自命，还是起于命物，这是值得考虑的问题。禽兽之名，多近于禽兽所发之声，但人仅因禽兽之声以定禽兽之名，不能说禽兽之声系出于自命。至于由从口从夕而说是"冥不相见，故以口自名"，张文虎《舒艺室随笔》谓"其说甚陋"，李慈铭《越缦堂日记》谓"亦甚迂阔"，林义光则以为"夕是象物形，口对物称名"也。按许氏对"名"字之解释，是否得造字之原义，固难断定，而诸家之说亦不出猜度、傅会之域，其能正许氏者至为有限。且古人造字，多系应机而作，不可全用今日合理之思考加以衡量。若以许氏对"名"字之解释，未能得"名"字之原义，亦惟有保持阙疑之态度，不必过作穿凿。且即使能得"名"字造字之原义，其对名之起源，亦不能作有力之说明。盖有人类，即有某程度的语言，而语言的自身，即所以"自命"及"命物"。故可以说，名的发生，乃与人类自身同其久远；文字之出现，则远在其后。加以造"名"字之人，决不能以一字说明名之所由起。所以我们探讨名的起源问题，应放弃语源字源的讨论。甚至可以说，我们很难从历史上明确地找出名的起源问题。中国古代的习惯，常把经过许多时代，并且是由许多人共同努力所完成的事物，说成某一个圣人的创作，比如燧人氏钻木取火、神农氏教民播种百谷等是。《礼记·祭法》说"黄帝正名万物"，也是由此种习惯而来的，不足为典据。

至于从制名的原则以说明起源的，则约略可分成理想的和现实的两派，前者可用董仲舒的说法代表。《春秋繁露》卷十《深察名号》第三十五：

> 名生于真，非其真，弗以为名。名者，圣人之所以真物也。名之为言真也。

此一说法，是认为物之真是由名而见，所以名与真是不可分的，也即是名与实是不可分的。这是把名的制定说得太理想化了，在事实上，名并非出于圣人，即使是圣人制名，也无法使名能恰如其真的。在此一说法的后面，实含有古老的宗教传统，这在下面还要说到。

从现实上说明制名原则的，可用荀子的说法作代表。《荀子·正名》篇第二十二：

> 名无固宜，约之以命，约定俗成谓之宜，异于约，则谓之不宜。名无固实，约之以命实，约定俗成，谓之实名。名有固善，径易而不拂，谓之善名。

名不是生于真，而是生于集体生活中的互相约束，互相承认。在此一说法中，不仅把名的神秘性完全打破了，并且认为名对实物而言，只是一种符号，这在现代的语言学中，依然有其重大意义。

二、名的特别意义及孔子的正名思想

人一开始即在集团中生活。为了达到共同生活的目的，必须凭借语言以沟通彼此的意志。构成语言骨干中的"名"，乃是指明各种事物及人己关系，以求互相了解、协同的。这是名之一般的意义。但在以神话为主的远古时代，某物之名，不是认作某物的符号，而是认作某物的实体。把握到某物之名，即认为把握到某物之实体。因此，对神的希求、对恶物的避忌、对仇人的报复，都可通过对其名的某种形式的呼唤，认为即可达到目的。这是形成咒语的基本因素。佛教徒认为呼佛的名号而即可得到佛的慈悲；基督教徒认为呼主的名而即可得到主的救济，都是来自这一古老的传统。中国古代，当然也不会例外。但中国的原始宗教，从周初已开始动摇，经过《诗经》时代而到春秋时代，可说已经垮掉了，所以宗教的咒语，在上层社会的文化意识中，亦早经消失。尤其是在以老子、孔子为中心的文化活动中，可以说原始的咒语，完全由合理的思维和合理的言语所代替了。但名的神秘性虽在宗教中褪色或消失，却在政治上还发生很大的作用。贵族的统治阶级，把自己由地位而来的名，认为即是政治权力的真。有此名，即无条件地应有此统治权力，人民即应无条件地服从他的权力。在这种观念之下，名即是真，便无所谓正不正的问题。正因为如此，怀有野心的人，便不惜以窃名者窃位，以窃位者窃权力，酿成政治上攘夺相循的大混乱，这样便出现了孔子的正名思想。

孔子的正名思想，是经过一段相当长时期对名的自觉而始能出现的。所谓对名的自觉，是不认为名的自身即有其神秘性的意义，而须另外赋予某种意义，使某种意义成为某种名之实，某种名乃代表某种实的符号。于是名的价值并不在其自身，而系在由它所代表的某种意义。

首先，名与礼是不可分的。《左传·庄公十八年》：

> 十八年春，虢公、晋侯朝王，王飨醴，命之宥，皆赐玉五瑴、马三匹。非礼也。王命诸侯，名位不同，礼亦异数，不以礼假人。

按"非礼也"以下，是左氏对此事所作的判断。礼须与名位相合，这是政治的秩序。不相合，这是表示政治的秩序未被尊重，便可以启窥伺之心，紊上下之序。但在上述一段话中，重点是在礼而不在名。名的主要意义，在下面的一段话中说得更清楚。《左传·成公二年》

> 新筑人仲叔于奚救孙桓子，桓子是以免。既，卫人赏之以邑，辞。请曲县繁缨以朝，许之。仲尼闻之曰，惜也，不如多与之邑。唯器与名不可以假人，君之所司也。名以出信，信以守器，器以藏礼，礼以行义，义以生利，利以平民，政之大节也。若以假人，与人政也，政亡则国家从之，弗可止也已。

孔子上面的话，大概是经过了左氏的修饰。器和名，都是政治权力和秩序的象征。名器不以假人，是尊重政治权力的秩序以求政治的安定。《国语·晋语四》"信于名则上下不衍"，正是这种意思。孔子这段话成为后来司马光作《资治通鉴》的主要思想，所以他特在"初命晋大夫魏斯、赵籍、韩虔为诸侯"下，发挥了一大段议论。不过上面的话，假定完全出于孔子，这也是代表一种传统的意见，只可称之为"守名"，不能称之为"正名"。《左传·桓公二年》晋师服曰"夫名以制义，义以出礼，礼以体政，政以正名"，这里直接把名和义连接起来以言正名，才可以说是孔子正名思想的来源，而正名思想才是对名的问题的一种划时代的发展，司马光把守名与正名混而同之，这是出于他在政治上偏于保守的缘故。《论语·子路》：

> 子路曰，卫君待子而为政，子将奚先？子曰，必也正名乎！子路曰，有是哉，子之迂也，奚其正？子曰，野哉由也！君子于其所不知，盖阙如也。名不正，则言不顺，言不顺，则事不成，事不成，则礼乐不兴，礼乐不兴，则刑罚不中，刑罚不中，则民无所错手足。故君子名之必可言也，言之必可行也。君子于其言，无所苟而已矣。

对于正名的意义，何晏《论语集解》引"马曰，正百事之名"。孔子的正名思想，当然包括有"正百事之名"的意思在里面。如《论语》"觚不觚，觚哉觚哉"，此即系正物之名。《穀梁传·僖公十九年》"梁亡，郑弃其师，我无加损焉，正名而已矣"，此即正事之名。但就上面答子路的情形来看，以正名为正百事之名，则未免解释得太泛。朱元晦《集注》以为"是时出公不父其父而祢其祖，名实紊矣"，他的意思，孔子的正名，是要把当时卫国的父子争国的问题重新加以处理，亦似嫌迂阔。名的正不正，不能决定于名的本身，而是决定于由名所象征的实。名与实相符，这是名得其正；名与实不相符，即是名不得其正。孔子在这里所提出的正名观念，当然是在政治伦理上立论。于是作为名的正不正的标准之实，不是政治伦理上所居之位，而是对所居之位的价值要求。亦即是对所居之位，要求应尽到的责任。他答齐景公问政说"君君，臣臣，父父，子子"（《论语·颜渊》），这才是他在政治上正名的具体内容。"君君"的上一"君"字，是指人君之名，下一"君"字，是指能尽人君之道。当人君的人能尽为人君之道，这才值得称为人君，君之名与君之实才算相符，这才算君的名能得其正。否则有君之名，无为君之实，这即是君的名的不正。下面的"臣臣，父父，子子"，都应作同样的解释。前面所说的"名不正则言不顺"，是说君若不尽为君之道，则政令（言）所要求于人民者，与人君自己的行为不相符合，此之谓"言不顺"，"言不顺"是说言不顺于所言之实，亦即是只以言教而不能以身教。这样一来，"其所令反其所好，而民不从"（《大学》），所以言不顺便事不成。事不成则上下相违，教养皆阙，自然会礼乐不兴。礼乐不兴，便失掉了刑罚所以成立的合理原则，所以刑罚便因之不中，而使民无所措手足。假定说"名"是维系贵族统治的主要工具，"正名"则系打破政治上名自身的神秘性，使其仅成为使人易于了解、把握的某种实的符号，于是统治者不再仅能靠其名、其位来达到统治的目的。并且无实的名与位是不正的名，不正之名所代表的位，应随时加以改变或予以消灭。儒家在政治上肯定革命的权力，与正名思想有密切的关系。这对贵族政治、封建政治而言，是给予了一致命的打击。至于老子的无名，一方面是来自他的"无"的形而上学，一方面是对由传统之名所象征的权力政治，有加以彻底否定的意味在里面，这在破坏贵族统治上，也有极大的意义。但战国末期的道家，却都从正面讨论了正名的问题。

孔子的正名思想提出以后，更影响到战国时代的各家思想。在以君道、臣道来正统治者所居之名、所居之位的这一点上，没有得到很明显的发展，因为这要和当时的统治者发生直接之冲突。但在以一般的政治问题为中心而正百事之名上，却有了相当之发展，这即是政治中的名实问题或形名问题。《墨子》的《经》上下、《经说》上下及《大取》、《小取》，皆有正名的讨论。就《庄子·天下》篇看，这都是出自墨子后学之手。《荀子》及《吕氏春秋》皆有《正名》篇，《春秋繁露》有《深察名号》篇。现行《尹文子》，大约出现于西汉〔补记：当出于战国之末〕，其上篇主要谈的是"正名"的问题。他并将名的内容，综合为三科。他说："名有三科，法有四呈。一曰命物之名，方圆白黑是也。二曰毁誉之名，善恶贵贱是也。三曰况谓之名，贤愚爱憎是也。"这里应附带提醒一句的是，尹文子把先秦以政治为"正名"之"名"的主要内容，却划分到"法有四呈"里面去了，这说明先秦的正名思想在西汉末期已开始模糊起来〔补记：这种划分，正证明《尹文子》是战国末期的著作〕。

经长期演变而成的《管子》，对正名问题虽未设有专篇，但下面的材料，正可看出这一派人对名的重视。《管子·枢言》第十二："有名则治，无名则乱，治者以其名。……名正则治，名倚则乱，无名则死，故先王贵名。"《心术上》第三十六"物固有形，形固有名，名当谓之圣人。""物固有形，形固有名，此言（名）不（王念孙谓"不"字前当有"名"字）得过实，实不得延名（张佩纶谓'延名'乃'过名'之误）。姑（张佩纶谓'姑'当作'故'）形以形，以形务名，督言正言，故曰圣人。……无为之道，因也。因也者，无益无损也。以其形，因为之名，此因之术也。名者圣人之所以纪万物也。"《白心》第三十八："是以圣人之治也，静身以待之，物至而名自治之（尹注：循名责实则下无隐情，故理），正名自治（原'治'下有'之'字，依王念孙校删），奇名（原'名'字在'自'字下，依王念孙校正）自（原'自'字作'身'字，依王念孙校改）废，名正法备，则圣人无事。"《九守》第五十五："循（原作'修'，依王念孙校改）名而督实，按实而定名，名实相生，反（犹还也）相为情。名当实则治，不当则乱。名生于实，实生于德，德生于理，理生于智，智生于当。"以上的材料，大约是出现在战国的末期，里面是把儒、道、法三家的思想，掺和在一起的。

韩非集法家的大成，并取老子之言，以为其法的根据，所以更重视形名的问题。下面仅引《主道》第五的一段材料作代表：

> 有言者自为名，有事者自为形。形名参同，君乃无事焉，归之其情。
> 故群臣陈其言，君以其言授其事，事以责其功。功当其事，事当其言，则赏；功不当其事，事不当其言，则诛。

由上面所引的简单材料看，战国中期以后，言政治的，几无不受孔子正名思想的影响，对正名的内容，作各适应于其基本政治思想的规定。这里应当附带说明的是，自从严复以"名学"一词作为西方逻辑的译名以后，便容易引起许多的附会，实则两者的性格并不相同。逻辑是要抽掉经验的具体事实，以发现纯思维的推理形式。而我国名学则是要扣紧经验的具体事实，或扣紧意指的价值要求，以求人的言行一致。逻辑所追求的是思维的合理性，而名学所追求的是行为的合理性。两者在起步的地方有其关连，例如语言表达的正确，及在经验事实的认定中，必须有若干推理的作用，但发展下去，便各人走各人的路了。中国文化中所以未曾出现形式逻辑，这不关系于文化发展的程度，而关系于文化的性格及其所追求的方向，即是它主要是追求行为的、实践的方向。

三、辩者与名家

"名家"一词，出于司马谈"论六家要旨"，《汉书·艺文志》列有"名七家三十六篇"，并叙之谓：

> 名家者流，盖出于礼官。古者名位不同，礼亦异数。孔子曰，必也正名乎。名不正，则言不顺，言不顺，则事不成。此其所长也。及警（工钓反）者为之，则苟钩析乱而已。

如前面所述，自孔子倡导正名思想之后，先秦各家几乎都有其正名思想。于是胡适认为不应特立名家为一家。冯友兰则根据《庄子》上的材料，把《汉志》上所举的名家七家，改称之为"辩者"。《庄子·天地》篇："辩者有言曰，离坚白若县寓。"《天下》篇：

"惠施以此为大观于天下，而晓辩者，天下之辩者相与乐之。……辩者以此与惠施相应，终身无穷。……桓团、公孙龙，辩者之徒，饰人之心，易人之意，能胜人之口，不能服人之心，辩者之囿也。惠施日以其知与人之辩，特与天下之辩者为怪，此其柢也。……惠施不能以此自宁，散于万物而不厌，卒以善辩为名。"这一派人的特点，不是以解决现实问题而与人辩论，乃是为了辩论的乐趣而与人辩论，由此可知冯友兰把他们概称之为辩者，并无不当。而且在《天下》篇所举当时辩者的二十三个论题中（惠施的十二论题除外），有的现在不能完全明了，有的分明是与公孙龙的主张相反，如"犬可以为羊"者是；但有的却分明为现存《公孙龙子》中的命题，如"火不热"、"目不见，指不至"、"狗非犬"等，则公孙龙之为辩者之一，是没有问题的。冯氏又因《庄子·秋水》篇有"公孙龙问于魏牟曰，龙少学先王之道，长而明仁义之行；合同异，离坚白；然不然，可不可；困百家之知，穷众口之辩，吾自以为至达矣"的一段话，认为当时辩者可分为"合同异"及"离坚白"两派，这两派在庄子及其学徒的心目中都是"辩者"，所以便由公孙龙一人的口中表达出来。若将《天下》篇所举惠施的十二个论题，以作"合同异"一派的代表，而以今日可以看到的《公孙龙子》，作"离坚白"一派的代表，则冯氏这种说法，也是可以成立的。但并不能因此而否定司马谈的"名家"一词的建立。

司马谈"论六家要旨"，把先秦思想分为六家，即是分为六大类或六大派，这在思想史的整理、把握上，是一件了不起的工作。他的价值不关于他对各家评断的是否得当。他对名家的陈述是：

名家使人俭（与"检"通，按犹"察"也）而善（易）失真，然其正名实，不可不察也。

名家苛察缴绕，使人不得反其意，专决于名，而失人情，故曰使人俭而善失真。若夫控名责实，参伍不失，此不可不察也。

司马谈与《汉志》对名家的陈述，有一不同之点，即是《汉志》以孔子的正名为名家主要之特征，司马谈虽然也说他们是"正名实"，在这一点上，与其他各家的正名思想，似乎并无不同。但名家之所以为名家，乃在于他们是"专决于名"。他们之所谓实，乃是专从名的本身去认定实。例如公孙龙的"离坚白"，乃是从"坚"是一名，"白"又是一名，因为推论坚为一实，白又另为一实，坚与白，虽由与石或其他物结合而为人所拊所见，但未与石或其他物相结合时，坚与白仍潜伏（藏）于客观世界（天下）之中而为各自独立之存在。在其他各家，对名与实之是否相符，乃是以观察等方法，先把握住实，再由内外经验性的效果以证明实，看名是否与此实相符，这是"专决于实"而不是"专决于名"。换言之，诸家是由事实来决定名，而公孙龙这一派，则倒转过来成为由名来决定事实，他们是以语言的分析来代替经验事实，而成为玩弄语言魔术的诡辩派。司马谈乃至许多人对他们的批评，皆由此而来，所以把他们特称之为名家，以与其他主张正名各家的思想作一区别，并无不当。

问题的混淆，还是出在《汉志》。《汉志》一方面以正名为此派主要的内容，而将此派的特色仅归之于"警者"。同时又把"合同异"的惠施一派，也归在名家里面，惠施可以说是"辩者"中

　　　　　　　　　　　　　中国思想史论集续篇

的一派，但他实属于《荀子·正名》篇所说的"惑于用实以乱名"的一派，而不应属于"专决于名"的一派。假使司马谈自己举出名家的著作，恐怕不会把《惠子》一篇列在里面。但这里应附带提出的是，荀子所说的"惑于用实以乱名"的一派，就其所举例证来看，如"山渊平，情欲寡，刍豢不加甘，大钟不加乐"等，则他们之所谓实，乃指究竟性质之实，或可能实之实而言。他们是以这种实来破坏日常生活经验中之实，因而破坏日常生活经验中所立之名的。总之，"辩者"一词，可以包括当时"合同异"与"离坚白"的两派；而"名家"一词，仅可以指"辩者"中"离坚白"的一派。

四、公孙龙及《公孙龙子》

《史记·孟荀列传》："而赵亦有公孙龙，为坚白同异之辩。"又《平原君列传》："虞卿欲以信陵君之存邯郸为平原君请封。公孙龙闻之，夜驾见平原君曰……平原君遂不听虞卿。……平原君厚待公孙龙。公孙龙善为坚白之辩。及邹衍过赵言至道，乃绌公孙龙。"这与《仲尼弟子列传》所称的"公孙龙，字子石，少孔子五十三岁"，其另为一人，至为明显。再将《史记》上面的记载，与《吕氏春秋·审应》所载有关公孙龙的故事，及《淫辞》篇所载"孔穿、公孙龙相与论于平原君所"的故事，互相参照，则他是赵人，曾为平原君客，其生年约与孟了、惠施、庄子、邹衍诸人同时，也是大约可以断定的。《庄子·徐无鬼》有"然则儒、墨、杨、秉四，与夫子（按指惠施）为五"的话，成玄英疏："秉者，公孙龙字也。"《列子·仲尼》篇殷敬顺释文谓："龙字子秉。"按成、殷皆唐人，成曾于贞观间召至京师，则生年当在殷之前。成说在唐以前无可考，殷说大约因成说而于"秉"字上加一"子"字，以合于字之通例，此皆不可信。谭戒甫《公孙龙子发微·传略第一》引王启原注，以《盐铁论·箴石》第三十一有"贤良曰……此子石所以叹息也"之语，以证明公孙龙亦字子石，谭氏以王氏之说"似得其实"。按上面贤良引子石语中，有"狼跋其胡，载疐其尾；君子之路，行止之道固狭耳"等语。又《说苑·杂言》篇有"子石登吴山而四望，喟然而叹息曰……"约二百余字，杨树达氏以为此即《盐铁论》贤良之所本。我的看法，此乃真孔子弟子公孙龙字子石之残文剩义，与《箴石》第三十一前段丞相所引"公孙龙有言曰，论之为道辩，故不可以不属意……"，分明是两个不同的故事，也是两种不同的内容。无法把两方面由不同的主张而各引内容互不相同的故事，牵合在一起。持"坚白论"的公孙龙，不会像子石样去引《诗》述史的。

《汉书·艺文志》著录《公孙龙子》十四篇，原注"赵人"。《隋志》道家有《守白论》一卷。现存六篇，其八篇《四库全书总目提要》以为亡于宋时。清姚际恒《古今伪书考》以为"《汉志》所载，而《隋志》无之，其为后人伪作无疑"。栾调甫有《名家篇籍考》，对此特加以解释说：

> 《公孙龙子》之名《守白论》，本书《迹府》篇云"疾名实之散乱，因资财（材）之所长，为守白之论；假物取譬，以守白辩"，此其命名之由者，一也。《隋志》虽录于道家，然确知其不为道家者，因老子云"知其白，守其黑，为天下式"，道家旨在守黑，而论名守白，显非道家之言，

二也。唐成玄英疏云"公孙龙著守白之论，见行于世"，又云"坚白公孙龙，守白论者也"，此唐人犹有称《公孙龙子》为《守白论》，三也。复合隋、唐两志考之，《隋志》道家有《守白论》，而名家无《公孙龙子》;《唐志》名家有《公孙龙子》，而道家无《守白论》。是知其本为一书，有著录家出入互异，四也。至《隋志》著录在道家，乃由魏晋以来，学者好治老、庄书，而因庄、列有记公孙龙坚白、白马之辩，故亦摭拾其辞以谈微理。此风已自晋人爰俞开之按见《三国志·邓艾传》注引荀绰《冀州记》，而后来唐之张游朝著《冲虚白马非马论》，《新唐志》列入道家。宋之陈元景录白马、指物二论以入其《南华余录》，亦在《道藏》。然则《隋志》之录《守白》于道家，又何足疑，五也。

按上引栾氏的说法中，除《老子》的"守黑"，乃指柔弱之人生态度，与公孙龙的"守白"，仅系名词上的巧合对应，在内容上并不相对应外，余均可以成立。

五、公孙龙的批判者

公孙龙的坚白异同之论，从当时一直到汉初，发生了很大的影响，也引起了很多的批评。因为他以专决于名的方法来正名实，事实上，是把常识上的名实关系都破坏了，这便引起人对客观世界认识上的混乱。

庄子常是把当时的辩者混淆在一起说。他对惠施的批评，几乎也可以用到公孙龙方面。他是以超知忘言的态度来批评这些执名以争实的人。除了《齐物论》中"以指喻指之非指"数语，系反对公孙龙的《指物论》、《白马论》以外，下面的话，虽然说的是杨、墨，但实际主要指的是公孙龙。

> 骈于辩者，累瓦结绳按所累者瓦，所结者绳，言疲精于无用也，窜句按窜者移易变乱之意。窜句，变乱文句之意义游心游心，放适其心于坚白同异之间，而敝疲敝踱誉郭筠仙"邀一时之誉也"。按"敝"字下当夺"于"字无用之言，非乎？而杨、墨是已。（《骈拇》）

又《秋水》篇下面的话，大概是庄子后学所纪录缘饰，以伸张师说的。但很可由此以了解庄子与名家的区别。

> 公孙龙问于魏牟曰，龙少学先王之道，长而明仁义之行；合同异，离坚白；然不然，可不可；困百家之知，穷众口之辩，吾自以为至达已。今吾闻庄子之言，茫焉异之……今吾无所开吾喙，敢问其方。公子牟隐机太息，仰天而笑曰，子独不闻夫坎井之蛙乎？……且彼（庄子）方蹠音此，履也黄泉而登大皇天也……始于玄冥，反于大通。子乃规规然而求之以察，索之以辩，是直用管窥天，用锥指地也，不亦小乎。

庄子的批评，完全是超越于名实之上的批评。《墨子》之《经上》、《经下》、《经说上》、《经说下》、《大取》、《小取》各篇，出于墨子后学之手；里面许多是针对公孙龙的论点加以批评，而要使其归于常识判断之上的。兹略引最明显的例子于下：

> 《小取》："白马，马也。乘白马，乘马也。"这分明是
> 驳"白马非马"的论点。
> 《经上》："坚白不相外也。"《经下》："于一有知焉，有
> 不知焉，说在存。"《经说下》："石，一也；坚、白，二也，
> 而在石。故有知焉，有不知焉，可。"以上分明是反对离坚
> 白的。
> 《经说上》："二名一实，重同也。"这分明是反对"独
> 而正"的观念的。

不过公孙龙子的《名实论》中，像"彼彼止于彼，此此止于
此，可"这种看法，除了不管公孙龙的"独而正"的哲学思想外，
实在有严格之语意学的意味，同样被墨家后学所接受了的。

《史记·平原君列传》集解引刘向《别录》曰：

> 齐使邹衍过赵，平原君见公孙龙及其徒綦母子之属，论
> 白马非马之辩。以问邹子，邹子曰："不可。彼天下之辩，
> 有五胜三至，而辞正为下。辩者别殊类使不相害，序异端
> 使不相乱，抒意通指，明其所谓，使人与知焉，不务相迷
> 也。故胜者不失其所守，不胜者得其所求。若是，故辩可
> 为也。及至烦文以相假，饰辞以相悖按当作"敦"，《说文》"敦
> 怒也，诋也"，巧譬以相移，引人声使不得及当作"反"其意，
> 如此害大道。夫缴纷争而竞后息，不能，无害为君子。"坐
> 皆称善。

邹衍是从辩的正常目的、意义，来驳斥公孙龙以辩为游戏的。《吕氏春秋·淫辞》篇下面的故事，则是以事实来驳斥公孙龙，也即是以实来正名的。

> 孔穿、公孙龙相与论于平原君所，深而辩，至于藏三牙
> 按《孔丛子·公孙龙》篇作"藏三耳"者是也。公孙龙言藏之三
> 牙甚辩，孔穿不应，少选，辞而出。明日，孔穿朝，平原
> 君谓孔穿曰：昔者公孙龙之言甚辩。"孔穿曰："然，几能
> 令藏三牙矣。虽然，难。愿得有问于君，谓藏三牙，甚难
> 而实非也，谓藏两牙，甚易而实是也，不知君将从易而是
> 者乎，将从难而非者乎？"平原君不应。明日谓公孙龙曰：
> "公无与孔穿辩。"

《吕氏春秋》的《正名》、《离谓》、《淫辞》诸篇，可以说都是主张以实正名，驳正公孙龙的观点。公孙龙的观点，即《荀子·正名》篇所说的"此惑于用名以乱实者也"。荀子所举的驳正的方法是"验之名约，以其所受，悖其所辞，则能禁之矣"。按所谓名约，是指约定俗成之名而言，亦即是常识上的名。《白孔六帖》之九引桓谭《新论》中的一个故事是"公孙龙常争论曰，白马非马，人不能屈。后乘白马无符传欲出关，关吏不听。此虚言难以夺实也"。"无符传"，是没有使马得以通行的证件。站在公孙龙的观点来说，白马既不是马，则他没有马的通行证，应无碍于他所骑的白马的通行。但关吏则认定白马即是马，没有马的通行证，便不让公孙龙骑着白马通过，这即是以常识之所能接受，违反了公孙龙平日白马非马之辞（"悖其所辞"）。语言的玩弄，穷于事实之前。公孙

　　　　　　　　　　　　　　中国思想史论集续篇

龙以名乱实，荀子则用以实正名的方法加以纠正，使孔子的正名思想，依然回到应有的轨道。

六、先秦正名思想的完成

荀子把当时的诡辩派分为三派，各提出扼要的斥破方法。但我认为荀子最大的贡献，除了对于名提出了"约定俗成"的最合理的说明之外，更提出了"制名之枢要"。这可以说是先秦正名思想的完成。兹将《正名》篇节引一段在下面，并略加疏释：

然则所为（以）有名，与所缘（因）以同异，与制名之枢要，不可不察也。异形离心按指各人不同之心交喻，异物名实玄依王念孙校当作"互"纽《说文》十三上："纽，系也。一曰结而解。"按从来释此二语者，多与下文之意义相连而解释为名实纷乱之意，恐不妥。此二语乃总说名之作用。上语是说异形之物，反映于各人不同之心，因名之作用而能使交相了解。如牛、马不同，因有牛、马不同之名而可使大家共同了解。下语是说各种不同之物，因能以名指实，而可使其相关连而不乱（互纽），如下文"大共名"、"大别名"者即是，贵贱不明，同异不别，如是则志必有不喻之患，而事必有困废之祸。故知者为之分别制名以指实，上以明贵贱，下以辩同异，贵贱明，同异别，如是则志无不喻之患，事无困废之祸，此所为有名者也。

然则何缘而以同异？曰：缘天官杨注：天官，耳目口鼻心体也。凡同类同情者，其天官之意物也同按"意物"即认知物而加以判断。故比方之于疑似而通对疑似之物，由天官加以比较、

辨别，即品类分明（通），是所以共其约名以相期也按"约"既
非如杨注之为"省约"，亦非如王念孙之为"要约"。《说文》十三上：
"约，缚束也。"又《周礼·司约》注："言语之约束也。""约名"是
将某名缚束于某事某物之上，更与人以此名互相约束。形体色理以
目异，声音清浊调竽调竽，俞樾以"竽"为"笑"字之误，王先
谦以"竽"为"节"字之误，与下文相对皆不可通，不如姑从杨注，
"竽"读本字奇声以耳异，甘苦咸淡辛酸奇味以口异，香臭
芬郁腥臊洒酸王念孙谓"洒酸"乃"漏庮"之误。蝼蛄臭曰漏，恶
臭曰庮奇臭以鼻异，疾养同"痒"沧寒也热滑铍当为"鈒"，与
"涩"同轻重以形体异，说（悦）故按"故"犹"习"也，即今
所谓惯性喜怒哀乐爱恶欲以心异。

　　心有征知杨注："征，召也。"按"征"乃征验之意。心除对喜
怒哀乐等之直接感觉以外，更能对其他天官所知者加以征验。其他官
所知者不征验之于心，则认识依然不能成立。俞樾因不了解心的两层
层意义，故"疑此文及注并有夺误"。直接感知之心，与其他五官在
同一层次，而同为天官。由心的思维与反省作用以征验天官之所知，
此时之心，乃君临于其他天官之上，为另一层次。征知则缘耳而
知声可也，缘目而知形可也按因心有征知能力，故可因耳目等天
官以完成对客观之认识。然而征知必将待天官之当簿按"簿"是
纪录，"当簿"是合于客观事物之纪录，犹模写也其类，然后可也
按上文系说明天官之知，必待心加以征验；此句系说明心的征验，必
以天官对事物之模写为其材料。五官簿之而不知，心征之而无
说按"说"是解说，犹判断，则人莫不然王念孙以此"然"字为衍
文。按"莫不然"者，即"莫不如此"，与"皆"同义，故不必视为
衍文谓之不知，此所缘以同异也按荀子之意，名所以征表事物之

　　　　　　　　　　　　　中国思想史论集续篇

异同。名之所以成立，系来自对事物之认识。而认识之所以能成立，一由于天官对事物之能模写，此即所谓"当簿其类"；一由于虚一而静的心体，对天官所模写者能加以综合判断，此即所谓"心有征知"。公孙龙仅从感觉上去作推论，而忽视了心的综合与判断的重大作用。

然后随而命之随同异以命其名，同则同之（名），异则异之，单足以喻则单如牛、马，单不足以喻则兼如黄牛、白马，单与兼无所相避则共如甲家有一牛，乙家亦有一牛，此单之无所相避者，即共名之曰牛。此有一白马，彼亦有一白马，此兼名之无所相避者，即共名之曰白马，虽共不为害矣千牛万牛，不妨共名之为牛；千白马万白马，不妨共名之为白马。知异实者之异名也，故使异实者莫不异名也，不可乱也，犹使异实杨注："或曰，异实应为同实。"王念孙谓或说者莫不同名也。故万物虽众，有时而欲无举之，故谓之物。物也者，大共名也。推而共之，共则有共，至于无共，然后止按"无共"乃其上再无可共，过此以往，从经验上言，即是无。无则无名，故"然后止"。有时而欲遍王念孙谓"遍"乃"别"之误，俞樾谓系"偏"之误，从俞说举之，故谓之鸟兽按"物"一名中，包括有许多东西，今仅举其中之鸟兽。鸟兽也者，大别名也鸟兽对于"物"而言则是别，但在鸟兽之名里，还包括有许多可分别的名。鸟兽之名，对于它所包括的许多可分别之名而言，所以它是"大别名"。推而别之，别则有别如鸟中有鸡，鸡中有公鸡、母鸡、大鸡、小鸡等，至于无别，然后止至于无可再分别，过此以往，从经验上说，也是无。无则无名，故"然后止"。

　　名无固宜，约之以命，约定俗成谓之宜，异于约则谓之不宜。名无固实，约之以命实，约定俗成谓之实名。名有固善，径易而不拂谓之善名按"名"并非来自与实之不可分，乃是来自集体生活中的一种相互约束，对某事某物约束之以某名，而得到大家共同承认时，此名与实乃发生固定之关系，所以说"名无固宜"、"名无固实"。但这并不否定名之有善有不善。何谓善，荀子举出了两个标准。第一个是"径"，径是径直，即名与实中间本有一种距离，径是两者间的最短距离，例如猫名与实物之猫所发之声相近，牛名与实物之牛所发之声相近，这便是"径"。第二个是"易"，易是平易，为某集团生活惯性所容易接受之名。"拂"与"易"相反。物有同状而异所者按《荀子·正名》篇有"是非之形不明"的话，可知"状"与"形"不同，"状"乃事与物之状态，如"急走"之"急"，是走之状，"白马"之"白"，是马之状。表现事物之状的名，则为对实加以形容之形容词、副词。形容词加于名词之上，副词加于动词之上，必如此，乃能界定严密，表现分明。"同状"，如同为白色；"异所"，如白马、白鸡。"所"乃表示实之空间位置，与"实"同义，有异状而同所者如幼、老为异状，某人由幼而老，仍为同一个人，即系"异状而同所"，可别也由形容词、副词之运用而可加以分别。……状变而实无别，而为异者，谓之化。有化而无别，谓之一实某人由幼而老，这是"状变"；但仍为某人，这是"实无别"。但何以有老幼之异（而为异者）？这是某人由年龄而来的生理上的变化。某人生理上虽有此变化，但并非另为一人，所以依然"谓之一实"。此事之所以稽实定数也因为有形容词与副词之运用，所以能详考其实，决定其具体之情况（定数），此制名之枢要也。后王之成名，不可不察也。

按公孙龙之弱点：（一）他以为名有固实，因而执名以为实。

此与荀子名无固实者相反。（二）荀子对共名、别名的提出，乃由认识客观事物之分类系统，以形成名之分类系统，必如此而始能建立认识之秩序。公孙龙则似乎完全缺乏此种观念，或故意抹煞此种观念，所以他只是停顿在感觉上，以玩弄语言的魔术，是佚出于"正名"思想之外的诡辩。

七、名家的价值

然则作为名家代表的现存《公孙龙子》，有无研究价值呢？我认为还是很有研究价值的。第一，关于战国中期盛极一时的辩者，除了公孙龙子以外，只留下仅有结论而没有立论根据的若干片鳞只爪，仅足供后人猜哑谜之用。《汉志》著录的《邓析子》，已非出自邓析本人，今日所能看到的，亦非《汉志》著录之旧。现时所能看到的《公孙龙子》，虽系残阙之余，但剩下的五篇，皆首尾完具，犹得以考察其立论的根据和理论的线索。只凭这一点，已经有思想史上的价值。第二，中国传统文化中，注重具体而忽于抽象，深于体验而短于思辩。公孙龙因为是"专决于名"，执名为实，于是他的辩论，主要是顺着语言的自身所展开的，离开了具体的经验之事物的辩论。他口里所说的具体物，如马、石等，和它们的属性，公孙龙认为都是可以互相分离而独立存在的，即使不能为人的感官所见，有如白未与物为白、坚未与物为坚时，但它只是隐藏着而并不是不存在。这便与柏拉图所说的"共相"同一性格，他在这种地方，表现出很高的抽象能力。这种抽象能力，是倚赖他的思辨能力才可以达到的。他之所以能困百家之知，是因为他的辩论，有严密的抽象思辨能力，发挥了很严密的抽象推理作用。王启湘在他所著的《公孙龙子校注》的序文中说"合同异者，名家所谓归纳也；离坚白者，名家所谓演绎也"，这当然是莫名其妙的乱说。但若把公孙龙的辩论，分别用形式逻辑把它来加以形式化，可能它里面含有很高的纯思维法则，很接近于古代希腊的形式逻辑。形式逻辑不管真假而只管对、错，他所发挥的影响力，主要是由这种形式逻辑的对、错来的。这在中国思想史中，占有一个很突出的地位。正因为在中国文化中，缺少这一方面的努力，所以自西汉以后，他便没有得到真正的解人。近代治之者虽多，但收功较其他诸子为更少，尤其是到谭戒甫的《公孙龙子形名学发微》出，而把这一部分思想，更投入到黑暗的深渊去了。治《公孙龙子》的重点，是如何能把握到他所运用的思辨的法式，或者可以说，是在如何能把握到他的立论的"理论"，顺着他的理路推演下去，而不重在于校刊、训诂。先秦诸子，都是以思想为主的，但治先秦诸子的人，多缺乏思想的训练，对于因自己的思想衔接不上，而无法看懂的，便在训诂上乱变花头，愈变离题愈远，其中尤以半吊子的古文字学者的训诂，如于省吾之流，更为可笑。《公孙龙子》因为是高度之抽象思辨性的作品，对于这类的训诂家，更要算是无缘之物。我因为年来讲授中国哲学思想史的课程，每当讲到这一部分时，常废然而返。今春似偶有所启发，不忍放过，便赶着写了出来，以补《中国人性论史·先秦篇》之所缺。我之所以写成讲疏体，就是想把他的理路摆清楚。当然在校刊、训诂方面，我也重新下过一些考校的工夫。可惜我的逻辑训练不够，不能把"心知其意"的，列成逻辑的形式。这一缺憾，我不知道将来有何人肯加以弥补。

从典籍中所遗留下的有关公孙龙的零星故事来看，可知他并非不重视当时政治的人。在现有《公孙龙子》五篇里面，我发现在他的"故独而正"的基本论点中，实因当时政治和社会的结构，把在人君以下的人们，都编入在一连贯的隶属系列之中，使每人都成为政治中的附庸，而失去了独立性，他针对这点便以迂曲的方式，要求把每一个人，从这些隶属系列的附庸中解放出来，以保持每一个人的独立存在。如用现在的名词说，他可能是一个近于杨朱的个人主义者。这种思想，在现存五篇的《通变论》中，稍有流露。在亡佚的篇章中，可能有更多的发挥。可惜宋谢希深的注，都把它解释到相反的方向去了。我常说，先秦许多宝贵的政治、伦理上的思想，常被长期专制下的学者所误解，所附会，此亦其一例。

　　岁在世午中秋前一日徐复观记于私立东海大学宿舍 ①

---

① 原编者注：本文最早刊于一九六七年四月十六日《人生杂志》第三十一卷第十二期。

公孙龙子讲疏 *

迹府（一）第一

公孙龙，六国时辩士也。疾名实之散乱（二），因资材之所长，为守白（三）之论；假物取譬，以守白辩。

（一）俞樾曰："《楚辞·惜诵》篇，'言与行其可迹兮'，注曰'所履为迹'；跡与迹同。下诸篇皆其言也。独此篇记公孙龙与孔穿相问难，是实举一事，故谓之迹。府者聚也。言其事迹具此也。"据谭戒甫在其《公孙龙子形名发微》中根据《太平御览》四百六十四《人事部》引桓谭《新论》的"公孙龙，六国时辩士也，为坚白之论；假物取譬，谓白马为非马。非马者，言白所以名色，马所以名形也。色非形，形非色"的一段话，而认本篇"前段为后汉桓谭所作；后段核由《孔丛子》抄袭而成"。按《御览》所引桓谭之言，虽与本篇前段大体相同，然实有详略之殊。若此篇前段系取桓谭之言，则必假定另有一人将桓谭之言，加以补充；

---

* 编者注：《公孙龙子讲疏》及《附录：有关公孙龙之若干资料》曾由学生书局于1966年作为单行本出版。单行本出版时，作者将《先秦名学与名家》（见《全集》本册）一文作为此书代序。

以常情推之，此种可能性甚少。故无宁谓桓谭系节取此篇前段之言，更合于情理。至于后段述公孙龙与孔穿（子高）之故事，虽与《孔丛子》大约相同；然《迹府》实由两个故事所编成；而《孔丛子·公孙龙》篇则将两个故事编成一个故事，稍加删改，以使此故事对孔穿有利。由文字剪裁所成的文体，亦两不相同。后面又加上"异日，平原君会众宾而延子高"的一段共四百四十六字，对公孙龙引孔子批评楚王所说的楚弓楚得的话，以为和自己白马非马之论点相合，特加以详尽的反驳。这分明是编造《孔丛子》一书的人取材于《公孙龙子》的《迹府》篇，而将内容加以变更的。这和《孔丛子·公孙龙》篇另一"公孙龙又与子高泛论于平原君所"的一段故事，是取材于《吕氏春秋·淫辞》篇，而稍加以润饰的情形，完全是一样的。《孔丛子》之非出于曾为陈胜博士的孔鲋，固不待论。此书始著录于《隋书·经籍志》。就其驳公孙龙之言加以考查，也很能为名理之辩，可能是出于魏晋人之手。顾实、罗根泽们以为出于王肃；然就书内孔家若干故事年代之特为乖谬观之，王肃决不致昧于史实若此；这有与王肃发生特殊关系之《家语》可证。故顾、罗之说，实出于轻率之臆断。以上就《迹府》篇之重要内容与其有关之资料，加以比较、考查，可知《迹府》篇当系战国末期或西汉初年，名家后学，为公孙龙所编之素朴传记。清章宗源在其所著《隋书经籍志考证》中谓此篇"篇首至化天下焉一段，似刘向《别录》语"，亦未可信；我以为当刘向校书时，此篇即已存在，因而与其他五篇共构成全书之一部分，故得与于篇目之次第，大约是没有多大问题的。

（二）散乱：按名所称谓之实不确定，其语意可以转移，是为散。名实乖连，是为乱。

（三）守白：按"以守白辩"一语，最有意义。一般人对于"白"，不认其系有自性之独立存在，推而至于其他之形、色、坚等，莫不皆然。公孙龙则坚持白、坚等皆为有自性之独立存在，故可以相离。守白者，坚持白之独立性之意；此乃公孙龙与当时各家辩论之最大主题。《隋书·经籍志》，称《公孙龙子》为《守白论》；成玄英《庄子·天下》篇疏中谓"公孙龙著《守白论》"，皆由此处而来。

谓白马为非马也。白马为非马者，言白所以名色；言马所以名形也。色非形，形非色也。夫言色，则形不当与（一）；言形，则色不宜从。今合以为物，非也（二）。如求白马于厩中，无有，而有骊色之马，然不可以应有白马也。不可以应有白马，则所求之马亡矣。亡则白马竟非马。欲推是辩，以正名实而化天下焉。

（一）与乃参与之意。

（二）公孙龙仅以为"白马"系一物；"马"系另一物；不可将"白马"与"马"混为一物。并非以色与形合为一物（如"白马"）是不对的。故此句及以下对白马非马之解释全误。

龙与孔穿，会赵平原君家。穿曰："素闻先生高谊，愿为弟子久。但不取先生以白马为非马耳。请去此术，则穿请为弟子。"龙曰："先生之言，悖。龙之所以为名（一）者，乃以白马之论耳。今使龙去之……此先教而后师之也。先教而后师之者，悖。且白马非马，乃仲尼之所取。龙闻楚王张繁弱之弓，载忘归之矢，以射蛟、兕于云梦之圃，而丧其弓。左右请求之，王曰：'止。楚人遗弓，楚人得之，又何求乎？'仲尼闻之曰：'楚王仁义，而未遂也。亦曰，人亡弓，人得之而已，何必楚。'若此，仲尼异楚人（二）于所谓人。夫是仲尼异楚人于所谓人，而非龙异白马于所谓马，悖。先生修儒术而非仲尼之所取；欲学，而使龙去所教，则虽百龙，固不能当前矣。"孔穿无以应焉。

（一）此"名"字非名誉之名，乃名实之名。

（二）宋谢希深注（以后简称"谢注"）楚王所谓人者楚国也。仲尼所谓人者天下也。故离白以求马，众马皆至矣。忘楚以利人，天下感（王启湘校注："感"疑"咸"字之讹）应矣"。按谢注甚得孔子之意；然公孙龙白马非马之辩，用意并不在此。彼盖以孔子为主张"楚人非人"，以与其主张"白马非马"之论点相傅会，其精神与孔子全不相应。

公孙龙，赵平原君之客也。孔穿，孔子之叶也。穿与龙会。穿谓龙曰，臣居鲁，侧闻下风。高先生之智，说（悦）先生之行，愿受业之日久矣。乃今得见。然所不取先生者，独不取先生之以白马为非马耳。请去白马非马之学，穿请为弟子。公孙龙曰，先生之言悖。龙之学，以白马为非马者也，使龙去之，则龙无以教。无以教，而乃学于龙也者，悖。且夫欲学于龙者，以智与学焉为不逮也。今教龙去白马，是先教而后师之也。先教而后师之，不可。先生之所以教龙者，似齐王之谓尹文也。齐王之谓尹文曰，寡人甚好士，以齐国无士，何也（一）？尹文曰，愿闻大王之所谓士者。齐王无以应。尹文曰，今有人于此，事君则忠，事亲则孝，交友则信，处乡则顺。有此四行，可谓士乎？齐王曰，善，此真吾所谓士也。尹文曰，王得此人，肯以为臣乎？王曰，所愿而不可得也。是时齐王好勇，于是尹文曰，使此人大庭广众之中，见侵侮而终不敢斗，王将以为臣乎？王曰，钜士也（二）？见侮而不斗，辱也。辱则寡人不以为臣矣。尹文曰，唯（三）见辱而不斗，未失其四行也。是人未失其四行，其（未失）所以为士也（四）。然而王一以为臣，一不以为臣，则向之所谓士者，乃非士乎？齐王无以应。尹文曰，今有人君将理其国，人有非，则非之；无非，则亦非之。有功则赏之，无功则亦赏之。而怨人之不理（五）也，可乎？齐王曰，不可。尹文曰，臣窃观下吏之理齐，其方若此矣。王曰，寡人理国，信若先生之言，人虽不理，寡人不敢怨也。意未至然欤（六）？尹文曰，言之敢无说乎。王之令曰，杀人者死，伤人者刑。人有畏王之令者，见侮而终不敢斗，是全王之令也。而王曰，见侮而不斗者，辱也。谓之辱，非之也。无非而王辱之，故因除其籍，不以为臣也。不以为臣者，罚之也。此无罪而王罚之也。且王辱不敢斗者，必荣敢斗者也。荣敢斗者，（无）是而王是之（七），必以为臣矣。必以为臣者赏之也。彼无功而王赏之。王之所赏，吏之所诛也。上之所是，而法之所非也。赏罚是非，相与四谬，虽十黄帝，不能理也。齐王无以应焉。故龙以子之言有似齐王。子知难白马之非马，不知所以难之说；以此犹知好士之名，而不知察士之类。

　　　　　　　　　　　　中国思想史论集续篇

（一）按此一故事，实与前一故事相同。仅后加"先生之所以教龙者，似齐王之谓尹文也"以下一大段，原出于《吕氏春秋·正名》篇，现行《尹文子》反无之。它与《吕氏春秋·正名》篇，仅在文字上稍有出入。其所以被加在前一故事的后面，正因《汉志》在《尹文子》一篇"下有"说齐宣王，先公孙龙"的话；而尹文的这段话，又成为《吕氏春秋·正名》篇的主要内容。便由一位好事的人，硬把它和前一故事傅合在一起，一并编在《迹府》篇里面。大概《迹府》篇原来仅止于前一故事的"孔穿无以应焉"。

（二）"钜"同"讵"，岂也。"也"同"耶"；此语乃惊异之词，意谓那还算得是士吗？

（三）"唯"，《吕氏春秋·正名》篇作"虽"。古"唯"、"虽"通用。

（四）此句《吕氏春秋·正名》篇作"是未失其所以为士矣"。此处脱"未失"二字。

（五）本文之"理"字、"人"字，在《吕氏春秋·正名》篇皆作"治"作"民"；盖避唐时之讳而改。按《唐书·艺文志》名家《公孙龙子》三卷，陈嗣古注"。又"贾大隐注一卷"。两注皆不传。惟此种改字，殆陈、贾辈为之。

（六）此句《吕氏春秋·正名》篇作"意者未至然乎"，盖谓"恐尚未到这种情形"。

（七）此句依谭戒甫校补"无"字。

白马论第二

白马非马，可乎？曰，可。曰，何哉？曰，马者所以命形也。白者所以命色也。命色者非命形也，故曰，白马非马。

谨按公孙龙之《白马论》，乃其"故独而正"（《坚白论》）的主张的一个重要例证。公孙龙以为"白马"一词，兼"命色"、"命形"两义；"马"则仅为命形之词。若以"白马"为"马"，则系以"色＋形＝形"，此种等号是不能成立的。故白马非马之形式为"白（色）＋马（形）≠马"。

日，有白马，不可谓无马也。不可谓无马者，非马也（一）？有白马为有马，白之（二）非马，何也？

（一）俞樾《诸子评议补录》卷五（以后简称"俞氏曰"），"非马也，当作非马耶？古'也'、'耶'通用"。

（二）"白之"的"之"字，应为"马"字之误。盖"白之非马"，本无问题，问题乃"白马非马"。难者之意以为：现实上，世间实有白马（"有白马"），不可以此实有之白马为无马。对世间实有之白马不可谓其为无马（不谓无马者），即是谓其为有马。既谓其有马，岂可谓为非马？由此可知有白马即是有马（"有白马为有马"）。则你说白马为非马，是什么缘故？

日：求马，黄、黑马皆可致；求白马，黄、黑马不可致。使白马乃马也，是所求一也。所求一者，白者（一）不异马也。所求不异，如（二）黄、黑马有可有不可，何也？可与不可，其相非明。故黄、黑马一（三）也，而可以应有马，而不可以应有白马，是白马之非马，审矣。

（一）"白者不异马也"之"白者"同于口语的"白的"，即指白马而言。

（二）"如黄、黑马有可有不可"句之"如"字作"而"字解。

（三）此"一也"，指与白马的情形相同之意。

按此答乃分为两层次：前一层次，系就现实加以答复；后一层次系就名言观念加以答复。其意谓：若举"马"之名以求马，则各色之马皆概括于"马"的名词之内，而各色之马皆可致。（"求马，黄、黑马皆可致"）。若以白马之名求马，则白马可致，而白马以外之马不可致。（"求白马，黄、黑马不可致"），此在现实上是如此。若白马等于马，则求白马与求马，其所求之结果应当是相同的（"是所求一也"）。所求之结果相同，始可证明白马一词之不异于马（"白者不异马也"）。若以为所求的结果不异（"所求不异"），而各色之马可招致于马的名言，而不可招致于白马的名言，这是什么原因（"如黄、黑马有可有不可，何也"？）"可"与"不可"的两概念的互相排斥，这是很清楚的。（"可与不可，其相非明"）。所以黄、黑马的情形是与白马相同的。照你的说法，黄、黑马也可以说是有马（"而可以应有马"），但所有者乃黄、黑马而不可以应有白马（"而不可以应有白马"），则白马之为非马，是很清楚的。

又按此段著以形式逻辑上全称与特称之关系解释，则马为全称，白马为特称，故马可以包涵一切有色之马，而白马只能包含白色之马，不能包涵白色以外之马。但公孙龙之建立白马非马的命题，若重在特称与全称之区别，则特称之马，亦当为全称之马所涵；白马虽非马之全，但仍为马中之一，而不可谓白马非马。公孙龙所重者乃在由全称、特称所包涵内容之不同，而导出"可与不可"的两互相排斥之观念，以证明"白马非马"，即证明"白马"与"马"的观念，各为独立的观念，并无关连。

日：以马之有色为非马，天下非有无色之马也。天下无马，可乎？

难者：若以白马为非马，是认为凡有色之马皆非马。天下之马皆有色，并没有无色之马。以有色之马为非马，是天下无马。天下本有马而认为无马，可以吗？

日：马固有色，故有白马。使马无色，有马如己（一）耳，安取白马？故白者非马也。白马者，马与白也；马与白马也（二）。故日白马非马也。

（一）一般注释家，皆以"如己"之"如"作"而"字解，恐非是。此字当作"己"，不当作"已"。"如己"之"己"，指马而言。"如己"，即恰如马之自身。

（二）此句或为"白与马也"之误。按下文难者"白未与马为白"之言可证。

前面以"白马"之观念，必排斥"马"之观念，以证明白马非马。此处则反而以马之观念，必排斥白马之观念，以证明白马非马。其意以为：马本有颜色，所以才有白马，但马之一词，并不涵有颜色。假定马无颜色，则所有之马，皆成为恰如马一词所表示之马（"有马如己耳"），此时更何取乎有白马？由此可知若真有如马一词所表现之马，则白马即不能成立。是在马之观念中，排斥白马之观念。其所以排斥白马，是因为它加上了白的因素，而白并不是马（故白者非马也）。所谓白马，是马结合着（与）白（"马与白也"），也是白结合着马。已经说过，白不是马，则马结合着白，或白结合着马，因而"白马"的观念中，实含有"白"这一非马的因素在里面，所以说白马非马。

曰：马未与白为马，白未与马为白。合马与白，复名（一）白马，是相与以不相与为名，未可。故曰，白马非马，未可。

（一）俞氏曰："复名，兼名也。《荀子·正名》篇'单足以喻则单；单不足以喻则兼'。杨倞注曰，'单，物之单名也。兼，复名也'。"

难者意谓：你（公孙龙）上面"白马者马与白也，白与马也"的说法，是认马未结合着（与）白，则仅为马而非白。白未结合着马，则仅为白而非马。把马和白结合在一起，所以兼二者而复名"白马"，是你以白马乃由代表两个独立因素所成立的各词。但白马一词是由白和马之"相与"（相结合）而成立；而马之名，白之名，是由马和白之"不相与"而成立。若白马一词，仍为代表两个独立因素，则是由"相与"而来的"白马"，依然是以互不相与的独立之白与马为名，那如何可以呢？白马并非由独立之白与独立之马所结合而成，而只是"白颜色的马"。既是白颜色的马，所以你说白马非马，是不可以的。

按公孙龙以白马之白为一独立之因素，"白马"乃白加上（相与）马。此白字马字，皆作名词用。难者则以白马为白色之马，白字作形容词用，故白无独立意义，而系以马为主。

　　曰：以有白马为有马，谓有白马为有黄马，可乎？曰，未可。曰：以有马为异有黄马，是异黄马于马也。异黄马于马，是以黄马为非马。以黄马为非马，而以白马为有马，此飞者入池，而棺椁异处，（一）此天下之悖言乱辞也。

　　（一）王启湘《公孙龙子校诠》（以后简称"王《诠》"），"飞者入池，喻强合异以为同。棺椁异处，喻强离同以为异"。答者之意以为：若以有白马为有马，则是以白马即等于马。以白马即等于马，则马中亦可涵有黄马；因之，谓白马为马，即等于以"有白马"为"有黄马"，但这在事实上是可以的吗？难者只好答谓那当然是不可以的（"曰未可"）。于是接着说：然则既以"有马"为异于"有黄马"，那是承认黄马不同（异）于马。既以黄马不同于马，这即是以黄马为非马。既以黄马为非马，却以白马为有马，这恰似认为飞的东西可以入池，而棺椁又可以异处。此乃天下的悖言乱辞，亦即是不正之名了。

　　曰：有白马，不可谓无马者，离白之谓也。是离者（一）有白马不可谓有马（二）也。故所以为有马者，独以马为有马耳，非有白马为有马；故其为有马也。不可以谓马马（三）也。

　　　　　　　　　　　　　　　中国思想史论集续篇

（一）王《诠》"《道藏》本及陈本，'是离'作'不离'。"归本同。

（二）俞氏曰"有马"当作无马。涉下文三言有马而误耳。此即承上不可谓无马而言，亦难者之辞。言吾所谓有白马不可谓无马者，止论马不马，不论白不白，故曰离白之谓也。就此所离者而言之，白为一物，马为一物。明明有白有马，不可谓无马也"。王《诠》以"有马二字不误，俞说非"。按原文若作"是离者"，则应如俞说"有马当作无马"。若"是离者"，如《道藏》本为"不离者"，则"有马"不当作"无马"，观下文讲疏可知。今从俞说。

（三）俞氏曰"若必以白者为非马，则白者何物乎？白即附于马，不可分别；故见白马，止可谓之有马而已。不然，白马一马，马又一马，一马而言，是马马矣"。按此说非是。盖难者之意以为天下没有无色之马，故称具体之马，必连其色而称之，如白马、黄马等。若以有色者即非马，则只好"马马"，"马马"者，乃对白马、黄马等而言。"白马"是"白的马"；"马马"是"马的马"。"马的马"，不成意义，故谓"不可以谓马马也"。

难者谓：我认为有白马，不可谓为无马的原因，是离其色之白，专指马之形而言之。既离其色之白（是离者），则白马不计其白之色而尚有其马之形，即不可谓为无马。所以认为有马，仅以离色后之马为有马，并非以未离色的白马为有马。但白色既附着于马之上，便只好称之为白马，所以也只好以白马为有马"，（故其为有马也）。凡马皆有色，故对现实之马，无法不加上某种颜色去称谓它，总不可为了避免涉及马的色而将现实之马称为马马吧！

若列式以表之，则应为"白＋马＝白马"，"白马－白＝马"∴白马为有马。

曰：白者不定所白，忘之而可也。白马者，言白定所白
也。定所白者非白也。马者无去取于色，故黄、黑皆所以
应。白马者有去取于色，黄、黑马皆所以色去，故唯白马
独可以应耳。无去者非有去也，故曰白马非马。

按此段之前半段在斥破难者以为白马可离色而独以其马之形
为马，乃特指出若仅就白而言，它是一种共相，当它未曾定着于
某物时，可以把它（白）忘掉。（按"忘"即难者之所谓"离白"
之"离"。白无所定，即无所谓离，故以忘易离。）至于白马，这
是说明白已经定着于马上之白；定着于马上之白，并非"不定所
白"的共相；因而此白马之白不能将其加以舍离而使其仅以马见。
故白马即是白马，不能离白而存马，因而不能即以白马为有马。
马之名是无所去取于色，故仅言马而各色之马（黄、黑）皆可以
应。白马之名，则在色上有所去取，白马以外的各色之马（黄、
黑马）皆为白马之名所排斥，而仅有白马可以与白马之名相应。
马之名是无去于色；白马之名，是有去于色。"无去"的观念，不
同于"有去"的观念，所以说白马非马。

指物（一）论第三

物莫非指（二），而指非指（三）。

（一）指物，系言指与物之关系及其区别。此篇为公孙龙之认
识论。

（二）指系认识能力及由认识能力指向于物时所得之映像。认

识能力因指向于物而见，故可称之为指。指向于物而得到物之映象，此映象系由指而来，故亦可称之为指。认识能力，在当时谓之"知"，或"心知"。详见附录一。

（三）非指，乃言指并非有自性之独立存在。公孙龙之意，有一名，即有一实。有指之名，即有指之实。但指之自身乃认识各种之物，反映各种之物，而并非征表一固定之物。是虽有指之名，并无指之实，因实皆占一固定之时空位置，而指则否，是指之名即含有自我否定之意。"非指"即说的是指因不征表固定之实，而指名乃成为自我否定之意。吾人所以能认识客观之物，全赖吾人之认识能力指向于物，同时即将物带入于主观之认识能力中，而成立某物之映像。若没有此认识能力及由认识能力而来之映像，则吾人根本对客观物不能发生认识作用，而不知天下之有物。是天下之物，皆由指而见，所以说物莫非指。但此认识能力与映像之本身（指），并非有自性之独立存在。因为不如此，即不能普遍认识客观之物，而且有主观与客观两相混淆之弊。

天下无指物（一），无可以谓物（二）。

（一）指物，是由指而见之物。

（二）谓物，是对物之名而加以称谓，此系认识之初步肯定结果。认识物，必先在主观中成立物之映像；其下一步即为知某物之名而加以称谓。

天下若无由指而见之物，则根本不能认识有某物。既不能认识有某物，即无法得某物之名而加以称谓。此句释"物莫非指"。

非指者，天下（一）而（二）物，可谓指乎？

（一）此处之天下，实犹今语之所谓客观。下同。

（二）"而"犹"是"也。《左传·宣公十五年》"余而所嫁妇人之父也"，《论衡·死伪》篇引作"余是所嫁妇人之父也"。

物虽由指而见，但指之自身，并非是一种有自性之独立存在，而实为"非指"。其所以如此，乃因指若系有自性之独立存在，则指必为在客观中占有某一固定时空位置之物。可是客观中皆系占有时空位置之物；而指乃主观之活动，并不在客观中占有固定之时空位置，则可谓客观中有指之存在吗？此句释"而指非指"。

指也者天下之所无也。物也者天下之所有也。以天下之所有，为天下之所无，未可。

由认识能力指向客观所成立之映象，此乃属于人的主观之中，而为客观中之所无。但被指向之物，必占有时空之位置，而为客观中之所有。以客观中所有之物，认作是客观中所无之指，映像与实物，两相混淆，这是不可以的。

天下无指，而（一）物不可谓指也。不可谓指者，非指也。

（一）而犹以也《经传释词》卷七按以有因之义。

我说客观中没有指，是因客观中之物，有其固定之时空位置，不可谓物为指。物不可谓之为指，以此可知指并非有自性之独立存在，（非指也）所以它不同于物。

非指者，物莫非指也。

正因主观中之映像，系随起随灭，不占固定之时空位置，所以可随认识对象之变化而变化。正因使映像得以成立之认识能力，其本身系虚而非实，是无而非有，所以能遍照万物，使万物皆得进入于主观之中以成立映像，作为主观认识客观之媒介。由此可知正因指之自身为非指，所以才可使天下之物，莫不由指而见。

天下无指，而物不可谓指者，非有非指也。

所以认为天下无指，而物不可谓指，是因为指非天下之所有（非有），而指之自身，又系一种自我否定的虚、无的性格（非指）。

非有非指者，物莫非指也。

正因指非客观中之实有，而指之自身，又系一种无自性之虚、无性格，所以当人认识物时，物皆可以指为媒介，而被人所认识（物莫非指），此乃认识得以成立之基本条件。

物莫非指者，而指非指也。

所有客观之物，皆可由指而见，正因指之自身非系有自性之独立存在。此意盖谓若指系一有自性之独立存在，则指亦为客观中之一物。指若为客观中之一物，则其他之物，何能缘指而得为人所认识。镜无色，故能照各种之色。若镜之自身即系某一有独立性之颜色，又何能对各种颜色皆能加以照察。

天下无指者，生于物之各有名，不为指也。

客观中本无所谓指。而客观之物，毕竟须缘指以见，以成为"物莫非指"之现象，是因为吾人之主观与客观之物相关涉以成立认识时，首须使物各有一名，而物名系缘指而成立。故指之所以出现，系为主观与客观间之媒介以定物之名，并非为指之自己呈现自己（不为指也）而出现。

不为指而谓之指，是兼（一）不为指

（一）俞氏曰"兼乃无字之误"。按兼字不必改；此处乃"同时含有"之义。

指之作用，并非为指之自身（不为指），但将此作用而仍谓之为指，是指的名谓的成立，同时即含有自己否定自己之意。即人虽将此作用而称之为指，但此作用系指向于物而并非指向于其自身，故指即同时含有不为指之意。

以"有（一）不为指"，之（二）"无不为指"，未可。

（一）"有犹又也"《经传释词》卷二

（二）之，是也。《经传释词》卷九

把（以）又不为指之自身的指，当作"是无不为指"之物；使呈现于主观中之映像，混同于客观存在之物，这是不可以的。公孙龙所以要强调这一点，是因为公孙龙认定由名所称谓之物，即使如"坚"、"白"等，在未与他物为坚为白而自藏，以致不能为人感觉所及时，它依然是存在于客观世界之中，而未尝消灭。至于能为感官直接所把握到之物，其真实之存在性是更无可疑的。惟映像（指）则随起随灭，并非一真实之存在；若不加以严格的区别，则真假混而不分，名实的关系亦无从厘定了。

　　　　且指者天下之所兼。天下无指者，物不可谓无指也。不可谓无指者，非有非指也。

且指能无所不指，所以指乃天下万物所共有（兼）。客观世界中虽然无指，但物必赖指之媒介而始能为人所认识，物乃因指而见，所以物不可以谓无指。物之所以不可谓无指，正因指既非客观世界中之所有，而指之自身又非有自性之独立存在，故其活动，亦非指向于其自身（非指）。

　　　　非有非指者，物莫非指。

指若为天下之所有，则指亦为客观世界中固定之一物，而不能指向于客观世界中一切之物。指若系一有自性之独立存在，其活动乃指向于其自身，则指仅为主观活动之一种状态，更不能关涉于客观世界中一切之物。正因其既非天下之有（非有），其活动亦非指向于指之自身（非指），故可指向于客观世界中之一切物（物莫非指），而加以认识。

> 指非非指也。指与（一）物，非指也。

（一）"与"乃"连带"之意。"指与物"，即"指连带着物"。

指乃主观的一种能力活动，这也是主观中的一种实在。从这一角度看，指并不是非指。指之所以为非指，因为指必有所指，即指必连带着物，指乃因物而见，故指无自性而为非指。

> 使天下无物指（一），谁径谓非指？天下无物，谁径谓指？

（一）"物指"，是由物而来的指；指由其所指之物而见；故称为"物指"。这是对指的自身所作的分别。物亦由指而始为人所见，故前文称为"指物"。"指物"是由主观认向于客观。"物指"是由客观反映于主观。假使天下没有连带着物之指，指能以其自身之面貌而呈现，谁能径直说指不是指？但是，假使天下没有物，则指无所施，又谁会径直说有所谓指的活动。所以一说到指，便是"物指"。既是物指，则仅就指之自身而论，依然为非指。

> 天下有指无物指，谁（一）径谓非指？径谓无物非指？

（一）此"谁"字直贯下一句。

假使天下有指而无物指，则所谓指者即是指的自身，谁能径直说"而指非指"？若指即是指的自身，与客观之物无涉，又谁能径直说"无物非指"？

　　　且夫指固自为非指，奚待于物。而乃（一）与为指。

　　（一）按《经传释词》第六，"乃犹而也"。又第七，"而犹乃也"。此处"而"、"乃"为复辞。

　　以上言指之非指，都就指与物之相对关系上而言，以指出物在客观世界中占有一定之时空位置，而为客观世界中之所有；指则不占一定之时空位置而为客观世界中之所无。此处则更进一层地指出：指之所以成其为指，正因指之自身为非指，即正因其自身非某种有自性之独立存在。何待在与客观物相对比之下而始能了解其为非指。也正因指之自身即是非指，所以客观之物，乃得与其相连结在一起以成就指之功用。

通变论第四

　　　曰，二有一乎？曰，二无一。

　　在普通的看法，一加一等于二，则二中必有一。故假设为难者问："二中有一吗？"答谓："二中无一。"盖公孙龙认定二为独立之概念；一亦为独立之概念。若二中有　，则二不仅是二，这即是"出其所位"。故他认定二便只是二，一便只是一。此正其"故独而正"的基本观点之应用。以下之"左"、"右"问题，皆发挥此义。

曰，二有右乎？曰，二无右。曰，二有左乎？曰，二
无左。

难者以为：若二由二物并列而成，则此并列之二物，应可分
列为左、为右。故问："二中有右吗？"答谓："二中没有右。"又
问："二中有左吗？"答谓："二中没有左。"

曰，右可谓二乎？曰，不可。曰，左可谓二乎？曰，
不可。

因二有右与左两部分，而始产生右与左之两概念。是右与左，
与二之所以为二不可分。所以难者问："右可以称为二吗？"答
谓："不可。"又问："左可以称为二吗？"答谓："不可。"

曰，左与右，可谓二乎？曰，可。

难者问："左关连上右，可称为二吗？"答谓："可以。"按左
与右之可称为二，是因为二是兼左右而言，此与上文之仅以右称
之为二，或仅以左称之为二，并不相同。

曰，谓变非不变（一），可乎？曰，可。

（一）俞氏曰："既谓之变，则非不变可知，此又何足问耶？
疑'不'字衍文也。"按以下文推之，"不"字非衍文。"谓变非
不变"者，意谓"变即可以算是变吗？"盖难者以为一加一为二，

中国思想史论集续篇

或二可分为一，可分为左、右，此是一种变；而公孙龙认为二无一，左右不可谓二，是不以变为变。故难者有此问。

难者问："说变动就是变动，可以吗？"答谓："可以。"

　　曰，右有与（一），可谓变乎？曰，可。

（一）按"与"乃"伴与"之"与"。所谓右有与者，谓右与左关连在一起，左即成为右之伴与。

难者问："右有了伴与，可称为变吗？"答谓："可称为变。"

　　曰，变只（一）。曰，右。

（一）俞氏曰："变只无义。只疑奚字之误。变奚者，问辞也。"

难者问："右奚变为什么呢？"答谓："石变为右。"

按公孙龙既承认"右有与"为变；又谓右变的结果仍为右，正是不以变为变。

　　曰，右苟变，安可谓右？苟不变，安可谓变？

难者谓：右若因有与而变，则何可仍谓之右？既仍谓之右，则是未尝变。假使未尝变，又何可谓之变？

　　曰：二苟（一）无左又无右。二者左与右奈何？羊合牛，非马。牛合羊，非鸡。

（一）苟，诚也。《论语·里仁》篇："苟合矣……苟完矣……苟美矣。"

答谓：二就是二，实无左，又无右。如何（奈何）可以认二为左与右呢？羊加（合）牛，乃是"羊牛"，而非"羊牛"以外之马。牛加羊，乃是"牛羊"，而非"牛羊"以外之鸡。意谓：左加右，或右加左，乃是左右和合之二；二不是右，也不是左。二既不是右，也不是左，所以右虽连着（有与）左而变，但右既不可以为二，所以右依然是右；左亦不可以为二，所以左依然是左。

曰，何哉？

难者问："这是什么缘故？"

曰：羊与牛唯（一）异；羊有齿，牛无齿（二）。而羊牛之非羊也，之非牛也（三）；未可。是不俱有，而或类焉。

（一）按"唯"与"维"通，此处应作"是"字解。孙诒让氏谓此处之"唯"与"虽"通，非是。

（二）《古今乐录》载梁三朝乐之俳辞谓"马无悬蹄，牛无上齿"。按牛无上面的门牙及犬牙，故谓牛无齿。

（三）按谢注本此处作"而羊之非羊也，牛之非牛也"。崇文《百子》本作"而牛之非羊也，羊之非牛也"。此据《道藏》本。盖谢注本上句失一"牛"字，下句又多出一"牛"字。崇文《百子》本求其解而不得，故妄改。

答谓：羊与牛是相异的，例如羊有齿而牛无齿。羊与牛相加而为"羊牛"的新概念，犹左与右相加而为"二"的新概念。此"羊牛"的新概念，系表示羊牛之和，而成为羊牛之同时存在。所以它既不是羊，也不是牛。以"羊牛"的新概念为羊或为牛，这是不可以的。举牛并非同时举羊，举羊亦非同时举牛（是不俱有），所以与"羊牛"同时存在的情形不同。但有人以为"羊牛"与羊或牛，是同类的，那是一种错误。

羊有角，牛有角。牛之，而羊也；羊之，而牛也，未可。是俱有，而类之不同也。

羊和牛，在有角的这一点上，虽然相同，但羊合牛，则羊牛系同时存在；在"羊牛"的新概念中，有牛而仅举羊（牛之而羊也），其中有羊而仅举牛（羊之而牛也），这都是不可以的。其中同时有羊有牛（是俱有），但羊牛的复词，与羊或牛的单词，是不同类的。

羊牛有角，马无角。马有尾，羊牛无尾（一）。故曰羊合牛非马也。非马者，无马也。无马者，羊不二，牛不二，而羊牛二。是而羊，而牛，非马，可也。

（一）谭戒甫曰："羊牛无尾，谓无鬃毛长尾。"按《说文》八下尾部"尾，微也；从到（倒）毛在尸后"。是尾本指尾部之长毛而言。马有此长毛而羊牛无之，故谓羊牛无尾。

羊牛有角，马无角，马有尾，羊牛无尾，所以说羊合牛不是马。其所以不是马，因在羊合牛中没有马。其所以没有马，因为羊仅是羊，牛仅是牛，皆不是二。只有羊牛，合在一起，始变而为二（而羊牛二）。虽变而为二，但此乃由羊合牛而来，其变的结果亦仅为羊与牛的同时存在，不会变为第三者的马（非马）。意谓在数量之变中，不会变为异质的东西。

　　若举而以是，犹（一）类之不同。若左右，犹是举。

（一）犹与由通。

　　若如上所述（举），羊不是二，牛不是二，仅"羊牛"才是二，这是因为"羊"或"牛"的单名词，与"羊牛"的复名词是不同类的。若前面所说的"左右"与"二"的关系，正与这里所述的相同。

　　牛羊有毛，鸡有羽。谓鸡足一，数鸡足二。二而一，故三。谓牛羊足一，数足四。四而一，故五。牛羊足五，鸡足三。故曰牛合羊，非鸡；非有，以非鸡也。与（一）马以（二）鸡，宁马。

（一）与，"如"也。即"如或"之意。见《广雅》。
（二）以，"与"也。见《广雅》。
　　前面曾说过"牛合羊非鸡"。夫牛羊有毛，而鸡则有羽；其为不同类，固显而易见。即以足言之，当我们说"鸡足"一词时，这对鸡足而言，只表现其为一，但实数其足，则有二。实数之二，加"鸡足"之一，所以是三。当我们说"牛羊足"一词时，对牛羊足而言，只表现其为一，但实数其足，则有四。实数之四，加

"牛羊足"之一，所以是五。牛羊足五，鸡足三，依然是不同类；所以说，牛合羊，虽变而为"牛羊"，但不是鸡。并不是在牛合羊之变化中，本有鸡而以为不是鸡。（非有，以非鸡也）牛合羊之变的结果，虽非马、非鸡，但马之类，究和牛与羊之类为近，所以如或将马与鸡，以之和牛与羊相较，则马与牛或羊反相近。

材、不材，其无以类，审矣。举是（一）乱名，是谓（二）狂举。

（一）是，犹则也。

（二）各本多作"举是谓乱名，是狂举"。《子汇》本、《守山阁》本、《绎史》本、傅本，作"举是乱名，是谓狂举"，今从之。

凡不同类者不可以同举。材与不材之无以相类，也同上述牛、羊、马、鸡之不相类，这是很清楚的。羊合牛而变为"羊牛"，决不会变为非类之马或鸡。把一群不材者用在政治上，也不能使因不材者的量变，而成为"材者"的质变。将不材者作为材者而举之于政治之上，则是乱其名。是之谓狂惑之举。

按上文的许多曲折，用意或系在于逼出此种政治上用人之主张。

曰：他辩。

难者要求再就其他对象以辩论上述之问题。盖因对不材者之斥责，既已点出，故又设法闪开。

曰：青以（一）白非黄。白以青，非碧（二）。

（一）以，犹"与"也

（二）《说文》一上"碧，石之青美者"。是碧不仅为一种色，而且为一种石。故与白、黄之纯为色者不同。

答谓：青连着白变为青白，而不是黄。白连着青变为白青，而不是碧。

曰：何哉？

曰：青白不相与而相与，反而（一）对也。不相邻而相邻，不害其方（二）也。不害其方者反而对。

名当其所，左右不骊（三）。

（一）谭戒甫谓："反而对也句，原缺'而'字；兹据下文'反而对'句增。"

（二）《庄子·山木》"方舟而济于河"，《释文》"方，并也"。此处乃并存之意。

（三）谢注："骊，色之杂者也。"

答谓：青自青，不待白而青；白自白，不待青而白。是青白原不相与。而青可以连着白，白可以连着青，这是在不相与之中而又相与；其原因是青白之色固然相反，但青因白而愈显，白亦因青而愈显，是在相反之中，而又互相对应。（反而对也）青自青，白自白，本不相邻近，而可以相邻近的原因，是因为虽相邻近，而并不妨害青白的同时并存；即：并不妨碍各自之独立性。（不害其方也）白青相与而不妨害其同时并存，正因其相反而又可互相对应。如此，则青白两色，各得其所，恰如前所述之左右不相混杂（左右不骊）。

故一于青不可，一于白不可。恶乎其有黄矣哉。黄其正矣，是正举也。其有君臣之于国焉，故强寿矣。

"青以白"，"白以青"，则青白并存而不相杂相越；故青以白，则不可一于青；白以青，亦不可一于白。青以白或白以青之中，那里还会变出黄色？黄乃另一独立之色，不由青白相以之变化而来，黄乃得其正。"青"、"白"及"青白"、"黄"各不相混，乃为正举。这好像君臣之于国，君臣虽因相与而并不相混；如此，则君臣亦各得其所，各尽其职，故国强而人寿。按此或为公孙龙真正用心之所在。君臣关系，在当时认为是一种从属关系，即君有独立性而臣无独立性。公孙龙不否定政治中的君臣关系，但他认为这种关系是并存的，平等的，各保持其人格上之独立性的。所以"独而正"的思想，实际乃是想把君臣从属的关系，能得到解放的思想。这在当时为一人的政治革命，所以转了许多弯才说了出来。谢注对此，完全解释到相反的方向去了。

而（一）且青骊乎白，而（二）白不胜也。白足之（三）胜矣，而不胜，是木贼金也。木贼金者碧，碧则非正举矣（四）。

（一）而，犹如也。而且乃假设之词。

（二）而，则也。

（二）孙诒让曰"之当作以"。

（四）按木贼金，当为木贼于金，乃邹衍所倡五行相胜之说。此说直至《吕氏春秋》而始大行；公孙龙当约略与邹衍同时，不应受邹说之影响。且全书除此句外皆无阴阳五行之痕迹；而"是木贼金也，木贼金者碧”二语，又非五行之说所能通。盖后人求其解而不得，乃插入“是木贼金也”以傅会之。原文应为“而不胜，则非正举矣”。

假使（而且）青杂于白，则白为青所混而失其自性，是白不足以自胜。白有其自性，本足以自胜（犹自立）。现为青所杂而至不足以自胜，则在“青以白”的并存中，失去了白，而失其名谓之正了。

青白不相与，而相与，不相胜，（一）则两明也。争而明，其色碧也。

（一）在文意上，“不相胜”下，应补“相胜”二字，而意义始明。其无“相胜”二字，乃古人文字之省略。

青白各为一色，本是不相与的；而有时相与，仍应并存而各保持其自性，亦即各足以自胜而不相胜。乃青杂白而白不胜，白杂青而青不胜，于是白青的自性不全而皆失其独立性，遂至白中有青，青中有白，一词而明两色，这是两明。两明之所以出现，乃因青白皆不自甘于其位而互争；（争而明）互争则青白互相抵消而变为青白以外之碧，这便愈变而愈失其宗了（其色碧也）。

与其碧，宁黄。黄其马也，其与类乎？碧其鸡也，其与暴乎？

与其变而为碧，无宁变而为黄。黄与青相类，犹马与羊牛之类相近（黄其马也）。其所与者犹不失其类。碧与青白不同类，犹

　　　　　　　　　　　　　　　　　　　　　中国思想史论集续篇

鸡与羊牛之不同类（碧其鸡也）。青白相与而变为碧，这便不是出于变之自然，而系出于以暴相争的结果。

暴则君臣争而两明也。两明者皆不明，非正举也。

所谓暴，乃是君臣相争，君欲奴其臣，臣欲夺其君；君臣相争而各欲抹煞对方之自主性，以伸张自己之支配欲望，这是君臣的两明。所谓两明，是彼此不承认平等并存的关系，而各仅欲彰著（明）自己，把对方包括在自己之内。两明乃君臣互争的现象，结果会两败俱伤（皆不明），皆失其明之名，不是名谓之正。

非正举者，名实无当，骊色彰焉，故曰两明也。两明而道丧，其无有以正焉。

非名谓之正，则名与实不相对应（当），而青中有白，或白中有青的杂色，便特为彰著。一词而含两义，有如青不胜白，白不胜青，青白混在一起，这即是两明。道皆显于独，故独而正。两明则失其独而违反于道（道丧）；如此，则没有可以作衡度名实标准的东西。盖公孙龙之意，一名一实。名是独的，由名所征表的实也是独的；如此，则名实易于对应，名实的关系，亦易于取正。若一名而含两实（两明），则名与实不相对应，而名实之间，亦无从取正，这便易陷于混乱。

坚白论第五

坚、白、石，三（一），可乎？曰，不可。曰，二，可乎？曰，可。曰，何哉？曰，无坚得白，其举（二）也二。无白得坚，其举也二。

（一）谢注："坚也、白也、石也，三物合体，而不谓之三者……"他是以此处之"三"字，及下句之"二"字，指三者合为一物，及二者合为一物而言。谭戒甫谓"坚性、白色、石形，何独不可以为三？"汪奠基谓："本问系据公孙龙在《白马论》中所谓白合马不为有马，而必应白马之说，而反诘以坚、白、石，是否也应离为性质、颜色，及石物三者的绝对存在呢？"是谭、汪两氏，以此处之"三"为离而为三。按坚白石离而为三，是公孙龙自己的思想，在本论中可见。他在本论开端处不说坚白石系离而为三，是因为若如此，则不能为感觉所认知。但在理论上他是认为可离而为三的。离而为三，既系公孙龙本人之论点，不应转换于难者之手，而由公孙龙加以否定。对照下文，以谢注为是。

（二）《诗·烝民》笺"举者，提持之言"。按即提示之言。以语言称谓某物时，对某物之情形稍加分析辩白之言。如"这是白石"，或"这是坚石"之类。

难者问："坚、白、石，三者合而为一物，可以吗？"答谓："不可。"难者又问："然则二者合而为一物，可以吗？"答谓："可。"难者问："何以三者不可合为一物，而二者可以合为一物呢？"答谓："以目视石时，不见其坚而仅见其白，则称为白石；

是此时所提示者仅为白与石二者。以手拊石时，不得其白而仅得
其坚，则称为坚石；是此时所提示者仅为坚与石二者。

　　曰，得其所（一）白，不可谓无白。得其所坚，不可
　谓无坚。而之（二）石也，之（三）于（四）然也。非三也
　（五）？

（一）所，语助也。
（二）之，即"此"字之义。
（三）之，犹"则"也。
（四）于，犹"是"也。
（五）俞氏曰："也读为耶。"
　　难者谓：以目视石，而目得石之白，是白为石所固有，不可
以谓无白。以手拊石，而手得石之坚，是坚亦为石所固有，不可
谓无坚。而这个石，就是如此，即是有白而又有坚，岂非坚、白、
石，合而以成为一物吗？

　　曰，视不得其所坚，而得其所白者，无坚也。拊不得其
　所白，而得其所坚。得其坚也（一）无白也。

（一）《子汇》本，傅本，《绎史》本皆作"所坚"下有"者"
字，无"得其坚也"句。
　　答谓：以目视石，不得其坚而仅得其白，是此时并没有坚。
以手拊石，不得其白而仅得其坚，是此时并没有白。就感觉之实
感言之，故只能谓之为二，而不能谓为三。

曰：天下无白，不可以视石（一）。天下无坚，不可以谓石。坚白石不相外（二），藏三，可乎？

（一）谢注："白者，色也。寄一色，则众色可知。天下无有众（王《诠》谓"众"疑当作"无"者是）色之物，而必因色乃色（王《诠》谓"色"疑当作"见"者是）。故曰天下无白，不可以视石也。"

（二）外，疏外也。不相疏外，即不相离之意。

难者谓：石因色而见。若天下无白色，则不能看到石。石之特性为坚；若天下无坚，则不可以谓之为石。可见坚、白、石，三者不能相分离以构成一物。今隐藏其为三，可以吗？

曰：有（一）自藏也。非藏而藏也。

（一）《经传释词》卷三"有，语助也。一字不成词，则加"有"字以配之。"按《公孙龙子》书中"有"字多作语助词用。

答谓："视得其白，而不见坚，是坚自藏。拊得其坚，而不得其白，是白自藏也。自藏者，非有人藏之而藏也。既非有人藏之，则又何人能得之乎？"以上录俞氏说

曰：其白也，其坚也，而石必得以相盛（一）盈（二），其自藏奈何。

（一）俞氏曰："盛，衍字也。"按盛非衍字。《说文》五上："盛，黍稷在器中以祭祀者也。"《汉书·东方朔传》："壶者所以盛

也。"注："师古曰，盛，受物也。"准此，则所谓相盛者，白受坚，坚亦受白之意。

（二）《墨子·经上》："盈，莫不有也。"《广雅·释诂四》："盈，充也。"相盈者，因互相受而互相充实之意。

难者谓：白与坚，都是互相容受，互相充实，以成其为石，如何可谓其自藏？

　　曰：得其白，得其坚，见与不见离。不见离（一），一一（二）不相盈，故离。离也者，藏也。

（一）俞氏曰："'不见离'一句，当作'见不见离一'。"按不见者离，则坚与白皆为一，故曰"不见离，一一不相盈"；不必校改。

（二）孙诒让曰："《墨子·经下》篇云，'不可偏去而二，说在见与俱，一与二'，《经说下》篇云'见不见离，一二不相盈'，此一一不相盈，正与此同。"王《诠》因之谓"后文'于石一也，坚白二也'即此义"。按如此，则此处文义难通。或《经说》之"一二"乃"一一"之误。

答谓："视只见其白，拊只知其坚，则是见者与不见者相离，知者与不知者相离。不见，不知者离，则吾人只能见白之一，或知坚之一；一白一坚，并不相盈，所以白与坚是分离的。因为是分离的，所以离吾人之目而不见的，离吾人之拊而不得的，也即是隐藏的。

　　曰，石之白，石之坚，见与不见，二与三。若广修而相盈也。其非举（一）乎。

（一）《墨子·经上》："举，拟实也。"

难者谓：白者石之白，坚者石之坚；不论见与不见，不论拊与不拊，坚、白二者皆与石合而为三（二与三）。是坚与白之相盈于石，而不可分，有如宽度（广）与长度（修）之相盈于一面积之上而不可分。今你谓坚白相离，恐未能拟其实吧。

曰：物白焉，不定其所白。物坚焉，不定其所坚。不定者兼，恶乎其石也？

答谓：色（物）之白者，可与各物以白，而并不定其白于某一物。度（物）之坚者，可与各物以坚，而并不定其坚于某物。白与坚既皆不定于某一物，则是它们可兼及于各物；何以认为是定于石而可不离呢？

曰：循石，非彼（坚）无石；非石无所取乎白。石不相离者固乎。然其无已。

难者谓：拊（循）着石，石是坚的；不是坚（非彼）即无所谓石。非石，则亦无从见其所谓白。可见石不离于坚白，是很确定（固）的事。只不过（然）坚与白（其），也可与他物作无限的结合（无已）。

曰：于（一）石一也。坚白二也；而在于石。故（二）

有知焉，有不知焉；有见焉，有不见焉。故知与不知相与
离（三），见与不见相与藏。藏故，孰谓之不离？

（一）"于"语助辞，无义。

（二）此"故"字疑因下文"故知与不知"之"故"字而衍，
在文气上应作"但"字。

（三）按"相与离"者，意谓在知与不知的相关关系之下而始
显其为离。"相与藏"义同。

答谓：石是一；坚与白是二，而坚与白是在石中，这是不错
的。但当我们以手扪石时，则有知（坚）有不知（白）。当我们以
目视石时，则有见（白）有不见（坚）。所以知之坚与不知之白，
是相因而离的。见之白，与不见之坚，也是相因而藏的。既是隐
藏了，谁说二者不是相离呢？

> 曰：目不能坚，手不能白，不可谓无坚，不可谓无白；
> 其异任也，其无以代也。坚白域（一）于石，恶乎离？

（一）《孟子·公孙丑下》"域民不以封疆之界"，《集注》"域，
界限也"。此引申而为"定着"之意。

难者谓：目不能见石之坚，不可因之而谓无坚。手不能知石
之白，也不可因之而谓无白。此乃因目与手的功用不同（异任），
而无法彼此相兼代。坚白本定着在石上，何可谓之离？

> 曰：坚未与石为坚，而物兼未与为坚（一），而坚必坚

（二）其不坚，石物而（三）坚。天下未有若（四）坚，而坚藏。

（一）俞氏曰："物兼未与，当作兼未与物。"按当校改为以"而兼未与物为坚"为一句。

（二）此"坚"字作动词。

（三）此处之"而"字与"乃"通，"而坚藏"之"而"字同。

（四）若，犹"此"也。

答谓：坚未与石为坚，而兼未与他物为坚时，坚未尝不存在。而此独立存在之坚，必使天下不坚之物成其为坚，故石或他物，乃得而坚。若天下未见有此坚，乃坚隐藏而不见，并非坚之不存在。

按以下皆为答者之词。

白固不能自白，恶能白（一）石物乎？若白者必白，则不白（二）物而白焉。黄、黑与之然。

（一）此"白"字作动词用。

（二）"同"作动词用。

白若本（固）无白之自性，则又何能白石及白他物？若白之自性必是白的，则纵使不白物，而其自性之白依然存在。黄、黑等颜色，亦是如此。

石其（一）固无有，恶取坚白石乎？故离也。离也者，因是。

（一）其，犹"若"也。

石若无有，更何有所谓坚白石？可知石亦有石之自性，并非因坚与白之因缘和合而始有石。故坚、白、石，皆系分离而独立存在的。我主张坚与白离，乃因其本为各自独立之存在而离之耳（因是）。非有意于离之也。

力与知，果（一）不若因是。

（一）《国语·晋语》"果丧其田"，韦《注》"果，犹竟也"；即"究竟"之意。

本为有性之独立存在，而以力与知强而合之为一体，究竟不如因其离而离之。

且犹（一）白，以目（见，目）以火（二）见（三），而火不见。则火与目不见而神见；神不见，而见离。

（一）"犹"在此处为指事之词。
（二）此处之"火"，乃广义之火，其义与光相同。
（三）孙诒让曰："《墨子·经说下》篇云，'智以目见，而目以火见，而火不见'，此文亦当作'且犹白以目见，目以火见，而火不见'。今本脱'见目'二字，遂不可通。"按孙说是，故在括弧内补见目二字。

且如白，是由目而见，而目则系由火而见。但火之自身并不能见；火之自身既不能见，而目须凭火以见，是目亦不能见；火与目皆不能见，则见白者乃吾人之神（精神）耳。然神之自身既非视觉，则是神亦不能见白。目、火、神，皆不能见白，则白与人之见相离，而可证明白乃客观独立之存在。

按此段及下段，系由主观之分析以立论。意似为白与坚，并非依吾人主观之视与拊而存在，是其存在有其客观之独立性。

坚以手，而手以捶（一）。是捶与手，知而不知。而神与？不知神乎（二）？是之谓离焉。

（一）《说文》："捶，以杖击也。"按以杖击而坚度始见。

（二）陈澧曰："此言手与捶皆离，即神亦离也。知坚必以手，而手必捶之。手以捶而知，手本不知也。捶之知，亦非捶知也。是捶与手，皆知而不知也。捶与手既皆不知，则知者神也。然不以手捶，则神亦不知也。如是，则神亦离也。"

知坚者以吾之手。然手之所以能知坚，赖捶以测之耳；是手之自身不能知坚也。而捶本无知，是捶亦不知也。故手与捶合，似知而实皆不知。然则知坚者是吾人之神吧？而神非手非捶，神实亦不知。吾人不能知坚，但坚依然存在，可知坚与吾之手离而自为一种独立之存在。凡独立存在之物，皆互相离而非一体，这即是我所说的离。

离也者天下。故独而正。

各物皆相离，非仅坚白是如此，天下各物皆是如此。各物之所以相离，乃因各物皆为客观独立的存在。

　　　　　　　　　　中国思想史论集续篇

由其客观独立之存在以把握物，乃能得物之正。亦即能得物之真。

按此篇先由吾人感官作独立（孤立）之活动，故仅能认识石之坚或白之一端，而论坚与白系互相离。更进而论坚与白各有其自性，乃离石与各物而为独立的存在，由此而证明坚白之相离，乃出于坚白之自身。再进而论述吾人之官能，并不能认知坚与白，可知坚与白并非依感官之活动而始有，以为坚白等皆为客观之独立存在作证明。公孙龙在此处所欲导出之结论，并非不可知论，而意在说明主观官能之活动，与客观事物之存在，亦系分离而各自独立。吾人官能自身的活动是离，官能与客观的对象也是离；客观对象相互间也都相离。既都是离，则主观、客观之每一事象，都是独立存在的。把握其皆为独立的存在，而不使其互相牵连，然后能得物之真，能得名与实之正。此乃公孙龙立论之主旨。

又公孙龙将官能加以分析后，认为并不能知能见各自分离之物（他将每一具体物皆分析为互相离之共相，此处亦方便称之为物），然则人究如何而能认识物？此在公孙龙，认为人之认识所得者，乃由物而来之"指"，即物之映像、假像；而此映像、假像，乃客观之所无，不可与客观之物相混同，此即《指物论》之所以作。

名实论第六

天地（一）与其所产焉，物也。

（一）《庄子·则阳》篇"天地者形之大者也"。《列子·汤问》篇"天地亦物也"。

天和地所生出的，都是物。这是为"物"下定义。

　　物以物（一）其所物而不过焉，实（二）也。

（一）此"物"字作动词用。以名词作动词用，乃古人常用之法；如"衣衣"即是穿衣。此"物"字乃成就之意。

（二）董仲舒《春秋繁露·深察名号》篇"名物如其真，不失秋毫之末"。是"实"与"真"同义。

某物恰成就其为某物，而无所过差，这是某物的真实。此句是为实下定义。

按"而不过焉"的"不过"，每易忽视。构成某物之条件如有所不足，固然是过；如有为其存在所不必需要之附属条件，也是过。并且就公孙龙而言，其为过更甚。

　　实以实（一）其所实，而（二）不旷（三）焉，位（四）也。

（一）此"实"字亦作动词用。

（二）"而"字依上句文例补。

（三）"旷"是空旷。

（四）"位"是一种界域，即某物所占之空间位置。

实以成就其所以为实；除实以外，毫无空旷，这是某物的位。某物之实所占的空间，若可以上下左右移转，则其所占之空间必有空旷；有空旷，则他物可混入共处而其位以淆。而名物之名，若可以转移使用的，亦是旷。公孙龙特提出"位"的观念，乃所以对实作严格之界定。而其界定之目的，乃在于保证物之"独"；此乃公孙龙思想特色之所在。若将公孙龙在此篇之说法，仅限于"语意"之上，则在语意学上，有其重要之意义。又《盐铁论·箴石》篇"公孙龙有言曰，论之为道，辩，故不可以不属意。属意相宽；相宽，其归争。争而不让，则入于鄙"。按相宽之宽，等于此处之所谓旷。辩论问题时，对辩论之主题若无严格界定，而可左右转移，这即是所谓相宽。相宽的结果必至于争。公孙龙特强调"位"的观念，其原因盖在于此。

出其所位，非位。位（一）其所位焉，正也。

（一）此"位"字作动词用，犹"居"也。

若溢出于它所应有的位，那末，它所占有的便不能算是它的位。居于其所应有之位，那才是得其位之正。

以其所正，正其所不正，疑（一）其所正。

（一）俞氏曰："疑当读如《诗》'靡所止疑'之疑。《毛传》曰，疑，定也。"

以其居于位之正，正其旷于位之不正；并使定着于其位之正而不离。

其正者，正其所实也。正其所实者，正其名也。

以其位之正，正其旷于位之不正（其正），乃所以正其实之所以为实，而使实恰如其实。正其实之所以为实，乃所以正其实之名，使名恰与实相应。

其名正，则唯乎（一）其彼此焉。

（一）《广雅·释诂二》"唯，独也。"《集韵》"唯，专辞也。"《吕氏春秋·贵信》篇，高注："乎，于也。"故"唯乎"乃"专于"之意。

名物之名，能恰如其物之实（其名正），则名可专用之于彼，或专用之于此，而不可移易。

谓彼而彼不唯乎彼，则彼谓不行。谓此而行（一）不唯乎此，则此谓不行。

（一）《子汇》本、《绎史》本"行"作"此"者是。

以名谓称彼，但所谓彼者，并不专于是彼，则彼的称谓不能通行。以名谓称此，但所谓此者，并不专于是此，则此的称谓也不能通行。因为名有出入而失掉了名的确定性，亦即失掉名的作用。

其以当，不当也。不当而（一）当（二），乱也。

（一）而，犹"为"也。

（二）各本无"而"下之"当"字，惟《子汇》本、《绎史》本有"当"字，今从之。

像上面那种有出入的称谓，一般人因称谓彼而有彼，称谓此而有此，以为那是得当的（其以当）。但有彼而不专于是彼，有此而不专于是此，则实际是不当的。以不当为当，这是种混乱。

　　故彼（一）彼当乎彼，则唯乎彼；其谓行彼。此（二）此当乎此，则唯乎此；其谓行此。其以当而（三）当也。以当而当，正也。

（一）上一"彼"字作动词用。"彼彼"，即上文之"谓彼"。即"以彼称彼"。

（二）上一"此"字作动词用。"此此"犹上文之"谓此"。即"以此称此"。

（三）"而"犹"为"也。下句之而字同。

用以称彼之称谓若当于彼，则称彼之称谓必专于彼。称彼之称谓专于彼，则这种称谓可以行于彼。称此之称谓若当于此，则称此之称谓必专于此。称此之称谓专于此，则这种称谓可以行于此。能如此，则是以当于实之名为当。以当于实之名为当，这便得名之正。

　　故彼彼止于彼，此此止于此，可。

所以若称彼而仅止于彼；称此而仅止于此，毫无空旷可资转移，则是名得其位而与实相应，这是可以的。

彼此（一）而彼且此，此彼而此且彼，不可。

（一）"彼此"者，系一名而含有彼此之意；如"白马为马"之类。"此彼"义同。

若一名而为"彼此"，则此名既为彼，又为此。若一名而为"此彼"，则此名既为此，又为彼。有如以白马为马，则在此称谓中，既为白马，而又含有马；则是在一名之中，有空旷之处以容混他物，是名不当其位，名与实不相应，这是不可以的。

夫名，实谓也。知此之非此也，（一）知此之不在此也，则（二）不谓也。知彼之非彼也，知彼之不在彼也，则不谓也。

（一）各本皆作"知此之非也"，今从俞校改。《子汇》本、《守山阁》本、《绎史》本同俞校。

（二）则，各本皆作"明"，今从俞校改。《子汇》本、《守山阁》本、《绎史》本同俞校。

以名名实，名乃是对于实的一种称谓。若知此名之非仅为"此实"，而尚有"彼实"包含在里面；更知此名中含有"彼实"之部分，即不含有"此实"，而"此实"即不在此名的某一部分之内，则此名与"此实"之间，因有旷位而不能相应，即不当以此名称谓此实。若知彼名之非仅为"彼实"，而尚有"此实"包含在里面；更知"彼名"中含有"此实"之部分，即不含有"彼实"，而彼实即不在此名的某一部分之内，则彼名与彼实之间，因有旷位而不能相应，即不当以彼名称谓之。

至矣哉，古之明王，审其名实，慎其所谓。至矣哉，古之明王。

按公孙龙将其审定名实之特殊观念，归之于古之明王，乃先秦诸子百家之共同习气。

附录：有关公孙龙之若干资料

《庄子·齐物论》

彼是同此莫得其偶，谓之道枢。枢始得其环中，以应无穷。是亦一无穷，非亦一无穷也。故曰"莫若以明"。以指喻指之非指，不若以非指喻指之非指也。以马喻马之非马，不若以非马喻马之非马也。天地，一指也；万物，一马也。

《庄子·胠箧》篇

知诈渐毒，颉滑坚白，解垢同异之变多，则俗惑于辩矣。故天下每每大乱，罪在于好知。故天下皆知求其所不知，而莫知。求其所已知者；皆知非其所不善，而莫知非其所已善者，是以大乱。

《庄子·天地》篇

夫子释文仲尼问于老聃曰："有人治道若相放，可不可，然不然。辩者有言曰，离坚白若县寓。若是，则可谓圣人乎？"老聃曰："是胥易技系，劳形怵心者也。执留一作猫之狗成思，猿狙之便，自山林来。丘！予告若，而同汝下同所不能闻与而所不能言。凡有首有趾、无心无耳者众；有形者与无形无状而皆存者，尽无。其动，止也；其死，生也；其废，起也；此又非其所以也。有治在人；忘乎物，忘乎天，其名为忘己。忘己之人，是之谓入于天。"

《庄子·秋水》篇

公孙龙问于魏牟曰："龙少学先王之道，长而明仁义之行；合同异，离坚白；然不然，可不可；困百家之知，穷众口之辩，吾自以为至达已。今吾闻庄子之言，茫焉异之。不知论之不及与？知之弗若与？今吾无所开吾喙，敢问其方。"公子牟隐机大息，仰天而笑曰："子独不闻夫坎井之蛙乎？谓东海之鳖曰：'吾乐与！出跳梁乎井干之上，入休乎缺甃之崖；赴水则接腋持颐，蹶泥则没足灭跗；还虷蟹与科斗，莫吾能若也。且夫擅一壑之水，而跨跱坎井之乐，此亦至矣！夫子奚不时来入观乎？'东海之鳖左足未入，而右膝已絷矣。于是逡巡而却，告之曰：'夫海海字原在告之下，兹据俞樾改。千里之远，不足以举其大；千仞之高，不足以极其深。禹之时，十年九潦，而水弗为加益；汤之时，八年七旱，而崖不为加损。夫不为顷久推移，不以多少进退者，此亦东海之大乐也。'于是坎井之蛙闻之，适适然惊，规规然自失也。且夫知不知是非之竟，而犹欲观于庄子之言，是犹使蚊负山，商蚷驰河也，必不胜任矣。且夫知不知论极妙之言，而自适一时之利者，是非坎井之蛙与？且彼方跐黄泉而登大皇，无南无北，奭然四解，沦于不测；无西无东，原倒，据王念孙改，与通为韵。始于玄冥，反于大通。子乃规规然而求之以察，索之以辩；是直用管窥天，用锥指地也，不亦小乎！子往矣！且子独不闻夫寿陵余子之学行于邯郸与？未得国能，又失其故行矣；直匍匐而归耳。今子不去，将忘子之故，失子之业。"公孙龙口呿而不合，舌举而不下，乃逸而走。

《庄子·天下》篇

卵有毛。鸡三足。郢有天下。犬可以为羊。马有卵。丁子有尾。火不热。山出口。轮不蹍地。目不见。指不至。至不绝。龟长于蛇。矩不方。规不可以为圆。凿不围枘。飞鸟之景未尝动也。镞矢之疾，而有不行不止之时。狗非犬。黄马骊牛三。白狗黑。孤驹未尝有母。一尺之棰，日取其半，万世不竭。辩者以此与惠施相应，终身无穷。桓团、公孙龙辩者之徒，饰人之心，易人之意。能胜人之口，不能服人之心，辩者之圉也。

《战国策·赵策二》

秦攻赵，苏子谓秦王有曰："……客有难者，今臣有患于世，夫刑名之家，皆曰白马非马也。已如白马，实马；乃使有白马之为同谓也。此臣之所患也。"

中国思想史论集续篇

《战国策·赵策三》

秦攻赵，平原君使人请救于魏；信陵君发兵至邯郸城下，秦兵罢。虞卿为平原君请益地，谓赵王曰："夫不斗一卒，不顿一戟，而解二国患者，平原君之力也。用人之力而忘人之功，不可。"赵王曰："善！将益之地。"公孙龙闻之，见平原君曰："君无覆军杀将之功，而封以东武城。赵国豪杰之士，多在君之右，而君为相国者，以亲故也。夫君封以东武城，不让无功；佩赵国相印，不辞无能。一解国患，欲求益地，是亲戚受封而国人计功也。为君计者，不如勿受便。"平原君曰："谨受令！"乃不受封。

《荀子·不苟》篇

君子行不贵苟难，说不贵苟察，名不贵苟传，唯其当之为贵。……山渊平，天地比，齐秦袭，入乎耳，出乎口，钩有须，卵有毛，是说之难持者也，而惠施邓析能之。然而君子不贵者，非礼义之中也。

《荀子·非十二子》篇

不法先王，不是礼义，而好治怪说，玩琦辞，甚察而不惠，辩而无用，多事而寡功，不可以为治纲纪；然而其持之有故，其言之成理，足以欺惑愚众，是惠施、邓析也。

《荀子·儒效》篇

　　先王之道，仁之隆也，比中而行之。曷谓中？曰：礼义是也。道者：非天之道，非地之道；人之所以道也，君子之所道也。君子之所谓贤者，非能遍能人之所能之谓也；君子之所谓知者，非能遍知人之所知之谓也；君子之所谓辩者，非能遍辩人之所辩之谓也；君子之所谓察者，非能遍察人之所察之谓也；有所止矣。相高下，视硗肥，序五种，君子不如农人；通财货，相美恶，辩贵贱，君子不如贾人；设规矩，陈绳墨，便备用，君子不如工人。不恤是非然不然之情，以相荐撙，以相耻怍，君子不若惠施、邓析。若夫谲德而定次，量能而授官；使贤不肖皆得其位，能不能皆得其官，万物得其宜，事变得其应；慎、墨不得进其谈，惠施、邓析不敢窜共察；言必当理，事必当务，是然后君子之所长也。凡事行：有益于理者立之，无益于理者废之，夫是之谓中事。凡知说：有益于理者为之，无益于理者舍之，夫是之谓中说。事行失中，谓之奸事；知说失中，谓之奸道。奸事奸道，治世之所弃，而乱世之所从服也。若夫充虚之相施易也，坚白同异之分隔也，是聪耳之所不能听也，明目之所不能见也，辩士之所不能言也，虽有圣人之知，未能偻指也。不知，无害为君子；知之，无损为小人。工匠不知，无害为巧；君子不知，无害为治。王公好之则乱法；百姓好之则乱事。而狂惑戆陋之人，乃始率其群徒，辩其谈说，明其辟称，老身长子不知恶也，夫是之谓上愚，曾不如相鸡狗之可以为名也。《诗》曰："为鬼为蜮，则不可得；有觍面目，视人罔极。作此好歌，以极反侧。"此之谓也。

《荀子·解蔽》篇

《传》曰："天下有二：非察是，是察非。"谓合王制与不合王制也。天下有不以是为隆正也，然而犹有能分是非、治曲直者邪？若夫非分是非，非治曲直，非辨治乱，非治人道；虽能之，无益于人；不能，无损于人；案直将治怪说，玩奇辞，以相挠滑也。案强钳而利口，厚颜而忍诟，无正而恣睢，妄辨而几利；不好辞让，不敬礼节，而好相推挤，此乱世奸人之说也，则天下之治说者方多然矣。《传》曰："析辞而为察，言物而为辨，君子贱之。博闻强志，不合王制，君子贱之。"此之谓也。

《荀子·正名》篇

非而谒，楹有牛，马非马也。此惑于用名以乱实者也。验之名约，以其所受悖其所辞，则能禁之矣。

《列子·仲尼》篇

中山公子牟者，魏国之贤公子也，好与贤人游，不恤国事，而悦赵人公孙龙，乐正子舆之徒笑之。公子牟曰："子何笑牟之悦公孙龙也？"子舆曰："公孙龙之为人也，行无师，学无友；偄给而不中，漫衍而无家；好怪而妄言，欲惑人之心，屈人之口：与韩檀等肆之。"公子牟变容曰："何子状公孙龙之过欤？请闻其实。"子舆曰："吾笑龙之诒孔穿，言'善射者能令后镞中前括，发发相及，矢矢相属；前矢造准而无绝落，后矢之括犹衔弦，视之若一焉'。孔穿骇之。龙曰：此未其妙者。逢蒙之弟子曰鸿超，怒其妻而怖之；引乌号之弓，綦卫之箭，射其目，矢来注眸子而眶不睫，矢隧地而尘不扬。是岂智者之言与？"公子牟曰："智者之言，固非愚者之所晓。后镞中前括，钧后于前。矢注眸子而眶不睫，尽矢之势也。子何疑焉？"乐正子舆曰："子，龙之徒，焉得不饰其阙？吾又言其尤者。龙诳魏王曰：'有意不心。有指不至。有物不尽。有影不移。发引千钧。白马非马。孤犊未尝有母。'其负类反伦，不可胜言也。"公子牟曰："子不谕至言而以为尤也，尤其在子矣。夫无意则心同。无指则皆至。尽物者常有。影不移者，说在改也。发引千钧，势至等也。白马非马，形名离也。孤犊未尝有母，有母二字据俞樾补非孤犊也。"乐正子舆曰："子以公孙龙之鸣皆条也？设令发于余窍，子亦将承之。"公子牟默然，良久，告退，曰："请待余日，更谒子论。"

《韩非子·外储说左上》篇

人主之听言也，不以功用为的，则说者多棘刺白马之说。

《吕氏春秋·正名》篇

名正则治，名丧则乱；使名丧者淫说也。说淫，则可不可而然不然；是不是而非不非。故君子之说也，足以言贤者之实，不肖者之充而已矣；足以喻治之所悖，乱之所由起而已矣；足以知物之情，人之所获以生而已矣。凡乱者刑名不当也。人主虽不肖，犹若用贤；犹若听善；犹若为可者；其患在乎所谓贤而从不肖也；所谓善而从邪辟；所谓可而从悖逆也。是刑名异充，而声即名实异谓也。夫贤不肖；善邪辟；可悖逆，国不乱，身不危，奚待也？

《吕氏春秋·淫辞》篇

空雒之遇，空雒，原作空雄。高诱注："空雄，地名。遇，会也。"毕沅云："空雄，前听言篇作空洛。此疑本是空雒，写者误耳。"按毕校是，兹据改正。秦赵相与约。约曰："自今以来，秦之所欲为，赵助之；赵之所欲为，秦助之。"居无几何，秦兴兵攻魏，赵欲救之。秦王不说，使人让赵王曰："约曰，秦之所欲为，赵助之；赵之所欲为，秦助之。今秦欲攻魏，而赵因欲救之，此非约也。"赵王以告平原君，平原君以告公孙龙。公孙龙曰："亦可以发使而让秦王曰，赵欲救之，今秦王独不助赵，此非约也。"

孔穿、公孙龙相与论于平原君所，深而辩，至于"藏三牙"；公孙龙言藏之三牙甚辩。孔穿不应；少选，辞而出。明日，孔穿朝，平原君谓孔穿曰："昔者公孙龙之言甚辩。"

孔穿曰："然，几能令藏三牙矣。虽然，难。愿得有问于君：谓藏三牙，甚难而实非也，谓藏两牙，甚易而实是也。不知君将从易而是者乎？从难而非者乎？"平原君不应。明日谓公孙龙曰："公无与孔穿辩。"

《吕氏春秋·审应》篇

赵惠王谓公孙龙曰："寡人事偃兵十余年矣，而不成，兵不可偃乎？"公孙龙对曰："偃兵之意，兼爱天下之心也；兼爱天下，不可以虚名为也，必有其实。今蔺、离石入秦，高注，二县叛赵自入于秦也，今属西河。而王缟素布总；高注，丧国之服。东攻齐得城，而王加膳置酒。秦得地而王布总；齐亡地而王加膳。所同斯非兼爱之心也。此偃兵之所以不成也。"今有人于此，无礼慢易而求敬，阿党不公而求令，烦号数变而求静，暴戾贪得而求定，虽黄帝犹若困。

《吕氏春秋·应言》篇

公孙龙说燕昭王以偃兵；昭王曰："甚善！寡人愿与客计之。"公孙龙曰："窃意大王之弗为也。"王曰："何故？"公孙龙曰："日者大王欲破齐，诸天下之士其欲破齐者，大王尽养之；知齐之险阻要塞君臣之际者，大王尽养之。虽知而弗欲破者，大王犹若弗养。其卒果破齐以为功。今大王曰，我甚取偃兵。诸侯之士在大王之本朝者，尽善用兵者也。臣是以知大王之弗为也。"王无以应。

　　　　　　　　　　　中国思想史论集续篇

《淮南子·道应训》

昔者公孙龙在赵之时。谓弟子曰："人而无能者，龙不能与游。"有客衣褐带索而见曰："臣能呼。"公孙龙顾谓弟子曰："门下故有能呼者乎？"对曰："无有。"公孙龙曰："与之弟子之籍。"后数日往说燕王，至于河上，而航在一汜。使善呼者呼之，一呼而航来。故曰圣人之处世，不逆有伎能之士。

《淮南子·齐俗训》

"博闻强志，口辩辞给，人智之美也；而明主不以求于下。……公孙龙析辩抗辞，别此当作合同异，离坚白，而不可与众同道也。"许慎注："公孙龙，赵人，好分析诡异之言；以白马不得合为一物，离而为二也。"

《淮南子·诠言训》

公孙龙粲于辞而贸名；邓析巧辩而乱法。许慎注："公孙龙以白马非马，冰不寒，炭不热为论，故曰贸也。邓析教郑人以讼，讼俱不曲，子产诛之也。"

《史记·平原君列传》

虞卿欲以信陵君之存邯郸，为平原君请封。公孙龙闻之，夜驾见平原君曰："龙闻虞卿欲以信陵君之存邯郸为君请封，有之乎？"平原君曰："然。"龙曰："此甚不可！且王举君而相赵者，非以君之智能为赵国无有也。割东武城而封君者，非以君为有功也，而以国人无勋，乃以君为亲戚故也。君受相印不辞无能，割地不言无功者，亦自以为亲戚故也，今信陵君存邯郸而请封，是亲戚受城而国人计功也。此甚不可！且虞卿操其两权，事成，操右券以责；事不成，以虚名德君。君必勿听也。"平原君遂不听虞卿。

《史记·平原君列传》集解引别录

"齐使邹衍过赵，平原君见公孙龙及其徒綦母子之属，论白马非马之辩，以问邹子。邹子曰："不可。彼天下之辩有五胜三至，而辞正为下。辩者别殊类使不相害，序异端使不相乱；抒意通指，明其所谓，使人与知焉，不务相迷也。故胜者不失其所守；不胜者得其所求。若是，故辩可为也。及至烦文以相假，饰辞以相惇，巧譬以相移；引人声使不得反其意。如此，害大道。夫缴纷争言而竞后息，不能无害君子。"坐皆称善。

刘向校《荀子》

赵亦有公孙龙为坚白同异之辞，然非先王之法也，皆不循孔氏之术。

扬子《法言·吾子》篇

或问："公孙龙诡辞数万，以为法法欤？"曰："断木为棋，梡革为鞠，亦皆有法焉。不合乎先王之法，君子不法也。"

《孔丛子·公孙龙》篇

"公孙龙者，平原君之客也，好刑名，以白马为非马。按原作非白马，白字衍，兹删。下同。或谓子高曰：子高，孔穿之字。"此人小辨而毁大道，子盍往正诸？"子高曰："大道之悖，天下之校往也。吾何病焉？"或曰："虽然，子为天下故，往也！"子高适赵，与龙会平原君家，谓之曰："仆居鲁，遂闻下风，而高先生之行也，愿受业之日久矣。然所不取于先生者，独不取先生以白马为非马尔。诚去白马非马之学，案原作诚去非白马之学，兹据上文改正。则穿请为弟子。"公孙龙曰："先生之言悖也。龙之学，正以白马非马者也；今使龙去之，则龙无以教矣。今龙为无以教，而乃学于龙，不亦悖乎！且夫学于龙者，以智与学不逮也。今教龙去白马非马，是先教也；先教而后师之，不可也。先生之所教龙者，似齐王之问尹文也。齐王曰：'寡人甚好士，而齐国无士？'尹文曰：'今有人于此，事君则忠，事亲则孝，交友则信，处乡则顺，有此四行者，可谓士乎？'王曰：'善！是真吾所谓士者也。'尹文曰：'王得此人，肯以为臣乎？'王曰：'所愿不可得也。'尹文曰：'使此人于广庭大众之中，见侮而不敢斗，王将以为臣乎？'王曰：'夫士也，见侮而不斗，是辱；则寡人不以为臣矣。'尹文曰：'虽见侮而不斗，是未失所以为士也，然而王不以为臣。则乡所谓士者，乃非士乎？夫王之令：杀人者死，伤人者刑。民有畏王命，故见侮终不敢斗，是全王之法也。而王不以为臣，是罚之也。且王以不敢斗为辱，必以敢斗为荣。是王之所赏，吏之所罚也；上之所是，法之所非也。赏罚是非，相与曲谬原作四谬，亦通。虽十黄帝固所不能治也。'齐王无以应。且白马非马者，乃子先君仲尼之所取也。龙闻楚王张繁弱之弓，载忘归之矢，以射蛟兕于云梦之圃。反而丧其弓，左右请求之。王曰：'止也！楚人遗弓，楚人得之，又何求乎？'仲尼闻之曰：'楚王仁义而未遂！亦曰人得之而已矣，何必楚乎？'若是者，仲尼异楚人于所谓人也。夫是仲尼之异楚人于所谓人，而非龙之异白马于所谓马，据《四部丛刊》本，补所字。悖也。先生好儒术，而非仲尼之所取也；欲学，而使龙去所以教，虽百龙之智，固不能当前也。"子高莫之应。退而告人曰："言非而博，巧而不理，此固吾所不答也。"

异日，平原君会宾而延子高。平原君曰："先生，圣人之后也，不远千里来顾临之，欲去夫公孙子白马之学。今是非未分，而先生翻然欲高逝可乎？"子高曰："理之至精者则自明之，岂任穿之退哉？"平原君曰："至精之说，可得闻乎？"答曰："其说皆取之《经传》，不敢以意。《春秋》记六鹢退飞，睹之则六，察之则鹢。"案二语为《公羊传》之辞。睹之，原作视之。鹢犹马也，六犹白也。睹之得见其白，察之则知其马。色以名别，内由外显。谓之白马，名实当矣。

若以丝麻，加之女工，为缣素青黄。色名虽殊，其质则一。是以《诗》有素丝，不曰丝素；《礼》有缟布，不曰布缟。'牺牛'、'玄武'，此类甚众。先举其色，后名其质。万物之所同，圣贤之所常也。君子之谓，贵当物理，不贵繁辞。若尹文之折齐王之所言，与其法错故也。穿之所说于公孙子，高其智，悦其行也。去白马之说，智行固存。是则穿未失其所师者也？称此云云，没其理矣。是楚王之言，楚人亡弓，楚人得之，先君夫子探其本意，欲以示广，其实狭之。故曰，不如亦曰人得之而已也。是则异楚王之所谓楚，非异楚王之所谓人也。以此为喻，乃相击切矣。凡言人者，总谓人也。亦犹言马者，总谓马也。楚自国也，白自色也。欲广其人，宜在去楚。欲正名色，不宜去白。忱察此理，则公孙之辨破矣。"平原君曰："先生言，于理善矣！"因顾谓众宾曰："公孙子能答此乎？"燕客史由对曰："辞则有焉，理则否矣"

公孙龙又与子高汜论于平原君所，辨理至于"臧三耳"；公孙龙言臧之三耳甚辨析。子高弗应，俄而辞出。明日复见，平原君曰："畴昔公孙之言信辨也！先生实以为何如？"答曰："然，几能臧三耳矣。虽然，实难。仆愿得又问于君，今为同谓臧三耳，甚难而实非也；谓臧两耳，甚易而实是也。不知君将从易而是者乎？亦从难而非者乎？"平原君弗能应。明日谓公孙龙曰："公无复与孔子高辨事也。其人理胜于辞，公辞胜于理。辞胜于理，终必受绌。"

《盐铁论·箴石》篇

公孙龙有言曰："论之为道辩，故不可以不属意。属意相宽，相宽其归争。争而不让，则入于鄙。"

《艺文类聚》卷六十六及卷一百

梁君出猎，见白雁群下，毂弩欲射之。道有行者，梁君谓行者止。行者不止，白雁群骇。梁君怒，欲射行者，其御公孙龙止之。梁君怒曰："龙不与其君而顾他人？"对曰："昔宋景公时大旱，卜之，必以人祠乃雨。景公下堂顿首曰：吾所以求雨，为民也。今必使吾以人祠乃雨，将自当之。言未卒而大雨。何也？为有德于天而惠于民也。君以白雁故，以同而欲射杀人。主君譬人，无异于豺狼也。"梁君乃与龙上车归，呼万岁，曰："乐哉！人猎皆得禽兽，吾猎得善言而归。"

《群书治要》引桓谭《新论》

凡人耳目所闻见，心意所知识，情性所好恶，利害所去就，亦皆同务焉。若材能有大小，智略有深浅，聪原作听明有暗照，质行有薄厚，亦则异度焉。非有大材深智，则不能见其大体；大体者皆是当之事也。夫言是而计当，遭变而用权，常守正见事不惑，内有度量，不可倾移而诳以谲异，为知大体矣。如无大材，则虽威权如王翁，察慧如公孙龙，敏给如东方朔，言灾异如京君明，及博见多闻，书至万篇，为儒教授数百千人，只益不知大体焉。

《白帖》卷九引桓谭《新论》

公孙龙常争论曰"白马非马"，人不能屈。后乘白马无符传欲出关，关吏不听。此虚言难以夺实也。

王充《论衡·案书》篇

公孙龙著坚白之论，析言剖辞，务曲折之言，无道理之较，无益于治。

徐干《中论·考伪》篇

昔杨朱、墨翟、申不害、韩非、田骈、公孙龙，汩乱乎先王之道，诪张乎战国之世，然非人伦之大患也。何者？术异乎圣人者易辨，而从之者不多也。

刘劭《人物志·材理》篇

夫辩，有理胜，有辞胜。理胜者正白黑以广论，释微妙而通之；辞胜者破正理以求异，求异则正失矣。凉刘昞注："以白马非马马上原衍白字，一朝而服千人；及其至关禁锢，直而后过也。"

《抱朴子·外篇·应嘲》篇

夫君子之开口动笔，必戒悟疑悟蔽。式整雷同之倾邪，磋砻流遁之暗秽。而著书者，徒饰弄华藻，张磔迂阔，属难验无益之辞，治靡丽虚言之美；有似坚白广原作误厉修之书，公孙《刑名》之论。虽旷笼天地之外，微入无间之内，立解连环，离合同异；鸟影不动，鸡卵有足，犬可为羊，大龟长蛇之言，适足示巧表奇以诳俗。

郭象注《庄子·天下》篇"惠施"章

昔吾未览《庄子》，尝闻论者争夫"尺棰"、"连环"之意，而皆云庄生之言；遂以庄生为辩者之流。案此篇较评诸子，至于此章，则曰"其道舛驳，其言不中"，乃知道听途说之伤实也。吾意亦谓无经国体政，真所谓无用之谈也。然膏粱之子，均之戏豫；或倦于典言，而能辨名析理，以宣其气，以系其思，流于后世，使性不邪淫，不犹贤于博弈者乎？故存而不论，以贻好事也。

《世说新语·文学》篇

客问乐令即乐广字彦辅"指不至"者指字原省作旨；乐亦不复剖析文句，直以尘尾柄确几，曰："至不？"客曰："至。"乐因又举麈尾曰："若至者那得去？"于是客乃悟服。乐辞约而旨达，皆此类。刘孝标注："夫藏舟潜往，交臂恒谢；一息不留，忽焉生灭。故飞鸟之影，莫见其移；驰车之轮，曾不掩地。是以去不去矣，庸有至乎？至不至矣，庸有去乎？然则前至不异后至，至名所以生；前去不异后去，去名所以立。今天下无去矣，而去者非假哉？既为假矣，而至者岂实哉？"

《文心雕龙·诸子》篇

公孙之白马、孤犊，辞巧理拙；魏牟比之鸮鸟，非妄贬也。

《刘子·九流》篇

名者，宋钘、尹文、惠施、公孙龙原作捷，疑误。之类也。其道正名，名不正则言不顺，故定尊卑，正名分。……然而薄者捐本就末，分析明辨，苟析华辞也。

成玄英疏《庄子·齐物论》篇

白马，即公孙龙《守白论》也。公孙当六国时，弟子孔穿之徒，坚执此论，横行天下；服众人之口，不服众人之心。……眩惑世间，虽宏辩如流，终有言而无理也。

《文苑英华》卷七百五十八无名氏拟《公孙龙子论序》

公孙龙者，古人之辩士也。尝闻其论，愿观其书。咸亨十当衍二年，岁次辛未，十二月庚寅，仆自嵩山游于汝阳，有宗人王先生，名师政，字元直，春秋将七十，博闻多艺，安时乐道，恬澹浮沉，罕有知者；仆过憩焉，纵言及于指马，因出其书以示仆，凡六篇，勒成一卷。其夜仆宿洞玄观韩先生之房。先生名玄最，字通元，从容人间，虚谈淡自保。与仆观其书，且谓仆曰："足下后生之明达者，公孙之辩何如？"仆曰："小子何足以知之。然伏周孔之门久，寻圣贤之论多矣。六合之内，圣人论而不辩；六合之外，圣人存之不论。简而易之，欲其可行也；神而明之，存乎其人也。陈《诗》《书》，定礼乐。身心之道达而已，家国之用足而已。变而通之，未尝滞之；引而伸之，未尝荡也。令天下思之而后及也，令天下得之而不过也。若此，则六经之义具矣，五常之教足矣；安取辞离坚别之辨乎？故曰：若公孙之论，非不中也，非不妙也；其辞逸，其理惝，其术空，其义粗，令人烦。非高贤不能知也，非明达不能究也；抑可以为圣人之理，不足以为圣人之教。若随方而言，触类而长，何必《白马》《坚白》犹疑独存其理乎？故曰因是论之也，即直之论也。惑其文则不可以为易矣，达其意则不足以为难矣。可存而不可守也，可辩而不可行也。知者不必言，言者不必用也。然天下之理不可废也，天下之言不可沮也。故理可贯也，言可类也。若使仆借公孙之理，乘公孙之意，排合众义，掊一作倍劳群言；则虽天下之异

中国思想史论集续篇

可同也，天下之同可异也，天下之动可静也，天下之静可动也。坚不坚，白不白，石非石，马非马；何必聚散形色，离合一二者乎？"先生曰："天下有易，迷之者难，则天下无易矣。天下有难，能之者易，则天下无难矣。足下当有易之地，用无难之辨，能为龙之所为乎？"仆笑而答曰："使虎豹之力移于麋鹿，固为虎豹矣。使雁鹜之口移于鹰隼，固为鹰隼矣。故以仲尼之道托于盗跖之性，则盗跖固为仲尼矣。今公孙龙之理处于弟子之心矣，弟子且非公孙龙乎？遂和墨襞纸，援翰写心。篇卷字数，皆不逾公孙之作；人物义理，皆反取公孙之意。触类而长，随方而说。质明而作，日中而就。以事源代《迹府》，因意而存义也；以幸食代《白马》，寻色而推味也；以虑心代《指物》，自外而明内也；以达化代《通变》，缘文而转称也；以香辛代《坚白》，凭远而取近也；以称足代《名实》，居中而拟正也。或因数陈色；或反色在数；或弃色取味；或以气转形。明天下之言，无所不及也。发沉源而回鹜，辟榛路以先驱，庶将来君子有以知其用心也。"

吕祖谦《东莱集》

告子："彼长而我长之，彼白而我白之。"斯言也，盖坚白同异之祖。夫论理未有不思副于名实者也。彼表我长，彼白我白，正告子"不得于言，勿求于心"之言，与公孙龙之钩深索隐、离析破碎者不同。

昔人言"白马非马"之说，若无白马在前，则尽教他

说；适有牵白马者过堂下，则彼自破矣。如三耳之说，我若随之而转，则必为所惑；惟自守两耳之说，则彼不能眩矣。同上

"一尺之棰，日取其半，万世不竭。"其说谓自一尺至一厘一忽，无不有半；推广寻丈以上皆如此。所以谓"万世不竭"，此亦有理。

陈振孙《直斋书录解题》

公孙龙为白马非马、坚白之辩者也；其为说浅陋迂僻，不知何以惑当时之听？

王应麟《汉书艺文志考证》

司马彪曰："坚白，谓坚石非石，白马非马。异同，谓使异者同，同者异。"按语见《荀子·修身》篇杨倞注东莱吕氏曰："告子，彼长而我长之，彼白而我白之。斯言也盖坚白同异之祖。"孟子累章辨析，历举玉、雪、羽、马、人、五白之说，借其矛而伐之而其技穷。

黄震《黄氏日抄·读诸子》

《尹文子》二篇，以《大道》自名，而所学乃公孙龙之说，九流所列为名家者也。因缘白马非马之说，而生好牛、好马之说，复掇拾名实相乱之事以证之；无理而迁，不足

言文，而顾以夫子正名为据。呜呼！夫子之所谓名者，果此之谓乎？道丧俗坏，士有谬用其心如此者！

公孙龙者，战国时肆无稽之辨，九流中所谓名家以正名为说者也。其略有四：一曰"白马非马"，谓白所以名色，马所以名形；形非色，色非形也。其二曰"物莫非指"，谓指者指斥是非之名。物各相指，是非混乱，终归于无可指也。其三曰"鸡三足"，谓鸡足一，数足二；二而一，故三也。其四曰"坚白石"，谓目见石之白而不见其坚，手知石之坚而不知其白，是坚与白为二物。其无稽如此！大率类儿童戏语，而乃祖吾夫子正名为言。呜呼！夫子之所谓正名者果如是乎？若"臧三耳"之辨，亦出公孙龙；然《孔丛子》与《吕氏春秋》载之，此书不及焉。

中山公子牟悦楚人公孙龙诡辞，而乐正子舆非之，至斥以"设令发于余窍，子亦将承之"，其论甚正，而《列子》载焉。此诞说波流中砥柱也。

宋濂《诸子辨》

龙，赵人，平原君客也，能辨说；伤明王之不兴，疾名器之乖实，以假指物，以混是非，冀时君之有悟而正名实焉。予尝取而读之，白马非马之喻，坚白同异之言，终不可解。后屡阅之，见其如捕龙蛇，奋迅腾骞，益不可措手。甚哉其辨也！然而名实愈不可正，何耶？言弗醇也。天下未有言弗醇而能正。苟欲名实之正，亟火之。

《通鉴·周纪三》，胡三省《音注》

　　成玄英《庄子疏》云："公孙龙子著《守白论》行于世。"坚白即守白也，言坚执其说，如墨子墨守之义。自坚白之论起，辩者互执是非，不胜异说；公孙龙能合众异而为同，故谓之合同异。

杨慎《升庵外集》卷四十八子说

　　《史记》载公孙龙，注："为孔子弟子。"其论白马非马，亦自附于仲尼，谓"楚人亡之"之说，且云"仲尼异楚人于所谓人，而非龙异白马于所谓马，悖"可谓曲说矣。其他篇有云："青骊乎白，而白不胜也。白足之胜矣而不胜，是木贼金也。木贼金者碧，碧则非正举矣。"意以白比君道，青比臣道。骊，色之杂。青骊于白，谓权臣擅命，杂君道也。金本制木，而木贼金；犹君本制臣，而臣掩君也。其说类《易》所谓"玄黄"，《论语》"恶紫夺朱"同，而颇费解说。又曰："黄其马也，其与类乎！碧其鸡也，其与暴乎！"《解》云："黄，中正之色；马，国用之材，故曰与类。碧，不正之色；鸡，不材之禽，故曰与暴。"其说类《孟子》"白马白人"之例。然其淫放颇僻，去孔、孟何啻千里！自注："按周有两公孙龙：一春秋孔子弟子；一战国平原辩士。"

《四库全书·总目·子部·杂家类》

《公孙龙子》三卷，其首章所载与孔穿辨论事，《孔丛子》亦有之，谓龙为穿所绌；而此书又谓穿愿为弟子，彼此互异。盖龙自著书，自必欲伸己说；《孔丛》伪本出于汉晋之间，朱子以为孔氏子孙所作，自必欲伸其祖说。记载不同，不足怪也。其书大旨疾名器乖实，乃假指物以混是非，借白马而齐物我，冀时君有悟而正名实。故诸史皆列于名家。《淮南·鸿烈解》称公孙龙粲于辞而贸名，扬子《法言》称公孙龙诡辞数万，盖其持论雄赡，实足以耸动天下。故当时庄列荀卿并著其言，为学术之一。特品目称谓之间，纷然不可数计，龙必欲一一核其真，而理究不足以相胜；故言愈辨而名实愈不可正。然其书出自先秦，义虽恢诞，而文颇博辨；陈振孙《书录解题》概以"浅陋迂僻"讥之，则又过矣。"

《四库·简明目录·子部·杂家类》

《公孙龙子》，大旨欲综核名实，而恢诡其说，务为博辨；《孔丛子》所谓"词胜于理"，殆确论焉。其注为宋谢希深作，词不及龙，而欲伸龙之理，其浅陋宜矣。

姚际恒《古今伪书考》

《公孙龙子》、《汉志》所载，而《隋志》无之，其为后人伪作奚疑。

严可均校《道藏》本《公孙龙子》跋

龙为坚白之辨，颇惑当时之听；故《孟子》书中，亦有白雪、白玉、白马、白人等说。陈振孙以为"浅陋迂僻"，未免过诋。

章学诚《文史通义·言公》篇中

惠施白马、三足之谈，因庄生而遂显。虽为射者之鹄，亦见不羁之才，非同泯泯也。

《校雠通义》卷三

邓析子、公孙龙之名，不得自外于圣人之名，而所以持而辨者非也。

陈澧《东塾读书记·诸子》

公孙龙之学，出于墨氏。然墨子言"白马马也"；公孙龙则云"白马非马"。其说云："求马，黄、黑马皆可致；求白马，黄黑、马不可致。故曰白马非马。"又云："坚白石三，可乎？曰：不可。视不得其所坚，拊不得其所白。且犹白以火见，而火不见，则火与目不见而神见。坚以手

　　　　　　　　　中国思想史论集续篇

而手以捶，是捶与手知而不知，而神与不知。神乎，是之谓离焉。"皆较墨子之说，更转而求深，皆由于正言若反而加以变幻。然其末篇则云："古之明王，审其名实，慎其所谓。"其大旨不过如是，何必变幻乎？

刘熙载《昨非集·翼名》

《诗》曰"亦白其马"，言白不仅马也。曰"有马白颠"，言马不皆白也。白不仅马，马去白在。马不皆白，白去马在。然马之白与非白，无足为马之轻重；而白之马与非马，足为白之轻重。故增一字，损一字，易一字，其中必有大原委焉。公孙龙《白马》篇，与《诗》义同。龙，名家者流也。《春秋》之法，"名不可以假人"。故或求名而不得，或欲盖而名章，诚慎之也。《诗》意盖足以蔽之哉。

孙诒让《籀膏述林》卷十《与梁卓如论墨子书》

《墨经》楬举精理，引而不发，为周名家言之宗。……而惠施、公孙龙窃其绪余，乃流于儇诡口给，遂别成流派，非墨子之本意也。

苏舆《春秋繁露义证·实性》篇注

若公孙龙、尹文子之徒，虽亦据吾夫子正名为说，然区区物质形色之辩，其学小矣。

梁启超《墨子学案》附录一

惠施公孙龙，皆所谓名家者流也；而其学实出于墨。《墨经》言名学过半，而施、龙辩辞，亦多与《经》出入。公孙龙亦尝劝燕昭王偃兵，可见皆宗墨学。

章炳麟《齐物论释》定本

"指"、"马"之义，按庄子之说已见前引乃破公孙龙说。《指物》篇云："物莫非指，而指非指。""指也者天下之所无也，物也者天下之所有也；以天下之所有为天下之所无，未可。"彼所谓指：上指谓所指者，即境；下指谓能指者，即识。物皆有对，故莫非境；识则无对，故识非境。无对故谓之无；有对故谓之有。以物为境，即是以物为识中之境；故公孙以为未可。庄生则云，以境喻识之非境，不若以非境喻识之非境。盖以境为有对者，但是俗论，方有所见，相见同生，二无内外，见亦不执，相在见外；故物亦非境也。物亦非境，识亦非境；则有无之争自绝矣。《白马论》云："马者所以命形也；白者所以命色也。命色者非命形也；故曰白马非马。"庄生则云，以马喻白马之非马，不若以非马喻白马之非马。所以者何，马非所以命形。形者何邪？惟是句股曲直诸线种种相状，视觉所得。其界止此，初非于此形色之外，别有马觉，意想分别，方名为马。马为计生之增语，而非拟形之法言。专取现量，真马与石形如马者等无差别；而云马以命形，此何所据？然则命马为马，亦且越出现量以外，则白马与马之争自绝矣。此皆所谓"莫若以明"也。广论：则天地本无体，万物皆不生。由法执而计之，则乾坤不毁；由我执而计之，故品物流形，此皆意根遍计之妄也。或复通言：破指之义，诚无余辩；破马之义，但乘公孙言词之隙，因而堕之。假令云：马者所以命有情；白者所以命显色。命显色者非命有情；故曰白马非马。庄生其奚以之破邪？应之曰：此亦易破。锯解马体，后施研捣，犹故是有情否？此有情马，本是地水火风种种微尘集合，云何可说为有情数。若云地水火风亦是有情者，诸有情数合为一有情数；虽说为马，惟是假名：此则马亦非马也。又公孙以坚白为二，坚白与石不可为三。如是马中亦有坚白，坚白可二，白马不可为二；说还自破。若云石莫不白，马有不白者；马有青骊，石亦自有黄、黑。白非马之自相，亦非石之自相；何故白与石不可离而独与马可离？此皆破之之说也。

《国故论衡·明见》篇

辩者与惠施相应，持二十一事。辩者之言，独有"飞鸟""镞矢""尺棰"之辩，察明当人意。"目不见""指不至""轮不蹍地"亦几矣。其他多失伦。夫辩说者务以求真，不以乱俗也。故曰"狗无色"可；云"白狗黑"则不可。名者所以召实，非以名为实也。故曰"析狗至于极微则无狗"可；云"狗非犬"则不可。观惠施十事，盖异于辩者矣。

邓云昭《墨经正文解义·别墨考》

"别墨者，同而异"，异而同者也。或得墨之一端，而未竟其全体；或据墨之近似，而转失其本真。间尝考之，固有见于当时者，亦有尚存于后世者，是可得而言焉。庄子距墨未远，而其时别墨已炽，惠施、桓团、公孙龙即其人者，然亦不过得墨辩才之一端耳，顾其说则又与墨相左。墨之言曰："非白马焉执驹。"惠施则曰："孤驹未尝有母。"墨之言曰："知，知狗重知犬。"惠施则曰："狗非犬。"故庄子以为倍谲不同。桓团之书不传；而倍谲之尤者，莫若公孙龙子。龙始学于墨，继又别于墨而欲以相高；而顾窃墨微眇之言以文其书，而复正用其言，反用其意，今按《经说下》篇"牛狂与马惟异"一段，龙据其文而衍为《通变论》。"彼，正名者彼此"一段，龙据其文而衍为《名实论》。上下篇言"坚白"数处及"目见火见"等语，龙据其文而衍为《坚白论》。上篇"牛马之非牛"，与夫"数牛数马则牛马二，数牛马则牛马一"，按此皆下篇语下篇"白马多白，视马不多视"等语，龙据其文而衍为"白马非马论"。于言则正用之，于意复反用之，倍谲甚已！禽滑厘学于子夏，是出儒而入于墨者也，龙又出墨而入于名者也。然观其书，特相高以言，相辩以口。韩非所谓"虚词可以胜一国，考实不能谩一人"，史公以其，"善失真"；班氏亦言"钩釽析乱"。若公孙龙者，正名家之蟊贼，墨氏之叛臣也已。

汪兆镛《公孙龙子注》后记

世多讥龙恢诞。然如《通变论》云："黄其正矣，是正举也；碧则非正举矣。与其碧，宁黄。黄其马也，其与类乎！碧其鸡也，其与暴乎！暴则君臣争而两明也。两明者昏不明，非正举也。名实无当，骊色章焉；故曰两明也。两明而道丧，其无有以正焉。"假物寓恉，足以砭世砺俗。

顾实《汉书艺文志讲疏·诸子略·名家》

凡为辩者，有事以为例则易喻；即事而为辩则易迷。故公孙龙责秦王以非约，折孔穿之词悖，其言明且清。惟书中如《白马》至《名实》五篇，类以一词累变不穷，转而益深，几令人莫明其所谓；必绳以名家科律，然后瞭焉。此又读其书初觉诡异，而实不诡异也。

黄云眉《古今伪书考补证》

公孙龙以博辩驰骋当时，后之学者虽多诋讥，皆不能摈其说而不论，则亦墨子以后一才士矣。其学大抵以极微奥核名实为归，与《墨辩》关系最深；而其主张偃兵，又与墨子兼爱非攻之说合。然今书六篇，果否出自公孙龙之手，则殊可疑。今书第一篇首句"公孙龙六国时辩士也"，明为后人所加之《传略》，则六篇只得五篇矣。第七以下皆亡。第二至第六之五篇，每篇就题申绎，累变不穷，无愧博辩。

然公孙龙之重要学说，几尽括于五篇之中，则第七以下等篇又何言耶？虽据诸书所记，五篇之外，不无未宣之余义；然又安能铺陈至八九篇之多耶？以此之故，吾终疑为后人研究名学者附会庄、列、墨子之书而成，非公孙龙之原书矣。惟今书虽非原书，然既能推演诸记，不违旨趣，则欲研究公孙龙之学说，亦未始不可问津于此耳。

释《公孙龙子·指物论》之"指"

一、各家解释略评

现存《公孙龙子》五篇（《迹府》篇除外），其中最难了解的要算《指物论》。而《指物论》之所以难于了解，主要是由于指物之"指"，难作确实的解释。兹先将若干有代表性之解释引在下面，并略加批评。为便于对照，先将《指物论》的前一段录下：

> 物莫非指，而指非指。天下无指物，无可以谓物。非指者，天下而物，可谓指乎？指也者，天下之所无也。物也者，天下之所有也。以天下之所有，为天下之所无。未可。

俞樾："指谓指目之也。见牛指目之曰牛，见马指目之曰马，此所谓'物莫非指'也。然牛、马者，人为之名耳，吾安知牛之非马，马之非牛欤？故'指非指'也。"（《诸子平议补录》卷五）按以"指目"释指，与由"手指"所引申出之初义相合。但若仅作此一程度之了解，并不能解答《指物论》中的问题所以，俞说实系以名释指，他所举例的"牛"、"马"，即都说的是名。公孙龙以指为"天下之所无"，若指即是名，则他所要求于名者，为"名当其实"，并不以为"名者天下之所无"。且《指物论》中有谓"天下无指者，生于物之各有名，不为指也"，则名虽与指有密切关系，但名并非即是指，至为明显。而俞氏所谓"吾安知牛之非马，马之非牛欤"，此乃庄子的观点，决非公孙龙的观点。

胡适："《公孙龙子》的《指物论》用了许多'指'字，仔细看来，似乎"指"字都是说物体的种种表德，如形色等等。"（《中国古代哲学史》页一○一）按胡氏之所谓形色，有如白马之白及"马者所以命形"等，此在公孙龙，皆认为是客观中有独立性的存在，不能说是"天下之所无"。而《指物论》分明谓指是"天下之所无"，其非物体的种种表德，亦至为明显。

冯友兰："物为占空间时间中之位置者，即现在哲学中所谓具体的个体也。如此马、彼马，此白物、彼白物是也。指者，名之所指也。就一方面说，名之所指为个体，所谓'名者实谓也'，就又一方面说，名之所指为共相，如此马、彼马之外，'马如己耳'之马。此白物、彼白物之外，尚有一'白者不定所白'之白。此'马'与'白'，即现在哲学中所谓'共相'或'要素'。此亦名之所指也。公孙龙以指、物对举，可知其所谓指，即名之所指之共相也。"（《中国哲学史》页二五七）按冯一面系承俞氏以指为名之说，一面又敷衍胡氏之说，而使指之内容更为混乱。他之所谓共相，即胡氏之所谓表德，观其举例自然明白。胡氏之说不能成立，冯氏之说也自然不能成立。并且当时"指"字的用法，不论作何解释，都与人的主观活动有关，但共相则完全是客观的性格。若以抽象之白、马等为共相，公孙龙只认为它们是藏（潜伏着）而不是无。指若是共相，如何可以说是"天下之所无"呢？

谭戒甫："盖指义有二，即'名'、'谓'之别。其指目牛马之指，谓也；因而所指目牛马之形、色、性亦曰指，名也。……然则形、色、性三者可称为德，亦即此所谓指耳。"(《公孙龙子形名学发微》页十二）按在物为"名"，人称其名为"谓"，两者实系一事。谭氏既将牛、马之名，及人对牛、马之名的称谓，强加分别，以涵摄于指的概念之内，以为"指有二义"。又将名之观念，从具体事物（如牛、马等）脱离关系，而仅限于形、色、性之共相，并即以此为《指物论》之指，其不能成立，与胡、冯两氏相同。而其不顾《公孙龙子》现存各篇原文中最明显之文义，悍立异说，又无条理加以贯通，其乖连混乱又在冯氏之上。

杜国庠："在《坚白论》中，我们看到了公孙龙把石之白、石之坚等，即物的属性抽象了，把它们看作离开人们意识，互相分离而独立自藏的东西。这东西在《指物论》中被称为指，而把石之白、石之坚等叫做物指，指是看不见、摸不着的东西，相当于我们所谓概念（共相），本来是意识上的，但公孙龙都认为它是独立的客观存在。"(《先秦诸子若干研究》页十七）按杜氏之说，实与胡、冯之说无异，其不能成立，与胡、冯正同。

汪奠基："他（公孙龙）认为概念的形式，包括指与物两种存在。指是未与物结合而自离自藏的属性存在，物是未与指结合而单独表现的材料存在。指与物结合，就成为'指物'，就是现象对象的表现。"(《中国逻辑思想》第一辑页一九三）按汪氏之说，殆取之于西哲柏拉图。而在本质上，实即以共相为指。其无当于《指物论》，也可以说是自明的。

此外的解释当然还不少，这里只举出六人的说法作一概略之检讨。

二、"指"字的一般用法

为得要解决《指物论》"指"字的意义，不妨对"指"字的一般用法，先加以考查。《说文》十二上："指，手指也。"此为指之本义。《尔雅·释言》"观、指，示也"，郝懿行《尔雅义疏》："《华严经音义》上引《苍颉篇》云：示，现也。……观者，见之示也。……指者，手之示也。"按此，则所谓指者，乃以手指指向某物，使某物得显现出来。此当为"指"字最早出现的引申义。俞樾以"指目"为指，略与此相当。

《庄子·养生主》："指穷于为薪，火传也，不知其尽也。"郭象以"为薪"，"犹前薪也"，固然无据，俞樾以"为薪"作"取薪"，在这里也很牵强。裴学海《古书虚字集释》页一二三："为犹其也"，"为薪"即"其薪"。指必指向有形之物，"指穷于为薪"，是说指所穷者在（于）其所指之薪。盖薪尽则无所指，故曰"指穷"。此"指"字的用法，是与"指，示也"的意思相合的。

《孟子·告子下》："轲无问其详，愿闻其指。"焦循《孟子正义》引《汉书·河间献王德传》云"文约指明"，注云："指谓意之所趋，若以手指物也。"按"意之所趋"，实犹意之所指。此则将手指的活动，转移为意识的活动。于是由指向具体之物，更引申而为指向抽象之物。此为"指"字使用的一大发展。但上文仅以"意之所趋"解释"指"字，它的意义并不完全。"意之所趋"的结果，必成立某种判断，以成为"意之所趋"的内容。孟子这一章说的秦、楚构兵，宋牼将"说而罢之"，这是宋牼的"意之所趋"。如何能说得秦、楚罢兵，这是"说"的内容，即孟子所问的"指"。此一"指"字的用法，不仅由"人以手指物"，引申到"人以意指物"，而是更进一层说的是"以意指物"的内容。不论是以手指物或是以意指物，都是指向客观事物的。指物的内容，却须在主观判断中始能成立。可以这样说，指是先由主观的意识指向客观的事物，再将客观的事物带到主观意识中，因而成立某种判断。

《史记·自序》引董仲舒："《春秋》文成数万，其指数千。"《史记·儒林传》："故因史记作《春秋》，以当王法，其辞征而指博。"按《春秋》乃由事以见义，所以上面的"指"字，实与"义"同意。但董仲舒及司马迁不径称之为"义"，而称之为"指"，因为这种义，是由孔子的价值意识，先指向于客观之事，此客观之事，被带入到孔子的价值意识中所成立的价值判断——义。所以不称之为义而称之为指，是在重视由主观向客观，更由客观回向主观所成立的判断的过程。

汉元寿元年杜业举方正直言对："案《春秋》灾异，以指象为言语，故在于一类而达之也。"此语又见于其灾异对："昔诗人所刺，《春秋》所讥，指象如此。"所谓指象，是说某种天象，不仅是一种现象，而是在这种现象中，实含有一种意义。人由指向这种现象以得出现象中所含的意义，这种意义，实际依然是在人的主观判断中成立的。所以这个"指"字的用法，与董仲舒、司马迁的用法并无分别。

三、《指物论》的"指"字意义

我们看了上面"指"字的用法，都是由主观意识或能力指向客观的事物，同时即将客观事物带入到人的主观某种意识或能力中，所形成的一种判断。此种判断，系由客观之某事物而来，但并非即某客观事物之自身。公孙龙《指物论》，系由指与物的关系，以说明人对客观世界认识之所以成立。故此"指"字说的不是客观事物进入到主观中所形成的价值判断，而说的是客观事物经过感官带进到主观中所形成的一种认识判断。此认识判断的内容，就《指物论》的内容衡量，还未达到严格的概念（英 Concept，德 Beguff）的程度，我称之为"映象"，即客观反映在主观中的一种影像，略同于西方之所谓"表象"（英 Idea presentation，德 Vorstellung）。但西方"表象"一词，常将"再生表象"包括在里面，在思想或想像之活动中，必以再生表象作材料，我想公孙龙的"指"，也应包括这一层。但他在《指物论》中，主要系说明在主观与客观的关系中，如何使客观进入到主观里面，并不使主观之活动与客观之存在两相混淆，故此处之"指"，应为狭义的"感官表象"（英 Sense idea presentation，德 Sinnesvorstellung），即是直接由客观事物对感官的刺激所生出的表象，或者可以说它是相当于假象（英 Semblance，德 Schein）的观念。这是一般人的认识能力认识客观的初步结果。所以《指物论》的"指"，是一个人的认识能力指向于客观之物，客观之物同时即被带回到主观认识中，因而成立的映象。人是通过此种映象以认识客观事物的。得到映象的下一步，是认定某客观事物之名，但指并不是名。映象乃成立于心的认识能力之上，在此认识能力指向于物时，即形成物的映象。但未指向于物时，此认识能力仍潜伏着而为心所固有。所以指是在主观认识能力中所形成的映象，同时也即是使映象得以成立的心的认识能力。心的认识能力由指向客观之物而见，所以公孙龙便称之为"指"，指向客观之物时即成立映象，映象与认识能力的指向活动，是同时存在的，所以把认识能力与映象包括在一个指的观念里面，并无不当。映象虽由客观之物而来，但并非即系客观之物，故映象不是实在的，是无自性的。使映象得以成立的认识能力，其本身也应当不成为一有自性之独自存在。因为如果如此，则对客观物之反映将受到限制，而不能将一切客观之物，随时都反映于主观认识能力之中。不能将一切客观之物，随时都反映于主观认识能力之中，则对客观世界之认识将受到限制或无法成立。所以公孙龙要特别强调"而指非指"。"而指非指"有两层意义：一层意义是说明由客观之物而来的映象，并非即是客观之物，所以此映象可以随时起灭，并不如客观之物，必占一固定之时空位置。由此进一层的意义，是说明使某种映象以成立的认识能力，并非有自性之一种独立存在。其究极意义，与《荀子·解蔽》篇说心是"虚一而静"的"虚"，同一意义。心本身是虚，故能无所不指，以容纳万事万物而加以反映。指是心的活动及活动的结果。心是虚，指的本身也是虚。虚通于无，"非指"对指而言乃是一种无，此即所谓"而指非指"。这是认识得以成立的必需具备的条件。荀子是就心自身的状态而说心的虚，公孙龙则就心与外物相接，以成立认识时的状态说。我们虽不能说荀子"虚"的观念的提出，与公孙龙有一定的关系，但虚可为"而指非指"的根据，这在思想上是一种发展。荀子的"虚"，表面看，是来自老子，但老子不是以虚来解决认识问题，所以与老子只有名词使用上的关系，而没有思想传承的关系。

四、庄子与公孙龙的纠葛

庄子与公孙龙约略同时，公孙龙的思想，在当时引起很大的反应，对庄子也不例外。《庄子·齐物论》中有"以指喻指之非指，不若以非指喻指之非指也。以马喻马之非马，不若以非马喻马之非马也。天地一指也，万物一马也"的话。我以为上一句是针对着《指物论》说的，下一句是针对着《白马论》说的。"以指喻指之非指"，即《指物论》的"而指非指"。"不若以非指……"的"非指"，当即《指物论》中所谓之"物指"，即"连带着被指之物在一起的指"，即映象与映象之客观物连带在一起的状态。因为是"物指"，而非仅指之自身，故庄子即称之为"非指"。庄子之意，以为公孙龙认为就指之自身而言，并无独立之自性，然公孙龙尚以"物指"为有自性，因而由物指所生之物名（如马、牛等名），亦有自性。但庄子则以为"物谓之而然"（《齐物论》），物之名是由人随意安放上去的，与物本身并无关系，所以物名也无自性而可随意改移的。物之名既无自性，而可随意改移，则物名所自来之"物指"，亦无自性。物指既无自性，则由"物指"而来之各种思想言论，亦无可作客观标准之自性，因而无是非得失可言。此即所谓"不若以非指喻指之非指也"的意思。"天地一指也"，是说天地皆在流转变化之中，不应执著某一片断为其独立存在之自性。刚刚说这个是这个，转眼之间即不是这个，有如指与物指（非指）之皆为非指。公孙龙破指之自性而不破名之自性，所以他还是执著于名。庄子则将名及由名代表之物指的自性亦加以破除，这便可以达到齐物的目的。

公孙龙以白马为非马，即庄子此处所说之"以马喻马之非马"，

"以马"之"马",指"白马"而言。"非马"之"马",指不为色
所限的普遍性之马而言。在公孙龙"白马非马"的后面,实以白
马之名肯定了白马,以马之名肯定了马。但庄子认为白马之名,
固然不能代表不为色所限的普遍性之马。但"马"之名,也是由
人所随意安放上去的,又何尝真能代表不为色所限的普遍性之马?
不可执白马为马,又何必执马为马?"不若以非马喻马之非马也"
一句中,上一"非马",乃指非白马乃至非一切色之马而言。"天
地一马也",天地间之事物,皆在流转变化之中,其经吾人加以指
称名谓者,更皆系暂时的假设,并不能成为固定的客观标准(正),
有如马之名并非一定代表固定的马,所以也无可争论了。

公孙龙对名加以严格的规定,由正其实,以正其名,使名可
以当其实(以上皆见《名实论》)。庄子认为"名者,实之宾也"
(《逍遥游》)。宾在主人之家,乃是暂时性的,名对实而言,也是
暂时性的,可以相离相易的,不可能"当其实"。既不可能当其实,
则不如将公孙龙对名作之严格规定,亦加以破除,使天下之人,
不执名以为争论是非得失的工具,此即上面引的《齐物论》的一
段话的意思。

释《论语》的"仁"
——孔学新论

屈万里先生在《仁字涵义之史的观察》的大文（见《民主评论》五卷二十三期）中，指出"仁"字出现得很晚，而《论语》上所说的"仁"，和孟子以后所说的"仁"，内容上有广狭之不同，这确系事实。但《论语》这种内容广泛的"仁"字，是否能找出一个中心观念加以贯串，因而了解其在文化史上到底有一种什么确定的意义，去岁孔子诞辰我在台中省立师范学校的讲演中，曾作过一次初步的尝试。现更写此文，略加阐述。若因此而对孔学精神之发掘，能稍有所裨补，则始愿诚不及此。

一

首先我们根据下述三端，可以确定"孔学"即是"仁学"。孔子乃至孔门所追求、所实践的都是以一个"仁"字为中心。

第一，孔子下面的一段话，可以看作是他的自述。

> 君子去仁，恶乎成名。君子无终食之间违仁。造次必于是，颠沛必于是。(《里仁》)

同时公认为最后传孔子之学的曾子，他下面所说的一段话，正是孔子的话的申述。

　　　　士不可以不弘毅，任重而道远。仁以为己任，不亦重乎？死而后已，不亦远乎？（《泰伯》）

　　第二，孔子博学多能，但一切都是从一个中心点出发，并归结到一个中心点，这个中心点即是仁。孔子说：

　　　　参乎，吾道一以贯之。曾子曰，唯。子出，门人问曰，何谓也。曾子曰，夫子之道，忠恕而已矣。（《里仁》）
　　　　子曰，赐也，汝以予为多学而识之者与？对曰，然。非与？曰，非也。予一以贯之。（《卫灵公》）
　　　　子贡问曰，有一言而可以终身行之者乎？子曰，其恕乎？己所不欲，勿施于人。（同上）

证以《孟子》"强恕而行，为仁莫近焉"的话，"一以贯之"的忠恕，也只是"为人"。

　　第三，孔子对于门弟子好学不好学的批评，也是以仁为标准。"季康子问弟子孰为好学，孔子对曰，有颜回者好学，不幸短命死矣！"（《先进》）孔子为什么特别称颜子为好学呢？因为："回也其心三月不违仁，其余则日月至焉而已矣。"（《雍也》）

　　由上所述，可知《论语》一书，应该是一部"仁书"。即是应用"仁"的观念去贯穿全部《论语》，才算真正读懂了《论语》。但是，问题的关键还是在："仁"到底指谓的是什么？

孔子对于门弟子问仁的答复，不仅因人而不同，即使对于同一个人的答复，前后也常不一致。例如樊迟一个人问了三次，孔子便有三种的答法：

　　樊迟问仁，曰，仁者先难而后获，可谓仁矣。(《雍也》)

　　樊迟问仁，子曰，爱人……(《颜渊》)

　　樊迟问仁，子曰，居处恭，执事敬，与人忠。虽之夷狄，不可废也。(《子路》)

在同问而异答中，仁的概念，若不是从彼此内在的关连中所发展出来的一个高级概念，则此概念之自身可说是毫无内容，其概括性只像一只装杂货的篮子。这种概括性是可有可无的。《论语》上所说的仁，不应该是这样。

其次，《论语》上所说的仁，有时好像是远在天边。孔子自己说"若圣与仁，则吾岂敢"(《述而》)。孔子在当时已被人称为圣人，尚且不敢以仁自居，可见仁的境界是无限的。但他却又说"仁远乎哉？我欲仁，斯仁至矣"。(同上)，这又简直是近在眼前了。同时，仁人好像到处都有，又好像到处都没有。他说"里仁为美，择不处仁，焉得智"(《里仁》)，这岂不是到处都有？但孟武伯问子路，冉求、公西华算不算得仁，他都说"不知其仁也"；子张问令尹子文及陈文子算不算得仁，他干脆说"焉得仁"(以上均见《公冶长》)。前者是自己的高弟，后者是一代的闻人，则孔子心目中除了颜子"三月不违仁"之外，并世实在找不出够称为仁的人。这种"高不可阶"和"当下即是"的两种境界，在孔子仁的概念中，到底有没有一种内在的关连，而不至是一个迷离惝恍、不可捉摸的东西呢?

＊　　＊　　＊

孔子答复樊迟问仁中之一，是"仁者爱人"。《论语》有许多与"爱人"相关连的意思。到了孟子说到仁的时候，便多从"爱人"这一点上去引申发挥。西汉董仲舒的《春秋繁露·仁义法》篇说："仁之为言人也。……仁者爱人，不在爱我，此其法也。"这当然是继承"仁者爱人"的说法。许叔重《说文解字》"仁"字下云："仁亲也。从人二。""从人二"，犹言从二人，即仁要由人与人的关系而见。郑康成《礼记·中庸》注"仁读如相人耦之人"，阮元谓："人耦者，犹言尔我亲爱之词也。"凡汉儒释仁，都从"爱人"立论。仅赵岐《孟子》"存其心章"注谓："天道好生，仁人亦好生。"此为以"生"训仁之始，似较"爱"为深一层，然亦由"爱"而发。总上所述，可以说"爱人"确是仁的一种主要内容。但《论语》上所说的仁，固须涵有爱人之意，却不可说爱人即等于《论语》上所说的仁。爱人是在与人发生关涉的时候才会发生的。一个人的生活，尤其一个人的治学生活，并非完全在与人发生关涉之下进行。颜子"其心三月不违仁，其余则日月至焉"，不可谓颜子在三个月之间是不断地在爱人，而其他的人则只是间或地爱人。孔子对门弟子问仁的答复，以答颜渊者的层次为最高，其次为答仲弓之问。对颜渊是说"克己复礼为仁"，而终于非礼勿视听言动;对仲弓说是"出门如见大宾"，而终于"在邦无怨，在家无怨"。这都是就个人律身修己上立论的，而并未向外关涉到人与人的关系，这便分明不能以"爱人"来尽"仁"字的意义。到了宋儒程、朱，不以汉儒从外面人与人的关涉上去解释仁为满足，而向内推进一步，或者在精神状态方面去形容仁的境界，或者为爱人寻求一个内在的根据。程明道说"仁者浑然与物同体"，又说"仁者以天地万物为一体"（《二程遗书》卷一二先生语一），这是爱人的一种最高的精神境界，也可以说是人之所以能爱人的一种最高根据。以后王阳明这一派言仁，多继承此说。程伊川说："……后人遂以爱为仁。……爱自是情，仁自是性，岂可专以爱为仁。"（同上卷十八伊川先生语四）伊川不主张专以爱为仁，主要是来自他把性与情，亦即性与心分作两层来看的缘故，这里不牵涉到此一问题。伊川常以"公"说明仁，如"仁道难名，惟公近之，非以公便为仁"（同上卷三二先生语三），"仁之道，要之只消道一公字。公只是仁之理，不可将公便唤作仁"（同上十五伊川先生语一）。就我看，他是提一"公"的观念出来以作为仁的根据，实际是作"爱"的根据。朱元晦继承此说而将仁解释为"心之德，爱之理"（《论语·学而》"孝弟也者，其为仁之本与"注）。人何以能爱人，是因为有此作为爱之理的仁，伊川与元晦的解释，本身含有许多不易说清楚的地方，此处不能详论。伊川曾说："自古元不曾有人解得仁字之义。须于道中与他分别出五常。"（《遗书》卷十五伊川先生语一）他又曾觉得所有对于仁的解释，都与《论语》所说的仁不尽相合，认为应把《论语》所有说仁的话都摆在一起来融会一番。可见"仁"对于他不算是解决了的问题，所以他觉得不如把仁义礼智信的五常，具体地摆出，以使人能抓住一个真实意义。总之，宋儒说仁，是从外推到内。尤以明道的说法，渐与《论语》原始精神相近。但他所说的，是一个现成的境界，

　　　　　　　　　　　中国思想史论集续篇

此一境界，可以为《论语》上之仁所含摄。不过《论语》上说仁，多从实际践履上立论，亦即多从工夫上立论。程明道们的说法，超过了这一点，亦即是忽略了这一点，所以也不能与《论语》上所说的仁，完全吻合无间。

二

我以为要了解《论语》上的仁，首先应该有点文化史的观点。

"知道你自己"的反省口号，是人类真正道德成立的开端。同时，这句口号，也常常被人"视为终极的道德及宗教的法则"。希腊在苏格拉底出世以前，在自然学方面已经有相当高度的成就。苏格拉底在这一点上并没有什么特殊的贡献。苏格拉底之所以在希腊思想史上能够划一个时代，只是因为他遗留了一个"人是什么"的这一发问。希腊文化，到了苏格拉底，才由向外的、向自然的好奇性的追求，转而为向人的自身的反省。在一切动物中，只有人是能以其自身作为问题的动物，即是只有人才能自反自觉，所以只有人才能发生伦理道德的问题。但任何民族，一定要其文化发展到了相当的高度，才能引起其自反自觉。有了自反自觉以后，此一文化系统才算真正生稳了根。苏格拉底不仅在自然学在理论学上无新的贡献，甚至他也不会遗留着有系统的伦理学说。但他毕竟是希腊文化发展过程中的一个重大的里程碑，希腊的人间学、希腊的伦理道德的根源，毕竟不能不导源于苏格拉底，这是因为希腊文化到了他才开始了人自身的反省、自觉。但是，希腊文化是以自然学为基底，自然学是知性向外活动的结果，以苏格拉底为代表的反省，依然是顺着这一条道路。知性活动的特色是主客分明，计算清楚。于是希腊的伦理道德，只能停止在节制、勇气、正义的这一阶段。而希腊正义之神，手上是拿着天秤，并含有罪罚补偿的意义。这是由外在的计算以求"人"与"我"间能得其平的意思，这没有达到孔子所说的仁的境界。换言之，希腊文化的反省，不曾转出仁的观念。

中国文化，大约从周公已经开始了人文主义性格的构建。礼乐是人文主义的征表，而这恰是周公的最大成就之一。但概略地说，周公所制作的礼乐，一方面因当时阶级的限制，只限于贵族而不能下逮于庶人，另一方面，即使对贵族自身而言，礼乐在生活上，也只有分别和节制与调和的作用，这是外在的人文主义。通过人生的自觉反省，将周公外在的人文主义转化而为内发的道德的人文主义，此种人文主义，外可以突破社会阶级的限制，内可以突破个人生理的制约，为人类自己开辟出无限的生机、无限的境界，这是孔子在文化上继承周公之后而超过了周公制礼作乐的勋业。他一面说"周监于二代，郁郁乎文哉，吾从周"（《八佾》），一面又说"礼云礼云，玉帛云乎哉。乐云乐云，钟鼓云乎哉"（《阳货》），"人而不仁，如礼何。人而不仁，如乐何"（《八佾》），这分明指出了他由继承而转换的真消息。经过此一转换，中国文化的道德性格，才真正地建立了起来。而转换的动力、枢机，乃至目标，就是《论语》上所说的仁。《论语》上所说的仁，是中国文化由外向内的反省、自觉，及由此反省、自觉而发生的对"人"、对"己"的要求与努力的大标志。"爱人"乃是自反自觉之一个结果，若仅就个人来说，这本是主观的东西，但就其每一人皆可以有此自反自觉以达到此状态及要求与努力来说，同时又是客观的。所以孔子可以将其概括为一个"仁"的观念以作为"学"的最高标准。以下我试就此加以解释。

首先我认为追求一个名词的语源，可以发现文化概念的源流演变之迹，但决不可以语源的意义，作为衡断文化中某一概念的是非得失的标准。因为语言所代表的概念，是不断地在演变，而且是由人不断地作意识之创造和增加的。假定硬说千年以后的某一概念，即同于千年以前的某一概念，这固然是危险。但硬拿千年以前的某一概念，以限定或否定千年以后的某一概念，同样也是非常的不合理。希腊的 Logos，由语言而演变为近于中国之所谓"道"的性质，我们固然由此可以了解希腊文化中的论理的性格，但岂可以初期 Logos 的概念限定或否认后期的 Logos 的概念？清儒以及近人对于宋明理学中常用的名词做了若干追溯语源的工作，假定以此种工作辨明宋明儒所使用的名词与宋明儒以前的同一名词，其内涵实大有出入，这是有意义的。假定想以此种方法作为汉学、宋学之争的一种武器，那便毫无意义。就"仁"字来说，从语源、字形上来释仁为爱，到现在也迄无确定不移的说法。许叔重仁"从人二"的解释，在今日文字中已成为疑问，于是根据"二人为仁"以作为释"仁者爱人"的立论根据的，都受到动摇。"仁"字造字的意义，到现在为止，似乎还不能十分明了。不过"仁"字出现得很晚，在"仁"字未出现以前，"人"有时即是"仁"，即"仁"字出现以后，"人"与"仁"也常通用，这是不会错的。如《论语》"问管仲，曰人也"，此"人"字当即系"仁"字。因此，我认"仁"字最初的解释即是"仁者人也"。"仁"字的意义，即由此而引申发展。《礼记》中之《表记》、《中庸》皆谓"仁者人也"，孟子亦谓"仁也者人也"，可证这是先秦时对"仁"

字的一种基本的、共同的解释。董仲舒《春秋繁露·仁义法》第二十九谓"仁之为言人也"，尚承此训。但因为董氏要限定仁之义为爱人，乃将"仁"与"义"相对，一转而说成"仁之于人"，再转而说成"仁之法在爱人"，将"仁者人也"一语，凭空添一"于"字，再添一"爱"字，以使"仁"字的字形与"仁者爱人"之义相合，我认为这是"仁者人也"的派生之义，而不是本生之义。许氏"从人二"之说，大概由董说附会而来。"仁者人也"本生之义，我觉得原来只是说"所谓仁者，是很像样的人"的意思。在许多人中，有若干人出乎一般人之上，为了把这种很像样的人和一般人有一个区别，于是后来另造了一个"仁"字。这应当即是"仁者人也"的本义。这样一来，屈先生在其大著中所引《诗经》两处歌颂田猎的"美且仁"的话，便可加以解释了，"漂亮，而且很像人样子"。言其不是妇人女子式的漂亮，而是丈夫气概的漂亮。"仁者人也"第二步则发展而为"所谓仁者，是真正算得人的人"。此一句话，是含有纯生理上的人，并不真正算得是人，而应当在生理之上，追求一个人之所以为人的根据的意思。真西山谓"仁者，人之所以为人之理也"（《真西山文集》卷三一《问求仁》），可谓是直承"仁者人也"的解释。苏格拉底所问的"人是什么"，是一个人在反省的开端时从反面所发出的疑问；而"仁者人也"，是一个人在反省的开端时从正面所作的承当。由此，我便断定，《论语》的仁的第一义是一个人面对自己而要求自己能真正成为一个人的自觉自反。真能自觉自反的人便会有真正的责任感，有真正的责任感便会产生无限向上之心，凡此，都是《论语》中"仁"字的含义，不消多作解释的。道德的自觉自反，是由一个人的"愤"、"悱"、"耻"等不安之念而突破自己生理的制约性，以

中国思想史论集续篇

显出自己的德性。德性突破了自己生理的制约而生命力上升时，此时不复有人、己对立的存在，于是对"己"的责任感，同时即表现而为对"人"的责任感，人的痛痒休戚，同时即是己的痛痒休戚，于是根于对人的责任感而来的对人之爱，自然与根于对己的责任感而来的无限向上之心，浑而为一。经过这种反省过程而来的"爱人"，乃出于一个人的生命中不容自己的要求，才是《论语》所说的"仁者爱人"的真意。即是先有"仁者人也"的反省、自觉，然后才有"仁者爱人"的结论。在此结论以前的过程，皆是"为仁"的工夫，亦即是"仁"自身的逐步呈露，"为仁"的工夫之所在，即仁之所在。所以《论语》上的仁，真正是"即工夫，即本体"。而孔子对学生的教示，总是从工夫上以显示仁体之意义为多。其工夫的关键，端在一个人面对自己的反省、自觉，因为只有这样，才一开始便凑拍上了仁，有个真实下手处。程明道常常以医家的"麻木不仁"来从反面形容仁。没有反省、自觉的人，即是对自己没有感觉的麻木不仁之人。对自己麻木不仁，对他人当然更不会有休戚相关的感觉。因此，从反省、自觉，及由反省、自觉而来的切实向上的处所说仁，实在更把捉到了仁的精髓，较之从"爱人"方面去说仁，实更为现成而深切。当然，人世间的爱，不一定要经过此种反省、自觉的过程才有。但不经过此种过程所表现出的爱，多半是来自生理的惯性，有似乎佛家所谓由"执"而产生的"贪"、"嗔"、"痴"中之"痴"。这种爱的自身即形成一种限制（如普通男女之爱等），随时可以断火，更不能推扩而为民胞物与的爱，即所谓"人类的爱"。这种爱不是孔子所说的仁。希腊文化中也有爱的观念，但主要是一种友谊的乃至知性对理念世界的思慕。在他们中间，没有人类爱的思想，亦即是没有仁。西方人类爱的精神是来自基督。一个人跪在上帝面前否定了自己，同时即浮现出了人类。人类都是上帝的儿女，都是自己的弟兄，此时自然觉得应该爱神以及爱神之所爱，这样才转出人类爱的观念。但宗教之爱虽然有一自反的过程，可是宗教的自反，一开始后便投射到外面去让神负责去了，所以这种爱对于人自身而言依然有一间隔，不能达到浑然与物同体的境界。这里不暇详论。

三

以上所说的，主要是从"仁者人也"的古训推演下来的。但这只能算是一种假定。若不能根据此一假定而将《论语》所说的"仁"，乃至《论语》的全副精神，作毫不牵强附会的解释或翻译，则上面所说的只是信口开河，最大限度也只是我个人的一种想法看法。现在我试将上面所说的，印证到《论语》上去。

孔子说颜渊"三月不违仁"，而我们也把"君子无终食之间违仁，造次必于是，颠沛必于是"的话当作是孔子的自述，那么，孔子、颜渊的生活，应该就是仁的现实印证。《论语》上有关孔子自身的：

> 子曰，默而识之，学而不厌，诲人不倦，何有于我哉。（《述而》）
>
> 子曰，德之不修，学之不讲（按就诲人说），闻义不能徙，不善不能改，是吾忧也。（同上）。
>
> 叶公问孔子于子路，子路不对。子曰，汝奚不曰，其为

人也，发愤忘食，乐以忘忧，不知老之将至，云耳。（同上）

子曰，若圣与仁，则吾岂敢？抑为之不厌，诲人不倦，则可谓云尔已矣。（同上）

子曰，莫我知也夫。子贡曰，何为其莫知子也。子曰，不怨天，不尤人。下学而上达。知我者，其天乎（《宪问》）

子绝四，毋意，毋必，毋固，毋我。（《子罕》）

子路曰，愿闻子之志。子曰，老者安之，朋友信之，少者怀之。（《公冶长》）

子路宿于石门，晨门曰，奚自？子路曰，自孔氏。曰，是知其不可而为之者与？（《宪问》）

长沮、桀溺耦而耕。孔子过之，使子路问津焉。……桀溺曰……滔滔者天下皆是也，而谁以易之。且而与其从辟人之士也，岂若从辟世之士哉。耰而不辍。子路行以告，夫子怃然曰，鸟兽不可与同群，吾非斯人之徒与而谁与。天下有道，丘不与易也。（《微子》）

子曰，自行束脩以上，吾未尝无诲焉。（《述而》）

互乡童子难与言。童子见，门人惑。子曰，与其进也，不与其退也，唯何甚。（同上）

子曰，有教无类。（《卫灵公》）

"默而识之"的"默"、"是吾忧也"的"忧"、"发愤忘食"的"愤"，都是自反自觉的发端和功夫。四"毋"是自反的工夫。"忘食"、"忘忧"是由自反的责任感而来的无限向上的努力。"下学而上达"，是层层向上的历程。"不怨天，不尤人"，是一个深切自反的人以一身承担责任的心境，比这低一层次的是答仲弓问仁的"在邦无怨，在家无怨"。由自反的向上，是自己生命无待于外的扩大，生命因此种扩大而得到真的安顿、圆满，自己能够把握住自己的生命，便会"乐以忘忧"，此即所谓"孔颜乐处"。生命之扩大，同时即系由自然的、生理的生命所形成的制约性之解除，于是对自己之责任感，同时即涵摄着对人类之责任感，自己向上的努力，同时即涵摄着希望人类向上的努力，所以"老安"、"少怀"之愿，实即冥合于"忘忧"、"忘食"之中。自己向上，系出于自反自觉的不容自己之心；希望人类之向上，也同样出于自反自觉的不容自己之心。晨门说他（孔子）是"知其不可而为之"，他自己说"吾非斯人之徒与而谁与"，正是此种不容自己之心的流露，亦即是其"满腔都是恻隐之心"（程明道语）的流露。孔子实现其自己向上的是"学"，实现人类向上的是"诲"。"学不厌"、"诲不倦"，在他原是"人己双成"的一件事，即是他的仁。一般人之所以学而感到厌，诲而感到倦，乃系生命中有时麻木间断的现象，亦即系其有时而不仁。孔子对互乡童子"与其进"、"不与其退"之心，正是"知其不可而为之"之心。此心之量，非达到"有教无类"，尽众生皆登圣域不可。我们可以说，从《论语》中所看出的孔子，完全是仁的自我实现。

颜渊的情形，《论语》上的记载是：

哀公问，弟子孰为好学？孔子对曰，有颜回者好学，不迁怒，不贰过。（《雍也》）

子曰，贤哉回也。一箪食，一瓢饮，在陋巷，人不堪其忧，回也不改其乐。贤哉回也。（同上）

曾子曰，以能问于不能，以多问于寡，有若无，实若虚，犯而不校。昔者吾友，尝从事于斯矣（朱元晦对此的解释是"颜子之心，唯知义理之无穷，不见物我之有间，故能如此"）。（《泰伯》）

子曰，语之而不惰者，其回也与。（《子罕》）

子谓颜渊曰，惜乎吾见其进也，未见其止也。（同上）

颜渊喟然叹曰，仰之弥高，钻之弥坚，瞻之在前，忽焉在后。夫子循循然善诱人，博我以文，约我以礼。欲罢不能，既竭吾才，如有所立，卓尔。虽欲从之，末由也已。（同上）

子曰，回也非助我者也。于吾言，无所不说。（《先进》）

子曰，回也其庶几乎，屡空。（同上）

子曰，吾与回言终日，不违如愚，退而省其私，亦足以发，回也不愚。（《为政》）

颜渊曰，愿无伐善，勿施劳。（《公冶长》）

颜渊的好学，即颜渊的不违仁。"人我无间"、"欲罢不能"，即是仁的真切形容与解释。他在克己自反、无限向上的这一点上，与孔子大体相同，但在融摄担当人类的全责任上，则不及孔子的充实弥满。也就是说他还没有能够尽仁之量。

再就孔子一般教人来说，他认为完全不知自觉自反的人，即无从施教。"不愤不启，不悱不发"（《述而》），"不曰如之何如之何者，吾末如之何也已矣"（《卫灵公》），因为这是麻木不仁之人。所以，孔门入德之门，主要是由自反而来的改过迁善。"见贤思齐焉，见不贤而内自省也"（《里仁》），"已矣乎，吾未能见其过而内自讼者也"（《公冶长》），"行己有耻"（《宪问》），"君子耻其言而过其行"（同上），"过则不惮改"（《学而》），"见善如不及，见不善如探汤"（《季氏》）这类精神，在《论语》中随处可见。这都是"为仁"的工夫，同时也就是仁。自觉自反是求之在己，这便是所谓"古之学者为己"（《宪问》）及"君子求诸己"（《卫灵公》）。能自反的人，一定是笃实不欺的人，所以《论语》特重视忠信。除分别言忠、言信者不计外，将忠信合举者即有六处之多，而且分量都是很重的：

> 子曰，主忠信，无友不如己者。（《学而》）
> 子曰，十室之邑，必有忠信如丘者焉，不如丘之好学也。（《公冶长》）
> 子以四教，文、行、忠、信。（《述而》）
> 主忠信，毋友不如己者，过则勿惮改。（《子罕》）
> 子张问行，子曰，言忠信，行笃敬，虽蛮貊之邦行矣。（《卫灵公》）
> 子张问崇德辨惑，子曰，主忠信，徙义，崇德也。（《颜渊》）

忠信是由自反而来的仁的实践，同时也是由自反而来的仁的初步实现。所以孔子便常常以忠信为论仁的标准，即此可见孔门之论学，亦即孔门之论仁。"子曰，巧言令色，鲜矣仁"（《学而》），这是忠信的反面。"或曰，雍也仁而不佞。子曰，焉用佞。御人以口给，屡憎于人，不知其仁，焉用佞"（《公冶长》），佞也是与忠信相反。"刚毅木讷近仁"（《子路》），因为这是忠信的表现。"樊迟问仁。曰，仁者先难而后获，可谓仁矣"（《雍也》），"司马牛问仁。子曰，仁者其言也讱。……为之难，言之得无讱乎"(《颜渊》)，这都是忠信之一端。"樊迟问仁。子曰，居处恭，执事敬，与人忠，虽之夷狄，不可废也"(《子路》)，这等于是"主忠信"的复述。孔子答樊迟之问仁，与他答子张之"问行"、"问崇德"的话，完全相同。而子夏以"博学而笃志，切问而近思，仁在其中矣"(《子张》)，这分明是以求学即是求仁。孔子答仲弓问仁是"出门如见大宾，使民如承大祭。己所不欲，勿施于人"(《颜渊》)，这和他答子路问君子之"修己以敬……修己以安人"的内容，也可以说是完全一样。由此可以断言，仁在孔子的心目中，不是与其他学问相对而成为特定之一物，乃是由自反自觉而来之责任感及由责任感而来之向上的精神与实践。这是学问的动力，同时又是学问的内容。《论语》上常常是"学"与"仁"不分的，这是孔子之所谓"学"的特性。

四

以上所引证的多是《论语》上就一般人实践着手处的一端一节以立论。对于"为仁"的工夫次第以及含摄仁之全量的叙述，只有在答颜渊问仁及子贡问仁两章中说得较为清楚，所以我在这里略加疏解。

> 颜渊问仁，子曰，克己复礼为仁，一日克己复礼，天下归仁焉。为仁由己，而由人乎哉。颜渊曰，请问其目。子曰，非礼勿视，非礼勿听，非礼勿言，非礼勿动。颜渊曰，回虽不敏，请事斯语矣。(《颜渊》)

"己"是自然的、生理的生命，"克己"是在自反自觉中突破自然的、生理的生命之制约。"礼"在孔子已转化而为人所固有的德性及德性的表征，"复礼"是恢复人所固有的德性以显露人之所以为人的价值。"天下归仁"是说一个人由"克己"而恢复了自己的德性，亦即是恢复了仁以后，天下同时即含摄于我之仁中。我与天下原为一体，但被我的自然的生命所隔断了。现在既由自反自觉而突破了自然的生命（克己）以恢复了作为人之根源的德性——仁，则与"我"限隔了的"天下"，依然回到（归）我的仁内，天下与我复合而为一了。"为仁由己，而由人乎哉"是说明一个人的实现仁，是要经过自反自觉的向内之实践，并非有待于外在的条件。《论语》上所说的仁，皆系兼"人"、"己"而为言，而工夫则必须从"为己"、"克己"这一方面开始，这样，"人"乃能在"己"的生命中生下根，进而与"己"浑而为一，这样便可极乎"天下归仁"之量。自来注释家，不曾把"天下归仁"的意义解释清楚（如朱元晦谓"一日克己复礼，则天下之人皆与其仁。极言其效之甚速而至大也"，孔子岂会作此夸张之论）。所以对于孔子这一段"即工夫，即本体"的叙述，没有能够完全了解。

> 子贡曰，如有博施于民而能济众，何如？可谓仁乎？子曰，何事于仁，必也圣乎。尧、舜其犹病诸。夫仁者，己欲立而立人，己欲达而达人。能近取譬，可谓仁之方也矣。（《雍也》）

子贡所问的，实在很难答复。因为他所提出的全是外在的条件。若以此为仁，则不仅埋没了由克己所迫进到里面去的一段深切为己的工夫，并且也断绝了一般无财无位者的"为仁"之路。若仅从外在的条件以为衡断仁的标准，则今日大资本家捐施百千万金元的慈善事业，其价值岂不超过了杏坛设教、鹿苑谈经、山上垂训？但孔子"人我兼摄"的仁，虽不以济众为决定仁的基本条件，但不能否认济众为仁所要达到的客观的目的。若径直断定济众不是仁，则抹煞了仁所应有的客观的、社会的功用，或且流于遁世之士的孤明自守。所以孔子用"何事于仁，必也圣乎"的话将它闪开。这句话的意思不是说"这岂仅可以算得仁，一定要超过于仁的圣才能够"。当时一般所称之"圣"，是以"智能"为主，如"夫子圣矣乎，何其多能也"，这有如文艺复兴时代"全能之人"的意味。孔子的意思是"你所说的博施济众，与仁无干，一定要全能的人才可以"。"何事于仁"是说"事于仁"的人未必能济众，能济众的人未必就是发于内心之仁。这很蕴藉地指出了子贡的好高骛远，问得不得要领。孔子接着便很切近地将仁指点出来说："夫仁者，己欲立而立人，己欲达而达人。能近取譬，可谓仁之方也矣。"后来程伊川说："尝谓孔子之语仁以教人者，唯此为尽。要之无出于公也。"（《二程遗书》卷八二先生语）程氏的话是不错的，但这两句话说来也没有解释得恰到好处。一般的意思以为仁是在"而立人"、"而达人"上表现出来，于是无形中把立己和立人、达己和达人看作是两件事，因而在谈到"仁"的时候，重点自然落在立人、达人的上面。殊不知孔子这句话，是把两者说成一种必然的互相含摄的关系，在立己、达己之内须必然地含摄着立人、达人。在立人、达人之内，须必然地来自立己、达己。虽然下手是在己欲立、己欲达，但就其自身的内在关连说，实是一事的两面。其关键端在于由自反自觉而来的对人、对己的一种不容自己之心。欲立、欲达的"欲"字,即为此种不容自己之心的活动。要这样去了解,才把握住了孔子所说的仁的结构和轮廓,才配说得上"唯此为尽"。不然,则不仅世界上有许多自己向上,但并不同时想到他人也该同样向上的人,即是"己欲立",但并不"而立人"的人,固然不得算仁,同时世界上也有许多自己偷惰苟且,而专责望他人作圣贤的人,即是自己并不欲立、欲达,但责望"人立"、"人达"的人,亦未必就算得仁。

根据以上的了解,我们应该可以承认一个人的自觉自反,乃"当下即是",所以孔子说"仁远乎哉,我欲仁,斯仁至矣"(《述而》)。但由自觉自反而上,可以说是宇宙无穷,吾人之悲愿,亦随之而无穷,孔子亦不敢自谓能尽此仁之量,所以他只以实现仁的实践工夫自信,而不敢以全量之仁自居。同时,仁的本体即含摄着仁的工夫,仁的工夫亦即是仁的本体。孔子平时所说的仁,多从"即工夫,即本体"上说,如"忠恕"、"忠信"、"自讼"、"改过"、"见善如不及,见不善如探汤",这都是实现仁的工夫,亦即是仁的本体在各层次、各方面中的显露。工夫须就每一个人来指点,每一个人的气质、习性、成就各有不同,于是孔子对于仁的指点,亦因而有各方面各层次的不同,然其基本精神殆无不可以互相贯通,会归为一的。还有,一个人由自反自觉的向上,可以"应迹"为各种善行,因而可以由各种善行以观人之仁,甚至于"观过"也可以"知仁"(观过斯知仁矣)。但一般人之善行或智能,并不一定是出自其自反自觉。所以对于子路、冉求、公西华之才能,及令尹子文之忠、陈文子之清,皆不许以仁。还有,仁有次第、有层次而无止境。若自觉其有一止境界限,即不是仁。所以原宪问"克、伐、怨、欲不行焉，可以为仁矣。子曰，可以为难矣，仁则吾不知也"（《宪问》）。后来程伊川谓："人无克、伐、怨、欲四者便是仁也。只为原宪著一个不行，不免有此心但不行也。故孔子谓可以为难。"（《二程遗书》卷十八伊川先生语四）伊川的意思是原宪所说的尚未成熟自然，故不许之以仁。其实，孔子就工夫上说仁时，皆是"不免有此心"。假定原宪以"克、伐、怨、欲不行"为"为仁之方"，孔子当然会加以证许。但原宪很自信地即指此四种行为是仁，这即是一种有止境之心，有止境之心，即不是仁的无穷无尽的不容自己之心，所以孔子给他当头一棒，把他向上一提，使此一死语顿成活句。

《论语》上，孔子不许管子为知礼（"管氏而知礼，孰不知礼"《八佾》），却许管仲以仁（《宪问》"如其仁，如其仁"）。于是日人津田左右吉在其《论语与孔子的思想》中觉得仁若是孔子的最高概念，而此处又把仁放在礼的下面，因此认为《论语》是一部杂凑的书。殊不知要从当时夷狄的侵凌中保存华夏，这是孔子作《春秋》的一大因缘。管仲一匡天下，免华夏于被发左衽，这和子贡所说的博施济众的架空的话，全不相同，孔子对此，心中是感到万分的真切。只看他说"民到于今受其赐，微管仲，吾其被发左衽矣"（《宪问》）的口气，其真切之情，可以想见。当时一般人对管仲之功，不能像孔子这样感到真切，乃因为一般人缺少像孔子那样对华夏的真切责任感，亦即是没有孔子心中之仁。由孔子心中之仁而来的对管仲事功的真切感，自然非许管仲以仁不可。此岂浅薄之徒所能体认于万一。

此外，《论语》上，子游和曾子，都不许子张以仁。"子游曰，吾友张也，为难能也，然而未仁"（《子张》），"曾子曰，堂堂乎张也，难与并为仁矣"（同上）。我们若仅以爱人为仁，则子张所说的"君子尊贤而容众，嘉善而矜不能"（同上）的话，纵然不能极仁之量，也不能在其同门高弟中独蒙"未仁"、"难与并为仁"之名。我认为子张的言行，是从知解上来的意思为多，从自反自觉中流出之意为少。朱子说他"少诚实恻坦之意"，范氏谓"子张外有余而内不足"（皆见《论语集注》上引子游、曾子条下），应该是对的。这正是我对仁的解释的反证。因此，《论语·阳货》中孔子答子张问仁所说的"能行五者于天下，为仁矣"的一段话，全从外面铺排，与《论语》全书论仁的精神和语气不合，我认为这是经过子张的手而走了样的话。其次，孔子答子贡问仁"工欲善其事"（《卫灵公》）的一段，也有同样的毛病。

这里还须附带一提的是，《论语》上所说的仁，有时指的层次很低，如"里仁为美"之仁，及"君子笃于亲，则民兴于仁"（《泰伯》）之仁，只不过是仁厚之意。但与仁的基本精神，不相违背。

五

所谓"五常"的仁、义、礼、智、信的名词，均曾在《论语》中多次出现。《中庸》上所谓"三达德"的智、仁、勇，也曾在《论语》上很整齐地加以叙述（如"仁者不忧，智者不惑，勇者不惧"）。但是义、礼、信等名词，对于仁来说，都是被仁所概括而为其次级的概念。同时，观于"仁者必有勇，勇者不必有仁"的说法，勇也可以概括于仁之中。所以在《论语》中，仁可以说是概括了全体；义、礼、信、勇，及恭、敬、忠、恕等等，都不是可与仁相平行、相对举的概念。能与仁的概念看作是平行而真正是对举的，只有"知（智）"的概念。"仁者静，智者动"，"智者乐，仁者寿"，"仁者乐山，智者乐水"（《雍也》）。仁是向内的沉潜，所以用一"静"字去形容；智是向外的知解，所以用一"动"字去形容。仁向内以显露道德主体，智向外以成就知识才能。仁虽为孔学的骨干，但孔子对于智，实已付与一个与仁相平行的地位，以成就其"内外兼管"、"体用赅备"的文化建构。

站在内的实践的立场，《论语》将仁建立为一极概括而统一的概念，自无不当。因为如上所述，《论语》中的仁所概括的东西，实际是内的实践的有机历程。历程的自身，自然形成一种统一，这是道德实践的特性。但为了立教的关系，则须把这种内的实践的内容，客观化到外面来，以使人接受了解，则原有之实践，至此而成为一种摆在外面的知识。知识的特性，根据现代思考心理学的研究，常常要求从极概括的知识概念中，渐渐作限定、分节、体系化的活动，以达到其自身的明确性。即是，知识常常是从非限定的，进而走向限定。因此，《论语》上"兼摄人我"的仁的概念，到了孟子便分节化而成为仁与义的两个平行概念。于是孟子之所谓仁，主要是以爱人为言；孟子之所谓义，主要是以自律为言。孟子之并言"仁义"，实系《论语》上仁的概念的分化。因此，就个人的修持实践上来说，《论语》上主要的是"为仁"，而孟子则为主的是"集义"。仁则多半说为政治方面的"仁心"、"仁政"、"不忍人之政"，这是董仲舒"以仁安人，以义正我。故仁之为言人也，义之言我也"（《春秋繁露·仁义法》第二十九）之所本，亦即是汉儒专从爱人方面来解释仁之所本。若仅从政治观点来说，则释仁为爱人，对统治者而言，有由概念之限定而来的澄清确切的好处，谁也不能希望统治者都做内圣的工夫，而统治者的"爱人"，其功用亦可与仁以满足。孟子和董仲舒在以爱人来说仁时，恰都是从政治的观点立论的。但如前所说，爱不是出自人我一体，则爱不算在生命中生了根，于是此种爱只能成为一被限定之爱。被限定之爱的价值，根本是不能确定的。要人我一体，则只有从自己自反自觉的实践工夫中翻腾上去，由"我"中转出"人"，于是"人"乃非与"我"对立之人，爱乃成为不容自己的无限的爱。所以就仁的本体来说，必兼摄"人"、"我"以为言，而且"克己"的工夫，亦即是仁的本体。所以孟子依然要说"仁也者人也"、"仁者人心也"的话，非把仁收回到"人心"之内，而使其成为一概括统一的概念不可。因此，宋儒不满意汉儒仅从人与人的关系上去说仁，乃将仁转到内的实践上去，而极其量于以天地万物为一体，比较上是与孔子的精神为相合。清人如阮元之流，仅由文字语言上拾汉儒之余唾，欲以此而上迫宋儒之垒，张汉学之帜，亦徒见清人在思想上之浅薄而已。

一九五五年三月十六日《民主评论》六卷六期

有关中国思想史中一个基题的考察
——释《论语》"五十而知天命"

一、二千年无确解

《论语·为政》章有一段孔子自述平生进德修业历程的话，此为了解孔子的重要材料，亦为了解中国文化基本精神的重要材料。兹录其全文如下：

> 子曰，吾十有五而志于学，三十而立，四十而不惑，五十而知天命，六十而耳顺，七十而从心所欲，不逾矩。

上面一段话中，可分作六个里程碑，而以"五十而知天命"一语，为全历程中的最大关键。若对此语无确解，则对全章乃至对孔子的全部思想，亦将陷于模糊摸索之中。顾二千年来注释家所作之注释，或与之背道而驰，或亦仅能得之近似。我在《中庸的地位问题》一文（《民主评论》七卷五期）中确曾稍稍提到，但略有未详，爰再加阐述。至对此一问题的完全解决，就我个人来说，须另写《中国人性论的史的演变》一文。

古今注释家对"知天命"的注释，可分为三类：

何晏《论语集解》引"子曰，知天命之终始"，皇疏引王弼云："天命废兴有期，知道终不行也。"近人傅斯年在其《性命古训辨证》中谓："孔子所谓天命，指天之意志，决定人事之成败吉凶祸福者。……方其壮年，以为天生德于予（按此语为孔子过宋遇桓魋之厄时所发，时年已六十，不可谓'方其壮年'），庶几其为东周也。及岁过中年，所如辄不合，乃深感天下事有不可以人力必成者……凤鸟不至而西狩获麟，遂叹道之穷矣。"（中卷三七页）这一类对于天命的解释，完全是站在政治穷通上来说的，天命即是所谓禄命。

上面这一类注释之所以不能成立，因为第一，禄命的观点，几乎是人类原始宗教中的共同信仰，中国古时也不例外。对于这种传统的、普遍流行的观念，孔子为什么要到五十岁才知道？第二，中国由原始宗教的信仰蜕变而走上人文的道路，在周初已甚为显著。因此，对于天命的观念，在周初也有明确的改变，而这种改变，乃文化上的一种重大进步。奠定中国人文思想基础的孔子，不应在其治学的历程中（任何人，不论是圣人或科学家，在日常生活中，总不免受一般世俗观念的影响，但站在治学的立场上说则决不会如此）反而走回头路。如《西伯戡黎》"王（纣）曰，呜呼我生不有命在天"，这是传统的禄命观念，祖伊答复说"殷之即（就）丧，指（是）乃（汝，指纣）功（事，是由纣事所致）"，这已从传统的天命观念开始转向人事上面。周公在《召诰》中则说得更清楚：

> 我不敢知曰有夏服天命，惟有历年；我不敢知曰不其延，惟不敬厥德，乃早坠厥命；我不敢知曰有殷受天命，

惟有历年；我不敢知曰不其延，惟不敬厥德，乃早坠厥命。

这很明显是说天命不可知，可知者乃人之德与不德，所以后面说"惟命不于常"，而《诗·大雅·文王之什》说"天命靡常"，说"永言配命，自求多福"，孔子分明是"宪章"这种思想而继续加以发展，则此处之"天命"不能以传统的禄命作解释，彰彰明甚。第三，即使退一万步说，此处之"天命"指的是禄命，孔子到了五十岁，已经"知天命"，即是已经确定知道"道之不行"，则孔子应当自五十岁起，闭门却扫，专心讲学著书，不再去对现实政治费冤枉工夫。但事实上，孔子五十二岁为鲁司寇，五十五岁去鲁适卫，五十九岁去卫，六十岁过宋至陈，六十三岁自陈如蔡，返卫，六十八岁始再返鲁，整整作了十八年的到处碰壁的政治活动，则"五十而知天命"完全是一句废话。一个人不应在回忆的自述中说这种言行不孚的废话。所以这一类的解释，是一种最幼稚的解释。

几乎费了一生心血来注释《论语》的朱元晦，对此的注释是："天命，即天道之流行而赋于物者，乃事物所以当然之故也。知此，则知极其精，而不惑又不足言矣。"（《论语集注》）"事物所以当然之故"，用他的另一句话表达，即是"天下之物，莫不有理"之理，而此"理"乃天道流行所赋于物者，所以称之为天命，于是在朱氏的心目中，"知天命"即是"穷尽物理"（古人所谓物，皆兼事而言）。朱氏认为孔子一生治学的过程，即是"即物而穷其理"的过程，所以"四十而不惑"是"于事物之所当然者皆无所疑"，而"知天命"比"不惑"则是更进一步知"事物所以当然之故"，因此，和"不惑"来比较，是"知极其精"。"知极其精"是指"当然之故"的"故"字而言，在《语类》上对此"故"字，曾作更详细的解释："不惑是随事物上见这道理合是如此。知天命是知道理所以然。……凡事事物物之上，须是见它本原一线来处，便是天命。"(《语类》卷二十三) 又："天命是源头来处。"(同上) 朱氏对天命的解释，完全摆脱了汉人所糅合的阴阳家的因素，这是他的一大进步。但他的解释，包含有两个不能解答的问题：第一，他的解释，用现在的话来说，"不惑"与"知天命"，都是由求知识所得的成效。但"三十而立"、"七十而从心所欲不逾矩"，则不可作求知识解，所以《语类》中说："志学是知之始，不惑与知天命耳顺是知之至。三十而立是行之始，从心所欲不逾矩是行之至。"(卷二十八) 此一说法的漏洞非常明显，孔子曾说"弟子入则孝，出则弟"(《学而》)，则他自己何待三十才为行之始？所以《语类》又说："志于学是一面学，一面力行。至三十而立，则行之效也。"(同上) 但此只能弥补十五到三十的知行关系，而此后四十年间，只言知而不言行，至七十始突然遥接三十之而立，一跃而"从心所欲不逾矩"，似此知行分离，揆之"行有余力，则以学文"(《学而》) 之教，亦即以求知为手段，以力行为目的之教，必不如此。第二，"知天命"即是穷尽物理，此物理虽兼事理而言，但"天道流行而赋于物者"，实亦包括今日意味的物理在内。"在事事物物上，看出其本原一线来处"，这只有顺着因果律向上追，这是自然科学所走的一条路。在孔子当时，并没有这一方面的明显自觉，因而更不可能有看出本原一线来处的信心。至于朱氏常常以《太极图说》来当作"本原一线来处"(见后)，姑无论此种假设的本身无何实际意义，且在孔子心目中，并看不出有这种假设的丝毫迹象。我在《象山学述》中曾指出在程、朱的精神中，有强烈的科学的要求，亦即是"即物穷理"的要求，虽此一要求终归夭折，而在思想史上仍有其重要意义，但以此解释孔子的思想，实难称妥当。

刘宝楠《论语正义》则以"命"有禄命与德命之分，他引《韩诗外传》对"不知命无以为君子"的一段解释，以证明《论语》上之所谓天命，是"仁义礼智顺善之心"，即是所谓"德命"，并谓：

> 盖夫子当衰周之时，贤圣不作久矣。及年至五十，得《易》学之，知其有得……则知天之所以生己，所以命己，与己之不负乎天，故以知天命自任。……他日桓魋之难，夫子言天生德于予。天之所生是为天命矣。……是故知有仁义礼智之道，奉而行之，此君子之知天命也。知己有得于仁义礼智之道，因推而行之，此圣人之知天命也。（卷二）

按孔子的思想，以如何完成一个人的人格为中心，即是以伦理道德问题为中心，刘氏引"天生德于予"，天生即是天命，以证知命之为德命，其义甚谛。然孔子若在五十以前，对仁义礼智皆无所得，必待五十学《易》而始"知其有得"，则所谓"三十而立，四十而不惑"者皆为诳语。且"子所雅言，《诗》、《书》执礼"，孰非仁义礼智之源，岂待五十学《易》而始得？若谓五十以前为君子之知命，至五十乃能"推而行之"，始为圣人之知命，则孔子三十四岁时，鲁孟僖子已嘱其二子向他学礼；三十五岁时，适齐后返鲁，专心讲学，奠定他一生教育事业的基础，则其"推而行之"早在五十岁以前。故刘氏之说，仍未能解释"知天命"在孔子全历程中究有明确之特定意义。此所谓仅得之近似者。

二、哥白尼的回转

"天命"的"命"字所包含的意义，我们若把许多枝叶的解释，暂时置之不问，就三千年来使用此字的实际内容来说，可以归纳成这样的一个定义，即是，在人力所不能达到的一种极限、界限之外，即是在人力所不能及之处，确又有一种对人发生重大影响的力量，这便是命。因此，凡是人力所及的，不是命，人力所不能及，但同时与人的生活并不相干的，也不是命。一个人的能力所能达到的界限，是随人的智慧与努力的程度而不同，所以，我们首先得承认，各人所说的命，有各种不同的层次，其内容并不会一样。一个颓废怠惰者所说的命，与一个志士仁人，当他力竭声嘶时所感到的命，在内容上完全是两回事。所以不是"命"字的本身来决定它的意义，而是各个不同层次的人格来决定命的意义。由此可知二千年来环绕一个"命"字所作的许多争论，实在是不能得出结论的争论。

就《论语》一书而论，"命"字可分作两方面来看。一方面是认为富贵这一类的东西，其得失之权并非操之在己，人应在这种地方划一界限，不为这种事情白费心力，而将心力用在自己有把握的方面，即是自己的德行这一方面。孔子说："富而可求也，虽执鞭之士，吾亦为之。如不可求，从吾所好。"（《述而》）后来孟子对此解释得最好："孔子进以礼，退以义，得之不得，曰有命。"（《万章上》）所以孔子说"不知命，无以为君子也"（《尧曰》）的

"命"，是偏于这一方面的意思，因为人在富贵利害上不能画一条界限，便会去打冤枉主意，便会无所不为。这是《论语》中的"命"字在消极方面的意义。

另一方面，《尚书·召诰》说："今天其命哲，命吉凶，命历年。""命哲"，即初步含有道德的意义。《春秋左传》成公十三年（西纪前五七八年）"刘子曰，吾闻之，民受天地之中以生，所谓命也。是以有动作威仪之节，以定命也"，这便对于"命"确切赋予了道德的内容。刘子说这句话的时候，下距孔子之生仅二十一年，所以《论语》中的"命"，多是以道德为其内容的。道德而归之于命，则此道德乃超出于人力之上，脱离一切人事中利害打算的干扰，而以一种非人力所能抗拒的力量影响到人的身上，人自然会对之发生无可推诿闪避的责任感和信心。"五十而知天命"，乃是此种无限的责任感和信心的真切证验。了解到这一点，才知道"天生德于予，桓魋其如予何"（《述而》）及"文王既没，文不在兹乎。天之将丧斯文也，后死者不得与于斯文也。天之未丧斯文也，匡人如其予何"（《子罕》）这类的话，才有其切实的内容，而不是孔子在那里说大话。这是"命"的积极的一面。

但仅作上面的解释，还不能完全说明这一句话的意义，及其在孔子思想中的关键。因为第一，容易使人误会到孔子是否到了五十岁而进入到一般之所谓神秘主义？可是，从《论语》全书的精神看，乃至由孔子所建立的整个儒家学派看，实无任何神秘色彩，则此处"知天命"之不同于神秘主义，应如何加以抉择？此外，在作了如上解释之后，与孔子五十以前及以后的进德修业的关系，依然不够分明。因此，我应作再进一步的解释。

孔子的学说，上面已经说过，是以知为手段、以行为目的的学说，亦即是以成就道德为目的的学说。但是过去有一种错误见解，认孔子是"生知安行"的，认为他一生下来就是一个圣人，这便无法从他个人人格的伸长完成的过程中，了解他的思想的构造和性格。他自己说得非常清楚，"我学不厌"、"发愤忘食，乐以忘忧，不知老之将至"，所以他一生是不断地在道德实践中完成自己，是不断地在道德实践中完成自己思想的构造。

　　道德乃实现于人类生活经验之中，所以孔子首先是在经验界中用力，所谓"多闻"、"多见"、"博学于文"、"好古敏以求之"，这都是他在经验界的各种相互关系中求道德的标准，以为自身实践之资。"三十而立，四十而不惑"，这是取资于经验界所得之成效。在此一阶段中道德的根源是在外面，人是由外面的客观标准（此就孔子来说，是"祖述尧舜、宪章文武"）来规律自己的生活。但是孔子在经验界中追求道德，已如前所述，不是在构成一种有关道德的知识，而是拿在自己身上来实践，由不断地实践的结果，客观的标准与自己不断地接近、融合，一旦达到内外的转换点，便觉过去在外的道德根源，并非外来而实从内出，过去须凭多闻多见之助者，现忽超出于闻见之外，而有一种内发的不容自己之心，有一种内发的"泛应曲当"之理，此时更无所借助于见闻（经验），而自能主宰于见闻（经验界），道德的根源达到了此一转换点，这才是孔子所说的"知天命"。程明道说"良知良能，莫知所自"，"莫知所自"者，言其非从经验界中的感受而来。对"莫知所自"的"良知良能"而当下全部认取、全部承当，这即是所谓"知天命"。换言之，"知天命"乃是将外在的他律性的道德，生根于经验界中的道德，由不断地努力而将其内在化、自律化，以使其生根于超经验之上。借用康德的语气，这是哥白尼的大回转，由外向内的大回转。《论语·卫灵公》章："子曰，赐也，女以予为多学而识之者与？对曰，然。非与？曰，非也，予一以贯之。""多学而识"，是孔子平日"多闻阙疑，多见阙殆"、"好古敏以求之"的结语，即是在经验界中努力的说明。子贡"然"的答复，并未错误，但他却说"非也"，这不是取消了多闻多见的努力，而是说明他并不在闻见上立足。所谓"一以贯之"，站在道德的立场说，不是由归纳外在的关系所能得出，而只能在内在的道德根源中得出。他两次提到"一贯"，这都是在"知天命"的大回转以后的话。子贡说"夫子之言性与天道，不可得而闻"，这是说明他尚不能明了此一回转的经历和意义。此处之"性"，决不同于"性相近也"之"性"，而此处的"天道"也即是"天命"。"性"是内在于一个人之身的。子贡此处将"性"与"天道"连在一起，可见孔子曾经把"性"与"天命"打成一片地说出来过，而为子贡所未喻。经验界是不断变动的。所以严格地说，道德不能在任何形式的经验主义中生稳根，任何经验主义的道德都是相对的，缺乏普遍性、永恒性的那一面的道德。孔子由经验向超经验的回转，而此种回转，不是由理智向外的思辩（这是西方所走的路），而是由德性向内的沉潜实践，因而是通过内在化以达到超经验的回转，这才使道德从相对的性质中超进一步，而赋予以普遍与永恒的根据，这才真正为道德生稳了根，因而为中国文化奠定了基石。我在《中庸的地位问题》中说："这里的所谓天命，只是解脱一切生理（同于此处之所谓经验界）束缚，一直沉潜到底（由实践而非仅由智解）时所显出的，不知其然而然的一颗不容自己之心。此时之心，因其解脱了一切生理的、后天的束缚，而只感觉其为一先天的存在，《中庸》便以传统的'天'的名称称之。并且这不仅是一种存在，而且必然是片刻不停地对人发生作用的存在，《中庸》便以传统的'天命'的名称称之。此是由一个人'慎独'的'独'所转出来的。"《中庸》是孔门的思想，《中庸》上的"天命"观念，正是紧承《论语》中的"天命"观念。所以孔子的"知天命"，即同于孟子的"知性"，而"知性"即是"尽心"，因此，再直截地说一句，孔子的"知天命"，即是他的"本心"的全体大用的显现，所以他不是神秘主义。除此以外，不能得到"知天命"三个字在他全般思想中的确切意义。我的解释方法，是综合融贯了他全般的语言，顺着他的思想的基本方向和基本精神，加以合理的推论，将古人所应有但未经明白说出的，通过一条谨严的理路，将其说出，这是治思想史的人应做的工作。此一推论之当否，关系于对古人的思想是否能因此而作合理的解释，及可不可以得到直接或间接的证据。道德不内在化，则每事皆应在经验界的相互关系中加以比较别择，不可能有"六十而耳顺，七十而从心所欲不逾矩"的境界。但这里须补充一句，真正由道德的实践以达到道德彻底内在化的时候，由实践者的虔敬之心，常会将此纯主观的精神状态，同时又转化而为一崇高的客观存在，当下加以敬畏的承当，所以"锻佛杀祖"的禅门大德，极其究，还是对佛祖要作最虔敬的皈依，否则便会流于肆无忌惮的狂禅。所以孔子的"知天命"，固然实际就是"知性"，知自己的"本心"，这是我们对他的思想加以分析后所得出的结论，但在孔子自己，则仍称之曰天命，这不仅是因为思想的发展，在概念上尚未达到更进一步的清晰程度，这要经过子思、孟子而始达到；并且历史悠久的"天命"观念，在人的精神上已成为一种崇高的客观存在，一旦与孔子内在化的道德精神直接凑拍上，孔子便以其为传统中客观上的天、客观上的天命而敬畏之。康德在他《实践理性批导》的结论中，将星辰粲列的天空，与法度森严的道德律相并列而加以赞叹。若是我们将康德此处所赞叹的天空，与他创造星云说时所说的天空，同一看待，那未免太幼稚了。这种由主观所转出的客观，由自律性所转化出来的他律性，与仅从经验中归纳出来的客观性和他律性有不同的性格，而对人的精神向上，有无限的推动提撕的力量。

三、思想史中的夹杂与"心即天"

如上所述，知天命，是由经验界回转向超经验界，是外在的，他律性的道德，回转为内在的自律性的道德，有此一回转，道德始能纯化、绝对化，始能生稳根。但纯化、绝对化后的道德，生稳根后的道德，依然是要表现于经验界中，并且应当在经验界中发挥更大的实践效率，否则只是观念上的游戏。所以孔子的思想，是由经验界超升而为超经验界，又由超经验界而下降向经验界，可以说是从经验界中来，又向经验界中去，这才是所谓"合内外之道"或者称为"合天人之道"。从其始终不离开经验界来说，孔子的思想性格，很和英国的经验主义的性格相近，但是英国经验主义的自身，没有能超升纯化到超经验的程度，所以英国的伦理，常陷于现实的功利主义而不能自拔。从"知天命"的超经验来说，孔子的思想性格，在其根源的地方，又有点像欧洲大陆的理性主义，但理性主义是走的思辨的路，它的超经验界，是由逻辑上、概念上的过分推演而来，那是一种游离不实的东西，所以理性主义对于伦理的实际贡献，反不如经验主义。而中国的超经验，则是由反躬实践，向内沉潜中透出，其立足点不是概念而是自己的真实而具体的心。体是超经验界，用是经验界；性是超经验界，情是经验界。心的本身，便同时具备着经验与超经验的两重性格，此即程伊川所谓"心一也，有指体而言者，有指用而言者"，亦即张横渠所谓"心统性情"。这与思辨性的形而上学，有本质的不同。所以拿西方的形而上学来理解儒家的思想，尤其是混上黑格尔的东西，是冒着很大的危险，增加两方的混乱，无半毫是处。

由反躬实践，向内沉潜以透出天命，实际即是后儒所说的"见性"，这是中国文化精神血脉之所在。至于后人怀疑孔子不应至五十而始见性，这是不明了思想的发展，且不知道通过知解作用的"见性"，和从实践的实证中的"见性"，有天壤之别。孔子的这一思想，经子思、孟子，始得到明确的发展，这我在《中国人性论史的演变》一文中，将详加叙述。但此一发展，到汉儒混入阴阳五行之说，把天命变为外在的、形象化的东西，而形成一大的夹杂。孟子说"仁义礼智根于心"，而汉儒却说仁义礼智信根于金木水火土，这分明是一大歪曲、一大退步。周濂溪的《太极图说》，有人说他是传自道士，但实际是将汉儒的阴阳五行说更加以条理化、组织化，使其由天到人，得到一个更明确的形象。这从思想的形式上说，确算是一个大进步。清人反对《太极图说》，而回到两汉的阴阳五行，此正说明清儒之鄙陋无识。但若从孔、孟性命之学来说，这依然是一大歪曲。程氏很少提到《太极图说》，朱元晦则因向外穷理的倾向特重，由向外穷理而欲得到理的根源，亦即是欲得到道德的根源，于是只有求之于形象化了的《太极图说》。他在《韶州州学濂溪先生祠记》中说：

秦汉以来，道不明于天下而士不知所以为道。言天者遗人而无用，语人者不及天而无本。……有濂溪先生此作，然后天理明而道学之传复续。盖有以阐夫太极阴阳五行之奥（《四部丛刊》本作"与"，据正谊堂本校改），而天下之为中正仁义者，得以知其所自来。（《朱子大全》卷七十九）

以阴阳五行为"中正仁义"之所自来，这是一个没有实际内容的假设。由此一假设，把反躬实践，向内沉潜，以显现自己的本心，通过自己的本心以看天道天命的血脉，来了一个大的曲折。并且《太极图说》的假定，不但不能加以证验，且因其本身自成完整的一套，也不要求加以证验，于是在阴阳五行中，谁也不会真切感受到道德的动力，而在此一格架下的知识活动，也永远发生不了对实物的分析检证的要求。尽管朱子的后继者，在长期内，将此一套图案，不断地细心加以排比，但排来排去，终是对道德与知识两无着落的戏论。至于张横渠的太虚说，近代大儒熊十力先生的辟翕说，排比愈工，其为戏论则一。他们之所以成为儒门巨子，是因为他们有扣紧反躬实践，因而向内生根的一面。朱子虽说过"取足于心者，佛老空虚之邪见"，但他在《孟子集注》中又说"心具众理而应万物"，则似乎依然应当在心上立足。但因朱氏在总根源上未能彻底把握得定，所以我在《象山学述》中指出他陷于一生的矛盾。张横渠一生，得力于他艰苦的"复礼"工夫，但他毕竟外律的意义较多，所以二程终嫌其近于把捉太过。熊先生的《新唯识论》，毕竟不能不以"明心"一章作收束。而"明心"一章之不够充实，这正说明他由宇宙论以落向人性论，在其根本处有一缺憾。在他们，都认为这两方面的东西是紧密相连，实际则不仅是一种推想，且亦实无此必要。我们治思想史的人，应把这种不必要的夹杂、纠结加以澄清，将宇宙论的部分交还科学，将道德论的部分还之本心，一复孔门之旧。萨尔顿（C.Sarton）在其《古代中世科学文化史》的大著中，说宋代新儒学，是欧洲中世纪的烦琐哲学（Scholasicism），这是因为他只看到由宇宙论牵到人性论的一面，而没有看到反躬实践的一面。

人在反躬实践的过程中，便必然由经验之心，显出其超经验的特性，而超经验的特性，依然是由经验之心所认取，以主宰于经验之心，于是乃真有所谓天人合一。故如实而论，所谓天人合一，只是心的二重性格的合一，除此以外，决无所谓天人合一。我们试看二程下面几段话，当可窥见孔、孟真正学脉之所在：

> 问心有善恶否，（明道）曰，在天为命，在义为理，在人为性，生于身为心，其实一也。

> 尝论以心知天，犹居京师（今之开封）往长安，但知出西门便可到长安，此犹是言作两处。若要至诚，只在京师便是到长安，更不可别求长安。只心便是天，尽之便知性，知性便知天。当处便认取，更不可外求。穷理尽性以至于命，三事一时并了，元无次序，不可将穷理作知之事。若实穷得理，即性命亦可了（以上皆见《明道学案》）。

> 一人之心，即天地之心。

> 问孟子言心性天，只是一理否。曰，然。自理言之谓之天，自禀受言之谓之性，自存诸人言之谓之心。（以上皆见《伊川学案》）

由上我们应当可以了解明道所谓"吾学虽有所受，天理二字，却是自家体贴出来"的意义。《乐记》上已将天理、人欲对举，其后言天理者亦复不少。然不从实践工夫中从内转证出来，则此二字只是没有确切意义的空话，岂能由此而谓自己见到了天理？等于刘子说"民秉天地之中以生，所谓命也"，尽管此"命"字系指德命而言，但岂同于孔子的"知天命"？更由此而可了解二程受学于周濂溪，为什么他二人很少提到《太极图说》的缘故。

陆象山近于明道。他所走的路，从经验中来的意味较少，但由向内沉潜的超经验，以走向经验，则与孔、孟的精神更为接近。所以他干脆说："宇宙即是吾心，吾心即是宇宙。"王阳明大体上是继承陆学，他对这一点说得更清楚：

> 如今人只说天，何尝见天？谓日月风雷即天，不可。谓人物草木不是天，亦不可。道即是天。……若解向里寻求，见得自己心体，即无时处，不是此道。亘古亘今，无终无始，更有甚同异。心即道，道即天，知心则知道知天。又曰，诸君要实见此道，须从自己心上体认，不假外求始得。（《传习录》上）

或者有人说，陆、王都是心学，受了明心见性的影响，不足为孔、孟思想血脉的取证。在这里，对此暂不作深论。兹更引全祖望传述笃信朱学的清初大儒陆桴亭的一段话在下面：

> 作《格致编》以自考曰，敬天者敬吾之心也。敬吾之心如敬天，则天人可合一矣。故敬天为入德之门。及读薛敬轩《语录》云，敬天当自敬心始，叹曰，先得我心哉（《鲒

埼亭集》卷一十八《陆桴亭传》。中央文物供应社所印行之《桴亭学案》中，将"敬天者敬吾之心也"二语删去，而仅录"敬天为入德之门"，此正可见近人之无知）。

一个客观的天，是一个伟大的存在，人会从各方面受到它的影响，也想从各方面去架设与它相通的桥梁。然由孔子所奠基的儒家思想，固然一方面常常从外在的客观的地位上去谈到天的问题，但在道德实践中所显现出的天或天命，实即一个人的本心显发，这由上述诸氏从实践工夫中所流露出的语言，应当可以明白。因此，我们必须承认"心即天"，然后所谓"天人不二"、"天人合一"才有一确定的意义。我们对中国思想，必须把握到这一点，才算刊落枝叶，触到本根，所以我不惮长言之。或者因此而怀疑到这是一种唯心论的说法。但是西方的唯心论，粗略地说，可以分为两个方面。一方面是认识论中的问题，普通称之为观念论。在中国文化中，很少真正有认识论的自觉，我们治思想史的人，对于我们文化中所没有的东西，应干脆承认其没有，不必强作安排附会。另一方面，是在形而上学上以精神为宇宙的本体。而"心即天"的另一真实意义，即是把属于人的归还给人，把属于自然宇宙的归还给自然宇宙；在这中间，找不出任何精神创造了宇宙，创造了"形体之天"的意味。在唯物论的苏俄中共，为什么在社会生产关系改变以后，他们中间依然有好人坏人？他们常常要凭说服去改造或影响他人的思想、观念，难道此时不是诉之于某一人的心而系诉之于某一人的生产关系？

又有人说农业社会是决定人的罪恶的根源，难说工商业者都是君子，而农民都是小人？又有人说地理上的大陆性是决定人的堕落的基本原因，则我们几千年中出过多少圣贤英杰，难说都是从天上掉下来的不成？而我们之要回大陆，岂非等于要钻进污浊的染缸里去？经济地理等等因素，即是外在的经验界中的各种因素，当然会给人的行为以影响，但都不是决定的影响。追溯到最后，一个人的行为只是决定于每一个人的心。我看不出由孔子"知天命"所奠定下来的以心为道德根源的思想，有什么立足不住之处。

一九五六年八月十六日《民主评论》七卷一六期

中国自由社会的创发

孔子奠定了儒学基础，同时也就是创发了中国的自由社会。我看，这是中国民族经过万千苦难而尚能继续生存发展的主要条件。

我这里所说的自由社会，指的是一个人能凭借自己的努力而可改进自己的地位而言。出现此一事实之艰难及其重大意义，将可由与其他古代社会的对比而得到了解。

古埃及、古巴比伦和古印度，都是世界文明的发源地，对于人类的文明都有过不少的贡献。但在他们的文明中，尚没有转出一条使每一个人由自己的努力以改变自己地位的观念与途径。他们的统治阶级，不需要阶级以外的任何条件而即是统治阶级。他们的被统治阶级——奴隶、贱民，世世代代都是奴隶贱民，根本不能想像到在任何自主的条件之下能改变自己的地位，除非是叛乱。但古代的叛乱，从来不曾解决这样的问题，因为他们根本缺少这种观念。

再说到文明盛极一时的希腊、罗马。他们的国家，是由"自由人"这一阶层构成的。在此一阶层中，保持了个人能以自己的努力来改善自己地位的自由。这比古埃及、巴比伦、印度，诚然是前进了一大步。但自由人只是少数，占多数的还是奴隶。在他们的政治观念中，不认奴隶是国家中的构成分子；在他们的学问对象中，奴隶不是在"广场"上或在"学园"里可以受到教育、接受知识的人。他们的所谓"人"，决不是有一共同基点，可以享受基本权益的普遍性的人。在他们的文化中，根本缺乏"人类"的观念。柏拉图把人生而分为金、银、铜、铁四品，即是此一现实的反映。西方"人类"的观念是来自耶稣。总结地说一句，他们时代中的大多数人，在精神及物质上，和牛、马乃至各种物件一样，钉死在各自出生时的原有位置。欧洲的自由社会，可以说是由文艺复兴和宗教改革才真正开始的。

在上述完全无自由的社会，一切都凝结僵化，势必向两极发展。上层的只知道逐物欲生活，慢慢成了被绣衣锦的木偶；下层的无任何希望或机会的鼓励，而真正成为既无爪牙之利，又无毛羽之丰的直立动物，即是在动物中也是条件最恶劣的动物。社会的生机、活力，自然一步一步地枯竭下去，有如在大旱天里的草木，最后只有枯萎以死。

我对于中国古代史没有作过研究。但就人类进化的一般情形而论，当然有很长的一段时间，同样是处于非自由的状态。由非自由的状态转向自由的状态，在孔子之前，在观念上和事实上，一定已积累了许多准备工作，但到孔子才有其确定的方向，作了系统的努力。

孔子把非自由的社会转向为自由的社会所作的努力，可简单地从两方面说。一是以"学"与"教"的精神、方法，把人从"自然"中解放出来，以确立"人"的地位，使人可以从其作为"自然物"之一的地位中，从本是作为动物中之一的地位中，站立起来，能以各人自己的力量来变动在人的价值中的分位，可以由无

中国自由社会的创发

德而进为有德，可以由无能而进为有能，除上智与下愚外，在德与能的各种层次中，一般人都可自主地上升或下坠，不再和其他的动物一样，限定于生下来的自然位置，一成而不可变。像"为仁由己"的这一类的伟大启示，在欧洲到了文艺复兴时代的人文主义大师才很明确地提了出来，他们因此而指出"自由"乃人之所以区别于其他动物的唯一标识，但中国在二千五百年前已由孔子很坚确地建立于"学"与"教"的基础之上了。中国"学"和"教"的观念，当然不始于孔子，可是使"学"与"教"成为普遍的人类的东西，则确系奠基于孔子。"有教无类"这句话，在西方近代以前，几乎不能说得出（斯图噶派含有此类精神，但西方人不以它为正统）。孔子常用"学不厌、诲不倦"来表白他自己，站在历史的观点，才可以了解这是改变人类运命的惊天动地的大事。

其二，仅仅在人自身的德与能上面获得了自由，若是在社会的地位上不能获得自由，则前者会完全落空而无真实的意义。因此，自由社会的成立，还要打破由历史所自然形成的阶级，使各个人能各以其自己的努力改变社会的阶级地位。孔子根本没有谈过无阶级的社会（大同世界中仍有君臣）。人类不会有无阶级的社会，以无阶级相标榜的共产党，其自身即是严酷的金字塔式的阶级构造。孔子承认阶级（名分），但他竭力指出阶级所应当凭借以存在的条件，使人能自由获得此种条件，因而可自由改变在阶级中的位置。人在阶级中有自由改变的机会，阶级便由人类生命的桎梏而变成为人类生命的鼓励。孔子在这方面，是从两方面提出他的主张：一是主张凡有某种地位的人，应该具备与某种地位相适应的"德"与"能"，此即他"正名"的最根本意义。此一主张的另一意义，即是没有具备与其地位相称的德与能的人，即不应保有其地位。孔子尊重君臣的名分，是尊重政治中应有此一秩序的形式，并不是尊重某一特定的人君。他对于当时的各个人君，都是采取老师教学生的态度，教导他们应如何为君，如何才配称为人君，这在《论语》、《礼记》中是随处可以看出的。他决不认为某一人君的地位是不可变易。他想应公山弗扰之召，这是说明他赞成公山弗扰的叛乱行为。关于"叛乱的人权"，欧洲在十八世纪才正式提出，但在中国，则由孔子而经过孟子以到荀子，早在理论上具备了明确的形态。董仲舒说孔子作《春秋》是"贬天子，退诸侯，讨大夫"，董氏生在天下定于一尊的大一统的朝代，而特别强调此一微言大义，可见其是出自儒家的真正传承。可以说明孔子对于政治阶级的真正态度。孟子主为匹夫匹妇向人君复仇，这是大家都知道的事实。即在有若干地方受了法家（这是中国的极权思想）影响的荀子，也两次提到"传曰，从道不从君"及"上下易位然后贞"（《臣道》），可见这不是他私人的创说，而是儒家的真正传承。道是每一个人所共同承认的，亦即是大家站在平等的地位所承认的。把道放在君的上面，这是说明君不是代表阶级的崇高，而系代表一种德与能的成就。因而君是由大家所承认的道来决定的，亦是间接由大家来决定的。

在另一方面，相应于上述的有位者必有其德，孔子更主张"有德者必有其位"。"君子"是贵族的尊称，但在《论语》中则十分之九是指的有德的人，这即说明，原属于社会阶级上的尊称，一变而为任何人由人格上的努力而即可获得的尊称，此种尊称，再不属于客观的限定，而收纳在各个人主观的主宰范围之内。这样，社会上还哪里能有"四种姓"这类的固定阶级之存在呢？再从政治上说，孔子常梦见周公，想"为东周"，这种政治上的抱负，不是处于平民地位所能实现的。形成孔子这种心理与愿望的根据，是出自有此德即应有此位的观点。所以孔子除了主张"亲亲"之外，更主张"贤贤"，主张"选贤举能"。同时反对"官人以世"，《春秋》"讥世卿"，反对有一批人不论其德能之如何而固定地站在统治的地位。孔子认为"亲亲"是一个内心德性的"见端"，是人的德性实践的基点，所以在"亲亲"中，完全与社会阶级问题不相关涉，这是稍有中国文化常识的人都可以了解的。儒家将君臣父子并称，但对君臣与父子彻底作两样的规定。"父子以天合"，"君臣以义合"，所以"父子主恩，君臣主敬"或"主义"（"敬"与"义"在以前常互用），即是君臣的关系，是从属于"义"之下，而应随"义"来变动的。"贤贤"，是说明哪一个人是贤，则政治上即应承认其是"贤"而使其获得只有贤才可以担任的职位。此一思想发展而成为中国二千多年来的选举乃至科举制度。科举制度的流弊，我曾经痛切地指出过，但在另一方面，则选举和科举都是使可由自己的努力以获得政治上的地位的途径，因而中国比欧洲早两千年便摆脱了固定的贵族统治，使社会与朝廷得到交流，使每一个人在政治中有其自力上进的机会，即是使每一个人能以其自力改变其社会地位的机会。这能不说是孔子创造了我们的历史吗？

我在这里，只能粗略地指出孔子创发自由社会的一个轮廓，而不及作详细的陈述，尤其是关于孔子对于"礼"的思想的详细陈述，这是今人所最不了解，而实有加以详细陈述之必要的问题，只好待将来有机会时再说。可是由孔子所创发的自由社会，在历史上并没有彻底完成，这是因为政治中有一个基本问题没有解决，即是政权的运用问题。儒家只指出人君可以"易位"，提出了"征诛"与"禅让"的两种易位形式，同时指出了操易位大权的应该是人民。但人民如何去行使此一大权，则没有提出解答，而要等待今日民主政治的实现。所以孔子之教，延续了民族的命脉，并未能完全解决民族在政治这一方面的问题，因而中国历史始终陷于一治一乱的循环状态。儒家之未能创造出民主政治的形式，原因很多，但若谓儒家精神会妨碍民主政治，这不是出于黑了良心的民族敌人，便是来自太无知识的文化买办。由孔子思想在政治方面的正常发展，必然要走上民主政治的道路，而这种民主政治，是超过（不是反对）欧洲使民主政治所凭借以成立的功利主义，以奠基于人的最高理念的"仁"的基础之上，使近代的民主政治因而更能得到纯化，以解决仅从制度上所不能彻底解决的问题。站在中国人的立场，真正尊重孔子的人，即应当为民主政治而努力，使孔子的精神在政治方面能有一切实的着落。真正向往民主政治的人，即应当发掘孔子的基本精神，使民主政治能生根于自己伟大的传统之中，和社会各种生活得到调和。偏私浮薄之徒是不能了解此一问题，也决无法解决此一问题的。

一九五四年九月二十八日《中央日报》孔诞纪念专号

中国自由社会的创发

释《论语》"民无信不立"
——儒家政治思想之一考察

我在《荀子政治思想的解析》一文中（中华文化出版事业委员会出版之《中国政治思想与制度史论集》）曾提到近人萧公权氏在其《中国政治思想史》中谓孔子教民重于养民，恐怕系误解了《论语》"自古皆有死，民无信不立"的一段话。我认为孔子主张"去食"而不去信，是要政府不可因财政困难而轻作失信于民的措施。孔子断无民可以饿死而民之信不可放松的意思。当时我之所以作此论断，只是根据先秦儒家政治思想的基本精神作一推论，并未暇作文献上的考查。该文刊出后不久，有位热心的读者来信说在同一论集里张其昀先生的《中国政治哲学的本原》中解释这一句话，时以为"民信即为国民之共同信仰与理想，释以今语，是谓主义，儒家最大之努力，即为确定吾民族立国之主义，以发扬民族之精神与道德"（页三）。该读者觉得张先生的解释，似乎和我的解释不同，到底哪对哪不对，希望我作一答复。我感到对于古典的解释，多少总会受到解释者所处的时代乃至个人地位的影响，此在我国西汉时代已甚显著，此类解释，与文献原意之是否相符，并无关系，没有论列的必要。但这句话的解释，在中国过去的注释家中，早发生歧异，而这种歧异里面，实包含有一种政治上的观点不同，关系于政治思想史者颇大。爰稍加疏导，以供留心中国政治思想史的人的参考。

一

《论语·颜渊》第十二中有下面这样一段话：

> 子贡问政，子曰，足食足兵，民信之矣。子贡曰，必不得已而去，于斯三者何先？曰，去兵。子贡曰，必不得已而去，于斯二者何先？曰，去食。自古皆有死，民无信不立。

后来程伊川说："孔门弟子善问，直穷到底。如此章者，非子贡不能问，非圣人不能答。"可见这一段简单的问答中，实具备了孔了政治思想的具体轮廓。误解了这一段话，不仅误解了孔子的政治思想，并且也会误解到孔子学术思想的基本精神。但是对这一段话的误解，其来已非一日，而这种误解，是随专制政治逐渐掩没了原始儒家的政治思想而加深的。

郑康成注这一段说："言人所特急者食也。自古皆有死，必不得已，食又可去也。民无信不立，言民所最急者信也。"郑注之意，信是就人民本身说的。将郑注释以今语，人民宁可饿死而不可无信。皇侃疏引李充曰：

> 朝闻道夕死，孔子之所贵；舍生取义，孟轲之所尚。自古有不亡之道，而无有不死之人，故有杀身非丧己，苟存非不亡也。

李充的说法，可以看作是郑注的一种补充理由。但是何晏的《论语集解》却引孔安国注谓："死者古今常道，人皆有之，治邦不可失信。"照孔注的意思，"信"是就统治者自身说的。将孔注释为今语，统治者宁可自己饿死而不可失信于民。刘宝楠《论语正义》以"食"为"制国用"的"食政"，等于今日之财政。民信是"上与民以信"，因为古来"咸以信为政要"。足食、足兵、民信为"三政"，去兵谓"去力役之征"，去食谓"凡赋税皆触除"，"自古皆有死，民无信不立"者，谓"自古人皆有死，死而君德无所可讥，民心终未能忘，虽死之日，犹生之年"，这完全是引申孔义，与郑注分明是相反。

朱元晦《论语集注》对此的解释是：

> 民无食必死，然死者人之所必不免，无信，则虽生而无以自立，不若死之为安。故宁死而不失信于民，使民亦宁死而不失信于我也。

朱注主要的意思是说民宁饿死而不失信于统治者。但他下这样的解释时，心里多少感到有点不安，所以插进"宁死而不失信于民"一句，于是"自古皆有死"之"死"，变成为统治者与被统治者的共死。朱元晦的态度是谨慎而调和，但在文理上多少有点附益之嫌。

　　　　　　　　　　　　　　　中国思想史论集续篇

二

　　然则在上述三种不同的解释中，究竟以哪一解释为合于孔子的原意？这要就《论语》本身来取证。

　　《论语》上提到"信"字，可分为两大类。一种是就士的操持上讲的，如"弟子入则孝，出则弟，谨而信"之"信"，及"主忠信"之"信"；一种是就政治上来讲的，如"信而后劳其民"之"信"，及"敬事而信"之"信"。前一种"信"是人的一种德性，是每一个人所当持守的；后一种"信"，是政治上的一种条件，是说统治者必自己做到信的条件，以使人民能相信它。这种"信"是对统治者提出的要求，而不是对人民提出的要求。先秦儒家，凡是在政治上所提出的要求，都是对统治者而言，都是责备统治者，而不是责备人民，这可以说是一个"通义"，此即"德治"的本质。《论语》"子贡问政"这一条，足食、足兵、民信，分明都是就为政者本身说的三个条件。民信的"信"，自然不是对人民的要求，而只是对统治者的要求。所以孔注，尤其是刘宝楠的《正义》，将"食"释为"食政"，即政府的财政，"民信"是统治者宁死亦不失信于民，最能得孔子的原意。孔子岂有站在政治立场上会说"人民宁可饿死"之理？郑君虽在此处把"信"解释为对人民的要求，但当他笺《诗·下武》篇时则谓"王道尚信"，"王者之道成于信"，盖在政治上所说的"信"，无不系对统治者以立言。皇本此章"民信"上有"令"字，成为"令民信之矣"；"无信"作"不信"，成为"民不信不立"。我虽不能断定皇本与现行本之孰真孰讹，然由此可以证明孔注乃一般流行之通说。后来王若虚《论语辨惑》中解释这最为清楚："夫民信之者，为民所信也；民无信者，不为民信也。为政而至于不为民信，则号令日轻，纪纲日弛，赏不足劝，而罚不可惩，委靡颓堕，无（任何）事不能立矣，故宁去食而不可失信。"（《潏南遗老集》卷六）

朱元晦注释的错误，是从一个更大的错误来的。孔、孟乃至先秦儒家，在修己方面所提出的标准，亦即在学术上所立的标准，和在治人方面所提出的标准，亦即在政治上所立的标准，显然是不同的。修己的、学术上的标准，总是将自然生命不断地向德性上提，决不在自然生命上立足，决不在自然生命的要求上安设价值。治人的、政治上的标准，当然还是承认德性的标准，但这只是居于第二的地位，而必以人民的自然生命的要求居于第一的地位。治人的、政治上的价值，首先是安设在人民的自然生命的要求之上；其他价值，必附丽于此一价值而始有其价值。孔子在修己上主张"居无求安，食无求饱"，甚至要求"杀身成仁"。但在政治方面，则只是"节用而爱民"，"因民之利而利之"，以至"老者安之，少者怀之"。孟子对士的主张是"尚志"，是"仁义而已矣"，但在政治方面则认为"救死而恐不赡，奚暇治礼义哉"，可见他认救死比礼义重要。而他之所谓"王道"，归结起来也只是"老者衣帛食肉，黎民不饥不寒"，他的所谓"仁政"只是"所（民）欲与之聚之，所恶勿施尔也"。此一用意，在《大学》说得更为明显。诚意、正心、修身，是对政治负责人自己说的，而对人民来说，则只是"民之所好好之，民之所恶恶之"。王阳明说得最彻底，民之好恶，就是至善（止于至善）。这种修己与治人之标准的不同，是了解中国先秦儒家思想的一大关键。但这一关键，到后来便慢慢模糊了，常常把修己的德性，混淆为政治上对人民所要求的标准，是两汉以后，儒家于政治思想的精神脉络，除极

　　　　　　　　　　　　　中国思想史论集续篇

少数人外，常隐没而不彰，程、朱在这一点上也不知不觉地陷于此一错误。朱注认信为"民德"，为"人之所固有"，所以觉得人民即使饿死也要他们守而不失。这是以儒家修己之道责之人民。但他对一部《论语》一直解到死，其用心真可谓入微入细，内心当然感到统治者自己站在人民上面去要求人民为信而死，这种片面的要求，总有点说不过去，所以便把统治者与人民绾带在一起，而成为统治者与人民共为信而死，这似乎解释得更为圆满了。但这种圆满仍与孔、孟的基本精神不合，孔、孟对于统治者和人民，从不作同等的要求。所以对于教养的关系，都是养先教后，养重于教的。

三

养与教的关系，不仅是政治上的一种程序问题，而实系政治上的基本方向问题。儒家之养重于教，是说明人民自然生命的本身即是政治的目的；其他设施，只是为达到此一目的的手段。这种以人民自然生命之生存为目的的政治思想，其中实含有"天赋人权"的用意。所谓"天赋人权"，是说明人的基本权利是生而就有，不受其他任何人为东西的规定限制的。承认人权是出于天赋，然后人权才成为不可动摇，人的生存才真能得到保障，所以政治的根本目的，只在于保障此种基本人权，使政治系为人民而存在，人民不是为政治而存在。较儒家为晚出的法家，以耕战之民，为富国强兵的手段，人民自己生存的本身不是目的，由人民的生存而达到富国强兵才是目的，于是人民直接成为政治上之一种工具，间接即成为统治者之一种工具，这样一来，人民生存之权不在于自己而在于统治者之是否需要，这是中国古代的法西斯思想，当然是与儒家根本不能相容的。固然"饱食暖衣而无教，则近于禽兽"，儒家不是不重视教，但儒家之所谓教，只是"申之以孝弟之义"，"皆所以明人伦"，这是就每一个人的基本行为而启示以基本规范，其教之所成就，依然是直接属于每一个人的自身，这与"概念"性的东西并不相同，亦即与今日一般之所谓"主义"完全异致。不过，这种教的根据虽然是人性所固有，而"立教"则系出自人为。统治者若以立教为自己的最高任务，则不管教的内容如何，自然会流于以政治的强制力量，强制人民服从自己所认定的真理或价值，认定人民系为实现此一真理或价值而存在。假定他所要求者并无错误，但每人实现真理与价值之层次不能相同，于是人民生存之价值亦因之而各异，势必如柏拉图将人分为金、银、铜、铁四等，亦必如今日共产党将人分为许多不可逾越的阶级，平等的基本人权便不能成立。加以用政治强制的力量去推行真理或价值，即系某一真理或价值自身的僵化，而妨碍压迫了人性无限的可能性之发展。因此，以立教为第一的政府，势必流于极权政府。何况根据人类历史的经验，权力是发现真理与价值的最大障碍。统治者常常把自己的权力意志以各种方式神化为真理与价值，于是表面上要人民为此真理与价值而牺牲，实际就是要人民为其权力意志而牺牲，这更是古今中外的通例。所以先秦的儒家，自己是站在社会上去立教，站在社会上立教，乃是信任人类理性的自由选择，而不是出之于强制要求。在政治上，只要求统治者自己有德，而以尊重人民的好恶为统治者有德的最高表现。只要求统治者提供教育的工具——学校，只要求统治者以"身教"而不以"言教"。言教乃是师儒立教之事，统治者是要自己通过师傅、谏诤、舆论来终身受教的。自己不肯教而常想去立教的人君，在儒家看来，乃非昏即暴的人君。今人所说的"政教合一"，这不过是酋长政治的遗风，决非儒家精神所能允许。从前人君到学校去要行"释奠"之礼以祭先师先儒，这是说明"教"不是来自人君而系自有其源头。并且站在政治立场以言教，不过是一种最低调的人生规范以及应用才能，决不涉及什么概念性的、哲学性的东西。即令是如此，也依然要放在"养"的后面，以表示这种"教"是为"养"而存在，亦即是为人民的自然生命而存在，只是以教来加强自然生命，而决不是以教来抹煞自然生命的存在。用现在的话说，即是不以任何思想或主义来动摇天赋人权。儒家在政治方面的这种大方向，可谓昭如日星。我之所以常常说儒家精神通于民主政治，我之所以反对萧公权氏孔子是教重于养的说法，其原因即在于此。这是儒家与极权主义的大分界，因今日共产党之出现，而此一分界的重大意义，已经是更为明显。假使这一点没有弄清楚，就对于以"生"为价值根源的（生生之谓易，天地之大德曰生）儒家精神，不算有了真正的了解。

至于有人把"民信之矣"的"信"解释为今日流行的所谓"主义"，意思是说人民可以饿死而不能不信主义，主义在何处？是在统治者的口中。这样一来，即是人民可以饿死而对统治者不可不拥护。这样来讲中国文化，要中国文化无形地为专制极权服务，恐怕是中国文化所不能接受的。

一九五五年元月《祖国周刊》九卷十一期（一一五号）

儒家在修己与治人上的区别及其意义

一

我在《释〈论语〉"民无信不立"》(《祖国周刊》——五号)一文中指出:"孔、孟乃至先秦儒家,在修己方面所提出的标准,亦即在学术上所立的标准,和在治人方面所提出的标准,亦即在政治上所立的标准,显然不同。修己的、学术上的标准,总是将自然生命不断地向德性上提,决不在自然生命上立足,决不在自然生命的要求上安设人生的价值。治人的、政治上的标准,当然还是承认德性的标准,但这只是居于第二的地位,而必以人民的自然生命的要求居于第一的地位。治人的、政治上的价值,首先是安设在人民的自然生命的要求之上,其他价值,必附丽于此一价值而始有其价值。"我的这种观点,近四年来曾经不断地提出,但这篇文章提得更为具体,更证明我在《荀子政治思想的解析》一文中,指出近人萧公权氏在其所著《中国政治思想史》中说孔子是"教重于养"的说法,是一很严重的错误,完全是正确的。但我在这篇文章中,依然是采取会通《论语》、《孟子》全书的意义,以得出结论的方法。最近又偶然发现可作直接证明的材料。《礼记·表记》上说:

子曰，无欲而好仁者，无畏而恶不仁者，天下一人而已矣。是故君子议道自己，而置法以民。(《表记》)

子曰，仁之难成久矣，唯君子能之。故君子不以其所能者病人，不以其所能者愧人。是故圣人之制行也，不制以己，使民有所劝勉愧耻，以行其言。(同上)

《表记》一篇多论仁，仁为儒家思想之中心，亦即人生的最高标准。但这只能作个人修己的标准，不可因此而便作政治上治人的要求于人民的标准。"议道自己"的"道"，指的是根据仁以树立的做人标准，这种标准，只能要求从自己下手去作。"置法以民"的"法"，是社会一般人的生活规约。制定这种规约，则不是用修己的"道"做标准，而是以人民所能达到的为依归。对修己的标准而言，这是一种最低的标准。上引《表记》的第二段话的意思，与所引第一段话的意思，完全相同，并且说得更为明白。

此外，董仲舒的《春秋繁露·仁义法》第二十九，主要是推明这种意思。如说：

是故内治反理以正身，据礼以劝福。外治推恩以广施，宽制以容众。孔子谓冉子曰，治民者先富之而后加教。语樊迟曰，治身者先难而后获。以此之谓治身之与治民，所先后者不同焉矣。《诗》曰，饮之食之，教之诲之。先饮食而后教诲，谓治人也。又曰，坎坎伐辐，彼君子兮，不素餐兮。先其事，后其食，谓治身也。《春秋》刺上之过，而矜下之苦。……求诸己谓之厚，求诸人谓之薄；自责以备谓之明，责人以备谓之惑。是故以自治之节治人，是居上不宽也；以治人之度自治，是为礼不敬也。

当我写《荀子政治思想之解析》及《释〈论语〉"民无信不立"》的两篇文章时，心里并不记得上引的材料。但我先由儒家"尊生"的基本精神，尊重人性、人格的基本精神，加以推论；再将《论语》、《孟子》的全书意义加以会通，所得出的结论，与上引材料，若合符节，由此可见一种思想文化的基本构造，有其必然的内在关连，不是可以随意从其枝节地方去加以附会或抹煞的。

二

这种分别之所以重要，一方面是像我所已指出的，若以修己的标准去治人，如朱元晦们认为民宁可饿死而不可失信，其势将演变成为思想杀人的悲剧。另一方面，若以治人的标准来律己，于是将误认儒家精神，乃停顿于自然生命之上，而将儒家修己以"立人极"的工夫完全抹煞。清儒戴东原挟反宋明理学的成见，其言性、言理义，主要乃在形气（自然生命）上落脚。形气活动，表现于人的好恶，于是无形中即在好恶上落脚。他说："孟子曰，其日夜之所息，平旦之气，其好恶与人相近也者几希。以好恶见于气之少息犹然，是以君子不罪其形气也。"（《读孟子论性》，《戴东原集》卷八）当然儒家不是宗教，所以"不罪其形气"，但儒家还要追问出一个为形气作主宰的东西。为形气作主宰的东西，本具于各人的心性之中，这是道德主体的、内在性的一面。但内在于各人心性之中的道德主体，必发而为人心之所同然，这即同时超出于各人主观之外，而赋有客观的意义，从主观状态中脱出，以成为客观的真理。儒家的伦理道德，是不断地向客观真理这一方向去努力、去形成的，这才能为人类"立人极"。程、朱特拈出一"理"字，并认为"性即理"，其根本用心即在于此。戴氏不了解此意，所以批评程、朱说："程、朱以理为如有物焉，得于天而具于心，启天下后世人人凭在己之意见而执之曰理，以祸斯民。更淆以无欲之说，于得理益远，于执其意见益坚，而祸斯民益烈。……离人情而求诸心之所具，安得不以心之意见当之。"（《答彭进士允初书》，同上）戴氏认为人与物不同的地方，是物的"自然"不合于天地之正，而人的"自然"能践乎中正。他所说的"自然"，即是指人情之所欲，他所说的"意见"，是与人情自然之所欲相对，对人情自然之所欲发生别择控制的作用。程、朱以此为理，他以此为意见。于是戴氏认为儒家精神，乃在"情"上、"欲"上立足，即在自然生命上立足。他一方面引《孟子》"广土众民，君子欲之"、"鱼我所欲也"、"生我所欲也"这一类的话，以为其立足于"欲"的根据（见《答彭进士允初书》），但把孟子接下去说的话，如"舍生而取义也"这一类的话，则略而不顾。一方面引孟子"形色天性也，惟圣人可以践形"的话，以为他整个的自然主义思想作根据，而故意把"惟圣人可以践形"一句中"惟圣人"三个字的重大意义，略而不顾。在他心目中的圣人与众人，在德性的成就上并无多大区别，所以他接着便说："人之于圣人也，其材（形气）非如物之与人异。"（皆见《读孟子论性》）由人性、人格之平等，而淆为学养、修持上之平等，这是自然主义者的自然结论。戴氏的观点，本可自为一说，有如西方以欲望为基底之功利主义，而不必依托于孔、孟。自立一说而又必以孔、孟为依托，则其自身的思想既受制约，儒家的精神亦因之而受损害，这真可谓合之两伤。

历史学家钱宾四先生在其《四书释义》的《论语要略》第五章"孔子之学说"中，完全以"好恶"来解释《论语》的仁，即将儒家精神完全安放于"好恶"之上，我想，这是继承戴东原的思想，而更将其向前推进一步的。钱先生的基本论点是"仁者直心由中，以真情示人，故能自有好恶。不仁者以有自私自利之心，故求悦人，则同流俗，合污世，而不能自有好恶"（《四书释义》上册，页五六）。但是说到仁，总不能不绾带着对他人的态度，于是钱先生认为仁与不仁之分是"徒知己之好恶，不知人之同亦有好恶者，是自私自利之徒，不仁之人也。以我之有好恶而推知他人之亦同我有好恶者，是仁人也"。又说"故仁者，人我之见，不敌其好恶之情者也。不仁者，好恶之情，不敌其人我之见者也。后世之言仁者，不敢言好恶，不知无好恶，则其心麻痹而不仁矣。仁道之不明于世，亦宜也"（同上，页六六）。按中国过去所说的好恶，指的是由"欲望"发展而为"意志"的表现。合于欲望者即好，反于欲望者即恶。有好恶即有追求其所好，避免其所恶的行动，即根据意志的行动。动物有欲望，动物即有好恶。而且许多动物能以各种姿态表示其好恶，表示其追求或逃避的意志，这是近年来动物心理学所证明的。因此，好恶并非人所独有。而且最能以好恶之真情示人者亦莫过于一般动物。其次，一种好的行为，要通过好恶而实现，一种坏的行为，也是通过好恶而实现，禅宗对于人生道德是从消极方面去表现，所以不言好恶，儒家对于人生道德，是从积极方面去表现，所以要言好恶，王阳明之强调好恶，这尤其是他个人的儒释分途的地方。但儒家不抹煞好恶，决不是即在好恶上树立道德人生的标准。因为好恶之本身不可以言善恶，善恶乃在其好恶之动机及其所要达到的目的之上。换句话说，好恶之本身无价值，必依其所以好恶者以决定其价值。《论语》子曰"吾未见好德如好色者也"，孔子这句话，很清楚地说明好德的价值在好色的价值之上，而这种价值的上下，乃决定于"德"与"色"，而不决定于两方是否将其所好的真情表露出来。好色者未尝不可以形之歌咏，而好德者也可以"默而志之"。《论语》又载"子贡问曰，君子亦有恶乎？子曰，有恶。恶称人之恶者……"。子贡之问，来自对于"恶"的怀疑。孔子之答，乃指明君子恶其所当恶。"恶其所当恶"，即是对于"恶"的一种限定。又答子贡之问谓"不如乡人之善者好之，其不善者恶之"，这也分明是说好恶应得其当，亦即说明好恶之价值不在其本身而在其是否得当。"当"即是客观的标准。钱先生认为"不仁者以有自私自利之心，故求悦人……而不能自有其好恶"，其实，巧言令色的人，表面上掩蔽其好恶，实际常常是为了贯彻其好恶，实行其好恶。巧言令色去钻官做的人，因为官才是他真正所好的。谈好恶，一定应连接着行为，以行为贯彻其好恶的人，不能说是"不能自有其好恶"。"其父攘羊，而子证之"，这是以真情示人；"父为子隐，子为父隐"，这是不以真情示人。这种不以真情示人，可以说是"不能自有其好恶"，其所以不能自有好恶，是另有一较高的道德意识在后面对好恶发生控制或平衡的作用。况且暴戾恣睢之人，放浪不羁之士，常可以其好恶的真情示人，魏晋时的名士，如《世说新语》所记，尤多坦易任情，不事矫饰，其风格亦可令人向往，但这未必能符合于孔子所说的仁。至于在政治上，最能有其好恶的莫过于秦始皇、史达林、希特勒，最不能有其好恶的乃是那些受善纳谏，以及被议会所制衡的政治家。不错，钱先生也考虑到这一点，所以提出"仁者推己之好恶，而知他人之好恶。以不背于他人之好恶者，而尽力以求满足其一己之好恶焉"（同上），这似乎可以从好恶上把人己统统顾到。但是一个人尽力求满足一己之好恶而能不背于他人之好恶，这一定是好恶有节或好恶能得其正的人。尽力满足一己的好恶，这是人与一般动物所同，在这种地方说不上是道德或不道德，即在这种地方不能安设道德价值。若逞一己之好恶而妨碍他人之好恶，便谓之不道德，若节制自己的好恶而不妨碍他人之好恶，便可谓之起码的道德（政治上通常只要求到此一程度）。若牺牲自己的好恶以成就他人的好恶，通常称之为大德。一个人之所以能节制其好恶，乃至牺牲其好恶，或者因为是受了外在条件的制约，如中国过去之所谓"礼"，近代之所谓"法"，此时对其行为发生良好作用者乃是礼或法而非好恶之自身。或者是因为内在的道德之心，即仁义礼智信的五常之性，内发而对其好恶发生自律或超越转化的作用，此时对其行为发生良好作用者乃道德之心、五常之性，而非好恶之自身。钱先生说"孟子称公刘好货，太王好色，与百姓同之，使有积仓而无怨旷，孟子之学，全得诸孔子"（同上，页六九）。孟子这段对齐宣王因势利导的话，其重点不在"好货"、"好色"而在"与民同之"，彰彰明甚。假定公刘、太王顺着其好货、好色之情，以"自有其好恶"为目的，则他们意欲所指向的只是货与色，如何能顾到人民？他之所以能"与民同之"，能在自己好恶之外，还要顾到百姓的好恶，这不是他好色、好货的本身在发生作用，而是在好色、好货的后面或上面另有一种道德之心在提撕其好恶。我们没有方法从好色、好货的本身推出"与百姓同之"的结论。否则齐宣王为什么需要孟子这样费力去诱导，而依然不能做到"与民同之"？古今的暴君污吏，无非是好色、好货，所以政治"民之所好好之，民之所恶恶之"的极则，只能实现于不自有其好恶之人。先秦诸子百家，几乎都要求人君无为而治。"无为"即是不自有其好恶，这是统治者的修己。以无为去成就人民的好恶，使人民能遂其好恶以保障其基本权利，这是统治者的治人。惟修己以超越于自己的自然生命的好恶之上，才能达到成就人民好恶的治人的目的，在这种地方，修己与治人有其必然的关连。这种修己与治人的关连及其区分，几乎可以说是儒家精神的全部构造。

在所有儒家的文献中，提到好恶时，大体上都是注意如何能以性率情，而不至以情蔽性，以使好恶能得其正。从修己上说，很少直接从好恶本身上去建立人生价值的理论。甚至除庄子以外，在道、墨、名、法中，也似乎没有这一种理论。王弼以《老》、《庄》注《易》，他释乾《文言》"利贞者性情也"说"不性其情，何能久行其正"。这种文化的大防，是不可轻易突破的。因为在好恶上立足，便只有主观上个人的冲动，而根本否定了向客观真理的努力。而此一努力，乃是人类文化中所必须表现出来的。庄子的《齐物论》，不是要在客观的标准上去齐，而是在否定客观标准，否定"物之所同是"，以还原于各是其是的好恶上去齐，即是以当下承认好恶之本来不齐为齐。他说：

　　民湿寝，则腰疾偏死，鳅然乎哉？木处，则惴栗恂惧，猨猴然乎哉？三者孰知正处？民食刍豢，麋鹿食荐，蝍蛆甘带，鸱鸦耆鼠，四者孰知正味？猨，猵狙以为雌，麋与鹿交，鳅与鱼游。毛嫱、丽姬，人之所美也，鱼见之深入，鸟见之高飞，麋鹿见之决骤，四者孰知天下之正色哉？自我观之，仁义之端，是非之涂，樊然淆乱，吾恶能知其辩。

在人生行为中，只承认好恶，则一切只停留在各个生命的主观状态中，自然不能承认共同的客观标准。不承认客观的标准，归结也只有在各自主观的好恶上落脚。不过作为庄子自序的《天下》篇，承认圣王"皆原于一"，且对于道德仁义名法，皆出以肯定之态度，并叹息于"天下之人，各为其所欲（好恶）焉以自为方。悲夫，百家往而不反，必不合矣"（《天下》）。则其《齐物论》，殆亦故为荒唐谬悠之言，非其本意，所以他依然不肯以好恶混同于仁义。

王阳明有"良知只是个是非之心，是非只是个好恶。只好恶就尽了是非，只是非就尽了万事万变"的一段话，好像阳明把好恶直凑拍上良知，于是阳明在良知上立足，也似乎即是在好恶上立足。其实，阳明的这一段话是他和禅宗的分水岭。良知不承接下是非、好恶，则良知只是返观内照之知，不能成就人生积极的行为。此段话的关键还是在良知上，只有直承良知而来的好恶，才可以尽了是非。阳明"良知之说，是从百死千难中得来"，所以并不能说好恶就是良知。阳明在"存天理，去人欲"的工夫上，与程、朱并无二致。天理可表现而为好恶，人欲也可表现而为好恶。好恶只是一般，而所以好恶者则是两样，所以工夫不在好恶上而在好恶后面的根据是天理或是人欲。若只就好恶立论，则根本用不上"存天理，去人欲"的工夫。取消了这一段工夫，则孔孟、程朱、陆王的精神便会一齐垮掉。佛家说"直心是道场"，其工夫乃在如何能"直心"，亦即如何能"复其本心"，使"本心作

　中国思想史论集续篇

主", 所以人心、道心之分, 天理、人欲之分, 乃在工夫过程中所必须安设的, 否则常易认贼作父。我认为阳明之言好恶, 不同于钱先生之言好恶, 这在两人对于"克己复礼"的"克己"的解释上截然不同, 更可得到证明。钱先生以"任"释"克", 克己即是任己、由己, 而不采取"克去私欲"的通释, 因为只站在好恶的立场, 不能谈天理、人欲, 所以也不能谈克去私欲。但阳明却说:

> 人若真实切己用功不已, 则于此心天理之精微, 日见一日。私欲之细微, 亦日见一日。若不用克己工夫, 终日只是说话而已。……且待克得自己无私可克, 方愁不能尽知, 亦未迟。

由此可知阳明之以克去私欲来解释"克己", 及不在好恶上立足, 彰彰甚明。所以钱先生以好恶释仁之说, 我怀疑是受庄子《齐物论》的影响, 而将戴东原的思想, 更大胆向前发展了一步。此一思想本身的意义, 可以从各个角度去衡量, 欧洲文艺复兴期从宗教气氛中回到俗世的人文主义, 与钱先生的基本精神似乎更相接近。也可以说在钱先生的思想中注入了时代精神而或为钱先生所不自觉。但其与孔孟、程朱、陆王的修己以立人极的思想, 我总觉得有很大的距离, 所以钱先生的文章都是条理密察, 但关于论仁及与此有关的地方, 终不免抵牾而未能条畅。我想, 其最初的分歧点, 恐怕是来自把儒家治人的标准, 当作修己的标准来看了的缘故。这是我想向钱先生恳切请教的。

三

儒家不仅在要求统治者以人民之好恶为好恶的政治思想上，是涵育着深深的民主政治的精神，并且修己与治人的标准的划分，实可为今日民主政治尚无基础的地方解决一种理论上的纠结，使极权与民主不致两相混淆，这也不能不说是一个奇迹。

因为我国缺少民主政治的实际体认，并且受了共产党一切归结于政治的说法影响太大，所以常常把学术上的争论，直接和政治勾连在一起，于是主张自由的人，一不小心，便滑落到极权主义的圈套之中而不自觉，所以我曾经写过《学术与政治之间》一文（《民主评论》四卷二十期），将政治与学术的妥当领域，加以界划。一面保障民主政治自由选择的运用形式，不致因学术上的所谓真理而动摇；一面从政治的多数决定中，保障学术的纯洁性、独立性。当我写那篇文章的时候，还没有想到儒家将修己与治人分开，即含有这种意义，而只是将既成的民主生活的事实，作一理论上的反省。最近读到台湾大学陈康教授《论思想统一问题》的大文（见《自由中国》十二卷第九期），更觉得儒家的用心，到现在还有一种重大的启蒙作用。

陈教授的文章是从"在一个国家里规定行为的思想必须是统一的"这一大前提之下开始，而举出了四种统一方式。一是像秦始皇那样统一于他自己一人（其实从思想上说，秦是统一于法家一家）；一是像汉武帝那样，统一于儒家一家（其实，从政治的事实上说，汉武以后也是统一于皇帝一人）；一是像共产党那样统一于一党；一是像民主政治那样，统一于人民的多数。陈教授站在"错误可以百出，真理只有一条"的立场，认为"统一于多数的思想，比较最接近绝对是非和绝对利害，它的错误可能性比较统一于一党、统一于一家、统一于一人所有的错误可能性减少至于极微"。所以不待说，陈教授是赞成统一于多数的。但是陈教授认为前三种统一方式是少数人压迫多数人，固然不好，后一种则是多数人压迫少数人，虽较前三者为优，"然而这些少数人何辜，独不能伸张人权和多数人一样"，陈教授认这"脱离不了五十步笑百步的类型"，而是"民主主义须要解释的一个问题"。据陈教授自己的解释是"少数服从多数……并非受屈于多数"，而是因为多数人的意见"更接近绝对是非和绝对利害的意见。这一意见虽非少数人现实所主持，然而却是他们遵着同一道路可能达到的比较良好的意见。因此，多数统治少数，事实上……是少数人（将来）可能有的意见，统治他们自己现实所有的意见"。即是少数人以其将来之我，统制现在之我，是自己统制自己，所以并不违反人权。陈教授因为假定民干政治的基础，乃在于其多数所代表的真理性，求真理有其必须的条件，所以他最后为了民主主义的思想统一方式，提出两个条件，"其一是国民的观点要多，另一是国民要具有科学的批评精神和逻辑的论证能力"。

陈教授肯以认真的态度来谈有关现实的问题，这一点使我觉得非常难得。但陈教授对于民主政治，似乎还有若干隔膜。所以他所提出的问题，似乎不曾得到解决，反而有走向相反的方向——极权主义方向的危险。

首先，在民主政治下的少数服从多数，何以从来未感到这其中含有少数者的人权问题？因为民主政治的实际运行，和陈教授的想法有些两样。所以在民主政治之下，根本不会发生政治上的思想统一乃至须要思想统一的问题。不错，陈教授一开始已经限定"本篇所谓思想，指规定人的行为的思想"，以与纯知识活动的思想相区别。但民主政治由多数所决定而须要统一的行为，乃是一种极被限定的行为，每个人大部分的行为，尽管有其若干共同趋向，并承认若干共同标准规约，可是这是由传统、习惯、教育、文化等而来，并不是由政治的多数决定而来。民主政治的起点，便是要使政治愈少干预人类的生活行为便愈好。假定人类的生活行为一一由政治去决定，则不论通过任何方式来决定，都是极权的压迫。其次，在行为的后面，固然有其思想根据，但政治上，行为与思想的关系，并没有逻辑上必然的关系；相同的思想，在政治上可以趋向不同的行为；相同的行为，在政治上可以来自不同的思想。例如反共抗俄，是一个大的共同行为，讲自由主义的可以赞成，不讲自由主义的，甚至是托派的人也可以赞成。讲全盘西化的人可以赞成，讲中国本位文化的人也可以赞成。信仰三民主义的人可以赞成，不相信三民主义的人也可以赞成。尼赫鲁在国内反共，在国际亲共，狄托在国内实行共产主义，在国际上反对共产主义的祖国。所以民主政治，只问现实的政策，不问政策后面的思想。这不是完全否认政策与思想的关连，而是把政策后面的理论根据，亦即是一个人在行为后面的动机，保留给各个人自己，在政治上可以付之不问。所以政策的统一、行动的统一，并不就是等于思想的统一。世界上只有最愚蠢的政治家才要求大家以和他相同的同一思想动机来赞成他的现实政策。共产党根据其阶级性的理论，便特别重视思想动机对于行为的关系，认为只有先把每个人的行为动机弄清楚后，以达到理论与实践的一致，才算是可靠。换句话说，它们认为只有先解决了思想问题，才能真正解决政治问题，所以要大力作洗脑等血腥的工作。但苏俄到现在为止，还是以政治暴力来不断地解决思想问题，并不是以思想来解决政治问题。如果认为一个国家某阶段的政策统一，即是思想统一，则政治即可干涉到每个人的内心生活而成为极权政治。站在儒家立场来说，由纯正的思想动机以贯彻到日用行为，使思想与行为之间，没有一点矛盾，即是王阳明所说的"知行合一"，这是修己之事。以修己之事来作治人的要求，儒家从道德的立场要予以限制，近代民主政治从人权的立场也决不许可。

更重要的是，民主政治最高的立足点，不是认为政治上的多数，能"达到比较更接近绝对是非和绝对利害的意见"。绝对是非和绝对利害，是不可变动的，因之是属于学术上的问题，这不是多数能够作决定的。我在《学术与政治之间》的那篇文章里说得很清楚："一万个普通人对于哲学的意见，很难赶上一个哲学家的意见。一万个普通人对于科学的知识，没有方法可以赶上一个科学家的知识。"我们不能把哲学与科学完全划出于人类行为范围之外。德国哲学家 E. Spranger 在一九五〇年写给日本《中央公论》编辑部的一封信曾说过这样的一句话："大众如（对文化问题）获得了胜利，则我们全世界的文化，恐怕就要趋于溃灭。"（见《民主评论》二卷四期）这是一位哲人，身居两个世界的连结点，深切体认出以政治多数决定文化、思想所孕育的危机的痛苦呼吁。同时，陈教授说共产党是把思想统一于党，其实，最低限度，共产党在理论上它是主张统一于多数；因此，"大众"与"特殊阶级"（亦即少数人）的对称，成为它的政治斗争——思想斗争所经常使用的工具。它的思想斗争的方法，主要是通过"群众路线"，以多数来克服少数。它为什么对反对者要作无情的摧毁，因为它相信"人民大众"的多数是在它那一方面，即是绝对的是在它那一面；

其反对者只是因为其阶级性或一时的缺少自觉，而站在绝对的非那一边。陈教授认为多数的决定是"此较更接近绝对是、非和绝对利、害的意见"，因此，这是真理的一条直线发展，而为少数者将来所不能不接受的立场，少数者之受压迫，只是将来可以觉悟之我，来压迫现在还未觉悟之我，因此陈教授认这依然是"少数和多数在理性之前，彼此平等"。在统治这种少数者的手段上，陈教授当然不会主张与共产党相同；但对于政治上多数与少数在真理面前的估价，则完全是一致。因为这种一致，于是共产党对反对者的肃清，只是这些观点向前进一步的发展；用共产党的口气说，只是它以革命的手段来彻底实现真理而已。

民主政治的少数服从多数，只认为这不过是以数量来解决问题的明确办法，由多数所代表的意见的优势，不过是相对的、一时的，因此，是根据一定的程序可以改变的。民主政治下的少数者，并不是在真理前的屈服，也不是被多数者统治其思想，更不是由将来的少数者的自己，来统治现时的少数的自己，而是以堂堂的反对者而存在，其思想要由多数者予以保障，并且现在的少数者要争取成为将来的多数者。民主政治，不是以多数者所代表的真理性为基础，所以少数服从多数，只是民主政治中的一个条件，不仅不是唯一的条件，而且也是与极权主义者所共同承认的条件。世界上也有造不出多数的极权统治，这乃是一种最低级的极权统治。民主政治的基础，是安放在可以经过和平的程序，自由地修改政治上的错误之上，因此，少数服从多数，只有和多数保障少数同时存在，才有其民主的意义，只有在多数与少数可以自由变动的情形之下，民主政治才是以其"运用的形式"来接近政治上比较绝对是非和绝对利害，这决不是由多数者的政治内容所能代表的（关于民主政治是政治的形式，而不直接关涉到政治的具体内容的这一点，我曾在《中国政治问题的两个层次》一文中加以阐述）。照陈教授的说法，民主政治中的少数迟早应归于消灭，结果只存在着比较接近绝对是非和绝对利害的这一方面，因陈教授是"假定少数人（将来）可能有的意见，统治他们自己现实所有的意见"，这句话的意思是说明现在的少数者到将来认识进步以后，自然会归到现在接近绝对是非和绝对利害的多数那一方面去了。这正是一党专政的理论根据。民主国家，如英国，第二次世界大战时，保守党是多数，战争刚要结束时变成了少数，上次大选又变成了多数。这种时而多数、时而少数的现象，简直是绝对的是非在那里翻筋斗的现象，在逻辑理性的立场是不应该有的，但在民主政治的立场是永远会有的。

因为陈教授把政治和学术的观点弄混淆了，所以他对民主主义的"思想统一方式"所提出的两个条件之一，即是"国民要具有科学的批评精神和逻辑的论证能力"的条件，不仅不是民主政治运用中的必要条件，并且也无形地会落到另一反民主的圈套中去而不自觉。民主政治和儒家思想一样，只要是一个"生"的单位，即承认其有完满无缺的价值。"人生而自由平等"的另一意义，是不需要出生以后的附加条件，人才有其权利，而是作为一个"生"的单位即有此权利。所以只要不是精神变态或发育不全的成年人，他的认识即有起码的逻辑的暗合性，民主政治即对之寄与以完全的信心而信任其选择的能力，尊重其选择的权利。在这里，只有量的多少发生决定作用，而不是质的高低发生决定作用。"逻辑的论证能力"，这是学术上的质的问题。学术是由质来决定的，十个没有逻辑训练的人，关于逻辑上的论证能力，赶不上一个有逻辑训练的人，在学术的立场上，十个人在这一方面应当接受一个有训练者的指导。但在政治投票的时候，一个有逻辑训练者依然只能算一票，依然应接受十个没有逻辑训练者的共同意见。假定把科学的批评精神和逻辑的论证能力当作民主政治运用中的必须条件，则不仅中国没有多少人具备此种条件，最低限度，在几十年内没有实行民主的资格。即英、美的工人阶级乃至农民，也未必能合此一要求。于是政治问题，应当由教逻辑的教授们来一番演算或辩论以作决定，结果，"哲人为王"，逻辑论证能力最强的应当取得统治者的地位。对于老百姓，最低限度，应规定逻辑为义务教育的必修科，并大量开设逻辑补习班以作选举的准备。但是，在政治上，决不能如此。在儒家，只问人民的好恶；在民主政治，只是基于选民自己利害的选择。一个人，对于自己在利害上的选择，是无待于逻辑的论证能力的。当然有这种能力更好。人民的多数选择，可能是一种错误，而民主政治正是给人民以自由地改正其错误的保障。若是认为多数即是代表真理，则民主政治改正错误的机能便归于消失，这即意味着民主政治整个机能的消失。

政治与学术的观点不清，其弊害已如上述。但是，知其一不知其二，也是人之常情，所以分清也并不容易。儒家思想，主要是"规定人的行为的思想"。但它在二千多年以前，已经把同是规定人的行为的思想，却在修己与治人两方面界划清楚，这种界划的基本用心，针对着共产党的现实（冯友兰曾说共产党是要人人作圣贤。以政治强制之力来要人人作圣贤，即使是真的，也会成为莫大的罪恶），针对着陈教授所提出的问题，似乎还有其深远的

中国思想史论集续篇

意义。由此可见孔家店所出的货色，似乎并没有随"五四"运动的"打倒"口号而俱倒，恐怕这是陈教授所意想不及的。

一九五五年六月十六日《民主评论》六卷十二期

按此文钱宾四先生曾以《心与性情与好恶》一文作答，同见《民主评论》六卷十二期，读者可以参阅。

向孔子的思想性格回归
——为纪念一九七九年孔子诞辰而作

一

儒学是中国文化的主流，孔子是由古代文化的集大成而奠定儒学的基础，《论语》是研究孔子的最可信的材料，这是得到许多人所共许的。但现代谈中国哲学史的人，几乎没有人能从正面谈孔子的哲学，更没有人能从《论语》谈孔子的哲学。虽然这些先生们，不像方东美先生样，公开贬斥《论语》，但心里并瞧不起《论语》。认为里面形而上的意味太少，不够"哲学"。要谈古代儒家哲学，只好从战国中期前后成立的《易传》下手，因为《易传》中有的地方开始以阴阳谈天道，并且提出了"形而上之谓道"的"道"，这个道才勉强有哲学的意味。但不仅《论语》中没有"阴阳"的名词，并且也不能由《论语》中推演出以"一阴一阳之谓道"来讲孔子仁义之道的脉络。《易传》中大概引有三十条左右的"子曰"，除了一条在疑似之间外，都不曾沾上阴阳观念。并且都是以道德判断行为，以行为解释吉凶祸福。这分明是把由神秘与经验，两相结合而成的《易》，特将经验的一面显彰出来，示人类行为以准则，这是由宗教落实到人文的显例。所以从宋儒周敦颐的《太极图说》起 ① 到熊师十力的《新唯识论》止，凡是以阴阳的间架所讲的一套形而上学，有学术史的意义，但与孔子思想的性格是无关的。有的也从《中庸》讲儒家哲学，因为上篇 ② 有"天命之谓性"的"天命"，下篇有"诚者天之道也"的"天道"，可以说是有哲学意味可讲的。但《中庸》的思想脉络，是由上向下落的脉络，是由"天命之谓性"，落在"修道之谓教"的上面，所以上篇是在"忠恕"，在"庸言"、"庸行"上立足，而不是在"天命"上立足；下篇是在"博学"、"审问"、"慎思"、"明辨"、"笃行"上立足，是在"人一能之己百之……"上立足，而不是在"维天之命，于穆不已"上立足。一切民族的文化都从宗教开始，都从天道、天命开始，但中国文化的特色，是从天道、天命一步一步地向下落，落在具体的人的生命、行为之上。

讲中国哲学的先生们，除了根本不了解中国文化，乃至仇视中国文化，有如杨荣国之流，以打胡说为哲学者外，即使非常爱护中国文化，对中国文化用功很勤、所得很精的哲学家，有如熊师十力以及唐君毅先生，却是反其道而行，要从具体生命、行为层层向上推，推到形而上的天命、天道处立足，以为不如此，便立足不稳。没有想到，形而上的东西，一套一套的有如走马灯，在思想史上，从来没有稳过。熊、唐两先生对中国文化都有贡献，尤其是唐先生有的地方更为深切。但他们因为把中国文化发展的方向弄颠倒了，对孔子毕竟隔了一层，所以熊先生很少谈到《论

---

① 汉儒盛宏以阴阳言天道，但都是来自阴阳家与儒家的结合，而不是出于《易传》。以《易传》中的阴阳言天道，实始于宋儒。

② 《中庸》应分为上、下两篇，具见于拙著《中国人性论史·先秦篇》，页一〇三至一〇九。

语》，唐先生晚年似乎有回转，在独立以后的新亚研究所开《礼记》、《论语》的课，但对《论语》的课，是由他一位学生代授。这都是受了希腊系统哲学的影响。我认为孔子表现在《论语》中的思想性格，合不合希腊系统哲学的格套，完全是不相干的。孔子在人类文化史中的地位，不因其合西方哲学的格套而有所增加，也不因其不合西方哲学的格套而有所减少。今日中国哲学家的主要任务，是要扣紧《论语》，把握住孔子思想的性格，用现代语言把它讲出来，以显现孔子的本来面目，不让许多浮浅不学之徒，把自己的思想行为套进《论语》中去，抱着《论语》来糟蹋《论语》。孔子的本来面貌显出来了，时代对他作何评价，只有一委之于人类自身的命运。

二

对《论语》下功夫最深的无过于程伊川、朱元晦及并时其他理学家。伊川曾说："读《论语》有读了全然无事者。有读了后，其中得一两句喜者。有读了后知好之者。有读了后，直有不知手之舞之、足之蹈之者。"又说："颐自十七八读《论语》，当时已晓文义。读之愈久，但觉意味深长。"在这里，我可用自己对"以约失之者鲜矣"这句话的体验，为程伊川的说法作证。我一生不知碰过多少钉子。有一次，突然想到这句话时，为之汗流浃背。再在当前政治人物的观察中，又发现无一不是在这简单的七个字下面受审判。同时我更感到，对《论语》语义的了解，恰如颜渊所形容对孔子的了解一样，"仰之弥高，钻之弥坚，瞻之在前，忽焉在后"（《子罕》）。这是颜渊直接与孔子的人格觌面时所说出的话。

《论语》中许多语言，不是由逻辑推论出来的，不是凭思辨剖析出来的，而是由孔子的人格直接吐露出来的，所以对它的了解，也常遭到颜渊所"喟然叹曰"的问题。但我们可以先把握一个基点，以这基点作导引、作制约，才不致流于猜度乃至迷失方向。《论语》的基点就是与"言"相关相对的"行"。

从《论语》看孔子毕生所学所教的，可用一个"道"字加以概括。"朝闻道，夕死可矣"（《里仁》）；"士志于道"（同上）；"子曰，参乎，吾道一以贯之。曾子曰，唯。子出，门人问曰，何谓也？曾子曰，夫子之道，忠恕而已矣"（同上）；"志于道，据于德，依于仁，游于艺"（《述而》）；"笃信好学，守死善道"（《泰伯》）；"谁能出不由户，何莫由斯道也"（《雍也》）；"人能弘道，非道弘人"（《卫灵公》）；"君子谋道不谋食"（同上）；"君子忧道不忧贫"（同上）等。因为道的概括性很大，所以在《论语》一书中所用的"道"字，有层次的不同，有方向的各异，尤以用在政治上者为多。但追到最后，都可以说是同条共贯的。道的基本性格，即是孔子思想的基本性格。

在这里，我忽然发生一种联想。希腊语中有 Logos 一词，本义是"语言"。但在希腊哲学及基督教神学中，得到不断的发展。在希腊哲学中到了赫拉克勒斯（Herakleitos）说成这是世界的法则。到了斯图阿学派（Stoic School），把它说成是"神的世界原理"，人应顺随着它生活，由此而带有实践的道德意味。到了菲龙（Philo）引用来作犹太教的解释，而认为它是内在于世界的理性原理，给世界以生命、目的、法则，因而支配世界、指导世界。此后也给基督教神学以相当大的影响。值得注意的是：假定希腊语中的"Logos"和中国语中的"道"，其分位约略相等，但在希腊则是由

"语言"发展出来的，在中国则是由道路上行走发展出来的。Logos在斯图阿学派中也带有实践的意味，但远不及它的"纯理论的倾向"之重。中国的"道"，也有言语的意味，如《论语》中"乐道人之善"（《季氏》）者是。这种意味，虽因约定俗成，在日用语言中流行甚广，但与儒、道两家所谓"道"的内容相较时，则轻微得不足齿数。由此我们也可以说，孔子追求的道，不论如何推扩，必然是解决人自身问题的人道，而人道必然在"行"中实现。行是动进的、向前的，所以道也必是在行中开辟。《论语》中所涉及的问题，都有上下浅深的层次，但这不是逻辑上的层次，而是行在开辟中的层次，因此，这是生命的层次，是生命表现在生活中的层次。"下学而上达"（《宪问》），应从这种方向去了解，否则没有意义。

三

《论语》上没有明说道的来源是什么。《孟子》"诗曰，天生蒸民，有物有则。民之秉彝，好是懿德。孔子曰，为此诗者其知道乎！故有物必有则，民之秉彝也，故好是懿德"（《告子上》），孟子乃引此以为"性善"的主张作证。《论语》中孔子说"为仁由己"（《颜渊》），又说"我欲仁斯仁至矣"（《述而》），是他在体验中已把握到了人生价值系发自人的生命之内，亦即道的根源，乃在人的生命之内。但此一体验，孔子尚未能在概念上加以明确化，所以当他说到性时，只能说"性相近也，习相远也"（《阳货》），而未尝直截指出"性善"。未尝直截指出"性善"，则孔子对于道，在概念上认为是客观性的、是外在性的，所以屡次说"志于道"。

志即是主观向客观的追求。此客观性、外在性，从《论语》看，可能指的是天。

天是最高道德存在的观念，春秋时代已出现，而孔子自己就曾说"天生德于予"（《述而》）。但从《论语》全部文字看，孔子对于天，只是由传统来的漠然而带有感情性质的意味。当他说"天何言哉，四时行焉，百物生焉"（《阳货》）的时候，他都从经验现象中去把握天。以他的"无征不信"的性格，除了对天有一番虔敬之心外，不可能进一步肯定"道之大原出于天"。①因此，道的客观性、外在性，主要是指的人类行为经验的积累。"子所雅言，《诗》、《书》、执礼"（《述而》）的《诗》、《书》、《礼》，都是古代行为经验积累的结晶，这才是孔子所说的道的真正来源。他的修《诗》、《书》，订《礼》、《乐》，晚年学《易》，由卫返鲁后作《春秋》，皆由此可以得到坚确的解释。司马迁《史记·自序》"子曰，我欲载之空言，不如见之于行事之深切著明也"，这是以孔子之言说明孔子作《春秋》的用心。《自序》中又分别发挥《易》、《礼》、《书》、《诗》、《乐》在行为中的重大意义后，更强调"万物之聚散，皆在《春秋》"，"《春秋》者礼义之大宗"。礼义之大宗即是道。司马迁认为《春秋》所表现的行为经验，较之《易》、《书》、《诗》、《礼》、《乐》更为具体，便更为"深切著明"。"空言"为理论的、抽象性的概念语言，"见之于行事"是在行事中发现它所含蕴的意义及其因果关系。"载之空言"，是希腊系统哲学家的思想表达方式，"见之于行事"，是孔子思想的主要表达方式。孔子所志的道，是从行为经验中探索提炼而来，则学道的人，自必要求在行为中

①《汉书·董仲舒传》初策中语。

落实贯通下去。于是孔子之所谓道，必然是"道不远人"中庸的性格，这样孔子才可发出"谁能出不由户，何莫由斯道也"的呼唤；曾子才可以说"夫子之道，忠恕而已矣"。"忠恕"正是《中庸》上篇的主要内容。孔子所追求的道的性格，规定了《论语》中所关涉到的一切道德节目的性格。把孔子的思想，安放到希腊哲学系统的格式中加以解释，使其坐上形而上的高位，这较之续凫胫之短、断鹤胫之长，①尤为不合理。因为凡是形而上的东西，就是可以观想而不能实行的。

四

顺着上面对道的性格的理解，便立刻可以了解孔子对言与行的态度。下面简录若干材料：

> 子曰，弟子入则孝，出则弟，谨而信（此就言来说的），泛爱众而亲仁。行有余力，则以学文。（《学而》）
> 子贡问君子。子曰，先行其言，而后从之。（《为政》）
> 子曰，古者言之不出，耻躬之不逮也。（《里仁》）
> 子曰，君子欲讷于言而敏于行。（同上）
> 子曰，君子耻其言而过其行。（《宪问》）
> 司马牛问仁。子曰，仁者其言也讱。……为之难，言之得无讱乎。（《颜渊》）

---

① 见《庄子·骈拇》篇。

孔子特别重视言与行间的距离，必使言附丽于行，不给言以独立的地位。不仅要求言行一致，而且要求行先言后，这站在希腊系统哲学的立场，是无法理解的。在希腊哲学中，占有重要地位的辩证法、形式逻辑，正是来自广场的辩论，也即是来自独立于行之外的言。但只要想到前面所说的道的性格，便容易了解孔子对言行的态度。

所以《论语》上孔子对自己的反省，主要是行为、实践上的反省，他说"文莫吾犹人也，躬行君子，则吾未之有得"（《述而》），"出则事公卿，入则事父兄，丧事不敢不勉，不为酒困，何有于我哉"（《子罕》）；"德之不修，学之不讲，闻义不能徙，不善不能改，是吾忧也"（《述而》），这种在行为实践上的反省，即是他的"守死善道"。

较言行关系更为微妙的是学与思的关系。因为孔子说过"学而不思则罔，思而不学则殆"（《为政》）。这两句意义重大的话，于是一般说孔子是学、思并重，恐怕是似是而非的看法。不错，从《论语》看，孔子是非常重视思的，如"君子有九思"（《季氏》）之类。但我们要注意到，《论语》上的"思"，是面对某种行为、事物所应遵循的规范，如"言思忠，事思敬"等的思。这是把行为、事物与价值连结在一起之思，不同于一般所谓思辨之思。并不是说孔子摒斥思辨之思，"学而不思则罔"的思，即指的是思辨之思。但从"吾尝终日不食，终夜不寝以思，无益，不如学也"（《卫灵公》）的话看，孔子实际重学更多于重思。王船山《论语训义》，对前引"学而不思则罔"两句，将学与思作分别性的解释说："学则不恃己之聪明，而一唯先觉之是效。思则不徇古人之陈迹，而任吾警悟之灵。"把《论语》的学解释为"一唯先觉之是效"，即是学习前人所积累的经验，这是很恰切的。把此处的思，解释为"任吾警悟之灵"，在语意上说得稍为含混。船山真正的意思是说，把所遇到的问题，作抽象的思维，古人的陈迹，亦即是经验事实，在抽象中舍掉了，亦即是由抽象而舍象，只是顺着思维的推演，以求得结论，这才是船山所说的本意。孔子的本意，不是学与思并重，而是要学与思结合。孔子所说的"终日不食，终夜不寝，以思"，这是离开了经验的思，是近于希腊哲人的冥思，由此所得出的结论，是与具体人生有距离的结论，这种思的推演愈前进，前进到形而上的领域，便脱离了人生，与人的行为不发生关系，这便不是孔子所追求的道，所以孔子断定这种思是"无益"的。在学与思不能作均衡的结合时，与其偏于思，不如偏于学。这恐怕是孔子的真意所在。希腊由纯思维所形成的哲学，在孔子面前，都会断之为"无益"。"无益"是指的无益于人的行为，无益于人的具体生命生活。

五

现在试将"人能弘道，非道弘人"两句话加以解释。

孔子之所谓道，必须有坚确的知识来支持，所以《论语》中非常重视知识，但他不是以知识为归趋，所以道的主要内容，不在扩充知识。假定是以扩充知识为道，则道可以使人知所不知，这即是"道能弘人"。孔子之所谓道，包含有艺能在内，他重视艺能在生活、行为中的意义，所以他特别提出"游于艺"，"艺"是艺能，"游"是熟练的形容。但艺能不是他所说的道的主要内容。若艺能是道的主要内容，则道可以使人能所不能，这也是"道能

中国思想史论集续篇

弘人"。孔子之所谓道，主要是指向生活、行为的意义，由这种意义来提升人生的价值，使人真能成为一个人，亦即《论语》中的所谓"成人"、所谓"君子"。这种意义，因为是与生活、行为连结在一起的，因为是与每一个人、每一样事连结在一起的，所以把它加以表达的言，都是平淡平实之言，亦即是有类于朱元晦赞程伊川所说的"布帛之文，菽粟之味，知德者希，孰识其贵"（《朱文公文集》卷八十五）。从纯知识、纯艺能的角度看这种道是不能"弘人"的。但一进入到人类的行为世界，进入到由人类行为所积累的历史世界，它所含的意义才可彰著出来，此之谓"人能弘道"。

《论语》中的"敬"，至程伊川、朱元晦而始弘。《论语》中的"仁"，至程明道、王阳明而始弘。但历史上，人由正面以弘道的特少，人由反面以弘道的特多。《史记·自序》说："《春秋》之中，弑君三十六，亡国五十二，诸侯奔走不得保其社稷者不可胜数。察其所以，皆失其本矣！"《索隐》以"仁义之道本"释此处的"本"是对的。若非深入于春秋二百四十二年的历史的行为世界之中，何以能发现仁义有这样大的力量。不面对着今日许多巨大灾变，皆由以国家为私产而起，怎能了解孔子说"巍巍乎，舜、禹之有天下也而不与焉"的重大意义。不面对着许多国家，发生对政府不信任的严重危机，怎能了解孔子说"民无（不）信不立"的重大意义。中共正感到不先整顿党风，即不能改善社会风气，便应当想到孔子所说的"正其身，不令而行。其身不正，虽令不从"的重大意义。中共正受到打、砸、抢、乱的悲惨结果，便应当想到孔子说"民之于仁也，甚于水火"的重大意义。试深入到历史与现实的政治、社会、人生中去加以检查，几乎无不是从人的反面去弘孔子之道。能自觉到反面弘孔子之道，即可转为从正面弘孔子之道。永远无此自觉，即将永远从反面弘孔子之道，一直弘到以自己的灭亡为孔子之道的力量作证。

我再要谈到孔子思想的系统性问题。

希腊哲学是顺着思维法则的要求，在一个基点上，层层推演出去所形成的，这种哲学，结构谨严而系统明确，使人容易把握。

笛卡儿说"我思故我在"，但人在这思中的存在，有如直线放到空中的风筝。人的具体生活、行为，不可能是直线的，所以一条直线上去的风筝，再美丽也没有生命。孔子的思想则是顺着具体的人的生活、行为的要求而展开的，所以必然是多面性的，包罗许多具体问题的。站在希腊哲学的格套看，这种思想，是结构不谨严而系统不显著的。但孔子是要求显发具体生命中的理性，将这种理性实现于具体行为之上。孔子对道的迫切感，乃来自他对人生、社会、政治中理性与反理性的深切体认，必须以理性克服反理性，人类才能生存、发展。这是生路与死路的抉择。因此，孔子思想的合理性，不是形成逻辑的合理性，而是具体生命中的理性所展现的合理性。孔子思想的统一，是由具体生命理性的展开、升华的统一；展开、升华中的层级性。这不是逻辑推理的线状系统，而是活跃着生命的立体系统。所以《论语》在形式上是很散漫的语言，只要深入进去，便可发现彼此间内在的密切关连，这即是孔子思想的有血有肉的统一与系统的有机体。研究孔子的人，应当把这种由内在关系而来的有机体，用现代有逻辑结构的语言表达出来，使内容的统一系统，表现为形式的统一系统。这当然是一件难事，但不可因畏难而另以一套性格不同的思想去代替它。

一九七九年九月二十八日《中国人》月刊第一卷第八期

荀子政治思想的解析

一、荀子政治思想中的儒家通义

有人认为荀卿约死于秦始皇统一宇内之前十二年，有人认为他死于秦始皇完成统一大业以后，尚及见李斯之入相，两说尚不能完全论定。但其活动与著书的时期，适当七雄鼎立之势已竭，赢秦统一之势已成；诸子百家亦由茁壮而衰老，惟法家一枝独秀，以适应此大一统的趋向，这是大家可以公认的。从学术方面说，他承孟子之后，为儒家开创期之殿军；儒家的人文精神，由他而更得到一明确的形态，形成人文精神骨干的礼、乐及由礼而来的"正名"，孔子只提出一个端绪，在他都有详细的发挥。在这一点上，他似乎可以说是儒学的完成者。西汉所结集的儒家典籍，几无一不受其影响（详见汪中《荀卿子通论》）。但从政治方面说，他面对兴（秦）亡（六国）转变的激流，并已感到暴秦气氛的重压，现实的政治问题，较其他任何问题，对于他更为迫切，于是儒家的人文精神，因他的太偏重在政治方面，不仅缩小了人文活动的范围，并且他所强调的人文的礼治，反而成为人文精神的桎梏。后世许多人以韩非、李斯，系荀卿思想之转手，此固昧于当时情实，然儒家精神，因荀子而受了一大曲折，则亦不容讳言。

我在这里，想先把荀子的政治思想与孔、孟相同的地方概略地举出来，不仅由此可以见荀子之所以为"大儒"，并且由此可以看出儒家在政治思想方面的通义，不容后人轻相假借。

第一，儒家继承"民本"的思想，以"天下"在政治中为一主体性之存在，天子或人君对此主体性而言，乃系一从属性的客体，因此，儒家认为天下不是天子或人君私人之可以"取"或"与"。孟子很清楚地说"子哙不得与人燕，子之不得受燕于子哙"（《公孙丑下》），又说"天子不能以天下与人"（《万章上》）。荀子继承此一思想，对于汤武、桀纣间政权的移转，认汤武为"非取天下也"，"桀纣非去天下也"（《正论》），并且否认尧、舜的擅（禅）让，因为"天子者势位至尊，无敌于天下，夫有谁与让矣"，"有擅国，无擅天下，古今一也"（同上）。这分明说天子之对于天下，不是私人"所有权"的关系，所以天下不是个人之所得而取或所得而与。决定天下的是人民的公意，人民才是天下的主人。所以孟子说："得天下有道，得其民，斯得天下矣。得其民有道，得其心，斯得民矣。"（《离娄上》）又说："得乎丘民而为天子。"（《尽心下》）荀子则说："天下归之之谓王，天下去之之谓亡。"（《正论》）又说："天之生民，非为君也。天之立君，以为民也。"（《大略》）天下不是私人可得而取或与，乃系决定于民心、民意，则人君的地位与人民对人君的服从，无形中是取得人民同意的一种契约的关系。契约说虽非历史上的事实，然实由神权、君权过渡到民权的重大枢纽。

第二，因为天子或人君不是天下的主体，天子或人君的存在，乃基于人民的同意，等于是一种契约行为，则对于违反契约者自可加以取消，故儒家在比西方早二千年即正式承认"叛乱权"，亦即承认人民的革命权。孔子以"汤武革命,顺乎天而应乎人"。董仲舒说孔子作《春秋》是"退天子、贬诸侯、讨大夫"。孟子说:"闻诛一夫纣矣,未闻弑其君也。"(《梁惠王下》)又谓:"君有大过则谏。反覆之而不听则易位。"(《万章下》)荀子也认为:"臣或弑其君,下或杀其上……无它故焉,人主自取之也。"(《富国》)更进一步认为"夺然后义,杀然后仁,上下易位然后贞"(《臣道》)。

第三,因为天子或人君是应人民的需要而存在,人民最基本的需要是生存,所以人君最大的任务,便是保障人民的生存,于是爱民养民便是儒家规定给人君的最大任务。近人萧公权氏在其《中国政治思想史》中谓"孔子教民重于养民,孟子养民重于教民"。孟子的所谓"王道",就是"制民之产","正经界","七十者可以衣帛食肉,黎民不饥不寒",固然都是养民,但孔子"道千乘之国,敬事而信,节用而爱人,使民以时","子适卫,冉有仆。子曰,庶矣哉。冉有曰,既庶矣,又何加焉。子曰,富之",然后再说"教之",养先教后,孔、孟同揆。萧氏的误解,大概是来自"自古皆有死,民无信不立"的一段话。其实,这一段的"足食,足兵,民信之矣"的三件事,都是就在上位者的政治措施来说的。"民信之矣"是使民相信政府;"去食"而不去信,是要政府不可因财政困难,而轻作失信于民的措施。孔子断无民可以饥死而民之信不可放松的意思。"老者安之,少者怀之",岂有丝毫轻养之意?《荀子》书,教与学的意味特重。然荀子以礼为政治的骨干,再三谓"礼者养也"。可见养民以保障人民的生存权,在荀子的政治思想中,一样是人君所负的最大最基本的责任。

第四,因为要保障人民的生存,所以儒家特严"义利之辨"。

"子罕言利"；欲弟子鸣鼓而攻为季氏聚敛的冉有。《孟子》首章便说："王何必曰利，亦有仁义而已矣。"（《梁惠王上》）儒家的所谓利，指的是统治者的利益；所谓义，在政治上说，指的是人民的权利。《孟子》上说得最清楚，好色好货，只要"与民同之"（《梁惠王下》），和人民的权利合在一起，则色与货都是义而不是利。所以"义利之辨"，在政治上是抑制统治者的特别利益，以保障人民的一般权利的。这一点在《荀子》也说得非常清楚，如：

> 挈国以呼功利，不务张其义，齐其信，唯利之求，内则不惮诈其民而求小利焉，外则不惮诈其与（与国）而求大利焉，内不修正其所以有，然常欲人之有。……如是，则敌国轻之，与国疑之，权谋日行而国不免危削，綦（至）之而亡。（《王霸》）
>
> 上重义，则义克利；上重利，则利克义。故天子不言（自己的）多少，诸侯不言利害，大夫不言得丧，士不通货财，有国之君，不息牛羊，错质之臣，不息鸡豚，冢宰不修币，大夫不为场圃。从士以上，皆羞利而不与民争业，乐分施而耻积臧（藏）。然，故民不困财，贫窭者有所窜（容）其手。（《大略》）

统治者自身言利，用现代的语言来说，必产生官僚资本，使政府成为分赃的工具。美国现时艾森豪的商人政府，商人从政，必出卖彼所参加经营的股票，防微杜渐，吾先儒早提出于二千年之前。

第五，人君是由人民的需要而存在，则一切政治的活动，是为人民而非为人君，于是人臣之事君，并非为了人君个人之应当供奉，而实为了一种共同的任务，所以君臣、父子，同为人之大伦。但儒家却作不同的看法，父子是绝对的关系，君臣是相对的关系。自汉儒"三纲"之说出，于是君臣之伦也，视为与父子同科。然"三纲"之说乃出自法家（《韩非子》有臣顺君、子顺父、妇顺夫之说），为先秦儒家所未有。"父子主恩，君臣主敬"或"主义"，乃儒家的通说。孔子的"拜乎下"好像特别尊君，但这不过是尊重这种秩序。孔子对于当时人君的态度，都是采取教导而非顺从的态度。孟子特创为"不召之臣"，以提高人臣的地位。在"君之视臣如手足"一段，特强调人臣与人君是处于相对的关系。荀子思想中，臣的地位远不如孟子，但于臣之外特提出"傅"与"师"的观念以与君并立；且以谏、争、辅、拂为社稷之臣，而深以阿谀取容的"态臣"为可耻；并再度提出"从道不从君"之义（以上均见《臣道》篇）。则儒家于君臣之际，不容苟合，固彰彰甚明。

第六，儒家主张德治。德治的最基本意思是人君以身作则的"身教"，亦即是孔子的所谓"其身正，不令而行；其身不正，虽令不从"。因此，"正身"、"修身"是德治的真正内容（孔、孟似乎都言"正身"，至荀子而始言"修身"）。孟子说："其身正而天下归之。"（《离娄上》）又谓："天下之本在国，国之本在家，家之本在身。"（同上）人君先修其身，一切道理先在自己的行为上实现，再推以及人，自然会成为"絜矩之道"。这才是德治的真正意义。所以荀子也特别提出"闻修身，未尝闻为国也"（《君道》）的话。

第七，儒家既不承认天下是人君的私产，更规定天子的任务是爱民、养民，所以爱民、养民是目的，而"得天下"只是一种手段。其次，儒家认为"自天子以至于庶人，壹是皆以修身为本"，以求具备人之所以为人的德性，而德性乃"虽大行不加焉，虽穷居不损焉"（《尽心上》）的，有天下或没有天下，无关乎德性的增损，"有天下"不过是得到推广自己德性的一种工具，并非修身的目的。儒家的人格主义，决不肯把工具和手段混同于目的，更不肯为了工具、手段而牺牲目的。所以孔子说："舜、禹之有天下也，而不与焉。"（《泰伯》）孟子说："非其义也，非其道也，禄之以天下，弗顾也。"（《万章上》）因此，他认为"舜视天下若敝屣"。他以伯夷为圣之清，伊尹为圣之任，孔子为圣之时，三个人在人格表现方面并不相同，但"行一不义，杀一不辜，而得天下，皆不为也，是则同"（《公孙丑上》）。荀子因政治的气味太重，几乎把人生一切，都淹没于政治之中，于是人格自我完成的成分，似乎没有孔、孟来得深刻而显著。但他两次说"行一不义，杀一无罪，而得天下，不为也"。荀子是非难孟子的，由此一语言之相同，可知这是从孔子以来儒家相传的最根本的大义；这系说明儒家是把政权（天下）隶属于个人人格之下，使政权处于一极不重要的地位，不能因为追求政权而作稍有亏损人格及政权所要达到的目的的行为。必如此，一个人的人格才可以完成，政治才不致成为少数恣睢自喜者的窟宅。人格因此而可得到纯化，政治也可因此而得到纯化。这是儒家政治思想中的究竟义，也是儒家人格主义的最高峰。

以上是指出荀子之所以为儒家，是因为他在政治思想上继承了儒家的这些通义。但这并不是荀子之所以为荀子的特征。以下试就荀子不同于孔、孟的特征，略加申述。

二、荀子政治思想的特征

　　一般人提到孟、荀在政治上的异同，便容易想到一个是"法先王"，一个是"法后王"的问题。其实，荀子的所谓"后王"，不仅不是杨倞所说的"近时之王也"，不只于他在《非相》篇所说的"周道"。他在《正名》篇分明说"刑名从商，爵名从周"，在《儒效》篇分明以"法先王，统礼义"为大儒。此外称"先王"或"尧舜"的地方也很多，而在《大略》一篇中，亦分明谓时君不如五伯，五伯不如三王，三王不如五帝。他所向往的何只周道。他之所以特别提出后王、周道，是基于其思想上的经验的性格及其重"统类"的思想。荀子思想的经验性格，随处可见，最显著的为"不求知天"，不求知"物之所以生"（《天论》）。他认为要了解过去的东西，应该从现在可以把握得到的地方下手，此即所谓"欲观圣王之迹，则于其粲然者矣"（《非相》），而周道正是粲然可以把握得到的。其次，荀子的"统类"思想，是认为天下许多事物，假定以统相属，以类相推，便可"以一知万"、"以近知远"。后王与先生是同统同类的，由后王——周道的粲然者的统类推了上去，即可以知道周以前的先王。所以他说，"千万人之情，一人之情是也；天地始者，今日是也；百王之道，后王是也。君子审后王之道，而论于百王之前，若端拜而议"（《不苟》）。又说："欲观千岁，则数今日，欲知亿万，则审一二，欲知上世，则审周道，欲知周道，则审其人，所贵君子。故曰，以近知远，以一知万，以微知明，此之谓也。"（《非相》）固然，孟子特重政治的动机，所以特别重视尧、舜，因为尧、舜是"性之也"。荀子特重政治的敷设，所以特别重视周道，因为周是"郁郁乎文哉"。但这只是在历史中的着眼点的重点不同，并非孟子尚古而荀子从今的区别。荀子在政治思想上之异乎孔、孟，主要是在其礼治思想。

近人萧公权在其《中国政治思想史》中谓"孔子从周，而孟子泛言先王"。又谓"孔、荀说礼，皆从周道"，是其意，无宁谓荀较孟更近于孔，此实系一大误解。"郁郁乎文"是在文物制度上说，所以孔子说"吾从周"。但《论语》中对尧、舜、禹之赞叹，其用心实远在从周之上。而"行夏之时，乘殷之辂，服周之冕，乐则韶舞"，是孔子在文物制度上亦非完全从周。孟子的所谓"先王"，主要是指的"师文王"、"法尧舜"，亦决非泛指。荀子之"后王"，亦决不止于周道，已如前述。至于礼的问题，《论语》中提及礼者最多，并且有"道之以德，齐之以礼"的话（《为政》），是礼在孔子的政治思想中，所占的分量相当重。而孟子则甚少言礼，其列为四德（仁义礼智）之礼，乃是不涉及形式的一种"心之德"。因此遂易引起萧氏上述的误解。其实，《论语》中言礼，有三种态度，一是随顺已有的礼俗；一是扩大本系宗教性的仪节于日常生活起居之间（详见《乡党》）；一是由"礼之本"而赋与礼以新的意义，使礼"内在化"而成为一种心之德，或用以涵养心之德，这是孔子最基本的用意所在。孔子针对着当时政治上的你争我夺而特别提倡"让"，他称泰伯"三以天下让"为"至德"，乃将让与礼连结在一起，而说："能以礼让为国乎，何有。不能以礼让为国，如礼何？"所以孔子在政治方面所说的礼，主要是内在化而为让德的礼。孟子继承此一内在化的倾向，更进一步直接将礼说为"恭敬之心"、"辞让之心"，将礼与义连在一起，视礼与义为互辞，不再注重形式（节文）的一面，这是真正孔子思想的发展。到了荀子则一反孔、孟内在化的倾向，而完全把礼推到外面去，使其成为一种外在的东西，一种政治组织的原则与工具，这不仅是孟子所没有的思想，也是孔子所没有的思想。

荀子以"学至乎礼而止"（《劝学》），又谓"礼者，人道之极"（《礼论》），因此他便认为"国之命在礼"（《天论》、《强国》）。然则礼为什么对于荀子有这样的重要性呢？这要先把荀子的基本意思条贯清楚，现分四点来说明。

首先，孔、孟以敬与让言礼，荀子则主要以"分"言礼，所谓"制礼义以分之"（《王制》、《礼论》）。"分"是按着一种标准将各种人与事加以分类，于是因"分"而有"类"，"类"是"分"的结果，故荀子常称"知类"、"度类"、"通类"。分类之后，各以类相"统"，故又称"统类"。"分"、"类"、"统类"，这是荀子思想中最基本的三个概念。三个概念贴到人身上来说，总谓之"伦"，所谓"礼以定伦"（《致士》），"圣人也者，尽伦者也"（《解蔽》）。其实"伦"也是"类"，故有时又称"伦类"。就见之于设施上来说，称为"制"，所谓"王也者，尽制者也"（同上）。分类时，必合于各人的情实，所谓"类以务象效其人"（同上）。这种"务象效其人"，泛名之曰"正名"（正名更兼物之名而言），专称之为"报"（报亦称"应"），或为"称"。"爵列官职，赏庆刑罚，皆报也，以类相从者也。一物失称，乱之端也。"（《正论》）

按照人与事的情实，加以分类，而使其相应（报）相称；并按照类的等级加以标志，使其易于分别，并含有鼓励的作用，谓之"饰"，亦称"文饰"、"藩饰"。"若夫重色而成文章，重味而成珍备，是所衍也。圣王财衍以明辨异，上以饰贤良而明贵贱，下以饰长幼而明亲疏。上在王公之朝，下在百姓之家，天下晓然皆知其非以为异也，将以明分达治而保万世也。"（《君道》）

饰系各就其分位以为等差，不相凌越，这种情形谓之"节"，所谓"礼，节也"（《大略》）。荀子认为"由士以上，则必以礼乐节之；众庶百姓，则必以法数制之"（《富国》）。所谓"法数"，亦称"械数"，亦简称"法"，是比礼低一级的东西。但所谓低一级，因为一是朝廷的，以安排爵、官、赏、罚等为主；一是社会的，以安排一般职业及人民之相互交往为主，因之，礼有"饰"而法无"饰"，礼较有融通性而法更多强制性。但法数也是以"分"、"类"、"称"为骨干，所以实际也包括在礼之内，众庶百姓也实际是包括在礼的分、类、称之内。他说："礼者，贵贱有等，长幼有差，贫富轻重，皆有称者也。"（同上）这当然把百姓也包括在内。

作为分与类的标准而使之相称的，首先是人伦的义务。人伦是天然的分类，所以重点不在分与类上，而是要各尽其本身的义务：

> 请问为人君，曰，以礼分施，均遍而不偏。请问为人臣，曰，以礼待君，忠顺而不懈。请问为人父，曰，宽恩而有礼。请问为人子，曰，敬爱而致文。请问为人兄，曰，慈爱而见友。请问为人弟，曰，敬诎而不苟。请问为人夫……此道也，偏立而乱，俱立而治。（《君道》）

所谓"偏立"，是片面义务；所谓"俱立"，是平等义务。

荀子的礼，更重要的是把人与事结合起来，作相称的分类。这种分类的标准是德、能、技、职等：

> 谪（商）德而定次，量能而授官，使贤不肖皆得其位，

能不能皆得其官。万物得其宜，事变得其应……言必当理，事必当务。(《儒效》)

无德不贵，无能不官，无功不赏，无罪不罚。朝无幸位，民无幸生。尚贤使能，而等位不遗。(《王制》)

量地而立国，计利而畜民，度人力而授事，使民必胜事，事必出利，利足以生民……故自天子通于庶人，事无大小多少，由是推之。故曰，朝无幸位，民无幸生。(《富国》)

论德而定次，量能而授官，皆使其人载其事，而各得其宜。(《君道》)

明分职，序事业，材技官能，莫不治理……人习其事而固。人之百事，如耳目鼻口之不可相借官也。故职分而民不探 (王念孙以 "不探" 为 "不慢" 之误)，次定而序不乱。……如是，则臣下百吏至于庶人，莫不修己而后敢安正，诚能而后敢受职。百姓易俗，小人变心，奸怪之属，莫不反悫。夫是之谓政教之极。(同上)

《荀子》一书，这类的话最多。同时，他用作定位授官的标准的是德与能，而非由历史所形成的固定性的阶级，德能是每个人由自己的能力可以得到的，即是一个人能各以自己的力量，变更自己在礼的 "分" 中的地位，于是礼的 "分" 虽然定得很整齐，但社会各成员，依然有自出上进的机会。所以他说："虽王公士大夫之子孙，不能属于礼义 (即德与能)，则归之庶人。虽庶人之子孙也，积文学，正身行，能属于礼义，则归之卿相士大夫。"(《王制》) 因此，在他心目中的社会，是 "朝无幸位，民无幸生" 的理想社会，用现代的话说，是"各尽所能，各取所值（称）"的理想社会。而礼是通往此一社会的桥梁，并且即是此种社会的本身。此其一。

其次，他面对着快要统一的这样大的天下，便不能不构想到负政治总责的人君，必须无所不能，亦即是他所说的"兼能"，才可以统治得了。但人君如何可以兼能呢？在《君道》篇他从正面提出此一问题："请问兼能之奈何？曰，审之礼也，古者先王审礼以方皇周浃于天下，动无不当也。"审礼何以能兼能？因为礼是由"分"而"类"，因"类"而"统"，由"统"而"一"。凡是事物的组织化，亦即事物的单纯化、统一化。所以礼之"分"，亦即是礼之"一"。因此，他除说"明礼义以分之"之外，更说"明礼义以一之"（《富国》）。他相信"类不悖，虽久同理"（《非相》），故可"以情度情，以类度类"（同上）。"类"与"一"在性质上是相同的，既可"以类度类"，则由类一直推下去，即可"以一知万"（同上）。礼是"类"，是"一"，人君审礼，即是"以类行杂，以一行万"（《王制》），这种"枢要"在人君手上，便很简易地把天下治理了。

推礼义之统，明是非之分，总天下之要，治海内之众，若使一人，故操弥约而事弥大。五寸之矩，尽天下之方也。故君子不下室堂，而海内之情举积此者，则操术然也。（《不苟》）

法先王，统礼义，一制度，以浅持薄，以古持今，以一持万。苟仁义之类也，虽在鸟兽之中，若别黑白，倚（奇）物怪变，所未尝闻也，卒然起一方，则举统类而应，无所

疑怎，张法而度之，则晻（顺）然若合符节。（《儒效》）

以类行杂，以一行万……故丧祭、朝聘、师旅，一也。贵贱杀生与夺，一也。君君、臣臣、父父、子子、兄兄、弟弟，一也。农农工工商商，一也。（《王制》）

这里的"一也"，大约是指属于一类，由一个原则贯通支配的意思。

主道治近不治远，治明不治幽，治一不治二……故明主好要，而暗主好详。主好要，则百事详，主好详，则百事荒。君者论一相，陈一法，明一指，以兼覆之，兼炤之，以观其盛者也。（《王霸》）

上面是人君能审礼便可以"兼能"的说明。人君兼能之后，"故天子不视而见，不听而聪，不虑而知，不动而功，块然独坐，而天下从之如一体，如四职（肢）之从心，夫是之谓大形"（《君道》）。

由此可知，礼治在荀子是走向"无为而治"的统治术，此其二。这里要顺便一提的，"无为而治"，是在君主专制下的各家共同的要求。孔子认为"其身正，不令而行"，所以归结到"无为而治"。老、庄尚自然，自然是有为的反面，亦即是无为。法家要使人君居于不可测之地，且怕人君随便动手动脚破坏了法，所以也要人君无为。荀子则由"礼义之统"而认为可以达到"块然独坐"。无为的形式一样，而无为的内容与达到无为的经路各不相同，胡适之先生硬要指《论语》上的"无为而治"是受了老子的影响，以证明《老子》一书，乃孔子曾经问过礼的老聃的著作，并把《论语》曾子所说的"昔者吾友，尝从事于斯矣"的"吾友"，硬说指的即是老聃，把曾子说成一个认"太老师"作朋友的人，未免用心太苦了。

再其次，荀子从人类社会的起源上，证明礼的必要。

> 力不若牛，走不若马，而牛马为用，何也。曰，人能群，彼不能群也。人何以能群，曰分。分何以能行，曰义。故义以分则和，和则一，一则多力，多力则强。（《王制》）

彼此处之所谓"义"即是礼。"礼义"自孟子而始连用。连用者每可互用。群即是一种广义的社会组织。人之所以能战胜毒蛇猛兽，一是人善用工具，一是人能构成社会的群。而在荀子则认为群是人类战胜自然环境的唯一因素，礼是群的原理与方法，当然是支持人类社会生存的骨干，此其三。

最后，前面说的"兼能"，是从"治"方面说的。人君"治"的主要内容是"养"，即"兼能"是要能"兼足天下"。荀子认为"兼足天下之道在明分"（《富国》）。明分何以能兼足天下？荀子认为人的欲望是相同，而人的贤能不相同，"天地之生万物也固有余，足以食人矣"（同上），但不平均地满足人的欲望，所以只好按着"礼义之分"，由贤能技职所形成的分位之不同，而各与以和各人分位相称的待遇。这样一来，分配不决定于各人主观的欲望，而决定于客观的分位，大家便可以不争。其次，随分位之不同而分配数量亦因之不同，分位高者享受高而人数少，分位低者享受少而人数多，生产增加，则分配量亦比例地增加，人既可以自力改变自己在礼中的分位，亦即可以自力改变自己物质的享受，而可鼓励社会的进步。这恰与近代"各取所值"的理想相符合。他说：

> 分均则不偏（遍），势齐则不一，众齐则不使。……势位齐而欲恶同，物不能澹则必争，争则必乱，乱则穷矣。先王恶其乱也，故制礼义以分之，使有贫富贵贱之等，足以相兼临者，是养天下之本也。《书》曰，维齐非齐，此之谓也。（《王制》）

> 使有贵贱之等，长幼之差，知贤愚、能不能之分，皆使人载其事而各得其宜，然后使谷禄多少厚薄之称，是夫群居和一之道也。（《荣辱》）

> 礼起于何也，曰人生而有欲，欲而不得，则不能无求，求而无度量分界，则不能不争。争则乱，乱则穷。先王恶其乱也，故制礼义以分之，以养人之欲，给人之求。使欲必不穷乎物，物必不屈于欲，两者相持而长，是礼之所起也。故礼者，养也。……君子既得其养，又好其别。曷谓别，曰贵贱有等，长幼有差，贫富、轻重皆有称者也。（《礼论》）

这里，荀子以调节欲望与生产的关系来说明礼的起源，亦即是以经济来说明礼的起源，已经深入到荀子政治思想的核心，最足以看出其思想上的经验的功利的性格。儒家在财富分配上，多主张"均"，而荀子的礼义之分，则是一种差别待遇。然这种差别待遇，是要称于"德"、"能"、"技"等的标准的，并且在差别待遇之下，还有一个共同的基数以作一般人民生活的保障。如"由天子至于庶人也，莫不骋其能，得其志，安乐其事，是所同也。衣暖而食充，居安而游乐，事时、制明，而用足，是又所同也"（《君道》），这种差别待遇，是各取所值的差别待遇。在理论上并不违反"均"的原则，此其四。还有，荀子以前，儒家无"抑末"的思想，至荀子而始有"工商众则国贫"（《富国》）及"省工贾，众农夫"（《君道》）的说法，此或系受有法家影响，或系至荀子时而"土著商业资本"之害始著。要之，"重本抑末"非儒家原有思想，特附带提出。

由上述四点说明荀子的礼治，虽角度不同，但都是互相贯通，互相关连。总括地说一句，即是以合理的组织原则与方法，把社会构成一套整齐的有机体，以达到"各尽所能，各取所值"的理想人群生活。于此，我们不能不惊叹其理论上构造之完整与严密，及其思想在古代的突出与奇特。

三、荀子政治思想对儒家精神之曲折

凡是抹煞道德的人格尊严，而想完全从具体的物质方面来解决人的问题的，必走向极端的个人主义和社会主义。极端的个人主义，在自由的口号之下，"争必乱，乱必穷"，而在"争"的过程中，则如荀子所说强凌弱、众暴寡，出现许多以自由为借口的低级的小极权主义者。到了"穷"的阶段，常激出一个大的独裁。社会主义，在正义的口号之下，势必一切政治化，一切组织化，在政治化组织化的尖端，也必定是一个大独裁者。社会主义者常常认为只有正义之下才自由，结果必否定自由，因而也否定了正义。荀子的政治思想，无形地也含有此一可能性。

这事应该先申述一下荀子与法家在思想上的关涉。首先应指出他与法家最不相同的地方。第一，法家反对历史文化，"明主之国，无书简之文，以法为教，无先王之语，以吏为师"（《韩非子·五蠹》篇）。因为人类是非曲直的价值观念，是由历史文化累积而来，反历史文化，即可不受这些价值观念的约束，而一切归之于现实政治权力的支配。荀子的礼，乃是生根于历史文化之上。他说："故国者重任也，不以积持之则不立。……故一朝之日也，一日之人也，然而厌焉有千岁之固，何也，曰，援夫千岁之信法以持之也……以夫千岁之法自持者，是乃千岁之信士矣。故与积礼义之君子为之则王。"（《王霸》）可知荀子以礼乃千岁之积，故他以"法后王"为雅儒，以"法先王"为大儒（见《儒效》）。儒家本身即是代表中国的历史文化（孔子述而不作，信而好古），荀子是儒家，在这一基点上决不能同于法家。

第二，儒家是人本主义，以法的"械数"从属于人的本质，因而尚德、尚贤。法家是法本主义，不重视人的本质，使人从属于法，使法为主而人为客。中国过去之所谓法，根本没有由法以限制人君、限制政府的意思，所以荀子认为"有治人，无治法"，理由是"合符节、别契券者，所以为信也；上好权谋，则臣下百吏、诞诈之人，乘是而后欺。探筹投钩者，所以为公也；上好曲私，则臣下百吏，乘是而后偏。衡石称县（悬），所以为平也，上好倾覆，则臣下百吏，乘是而后险。……故械数者治之流也，非治之原也"（《君道》）。法家则认为"君人者能去贤巧之所不能，守中拙之所万不失，则人力尽而功名立"（《韩非子·用人》篇）。儒家的人治乃与德治是相关连的，这点是和法家截然不同。

第三，因为法家对人君的要求是"术"是"势"而不是德，所以人君的举动特别需要诡秘，这与近代的独裁者完全符合。"故明主之行制也天，其用人也鬼。天则不非，鬼则不困"（《韩非子·八经》篇）。荀子则恰与此相反。"故君人者周（密），则谗言至矣，直言反矣，小人迩而君子远矣……君人者宣，则直言至矣，而谗言反矣，君子迩而小人远矣"（《解蔽》）。又说，"上周密，则下疑玄矣；上幽险，则下渐诈矣；上偏曲，则下比周矣（犹今之所谓派系）……故主道利明不利幽，利宣不利周。故主道明则下安；主道幽则下危……故上易知，则下亲上矣；上难知，则下畏上矣……主道莫恶乎难知，莫危乎使下畏己"（《正论》）。荀子这一段话，好像是指着现代的各种独裁者来说的，当然与法家相反。

但是，在荀子的思想中，毕竟含着走向独裁政治的因素。这便牵涉到他的性恶问题。荀子与孟子的区别，有点像程、朱与陆象山的区别。孟子与陆象山是把心与性看作是一层的东西，而荀子与程、朱则分心与性为二，看作是两层的东西。不过程、朱把性看作是在心的上一层之理，而荀子则把性看作是比心下一层的本能的欲。荀子认为"生之所以然者谓之性"，"性之好恶喜怒哀乐谓之情"（《正名》），情是性的表现，情不是恶，然而恶由情出，所以他便说性恶。但他认为使情不至于恶的是心，所以他说"情然而心为之择，谓之虑"，"欲（欲由情出）过之而动不及，心止之也。心之所可中理，则欲虽多，奚伤于治。欲不及而动过之，心使之也。心之所使失理，则欲虽寡，奚止于乱。故治乱在于心之所可，亡于情之所欲"。因此，他也认为"心也者道之工宰也"（以上皆见《正名》）。这与孟子"耳目之官不思而蔽于物，物交物，则引之而已矣。心之官则思，思则得之，不思则不得也"的意思正同。不过孟子对于心是从两方面去肯定，一是从认识方面（思），一是从道德方面（如恻隐之心）。而荀子则缺少道德这一方面的肯定，又把心与性分开，说性是恶，于是道德不能在人的本身生根，礼也不认其系出于人的内心的要求，而只是由于圣王、先王根据利害的比较。《正论》篇已经说明先王为了防止"争则乱，乱则穷"，因而为之起礼义。《性恶》篇又说："古者圣王以人之性恶，以为偏险而不正，悖乱而不治，是以为之起礼义，制法度，以矫饰人之性情而正之，以扰化人之情性而道之也。"礼义既由先王、圣王防人之性恶而起，则礼义在各个人的本身没有实现的确实保障，只有求其保障于先王、圣王。先王、圣王如何能对万人予以此种保障，势必完全归之于带有强制性的政治。这样一来，在孔子主要是寻常生活中的礼，到荀子便完全成为政治化的礼，礼完全政治化以后，人对于礼，既失掉其自发性，复失掉其自主性，礼只成为一种外铄的、带有强制性的一套组织的机栝。在此机栝中，虽然有尚德、尚贤以为其标准，亦只操之于政治上的人君，结果也只会变成人君御用的一种口实。于是荀子的"朝无幸位，民无幸生"的理想社会，事实上只是政治干涉到人的一切，在政治强制之下，整齐划一，没有自由，没有人情温暖的社会。这与孔子的"老者安之，朋友信之，少者怀之"，孟子的"老吾老，以及人之老，幼吾幼，以及人之幼"，"出入相友，守望相助，疾病相扶持"的社会，完全是两种性质的社会。

孟子因为相信人的性是善，所以信任人民的"好恶"，于是人君政治的设施，遂一要以人民的好恶为标准，这才能贯彻民本主义。他说："得天下有道，得其民，斯得天下矣。得其民有道，得其心，斯得民矣。得其心有道，所欲与之聚之，所恶勿施尔也。"（《离娄上》）在这种情形之下，统治者的眼睛要向下看。荀子认为性恶，于是人民的好恶不可靠，要靠人君拿礼来"扰化"，因为"人君者，所以管分之枢要"，于是人民一切不能自己作主，经常要把自己的眼睛向上看，弄得人民赖人君而存在。他说，"百姓之力，待之（人君）而后功；百姓之群，待之而后和；百姓之财，待之而后聚；百姓之势，待之而后安"（《富国》）。百姓不能生于政治组织机栝之外，这与今日极权主义国家的情形，真有相似之处。

在荀子的礼治之下，人君是"管分（礼）之枢要"，百姓赖人君以生存，加以礼的"藩饰"是一级推上一级，推到人君那里，在荀子的描述中，真够堂皇伟大，于是人君的地位，至隆至高得神化起来了。他形容天子是"居如大神，动如天帝"（《正论》），活像希特勒、史达林的神气。

孔子"道之以德，齐之以礼"的礼，是与"道之以政，齐之以刑"的刑是相对的。所以在孔、孟的思想中，对于刑是采取一种谨慎的、无可奈何的态度，因为人性之善，能用德相感，可以不用刑，势至于非用刑不可，亦自觉这是治者的德化不够，自然会流露"哀矜而无喜"及"安有仁人在位，罔民而可为也"（《梁惠王上》）的心情。但因荀子认为性恶，所以礼是成立于利害争夺比较之上，没有得到人道良心上的保障，于是为了推行礼治，礼与刑的关连，便较孔、孟大为密切，罚在荀子的政治中，较孔、孟远为重要。而人君之"势"，也几乎重于人君之德。他在《正论》篇反对传说中的"象刑"（以象征性的方法来代替实际的刑谓之象刑），而认为"治则刑重，乱则刑轻"（《正论》）。又说：

　　夫民易一以道，而不可与共故，故明君临之以势，道之

以道，申之以命，章之以论，禁之以刑。(《正名》)

故古者圣人以人之性恶，以为偏险而不正，悖乱而不治，故为之立君上之势以临之，明礼义以化之，起法正以治之，重刑罚以禁之……今当试去君之势，无礼义之化，去法正之治，无刑罚之禁，倚（立）而观天下民人之相与也，若是，则夫强者害弱而夺之，众者暴寡而哗之，天下之悖乱而相亡，不待顷矣。(《性恶》)

荀子把礼外在化了，政治化了，而礼又是"人道之极"，其归结必至人只有政治生活，而无私人生活、社会生活，且必至以不合于现实政治者为罪大恶极。所以他说"才行反时者，死无赦"(《王制》)，而孔子诛少正卯的故事，亦堂皇出现于其《宥坐》篇，此点与《管子·法法》篇主张诛戮"不牧之民"，及韩非子以隐者为"不令之民"(《说疑》)，同出一辙。天下至于诛戮隐士，诛戮言行不合于现实政治之人，则真可谓生人之道绝。孔子对隐士的态度，由"虞仲、夷逸，隐居放言，身中清，废中权"(《微子》)的话表白得最清楚。由孔子称"隐居放言"为"中清"、"中权"推之，可断其决无诛少正卯之事。此一故事之流传，形成了二千年正反两面对儒家的误解，实含有无穷的毒素。孔、孟不承认政治可以支配人的一切，所以孔子是"无道则隐"，处乱世是"危行言逊"；孟子是"穷则独善其身"。而荀子的处乱世则惟有"崇其（暴国）美，扬其善，违其恶，隐其败，言其所长，不称其所短，以为成俗"(《臣道》)。此种卑微屈辱的生活，真是知识分子的悲剧。这固然是他已嗅到暴秦气息的反映，实逼而处此，亦由其太重视政治，认为人无所逃于政治之间的思想有以致之。

荀子自认为继承仲尼、子弓，在政治思想上，也有许多地方还是继承儒家的圭臬，已如第一节所述，所以他的理论构造虽甚为严密，然内容实含有不少的矛盾，彼亦赖此矛盾以在其思想上有一制衡作用，不致一往不返，大体上尚能与法家划一界线，以保持其儒家的规格。然因其对人性的根源自信不及，即是对人格尊严的根源自信不及，遂偏于在功利上、在利害上去求解决人的问题，差之毫厘，遂在其政治构想之归结点流于与孔子相反的方向而不自觉。今日浅薄偏激之徒，以道德为玄谈，辄欲驱逐道德于政治生活之外，此乃低级极权思想之变相，以此求自由民主，真可谓南辕北辙了。

一九五四年九月二十五日于台中市

中国的治道
——读陆宣公传集书后

　　我初认识王岚僧先生的时候，他把张闳生先生写给他的一封信转给我看，信中说我是当今的陆敬舆、朱元晦。彼时愧汗之情，非言可喻，故写此文献给闳生先生，以表示我的惶悚感激。过了不久，我也认识了闳生先生。年来使此位悬笃乐易的朋友失望的情形，当不难想见。

一

　　陆贽，字敬舆，卒后谥曰宣。苏州嘉兴人。生于天宝十三年，即西历七五四年；卒于永贞廿一年，即西历八〇五年。《旧唐书》的《陆贽传》，是以权德舆的《陆宣公翰苑集》叙为蓝本，而插入一些言论奏议的。《新唐书》的传，则又系将旧传略加损益。"文损于前，事增于旧"，《新唐书》的这种自负，在此一传中，亦可概见。但我并不以为新传胜于旧传。旧传称陆"颇勤儒学"，这只有读完其《翰苑集》后，才知此四字之真止着落，为了解陆氏思想之一大关键，决非闲笔墨可比，而新传竟将其删去。又新传引用陆氏文章，字句间颇有改易。其"贽劝帝群臣参日，使极言得失，若以军务对者，见不以时"云云，此盖节录《奉天论奏当今所切务状》中"各使极言得失，仍令一一面陈。军务之余，到即引对"一段，而将"军务之余"误为"若以军务对者"。此虽细节，究嫌疏略。又新、旧传皆本权叙言陆在忠州"为《今古集验方》五十篇"，然权叙中又明言陆除有《别集》十五卷外，有《制诰集》十卷、《奏草》七卷、《奏议》七卷，合之即称为《翰苑集》，而新、旧传皆不及，可谓录小而遗大（《新唐书》各别传中，多将《旧唐书》各列传中所记录之诗文集等略去，实一憾事）。总之，欲真正了解陆氏。固不能仅靠《新唐书》、《旧唐书》之《陆贽传》，即欲真正了解德宗一代的朝政，尤其是关于收京后的许多措施，与夫有唐一代许多经制之眼目，亦非读《翰苑集》不可。读廿四史已属不易，能读廿四史而不辅之以各代的私人重要文集，恐亦不易打开各历史阶段的关键，此读书之所以不可苟简欲速。

对于陆氏的评价，当无过于苏轼、吕希哲等七人所上的《乞校正陆贽奏议上进劄子》。苏氏的这篇文章，也是模仿陆文的体裁来做的，他说："智如子房而文则过，辩如贾谊而术不疏。上以格君心之非，下以通天下之志。"又说："六经三史，诸子百家，非无可观，皆足为治。但圣言幽远，末学支离，譬如山海之崇深，难以一二而推择。如贽之论，开卷了然。聚古今之精英，实治乱之龟鉴。"读了《翰苑集》以后的人，再读苏轼这篇文章，真觉得字字恰当。

专制时代的"权原"在皇帝，政治意见，应该向皇帝开陈；民主时代的"权原"在人民，政治意见则应该向社会申诉。所以专制时代的诤臣，即民主时代的政论家。但我们遭遇到伟大的时代，却未尝出一个真正的政论家。而陆氏面对一个聪明强干的皇帝，却能深入到皇帝的内心，将其内心的渣滓一一加以清洗。道理说得这样的深切，文章表达得这样的著明，使千多年后的我们读了，会感到陆氏的脉搏，依然在向我们作有力的跳动，这真是历史中的一大奇迹。固然后人遭遇的客观条件，赶不上陆氏初年，但后人在政治的主观觉悟中，更无法依稀陆氏于万一。当时陆氏的亲友，为怕陆氏闯祸，也劝他不要把话说得太直，他的答复是"吾上不负天子，下不负吾所学，不恤其他"，"不恤其他"，乃是一种殉道精神。殉道精神，乃陆氏所以能写文章的真正根底。他在奏议中说："感激所至，亦能忘身。""诚有所切，辞不觉烦。"又说："傥又上探微旨，虑匪悦闻，傍惧贵臣，将为沮议，首尾忧畏，前后顾瞻。是乃偷合苟容之徒，非有扶危救乱之意。……心蕴忠愤，固愿披诚。"（《论两河及淮西利害状》）更谓："畏覆车而骇惧，虑毁室而悲鸣。盖情激于衷，虽欲罢而不能自默也。……忧深故语烦，恳迫故词切。"（《论裴延龄奸蠹书一首》）这都是"不恤其他"的注脚。后人以苟容自喜，无所谓忧深；以偷合为能，无所谓恳迫，更无所谓忠愤。忧不深，自己早已麻木，便不知世间更有痛痒的语言；情不迫，自己安于伶俐便巧，更何能感触到何者值得悲鸣骇惧。在特殊情势之下的真正政论家，他的文章都是自其"上下与天地同流"的殉道精神中流出来的。此种精神显现不出来，则只有让陆氏独步千古。

但我写此文的动机，是感到中国的治道，即是政治思想，一直是在矛盾曲折中表现，使人不易作切当明白的把握。读完了《翰苑集》，意外地发现陆氏对于此点，比许多古人发掘得深，也比许多古人表达得清楚。此乃了解中国政治思想中核的一大关键，这是我在重读《翰苑集》之前所没有预计到的收获。

二

　　中国的政治思想，除法家外，都可说是民本主义，即认定民是政治的主体。但中国几千年的实际政治，却是专制政治。政治权力的根源，系来自君而非来自人民，于是在事实上，君才是真正的政治主体。因此，中国圣贤，一追溯到政治的根本问题，便首先不能不把作为"权原"的人君加以合理的安顿，而中国过去所谈的治道，归根到底便是君道。这等于今日的民主政治，"权原"在民，所以今日一谈到治道，归根到底，即是民意。可是，在中国过去，政治中存有一个基本的矛盾问题。政治的理念，民才是主体；而政治的现实，则君又是主体。这种二重的主体性，便是无可调和的对立。对立程度表现的大小，即形成历史上的治乱兴衰。于是中国的政治思想，总是想解消人君在政治中的主体性，以凸显出天下的主体性，因而解消上述的对立。人君显示其主体性的工具是其个人的好恶与才智。好恶乃人所同有，才智也是人生中可宝贵的东西。但因为人君是政治最高权力之所在，于是他的好恶与才智，常挟其政治的最高权力表达出来，以构成其政治的主体性，这便会压抑了天下的好恶与才智，即压抑了天下的政治主体性。虽然在中国历史中的天下（亦即人民）的政治主体性的自觉并不够，可是天下乃是一种客观的伟大存在，人君对于它的压抑，只有增加上述的基本对立，其极，便是横决变乱。所以儒家、道家认为人君之成其为人君，不在其才智之增加，而在将其才智转化为一种德量，才智在德量中作自我的否定，好恶也在德量中作自我的否定，使其才智与好恶不致与政治权力相结合，以构成强大的支配欲。并因此而凸显出天下的才智与好恶，以天下的才智来满足天下的好恶，这即是"以天下治天下"，而人君自己，乃客观化于天下的才智与天下的好恶之中，更无自己本身的才智与好恶，人君自身，遂处于一种"无为"的状态，亦即是非主体性的状态。人君无为，人臣乃能有为，亦即天下乃能有为。这才是真正的治道。老子主张"无为而无不为"，班固称其为"君人南面之术"。《庄子》说："闻在宥（在而有之，即与以当下承认，而不另加造作之意）天下，未闻治天下也。"《在宥》篇虽未必出于庄子之手，但此语之可以代表庄子的政治思想，当无疑问。《易传》谓："简易而天下之理得。"孔子因为"雍（孔子的学生）也简"而觉其可以"南面"（做皇帝）。"简"是近于无为的。孔子并且进一步说："大哉尧之为君也，巍巍乎唯天为大，唯尧则之，荡荡乎民无能名焉（看不出他的才智，所以也数不出他的功德）。""巍巍乎舜、禹之有天下也，而不与焉。""无为而治者，其舜也与。夫何为哉，恭己正南面而已。"又说："为政以德，譬如北辰，居其所而众星拱之。"这里的所谓"德"，用现代的语言说，是一副无限良好的动机。良好的动机，即道德的动机，总是会舍己从人，而不会强人就己的。《大学》在政治上只是行"絜矩之道"，《中庸》在政治上只是"以人治人"（系不以己去治人之意）。王船山在《读通鉴论》中，要把人君"置于可有可无"之地，使君以不直接发生政治作用为其所尽的政治作用。黄梨洲更清楚说出天下是主，君是客，使君从属于天下。这都是以各种语言表现出只有把人君在政治中的主体性打掉，才可保障民在政治上的主体性。这才是中国政治思想的第一义。由此而下的种种规定，都是第二义、第三义的。人君要以"无为"而否定自己，以"无为"而解消自己在政治中的主体性，把自己客观化出来，消解于"天下"的这一政治主体性之中，以天下的才智为才智，以天下的好恶为好恶，这才解除了政治上的理念与现实的矛盾，才能出现一种"万物并育而不相害"的太平之治。儒家"无为"的基底，是作为人文世界根本的仁，而道家则系自然世界的自然。两家只在这种地方分枝，但在要求人君"无为"的这一点上却是一致。法家则是以臣民为人君的工具，这是法西斯思想。但人君运用其工具的"术"，依然是要"虚静以待令"，要"明君无为于上"，要"虚静无事"，要"去其智，绝其能"（以上均见《韩非子·主道》第五）。可见人君以其智能好恶表现自己的存在，即系以一人与天下相对立的存在。以一人与天下相对立，不仅破坏了儒家的仁、道家的自然，也破坏了法家的术。这只要看历史上凡是沾沾以术自喜的人君，结果总是归于无术，便可明白这种道理。没有理解到这一层，便不算真正理解了中国政治思想的根底，以及数千年来治乱兴衰、循环不已的原因。此一思想的线索，和它给与历史政治上的影响，散见于古人的各种议论与各个事象之中，虽未构成一个完整系统，但实等于一股强力的伏流，不断随地涌现。而以在陆宣公的议论中，涌现得更明白具体。

三

陆氏所以能把中国治道的根荄发掘出来，具有三个条件：一是他个人的学识人格，二是德宗对他非常的亲信，三是德宗自己很能干，但逃到奉天后，又流露出一种痛悔的深切感情，此三条件缺一不可。"能干"是臣道。人君的能干，系通过其政治最高权力以表达出来的，自然变成由权威所支持的夸诞品。此时其臣下

　中国思想史论集续篇

如也有能干，立刻会与这种夸诞品相抵触而迸得头破血流。所以从中外的历史上看，凡是自己逞能干的人君，其臣下必定是一群"聪明的奴才"。不聪明，人君看不上眼；不奴才，它即无法立足。人君造成此批聪明的奴才站在他脚底下之后，其内心遂常以天下的人才皆在于此，而实际都赶不上他，乃益以增加对自己才智之自信。这都是以臣道而处君位之过。陆氏面对着这样的人君，所以第一须教德宗以人君之道，这便触到中国治道的根本了。德宗是一个很有才智（能干）而且又是很想把天下治好的人。他当雍王时，曾破史朝义于洛阳，与郭子仪等八人图形凌烟阁。《旧唐书》说他"初总万机，励精治道，思治若渴，视民如伤。凝旒延纳于谠言，侧席思求于多士。……加以天才秀茂，文思雕华"，《新唐书》则说他"猜忌刻薄，以强明自任，耻见屈于正论，而忘受欺于奸谀"。两书所说的都是一个人的两面，而且《旧唐书》所说的长处，正是《新唐书》所说的短处的根源。奉天之祸（朱泚叛变，德宗逃到甘陕交界处的奉天），固然一面是因为战略的错误（陆氏先指陈过，不应虚关中以从事于山东），但根本的原因，却是由于德宗自信其才智，自用其才智，随其才智而俱来的上下隔阂，人心疑阻。亦即人君与天下的对立之尖锐化。陆氏曾对此加以检讨地说："神断失于太速，睿察伤于太精。""神武果断，有轻天下之心。"（以上皆见《论叙迁幸之由状》）又说："智出庶物，有轻待人臣之心。思周万机，有独驭区宇之意。谋吞众略，有过慎之防。明照群情，有先事之察。"（《兴元论续从贼中赴行在官等状》）"所以孕祸胎而索义气者，在乎独断宸虑，专任睿明。"又说："违道以私心，弃人而任己。谓欲可逞，谓众可诬。谓专断无伤，谓询谋无益。谓谀说为忠顺，谓献替为妄愚。谓多疑为御下之术，谓

深察为照物之明。"（《奉天请数对群臣兼许令谒事状》）这都是说
德宗自任才智、自逞好恶的情形。自任才智的人必然会自逞好恶。
人君以一己才智之小，面对天下之大，好像一个单人拿着火把进
入于一大原始森林之中，必因内心的疑惧而流于猜忌。猜忌者不
敢任人，尤不敢任将。陆氏检讨德宗任将取败的情形说："今陛下
命帅，先求易制者。多其部，使力分，轻其任，使力弱。由是分
阃责成之义废，死绥任咎之志衰。一则听命，二亦听命。爽于军
情亦听命，乖于事宜亦听命。将帅既幸于总制在朝，不忧于罪累。
陛下又以为大权由己，不究事情。"（《论缘边守备事宜状》）。又
说："疑于委任，以制断由己为大权；昧于责成，以指麾顺旨为良
将。锋镝交于原野，而决策于九重之中；机会变于斯须，而定计
于千里之外。……上有掣肘之讥，下无死绥之志。"（《兴元奏请许
浑瑊李晟等诸军兵马自取机便状》）又说："戍卒不隶于守臣，守
臣不总于元帅。至有一城之将、一旅之兵，各降中使监临（派宦
官之类去监视，有如苏联的政工），皆承别旨委任（别旨是不经过
正式手续的命令，如手令之类）。……每至犬羊犯境，方驰书奏取
裁。……比蒙征发救援，寇已获胜罢归。"（《请减京东水运收脚价
于缘边州镇储蓄军粮事宜状》）德宗不仅猜忌武臣，并且也猜忌一
切官吏。朝廷要用一人，都须经过他亲自考核，弄得以后朝列空
虚，无人可用。陆氏批评他"升降任情，首末异趣。使人不量其
器，与人不由其诚，以一言称惬（合意）为能而不核虚实，以一
事违忤为咎而不考忠邪。其称惬则付任逾涯，不思其所不及；其
违忤则责望过当，不恕其所不能。是以职司之内无成功，君臣之
际无定分"（《论朝官阙员及刺史等改转伦叙状》），由自任才智而
猜忌，由猜忌而陷于孤立，乃一条线的发展。所以陆氏说，德宗

　　　　　　　　　　　　中国思想史论集续篇

"英资逸辩，迈绝人伦。武略雄图，牢笼物表。愤习俗以妨理，任削平而在躬，以明威照临，以严法制断。流弊日久，浚恒太深。远者惊疑而阻命，逃死之乱作；近者畏慑而偷容，避罪之态生。君臣意乖，上下情隔。……轩墀之间，且未相谕，宇宙之广，何由自通。……人人隐情，以言为讳。至于变乱将起，亿兆同忧，独陛下恬然不知"（《奉天论前所答奏未施行状》）。自任才智之另一面，则必流为自欺好谀。陆氏形容当时的情形说"议曹以颂美为奉职，法吏以识旨为当官"（同上），"贵近之臣、往来之使，希望风旨，诡辞取容，惟揣乐闻，不忧失实。咸言圣谋深远，策略如神，小寇孤危，灭亡无日。陛下急于诛恶，皆谓其信然，穷兵竭财，坐待乎一人。人心转溃，寇乱愈滋"（《兴元论续从贼中赴行在官等状》）。陆氏称这为"媚道大行"的世界。总之，德宗的失败，不失败于昏庸懦劣，而失败于才智强明。照陆氏的看法，德宗的作风，只能算是臣道，只可受人领导而不能算是君道，不是去领导人的。陆氏对于君道与臣道，常加以清楚的区别。其所苦苦争执的就是要德宗能把握这种君道，亦即是归根到底的治道。

四

陆氏要挽救当时政治的危机，首先须解救德宗的孤立、朝廷的孤立。孤立是由人君与天下对立而来，对立又是由人君的好恶与才智在作祟，于是陆氏要德宗去掉自己的好恶与才智，将自己的好恶与才智，解消于天下的好恶与才智之中，以凸显出天下的好恶与才智，因而解消了人君与天下的对立，这即是所谓"无为"之治。由无为转进一层，即是罪己、悔过。罪己、悔过的真正表现，则在于以推诚代猜嫌，以纳谏代好谀，以宽恕代忌刻。无为、罪己、改过，是解消自己的政治主体性；而推诚、纳谏、宽恕，则是为了显现"天下"的政治主体性。政治中只有一个主体性，即对立消失而天下太平。一部《翰苑集》，陆氏代德宗所说的话，及他向德宗所说的话，大约可以这样地加以概括。兹将陆氏所说的，择要摘录在下面，以资参验。

夫君天下者，必以天下之心为心，而不私其心（把自己的心，解消于天下之心之中），以天下之耳目为耳目，而不私其耳目（耳目即才智，把自己的耳目，解消于天下之耳目之中），故能通天下之志，尽天下之情（与天下合而为一）。夫以天下之心为心，则我之好恶，乃天下之好恶也……安在私托腹心，以售其侧媚也；以天下之耳目为耳目，则天下之聪明，皆我之聪明也……安在偏寄耳目，以招其蔽惑也。……（将舜与纣的情形加以比较后，可见）舜之意，务求己之过，以与天下同欲而无所偏私。……纣之意，务求人之过，以与天下违欲而溺于偏私（同欲即与天下合而为一，违欲乃与天下对立为二）。……与天下同欲者谓之圣帝，与天下违欲者谓之独夫。（《论裴延龄奸蠹书一首》）

圣王知宇宙之大，不可以耳目周，故清其无为之心而观物之自为也；知亿兆之多，不可以智力胜，故一其至诚之意，而感人之不诚也。异于是者，乃以一人之听览，而欲穷宇宙之变态；以一人之防虑，而欲胜亿兆之奸欺，役智弥精，失道弥远……（举了许多历史证据后，可知）以虚怀待人，人亦思附，任数御物，物终不亲。情思附则感而

悦之，虽寇仇化为心膂；意不亲则惧而阻之，虽骨肉结为仇慝。(《兴元论续从贼中赴行在官等状》)

臣谓当今急务，在乎审察群情（群情，即今之所谓民意或舆论）。……欲恶与天下同，天下不归者，自古及今，未之有也。……（证验以古今得失之后，则）陛下安可不审察群情，同其欲恶。此诚当今之急也。……（能审察群情）是乃总天下之智以助聪明，顺天下之心以施教令。(《奉天论奏当今所切务状》)

按治天下要有一个客观的标准，人君应服从此一客观标准。此即陆氏在另一处所说的"违欲以从道"的"道"。但这里应特为注意者，不仅人君个人的"欲恶"，不能作为政治客观的标准，即任何好的抽象的名词乃至主义，如非代表天下的好恶，则在中国的政治思想中，都不是政治上所应服从的客观标准。中国所说的政治的客观标准，即是天下人之心，即是天下人之"欲恶"，即是天下的"人情"或"群情"。孟子以好色、好货，"与民同之"，即可以王天下，陆氏反复强调"欲恶与天下同"，即是"违欲以从道"的"道"。用现在的话说，多数人的同意，即是政治的客观标准。倘把抽象的名词或主义，硬性规定为政治上最高无上的原则，以压倒人民现实的"欲恶"，美其名曰为了达到理想的将来，故不得不强人民以牺牲现在的"欲恶"。结果，抽象名词或主义的自身不能向人民显现，更不能向人民作强力的要求，而显现此名词、此主义，以强力要求实现此名词、此主义者，实为站在统治地位的少数人，于是少数人便将个人的"欲恶"，神化为抽象的名词或主义，以压倒天下的欲恶，鞭策天下以实现其个人的欲恶，但彼犹可坦然无愧曰："我是为了实现……理想。"极权政治便是这样形成的。中国的政治思想，一贯是以"与天下同欲"为最高原则，仁义之施，亦必推原于人人不学而知的良知良能，亦即"人心之所同然"，而从不在多数人的现实欲恶外，另安架一套原则。中国的政治思想，是要人君作圣人，此好像与柏拉图氏"哲人为王"的说法相同。然柏拉图的哲人，是一手拿着彼之所谓"理型"（Idea）以区别众生的金、银、铜、铁等阶级，而要大施改造的斤斧。中国政治上的圣人，则只是把自己消解在人民之中，使人民能实现其自己之欲恶，亦即人人能"养生"、"遂性"的"无为之治"，而不要假借口号，凭自己的聪明才智，去造作一番。换言之，中国政治上的圣人，只是要把自己转化为一张白纸，以方便人民在上面画图案，而不是自己硬性地去规定一种图案，强制人民照着来画。这种意思的后面是蕴藏着对人性之无限的尊重，对人性之无限的信赖，而此种尊重与信赖，即所以显露圣人的无限的仁心。所以我始终认为哲学是各个人之事，是要通过"教"（无权威强制在内）以广被于人生之事，不可把哲学上的概念，去硬性规定为政治上的最高原则。政治上的最高原则，只是天下人的"欲恶"，政府只是服从其多数，保障其少数，亦即"欲恶与天下同"，而将哲学上的议论，制限在"教"的范畴内，将政与教严格地分开，这才能避免少数狡黠者假理性口号以杀人民的流弊。中国的文化，最低限度在政治思想方面，只教政治负责者以"民之所好好之，民之所恶恶之"。"恶人之所好，好人之所恶，此谓拂人之性，如此者，灾必逮夫身"。至于实现人民好恶的政治制度，一向是主张"因革"、"损益"，并没有贻后人以所谓"封建社会"、"宗法社会"这类牢不可破的壳子，强迫今日的人钻进去上当。对于今日的局势，中国文化在此种地方并无罪过。中国文化的罪过，只表现在何以会产生一批子孙，把自己的过错，只向其祖宗身上一推，而毫不以自己的无知无良为可耻。

> 臣闻立国之本，在乎得众；得众之要，在乎见情。……万化所系，必因人情。……古先圣王之居人上也，必以其心从天下之心，而不敢以天下之人从其欲（是说要天下照我所想的去想、去做的意思）。……与众同欲靡不兴，违众自用靡不废。(《奉天论前所答奉未施行状》)

> 夫君人者以众智为智，以众心为心，恒恐一夫不尽其情，一事不得其理。(《兴元论解姜公辅状》)

> 领览万机必先虚其心，镜鉴群情，必先诚其意，盖以心不虚，则物或见阻，意不诚，则人皆可疑。阻于物者，物亦阻焉；疑于人者，人亦疑焉。(《又答论姜公辅状》)

按虚之工夫为"损"，故又说："诚不至者物不感，损不极者益不臻。"(《奉天论赦书事条状》)又说"损之又损"(《谏寻访宫人状》)，以归结在"敦付物以能之义，阐恭己无为之风"(《论朝官阙员及刺史等改转伦序状》)。《洪范》上说"惟辟（君）作福作威"，即是人君执赏罚之大权的意思。此一意思，至儒家、道家皆加以彻底的修正（惟法家继承此一观点）。所以陆氏说："夫与夺者人主之利权，名位者天下之公器。不以公器徇喜心，不以利权肆忿志。……凡制爵禄，与众共之。"(同上)一个以天下自私的人，首先要把爵禄当作是他自己的，用爵禄以驱遣天下奔走衣食之徒，以满足其个人的支配欲。这就是他们之所谓治天下。陆氏指明爵禄是天下的公器，不是人君一个人发泄其"喜心"、"忿志"的工具，使人君的好恶不能通过赏罚表达出来，这是"恭己无为"的第一步，也是最切实而不容易做到的一步。以上都可说是陆氏对治道的最基本的见解，亦即我所说的中国治道的第一义。

五

"无为"所以防止人君与天下相对立。但奉天之乱，是德宗已经与天下尖锐对立的结果。以无为去消解早经形成的尖锐对立，实有缓不济急之感。所以陆氏进一步劝德宗罪己、悔过。无为好像是数学中的"零"，而罪己与悔过则好像是数学中的"负号"。所以我前面说罪己、悔过是无为的转进一步。人君向天下认罪悔过了，其本身对于天下，不仅是零的存在，而且是负号的存在，则天下如何会再与之相对，天下也实无处与之相对，"故奉天所下制书，虽武人悍卒，无不感动流涕"（《新唐书·陆贽传》），正是说明这种道理。一个真正肯以一身担当罪过的人，早已化除人己的界限，其对人必能推诚、纳谏，且能转出一种宽恕的精神。陆氏于此，反复考之于《易》、《诗》、《书》及孔子、老子之所言，证之于尧、舜、禹、汤、文、武、桀、纣及唐太宗、玄宗先后之所行，推验出罪己、悔过、推诚、纳谏、宽恕等，为实现以天下治天下所必须走的一条大路。

德宗在奉天要陆贽检讨过去失败的原因及当前的急务，陆氏认为最紧要的是推诚、纳谏，德宗却来一套理论说："朕本性甚好推诚，亦能纳谏，然顾上封者惟识斥人短长，类非忠直，往谓君臣一体，故推信不疑，至金人卖为威福。今兹之祸，推诚之过也。

又谏者不密，要须归曲于朕，以自取名，朕嗣位见言者多矣，大抵雷同道听，加质则穷，故顷不诏次对。"陆氏针对这种文过饰非的心理说：

> 人之所助在乎信，信不所立由乎诚。……一不诚，则心莫之保；一不信，则言莫之行。……王者赖人之诚以自固，而可不诚于人乎？……（为甚么要推诚呢？因为）所谓众庶者，至愚而神。夫蚩蚩之徒，或昏或鄙，此其似于愚也。然上之得失靡不辨，好恶靡不知，所秘靡不传，所为靡不效，此其类于神也。驭之以智则诈，示以疑则偷。接不以礼，则其循义轻，抚不以情，则其效忠薄。……故曰，惟天下之至诚，为能尽其性。不尽于己，而责尽于人，不诚于前，而望诚于后，必疑而不信矣。(《奉天请数对群臣兼许令论事状》)

> 动人以言，所感已浅。言又不切，人谁肯怀。故诚不至者物不感，损不极者益不臻。夫悔过之意不得不深，引咎之辞不得不尽。招延不可以不广，润泽不可以不弘。宣畅郁堙，不可不洞开襟抱，洗刷疵垢，不可不荡去瘢痕。……《易》曰，圣人感人心而天下和平。夫感者诚发于心而形于事，事或未谕，故宣之于言。言必顾心，心必副事。三者符合，本于至诚，乃可求感。惟陛下先断厥志乃施其辞，度可行者而宣之，其不可者措之。无苟于言，以重取悔。(《奉天论赦书事条状》)

按诚与信的反面是说谎，政治上的说谎，大抵有三种因素：

一是为了掩盖自己的坏处，夸张或捏造自己的好处。二是为了对人不相信，认为真话只可对一二亲信的人说，不可向大家说。三是为了自己所想的一套和"天下"所想的不同，于是口头不得不说天下所想的话，而实际则做自己所想的事。即欲恶本不与天下同，不得已而伪装与天下同。三个因素互相关连，以第三者为最根本。"宣传"便成为极权主义世界说谎的代名词。读了陆氏"至愚而神"及"言又不切，人谁肯怀"的话，政治上说谎之徒，当可爽然自失。据现代心理学的研究，普通人一个谎话说出之后，平均要继续不断地说二十个谎话来掩盖马脚，于是谎话的本身不能不构成一个体系。在政治上更是如此。美国华盛顿一七九七年离开总统职位时的临别赠言中说："我认为诚实永远是最好的政策的格言。不但适用于私事，而且同样也适用于公事。"此一伟大的启示，实与中国传统的精神相合，大概不应把他当作是"宗法社会"的道德而一脚踢去吧。所困难的是，谎话说久了的人，因心理上的积累，遂以谎话为真，以真话为假，于是大家不说假话不行。中国之所谓"打官话"，即是挟带威势的一种假话。从把假话称为"官话"的这一事来推断，则中国的"谎言系统"，其来已非一日，特有积极与消极之不同耳。

　　仲虺述成汤之德曰，改过不吝。吉甫美宣王之功曰，衮职有阙，仲山甫补之。夫成汤，圣君也；仲虺，圣辅也。以圣辅赞圣君，不称其无过，而称其改过。周宣，中兴贤主也；吉甫，文武贤臣也，以贤臣而歌颂贤主，不美其无阙，而美其补阙。《礼》、《易》、《春秋》，百代不刊之典也，皆不以无过为美，而谓大善盛德，在于改过日新。……是知谏而能从，过而能改，帝王之大烈也。……下之情，莫不愿达于上，上之情，莫不顾求知于下。然而下常苦上之难达，上常苦下之难知，若是者何，九弊不去故也。所谓九弊者，上有六，下有三。好胜人，耻闻过，骋辩给，炫聪明，厉威严，恣强愎，上之弊也。谄谀，顾望，畏懦，下之弊也。……古之王者，明四目，达四聪，盖欲幽抑之必通，且求闻己之过也。垂旒于前，黈纩于侧，盖恶视听之太察，唯恐彰人之非也。降及末代，聪明不务通物情，视听只以伺罪衅，与众违欲，与道乖方，于是相尚以言，相示以智，相冒以诈，而君臣之义薄矣。……（为什么要推诚，要让人尽量发表意见呢？因为）人之有口，不能无言；人之有心，不能无欲。言不宣于上则怨讟于下，欲不归于善则凑集于邪。圣人知众之不可以力制也，故植谤木，陈谏鼓，列诤臣之位，置采诗之官，以宣其言；尊礼义，安诚信，厚贤能之赏，广功利之途，以归其欲。使上不至于亢，下不至于穷。……古之无为而理者，其率用此欤。……（所以希望德宗）广接下之道，开奖善之门。弘纳谏之怀，励推诚之美。……其纳谏也，以补过为心，以求过为急，以能改其过为善，以得闻其过为明。……其推诚也，在彰信，在任人。彰信不务于尽言，所贵乎出言则可复；任人不可以无择。所贵乎己择则不疑。言而必诚，然后以求人之听命；任而勿贰，然后以责人之成功。诚信一亏，则百事无不纰谬；疑贰一起，则群下莫不忧虞。（《奉天请数对群臣兼许令论事状》）

按推诚、改过、纳谏，为最大的君德。为实现无为而治的具体内容，亦即中国治道的中心问题之所在。陆氏另在《奉天论前所答奏未施行状》中，援古证今，反复推论，而归结为"济美因乎纳谏，亏德由乎自贤"，所以纳谏又是推诚改过的具体表现。纳谏即所谓接受反对意见。人君是政治最高领袖，人君之接受反对意见，对人君自身而言，含有三种意义：第一，系承认自己所干的政治是"公"的。许多人不愿人发表反对意见，因为他认为自己所干的政治是"私"的，私人的东西，当然不愿旁人干涉。第二，系能把自己的精神，客观化到政治问题中去。政治的讨论，只是关涉于客观政治问题的是非，而不关涉个人的好恶与得失。客观的政治问题，因正反两方面的讨论而是非愈明，即是政治领导者，在其精神客观化的过程，愈能得到圆满的发展。精神停滞在自己血肉之躯以内的人，总在有意无意之间，把客观的政治问题，要生吞活剥地扯进自己的血肉之躯以内，于是天下人本来谈的是公事，而他总觉得谈的是他的私事，天下人本来批评的是客观问题，而他总觉得批评的是他自己。这如何能接受反对意见呢？第三，真正有智慧的人，以一个人而面对着情伪万端的天下，他一定会感到个人才智的渺小。真正有仁心的人，以一个人而面对着忧乐万端的人民，他一定会感到个人责任的无穷。以渺小的才智，背负着无穷的责任，自然会经常有一种歉然不足之情，而只见自己之有过，不见自己之有功。由其歉然不足之情所看到的反对意见，乃是对自己精神缺陷的一种填补，有如饥渴之得饮食，岂会不加接受？像史达林、希特勒之徒，天下之对于他，只幻成为专演颂扬赞美节目的剧场，怎么可以许旁人说扫兴的话？再站在客观的政治立场来看，天下人都对政治发表包含反对在内的意见（站在社会的立场，对政治发表意见，其本质即是批评的。因为不是批评的，便让政府去做好了，何必发表意见？此种常识之在中国，似乎很难得人理解），这是天下自己在显现其自己。人君鼓励天下人发表包括反对在内的意见，并接受天下人包括反对在内的意见，而人君自己所表现出来的，不是自己的意见，只是"如权衡之悬，不作其轻重，故轻重自辨，无从而诈也。如水镜之设，无意于妍蚩，而妍蚩自彰，莫得而怨也"（《奉天请数对群臣兼许令论事状》），这即是所谓以天下治天下。权衡、水镜，都是人君的无为之为。所以中国的治道，亦即中国的君道，常以人君能听话（纳谏）为开端，为归结。一个人能听自己所不愿听的话，这是表现其生命力的强韧，其生命力也因此而能更得到营养。假定人君只要求人家听他的话，而讨厌人向他讲话，这对他个人而论，好像失掉了阳光、水土的植物，杜绝了一切生机；对天下而论，好像抽尽了氧气的空间，窒息了一切呼吸。孔子以"予言而莫莫之违"是"一言丧邦"，其意义何等深切。人君能听天下的话，天下人乃会服从朝廷的政令，因为这种政令是代表天下人的。人君听话，人民从令，这正是上下交流的政治，即是不对立的政治。

六

当天下大乱的时候，政治没有纪纲，社会没有秩序，各个人也很容易失掉常态。这种罪过，可以说是由"集体灾祸"而来的"集体罪过"。集体的领导者是人君，造成集体灾祸的根源的也是人君，所以陆氏认为人君对于集体的灾祸应该"罪己"，而对于集体的罪过应该"含垢"。"丕大君含垢之德"（《收河中后请罢兵状》），这是作为人君的分内之事，当然之事。再从现实上说，集体的罪过，站在政府的立场，只有把它集体地忘掉，始能转变社会旧的风气，鼓舞社会新的生机。假定要一一计较追究，则应当从造成集体灾祸的领导者层追究起，即是首先要追问原来朝廷的负责层。所以原来朝廷的负责层，于情于理，没有追究社会集体罪过的资格。若是原来朝廷的负责人，觉得自己还可以从头干起，则社会更有何人不可以从头干起，而要追算循环纠结，根本无法算清的旧账？况且朝廷追算旧账，只能追算到朝廷力量可以控制得到的人与地方，亦即是与朝廷较为接近的人与地方。与朝廷较为接近的人与地方尚且要去追算，则尚在敌人手下的，岂不是要斩尽杀绝？这是平定大乱的想法作法吗？所以陆氏要劝德宗由"罪己"、"含垢"中，转出对这种集体罪过的一种深厚的宽恕精神。陆氏为德宗所起草的制、诏，不仅都是此一精神之贯注，而且都根据此一精神作了许多收京后的善后设施。陆氏对德宗叙述这一经过说："所以德音叙哀痛之情，悔征伐之事，引众慝以咎己，布明信以示人。既往之失毕惩（按指德宗自己），莫大之辜咸宥。"（同上）这完全是实话。例如在《平朱泚后车驾还京大赦制》中说："君苟失位，人将安仰。朕既不德，致寇兴祸，使生灵无告，受制凶威，苟全性命，急何能择。……究其所由，自我而致。不能抚人以道，乃欲绳以刑，岂所谓恤人罪己之诚，含垢布和之义。……可大赦天下。"这一类话，在德宗或者以为不过是"打应急符"的宣传文章，而在陆氏"言必顾心"的立场，觉得道理事实确是如此。在此一宽恕精神之下，不特原谅了整个社会，而且也原谅了落伍或失脚了的旧日官员。例如在上引《大赦制》中说："亡官失爵，放归不齿者，量加收叙。""中外寮吏，恪居官次，国有大庆，所宜同之。"这才是以忘掉问题来解决问题的大手笔。在此种措施下，社会的生机，才能如春风之涵育万物样地涵育出来，以拨乱而反治。但自恃聪明才智的人，如前所述，结果必流于猜忌。而猜忌的人，必最缺乏宽恕精神，不仅睚眦必报，并且对人每想抓住一点借口，罗织重狱，以立自己的威严。于是陆氏便不断地针对德宗这种倾向来讲话。例如德宗使中官告诉陆氏说："近日往往有卑官从山北来，皆称自京城偷路奔赴行在。大都此辈多非良善……察其实情，颇是窥觇。今且令留在一处安置。如此之类，更有数人，若不根寻，恐有奸计。卿宜商量如何稳便者。"陆氏对此类猜忌之事，总是首先认为有失人君的体统，觉得以人君而亲自去搞防奸工作，是"以尊而降代卑职，则德丧于上"。"德丧而人不归"，"所关兴亡"甚大的。接着便劝德宗当人心转向之时，应"虚襟坦怀，海纳风行，不凝不滞，功者报之，义者旌之，直者奖之，才者任之。……恕其妄作，录其善心。率皆优容，以礼进退"，万不可"降附者意其窥觇，输诚者谓其游说。论官军挠败者猜其挟奸毁沮，陈凶党强狡者疑其为贼张皇"。陆氏认为对于想来的不准他来，来了以后又随意加以监禁，则"徇义之心既阻，胁从之党弥坚"，"今贼泚未平，怀光继叛。都邑城阙，犲猰迭居。关辅郊畿，豺狼杂处。朝廷僻介于远郡，道路缘历于连山。杖策从君，其能有几？推心降接，犹恐未多，稍不礼焉，固不来矣。若又就加猜刻，且复囚拘，使反者得辞，来者怀惧，则天下有心之士，安敢复言忠义哉"（《兴元论续从贼中赴行在官等状》）。又如对于德宗之不召见李楚琳之使，是因为李楚琳原来"乘时艰危，俶扰岐下"、"贼杀戎帅，款结凶渠"，不是没有理由的。但陆氏以为他现既派人来了，"今能两端顾望，乃是天诱其衷"，"厚加抚循，得其持疑，便足集事，傥能迁善，亦可济师。今若徇褊狭之谈，露猜阻之迹，惧者甚众，岂惟一夫"。陆氏并且以为齐桓、晋文、汉高都能用仇用怨，所以能成霸功，定帝业。尤其是在非常的时候，"虽罪恶不得不容，虽仇雠不得不用。陛下必欲精求素行，追抉宿疵，则是改过不足以补愆，自新不足以赎罪。凡今将吏，岂得尽无疵瑕。人皆省思，孰免疑畏。又况阻命之辈、胁从之流，自知负恩，安敢归化"（《兴元请抚循李楚琳状》）。又如赵贵先为朱泚劫持，德宗原拟赦免，后来因诸将反对，德宗便又不主张释放，但陆氏以为"据法而除君之恶者人臣之常志，原情而安众之危者人主之大权。臣主之道既殊，通执之方亦异"。陆氏总要德宗先有个人君的体统，站在自己的体统上来考虑问题。再叙述赵贵先被朱泚劫持的经过，认为"其于情状，实有足矜"，"况复怀光未歼，希烈犹炽，遭罹诱陷，其类实繁。……宥之以恩，则自新者咸思归命；断之以法，则怀惧者各务偷生"（《请释赵贵先罪状》）。又如德宗以窦参"交接中外，意在不测"，要陆氏加重他的罪刑，但陆氏认为窦参"贪饕货财，引纵亲党，此则朝廷同议，天下共传"，只能按照这种事实去定罪。"至于潜怀异图，将起大恶，迹既未露，人皆莫知"，若"忽行峻罚，必谓冤诬，群情震惊，事亦非细"，所以他不赞成。"良以事关国体，义绝私嫌。所冀典刑不滥于清时，君道免亏于圣德"（《商量处置窦参事体状》）。总之，宽恕精神，是作人的德量，也是平乱的一种大策略。

或者有人觉得像陆氏这样，未免把现实的政治问题，看得太天真了。但只要留心读《翰苑集》中《论关中事宜状》、《论两河及淮西利害状》、《奉天论李晟所管兵马状》、《奉天奏李建徽阳惠元两节度兵马状》、《请不与李万荣汴州节度使状》、《论边城贮备米粟等状》、《论缘边守备事宜状》等，使人不能不惊叹他是一个伟大的智略家，又是一个练达的行政家，既不空疏，又不迂腐。苏子瞻以为他是"智如子房而文则过"，真不是随便说的话。因为真正的智略，只有在坦易廓大的胸怀中才可以浮得起来，也只有在坦易廓大的气氛中才可以运用得出去。逼窄的精神，生长不出深谋大略，正如逼窄的空间，使用不出长剑大戟一样。说也奇怪，中国历史上开国的人物，都带几分"豁如"、"大度"（这是《史记》形容刘邦的）的气象，而末世的政治人物，其共同的特征便是宽恕的反面——狭促。陆氏形容这种人说"所谓小人者，不必悉怀险诐，故覆邦家。盖以其意性险邪，趣尚狭促。以沮议为出众，以自异为不群。趋近利而昧远图，效小信而伤大道。故《论语》曰：'言必信，行必果，硁硁然，小人也。'夫以能信于言，能果于行，惟以硁硁浅近，不克弘通，宣尼犹谓其小人，管仲尚忧其害霸。况又有言行难保而恣其非心者乎。"（《请许台省长官举荐属吏状》）写《水浒传》的人，必去掉一个狠狠自好的王伦，而安排一个智不如吴用、力不如武松的"忠义"宋江，忠是不自私，义是能替他人负责，即所谓"义气"，亦即所谓"宽恕"。不如此，则三十六天罡、七十二地煞，集不到一块儿来。中国这种对人宽恕的精神，一直贯彻于江湖好汉之中，这不能不说是伟大。而生机竭蹶的末世，此一精神在政治圈中常转变而为一种直感的自利精神，以对人之控制与斗争为天下大计了。

七

陆氏的政治思想，也就是中国整个的政治思想，归纳起来，即是要人君"舍己以从众，违欲以遵道。远恬妄而亲忠直，推至诚而去逆诈。杜谗沮之路，广谏诤之门。……录片善片能以尽群材，忘小瑕小怨，俾无弃物"（《论叙迁幸之由状》）。换言之，即是要人君从道德上转化自己，将自己的才智与好恶舍掉，以服从人民的才智好恶。在专制政治下言治道，不追根到这一层，即不能解消前面所说的在政治上二重主体性的基本矛盾，一切的教化便都落了空。所以中国过去一谈到治道，便不能不落在君道上面，而一谈到君道，便不能不以"尧、舜事其君"，即是落在要其君作无为的圣人的上面。史论家常将陆贽与贾谊并称，再试以贾谊的言论作一例证。班固谓汉文帝"躬修玄默"，玄默是很合于做人君的条件，所以贾谊的《治安策》，很少对文帝谈君德，而只鼓励文帝在大一统的精神下有所设施。这是因政治对象之不同，而所提到的政治内容亦因之不同的地方。但贾谊再进一步谈到政治根本问题时，则谓"天下之命，悬于太子"，"太子正而天下定矣"。因为太子是下一代的人君。汉文这一代，在君德上无问题，贾谊便不能不考虑到下一代。于是他提出一套教养太子的意见，即是教养下一代的人君的意见说：

古之王者，太子乃（始）生，固举以礼，使士负之……故自为赤子，而教固已行矣。昔者周成王幼在襁抱之中，召公为太保，周公为太傅，太公为太师。保，保其身体；傅，傅之德义；师，道之教训。……逐去邪人，不使见恶行。于是皆选天下之端士，孝悌博闻有道术者以卫翼之，使与太子居处出入。故太子乃（始）生而见正事，闻正言，行正道。……及太子少长，知妃色，则入于学。学者，所学之官也（住在校内之意）。……太傅罚其不则而匡其不及。……及太子既冠成人，免于保傅之严，则有记过之史，彻膳之宰，进善之旌，诽谤之木，敢谏之鼓，瞽史诵诗，工诵箴谏。……夫三代之所以长久者，以其辅翼太子有此具也。

贾谊所以没有提出"无为"二字，是因为当时的政治，正在道家的无为的空气中，而贾氏是要以儒家人文性的无为（儒家的人文主义是道德性的，此与近代西方不同），转化道家自然性的无为的。其所举出的教养方法，主要是要太子能够受教训，实际也是达到"无为"的一种工夫，所以贾谊说"臣闻圣主，言问其臣，而不自造事"。可见贾、陆两氏的基本精神是一致的。我可以这样总结地说，极权政治，是要以其领袖的意志改造天下，而中国的政治思想，则是要以天下之"欲恶"改造其人君，使人君自己无欲恶，以同于天下的欲恶。"格君心之非"，是政治中的第一大节目。但实行"格"的是人臣，以人臣去格人君存在心里的非，而所谓非者，也不过是普通人所固有的个人的好恶和才智，对普通人而言，这并不一定算作"非"的。于是此一改造工作，不仅难乎其为臣，而且被改造的人君，其个人的自由，比任何人都要被剥夺得多，对它的要求，比对任何人的要求都要来得严格。人不一定都要做圣人，但硬要把人君绑架上圣人的神龛上去，作一个无欲无为的圣人，这对人君而言，也的确是一种虐待。所以纳谏是中国政治思想上妇孺皆知的人经，而杀谏臣、杀忠臣，也是中国政治现实中的家常便饭。以唐德宗对陆贽知遇之深，中途也几乎借口把他杀掉，致使陆贽以盛年而贬居忠州以死。未死前，常闭户不敢和外人见面。这不仅是德宗和陆贽君臣间的悲剧，也实在是整个中国政治史中的悲剧。我不仅同情陆贽，也未尝不同情德宗。但政治上二重主体性的矛盾不解除，此悲剧即永远无法解脱。

中国历史上的圣贤，是要从"君心"方面去解除此一矛盾，从道德上去解除此一矛盾，而近代的民主政治，则是从制度上、从法制上解除了此一矛盾。首先把权力的根源，从君的手上移到民的手上，以"民意"代替了"君心"。政治人物，在制度上是人民的雇员，它即是居于中国历史中臣道的地位，人民则是处于君道的地位。人民行使其君道的方法，只对于政策表示其同意或不同意，将任务的实行委托之于政府，所以人民还是一种无为，而政府则是在无为下的有为，于是在真正民主制底下的政治领导者，比专制时代的皇帝便轻松得多了。作皇帝最难的莫过于不能有其自己的好恶。其所不能有其自己的好恶，因为人君是"权原"，人君的好恶一与其"权原"相结合，便冲垮了天下人的好恶而成为大恶。但一个人要"格"去其好恶，真是一件难事。在民主政治之下，政治领导者的好恶，与"权原"是分开的，其好恶自然有一客观的限制而不敢闯下乱子，于是其心之"非"不格而自格了。其次，则把虚己、改过、纳谏等等的君德，客观化为议会政治、结社言论自由等的客观制度。一个政治领袖人物，尽可以不是圣人，但不能不做圣人之事，他不能不服从选举的结果，他不能不听议会的论难，凡客观上不能不做之事，也就是主观上极容易去做的事。美国一个新闻业者可以反骂杜鲁门是"罪大恶极的谎言者"。这在专制时代，假使人君对此而能宽容下去，他便是圣君；宽容不下去，他便要做出一桩大罪恶而成为暴君。但在今日，不管杜鲁门心里怎样，对此只有无可如何，付之不问。这种付之不问，既不表现他是圣人，同时也表现他不能不接受这种圣人的客观格式。于是中国圣贤千辛万苦所要求的圣君，千辛万苦所要求的治道，在今日民主政治之下，一切都经常化、平凡化了。假定德宗做的是民主政治下的总统或首相，我相信他会强过杜鲁门和丘吉尔，因杜鲁门没有他的才智，而丘吉尔恐怕没有他那一副真性情。于是像陆氏这样的政论家，大概也是车载斗量，值不得我们今日这样的追慕。所以中国历史中的政治矛盾，及由此矛盾所形成的历史悲剧，只有落在民主政治上才能得到自然而然的解决。由中国的政治思想以接上民主政治，只是把对于政治之"德"客观化出来，以凝结为人人可行的制度。这是顺理成章，既自然，复容易，而毫不牵强附会的一条路。所以我常说凡是真正了解中国文化、尊重中国文化的人，必可相信今日为民主政治所努力，正是把中国"圣人有时而穷"的一条路将其接通，这是中国文化自身所必需的发展。若于此而仍有所质疑，恐非所以"通古今之变"了。

一九五三年五月一日《民主评论》四卷九期

程朱异同

——平铺的人文世界与贯通的人文世界

一、宋代理学的特征

朱元晦（熹）之学，出于二程，尤其是出于伊川（程颐），所以由元初以来，即程、朱并称。我在本文将首先说明朱元晦发展了伊川之学，以见两人之所同，更以二程所展开的是"平铺的人文世界"，而朱元晦所展开的是"贯通的人文世界"，以说明程、朱同中之异。但为了要厘清此处所提出的问题，应先说明宋代理学的特性。

程伊川在《明道（程颢）先生行状》中说明道"辩异端似是之非，开百代未明之惑，秦汉而下，未有臻斯理也"。在《明道先生墓表》中说："周公没，圣人之道不行；孟轲死，圣人之学不传。……先生千四百年之后，得不传之学于遗经。"又在门人朋友有关明道叙述的前面写道："门人朋友为文以叙其事迹，述其道学者甚众……人各用其所知，盖不同也，而以孟子之后，传圣人之道者，一人而已，是则同。"[①] 这类说法，由朱元晦所弘扬，更加上

---

① 以上皆见康熙二十五年刊《二程全书》卷四十二。以后凡引二程先生语，皆录自同治十年六安求我斋刊《程氏全书》。

周濂溪（敦颐）、程伊川和张横渠（载），有时也加上邵康节（雍）。将伊川对其兄明道的称述，扩大为对理学家的共同称述，然则这还是情绪的夸张，抑是在学术上特有所指，以形成理学的共同特性呢？这应首先作一明确解答。

"为行为而知识"是由周初以来，中国的学术基线。孔子在此基线内，因对求知的特别重视，已开始赋予知识以自足的意味，[①]这在求知的态度上是一大发展。但孔子的突出点，乃在他针对以才智求见知于他人的"为人"之学，而提出了"为己之学"。[②] 所谓"为己之学"，是追求知识的目的，乃在自我的发现、开辟升进，以求自我的完成。他的"下学而上达"，[③] 正说明这一历程。我与人和物的关系，不仅是以我去认识肯定在我之外的人和物的关系，而是随自我发现的升进，将生理的我转化为道德理性之我，使原来在我之外的人和物，与自我融合而为一。孔子的"天下归仁"[④]实即"仁者以大地万物为一体"，系由此而来。以知识选择行为，常由利害的比较来作决定，决定得合理时，固然也能顾及大众利益。但多数则拘限于个人利益之内，缺乏道德的必然性。我与人和物的关系，经过了"为己"历程中的回转，对人和物的动念与

---

① 例如《论语·为政》："由，诲汝知之乎，知之为知之，不知为不知，是知也。"《雍也》："知者乐水，仁者乐山；知者动，仁者静；知者乐，仁者寿。"《子罕》："知者不惑，仁者不忧，勇者不惧。"《宪问》以此为"君子道者三"。仁知或知仁勇平列，即系承认知识的自足意味。

②《论语·宪问》："子曰，古之学者为己，今之学者为人。""古"表示孔子的理想，"为己"即须修己，所以孔子又说"修己以敬"。孔子后，修己常称为"修身"。所以"为己之学"可以贯通孔子的学统。

③《论语·宪问》。

④《论语·颜渊》。

行为，不再是以我为中心的利害比较，而是出于"克己"、"毋我"①的道德责任的要求。孔子"己欲立而立人，己欲达而达人"的"为仁之方"，②都要由此角度去了解。因此，在求知方法上，自然也要发生一个回转。

　　求知起步的方法，是通过耳目的闻见去认识客观世界中的事物，再加以思考的整理，由此所得的知识，是客观性的知识。孔子非常重视这种知识。③这是人类求知的共同方法。但仅靠此方法，不一定能发现自我，而由这种方法所得的知识，除了以自我为中心的利害直接关连外，也不一定与行为有必然的关系。这里，孔子便作了方法上的回转，这种回转，暂用"内省"④一词来表达。即是把向外所认识的东西、所求得的知识，回转向自己的生命，在自己的生命中加以照察，把自己所知的，由客观位置，转移到主体上来，而直接承担其责任。此时的知识，经照察提炼后，便内在化而成为自己的"德"。孔子说"志于道，据于德"，⑤《礼记·乐记》"德者得也"。《论语》上的"德"字，多数正应作这种解释。孔子说："见贤思齐焉，见不肖而内自省也。""见贤"、"见不肖"这是由认识作用所成立的客观知识。"内自省"固然是把客观知识的"不肖"转向自己生命上来，加以照察承当，"思齐"的

---

① 《论语·颜渊》："克己复礼为仁。"《子罕》："子绝四，毋意、毋必、毋固、毋我。"
② 《论语·雍也》。
③ 《论语·为政》："子曰，多闻阙疑，慎言其余，则寡尤；多见阙殆，慎行其余，则寡悔。"《述而》"子曰，盖有不知而作者，我无是也。多闻，择其善者而从之，多见而识之，知之次也"等是。
④ 《论语·里仁》："子曰，见贤思齐焉，见不肖而内自省也。"《颜渊》："司马牛问君子，子曰，君子不忧不惧。……内省不疚，夫何忧何惧。"此处的"内省"，只就一特定场合讲的，但对孔子实有一普遍的意义。
⑤ 《论语·述而》。

"思"，也是把客观知识的"贤"，转向自己生命上来，加以照察承当。他说"三人行，必有我师焉。择其善者而从之，其不善者而改之"，①都与上面的意思一样。此外还有许多语言都含有由向外的认知，转回向自己生命的内省历程在里面。他说"知之者不如好之者，好之者不如乐之者"，②也是说的这一历程。简而言之，化客观知识为生命之德，此时道德乃生根于生命之内，而有其必然性，由道德的必然性而自然发出行为的要求。此即孔子的所谓"为己之学"。但这里不应忽略的是，由德自然发而为行，"学之为言效也"③的模仿性行为的积累，也可以成德，并非完全先要由认识的回转作进路。此在了解孔子为一般人设教上非常重要，这里只能简单地提到。在孔子将知识内在化而为德的"为己之学"的系统中，除了由自己生命中所发出来的无条件的道德要求，因传统而他有时称之为"天"、"天命"或"天道"外，④凡由宗教而来的渣滓，已扫除殆尽。"不语怪、力、乱、神"，⑤乃表明道德与知识得到统一的理性的大突破。由此可以了解他所建立展开的是道德有机体之人文世界。本文所说的人文世界，都指的是此种性格。

孔子所发现开辟出的自我即是仁。他不仅以仁统贯诸德，而就"仁远乎哉，我欲仁，斯仁至矣"，"为仁由己，而为人乎哉"⑥等语言推求，仁必然是在生命之内所呈现出的一种道德精神状态，

---

①《论语·述而》。

②《论语·雍也》。

③《论语》开端"学而时习之"朱注。

④ 此意我在《有关中国思想史中一个基题的考察》一文中曾加以阐述。此文收入本集中。

⑤《论语·述而》。又《论语·先进》不答子路之问死、问事鬼亦同此意。

⑥ 分见《论语》之《述而》、《颜渊》。

才能如此现成，才能要求"君子无终食之间违仁，造次必于是，颠沛必于是"。①他对自己所发现、开辟出的自我，没有进一步作语言上的诠表。到了《中庸》，②则很明显地将发现的自我，称之为天命之"性"。③说人之性是由天所命，乃顺着子贡所提出"夫子之言性与天道，未可得而闻也"④所作的解答，这是由实质转到概念上的发展，而此处的天命，虽然有传统，但实际是为了加强性的普遍性、不易性而提出的，所以《中庸》不是在天命上立脚，而是在性上立脚，由是而有由"尽己之性"以"尽人之性"、"尽物之性"的提出，⑤这即是自我的升进、完成，由此所展开的即是道德有机体的人文世界。《中庸》顺承孔子，非常重视知识。它说："博学之，审问之，慎思之，明辨之，笃行之"。前四项，是把孔子重视闻见之知加以条理化，这是人类求知的共同规律。但由前四者落到"笃行之"，则在认识上必然要由把向外所求之知，转回向自己的生活生命，与慎独之功凝合在一起，使其在自己生命中生根成德。《中庸》引孔子说颜渊"得一善则拳拳服膺"，这正是回转后加以操持的精神状态。

到了孟子，把发现的自我，除了以性善⑥来加以表诠外，更落

---

① 《论语·述而》。
② 《中庸》本为上下两篇。上篇出于子思，下篇出于子思后学，但亦应在孟子之前。我在《中国人性论史·先秦篇》第五节"《中庸》的性命思想"中有详细的考查。
③ 《中庸》："天命之谓性。"
④ 《论语·公冶长》。
⑤ 《中庸》："唯天下至诚为能尽其性。能尽其性，则能尽人之性，能尽人之性，则能尽物之性，能尽物之性，则可以赞天地之化育，能赞天地之化育，则可以与天地参矣。"
⑥ 《孟子·滕文公上》："孟子道性善，言必称尧舜。"

实在人人所共有的仁、义、礼、智的四端之心上面。① 于是他提出由"尽心"而知性、知天的要求，② 这即是由自我的发现而自我的升进、完成。当时大概流行着"万物一体"这类的观念，③ 所以孟子说"万物皆备于我矣"的话，但他接着说"反身而诚，乐莫大焉"，④ 所谓"反身"，即是反求于自己生命之内。他常说"自反"、"反求诸己"这类的话，这即是说明了他在问题认识上由外向内的回转。而他说："学问之道无他，求其放心而已矣。"⑤ 心的放不放，只能求之于内省的工夫，所以孟子在认识上由外向内转的意义更重。

战国中期以后，以阴阳言天道之说渐渐盛行，至西汉中期而把五行组入于阴阳之内，成为一个系统，于是汉儒都走向以阴阳五行言天道天命，再由这种天道天命，加上经典上的知识，以言人性，构成几个天人性命合一的大哲学系统，⑥ 这主要是凭思考加上想像的类推，在自己生命之外所构成的系统。他们也要向现实生活上落实，但他们主要是要落实在政治、社会问题上面，他们对于政治、社会，都下了深刻观审、分析的工夫，以和他们所得

---

① 《孟子·公孙丑上》："恻隐之心，仁之端也；羞恶之心，义之端也；辞让之心，礼之端也；是非之心，智之端也。人有是四端也，犹其有四体也。"

② 《孟子·尽心上》："孟子曰，尽其心者，知其性也，知其性则知天矣。"

③ 《庄子·齐物论》："天地与我并生，而万物与我为一。"《庄子·天下》篇说惠施"泛爱万物，天地一体也。"这都与孟子的"万物皆备于我矣"相通。

④ 《孟子·尽心上》。

⑤ 《孟子·告子上》。

⑥ 西汉可以说是系统哲学最兴盛的时代。贾谊《新书》一个系统，《淮南子》一个系统，董仲舒《春秋繁露》一个系统，京房卦气说一个系统，刘向《说苑》一个系统，刘歆三统律（历）一个系统，扬雄《太玄》一个系统。请参阅拙著《两汉思想史》卷二、卷三。

的经典上的知识相对照。于是披上系统哲学的外衣，陈述由观察和分析而来的政治、社会的切合时代要求的意见。他们在学术上的伟大贡献在此。由荀子而下，每一伟大儒者，必有程度不同的为己之学、反省之功，否则不能言修养，不能建立人格。但他们的出发点与归结点，未尝通过自觉而安顿在这里。所以他们向生命自身所开辟出境界受到限制，他们的道德外铄性多于内发性，这大约可以概括荀子、西汉及其以后的儒者。到了二程出，可以说是直承为"己"之学而加以发展的，[①]为"己"之学是程氏别异于当时训诂、文章之学的大分水岭，[②]也应是治思想史的人辨别理学与非理学的重大标志。为己的结果，二程常称为"自得"或称为"有诸己"。[③]"有诸己"、"自得"，必须通过涵养省察的"工夫"，所以"工夫"的观念，是由程、朱所特别突出的。这不同于以主体去处理、改变客观事物所运用的方法，而是以主体处理、改变

① 程伊川写《颜子所好何学》时，年约二十岁。此文原受其师周濂溪的影响，但结论中以"不求诸己而求诸外"是"为学之道遂失"的原因。朱元晦《论语集注》在"古之学者为己，今之学者为人"引"程子曰，为己，欲得之于己"，又引"程子曰，古之学者为己，其终至于成物。今之学者为人，其终至于丧己"。朱加以按语"圣贤论学者用心得失之际，其说多矣，然未有如此之切而要著"。《朱文公文集》卷四《答何叔景》"熹少而鲁钝，万事不如人，独幸稍知古人为己之学"。由此可知，为己之学是宋明理学自别于一般学术的关键。
② 例如《伊川先生语》四："古之学者一，今之学者三。一曰文章之学，二曰训诂之学，三曰儒者之学。欲适道，舍儒者之学不可。"按他所谓"儒者之学"，即"为己"之学。程、朱划分他们的学问与世俗之所谓学问的语言甚多，大意要不出此。
③《宋元学案》卷十五《伊川学案》："学莫贵于自得，非在外也，故曰自得。"朱公栋《问学拾遗》："见贤思齐……见不贤而内自省，莫不在己。"（明道）"知之者，在彼而我知之也。好之者虽笃而未能有之。至于乐之，则为己之所有。"（伊川）"性与天道非自得之则不知，故曰'不可得而闻'。"（明道）《伊川先生语》八："同伯温先生见先生，先生曰，从来觉有所得不？学者要自得。"《二先生语》曰："士之所难者，在有诸己而已。"此类语言甚多，此仅举其例。

中国思想史论集续篇

主体自身（生命）的状态。他们根据孔子重知的精神，竭力于《大学》所提出的"格物致知"，以期能穷尽事物之理，以期达到所知者与事物的自身一样。① 他们所谓"格物"的"物"，主要是以道德行为规范为内容，亦即是以伦理为内容，所以胡氏《拾遗》中记伊川答《维摩诘经》之问中说"人伦者天理也"。但偶然也涉及对自然作艺术性的观照，伊川特伸展到对自然作物理性的观察。② 但总之，格物致知的活动，正如朱元晦所说，是"知者吾心之知，理者事物之理，以此知彼，自有主（主体）宾（客观）之别"的活动，③ 这是由闻见向外追求知识的活动。王阳明"格得庭前竹，如何能诚得自家意"的问题，朱元晦也早已意识到了。④ 但他们在格物向外追求历程的最后一阶段，实作了向内的大回转，此即他们经常所说"体合"、"体得"、"体认"、"体验"，⑤ 这是孔子"内省"工夫的发展。二程把德性之知与闻见之知，两不相干的事实，

---

① 《二先生语》上："致知在格物，格，至也。穷理至于物，则物现尽。"此类语言甚多。
② 程、朱以动植物亦含有道德伦理的意义，但他们所涉及的实际问题，常超出于道德伦理之外，有近于自然法则性的推求。此例甚多。
③ 转引自王懋竑《朱子论学切要语》卷之一。
④ 《文集》卷三十九《答陈齐仲书》："格物之论，伊川意虽谓眼前无非是物，然其格之也，亦须有缓急先后之序，岂遽以为存心于一草木器用之间，而忽然悬悟也哉！"这实已解答了王阳明的问题。卷五十二《答吴伯丰》，亦系解答此一问题。
⑤ 《二先生语》三《传闻杂记》引《上蔡语录》："明道尝曰，吾学虽有所受，天理二字却是自家体贴出来。""若要真得，须是体合。"（伊川）"未有不能体道而能无思者。"（伊川）《伊川先生语》一："公只是仁之理，不可将公便唤作仁。公而以心体之，故为仁。"《伊川先生语》十一："学为易，知之难。知之非难，体而得之为难。"此类语言甚多，而以朱元晦在《大学或问》中的话可以总括："然则所谓格物致知之学，与世所谓博学洽闻者奚以异？曰，此以反躬穷理为主……彼以徇外夸多为务……此正为己为人所以分。""反穷"即是体认。而他所撰《李延平行状》中述延平语，对体认之意，尤为真切（见《朱文公文集》卷九十七）。

程朱异同

分别得很清楚。^①格物当然是闻见之知，但经过体认、体得的工夫，将客观之理，内在化而与心性之理相符应、相融和，因而将心性之理加以充实、彰著，此即他们所强调的自得，自得是以"合内外之道"，^②即主客合一为内容的。这种情形，由明道对王安石的批评而更显："先生曾语介甫曰，公之谈道，正如说十三级塔上相轮，对望而谈曰，相轮者如此如此。如某则……直入塔中，上寻相轮，辛勤登攀，逦迤而上……至相轮中坐时，依旧见公对塔谈说此相轮如此如此。"^③明道的话，实际也划分了宋明理学与一般之所谓哲学家的界线。他们由此而开出人人平等，人物平等，"与万物同流"^④的道德有机体的人文世界。这是宋明理学直承孔子为己之学所开出的共同世界，我即以此为宋明理学的特征，并证明伊川、元晦们直承孔、孟之道之语，是有其真实内容的。

二、朱元晦对程伊川思想的传承

二程虽气象不同，但思想的纲维都是相同的。"尝谓门人张绎曰，我昔状明道先生之行……我之道盖与明道同。异时欲知我者，

---

① 例如《二先生语》一上："学者须学文。知道者进德而已……学文之功，学得一事是一事，二事是二事，触类至于百千，至于穷尽，亦只是学，不是德。"按此为明道语。此处之"学"，就知识上言。《伊川先生语》十一："闻见之知，非德性之知。物交物则知之，非内也。今之所谓博物多能者是也。德性之知，不假闻见。"

②《二先生语》一"诚者合内外之道，不诚无物"，例如《二先生语》三"须是合内外之道"。二程称及此语者不一而足，朱元晦亦如此。

③《二先生语》一。

④《二先生语》二上《告子》"生之谓性"条中语。又《二先生语》六："孔子所遇而安，无所择。惟其与万物同流，便能与天地同流。"表现此一意义之语甚多。

中国思想史论集续篇

求之于此文可也"。① 而《二程遗书》一开始便是"二先生语"，朱元晦在《四书集注》中引用二程之说，亦概称之为"程子曰"，不加分别。但在工夫上，明道偏向静，而伊川则偏重敬；在言仁上，明道克就精神状态言，② 而伊川则常切就"公"的体合言；格物则明道多带有艺术观照的意味，而伊川则多带有观察思索的意味。朱元晦虽对二程同样的尊敬，但他对明道保有相当大的距离，③ 他与二程的关系，主要是与伊川的关系。

但他与伊川的关系，不应由他曾师事李延平（李侗）而为程门四传弟子④ 这一事去了解。按朱元晦在《延平行状》中所述延平思想，与赵师夏《跋延平答问》中⑤ 所述延平告朱元晦之言，其重点不同。赵师夏述朱元晦所说的延平之言，是"吾儒之学，所以异于异端者，理一分殊也。理不患其不一，所难者分殊也"。此

① 康熙二十五年刊《二程全书》目录卷四十九后附伊川之子程端中《伊川先生文序》。
② 如明道《识仁篇》谓"仁者浑然与物同体"，及他所说的"满腔子都是恻隐之心"，皆就一种精神状态而言，此与孔子言仁最切近。
③《识仁篇》为明道思想的主干，但朱元晦著《近思录》时未尝录入，且常批评陈义太高，所以程门高弟，晚皆入于禅学去。又《晦庵文集》卷六十一《答欧阳逊》："明道先生之言高远宏阔，不拘本文正意，如此处（按指对'继之者善也'的解释）多。若执其言而论，则所不可通著，不但此句而已。"
④ 据王懋竑《朱子年谱》（用商务印书馆《国学基本丛书》本）朱元晦二十四岁岁初见李延平，二十九岁再见，三十一岁三见，三十三岁四见于建安，俱归延平。次年癸未十月十五日李延平卒于闽帅汪应辰坐次。李延平受学于罗豫章（从彦），罗受学于杨龟山（时），杨受学于程伊川，故朱为伊川四传弟子。按赵师夏《跋延平答问》，谓朱以父执事延平，论学盖未之契，"领簿同安，反覆延平之言，若有所得，于是尽弃所学而师事焉"。朱子二十二岁铨同安主簿，二十四岁七月至同安，二十七岁秩满，二十九岁再见延平，其师事延平当在此时。但在《祭延平文》（《文集》卷八十七）中谓"从游十年"，则是他初见延平时即以师事之。王谱谓朱三十一岁见延平时始受学，不确。
⑤《行状》见《文集》卷九十七，赵跋见王谱朱元晦二十九岁下所引。

意在《行状》中也有，但在全文中所占分量不重，朱元晦当时所得于延平者亦不在此。《行状》中所述延平学问的重点，在"讲学之余，危坐终日，以验夫喜乐哀怒未发前，气象为如何，而求所谓中者，若是者盖久之，而知天下之大本真相在乎是也"。这是由杨龟山、罗豫章（从彦）传承下来的学脉，而为朱元晦当时所艰苦追索以求证的问题。他写《行状》时大概是三十五岁。三十七岁开始与张南轩（敬夫）通书讨论中和问题，三十八岁访张南轩于潭州（长沙），论《中庸》三日夜而不能合。延平死后，一直到四十一岁的这一段时间，他都被"未发之中"的问题所困扰。但四十一岁以后，他摆脱了延平之默坐澄心的这一套工夫，[①] 只在程伊川"涵养须用敬，为学则在致知"这两句话上用力。赵师夏所述，乃是就延平合于"为学则在致知"之言而加以称述。延平所承龟山这一学脉，与伊川颇有出入，所以朱受学于延平，并不能视为即系传承伊川之学。他虽十四五时即读二程之书，三十九岁整理成《程氏遗书》，并成《伊川年谱》，但他在伊川思想上落脚，则是摆脱延平重大影响之后，摆脱中和未发、已发纠缠之后，大约是四十一岁以后开始。[②] 这是他经过一段工夫历练后自己的到达点，而不是普通的传承关系。

---

① 《语类》一〇二："道夫言罗先生教学者静坐中看喜怒哀乐未发谓之中，未发作何气象。李先生以为此意不惟于进学有力，亦是养心之要……先生曰……罗先生说终恐做病。"《语类》一〇三"或问近见廖子晦"一条，也不以延平静坐之说为然。又谓："李先生当时说学，已有许多意思。只为说敬字不分明，所以许多时无捉摸处。"《文集》卷五十六《答方宾王》："《延平行状》中语，乃是当时所闻其用功之次第。今以圣贤之言，进修之、实验之，恐亦自是其一时入处，未免更有商量也。"
② 此系采用王懋竑的说法，俱见于《年谱》朱子四十一岁下。

　　　　　　　　　　　　　　　　中国思想史论集续篇

从修养的工夫上说，二程早年虽提出"敬以直内，义以方外"，所谓"敬义夹持"工夫，但这不仅是将内外分为两片，且他们毕竟是主静的意味重于主敬的意味，[①] 这可能受了周敦颐"主静"的影响。[②] 自伊川提出"涵养须用敬，进学则在致知"[③] 后，以敬概括静，工夫才得到贯通动静内外的致力之方。"敬而无失，便是喜怒哀乐未发之谓也。敬不可谓之中，但敬而无失，即所谓中也"，[④] "人德莫如敬，未有能致知而不在敬者"。[⑤] 伊川晚年由静转向敬，也反映出他是以动为人生的基本态度，所以他在答李明问未发之中时，认为应在"喜怒哀乐已发之际观之"，并谓："人言复其见天地之心，皆以至静能见天地之心，非也……唯某言动而见天地之心。"[⑥] 因此一转换，便更加强了他在工夫中在"事"上用力的意味。二程本来都是主张在事上用力的，[⑦] 伊川以"主一无适"言敬，即是专注于一事而心无旁骛，所以敬主要切合在事上说。这便给元晦以最大的影响。《答吕子约书》："程子论中庸未发处，答问之际，初甚详密，而其究竟只就敬之一字都收杀了。其所谓敬，又无其他玄妙奇特，止是教人每事习个专一（按指伊川谓'主一无

---

① 《近思录》卷四子养"谢显道从明道先生于扶沟。明道一日谓之曰，尔辈在此相从，只是学颢言语，故其学心口不相应。盖若行之。请问焉。曰，且静坐。伊川每见人静坐，便叹其善学"。但二程又特别强调诚以实之，《二先生语》六："诚然后能敬；未及诚时，却须敬而后能诚。"所以诚是贯彻于一切功夫之中。
② 周敦颐《太极图说》："圣人定之以中正仁义而主静，立人极焉。"
③ 《伊川先生语》四。
④ 《二先生语》一上。
⑤ 《二先生语》三，注"伊川先生语"。
⑥ 《伊川先生语》四。
⑦ 克就事上言功夫，随处可见。《二先生语》三："须是就事上学。"（明道）《伊川先生语》一："有主则虚，无主则实，必有所事。"这一点，程、朱、陆、王都是一致的。

适之谓敬')而已。"①《答项平父书》："持守之要，大抵只是要得此心常自整顿，惺惺了，即是未发时不昏昧，已发不放纵耳。"②按谢显道以"常惺惺法"言敬，为元晦所应承，③所以这里依然说的是以敬贯通已发、未发，把他从李延平处所受的困扰解除了。元晦在《大学或问》中，将敬的工夫与意义，作了有系统的发挥，其中有谓："敬者一心之主宰，而万事之本根也。知其所以用力之方，则知小学之不能无赖于此以为始。知小学之赖此以为始，则知大学之不能无赖乎此以为终者，可一以贯之而无疑矣。盖此心既立，由是格物致知，以尽事物之理，则所谓尊德性而道问学。由是诚意正心，以修其身，则所谓先立其大者而小者不能夺。由是齐家治国以及平天下，则所谓修己以安百姓，笃恭而天下平。是皆未始一日离乎敬也。"所以说"敬之一字，圣学所以成始成终也"。元晦毕生推重周敦颐《太极图说》，在乾道九年夏四月成《太极图说解》，时年四十四岁，顺《图说》"而主静"之意，谓："此言圣人全动静之德，而常本之于静也。"又谓："动静周流，而其动也，必主乎静。"但从四十八岁起到六十四岁止，他作了四篇濂溪祠，阐扬周氏思想，却没有一处提到静，也可窥见此中消息。至伊川谓"敬则自虚静，不可把虚静唤做敬"，又谓"言静则偏了，而今且只道敬"，又谓"若言静便人于释氏之说也"，④尤为元晦四十三

---

① 《文公文集》卷四十八。
② 《文公文集》卷五十四。
③ 见《大学或问》所引述。
④ 此转引自王懋竑《答朱宗洛书》。

岁以后所谨守不失，且视此为儒、释大防之一，深以言静为戒。①
这是了解朱元晦的人格与学问的大脉络。这也正是承继孔子的大
脉络。《论语》中便有二十一个"敬"字，而"执事敬"、"修己以
敬"，最有概括而深切的意义。②

　　其次，伊川极重为学次第。③有典籍上的次序，有工夫上的
次序。此点为朱元晦所继承发挥。从典籍上说，伊川谓"凡看文
字，须先晓其文义，然后可求其意，未有文义不晓而见意者也"。④
文义上所下的工夫，到元晦而更勤更密，所以四书、《诗经》、《楚
辞》由元晦所作的训诂，清代经学家想推翻而卒不能推翻。伊川
曾谓唐棣："入德之门，无如《大学》。今之学者，赖有此一篇书
存。其他莫如《论》、《孟》。"⑤又谓："修身当学《大学》之序。
《大学》，圣人之完书也。其间先后失序者已正之矣。"⑥元晦《大学
章句》，不仅即以伊川所正者为定本，且将上述两条稍加整理合并，
置于全书之首。⑦此一次第，元晦愈全晚年而守之愈严。《答吴伯
丰》谓："《论》、《孟》、《中庸》，待《大学》通贯浃洽，无可得看

---

① 《文集》卷六十二《答元德书》："明道教人静坐，盖谓是时诸人相从，只在学中，
　　无甚外事，故教之如此。……若特地将静坐做一件功夫，则却是释子坐禅矣。但
　　只着一敬字，通贯动静，则于二者之间，自无间断处。"此类语言甚多，此其一例。
　　对明道教人静坐之解释并不恰当，但由此可以了解他厌谈静的功夫。
② 见《论语》之《子路》、《宪问》。
③ 《伊川先生语》一："古之学者，优柔厌沃，有先后次序。"
④ 《伊川先生语》八。
⑤ 同上。
⑥ 《伊川先生语》。
⑦ 《大学章句》："子程子曰，《大学》，孔氏之遗书，而初学入德之门也。于今可见
　　古人为学次第者，独赖此篇之存，而《论》、《孟》次之。学者必由是而学焉，则
　　庶乎其不差矣。"

（言烂熟之至）后，方看乃佳。"^① 此其一例。黄勉斋《行状》对此加以总结说："先生（元晦）教人，以《大学》、《论》、《孟》、《中庸》为入道之序，而后入诸经。以为不先乎《大学》，则无以提纲挈领，而尽《论》、《孟》之精微；不参之《论》、《孟》，则无以融会贯通，而极《中庸》之旨趣。"黄氏的话，颇有语病，但在说明以《大学》为入德之门这一点上是对的。不过就伊川全般语言看，则实更多主张学者应由《论语》入手，^② 最低限度，不似朱元晦说得这样固定化，以意推之，二程之学，首在建立人之所以为人的基本条件，程明道尤重视《论语》上的"忠信"二字。《二先生语》六："忠信而入，忠信而出。"《明道先生语》一："圣人之言忠信者多矣，人道只在忠信。""尽己之谓忠，以实之谓信；发己自尽为忠，循物无违谓信，表里之义也。"这种意思，同时必为伊川所即可。而伊川的"涵养须用敬"的观念，亦主要得自《论语》。则二程言学以《论语》为先，是很自然的。但明道死后，伊川向格物致知方向的努力加强，便提出《大学》为"入德之门"的说法。在他心目中，可能认定两种说法的角度不同，是可以并存，且应该并存的。朱元晦则认为"为学之道莫先于穷理，穷理之要，必在于读书"。^③《大学》中的格物致知，正是所谓"穷理"，于是以《大学》为入德之门，始成为一定的格局。

其次是为学方法的次第问题，这主要反映为知与行的先后问

---

① 《文集》卷五十二。
② 例如《伊川先生语》四："学者须先读《论》、《孟》……《论》、《孟》如丈尺权衡相伴……某尝语学者必先看《论语》。"《伊川先生语》八答伯温"学者如何有可得"之间，谓："当深求于《论语》。"《伊川先生语》十一："学者当以《论语》、《孟子》为本。《论语》、《孟子》既治，则六经可不治而明矣。……"此类似语尚多。
③ 《年谱》六十五岁时奏事行宫便殿中语。

题，及格物致知与正心诚意的先后问题。朱元晦在这问题上，传承了伊川的思想而加以发展。

伊川对于知行问题，是主张知先于行的。[①] 知何以能行，伊川对此问题的解答，是把知分为几个层次，知达到最后一个层次时，则能知即能行。《伊川先生语》一："闻之，知之，得之，有之。""闻之"、"知之"两个层次，是以主观知客观的层次，"得之"是经过"思"的消化而为自己所彻底掌握的层次，"有之"则为由外转向内，在自己生命中生根的"自得"的层次。"得之"、"有之"两层次最为接近而不易分。在"有之"层次的知，亦称为"真知"、"深知"，或称为"知至"。《二先生语》二上："真知与常知异。曾见一田夫被虎伤，有人说虎伤人，众莫不惊，独田夫色动异于众……真知须如田夫乃是。"谈虎色变的故事，又见于《伊川先生语》一。所以上面的话，可推断其出于伊川。《伊川先生语》一："知至则当全之，知终则当遂（一本无'遂'字）终之，须以知为本。知之深则行之必至。无有知之而不能行者。知而不行，只是知得浅。""真知"、"深知"之"知"，乃是由外向内回转加以体认体验以后，在自己生命中生了根之知。朱元晦对知行的关系，虽以较伊川扣得较紧密，[②] 但这是来自（一）把推养及致知的工夫

---

① 《二先生语》三伊川语："须是识在所行之先，譬如行路，须得光照。"《伊川先生语》四："……故人力行先须要知。非特行难，知亦难也。"

② 如《语类》陈淳录："知与行，虽是齐头做，方能互相发。程了口，涵养须用敬，进学则在致知。下须字在字，便是要皆齐头着力，不可道知得了方始行（《年谱》页三六八）。""董卿问，致知后，须持养力行。曰，如是，则今日致知，明日持养，后日力行，只持养便是行。正心诚意，岂不是行？但行有远近。治国平天下，则行之远耳（《年谱》页二七三）。"《答许中应》："熟读其书，藉求其义，考之吾心以求其实，参之事物以验其归，则致知处即是力行，非有二事也。"

认为即是行。若借用他"行有远近"的说法，他把行收得太近了。但这只是他一时矫正弊端之说。（二）他强调格物应自日用寻常事物开始，而日用寻常事物，即与人的实际生活不可分，此时亦可谓知行非二事。但若就伊川之所谓行，乃主要落实于由修身齐家以至治国平天下而言，则元晦强调"儒者之学，大要以格物为先"，他依然是主张知先行后的。并且他强调"若不于此先致其知，但见其所以为心者，如此泛然无所准则，则其所存所发，亦何自而中于理乎"，[①]是他认为持养亦有待于致知，否则有认贼作父的危险。在《答项平父》中谓："大抵人之一心，万理具备，然圣人教人所以有很多门路节次，而未尝教人只守此心者，盖谓此心理虽本完具，却为气质之禀，不为无偏。若不讲明体察，极精极密，往往堕其所偏，堕于物欲之私而不自知。"这是说存心也须先格物穷理。又说："虽欲穷理，然不曾将圣贤细密言语，向自己身上精思熟察，而使务为涉猎书史……所以伥伥无所归。"[②]这是说即物穷理，最后要转了向自己身上，精思熟察，"体会推寻，内外参合"，[③]使由格物所得来的知，成为在自己生命里生根的真知，与伊川实无二致。所以他不止一次地引用谈虎色变的故事。

二程，尤其是伊川特致力于格物致知，发展了孔子特别重视知识的遗教，补充了孟子所不足，而格物之物，由自己一身之所关涉，推及于大则天地阴阳，小则一草一木，由"人理"以推及

---

① 《文集》卷三十《答张钦夫书》。
② 《文集》卷六十五《答项平父》。
③ 同上。

"物理"，① 不知不觉地由道德的理，伸向自然法则之理。② 朱元晦紧承此意而更表现得分明。③ 并且他在格物中，特别把人的主体与物的客体界划得非常清楚。④ 这在中国学术史中，有非常重要的意义。格物致知是知识活动，正心诚意是道德活动。伊川特主张格物致知，先于正心诚意，认为必先格物致知，然后能正心诚意。⑤ 由前面所引的材料，即可说明这一点为朱元晦所传承而且有更加

---

① 《二先生语》一上："学者不必远求，近取诸身，只明人理，敬而已矣。"又"物理最好玩"（按上皆为明道之语）。《伊川先生语》一："医者不诣理，则处方论药，不尽其性，只知逐物所治，不知和合之后，其性又如何？假如诃子黄，白矾白，合之而成黑，黑见则黄、白皆亡。一合而为三，三见则一二亡，杂而为一二则三亡。既成二，又求一与二；既成黑，又求黄与白，则是不知物理。古人穷尽物理，则食其味，嗅其臭，辨其色，知其某物合某物，则成何性。……"《伊川先生语》四："理只是人理甚分明，如一条平坦的道路。""既为人，须尽得人理。"

② 二程虽以道德的理去看自然的法则，如上注伊川所谓的"物理"，则实涉及化学问题，非道德之理所能解释。又如《二先生语》二下："天地之中，理必相直，则四边必有阙处，如何地之下定无天。今所谓地者，特于天中一物耳。如云气之聚，以其久而不散也……"亦不可作道德之理去理会。此类语尚多。

③ 《语类》陈淳录："天下无书不是合读的，无事不是合做的。若一件书不读，这里便缺此一书之理；一件事不做，这里便缺处一事之理。大而天地阴阳，细而昆虫草木，皆当理会。一物不理会，这里缺了一物之理。"（《年谱》页三六八至三六九）

④ 《答江德功书》："格物之说，程子论之详矣。而其所谓格，至也。格物而至于物，则物理尽者，意句俱到……而细微之间，主宾次第，文义训诂，详密精审，亦无一物之不合。今不深考，而必欲训致知以穷理，则主宾之分有所未安。"此下自注："知者吾心之知，理者事物之理。以此（心）知彼（物），自有主（主体）宾（客体）之辨。"

⑤ 《伊川先生语》一答康仲"不知如何持守"之问，"且未说到持守。持守甚事？须先在致知。致知，穷知也。穷理格物，便是致知"《伊川先生语》四答"知甚难"之问中有谓："未致知便欲诚意，是躐等也。"又，"或问进修之术何先？曰，莫先于正心诚意。诚意在致知，致知在格物。"《伊川先生语》十一："……自格物而充之，然后可以至圣人。不知格物而先欲意诚心正身修著，未有能中于理者。"又，"随事观理，而天下之理得矣。天下之理得然后可以至于圣人。君子之学，将以反躬而已矣。反躬在致知，致知在格物。"

谨严之势。① 明道说："知至的便意诚。若有知而不诚者，皆知未至耳。"② 这似乎把知与意，贴合得更紧，略去了先后的次序。但夷考其实，依然是由向外追求以后，必向内回转，加以体认、体验，使其成为真知，与伊川、元晦并无二致。但还要补充两点。第一是伊川说："格物亦须积累涵养"，③ 所以他与朱元晦都强调以敬贯通于格物致知之中。这实际是在格物致知的历程中，已有诚意正心的端绪。第二，元晦说："格物之论，伊川虽谓眼前无非是物，然其格之也，亦须有缓急先后之序。岂遽以为存心于一草一木一器用之间，而忽然悬悟也哉。且如今为此学者，不穷天理，明人伦，讲圣言，通世故，乃兀然存心于一草一木一器用之间，此是何学问？"④ 可知格物还是先就性分内的人伦道德的"人理"下手，才有由回转而体认体验的"知至"、"真知"可言。朱元晦实际已感到"物理"不能向内回转的问题了。

三、二程的平铺的人文世界

我这里开始是指出朱元晦的思想异于程伊川的地方。但这里之所谓异，乃同中之异，乃由同中所发展出来的异。元晦之异于

---

① 《文集》卷五十六《答宋深之》："格物致知，是《大学》第一义。修己（包括正心诚意）治人之道，无不从此而出。"《答鲁元可》："大学之道，虽以正心诚意为本，而必以格物致知为先（《年谱》页二七一）。"《答陈衡道》："……所以格物致知，便是要就此等处（'徐行后长者'，按即人伦）细微辨别，今日用问见得天理流行……所以才见能知，便能诚意正心。……"此类语尚多。
② 《明道先生语》一。
③ 《伊川先生语》一。
④ 《文集》卷三十九《答陈齐仲》。

明道，由他对《识仁篇》的不大信任，[1] 表现得很清楚，并且前面也曾经提到的。但他对伊川，虽服膺备至，可是除枝节异同不计外，在整个思想的规模上，亦同中有异。此同中之异，姑以二程的"平铺"[2] 的人文世界。与朱元晦"贯通"[3] 的人文世界加以检剔。"平铺"、"贯通"都是用的程、朱自己所曾使用的语言，但"平铺"两字对二程较为贴切，"贯通"两字只是用上下层级的贯通，与朱元晦的原意不尽相合。

周初的天帝，还是宗教的性格。但周公已将决定人的吉凶祸福之权，由天帝转移到人自身行为之上，遂在宗教气氛下开出了人之精神。天帝的宗教性格，通过《诗》的《大雅》、《小雅》看，在厉、幽时代已经倒坏了，于是进入春秋时代，多言天而少言帝，而天乃成为最高道德性格的存在，或视为人间道德的根源。说到道德，应即属于人文世界。天由宗教性格转而为道德性格，这可以说是"天的人文化"。[4] 但是当时依然把天看作在人上面的世界，

---

① 《文集》卷六十一《答欧阳希逊》问"程子曰，凡人说性，只是说继之者善也"之问谓："明道先生之言，高远宏阔，不拘本文正意，如此处多，若执其方而论，则所不可通者，不但此句而已。"卷六十七《仁说》中有谓："抑泛言同体者，使人含胡昏缓而无警切之功，其弊或至于认物为己者有之矣。"按此显然批评明道《识仁篇》"仁者浑然与物同体"之论。

② 《二先生语》二上："万物皆备于我，不独人尔，物皆然，都自这里出去，只是物不能推，人则能推之。虽能推之，几时添得一分。不能推之，几时减得一分。百理具在，平铺放着。……""平铺"两字，自此处借用。

③ 朱元晦喜用"贯通"二字以形容功夫最后到达之境界。如《文集》续集卷六《答江隐君》："世界中曲折纤悉，容有次序，而一理贯通，无分派，无时节，无方向。"《大学章句》补格物致知之义有谓："至于用力之久，而一旦豁然贯通焉。"《大学或问》格物致知评蓝田吕氏之说："……则徒有牵合之劳，而不睹贯通之妙矣。"此亦借用，重在上下的贯通。

④ 以上请参阅拙著《中国人性论史·先秦篇》第二章、第三章。

于是可以说此时乃二重（平声）性的人文世界，也可说是人文世界的二重性。孔子的"知天命"、"畏天命"，乃至"言性与天道"，可以认为他通过自己道德之有机体的人文世界的开辟，而感到与在人上一层的人文世界有了某种关连，在此种关连中，带有由虔敬精神而来的宗教意味。但他只在"四时行焉，百物生焉"①的经验现象上去认定，所以他所说的"天命"、"天道"，在本质上不可能是宗教的。到了《中庸》说出"天命之谓性"的话，于是上一层的人文世界，乃贯通于下一层的属于人自身的人文世界。到了孟子，以心之四端言性善，认为"仁义礼智根于心"，②"仁义礼智非由外铄我也，我固有之也"，③道德理性已完全在人自己生命内的心上生根。他又说"此（心）天之所与我者"，④把天重新提出来，而在《尽心》篇说"尽其心者知其性也，知其性，则知天矣。存其心，养其性，所以事天也"，把心、性、天关连在一起，似乎又回到了人文世界的二重性。但从孟子有关的全般语言看，以及"知其性，则知天矣"一语的"则"字看，应可了解，孟子之所谓"天"，乃顺着传统说出的天，只有虚影而没有实质，也即是二重性的人文世界，上一层是虚，下一层是实。顺着这一趋向发展下去，当然出现《荀子·天论》篇所说的"惟圣人不求知天"，从道德理性以及吉凶祸福上，干脆把上层的天去掉。虽然荀子反对孟子的人性论，但天人分途，使天回到"自然性的天"的本位，这是由孔子到荀子的思想发展大势。

---

① 见《论语·阳货》"子曰，予欲无言"章。
②《孟子·尽心上》"广土众民"章。
③《孟子·告子上》"公都子曰"章。
④《孟子·告子上》"公都子问曰"章。

不过，我国从新石器的仰韶文化时代起，即以农业为经济的主体。农业与气候关系密切。自战国中期起，阴阳家出以阴阳说明气候，即以阴阳说明天道，于是天道通过阴阳而重新与人发生密切的关系。经过《吕氏春秋》"十二纪"纪首，把阴阳加上五行，配合于四时十二月之中，以作为天道运行的具体表现，要求统治者顺从天道运行以施行政治，天道对人的支配力反而更为加强、更为普遍化。所以西汉儒者所提出的学术的大课题，是继承子贡所说的"夫子之言性与天道，不可得而闻"，要进一步加以解决，以达到"可得而闻"的目的。他们解决的大方向，是以阴阳五行，把天与人连结起来，把性与命连结起来，把孔子向人生命之内开辟价值根源的方向，作了一个向外（向天、向阴阳五行）去构造出价值根源的系统。此种系统，实是将天与人分为上下两个层次，而由阴阳五行加以连结，在这种连结中，天的主动性重于人的主动性，所以他们向内开辟之功不显。我在《中国人性论史·先秦篇》第七章谈到"阴阳观念的介入"时，认为这是儒家人性论发展的一种转折。这一转折，到二程才重新加以概括，直承孟子"仁、义、礼、智根于心"之教，而把已处于虚位的天，干脆消化于心之内，而说出"只心便是天，尽之便知性，知性便知天（一作性便是天）。当处便认取，更不可外求"[①]的划出一个新里程碑的话。从伊川有关的全般语言看，在这种地方，他与明道是完全一致的。但这里所说的"天"，乃是道德理性的天，而决非自然性格的天。自然性格的天，他们当作格物的重要对象之一，何尝把它与心说在一起。并且他们把生物的功能，是属于自然性格的天，

---

①《二程先生语》一上。

伊川最后乃有"气化人"的构想，决不曾把生物的功能，和道德理性的天连结在一起。这种大关键处，是决不能混淆的。"只心便是天"，心乃在人生命之内，这样便把道德理性之人文世界的二层性，去掉在人上面的一层，仁义礼智信的理性，都是平铺地安放在人的心的这一层次，由这一层次发展向社会、政治乃至自然，所以我便称之为"平铺的人文世界"。

二程又说"良知良能，皆无所由，乃出于天，不系于人"，[①]这里所说的似乎与上引的话不合，但依然是一个意思。良知良能，即是心的道德理性的活动。若二程在这里认为良知良能是"出于天"，则不能说"皆无所由"，所以在这里便应了解二程所说的"天"或"天理"的真实意义。二程常说"天人一也"这类的话，其真正用意，在说明人即是天。[②]二程说："天理云者……是它元无稍欠，百理具备。"[③]伊川说："天命之谓性，此言性之理也……曰天者自然之理也。"[④]由此可知，他们之所谓"天"或"天理"，乃指自然而具足之理而言，"天"等于"理"的形容辞。伊川又说："理只是人理，甚分明，如一条平坦的道路。"[⑤]此理人不知其

---

① 《二程先生语》一上。
② 此语初见于《二程先生语》二的明道谓"学者不必远求"条："天人一也，更不分别。"又谓："圣人即天地也。""言体天地之化，已剩一体字，只此（人的道德理性）便是天地之化，不可对此个别有天地。"《明道先生语》一："天人无间隔。"《伊川先生语》四"又问仁与经何以异"条："安有知人道而不知天道者乎？道一也，岂有人道自是人道，天道自是天道。……""问圣人与天道何异，曰无异。……"此类语言尚多。
③ 《二程先生语》二上。
④ 《伊川先生语》十"生之谓性"条。
⑤ 《伊川先生语》四。

中国思想史论集续篇

所自来，^① 乃出于自然（自己如此），而不出于人力所自适。它平铺于人与物之列，为人物所共有。站在人的立场而言，便称为"人理"，站在物的立场而言，又可称为"物理"。人理、物理，总名之曰理或天理，此理非人之所得而专，亦非人所得而改，只好归之于自然的天。这是孟子"我固有之也"的"固有"进一步说法，和欧洲十六世纪后期开始流行的"自然法"的观念，在性格上很相近似。因此，他们认为："万物只是一个天理，己何与焉。"^② 又说："人物一也。"^③ 假定说孟子所说的"此天之所与我者"的"天"，是有传统的带有形而上的意味，到了二程，便干脆把这种形而上的尾巴割掉了。但他们不愿在语言上反孟子以前的传统，于是把传统中本是有层次性的名词、观念，在解释上一齐拉到人的层次上，依然是平铺地安放着。《二先生语》一："盖上天之载，无声无臭。其体则谓之易，其理则谓之道，其用则谓之神，其命于人则谓之性，率性则谓之道……彻上彻下，不过如此。形而上为道，形而下为器，须着如此说，器亦道，道亦器。"他干脆把《易传》形上形下之分拉平了。《伊川先生语》十一："称性之善谓之道。道与性一也。以性之善如此，故谓之性善。性之本谓之命，性之自然谓之天，自性之有形者谓之心，自性之不动者谓之性，凡此

---

① 熊十力先生常向我说，穷性命之理，穷到最后，便感到不知所由来。

② 《二先生语》二上。

③ 《二先生语》一："天地之间，非独人为至灵。 自家心便是草木鸟兽之心也。"（明道）《二先生语》二上"告了云，生之谓性"条："人在天地之间，与万物同流，天几时分别出是人是物。"《伊川先生语》四："问观物察己，还因见物反求诸身否？曰，不必如此说。物我一理，才明彼，即晓此，合内外之道也。"按伊川此言，实指格人之理应反求诸己，格物（下文指大而天地，小而一物）之理不必求诸己。又《伊川先生语》七下："凡具血气之类，皆具五常，但不知充而已矣。"《伊川先生语》十："动物有知，植物无知。但赋形于天地，其理则一。"

数者皆一也。"站在这一立场，便认为理、性、命是一物，[①]认为心即是性。[②]《伊川先生语》一说："无人欲即皆天理。"又说："含而听之则圣，公则自同……同即是天心。"天理、天心，都落实在人的心上面。伊川又说："至显莫如事，至微莫如理。而事理一致，微显一源。古之君子所谓善学者，以其能通于此而已。"[③]伊川之意，实以理乃由事中抽出，即今日所谓"抽象"，因而事是具体的，理是抽象的，具体的故显，抽象的故微。事是形而下的，因此，二程又说："见于事业之谓理。"[④]事理亦可谓是形而下的。但事中之理，是克就人的主体来说的。推向客观的道，伊川顺着《易·系辞》"一阴一阳之谓道"及"形而上者谓之道"而作解释说："离了阴阳更无道，所以阴阳是道也。阴阳气也，气是形而下者，道是形而上者。形而上者则是密也。"[⑤]阴阳是形而下的，"离了阴阳更无道"，则道实亦形而下的，所以他又说"道无精粗"，又说："冲漠无朕，万象森然已具。未应不是先，已应不是后，自根本至枝叶，皆是一贯。不可道（说）上面一段事，无形无兆，却待人安排，引入来散入涂辙。既是涂辙，只是一个涂辙。"又说："凡物有本末，不可分本末为两段事。洒扫应对是其兆，必有所以

---

① 《明道先生语》一："穷理尽性以至于命，一物也。"《伊川先生语》四："穷理尽性至于命，只是一事。才穷理便尽性，才尽性便至命。"
② 《伊川先生语》四："孟子曰，尽其心知其性，心即性也。在天为命，在人为性，谓其所主为心，其实只是一个道。……天下无性外之物。"按此处之所谓"道"，即是道德理性之"理"。又"问心有善恶否？曰，在天为命，在义为理，在人为性，主于身为心，其实一也。""大抵禀于天曰性，而所主在心。才尽心即是知性，知性即是知天矣。"《伊川先生语》七下："理也，性也，命也，三者未尝有异。"
③ 《伊川先生语》十一。
④ 《二先生语》六。
⑤ 《伊川先生语》一。

然。"① "所以然"是理,理之"总名"是道。② 洒扫应对之所以然,即在洒扫应对之中,所以他便说:"道之外无物,物之外无道。"③ 伊川在《明道行状》中谓:"尽性至命,必本于孝弟。"《伊川先生语》四答"不识孝弟何以能尽性至命"之问说:"后人便将性命别作一般事说了。性命孝弟只是一统的事,就孝弟中便可尽性至命。至于洒扫应对,与尽性至命,亦是一统的事,无有本末,无有精粗。却被后来人言性命者别作一般高远说……然今时非无孝弟之人,而不能尽性至命者,由之而不知其道也。"这说得更透彻。所以伊川愈到晚年,愈致力于"即物穷理",就物的本身穷理。物是形而下的,即今日之所谓"经验界",理也是形而下的。实则形上形下,相对成名,无形上,亦必无所谓形下。这才是二程的基本立足点。穷理必向上推论。但他们对推论用得很谨慎。明道说:"释氏说道,譬如以管窥天,只务直上去,惟见一偏,不见四旁,故皆不能处事。圣人之道,则如在平野之中,四方莫不见也。"④ 他的话用来批评西方的形而上学,最为适当。"只务直上去",即是只抓住形而下(经验界)中的某一点,节节向上推,推出一个形而上的什么样的存有出来。"如在平野之中",正说明了他们"平铺的人文世界"的情景。陈莹中以文中子"或问学《易》,子曰,终日乾乾可也"的话为"此语最尽"。伊川对此谓:"凡说经义,如只管节节推上去,可知是尽。夫终日乾乾……只得九三。便若谓乾乾是不已,不已又是道,渐渐推去,则自然是尽。但是理不

---

① 以上皆见《伊川先生语》一。
②《伊川先生语》一:"合而言之道也。仁固是道,道都是总名。"
③《二先生语》六。
④《明道先生语》三。

程朱异同

如是。"① 他又以汉儒言灾异是"推得太过"。② 这里便可了解"即物穷理"之"即物"的真实意义。物是"实"不是虚，愈推便愈虚，结果便是观念游戏的废话。二程最讨厌虚，所以他们常批评张横渠的"清虚一大为万物之源"的说法。③ 至于二程说"人物一体"这类的话，多数时候是说的精神境界，间出于"平铺的推理"。二程有时顺着传统的语言说话，好像有些地方和上面所述的不合，但他们的基本精神，必须由上所述的去解释、去把握。说到这里，便应了解二程从来不提他们老师周敦颐的《太极图说》，决非如朱元晦所说的"当日此书未传，故可隐"，④ 而是"平铺的人文世界"决不能接受此一层级性的《图说》。

四、朱元晦的贯通的人文世界

要了解朱元晦不同于伊川，应自他特别重视《太极图说》开始。

朱震《进易说表》谓太极图之传，自陈抟、种放、穆脩来。元晦对此语在疑信之间。后之反对《太极图说》者，率以朱震之说为根据，此实昧于学术发展的源流。把太极阴阳五行加以图象化，可能出于道士陈抟。但图象是一种象征符号，可作各种解释，决定太极性格的，不在其"图"而在其"说"。由周氏太极之说窥

---

① 《伊川先生语》四。
② 《伊川先生语》八下。
③ 《二程先生语》二上："立清虚一大为万物之源，恐未安。"又，"横渠教人，本只是谓世人胶固，故说二个清虚一大……然而人又更别处走。今日且只道敬。"伊川且以虚实为佛与儒的分界。
④ 《答程允夫问》，《年谱》页五三。

太极图之意，则这分明系将西汉以阴阳五行言天人性命的各种说法，加以概括精练，使其成为容易把握的系统，[①] 站在哲学的立场（不是站在一般知识论的立场），实在是一种奇作、一种伟构，而其由形而上向形而下的贯通历程的明白，及其对经验界作模拟性的解释的范围之广，亦非西方之任何形而上学所能及。但因它是由形上以贯通形下，因而形下系以形上为根据的。故为二程所不接受。二程的"即物穷理"，可以开出科学，而《太极图说》，正因其模拟性的解释范围太广，反可以妨碍科学的出现。

要了解程、朱对《太极图说》态度何以不同，还须由他们对人性把握的不同说起。二程论性，紧承孟子性善之说，所以明道谓："道即性也……圣贤论天德（按即天理）……盖谓自家本质元是完足之物……"，[②] 但实以告子"生之谓性"（生而即有的便是性）为基底。[③] 所以明道说："生之谓性，性即气，气即性，生之谓也。人生气禀，理有善恶……善固性也，然恶亦不可不谓之性也。"[④] 此说亦为伊川所同。虽然他的所谓"恶"，乃指气禀之偏而言，[⑤] 但究与性善说有距离，甚至是矛盾。二程不了解孟子所谓"性

---

① 由阴阳未分以前，经阴阳五行，以说明宇宙创生历程及人物禀气以成性命之描述，始于《列子·天瑞》篇（列子出于战国末期道家），经《淮南子》之《俶真训》、《天文训》而董仲舒、而纬书，其说繁多，至《白虎通义》之《情性》、《天地》两篇作了初步的整理总结。考察此两篇，即可知《太极图说》之来源。

②《二先生语》一。

③《二先生语》二上"告子云，生之谓性则可……"即其一例。

④《二先生语》一。

⑤ 如《二先生语》二上，明道谓："天下善恶皆天理。谓之恶者非本恶，但或过或不及便如此，如杨、墨之类。"此处谓天理有善恶，等于说性有善恶。此类语言甚多。

善"，系就人之所以异于禽兽之"特性"而言，^①只谓"人性善，性之本也。生之谓性，其所禀也"。^②将"本"与"禀"加以分别，而实难于分别。伊川提出"论性不论气不备，论气不论性不明，二之则不是"，^③有一部分是为了解决上述的距离、矛盾。于是人物之分，只缘"物则气昏推不得"，^④人的贤愚之分，只缘气有清浊。^⑤人的后天之恶，皆由自私而来。"人只为自私，将自家躯壳上一头起念"，^⑥"大抵人有身便有自私之理，宜其与道难一"。^⑦生理之身，当然来自气。伊川在人性论上"气"的提出，主要为了要解决人的罪恶来源问题，这在现实人生上不能不解决此一问题。朱元晦的人性论，乃谨承伊川之说。^⑧由此而程、朱俱言为学要变化气质。但若以为朱元晦的人性论，即同于伊川的人性论，则是错误的。伊川驳王介甫（安石）解《易·坤卦》"直方大"云："因物之性而生之，直也。……人见似好，只是不识理。如此，是物（按

---

① 详见于拙著《中国人性论史·先秦篇》第八章"从性到心"的"二、性善之性的内容的限定"，可参阅。

② 《伊川先生语》四。他处尚有同样说法。

③ 《二先生语》六。朱元晦认定此乃伊川语。此条原注："一本下云，二之则不是。"按二程思想理路，须有此一句，元晦引用时，亦多连同此一句。

④ 《二先生语》二上"所谓万物一体者"条。

⑤ 《伊川先生语》四："问人性本明，因行有蔽？曰……性无不善，而有不善者才也。性即是理……才禀于气。气有清浊，禀其清者为贤，禀其浊者为愚。"按伊川此处语言与其余一般观点小有距离，但为元晦所谨承。

⑥ 《二先生语》二上"所以谓万物一体者"条。

⑦ 《二先生语》三"右伊川语"。

⑧ 《朱子语类》卷四"天命之谓性"条中，谓："孟子之论，尽是说性善……却似论性不论气，有些不备。却得程氏说出气质来接一接，便接得有首尾，一齐圆备了。"又"天命之谓性"条中谓："程子云'论性不论气不备，论气不论性不明，二之则不是'，所以发明千古圣贤未尽之意，甚为有功。"又，"孟子未言气质之性。程子论性，所以有功于名教者，以其发明气质之性也。"

包括人）先有个性,坤因而生之,是其义理。"① 而朱元晦却正认为
"先有个性"。② 顺二程"性即气"、"性即理",气禀有善恶,天理
有善恶,③ "离了阴阳更无道",性与气"二之则不是"的理路,则
理不离气,甚至可以说气之全者清者即是理。顺着"生则一时生,
皆完此理"④ 的理路说,顺着程伊川不以为理能生物,生物者是
气⑤ 的理路说,也可以说气之清者、气之条理,即是理。最低限度,
可以说"理气不离",理气无先后。但朱元晦则将理、气界得更分
明,并把理推到在气之先,推到在气之上,将理、气分为形上、
形下。⑥ 更顺他"气不可谓之性命,但性命由此而立……非以气为
性命",⑦ 及"必禀此理然后有性,必禀此气然后有形"的理路,⑧ 则
性也是形而上的,⑨ 性与心乃原于两个层次,所以他批评"心即性,

---

① 《伊川先生语》五。
② 《朱子语类》卷四:"论先天之性,则专指理言;论气质之性,则以理与气杂而言之。
未有此气,已有此性,气有不存,而性却常在。"
③ 《二先生语》二上:"事有善有恶,皆天理也。天理中物须有善恶。"按此明道语。
④ 《二先生语》二上"所以谓万物一体者"条。
⑤ 《二程先生语》五:"万物之始皆气化。既形,然后以形相禅,有形化,形化长,
则气化渐消。"《伊川先生语》一"陨石无种,种于气"条,以为"厥初生民"乃
气化之人,推想人迹所不到的海中稍大岛屿,"安知无种之人,不生于其间"。此
说为朱元晦所承。
⑥ 《文集》卷四六《答刘叔文》:"所谓理与气者是二物……若在理上看,则虽未有
物而已有物之理。"《语类》卷五"问性之所以无不善"条:"性是形而上者,气
是形而下者。形而上此全是天理,形而下此只是渣滓,至于形也是渣滓至浊者也。"
此类语言甚多。
⑦ 《文集》卷五十六《答郑子上》。
⑧ 《文集》卷五十八《答黄道夫》:"天地之间,有理有气。理也者,形而上之道也,
生物之本也;气也者,形而下之器也,生物之具也。是以人物之生,必禀此理,
然后有性;必禀此气,然后有形。其性其形,虽不外乎一身,然其道器之间分际
甚明,不易乱也。"
⑨ 《语类》卷五"问性之所以无不善"条:"性是形而上者,气是形而下者。"

性即天，天即性，性即心，此语亦无伦次"。① 他所谓"无伦次"，乃指无形上、形下的伦次。至于他在上引的几句话后，接着说"且天地乃本有之物，非心所能生也"，因为他以理乃"生物之本"，②二程以"心即理"，所以他认为二程即是心生天地，这完全不了解二程不仅未将道德理性之"理"，上升到"生物之本"的地位，也未将道德理性以外之理，升到生物之本的地位。道德理性与心为一，心是生命中的一部分，所以道德理性也是经验性的性格。理不在事物之外，事物是经验界的存在，所以事物之理，也是经验的性格。朱元晦是以自己所认定的形而上之理，来批评形而下性格之理，是不适当的。

　　由朱元晦把理与性推到形而上的地位，便可了解他对《太极图说》的推重，也是来自他这种向形而上找根源的正常结果。他在乾道九年（四十四岁）夏四月，完成《太极图说解》及《通书解》。在死前五日，即庚申（西纪一二〇〇）三月四日夜"说书至太极图"，③ 可见他对此服膺之笃。《太极图说》的意义，朱元晦在四十八岁时写《江州重建濂溪周先生堂记》④ 中说得很清楚。首言"二气五行"之"造化发育，品物散殊，莫不各有固然之理，而最其大者则仁义礼智之性，君臣父子昆弟夫妇朋友之伦"。这即是说明道德伦理由二气五行而来，而二气五行则出于"无形而有理"之太极。⑤ 接着他说明"自周衰孟轲没而此道之传不属"，濂溪出

---

① 《文集》卷七十四《孟子纲领》。又《中庸纂疏》第二十三章下引朱元晦谓二程"论穷理尽性以至于命，而曰，只穷理便是至于命，则亦若有可疑者"，其意相同。
② 见前注，但朱元晦有时亦以理非生之本。
③ 见蔡沈《梦奠记》。
④ 见《文集》卷七十八。
⑤ 《文集》卷三十六《答陆子美书》中语。

而"建图（太极图）属书（《通书》）"，经过"程氏"的"扩大"、"推明"，"使夫天理之微、人伦之著、事物之众、鬼神之幽，莫不洞然毕贯于一，而周公、孔子、孟氏之传，焕然复明于当世"。他此文虽然说到《通书》，实际则是以《太极图说》为主。"毕贯于一"，可以解释为"形上形下，完全贯通于一图，贯通于一个系统之中"。① 在五十四岁写的《韶州州学濂溪先生祠记》②中说得更明白："言天者遗人而无用，语人者不及天而无本。""有濂溪先生者作，然后天理明而道学之传复续。盖有以阐夫太极阴阳之奥，而天下之为中正仁义者，得知其所自来。""是以人欲自是有所制而不得肆，异端自是有所避而不得骋。"问题是在孔子、孟子并没有说过阴阳五行，《易传》中的"子曰"，也没有说过太极阴阳，更没有说过五行。由《易传》的"立天之道，曰阴与阳；立地之道，曰柔与刚；立人之道，曰仁与义"的话看，不仅此言不出于孔子，且亦找不出由天道以生发人道的线索。所以把朱元晦对《太极图说》的推重，与他以理、性是形而上的，气、心是形而下的说法，关连在一起，便不难了解他所开辟的人文世界，是由上向下贯通的人文世界。

五、程伊川的一重③世界与朱元晦的二重世界

由程、朱对《周易》的把握，而可以看出程伊川只肯定现世

---

① 此句亦可解为"形上形下，完全贯通为一体"。但朱元晦用字谨严，若如此解，则应当是"为一"而不是"于一"。
②《文集》卷七十九。
③ 重，平声。下同。

的一重世界，而朱元晦似乎更肯定了现世后面的世界，而成为二重世界。伊川的学生尹和靖（焞）曾谓："语录多出于门人所记，或失其真。先生毕生精力在《易传》，求先生之学者，求诸《易传》可也。"《易传》为伊川所传下来的唯一完整的著作。由尹氏之言，可以了解《易传》在把握伊川思想上的重要地位。伊川《易传》的特点，首在不言象数，不言卜筮，而仅根据十翼以言义理。十翼中涉及象数的，他也一概略过。他何以如此，这在他的《易传》序中说得很清楚。《易传》序说：

> ……《易》有圣人之道四焉，以言者尚其辞，以动者尚其变，以制器者尚其象，以卜筮者尚其占（按上引《系辞传》）。吉凶消长之理，进退存亡之道，备于辞。推辞考卦，可以知变，象与占在其中矣。……得于辞，不达其意者有矣，未有不得于辞而能通其意者也。至微者理也，至著者象也。体用一源，显微无间。观会通以行其典礼（按此句引《易·系辞上传》），则辞无所不备。故善学者求言必自近，易（忽）于近者非知言也。予所传者辞也。由辞以得意，则有（疑当作"存"）乎人焉。

《易》的象数，如实地说，是中国式的僧侣阶级，认为这系现世之上或现世之后的另一世界，以象征符号向人所透出的吉凶祸福的消息。因为象数即是象征符号，便可以适应各种情况，作各种不同的解释。但解释时，实际上加入了解释者所积累的生活行为的经验，而卜筮中所应用到的经验，是人在受到重大考验而难于作决断时所需要的经验，所以这是由适应人的"危机意识"而来的主要经验。由这种经验的积累，于是在象征的神秘性中渐渐加入了人类的合理性在里面，到孔子而将其中的合理性抽出，以辞（语言）表达出来，并由他的后学加以发展，内容上完成了由神秘到理性，形式上完成了由象数到语言的系统，此即十翼先后出现的历程。象数的内容是不易确定，可由人以己意加以附会甚至变更的，所以汉《易》的象数支离繁琐，加重了神秘的迷雾，必有待于王弼注《易》，一扫而空之。语言的内容，较象数为确定，故王弼虽有的地方援入了老子思想，但十翼中所含合于理性的部分，依然可以清楚寻绎。伊川不信任现世之上或现世之后，还有另一世界，当然亦不信任由另一世界所透出的象数符号。因此，对自己老师的太极图既一字不提，当然也不肯信赖《易》中原始性的符号，更不会接受汉人所构想出的一套符号，也不曾相信与他们有亲交的邵康节所构想出的先天、后天的一套符号。他不能从正面否定象，只好说"象与占在其（辞）中"，传（解释）其辞即是传了象，并且把象后面的鬼神转换为理。在《答张闳中书》中谓："有理而后有象，有象而后有数。《易》因象以明理，由象以知数。得其义，则象数在其中矣。必欲穷象之隐微，尽数之毫忽，寻流逐末，术家所尚，非儒者之所务也，管辂、郭象之学是也。"又说："理无形也，故因象以明理。理见乎辞矣，则可由辞以观象。"①他所谓"象之隐微"，指传统的象后面的另一世界的鬼神而言。他又曾说："至显者莫如事，至微者莫如理，而事理一致，微显一源。古之君子所谓善此学者，以其能通乎此而已。"②"因象

①《伊川先生语》七上。
②《伊川先生语》十一。

以明理"，这是他转换了以后的象。"理见乎辞矣"，这实际是说理在辞中，理由辞而明朗化。故可由辞以观象，这实际是说应由辞以定象，而象至此乃成为可有可无之物。由辞所能表达之理，多缘事以言理，是理之用，是理之显，而未及理之体，未及理之微，体与微，常为语言所不及。所以他便说出"体用一源，显微无间"两句话，以见由辞所表达之理是理之用，同时即是理之体，是理之显，同时即是理之微，因此而说"辞无所不备"。这与上所引的"至显者，莫如事，至微者，莫如理，而事理一致，微显一源"的话合在一起看，只能如此解释。由辞所表达之理，可以说是理之浅近者，但他认为"学者求言必自近"，由近而可及远。这样一来，不仅把传统的象数后面的鬼神世界去掉了，也把传统的体用之间的距差去掉了，依然还他一个平铺之理，平铺的人文世界。朱元晦对"体用一源，显微无间"两句的解释是："体用一源者，自理而观，则理为体而象为用，而理中有象，是一源也。显微无间者，自象而观，则象为显而理为微，而象中有理，是无间也。"① 若如朱元晦"理中有象"、"象中有理"之言，则理与象不可分，伊川如何能言理而不言象？实际，元晦是不承认"一源"、"无间"的说法，不知不觉地作了语意上的转换，所以他接着说："其实体用显微之分，不能无也。"正因为伊川把《易》后面的鬼神世界丢掉了，但他站在传统的立场，不能否定卜筮，只好加以转换说："卜筮之能应，鬼神之能享，亦是一个理……卦有吉凶，莫非有此理……"②

---

① 《文集》卷四十《答何叔京》。
② 《二先生语》二下。

站在他自己的立场说，则"见摄生者而问长生，谓之大愚；见卜筮者而问吉凶，谓之大惑"。①

朱元晦年四十八岁成《周易本义》，以卜筮为主。五十七岁成《易学启蒙》，更伸张他主张象数之义。他于四十六岁（乙未）《答吕伯恭书》中有谓："后人但见孔子所说义理，而不复推本文王、周公之本意，因鄙卜筮为不足言，而其所以言《易》者，遂远于日用之实，类皆牵合要曲，偏主一事而言，无复包含该贯曲畅旁通之妙。"在《答虞士朋书》（年岁未详，但《本义》尚未成书）："……观象数以作《易》根本，卜筮乃其用处之实。"六十二岁（辛亥）《答孙季和书》："但近世言《易》者，直弃卜筮而虚谈义理，致文义牵强而无归宿，此弊久矣。要须先以卜筮占决之意，求经文本义……庶不凿空妄说也。……"六十四岁（癸丑）《答郑仲礼书》："熹盖尝以康节之言求之，而得其画卦之次第。"②朱元晦上面的话，实把伊川《易传》也批评在内。他的基本意思，并非真正想追溯《周易》的初义，而是以卜筮为"日用之实"。若追溯初义，则他所相信的邵康节的先天、后天各图，到底在文王、周公身上，找得出什么根据？孔子以前的文王、周公之《易》，极其限，也只能求之于《左传》、《国语》，当时连六九、阴阳等观念都未曾用上，缘何能由邵康节之图而见画卦之次第？《易》若没有孔子及其后学向人事上、向理性上的发展，则它只能成为宗教中之一术，或民俗学之一端。他以义理"为偏主一事而言"，即认为这是有限定的，认象数"能包含该贯，曲畅旁通"，即认为这是可以随意发

---

① 《伊川先生语》十一。
② 以上皆见《年谱》页七二至七三。

挥，随机运用的，这完全违反了他平日格物穷理的精神。他何以会如此？因为他认为在人的现世的上面或后面，另有一鬼神的世界，须赖卜筮、象数，以作两层世界的桥梁。因此，今日可以考见的有关材料中，在两次重大关头上都以卜筮作决定。[1]并由此可以推知，他平日有时是用筮的。

因为二程只认定现世的一重世界，而朱元晦却承认了现世上面或后面的二重世界，所以对鬼神的问题也采取不同的态度。二程否定鬼神存在的话极多，[2]《伊川先生语》一："仲尼于《论语》中未尝说'神'字，只于《易》中不得已言数处而已。"这即是对神的否定。正因为如此，所以二程对生死问题，实采取孔子"未知生，焉知死"[3]的态度。[4]朱元晦虽有时对鬼神采用二程"造化之迹"，张横渠"二气之良能"的说法，但程、张的说法，乃对传统的鬼神观念加以转化而消纳于无，朱元晦则有时缘此而漫加敷

---

① 乾元元年乙卯，朱元晦六十六岁，丞相赵若愚窜永州，吕祖俭以论救丞相贬韶州，元晦草封事数万言，陈奸邪之祸，明丞相之冤，子弟诸生以必且贾祸力谏不听，蔡元定乃请以蓍决之，"遇《遯》之《家人》"，"先生默然退，取奏稿焚之"（《年谱》页二一六）。三年丁未，元晦六十八岁。因蔡季通（元定）被罪，台评及元晦，"汉卿筮之，奏《小过》:公弋取彼在穴'（按六五爻辞）曰，先生无虞，蔡所遭必伤"（《年谱》页三三三）。

② 例如《二先生语》二下："古之言鬼神者，不过著于祭祀，亦只是如闻叹息之声，亦不曾道闻如何言语，亦不曾道见如何形状……尝问好谈鬼神者，皆所未尝闻见，皆是见说（传说）。烛理不明，便传以为信。假使实所闻见，亦不是信，或是心病，或是目病。"《传闻杂记》："有言鬼神于伊川者，先生云，伊曾亲见耶？伊川以为若是人传，必不是信。若是亲见，容是眼病。"

③《论语·先进》。

④《二先生语》三"右伊川先生语"："死者不可谓有知，不可谓无知。"《二先生语》七："只理会生是如何。"

衍，①略无意义，实际则以鬼神为有。他在《答程允天》②中谓："身有死生而性无死生，故鬼神之情，人之情也。死生鬼神之理，非穷理之至未易及。"又说："死生一理也。死而为鬼，犹生而为人也，但有去来幽显之异耳。"他的二重世界，是属于宗教性的，他在人文世界中所保持的形上光景，是属于哲学性的。前者或发于他虔敬的精神，后者则来自他的推演太过。二者间的关系，可能是由宗教向哲学递嬗的关系，所以在他的思想中，形上的比重，较宗教性的分量为重。而这两者，即使在今天，还是以各种不同形式，在文化、学术中占有若干地位。

六、朱元晦由实践与穷理，对形而上性的消解

但黄勉斋（幹）在《行状》中说"主敬以立其本（按此句指静时涵养而言），穷理以致其知，反躬以践其实，而敬者又贯乎三者之间（涵养、致知、实践），所以成始成终者也"的几句话，可以概括朱元晦学问的纲领。穷理须在物上穷，亦即须以经验界的事物为对象。穷理之功愈深，则与形上世界及鬼神世界的距离愈远而愈为稀薄。他"最不喜欢侊侗说道理"。③在他"舍近取远，处下窥高"的"二十余年"的错路以后，"铢积寸累，分寸跻攀"，④终于"所幸一生辛苦读书，微细揣摩，零碎括剔，及此暮年，略

①《文集》卷四十二《答胡广仲》："鬼神者造化之迹，屈伸往来，二气之良能也。天地之升降，日月之盈缩，万物之消息变化，无一非鬼神之所为者。"
②《文集》卷四十一。
③《宋元学案》卷四十八《晦翁学案》中《和说》四后引刘蕺山语。
④《文集》卷三十二《答薛能》。

见从上圣贤所以垂世立教之意，枝枝相对，叶叶相当，无一字无下落处"。① 再加以"道之全体虽高且大，而其实未尝不贯乎日用细微切近之间。苟悦其高而忽于近，慕于大而略于细，则无渐次经由之实，而徒有悬想跂望之劳，亦终不能自达矣。故圣人之教，循循有序，不过使人反而求之至近、至小之中。博之以文，以开其讲学之端，约之以礼，以严其践履之实，使之得寸则守其寸，得尺则守其尺。如是久之，日滋月益，然后道之全体乃有可乡望而渐可识，有所循习而渐可能"。② 这与践履之功结合在一起，他便和二程一样，稳住在人间的、现世的、平铺的人文世界，而形上世界、鬼神世界渐渐被消解掉，只成为一种可有可无的浮光掠影。这一点，他在对太极图态度的演变，也可以反映出来。

朱元晦在六十二岁时写《隆兴府学濂溪先生祠记》③ 中，口气的轻重已有所转变。他说："盖尝窃谓先生之言，其高极乎无极、太极之妙，而实不离乎日用之间；其幽探乎阴阳五行造化之赜，而其实不离乎仁义礼智、刚柔善恶之际。其体用之一源，显微之无间，秦汉以下，诚未有臻斯理者，而其实则不外乎六经、《论语》、《中庸》、《大学》七篇（《孟子》）之所传也。盖其所谓太极云者，合天地万物之理而一名之耳。以其无器与形，而天地万物之理无不在，是故曰无极而太极；以其具天地万物之理而无器与形，故曰太极本无极也。是岂离乎生民日用之常，而自为一物哉！"这里特别值得注意的是"太极云者，合天地万物之理而一名之耳"，这与前引两文，以天地万物之理系由太极演化而出，有

①《文集》卷五十四《答项平父》。
②《文集》卷六十二《答林退思》。
③《文集》卷七十八。

了很大的分别。所以他便可以引用伊川《易传》序的"体用一源，显微无间"两句话，并谓太极不是自为一物，这样一来，把太极图的层级性去掉了，因而它的形上性大大减低了。至他六十四岁时作《邵州州学濂溪先生祠记》，^①则仅辩陆象山对"无极"的指摘，及当时史官所作《周敦颐传》中"自无极而为太极"一语，增"自"字及"为"字之非。他在七十一岁死前的一两月间《答廖子晦书》，^②可说是他对太极图的定论。据他所述廖子晦意谓："日用之间，别有一物，光辉闪烁，动荡流转，是即所谓无极之真……学者合下便宜识得此物，而将心想像照管，要得常在目前，乃为根本工夫。"按廖子晦系将无极、太极视为形而上的存有，朱元晦早年亦未尝不是如此。他四十六岁与吕祖谦编辑《近思录》时，首卷"道体"即以《太极图说》开其端。但此时他的态度变了，他说"盖原此理之所自来，虽极微妙，然其实只是人心之中许多合当做的道理而已。但推其本，则见其出于人心，而非人力之所能为，故曰天命。虽万事万化皆自此（心）中流出，而实无形象之可指，故曰无极耳。若论功夫，则只择善固执，中正仁义，便是理会此事处。非是别有一段根源的功夫，又在讲学应事之外也。"他指出廖子晦之所谓根源工夫，"直是以意识想像之耳"，是不能"体察"的。他又说廖是与明道对塔谈相轮之喻，没有分别。在上述的话中，所表露出他此时所把握的理、心的问题，又落实到二程的层次。由此可以了解他有许多反佛教，也是反形而上学的语言，不是偶然的。至此而程、朱、陆、王的性即理、心即理的争

---

① 《文集》卷八十。
② 此书见《文集》卷四十五。年月系据王谱附《朱子论学切要语》所考定。

端，也未尝不可以泯除而归向于平铺的人文世界的大方向。平铺的人文世界，是走向现实社会而加以承当的世界。

我们今天试由朱元晦的《文集》、《语类》中，看他所肆应的问题的广博，古今学术界中殆少其伦，他文字中条理的谨严，注释中训诂的精审，能受得起历史的考验。他的深切透辟、刚正恳笃的政治发言，是他的穷理与实践的伟大结晶，使对他的成见再深的人，只要良知未完全泯没，则不论是自由主义者也好，社会主义者也好，试略加对比，也应感到自己人格的卑微可耻。他在毕世生活穷困中①的艰苦实践所开辟出的人文世界，试以下面一段话为例，不仅有我们民族堕落到今天这种样子，应发生振聋起聩的作用，并且也应对全人类有伟大的启发意义。他在《答吴晦敬书》②中说：

近日究观圣门垂教之意，都是要人躬行实践，直内（使内在的道德之心直发而无所障蔽）胜私（战胜私欲），使轻浮刻薄、贵我（尊崇自己）贱物（贱视他人）之态，潜消于冥冥（不知不觉）之中，而吾之本心，浑厚慈良、公平正大之体，常存而不失，便是仁处。其用功着力，随人浅深，各有次第。要之，须是力行久熟，实到此地，方知此意味。盖非可以想像臆度而知，亦不待想像臆度而知也。

假定我们期待着"人把人当人"的世界，便应承认上面的话，

既不迂腐，也不虚玄。我们试把上面的话，在自己生命中体认，向社会现实中体察，应当能了解他的意义。最奇怪的是，以宋明理学家的"即事穷理"、"在事上磨练"的"躬行实践"，而居然有许多人说他们是"玄虚"，说他们是阳儒阴释；以他们的强调去私欲，并为穷苦人众呼号，因而想解决土地问题，却说他们是代表地主阶级；以他们的提倡人物平等而普遍共有的天理，因而想达到人物一体的有机体的人文世界，却说他们是封建主义。这种知识分子在权势下的堕落，正反映出我们民族在专制下的堕落。

王阳明思想补论 *

　　日本九州大学教授佐藤仁、福田殖两先生，约集了二十到二十五位学者，合写一部《王阳明与其时代》，以作为冈田武彦教授的古稀纪念。这里的题目，是由两位先生向我提出的。二十年前，我在《象山学述》一文中曾谈到王阳明，后来深悔立论的粗率。但因年来忙于写其他的东西，未暇专文更正。今借向冈田先生祝嘏的机会，忙碌中写成此文，以补前过。

　　　　　　　　　　　　　一九七九年二月十日于九龙寓所

一

　　"一个政治家的王阳明"这题目，很容易引起把王阳明是属于现实政治家这一类型，因而有用现实政治家这一类型的人物去加以处理的误解。现实政治家这一类型的人物，在儒家的传统中，与圣贤事业的理想政治家，有决然的分别。第一，现实政治家，其动机多在于满足一己的权力欲望，而圣贤事业，其动机则系出于仁义之心的所不容自己。第二，现实政治家以达到自己之

_____

　　* 本文原题为《一个政治家的王阳明》。

功名为目的，以其政治上之施为为手段，圣贤事业，则以对人民之解悬救溺为目的，而自身并无所谓功名，极其至，如孔子之所谓"舜、禹之有天下而不与焉"（《论语》）。所以圣贤的出处与施为，一以仁义为依归，而现实政治家则常揣时度势，求其能出而不甘于处，求其能成就功名而不一定问其是否合于仁义，所以为儒家传统所贱。

《论语》有下面一段话：

> 子路问君子，子曰，修己以敬。曰，如斯而已乎？曰，修己以安人。曰，如斯而已乎？曰，修己以安百姓，尧、舜其犹病诸。（《宪问》）

在上面这段话中，"安人"、"安百姓"的政治事业，都由"修己"而出，这便发展为《大学》上的"古之欲明明德于天下者，先治其国；欲治其国者，先齐其家；欲齐其家者，先修其身；欲修其身者，先正其心；欲正其心者，先诚其意；欲诚其意者，先致其知；致知在格物……自天子以至于庶人，壹是皆以修身为本"的一套有系统的思想。在长期封建与专制政治强大压力之下，士人的人格修养，是决定他在政治中能否有所作为，及其作为对国家、人民有无意义的基本条件，这种对人格修养所要求的分量之重，不是近代民主政治下的现实政治家所愿意负担，甚至是所不能了解的。这是把王阳明拿在"政治家"这一角度上加以衡量时，首先要加以厘清的。

孔子所说的"修己以敬"的究竟意义，和他答复颜渊问仁时所说的"克己复礼为仁"是相通的。仁是儒家道德精神的总持，即是"修己以敬"的归结。程明道在《识仁篇》中第一句是:"学者须先识仁,仁者浑然与物同体。"《语录》又曾说"满腔子是恻隐之心"。这是上承孔、孟,下启阳明的大学脉。阳明在《答聂文蔚书》中谓:"天地万物,本吾一体者也。生民之困苦荼毒,孰非疾痛之切于吾身者乎。不知吾身之疾痛,无是非之心者也。是非之心,不虑而知,不学而能,所谓良知也。……世之君子,惟务致其良知,则自能公是非,同好恶,视人犹己,视国犹家,而以天地万物为一体,求天下无治,不可得矣。"又说:"昔者孔子之在当时,有议其为谄者,有讥其为佞者……则当时之不信夫子(孔子)者岂特十之二三而已乎。然而夫子汲汲遑遑,若求亡子于道路,而不暇于暖席者,宁以蕲人之知我、信我而已哉。盖其天地万物一体之仁,疾痛迫切,虽欲已之,而自有所不容已,故其言曰'吾非斯人之徒与而谁与'……呜呼,此非诚以天地万物为一体者,孰能以知夫子之心乎?"由此可以了解,阳明的政治活动,阳明在政治活动中所建立之事功,皆由其修己之仁,亦即是皆由其致良知之所发挥表现,这是今之现实政治家所不得而溷的。

现在应进一步说明的是,阳明致良知之教,在际遇好的情形之下,必发而为政治上的事功、社会上的建树。阳明直承陆象山的学脉。我在《象山学述》一文中曾指出象山的"治学方法,由义利之辨的端绪下来,其主要工夫不是落在书册上,而是直接落到'事'上","他一说到心,便常说到事","书是朱学的骨干,而事是陆学的骨干。象山在儒家精神中加强了社会性,自然也加强了事功性"。所以他在知荆门军任上不过一年零三个月,便卓然有所成就。

阳明弟子钱德洪《刻文录叙说》中说:"先生之学凡三变,其为教也亦三变。少之时驰逞于词章，已而出入二氏，继乃居夷处困，豁然有得于圣贤之旨，是三变而至道也。居贵阳之时，首与学者为知行合一之说。自滁阳后，多教学者静坐。江右（阳明时五十岁）以来，始单提'致良知'三字，直指本体，令学者言下有悟，是教亦三变也。"阳明之学由词章而佛老，由佛老而圣贤。所以钱德洪的"学凡三变"之说，可以成立。但他所说的"教亦三变"，则语意与事实颇有距离，容易引起误解。因为阳明由贬贵阳（三十五岁）龙场驿丞起，直至他五十七岁卒于南安时止，所讲者皆为圣贤之学。他于正德八年（西纪一五一三）冬十月至滁州，次年五月至南京，即谓"吾年来欲惩末俗之卑污，引接学者，欲就高明一路，以救时弊。今见学者渐有流入空虚，为脱落新奇之论，吾已悔之矣"。自此时起，"只教学者存天理，去人欲，为省察克治工夫"（见《年谱》）。由此可知在滁州多教人静坐，前后只不过七个月的时间，且其性质仅为一种方法上的尝试，无关教学的内容，与"学凡三变"的性质并不相同。钱氏以之与知行合一及致良知并列而为"教亦三变"，在分量上太不相称。尤其重要的是，由知行合一到致良知，只可谓为阳明思想自身之向前发展，而不可谓之变。他说"知是行的主意，行是知的工夫"，"知是行之始，行是知之成"，又说"知行本体，原是如此（原是合一的）"（《传习录》上）。《传习录》多处提到知行本体一词。在提出致良知以后，依然几次提到知行本体。因为他所说的"知行合一"之知，实即指的是"良知"。他所要求的"知行合一"，即是"致良知"。"致"是把良知实现于事物之上，故"致"即是"行"。而"致良知"之"致"，乃良知自身的要求，所以"致"与"良知"实为一体。其真实内容，即是知行合一。他强调知行本体是合一的，他在体验上已触到根源之地，但还未完全通彻，而观念上更未能显透，说得很吃力，使听者仍难于把握。等到他体悟到"致良知"三字时，便把知行合一的本体，也可以说是把知行何以是合一的根据，一下子通透出来了。所以我说致良知乃知行合一在体验与观念上进一步的发展，两者之间，不可言"变"。阳明说："吾'良知'二字，自龙场以后，便已不出此意，只是点此二字不出。于学者言，费却多少辞说。今幸见出此意，一语之下，洞见全体，直是痛快，不觉手舞足蹈。"（《钱德洪《刻文录叙说》引）正透出了此一发展的艰难历程及其成熟时的精神快慰。

把"三变"之说澄清了，便可当下了解阳明致良知之教，是与"行"、与"事"融为一体而不可分。在有政治机缘时，必直接落实于政治的实际问题上，必直接成就政治上的事功，事功即涵摄于良知之教中，只是触机而见，其间并无转折。他在《答顾东桥书》中有谓"吾心之良知，即所谓天理也。致吾心良知之天理于事事物物，则事事物物皆得其理矣"，"彼顽空虚寂之徒，正惟不能随事随物，精察此心之天理，以致其本然之良知，而遗弃伦理，寂灭虚无以为常，是以要之不可以治家国天下。孰谓圣人穷理尽性之学，而亦有是弊哉"（《传习录》中），他强调"事即道，道即事"（《传习录》上），强调"其工夫全在必有事上用功"（《传习录》中）。他卒于嘉靖七年（一五二八）十一月乙卯。据《年谱》，在他死的前一个月，在与聂豹书中谓："我在此间讲学，只说个必有事焉，不说勿忘勿助……其工夫全在必有事焉上用……今却不去必有事焉上用功，而乃悬空守着一个勿忘勿助，济济荡荡，只做得个沉空守寂，学成一个痴騃汉，事来即便牵滞纷扰，不复能经纶宰制，此皆由学术误人之故，甚可悯矣。"由此可知，在事上用工，是王学的真血脉，亦即是良知之教的归结处。

良知是在人生命中的道德主体的发用，此知非一般所谓"知识"之"知"。所以他曾说"德性之良知，非由于闻见"，此意首由程伊川透出，而为阳明所承。但他说"良知不由见闻而有，而见闻莫非良知之用。故良知不滞于见闻，而亦不离（各本'离'多误作'杂'，依《年谱》所引改正）于闻见"，"除却见闻酬酢，亦无良知可致矣"（《传习录》中），是他把良知紧紧扣住知识，这便为良知成就事功提供了不可缺少的智能工具。所以阳明之学，就其精神脉络的大处言，实可谓出自孔门正统，王学末流之弊，出在将良知浮游上去，而失掉了良知乃因事而见，必落实于事，必成就事功的基本精神。前不久，我在台湾《中央日报》上，看到逝世一年多的方东美先生谈阳明之学的一篇遗文，在"天泉论道"四句话上，发挥得淋漓尽致，文字瑰美，应当算是一篇大文章。但他把王学完全观念化了，完全脱离了事上用工的切义，而只勾画出一幅"济济荡荡"的虚境。所以凡属方先生这一类型的哲学家，都不能把握到儒家的命脉。幻想与思辨的造诣虽高，在阳明看来，只不过是一个痴骇汉。

二

政治事功的发挥，在帝王专制时代，主要决定于一个人的际遇，而一个人的际遇，又决定于皇帝的昏明，和政治学术的风气。中国秦始皇所开始的专制之局，到明代发展到高峰，由黑暗进入到野蛮的程度，而当时以八股取士的是四书的朱注。八股代圣人立言，实皆虚诳之言，八股中所根据的朱注，都是只余糟粕的朱注。这是专制皇帝用以玩弄士人，限拘士人知识与人格成长的一套精神枷锁。阳明奋起倡知行合一之教，与这种情形有密切关系。但不通过此一关卡，以取得进士资格，便根本无进身之阶。并且从宋代起，地方政府的权力日益削弱，大权都集中在朝廷，而朱洪武废弃宰相制度，设内阁学士襄助皇帝处理文书后，只有取得由六部尚书兼内阁大学士，特准参赞机务的人，才有发挥政治抱负的机会。阳明二十八岁成进士，在京师先刑部，后兵部，充当清吏司主事的下僚。此时的政治志愿，具见于二十八岁时《陈边务疏》，及三十三岁被聘主考山东乡试时所出的试录（即试题）。其大意谓"老佛害道，由于圣学不明。纲纪不振，由于名器太滥，用人太急，求效太速。及分封清戎，御夷息讼，皆有成法"（见《年谱》）。三十五岁时，武宗即位，宦官刘瑾窃柄，南京科道戴铣、薄彦徽等以谏忤旨，逮系诏狱，阳明抗疏救之，疏中要皇帝"扩大公无我之仁，明改过不吝之勇"。疏入，廷杖四十，死而复苏，贬贵州龙场驿丞。三十九岁始升庐陵知县，在任七月。此后直至四十五岁，皆在北京，更多是在南京担任闲曹，无事可作。尤以南京的官职，不论大小，皆系挂名性质。所以他的事功，只一见于四十六至四十七岁，在赣南任都察院左佥都御史，巡抚南、赣、汀、漳等处，平抚地方寇贼诸措施；二见于四十八岁时平定宸濠之叛；三见于五十六岁时平定广西思田及破八寨断藤峡瑶三大端。五十岁时曾内召赴京，旋升南京兵部尚书以止其行。五十四岁时有不少人向皇帝特别推荐，也置之不理。这除了皇帝对他的信任问题外，也和当时大臣多属朱子学派有关。总结一句，阳明的事功，仅见于地方变乱的短暂时期之内，既未身当全局，也未尝长期担任方面之寄。可以说，好像龙一样，只能算是"偶向云中露一鳞"而已。

三

阳明时代，成化八年（一四七二）至嘉靖七年（一五二八），除由专制所必然引起的皇帝昏庸、宦官及奸邪当路等问题外，一为西北以鞑靼为主的边患，这是阳明十五岁时寓京师，游居庸三关，二十六岁时学兵法，二十八岁时疏陈边务的背景。其次则为西南以苗、瑶为主的内忧。其由朝廷命重臣从事征讨的，计景泰元年（一四五〇）夏五月总督侍郎侯琎破贵州苗。景泰六年（一四五五）冬十一月以方瑛为平蛮将军，讨湖广叛苗，至天顺三年（一四五九）夏四月方瑛始大破东苗。天顺六年（一四六二）夏五月都督佥事颜彪破广西瑶。成化元年（一四六五）春正月遣都督赵辅、佥都御史韩雍讨广西瑶。成化二年（一四六六）春三月遣右都御史李震讨破靖州苗。弘治七年（一四九四）春三月巡抚贵州御史邓廷赞讨平都匀苗。弘治十四年（一五〇一）秋七月，普安苗妇米鲁作乱，命南京户部尚书王式督师讨之，十五年秋七月破米鲁。再就是正德十一年（一五一六）命阳明为佥都御史，巡抚南、赣、汀、漳，至正德十三年（一五一八）平定江西苗，嘉靖六年（一五二七）夏五月，阳明抚降田州瑶，七年（一五二八）秋七月阳明平八寨断藤峡瑶。自此以后，终明之世，苗、瑶未再为地方大患。

苗、瑶之所以成为地方大患，一关系于吏治。吏治朽蠹败坏，为少数民族叛乱之根本原因。二关系于当时之兵制及调遣制度。三关系于善后之是否得宜。

正德十一年，阳明奉命巡抚的范围为"江西南安、赣州，福建汀州、漳州，广东南雄、韶州、潮州各府，及湖南郴州"（《王文成公全书》卷十六《巡抚南赣钦奉敕谕通行各属》）等地区。因为此地区"界连四省，山谷险隘，林木茂深，盗贼所盘，三居其一"（同上《选拣民兵》）。阳明开府后对地方情形了解的透彻，对军事利害权衡的精确，因应以趋赴事功，创制以图谋久远，一隅的规划，实涵有救衰起弊、一匡天下的宏规。至其临阵果决机敏，奇正互用不穷，乃其余事。这是我读他有关的奏疏条议所得的概略结论。知行合一之知，乃在现实行为关涉的对象上用力之知，乃与对象连结在一起，由对于对象的观察、分析、综合所得之知，亦即是主观所要求于客观，客观所呈现于主观之知。这比朱子以读书为主所得之知，对行为实践而言，来得更为直捷、更为真切、更为客观。知对问题的把握，即是解决一个问题的开始。行固然要求知，知亦要求行，知的本身即涵摄行。阳明所表现的事功，正是他的知行合一、他的致良知所达到的效果。下面略举数端以概其余。

阳明到任之始，即以"地方延袤广远，未能遍历其间，绥抚之方，随时殊制，攻守之策，因地异宜，若非的确询访，难以臆见裁度"，于是要求所属各级官吏"公同逐一会议"。对下列问题，"近者一月以里，远者一月以外，凡有所见，备写揭帖，各另呈来……务求实用，毋事虚言"。他所要知道的是：

即今各处城堡关隘，有无坚完？军兵民快，曾否操练？

某处贼方猖獗，作何擒剿？某处贼已退散，作何抚缉？某贼怙终，必须扑灭；某贼被诱，尚可招来。……某处或有闲田，可兴屯以足食；某处或多浮费，可节省以供军。何地须添寨堡，以断贼之往来；何地堪建城邑，以扼贼之要害。……惟求山川道路之险易，必须亲切画图；贼垒民居之错杂，皆可按实开注。（以上皆见《全书》卷十六《巡抚南赣钦奉敕谕通行各属》）

他所提出的问题，即可反映出他全般计划的概略。

中国以农业为主的社会，是非常散漫的，平时既难收教化之功，有事复易招藏奸匿盗之患。所以阳明为庐陵知县时，在许多措施中，即有"立保甲以弭盗"一项。阳明到赣后，"访得所属军民之家，多有规图小利，寄住来历不明之人，同为狡伪欺窃之事，甚者私通峒贼而与之传递消息，窝藏奸宄，而为之盘据夤缘，盗贼不靖，职此之由"（《王文成公全书》卷十六《案行各分巡道督编十家牌》）。所以他便创造十家牌法，详为规划，对户口作详细的登记，并轮流清查，以"防奸革弊"（同上《十家牌法告谕各府父老子弟》）。这较保甲法更进一步，盖非如此即不能巩固社会基础，使自己立于不败之地。其形虽似法家，但"自今各家，务要父慈子孝，兄爱弟敬，夫和妇随，长惠幼顺"（同上）之教，仍是一本儒家精神。

当时地方的兵备及剿办的情形是：

财用耗竭，兵力脆寡，卫所兵丁，止存故籍，府县机快，半属虚文。……是以每遇盗贼猖獗，辄复会奏请兵，非调土军，即倩狼达。往返之际，辄已经年；糜费所须，动逾数万。逮至集兵举事，即已魍魉潜形，曾无可剿之贼；稍俟班师旋旅，则又鼠狐聚党，复皆不轨之群。……征发无救于疮痍，供馈适增其荼毒。（同上《选拣民兵》）

阳明为打破这种困局，必先由整顿军备着手，乃令"四省各兵备官，于各属弩手、打手、机快等项，挑选骁勇绝群、胆力出众之士，每县多或十余人，少或八九辈，务求魁杰异材，缺则悬赏召募。大约江西、福建二兵备，各以五六百名为率，广东、湖广二兵备，各以四五百名为率"（同上），这是各兵备官直接掌握、训练，可由阳明随时调遣的进攻部队。再将各县原有机快等军丁，"拣选精壮可用者量留三分之二"（同上），这是地方官可以防护守截的部队。并"日逐操演，听候征调……本院间一调遣，以习其往来道途之勤。资装素具，遇警即发"（同上）。这是整顿原有地方虚弱之兵，使其化弱为强劲、化虚名为实用的第一步。更将选拣之兵，按照作战的要求重新加以编制。他说："看得习战之方，莫要于行伍；治众之法，莫先于分数"（即今日之所谓编制）。（同上《兵符节制》）于是把召集（当时称为"拘"）到赣城操演的部队，编为伍、队、哨、营、阵、军，"务使其上下相维，大小相承，如身之使臂，臂之使指，自然举动齐一，庶几有制之兵矣"（同上）。制定伍符、队符、哨符、营符，各书士兵姓名，一由率领者保管，一送交阳明军门保管，以期掌握确实，调遣自如。再加以人才的选拔，赏罚的严明，于是阳明创造了一支精练的武装力量，可以随时机动运用。所以他便能打破过去征发士兵、狼兵，需时费饷，扰害百姓，而卒不能收清剿之功的窘局，以地方之力，平地方之乱。他开府于正德十二年（一五一七）一月，二月平定漳寇，十月平定横水桶冈诸寇。十三年（一五一八）三月袭平大帽浰头诸寇。百余年的积患，一年之间，悉数底定。戚继光于隆庆二年（一五六八）继创练浙兵之后，复在蓟北练兵，存有《练兵实纪》九卷。不仅《练将》一篇，实本之儒家思想乃至阳明思想，其练伍诸法，也实以阳明赣南的练兵为先河。戚后阳明约五十年，而又同为浙人，他受阳明的影响，是不足为异的。

地方寇盗平定后，为了长治久安之计，在瓯脱处增设县治，于要隘处增设巡检司，设立社学以崇教化，举办乡约以安社会。以一隅的举措，具可久可大的规模。

四

一般推许阳明的事功，辄首推他于正德十四年（一五一九）平定宁王宸濠的叛变，他也因此而封新建伯。他在这一役中，于六月十九日起兵于吉安，二十二日由吉安出发，九月二十日拔南昌，二十六日擒宸濠于樵舍。其集兵之速，用兵的机敏果断，遂得于两月零七天中平定大难，这当然是很突出的成功，但这是一位良将可以做到的。当在危疑震撼之中，见理之明，断事之果，及成功后避嫌远害，险夷不滞于胸中，视功名如草芥，这便不是一位良将所能做到的。他之得以成功，还是在赣南开府时的各种设施所奠定的基础。

他立了擒宸濠的大功后，反而招致皇帝的疑忌，几陷于不测。连江西有功将士，亦抑置不予赏赐。一度内召，又为辅臣所沮。他于是于正德十六年（一五二一）八月归越，时年五十岁。

直至嘉靖六年（一五二七）五月，因提督都御史姚镆，合四省之兵，攻广西思田叛瑶不克，遂命阳明兼都察院左都御史征思田。此时阳明五十六岁，患病已深，本不愿冒病复出，疏辞未得允许，乃于九月自故乡出发，十一月二十一日至梧州开府，就其"沿途谘访颇有所闻"者，上疏陈述军事上"倚调土官、狼兵"治贼之积弊，次陈述"闻诸两广士民之言，皆谓流官久设，亦徒有虚名而受实祸"，请求"必须存土官，借其兵力以为中土屏藩"。并在与黄绾书中谓"思田之事，本无紧要，只为从前张皇太过"，"欲以无事处之，要已不能，只求减省一分，则地方亦可减省一分之劳扰耳……欲杀数千无事之人，以求成一将之功，仁者之所不忍也"。阳明本保全民命之心，至南宁时，"下令尽撤调集防守之兵，数日之内，解散而归者数万"，以去叛者疑惧之心，更乘机劝谕叛首"率众扫境归命南宁城下"，七年（一五二八）二月"思田平"。三个月之间，把本来预定要加调大军进剿的严重问题，便这样轻轻地解决了。这当然和他在江西时的恩威并用，诚信公明所培养成的崇高声望有密切关系。他更揭出"蛮夷之区，不可治以汉法"的方针，作以后用人行政的标准。并在思田设立学校，倡行乡约。更告诫地方有关官吏"处夷之道，攻心为上。今各瑶征剿之后，有司即宜诚心抚恤，以安其心。而徒欲……凭借兵力，以威劫把持，谓为可久之计，则亦末矣"。他要知府、指挥、知县等官，"亲至已破贼巢各邻近良善村寨，以次加厚抚恤，给以告示，犒以鱼盐，待以诚信。……今日来投，今日即待以良善，决不追究既往之恶……为之经纪生业，亦就为之选立酋长……禁约良民，毋使乘机报复"。又将留守之三千军队，不使其屯顿一处，分为六班驻扎，每两月调动一次，而驻扎之地，"必须于城市别立营房，毋使与民杂处，然后可免于骚扰嫌隙"（以上皆见《年谱》）。

八寨断藤峡诸蛮，南通交趾诸夷，西接云贵诸蛮，东北与广西境内诸瑶回旋连络，延袤二千余里，流劫出没，"乃百六十年所不能诛之剧贼"（《年谱》引霍韬等疏中语）。是年七月，因湖广保靖归师之便，乘其不备，分路剿袭，一月之内，悉与平定。更疏请经略事宜，主要为"特设流官知府，以制止土官之势。仍立土官知府，以顺土夷之情。分设土官巡检，以散各夷之党"（同上）。他到广西，本是"力疾从事"。至十月"病已就危"，遂疏请返越养病，到十一月乙卯，遂于旋里中卒于南安。

统观阳明有关举措，规模远大而审度精详，既无所拘滞，亦未尝轻率，而肆应曲当，举重若轻，收效迅速，而立基坚实。学士广西人霍韬等，曾上疏谓："前当事者，凡若三省兵若干万，梧州军门费用军储若十万，复从广东布政司支用银米若干万，杀死疫死官兵土兵若干万，仅得田州小宁五十日，而思田叛矣。今守仁不杀一卒，不费斗米，直宣扬威德，遂使思田顽叛，稽首来服。虽舜格有苗，何以过此。……"由此可推见阳明全盘的作为。

阳明的事功，皆见于军马局势倥偬之际。但讲学立说，并未以此中断，且其学说之精要，多撷发于受命赣南及广西时期，此观于《年谱》即可得其梗概。应当由此而把握、证明其致良知之教的真实意义。

一九七九年二月十日《中华文化复兴月刊》第十二卷第五期

"清代汉学"① 衡论 *

一、"清代汉学"在时间上及精神上的界定

清初学术可概略分为两期：即以十七世纪五十年代开始，至十七世纪之末为一期，十八世纪为一期。此两期的学术精神与性格，有极明显的分别。梁启超说："其在我国，自秦以后，确能成为时代思潮者，则汉之经学，隋唐之佛学，宋明之理学，清之考证学，四者而已。"② 清之考证学，虽在十七世纪五十年代后已有其端绪，但在学术上形成风气，支配时代的，则是十八世纪标榜"汉学"时期之事。十八世纪的前期，此一学派自称为"古学"，亦自称为"汉学"，而以"古学"一词稍占优势。十八世纪末期，则"汉学"一词渐占优势，"古学"一词遂为其所掩。而此一学派亦由烂熟而孕育出新的转变。"汉学"一词的流行，与江藩的《国朝汉学师承记》于一八一八年（嘉庆二十三年）的刊行，也有密切

---

* 本文是为参加在美国加州所开"中国十八世纪学术讨论会"而写的。

① 此一学派，以内容言称为"考据之学"，而实以文字训诂为主。此名称焦循已加以反对。以时代言又被称为"乾嘉学派"，但嘉庆时代学风已变，此名称也不太适当。故不如就他们所标举的"汉学"一词，加以时代限制而称之为"清代汉学"。

② 梁著《中国近三百年学术史》二，《清代学术变迁与政治的影响》（上）页十一。

关系。"古学"一词的"古",虽然指的是汉代学术,但"古学"的针对"时学",可能也和"古文"的针对"时文"一样,他们反科举八股的意识,重于反宋学的意识,虽然他们不敢从正面提出"时文"的名称来加以反对。"汉学"名词的突出,表明了他们所作的学问的价值,乃建立在尊汉反宋的基础之上,这才更表明了他们的性格。但江藩在写成《国朝汉学师承记》约十年后,又写成与他的基本态度极不调和的《宋学渊源记》,①这说明了他以矫激的心情写成《汉学师承记》后,多少感受到新的学术风气胎动的压力。

清人由沈阳迁都北京,君临中夏,是在顺治元年,即一六四四年。由一六四四年到一七〇〇年,是经过了顺治的十八年,以次到了康熙三十九年。由一七〇〇年进入到十八世纪,更由十八世纪进入到十九世纪的一八〇〇年,是经过康熙的二十二年,雍正的十三年,乾隆的六十年,而到了嘉庆五年。学术时代的划分,不可能和一般历史上所划分的时间完全吻合。而清代的所谓"汉学",又被称为"乾嘉学派",十八世纪虽然包含了乾隆六十年,但嘉庆共有二十五年,只有五年是属于十八世纪,以"十八世纪"说明此一学派的活动时间,似乎不够周衍。不过《汉学师承记》所列最后一人是凌廷堪,卒于一八〇九年(嘉庆十四年),而卒于一八一五年(嘉庆二十年)的段玉裁、卒于一八二〇年(嘉庆二十五年)的焦里堂(循),一为戴震之入室弟子,一与阮元、江藩同里,且曾为阮元的幕宾,两人皆立基于训诂考

---

① 是书大约著成于嘉庆十六年(一八一一),而《宋学渊源记》则写成于道光二年(一八二二)。

证之学而卓然有成，乃焦氏不为江藩所叙录，而段氏则在戴传中附见，盖二人已突出所谓汉学的狭隘藩篱，另开新局。由此可知，在时间上把清代汉学划入在十八世纪之内，仅上下限稍有出入，似乎并没有不当。当然，在十八世纪内，还有不在汉学派系里的其他重要人物，但都没有汉学派系的声势与影响，所以暂时划在论题之外。

中国学者在学问上的动机、倾向及其成就，与各人在时代中的遭遇，有不可分的关系。梁启超的《中国近三百年学术史》，上溯至一六二三年，即明天启二年，这一方面是他站在写书时的一九二三年，很机械地向上推。另一方面，他忽略了明代之亡，所给予知识分子的巨大冲击，多数人，在这种冲击以前及受到这种冲击以后，在学术的努力上，必然会发生变化。所以我认定为了把握清初学术的特色，应以满清入关之年为起点。

满清以异族入都北京之年，即中国第三次亡于异族之年。在学术上活跃于十七世纪五十年代以后的重要人物，此时的年龄，计孙奇逢六十岁，胡承诺三十七岁，黄宗羲三十四岁，张履祥（杨园）、陆世仪（桴亭）皆三十三岁，张尔岐三十二岁，顾炎武三十一岁，王夫之二十五岁，毛奇龄二十一岁，顾祖禹、魏禧皆二十岁，李颙（中孚）十七岁，朱彝尊、吕留良（晚村）皆十五岁，胡渭十一岁，颜元（习斋）年九岁，阎若璩年八岁。又由明福王即位南京（一六四四），历唐王至桂王，由云南走缅甸（一六五九）而明乃完全灭绝，其间存国命于一线者又有十五年，则自孙奇逢以降，具有人格尊严的学者，怀华夏沦胥之痛，并深思其所以沦胥之故，欲在学说上挽人心于不死，"待一治于后王"，[①]乃继承中国儒家以天下为己任的大统[②]的必然现象。所以在此一段时间的学术大方向，皆在民族思想的大背景下，对明代王学的末流，或由正面加以批评，或在继承中加以充实、矫正，而归结到在知识上扩充领域，在目的上求对政治社会有实际效用，这也可以说是自然之趋势。在此一阶段，除了毛奇龄出于对新皇朝迎合之私，[③]及颜习斋因求实效之心太切，皆攻击朱元晦（熹）外，深一层看，依然是顺承宋代理学的大统而有所发挥扩展的。这可以说是在精神上不属于清代，但在时间上却是属于清初的最辉煌的一段学术史。

在长阎若璩一岁的颜元思想中，以政治、社会思想为主，而民族思想的成分已较为稀薄，则胡渭（长阎三岁）、阎若璩之缺乏民族思想，亦其时势使然。但两人因不得志于科举及博学宏词科，遂改而以私人著作，为希荣取宠之资，阎氏且抱病应雍正在

---

① 当明室复国绝望之后，当时学术重镇如黄梨洲、顾炎武、陆桴亭、王船山、张杨园、张尔岐、李中孚（二曲）诸人，皆坚苦刻励，不为清廷所屈，实有以一身之出处，正后世之人心的用意在里面。顾亭林《与杨雪臣书》，自述其所以著《日知录》，乃"意在拨乱涤污，法古用夏，启多闻于来学，待一治于后王"，诸先生之著书，皆含有"待一治于后王"的用心，梨洲的《明夷待访录》，陆桴亭的《思辨录》，王船山的《黄书》《噩梦》，是最显著的。即顾祖禹著《读史方舆纪要》，依然是如此，此读其《总叙》一而可知。

② 西方希腊系统的哲学主流，似乎并不从正面担承人类运命的责任。从正面担承此一责任的是基督教。中国文化，从正面担承人类运命责任的则是儒家，所以他必然与人民、民族的生存连结在一起。站在西方纯哲学的立场，很难对儒家思想作相应的了解。而儒家并不是立足于神的宗教，所以把儒家和世界宗教拉在一起，也是不伦不类的。

③ 此可参阅钱穆《中国近三百年学术史》第六章《阎潜邱毛西河》，页二三一至二三二。

潜邸时之招，不久以大床舁出，卒于城外，没有一点人格尊严的感觉，这在学术精神上，可以说完全从儒家的传统中摆脱了出来，与十八世纪的汉学家的人生态度相连结，所以阎若璩虽推尊宋学，[①]而胡亦未尝全面否定宋学，但江藩以两人列为《汉学师承记》之首选，盖不仅推重两人的考证成绩，[②]亦有见于两氏之人生态度，与他心目中之汉学家的人生态度相合，遂推为开山之祖。阎若璩、胡渭"皆推挹南雷（黄梨洲）、崐山（顾亭林）"，而江藩不为此两人立传，不得已，另"为书一卷，附于册后"。他自述所以如此的理由，一是"两家之学，皆深入宋儒之室"；一是"以乌合之众，当王者之师"。[③] 两个理由中，以第二理由最为重要。而他所附黄、顾两传，并非如江氏所称"退而辑二君事实"，乃是抄自全祖望的《梨洲先生神道碑》及《亭林先生神道表》[④] 而加以删改。有的地方他改得文字不通，[⑤] 更多的地方则对黄、顾两人治学的精神、态度，故意加以隐蔽、歪曲，而于亭林为尤酷。由此更不难推知江氏以阎、胡两氏为清代汉学开山祖之用心。张尔岐长胡渭二十一岁，长阎若璩二十三岁，他的活动时代及性格，都是属于黄、顾

---

① 此由钱穆上著第六章页二三二引阎曾谓"天不生宋儒,仲尼如长夜"及"周元公（周敦颐）三代下伏羲,程纯公（程明道）三代下文王,朱文公（朱元晦）三代下孔子"可以看出。

② 阎在考证上之最大成绩为《古文尚书疏证》,胡之最大成绩为《易图明辩》。然古文《尚书》之伪,及邵康节先天图之非河洛书,前人早言之。

③ 上皆见江著《国朝汉学师承记》卷八后之"节甫曰"的附记。

④ 分见于全氏之《鲒埼亭集》卷十及卷十一。

⑤ 如全氏之《梨洲先生神道碑》中谓"阳羡（周延儒）出山（为相）,特起马士英为凤督,以为援阮大铖之渐",江藩改为"至阳羡出山,特起马士英为凤督,士英以阮大铖为援"。阮大铖此时尚未起用,士英何能"以阮大铖为援",此乃文字之不通者。至于江氏在删节修改中的隐蔽歪曲,只要将其与全氏原文加以对照,即可明了,此不赘。

一型人物，他专治《仪礼》，打开了十八世纪汉学家们对《仪礼》的名物考证之门，江藩不愿叙及他，但又不能不叙及他，所以便把他安排在阎、胡之次，而对他精光四射的志节，及其治《仪礼》的用心，则一字不提。江氏上述不为黄、顾立传的两大理由，实代表了作为汉学家"殿军主帅"的阮元的意见。[①] 我之所以特别强调这一点，是在说明，仅考凭讲诂训的名词，不能显出清代汉学家的特色，历史上只要有学术活动，即有某形态的考证诂训工作。在今日看，此派考证的成果，非仅不一定超越了前人，而且许多问题，经他们的考证而更远于真实，[②] 这便不能不追究到他们与由十七世纪五十年代到十七世纪末的学人们迥然不同的学术精神上面。所标榜的治学目的，依然是传统的义理，但他们的学术精神，是从现实的人生、社会政治的责任中完全摆脱出来的精神。于是他们口中的义理，完全成为一种门面话。何以会如此，在后还要谈到。

---

① 阮氏《揅经室集》一集卷十一《国朝汉学师承记序》谓："读此，可知汉世儒林家法之承授，国朝学者经学之渊源，大义微言，不乖不绝。"江著根本没有谈到汉世儒林家法之承授，及大义微言等问题，由此可知阮氏出言之夸诞。从《揅经室集》一集《拟国史儒林传序》等文字看，阮氏似乎是汉、宋并重，与以汉学之帜来反宋学者不同，但这是站在他的政治地位上立言，不能不顾虑到当时朝廷的文化政策所说的假话。实则《揅经室集》一集中的《释心》、《论语一贯说》、《论语论仁论》、《孟子论仁论》、《性命古训》等，都是为了彻底推翻宋代理学而作的。他收罗了大量名士为幕宾，依照他的"汉学"的观点，编刻了许多重要典籍，以张所谓汉学之帜，所以形成了此一学派中的主帅地位。但入嘉庆以后，时代学风已开始转变，所以我称他为"殿军主帅"。
② 此仅就《揅经室集》一集中随处可以指证，本文不必历举。

二、清代汉学家的治学方向

要把清代汉学家与汉、宋两代的学术加以比较评估，应先弄清楚这批汉学家的治学方向。每一学派，创派人物的学术活动，必有一种主动意识以导向他们的治学方向，追随者则只随风逐向，不能知其所以然。汉学家的直接创派者，或可以惠栋、戴震为代表，[①] 而惠栋尤为主要人物，[②] 戴震中年后，实受其影响。钱大昕对史学的精博，在清代有重要地位，《潜研堂文集》由卷三十七到卷四十的各传，乃他有志于著史的一部分工作。《国朝汉学师承记》中的阎若璩、胡渭、惠松崖、王鸣盛、江永、邵晋涵各传，皆取自钱氏，而妄加删窜，点金成铁。卷二各论中，有的以史论形式，对当时政治作了深刻的批评。而在《大学论》、《中庸说》中，实采用了程、朱的意见，在《朱文公（熹）三世像赞》[③] 中，对朱元晦推崇备至。所以钱氏所学，并非汉学家所得范围，但在经学方面，则受了惠氏的深切影响，因他在当时学术界中的重要地位，惠氏的影响常通过他发挥出来。所以这里便以惠栋、钱大昕、戴震为创派的代表，再加上阮元、江藩，由他们的言论以窥见当时汉学家的治学方向。

---

① 《揅经堂集》一集卷五《王伯申（引之）经义述闻序》"我朝小学训诂，远迈前代。至乾隆间，惠氏定宇（栋）、戴氏东原（震）大明之"，是阮氏以惠、戴二氏为乾隆时代此一学派之代表人物。

② 钱大昕《潜研堂文集》卷二十四《古文尚书考（惠栋著）序》"今士大夫多尊崇汉学，实出先生（惠栋）绪论"。

③ 见《潜研堂文集》卷十七。

（一）惠栋（一六七九至一七五八）

惠氏三代传经，功力皆极深厚，惠栋尤为精博。他的父亲惠士奇，以不明不白的原因，罚修镇江城而破家，[①] 惠栋"饥寒困顿"，补县学生后，绝意科名，中年课徒自给，他可能因对清廷的反感而深恶当时以程、朱四书注为取士之课程，加深了他的汉宋门户之见。他直接见之于言论者不多，但吴中治汉学者多出其门下，薰陶于口耳之间的力量很大。他的治学方向，由下面的话可作代表：

> 汉人通经有家法，故有五经师，训诂之学，皆由师所口授，其后乃著竹帛。所以汉经师之说，立于学官，与经并行。五经出于屋壁，多古言古字，非经师不能辨。经之义存乎训，识字审音，乃知其义，是故乃知古训不可改也，经师不可废也。（《九经古义》述首）

按惠氏之意有二：一是把汉经师之说提高到与经并行的地位，二是古训不可改。这段短短的话，奠定了十八世纪汉学家的大方向。

（二）钱大昕（一七二八至一八〇四）

兹摘录钱氏有关之言论于下：

> （1）（惠栋）年五十后，专心经术，尤邃于《易》。谓尼宣作十翼，其微言大义，七十子之徒相传，至汉犹有存

---

① 《潜研堂文集》卷三十八《惠士奇传》载此，江藩则加以删去。

者。自王弼兴而汉学亡，幸存其略于李《集解》中。精研三十年，乃撰次《周易述》一篇，专宗虞仲翔……汉学之绝者千有五百余年，至是而粲然复章矣。（《潜研堂文集》卷三十九《惠先生栋传》）

（2）其（惠栋）论《尔雅》曰，《释诂》、《释训》乃周公所作以教成王，故《诗》称"古训是式"。汉时谓之故训，又谓之诂训，诂训者雅言也。周之雅言，仲山甫式之；子（孔子）之雅言，门人记之。……俗儒不信《尔雅》，而仲山甫之古训、夫子之雅言皆不存矣。（同上）

（3）予（钱氏自称）尝论宋、元以来，说经之书，盈屋充栋。高者蔑弃古训，自夸心得；下者剿袭人言，以为己有。儒林之名，徒为空疏藏拙之地。（同上）

（4）自宋、元以经义取士，守一先生之说，敷衍傅会，并为一谈，而空疏不学者，皆得自名经师……其弊至明季而极矣。国朝诸儒，若顾亭林、陈见桃、阎百诗、惠天牧（惠栋之祖父）诸先生，始笃志古学，由文字、声音、训诂而得义理之真。（同上卷二十四《臧玉林经义杂记序》）

（5）尝谓六经者圣人之言。因其言以求其义，则必自诂训始，讲诂训之外，别有义理……非吾儒之学也。诂训必依汉儒，以其去古未远，家法相承。……三代以前，文字、声音，与训诂相通，汉儒犹能识之。……先生（臧玉林）没九十余年，海内尊崇古学者日益众。（同上）

（6）有文字而后有诂训；有诂训而后有义理。诂训者义理之所由出，非别有义理出乎训诂之外者也。《诗·烝民》之篇……述仲山甫之德，本于"古训是式"。古训者诂训也。

诂训之不忘，乃能全乎民秉之懿，诂训之于人大矣哉。（同上卷二十四《经籍纂诂序》）

（7）汉儒说经，遵守家法，诂训传笺，不失先民之旨。自晋代尚空虚，宋贤喜顿悟……谈经之家，师心自用。……我国家崇尚实学，儒教振兴，一洗明季空疏之陋。（同上）

（8）当宋盛时，谈经者墨守注疏，有记诵而无心。有志之士，若欧阳氏、二苏氏、王氏、二程氏，各出新意解经，蕲以矫学究专己守残之陋，而先生（孙明复）实倡之。……元、明以来，学者空谈名理，不复从事训诂、制度、象数，张口茫如，则反以能习注疏者为通儒矣。夫训诂、名理，二者不可得兼，然能为于举世不为之日者，其人必豪杰之士也。（同上卷二十六《重刻孙明复小集序》）

（9）尝曰（秦蕙田），先圣之蕴，具于六艺，舍六艺安有学哉。（同上《味经窝类稿序》）

（10）呜呼，自科举之法行，士大夫之习其业者，非孔、孟之书不观，非程、朱之说不用。国无异学，学无他师，其所谓一道德以同俗者矣。然学者自就傅而后，初涉章句，即从事于应举之文，父师所讲授，无过庸软骫骸之词，得其形似，便可以致功名，转不如诗赋策士之难工。由是六经诸史，束之高阁，即四书之义，亦可勿深求。譬之必苾刍诵经礼忏，志在乞食而不在修行，蒙窃忧焉。元之时，始以四书义取士。当时士大夫谓天理同根人心，诵其言者众，则为其道者将多。迄今垂五百年，自通都大邑，以至穷乡蛮徼，无不知诵四书，尊程、朱，而未见有为其道者，所诵者礼义，所好者名利……何其相庚之甚也。（同

上卷四十九《布衣陈君墓碣》)

将上引材料稍加分析，(1) 乃张大惠氏在《易》学上恢复汉《易》
的绝绪，由汉《易》而推广为"汉学"。(2) 是引惠氏推重诂训，
以远及周公，把以《尔雅》为骨干的诂训，安排在学术中最高的
地位。他引《诗》仲山甫的"古训是式"，即是诂训是式，此即含
有义理即在诂训之中，诂训以外无义理的意味。(6) 钱氏的话，
即发明惠氏这种意味。惠氏说得简单，但奠定了清代汉学的基础。
许多汉学家，都是闻此风而兴起的。(9) 揭举汉学家的学术，以
六艺为会归，以六艺为极则，这一点也可以说是当时汉学家的共
同观点。(5)(6)(7) 则言以诂训通经之重要性，特强调"诂训
者义理之所由出，非别有义理出乎训诂之外"。而言诂训则必依汉儒，
理由是因为汉儒去古未远，家法相承，能"不失先民之旨"。(4)
是说由宋至明季空疏之弊，到清代顾、陈、阎、惠诸先生"始笃
志古学，文字、声音、训诂而得义理之真"。① (3)(7)(8)(10)
皆系对晋、宋、元、明不尚训诂的批评，但 (4) 与 (10) 系针对
科举而言，未涉及学术之自身。(7)(8) 则针对晋、宋、元、明
学术之自身所作的批评，对宋的批评是"喜顿悟"、"师心自用"，
对元、明的批评是"空谈名理，不复从事训诂、制度、象数"。但
值得注意的是，他似乎没有批评到唐的《五经正义》。而在对宋学
的批评中，所谓"宋贤喜顿悟"，当指陆象山一派而言，对宋儒的
以新意解经，数及二程而未数及朱元晦，由此可知他对朱元晦的
真诚敬意。

---

① 此种情形，《潜研堂文集》卷三十九《惠栋传》皆有记载，江藩加以删节。

（三）戴震①（一七二三至一七七七）

兹摘录戴氏有关之言论于下：

（1）余窃谓儒者治经，宜自《尔雅》始。(《戴东原集》卷第三《尔雅文字考序》。戴时年二十六岁)

（2）经之至者道也，所以明道者其词也，所以成词者字也。由字以通其词，由词以通其道，必有渐。求所谓字……得许氏《说文解字》……渐睹古圣人制作本始。又疑许氏于故训未能尽，得友人假《十三经注疏》读之，则知一字之义，当贯群经、本六书，然后为定。至若经之难明，尚有若干事（以下历举恒星七政，古音，古宫室、衣服等制，古今地名沿革，鸟兽虫鱼草木，声韵反语，勾股，五声十二律）……凡经之难明，儒者不宜忽置不讲。仆欲究其本始，为之又十年，渐于经有所会通，然后知圣人之道，如悬绳树蛩（臬），毫厘不可有差。……别有略是而谓大道可以径至者，如宋之陆、明之陈、王，废讲习讨论之学，假所谓"尊德性"以美其名，然舍夫"道问学"，则恶可命之"尊德性"乎。(同上卷九《与是仲明论学书》。戴时年三十一岁)

（3）先儒为《诗》者，莫明于汉之毛、郑，宋之朱子。(同上卷十《毛诗补传序》。戴时年三十一岁)

（4）先儒之学，如汉郑氏，宋程子、张子、朱子，其为

---

① 钱大昕《潜研堂文集》卷十三《邵君（二云）墓志铭》"自四库馆开，而士大夫始重经史之学。言经学则推戴吉士震，言史学则推君"。清代汉学以经学为主，所以戴氏应算是此派中的重镇。

书至详博，然犹得失中判。……故诵法康成、程、朱，不必无人，而皆失康成、程、朱于诵法中，则不志乎闻道之过也。（同上卷九《与姚孝廉姬传书》。戴时年三十三岁）

（5）古今学问之途，其大致有三，或事于理义，或事于制数，或事于文章。……圣人之道在六经，汉儒得其制数，失其义理；宋儒得其义理，失其制数。（同上卷九《与方希原书》。戴时年三十三岁）

（6）今之知学者，说经能騠騠进于汉，进于郑康成氏，海内盖数人为先倡，舍人（王昶）其一也。有言者曰，宋儒兴而汉注亡，余甚不谓然。……夫自制义选士已来，用宋儒之说，犹之奉新经而废注疏也。抑亦闻朱子晚年治《礼》，崇郑氏学何如哉。……学者大患，在自失其心。心全天德，制百行。不见天地之心者，不得己之心；不见圣人之心者，不得天地之心；不求诸前古贤圣之言与事，则无从探其心于千载下。是故由六书、九数、制度、名物，能通乎其词，然后以心相遇。（同上卷十一《郑学斋记》。戴时年三十七岁）

（7）治经先考字义，次通文理。志存明道，必空所依傍。汉儒故训有师承，亦有时傅会。晋人傅会凿空益多，宋人则恃胸臆为断。……宋以来儒者，以己之见，硬坐为古贤圣立言之意，而语言文字，实未之知。（同上卷九《与某书》。戴作此书之年岁未详，以内容推之，当在四十岁以后）

（8）圣人之道，使天下无不达之情，求遂其欲而天下治。后儒不知情之至于纤微无憾，是谓理。而其所谓理者，同于酷吏之所谓法。酷吏以法杀人，后人以理杀人。浸浸乎舍法而论理，死矣，更无可救矣。圣贤之道德，即其行

中国思想史论集续篇

事，释老乃别有其心所独得之道德。圣贤之义理，即事情之至是无憾，后儒乃别有一物焉，与生俱生而制夫事。古人之学在行事，在通民之欲，体民之情，故学成而民赖以生。后儒冥心求理，其绳以理，严于商韩之法，故学成而民情不知。天下自此多迂儒。及其责民也，民莫能辨。彼方自以为理得，而天下受其害者众也。（同上）

（9）盖先生（惠栋）之学，直上追汉经师授受欲坠未坠、蕴蕴积久之业，而以授吴之贤俊后学，俾斯事逸而复兴。……言者辄曰，有汉儒经学，有宋儒经学，一主于故训，一主于义理，此诚震之大不解也者。……故训明则古经明，古经明则贤人、圣人之理义明，而我心之所同然者乃因之而明。贤人、圣人之理义非他，存乎典章制度者是也。……理义不存乎典章制度，势必流入异学曲说而不自知，其不亦远乎先生之教矣。（同上卷十一《题惠定宇（栋）先生授经图》。戴时年四十三岁）

（10）六经者，道义之宗，而神明之府也。古圣哲往矣，其心志与天地之心，协而为斯民道义之心，是之谓道。士生千载后，求道于典章制度，而遗文垂绝，今古悬隔。……仅仅赖夫经师故训乃通，无异译言以为之传导也。又况古人之小学亡而后有故训，故训之法亡，流而为凿空。数百年已降，说经之弊，善凿空而已矣。虽然，经自汉经师所授受，已差违失次，其所以训释，复各持异解。……后之论汉儒者辄曰，故训之学云尔，未与于理精而义明。则试诘以求理义于古经之外乎？若犹存古经中也，则凿空者得乎？呜呼，经之至者道也，所以明道者其词也，所以成词者未

有能外小学文字者也。……是故凿空之弊有二，其一缘词
生训也，其一守讹传谬也。缘词生训者，所释之义，非其
本义；守讹传谬者，所据之经并非其本经（按指伪古文《尚
书》）。……盖尝深嫉乎凿空以为经也，二三好古之儒，知
此学之不仅在故训，则以志乎闻道也，或庶几焉。（同上卷
十《古经解钩沉序》。戴时年四十七岁）

戴氏早岁受学于皖南婺源江慎修（永），卢文弨曾说："向者吾友
戴东原在京师，尝为予道其师江慎修之学，而深叹其深博无涯涘
也。"盖江氏治经，不仅深于三礼，且对文字、声韵、历算、音
律，皆有深湛的研究，并见之于著作，以当时所标举的汉学家而
论，其成就实在惠栋之上。惠栋的古学孟氏《易》的卦气说，结
果只不过是一个假古董；[①] 江氏的著作，笃实精粹，没有这种毛
病。但他尊重程、朱，著有《近思录集注》，迄今为研究此书者不
可或少之参考书。而他的立身涉世，一无愧于宋儒风范，这是一
位寂居乡僻，不务声华的非常特出的学者。戴氏治学的规模，实
秉承江氏。由上引卢文弨的话，可知戴在三十三岁初次入京时，
对其师依然是很推崇的。但戴氏是天资很高，名心很重，不甘居
人下，而又在科举上不得意的人。他三十五岁在扬州识惠栋，时
惠栋的声誉远在江氏之上，戴氏必受了他的大影响。他从三十八

---

① 惠栋最被推重的著作是《周易述》，把沉霾很久的汉代由孟喜、京房所发展出的
卦气说，复活了起来。他所专宗的吴人虞仲翔（翻），五世所治者即孟氏《易》。
卦气说是汉《易》的主流。但自卦气说出而组成《周易》的骨干完全打乱了，最
显明的是《周易》始于乾坤，终于未济；而卦气说则始于中孚，终于颐。所以焦
循出来，便完全加以推翻。

岁皆在扬州，扬州乃当时汉学家会聚及过往之地，他所受惠派汉学之影响更大。江氏死于乾隆二十七年（一七六二），戴时年四十岁，为其撰《江慎修先生事略》，未明言两人间的师生关系，后且屡疏之为"吾郡老儒江慎修永"，这不是偶然的。戴氏治学的态度，在他四十岁前后有一大的转变。上引材料（2）仅指名攻击宋之陆象山，明之陈白沙、王阳明，而未尝及程、朱，（3）（4）他将程、朱与毛、郑并称，（5）将汉儒经学与宋儒经学对举，（6）犹未抹煞朱元晦。（2）（3）是三十一岁时写的，（4）与（5）都是三十三岁时写的，（6）是三十七岁时写的，其对宋儒的分量已减轻。他对宋儒经学一概加以抹煞，并欲由正面推翻宋儒理学，都是四十岁以后的事。所以他在四十三岁写（9）的文章，便表现出一面倒的态度。从段玉裁所编《年谱》看，《原善》至四十一岁始完稿，《孟子字义疏证》至五十岁时始定稿。前者（抹煞宋儒经学）我以为是出于迎合当时的风气，以求上进的机会。从上引的材料中，他只推崇他人的汉学，他自己提出《尔雅》、《说文》两书及郑康成，而都带有批评性，可见他并不甘心以当时的汉学家自居。段氏所编《年谱》在最后的综合叙述中，"先生言《周易》当读程子《易传》"，又"先生言为学须先读《礼》，读《礼》要知得圣人礼意"，这都是他的本心话。但他在文字中绝不提程子《易传》，也不提礼意。由此可知他四十岁后彻底否定宋学，是为了迎合风气。据章学诚的《朱陆》篇，[1] 东原在口头上的诋毁程、朱，较见之文字者为尤甚，则其存心迎合当时风气更为显然，未必是他内心之所安。他从四十二岁到五十三岁，六次入京会试不第。

---

[1] 见《文史通义》卷三《内篇》三。

五十一岁时，能以举人参加四库馆，盖得此迎合之力。因为正如梁启超所说，"四库馆就是汉学家大本营"。[1] 而汉学家的主要人物是反宋学的。关于后者（由正面反宋儒理学），除出自迎合当时汉学家风气外，还加上他的名心太过，要"毅然以第一人自居"。[2] 他不能在考据、训诂上成为当时的第一人，从（4）看，他之得成为第一人，乃在当时的汉学家未"闻道"，而他则是闻了道的。"闻道"一词，在他的文字中不断出现。但他所闻之道，既不能是陆、王系统的，也不能是程、朱系统的，这都是耳熟能详的道，且为汉学家所禁忌。所以他便要打倒宋儒理学来建立他自己之所谓道。否则他对宋儒所作的浮薄批评，很难使人了解他是江慎修的弟子。

戴氏主张以文字训诂通经，及文字训诂之学，应推重汉儒，这是当时汉学家的通义。在文字训诂之外，考古代车服制度名物及地理沿革，这也是当时汉学家的共同趋向。更加之治天历数学，是受了明末耶稣会教士新输入的天文几何的刺激，及康熙帝的提倡，更加以皖南宣城梅氏兄弟的成就，也是当时汉学家所向往的，

---

① 见梁著《中国近三百年学术史》，"三、清代学术变迁与政治的影响"页二十二。
② 《国朝汉学师承记》卷三钱大昕传："戴编修震尝谓人曰，当代学者，吾以晓征（钱大昕）为第二人，盖东原毅然以第一人自居。"

所以戴氏在这些方面的努力与成就，①不能算是他的特色，尤其他是江慎修的门人，应当有这种治学规模。但王锡阐、薛凤祚、梅定九们治历算之学，与经学无关，即江慎修、惠定宇们以治经之余兼治及此，亦未尝认为不通此即不足以通经。戴氏的特色，不仅认为不通这些东西，即不足以明经〔见（2）〕，且认为这些典章制度是道，了解了这些典章制度，即是他所说的"闻道"。他在（2）中说他对上述的典章制度等，"为之又十年，渐于经有所会通，然后知圣人之道，如悬绳树槷，毫厘不可有差"，在（9）中说"贤人圣人之理义非他，存乎典章制度者是也"，固然说的是这种意思。在（10）中所说的"六经者，道义之宗而神明之府也。古圣哲往矣，其心志与天地之心协而为斯民道义之心，是之谓道"，也是这种意思。所以接着便说，"士生千载后，求道于典章制度……"在（6）中说"不见天地之心者，不得己之心；不见圣人之心者，不得天地之心。不求诸前古贤圣之言与事，则无从探其心于千载之

---

① 戴氏在这方面著有《考工记图》二卷，《勾股割圜记》三卷，《策算》一卷，《古历考》二卷，《历问》一卷，《水地记》及《戴东原集》卷二《明堂考》以下十三篇文章皆是。另有《水经注》四十卷，段玉裁所编《年谱》系于戴氏入四库之次年五十二岁之下，段氏此处述戴著与赵一清的校注及全祖望的七校《水经》，在内容上相同的原因，特强调赵、戴两人"未尝相识，其所业未尝相观也"的情形，是当时已有戴窃赵书之说，段氏特为其师作无力的辩解。全祖望《赠赵东潜（赵一清）校水经序》（《鲒埼亭集》卷三十二）称其家藏书数十万卷，甲于东南，此乃其能校《水经》之基本条件。戴氏未入四库馆前无此条件。戴氏入馆时，赵书已在馆著录。而戴氏在馆所校十三种书中，有天文、算法、小学、方言，而无地理《水经》。段氏在《年谱》中加"地理水经"四字，而于其所列校书中并没有这一方面的书，这也是为戴氏袭取赵书作掩饰。当时戴的声名地位远在赵之上，赵、戴两书之内容相同，学术界不疑赵之袭戴，却疑戴之袭赵；阮氏对戴备极推崇，其作《浙江图考》，引赵氏、全氏之书而不及戴氏，这都是值得深考的。我认为戴氏曾从事《水经注》的研究而未成书，及在馆看到赵著，即袭取以为己有。胡适氏以约十年时间为戴氏此事辩诬，可能是把工夫白费了。

下。是故由六书、九数、制度、名物，能通乎其词，然后以心相遇"。这段话的意思是：天地之心，由圣人而见；而圣人之心，由六书、九数、制度、名物而见。他能通六书、九数、制度、名物，即是能通天地圣人之心，即是闻道。他人仅讲求训诂而不讲求九数、制度、名物，是不志乎闻道，所以他在汉学家中，可以第一人自居。他的这一想法，大概从三十岁左右开始，可能出自西汉人以历数、律吕为天道的思想，尤其是受了翼奉的影响，^①因他务名太过，不肯坦白说出来。可是这一条路，班固已经指明是"假经设谊（义），依托象类"，^②在思想上很难说出它的合理性，所以戴氏由他这一构想所写的《法象论》，^③可以说是不通的一篇文章。这些言论，对宋儒而言只能算是别树一帜，而不是从正面反宋儒。因为宋儒也治这一方面的学问，但不以为这就是道。

（7）（8）的《与某书》，大概是写给当时一个地位高的宋学家的，所以讳其名，其写此信时的年月无法查考，但从内容看，当出于他的晚年。（7）斥"宋以来儒者，以己之见，硬坐为古贤圣立言之意"，若从他的《原善》及《孟子字义疏证》看，这正是"夫子自道"。至说宋以来儒者对"语言文字，实未之知"，这留在后面去讨论。

（8）的一段话，则是想从正面推翻宋儒作为学术骨干的理，这是他晚年思想的归结，与他的《法象论》似乎没有直接关连。

---

① 《汉书》卷七十五《翼奉传》："奉奏封事曰，臣闻之于师曰，天地设位，悬日月，布星辰，分阴阳，定四时，列五行，以示圣人，名之曰道。圣人见道，然后知王治之象，故画州土，建君臣，立律历，陈成败，以视贤者，名之曰经。贤者见经然后知人道之务，则《诗》、《书》、《易》、《春秋》、《礼》、《乐》是也。"
② 《汉书·翼奉传》赞。
③ 见《戴东原集》卷八。

他的反对理，可分为三个步骤，第一个步骤反对宋儒之所谓理，而为理另下定义，即他所说的"情之至于纤微无憾"。"理"字本是一个抽象名词，可由任何人赋予以内容。这不是关键所在。第二步骤是反对程、朱所说的"性即理"，《年谱》后面引戴的话谓"《中庸》开卷，性即理也，如何说性即是理"。性是不是理，主要是来自对性的认识而定。对性的认识，本来是很纷歧的，但焦循已反驳说："《礼记·乐记》云'好恶无节于内，知诱于外，不能反躬，天理灭矣'，（郑康成）注云'理犹性也'。以性为理，郑氏已言之，非宋儒也。"① 由此可知戴氏反程、朱，反了郑康成。而他的本意是只反程、朱，无意反郑康成的。荀子主张性恶，则不能说性即理。但戴氏以孟子为立足点，孟子主张性善，不论对理赋予任何内容，总不能不承认理的性格是善的。不承认程、朱的性即理，实际也即否定了孟子的性善说。戴氏的第三步骤，是说程、朱"以理杀人"，酷于商、韩之法，因为理学家不知民情而好以理责民，使"天下受其害者众"。这一说法，若针对现代建基于思想、主义之上的极权政治而言，倒有他的重大意义，但针对程、朱来说，则完全是栽赃问罪，留在后面讨论。然则他何以提出这一套毫无实据，而口气凌厉的说法呢？有人推测，这是他对清廷提倡理学的抗议。但就戴氏的热衷科名，五十三岁会试不第，奉诏与乙未贡士一体殿试，赐同进士出身，授翰林院庶吉士，他的感恩情形而言，这一推测完全没有根据。清从康熙起，需要假借理学作统治的工具，也需要假借理学之名，行阿谀之实（如李光地等），为粉饰之资，但他们决不愿臣民中有真正的理学家，所以

---

① 见焦著《孟子正义》卷二十二 "今曰性善，然则彼皆非与"下疏。

汤斌、李绂们备受摧折，而尹会一的儿子尹嘉铨在乾隆四十六年请求以汤斌、范文程、李光地、顾八代、张伯行及其父从祀文庙时，竟被"逮治处绞"。① 这决不是突然的、偶然的事情。此观于乾隆《书程颐论经筵劄子》中有云："且使为宰相者居然以天下之治乱为己任，而目无其君，此尤大不可也。"② 站在宋儒的立场，岂仅宰相应以天下之治乱为己任，凡属士人，皆应以天下之治乱为己任，这是与宋儒的思想不可分的。乾隆的话，实际把理学家的基本立足点否定了。戴氏窥见微旨，故特倡言之而无所忌，与毛西河的著《四书改错》的动机正同。

（四）阮元（一七六四至一八四九）

阮氏不仅不是汉学的创派人，并且他于当时的汉学，亦未能真有所得，但汉学之帜，由他的政治地位及收罗了许多名士而大张。他在《拟国史儒林传序》中，缘傅《周礼·大宰》"九两系邦国"，"三曰师"、"四曰儒"之文，将师、儒分而为二，谓"师以德行教民，儒以六艺教民"。"两汉名教，得儒经之功；宋、明讲学，得师道之益"，貌为调停之说。并谓"我朝……崇宋学之性道，而以汉儒精义实之"，"我朝诸儒，好古敏求，各造其域，不立门户，不相党伐"。实则他的这篇文章，对经学作历史性的叙述时，即含有极深的门户成见，他说："两晋玄学盛兴，儒道衰弱，南北割据，传授断殊。北魏、萧梁，义疏甚密，北学守旧而疑新，南学喜新而得伪。至隋唐《五经正义》成，而儒者鲜以专家古学相

---

① 略见于《清儒学案》卷六十二《尹会一健余学案》。
② 转引自钱穆著《中国近三百年学术史》。

授受焉。"他连《五经正义》也轻轻加以抹煞，这是先横一"汉学"的"汉"字在心里作权衡，而未曾考及实际内容的最深的门户之见。他的编《经籍纂诂》、《皇清经解》，立诂经精舍，立学海堂，刻《学海堂丛书》，皆是为了坚树门户的壁垒。清代汉学能影响到现代，主要是阮氏之力。下面稍录他有关的言论：

（1）我朝经术昌明，超轶前代。诸儒振兴，皆能表章六经，修复古学。（《揅经室集》一集卷十一《春秋公羊通义序》）

（2）两汉经学所以当尊行者，为其去圣贤最近，而二氏（老、释）之说尚未起也。（同上《国朝汉学师承记序》）

（3）夫汉人治经首重家法，家法亦称师法。前汉多言师法，后汉多言家法。至唐承江左义疏，惟《易》、《书》、《左氏》为后起者所夺，其余家法未尝亡也。自有破樊篱者，而家法亡矣。（同上二集卷七《王西庄先生全集序》）

（4）圣贤之道存于经，经非诂不明。汉儒之诂，去圣贤为尤近……有志于圣贤之经，惟汉人之诂，多得其实者，去古近也。汉许（许慎）、郑（郑康成）集汉诂之成者也。（同上《西湖诂经精舍记》）

（5）古圣人造一字必有一字之本义。本义最精确无弊。（同上续集卷一《释敬》）

综合上面阮氏主张释经应尊行汉儒的理由有三，一是在时代上汉儒与古圣贤较近；二是在训诂上有家法；三是汉时"二氏之说未起"，诂经时没有杂入二氏之说，在这话的后面，即系指斥宋、明儒杂采了佛、老之言，这是当时攻击宋、明儒的最流行的说法，一直为梁启超、胡适们所沿袭。（4）特别指出许、郑，这是他们所主张的汉学的归结。（5）以"一字之本义"为"最精确"，他把这看法用在思想性的问题上，写了不少文章，要以此夺宋儒之席，其影响一直到傅斯年。①

（五）江藩（一七六一至一八三一）

江藩与阮元同学，又曾充阮元的幕宾，他所著的《国朝汉学师承记》，特得到阮元的推揠，并收入《粤雅堂丛书》中，为之镂版行世，这是大张"汉学"旗鼓的一部书。他在自序中所表现的态度，虽一出于惠栋的师承，但也可能即是阮平日有所顾虑而未能畅言的，江氏便把它说了出来。但江氏未能得志于科名，又与他的师友多凶终隙末，所以他在书中流露出的偏执之情、忿戾之私，又远过于阮氏。兹将江的自序分三段摘录如下：

> （1）自兹（指汉初各经初出）以后，专门之学兴，命氏②之儒起；六经五典，各信师承，嗣守章句，期乎勿失。西都儒士……彬彬乎有洙泗之风焉。爰及东京，硕学大师，贾（贾逵）、服（服虔）之外，咸推高密郑君……义训优洽，博综群经。

---

① 阮元《揅经室集》一集卷十的《性命古训》，即采用此一方法。傅斯年以此为根据而写《性命古训辩证》。

② 按"命氏"两字，曾参阅各版本皆同，但在此无义，殆因江氏将"名世"一词误用。友人刘殿爵谓"某家之学，称为某氏之学，大概即是江氏所谓'命氏之学'，此说亦可通"。

（2）宋承唐之弊，而邪说诡言，乱经非圣，殆有甚焉。如欧阳修之《诗》，孙明复之《春秋》，王安石之《新义》是也。至于濂、洛、关、闽之学，不究礼乐之源，独标性命之旨，义疏诸书，束置高阁……盖率履则有余，考镜则不足也。

（3）藩绾发读书，受经于吴郡通儒余古农（余萧客，惠栋弟子）、同宗艮廷（江声，惠栋弟子），明象数制度之原，声音训诂之学，乃知经学一坏于东西晋之清谈，再坏于南北宋之道学。元、明以来，此道益晦。至本朝三惠之学（惠周惕、惠士奇、惠松崖即惠栋，凡三代）盛于吴中，江永、戴震诸君，继起于歙，从此汉学昌明，千载沉霾，一朝复旦。暇日诠次本朝诸儒为汉学者成《汉学师承记》一编，以备国史之采择。

（1）是说明他们所谓汉代学问的内容及不能不宗法之理由。（2）是对汉以后经学的抨击，其重心是放在宋的道学方面，这留在后面讨论。这里只指出江氏斥欧阳修之《诗》、孙明复之《春秋》及王安石之《新义》为"邪说诡言，乱经非圣"，这便完全暴露出江氏的无知妄说。欧阳《诗本义》，谓孟子所说《诗》义"与今序意多同，故后儒异说为《诗》害者，当赖序文以为证"，这说明他是相信《诗序》的。他的《诗本义》，有时据《毛传》以驳郑《笺》，如对"雎鸠"的解释等，下开清陈启源的《毛诗稽古篇》，这何以是"邪说诡言，乱经非圣"？大概江氏是因钱大昕《经籍纂诂序》中有"若欧阳永叔解'吉士诱之'为挑诱，后世遂有诋《召南》为淫奔而辟之者"的话，而加以夸张挞伐。"有女怀春，吉士诱之"，释"诱"为挑诱，既无悖于训诂，更切合乎人情，这表示对古典了解的一种进步。至孙氏的《春秋》、王氏的《新义》，更不是江氏们所能了解的。由江氏这种横决的话，以及对道学的厚诬，可知"汉学"一词，乃建立在以汉来压宋、借汉来反宋的基本要求之上。反宋学的人，一定反明学，这更无俟多论。

不过当时许多讲训诂、考证的人，虽然尊崇汉学，但像江氏这样反宋学的人并不多。他要用写传记的方式来张大门户，若完全依照他的标准，是很少有人能够入彀。他便采用下面三种方法来张罗人数。

第一种方法是，他把十八世纪，尤其十九世纪治考证之学极有成绩，却不十分反宋、明的重要人物，都不列进去。例如他大量地、有意识地采录了钱大昕所作之传，并参录了同时代他人的作品，但钱有万斯同、王懋竑等传，阮元有孙星衍、汪辉祖、焦理堂、孙志祖等传，全谢山有刘继庄（献廷）等传，江氏皆不列入，连高邮王氏父子亦未曾齿及，对段玉裁也不为他立专传。

第二，为与他有私谊，但在学术上并无成就之人立传，以满足其"自我扩充"之心理要求。如贾田祖、李惇、江德量、顾九苞、钟褱、徐复、汪光爔、李钟泗等传皆是。其中，有的专传不满一百字。江氏所列专传三十八人，无列专传价值的即占有八人之多。

第三，江氏书中各传，多取自他人所作，他便在增删中弄手脚，以符合他所说的汉学家的标准。少数由他自作的，则按照他的标准去选择材料，而不顾及其人之全般学行。例如他将朱彬所作的《刘先生台拱行状》[①] 删节十之七八以为刘台拱传。朱所作

___

① 朱彬所作行状见《碑传集》卷一百三十五。

中国思想史论集续篇

《行状》谓"先生为学，自六书、九数，以至天文、律吕莫不穷极幽眇，而于声音、文字尤深。其考证名物，精研义理，未尝歧而二之。传注有未确，虽自古经师相传之故训，亦不为苟同。于汉、宋诸儒，绝无依倚门户之见"。这种求真的态度，不合江氏的标准，他便改为"君学问淹通，尤邃于经。解经专主训诂，一本汉学，不杂以宋儒之说"。沈廷芳有《沈彤墓志铭》，谓沈彤"于程、朱之传，尤身体而力行之"；又谓沈彤为方苞所知荐等，江所作沈彤传对上述情形皆一字不提。全传九百零五字，而记他自己在京师与人讨论"叔嫂有服乎"一事，即占四百八十四字，并斥与其讨论者为"夫己氏"，斥万充宗之说为"狂噱"，而万氏固有《礼记偶笺》，收入《续皇清经解》者。三《礼》是汉学家研究的重要对象之一，方苞也是研究三《礼》的，但方氏尊重程、朱，江氏对他便不惜改窜事实，以达到痛恨的目的。江永传他取自钱大昕，钱传中有云："桐城方侍郎苞，素以三《礼》自负，闻先生（江永）名，愿一见，见则以所疑《士冠礼》、《士昏礼》中数事为问，先生从容置答，乃大折服。"戴东原有《江先生事略》，所述亦同。但江氏则将"乃大折服"改为"苞负气不服，永哂之而已"。阮元所作《述庵（王昶）神道碑》①中有谓："公治经与惠栋同深汉儒之学，《诗》、《礼》宗毛、郑，《易》学荀、虞，言性道则宗朱子，下及薛河津（薛瑄）、王阳明诸家。"江久居王昶门下，其作《王兰泉（王昶）先生传》，全文长五千九百二十八字，而言及王氏的治学，仅"于学无所不窥，尤邃于《易》"及"盖以汉学为表识，而专攻毁汉学者"数语，对王氏之宗朱子、阳明等，当然

---

① 见《揅经室集》二集卷三。

加以隐蔽。江氏居朱筠门下亦多年，他作《朱笥河（朱筠）先生传》，文长三千八百八十九字，若以之与姚姬传所作之传[①]相比较，姚传五百三十字，反较江传为能得其实，为能得其要。阮元有《孔广森传》，[②]详录孔著的《春秋公羊经传通义》的自序，这是可代表孔氏在学术上的成就的。江氏所作传，则仅录孔氏序《戴氏遗书》的一篇骈体文。孔的骈文固然写得很好，但这可以代表孔氏在学术上的成就吗？原来孔氏批评了何休的《解诂》，故为江氏所不取。江氏所作卢文弨传"绍弓（文弨）官京师，与东原交善，始潜心汉学，精于雠校"。但卢氏真正的态度是"朱子《集传》，自是颠扑不破"，[③]"夫杂学不如经学，而穷经之道，又在于研理。理何以明，要在身体而力行之，时时省察，处处体验。即米盐之琐、寝席之亵，何在非道，即何在非学，正不待沾沾于讲说议论之为功也"。[④]这与江氏所说的汉学，相去顿远。盖卢氏校书，[⑤]名重一时，江氏不能抹煞，只好把他治学的基本态度加以歪曲。程景芳传，仅六百十二字，将程之治学精神、方向、工力，完全加以抹煞、歪曲。一代学术主流，由江氏这种人、由江氏这种著作来加以标榜，这是非常不幸的。

---

① 见《惜抱轩文集》卷十。
② 见《碑传集》卷一百三十四。
③《抱经堂文集》卷十八《答彭允初书》。
④《抱经堂文集》卷十九《答朱秀才理斋书》。
⑤ 朱元晦有《韩文考异》，清代版本校勘之学，实朱子开其端。远追刘向、刘歆父子，不切实际。

中国思想史论集续篇

三、汉代学术与清代汉学间之大疆界

龚自珍的《定盦文集补编》卷三有《附与江子屏（江藩）笺》，笺中对江著《国朝汉学师承记》，觉得有"十不安"，实际即系针对江著乃至针对当时所标榜的汉学，作了十点简单而扼要的批评。兹录于下：

> 夫读书者实事求是，千古同之。此虽汉人语，非汉人所能专，一不安也。本朝自有学，非汉学，有汉人稍开门径而近加邃密者，有汉人未开之门径，谓之汉学，不甚甘心，不安二也。琐碎饾饤，不可谓非学，不得为汉学，三也。汉人与汉人不同，家各一经，经各一师，孰为汉学乎？四也。若以汉与宋为对峙，尤非大方之言，汉人何尝不谈性道，五也。宋人何尝不谈名物训诂，不足概服宋儒之心，六也。近有一类人，以名物训诂为尽圣人之道，经师收之，人师摈之，不忍深论（按此当指戴东原），以诬汉人，汉人不受，七也。汉人有一种风气，与经无与，而附于经，谬以禨祥、梓慎之言为经，因以洇陈五行，矫诬上帝为说经，大《易》、《洪范》，身无完肤，虽刘向亦不免，以及东京内学（谶纬），本朝何尝有此恶习，本朝人又不受矣，八也。本朝别有绝特之士，涵咏白文，创获于经，非汉非宋，亦惟其是而已矣，方且为门户之见者所摈，九也。国初之学，与乾隆初年以来之学不同，国初人即不专立汉学门户，大旨欠区别，十也。

由上面的话，可以了解所谓汉学在龚自珍心目中的分量，兹参酌龚氏之言，以厘正汉代学术与清代汉学间的大疆界。

第一，是两朝的政治背景不同。汉代虽系专制政体，但君臣上下之间，只有尊卑之分，而无种族之隔。所以汉代自高祖末年起，对儒生论政，多仅凭皇帝对言论之认取能力以判定其是非，而很少猜防到政治的根本利害冲突问题。加以求直言极谏，几乎成为汉代的不成文宪法，所以对儒生论政，常采比较宽大甚至是鼓励的态度。而自汉初起，在所有思想家的思想中，无不砥砺士人的节义，至东汉遂形成名节的风尚。所谓"节义"、"名节"，主要由反抗政治社会的黑暗而见。清代不仅承明代的政风，专制已发展到非常严酷的地步，且以异族入主中华，由种族的猜防心理，对士人采用极端虚伪的利诱，及极端残酷的威迫手段。顺治二年（一六四五）五月下薙发令，将传统衣冠完全改变，此为五胡十六国及元代所未有之征服手段。自顺治十四年（一六五七）的丁酉科场案，[①]顺治十八年（一六六一）的奏销案[②]起，借端大量屠戮士人，康、雍、乾三朝屡兴文字大狱。对汉人向朝廷拾遗补缺者，辄交付廷臣会审，必判定极刑奏上，再由皇帝减死一等，以示私惠。[③]这都是来自种族迫害，非仅由"专制"所能解释的。在他们的利诱政策中，除修《明史》外，最成功的莫如开设四库馆，编辑《四库全书》一事。当时汉学家以能参预为莫大光荣。但在收集编辑的后面，由乾隆二十八年（一七六三）到乾隆四十七年

---

① 参阅孟森《明清史论著集刊》页三九一至四三三。
② 孟森《明清史论著集刊》页四三四至四五二。
③ 例如雍正四年，谢济及李穆堂论奏河南巡抚田文镜不法状事之处置情形。可参阅钱著《中国近三百年学术史》页二八四至二八五。

（一七八二）的二十年间，共烧书二十四次，被烧的有五百三十八种、一万三千八百六十二卷之多。不但关涉清朝的，即和辽、金、元等有关涉的，亦莫不加以毁灭，其不能毁灭的，则加以改窜，[1] 在此情形之下，只有完全没有一点民族思想，没有一点政治是非的士人，才可在政治中生存。清代汉学，产生于威迫利诱达到最高峰之际，在担当学术的"人的因素"上，如何可以与汉代的学者相提并论。

第二，两朝取士之制不同。汉代士人，由乡举里选及贤良文学对策，以登仕进之途。乡举里选重视行为，贤良文学对策，在文体与内容上没有限制，所以贤良文学所对的策，与对策者的学问是一致的，对策的甲、乙，代表了学问上的成就。清代以八股取士，文体与内容皆受到严格的限制，八股文的好坏，科第的得意与否，与其人的品格及真正学问无关。所以真有志于文学的人，必于时文之外另从事于古文，真有志于学问的人，必于制义之外另从事于学问。由这种学仕分途，表里异致的结果，所以清代古文，固然不及汉代文章的博大，清代汉学家的学问，也难及汉代学问的深厚广阔。

第三，因上述的第一、第二两种原因，产生这里所说的另一不同的重大结果。汉代尊经，清代汉学家也尊经，但所以尊经的动机、目的，则并不相同。汉儒尊经，是想以儒家的德治，转化当时以刑法为主的刑治，所以西汉儒生无不反秦反法，而其反秦反法，乃是对当时政治的砭针。从汉宣帝以后，则很明显地要以经学来规制大一统的专制政治的运行。而他们的所谓"经"或"六

---

[1] 此录自吕思勉《中国通史》页五一八至五一九。

艺"中，实际是把《孝经》尤其是《论语》算在一起。可以说，汉代经学是对当时的现实政治社会负责的。清代汉学的出现，有两个重大因素。第一个因素是在异族政治迫害之下，意识地或非意识地，对民族、对政治社会的责任的逃避，所以他们的精神，与中国传统的学术精神应划一分界。第二个因素，是对科举的虚伪知识、陈腐内容，有一种深刻的厌恶，因而想在这种虚伪而陈腐的东西以外，发现新的研究对象。科举八股用材料，主要是程、朱注的四书。他们指出"经"来与四书相抗，提出汉代训诂来压倒朱注，这便走上了"古学"、"汉学"的路。清代汉学之所以能成为风气；是因为对科举八股而言，这是比较干净的领域，是比较新鲜的领域。这是他们所不敢明言，而实际是有意义的一面。两个因素互相勾连，才出现了这样的学风、学派。就他们摆脱传统的以学术担负现实政治、社会、人生责任的这方面来说，可以说他们的经学是近于知识的活动，但不可因此而与古希腊"为知识而知识"的学统相傅会。因为"为知识而知识"的精神，是内无畏怖、外无希求，而只顺着知性的自身及知识的自律性，发展下去的。清代汉学家，内畏怖统治者的淫威，外希慕统治阶层的荣利，使他们的知识活动，受到很大的限制与牵引。而他们所标榜的，依然是义理并不是知识，只认为训诂明而义理明，而不认为训诂、考据的知识即是义理，这便无法与西方的主知主义相傅会。再加陷于以汉压宋的门户之私，这便使他们的成就，既与义理不相干，在知识上也停滞在极素朴的零碎饾饤的阶段，且自己阻塞了向前发展之路。

第四，不仅如龚自珍所已经指出的，"汉人何尝不谈性道"，并且可以说，天人性命，是汉代儒学所追求的主要方向。"天人相与"或"天人感应"，成为两汉儒者向朝廷进言的主要根据。既是天人感应，便不能不追到天命与人性的问题。此观于《汉书》五十六《董仲舒传》，天子的三次策问，及董仲舒的三次对策，一般即称为"天人三策"，应当可以明了。《汉官仪》："博士，秦官也。博者通博古今，士者辨于然否。武帝建元五年，初置五经博士……其举状曰'生事爱敬，丧没如礼（按此两句指孝弟）。通《易》、《尚书》、《孝经》、《论语》，兼综载籍，穷微阐奥，隐居乐道，不求闻达。身无金痍痼疾，世六属不与妖恶交通，王侯赏赐，行应四科，经任博士'，下言某官某甲保举。"① 所谓"穷微阐奥"，即是穷究天人性命。连许慎著《说文解字》的目的，也在"引而申之，以究万原；毕终于亥，知化穷冥"。② "知化穷冥"，也指的是天人性命。不过许氏不像阮元那样，以本义为最精，想知本义去解明心、性、命，而系"引而申之"，有如"立一为专"的对"一"字的解释，"毕终于亥"的对"亥"字的解释。由字的本义以解释思想性的名词，而不进一步去追求其发展演变之迹，是非常愚蠢可笑的。顾亭林"性与天道，子贡云所未得闻也"，③ 此为清代汉学家乐于援引以作反对宋学的张本之一。现就我所知道的，汉人有两次提到这句话，最早是张禹。成帝永始、元延之间，吏民多以灾异言王氏专政之非，成帝亲到张禹家里，屏退左右，问吏民之言是否可信？张禹"自见年老子孙弱"，不敢得罪王氏，便为王氏开脱说："灾变之异，深远难见。故圣人罕言命，不语怪神。

---

① 分见于《全汉文》卷五十七及《全后汉文》卷三十四，据《后汉书·朱浮传》注，及《艺文类聚》职官、《太平御览》职官部引《汉官仪》。
②《说文解字》十五下许氏叙。
③《亭林文集》卷三《与友人论学书》。

性与天道，自子贡之属不得闻，何况浅见鄙儒之所言。"张禹的话，一是出于为子孙避祸之私，一是认为由灾异不能知性与天道。[①] 以灾异言性与天道，本来是与孔门原意不合的，但不可因此而抹煞汉儒追求性与天道的事实。所以与张禹同时的匡衡则谓："臣闻六经者，圣人所以统天地之心，著善恶之归，明吉凶之分，通人道之正，使不悖于其本性者也。故审六艺之指，则人天之理，可得而知……草木昆虫可得而育，此永远不易之道也。"[②] 因宣、元以来，京房、翼奉、李寻们的术数之说大行，所以西汉末期的儒者，便要求由术数中脱出以回到六经，匡衡也是其中重要人物之一。但追求天人性命的目标不变。上引的话，即是要由六经以通天人性命之一例。稍后于张禹的桓谭，曾向光武上疏说："盖天道性命，圣人所难言也。自子贡以下，不得而闻，况后世浅儒能闻之乎。"[③] 这是指当时以图谶言性与天道而言的。此与宋儒的言性天道，真可谓完全属于两个不同的范畴。这种不同，是学术上的一大进步。而郑康成注经，常援及谶纬，他是以为谶纬可以言性与天道。清代汉学家，以为汉儒只讲文字训诂，宋儒始言性与天道，是完全没有根据的。

第五，清代汉学家以守训诂、章句作为汉代学术的特征，这是完全无见于汉代学术大趋向的说法。典籍上的学问，当然要通

①《汉书》卷八十一《张禹传》。
②《汉书》卷八十一《匡衡传》。
③《后汉书》二十八上《桓谭列传》。

　　　　　　　　　　　　中国思想史论集续篇

过训诂乃至章句①去了解，但最多数的人，只把训诂当作一个过渡工具，决非如清代汉学家们所说的"训诂明而义理明"，把做学问的工夫，停顿在训诂、章句之上。《汉书·艺文志·六艺略》中，凡称"故"、"解故"及"章句"的，都是讲某经文字的训诂及讲疏，如《易》的章句施、孟、梁丘氏各二篇，《书》的《欧阳章句》三十一卷，《大小夏侯章句》二十九卷，《大小夏侯解故》二十九篇，《诗》的《鲁故》二十五卷，《齐后氏故》二十卷，《齐孙氏故》二十七卷，《韩故》三十六卷，《毛诗故训传》三十卷皆是。凡称"传（说）"或不称"传"而性质同于传的，则皆是发挥六经的大义，如《易》的《易传·周氏》、《服氏》、《杨氏》、《蔡公》、《韩氏》、《王氏》各二篇，《丁氏》八篇，《古五子》十八篇，《淮南道训》二篇，《孟氏京房》十一篇，五鹿充宗《略说》三篇，《京氏段嘉》十二篇，《书》的《传》四十一篇（《尚书大传》），《欧阳说义》二篇，刘向《五行传记》十一卷，许商《五行传记》一篇，《诗》的《鲁说》二十八卷，《齐后氏传》三十九卷，《齐孙氏传》二十八卷，《韩内传》四卷，《外传》六卷，《韩说》四十一卷皆是。由此可知，西汉著述，将经的文字训诂与大义分为两途，至为明显。一般儒生，多不停在训诂及章句之上，而系由训诂以通大义。通大义，才能形成思想。《汉书》三十六《刘歆传》："初，《左氏传》多古字古言，学者传训故而已。及歆治《左氏》，引传文以解

---

① 清代汉学家，常将训诂与章句混为一事。实则训诂乃一个字一个字的解释。章句则是对一章一句的贯穿性的解释，唐代"义疏"，即承此一传统。因此才可以发挥至数十万言甚至百万言，而泛滥成灾。汉儒章句已不传。然由《汉书·艺文志》及《儒林传》而可知训诂（或称"故"或称"诂训"）与章句为两事，甚为明了；郑康成的"笺"，是两者之间的产物。南北朝时僧徒对佛经所作的"疏"，实受汉儒章句的影响。

经，转相发明，由是章句义理备焉。"在这段话里，可以明了训故（诂）、章句、义理，实系三个阶段。训故（诂）是对一个一个的文字所作的解释，章句是演训诂以作一章一句的贯穿的解释，有如六朝时代的义疏，东汉一经的章句，动辄数十万言乃至百余万言，泛滥成灾，[①]皆因博士们的知识活动范围太狭，只好尽量在章句上推演。训故（诂）是字面上的工作，章句则是将字面的训诂加以连贯演绎的工作，义理（大义）则是探讨文字后面所含的意义。《汉书》八十七上《扬雄传》："雄少而好学，不为章句，训诂通而已。"专用心于训诂，由训诂演为章句，这是五经博士成立以后的博士之业。"训诂通而已"，是一般学人及思想家读书的共通态度。扬雄作《方言》，著《训纂》，这能说他不重视文字语言吗？但他是把《方言》、《训纂》，当作学问的一个部门来处理，这里不能涉及由"博学无所不通"所摄取的典籍中的大义（义理），及由大义以形成他的思想。《后汉书》卷二十八上《桓谭列传》说桓谭"博学多通，遍习五经，皆训诂大义，不为章句。能文章，尤好古学"。所谓"训诂大义"，是由训诂以通大义，不是像清代汉学家所说的训诂即是大义。卷四十上《班固列传》"所学无常师，不为章句，举大义而已"，卷四十八《杨终列传》"终又言……方今天下少事，学者得成其业，而章句之徒，破坏大体。宜如石渠故事，永为后世则。于是诏诸儒于白虎观，论考同异焉"。上面"破坏大体"之"大体"，即是大义。卷四十九《王充列传》"好博览而不守章句"，卷五十二《荀淑列传》"博学而不好章句，多为俗儒所非"。我们可以说，只要是读书识字，则必然是"训诂通而已"。

---

① 请参阅《后汉书》卷三十五《张曹郑列传》论。

　　　　　　　　　　　　　　中国思想史论集续篇

因注书，授业，汉代自有训诂、章句专门之学，尤以后汉为盛，由钱大昭、侯康、顾櫰三、姚振宗、曾朴诸人所补《后汉艺文志》各篇，[1]略可考见，此在文化的传承上自有其意义。但若仅以训诂、章句之儒，代表两汉学问，则凡两汉的思想家、史学家、文学家，及并不成家，而只凭经学教养以活跃于政治社会之上的知识分子，皆须摒弃于两汉学术之外，试问四百多年的大一统帝国，在文化学术上能得到什么力量的支持？而这四百多年的历史，在文化学术上，该是如何委琐而空虚窒息的历史。所以用训诂、章句之儒来代表汉学，可以说是非常荒谬的。

第六，清代汉学家言训诂、章句必尊信汉儒的理由有二，一是"近古"，二是有师法、家法。这两点只能成为局部的理由。从两汉经学全般的情形看，由董仲舒起，阴阳五行之说，深入到五经、六艺之中，发生了巨大影响，《公羊传》及《尚书·洪范》等，皆因之变貌而被歪曲，且因此而引出将经加以神化的纬。[2]以《易》为例，王弼《易注》虽掺入了老子思想，但将《易》与《老子》拉上关系的，实始于汉人。[3]若把王弼所注的《易》，与孟喜、京房所建立的卦气说相较，应可承认王氏《易》更近于孔门的《易传》。最低限度，他没有变乱六十四卦的原有次序，而与《序卦》大体相孚。卦气说则把易卦的次序都变乱了。所以儒家经学进入到汉代，实发生相当大的转折。安见时代近古，即能证明经学内

---

① 诸氏所著，皆收入升明书局所编《二十五史补编》第二册页二〇九五至二五六六。
② 见拙著《两汉思想史》卷二《董仲舒春秋繁露的研究》。
③ 严君平即将《老》、《庄》、《易》合在一起以为教。扬雄更是如此，《太玄赋》开始即说"观大《易》之损益兮，览老氏之倚伏"。他的《太玄》，即《易》与《老》的混合物。东汉并修《易》与《老子》的更多。

容的近古。至师法、家法，有三种不同的意义，一为在汉初诸经初出，章句之学未兴，必依经师而始得其解。此时之师法，实等于先生对学生的口头解释，后世的情形也是如此。此等师法，对初学而言，自有其必要，但并没有如清代汉学家所说的权威意义。二为五经博士成立后，由当时传经的某家中选定博士，于是由初学入门之师法、家法，变为官定的师法、家法。更由博士弟子员向某博士受业，某博士所授者，即成为博士弟子的师法、家法，由此而形成一固定的传承系统。此固定的系统又转而为各经博士维持学术专利的护身符。刘歆所斥的"因陋就寡，分文析字，烦言碎辞……信口说而背传记，是末师而非往古"，"保残守缺"，"雷同相从，随声是非"，正指的这种情况说的。所以扬雄、王充们都鄙视博士系统的经学，而事实上，博士系统中有特别成就的人亦特少。清代汉学家所说的汉学，大概是指此一系统而言。但在此系统中也不是没有例外。《汉书》七十五《夏侯始昌传》："夏侯胜……从始昌受《尚书》及《洪范五行传》，说灾异。后事简卿，又从欧阳氏问，为学精孰（熟），所问非一师……征为博士。"又，"胜从父子建……自师事胜，及欧阳高，左右采获。又从五经诸儒问与《尚书》相出入者，牵引以次章句，具文饰说。胜非之曰，建所谓章句小儒，破碎大道。建亦非之曰，胜为学疏略，难以应敌。建卒自颛门名经，为议郎博士，至太子少傅"。《汉书》卷八十一《张禹传》："始鲁扶卿及夏侯胜、王阳、萧望之、韦玄成，皆说《论语》，篇第或异。禹先事王阳，后从庸生，采获所安。"何晏《论语集解序》："刘向言安昌侯张禹本受鲁《论》，兼讲齐说，善者从之，号为张侯《论》。"参阅各家，"采获所安"，此乃治学常法。《后汉书》卷四十四《徐防列传》，防上疏谓"臣闻《诗》《书》礼乐，定自孔子，发明章句，始于子夏……伏见太学试博士弟子，皆以意说，不修家法……臣以为博士及甲乙第策试，宜从其家章句……若不依先师，意有相伐，皆正以为非"，这是为了维护官学尊严而发的。其实，两汉的思想家、文学家、史学家、政治家等，固然不专守家法。即东汉解经之儒，而卓然有成者，亦并非专守家法。《后汉书》卷三十六《郑兴列传》，兴"少学公羊《春秋》，晚善《左氏传》。遂积精深思，通达其旨，同学者皆师之"。同卷《贾逵列传》"逵悉传父业……虽为古学，兼通五家《穀梁》之说"。卷六十上《马融列传》"融才高博学，为世通儒……尝欲训左氏《春秋》，及见贾逵、郑众注，乃曰，贾君精而不博，郑君博而不精。既精且博，君何加焉。但著《三传异同说》"。卷六十四《卢植列传》"少与郑玄俱事马融，能通古今学，好研精而不守章句"。卷七十九下《儒林列传》张玄"少习颜氏《春秋》，兼通数家法……清净无欲，专心经书。方其讲习，乃不食终日。及有难者，辄为张数家之说，令择从所安"。上面这些突出的经学家，是突破家法限制的。且清代汉学家最推许叔重（慎）及郑康成，《后汉书》卷七十九下《儒林列传》谓许慎"少博学经籍"，"初，慎以五经传说臧否不同，于是撰为《五经异义》"，《集注》引惠栋备述《五经异义》中所采用古今各家之说，而结之以"或从古，或从今"。是许的经学，未尝受家法的限制。卷三十五《郑玄（康成）列传》"（玄）师事京兆第五元先，始通京氏《易》、公羊《春秋》、《三统历》、《九章算术》。又从东都张恭祖受《周官》、《礼记》、左氏《春秋》、韩《诗》、古文《尚书》"，"时任城何休好公羊学，遂著《公羊墨守》、《左氏膏肓》、《穀梁废疾》，玄乃发《墨守》，针《膏肓》，起《废疾》。休见而叹曰，康成入吾室操吾矛以伐我乎"。何休的话，是说郑玄由通公羊之学以批评公羊之学。而郑氏遍采诸家之说，以注群经。他先学韩《诗》，而笺《诗》则据《毛传》。虽据《毛传》，与《毛传》亦时有异同。在他所注各经中，随时间的先后，在训诂上亦互有歧异，这都是已为大家所知道的常识。若如清代汉学家认为汉儒训诂的特别值得尊重，是在他们能守师法、家法，持此观点以论许、郑，则许、郑的训诂便首应被推翻。三是，若站在治思想史的立场言，则治一家有系统的思想，必首先顺其条理，竟其首尾，中间不可扰以他见，以致乱其本真。此时若将师法、家法的观念加以活用，或有其意义。至文字训诂，则参阅诸家，"采获所安"，这是最基本、最妥当的方法。此时决定"所安"的不是有无师法、家法的问题，而是上下文乃至全篇全书的能否作合理贯通的问题。若作专门文字语言的研究，则应由资料层层向上追，追到原形原义，以与有关文献相印证，此时也决不可把师法、家法的观念介入在里面。师法、家法乃汉儒在特定时间及特定场合中所用的一种方法，既不足以概括特出的经学家，且害多于利，何尝有清代汉学家所说的带有神圣不可侵犯的意义。清代汉学家，不法孔子的学无常师，而把汉儒中的一部分守家法、师法的现象，作过分的夸张，我说他们自己限制了自己的进程的原因在此。

第七，清代汉学家尊汉反宋、明的另一理由是两汉时二氏之学未兴，在经学中未掺杂佛、老之说，而宋、明儒则在经学中杂入了释、老思想。假定他们是立足在思想之上，则可以提出此一问题来讨论。但他们所立足的是文字训诂。在文字训诂上，根本关连不上佛、老的问题。最简明的证据是唐玄应和尚撰《一切经音义》二十五卷，成为今日讲训诂者的重要参考资料之一，因为这牵涉不到思想问题。若就思想而论，则正与清代汉学家所认定的相反，辨别释、老与儒家思想的异同而加以排斥的，始自韩愈而特盛于程、张、朱、陆。^①王阳明虽然很少有排斥佛、老的言论，但立足于知善知恶的良知，而要将其推致于事物之上，这如何可以说与释、老有关连。佛教大约在西汉末期已入中国，终汉之世，似乎在儒者中未曾直接发生影响。然楚王英为浮屠斋戒祭祀，明帝诏谓"楚王诵黄老之微言，尚浮屠之仁祠"。桓帝并祭二氏，视浮图与黄老相若。这是东汉对佛教的一般了解。^②所以不妨由汉儒对道家的态度，推论他们对佛教的态度。西汉思想家，由陆贾、贾谊、董仲舒、司马谈、刘向一直到扬雄，没有不吸收老、庄思想的。文学家咏叹到个人身世遭逢时，也有同样的情形。这都不待举证。东汉承西汉之风，儒者从未以儒、道两家为不能并立。光武的太子曾向他进谏说："陛下有禹汤之明，而失黄老养性之福。"（《后汉书》卷一下《光武帝纪》）养性养生，这是由战国末期以来一直流行于西汉的道家思想。郑均"治《尚书》，好黄老"（《东观记》）。桓谭向光武进言时主张"述五经之正义"，同时亦引老子"天下皆知取之为取，而莫知与之为取"（《后汉书》卷二十八上《桓谭列传》）。极力排斥《左氏传》的范升，"习梁丘《易》、《老子》"，在他的议论中常援引《老子》（《后汉书》三十六《范升列传》）。翟酺"四世传《诗》，酺好《老子》"（《后汉书》卷四十八）。马融广注群经，亦注有《老子》（《后汉书》卷六十上《马融列传》）。杜乔"治《易》、《尚书》、《礼记》、《春秋》，晚好

---

① 程、张、朱之辟释、老，显而易见。至陆象山之辟释、老，每为人所忽。此点在拙文《象山学述》中言之甚明，收在《中国思想史论集》。
② 请参阅汤用彤著《汉魏两晋南北朝佛教史》第四章"汉代佛法之流布"。

《老子》"（《后汉书》卷六十三《杜乔列传》，《集解》惠栋引魏明帝甄表状）。其他与经学关系不深而好老、庄者更多。王充《论衡》，依道家而立《自然》篇。仲长统"思老氏之玄虚"以论乐志，这是更彰明较著的。朱穆作《崇厚论》，以"世士诚躬师孔圣之崇则，嘉楚严（指庄子）之美行，希李老子雅诲"，为崇厚的基本条件。以这种学风为背景，所以桓帝立老子庙于苦县之赖乡，"画孔子像于壁"（《后汉书》卷七《孝桓帝纪》，《集解》惠栋引孔氏谱）。由此可知汉儒对老子的态度，较宋儒远为宽大。假定他们受到佛教影响，也会同样采取宽大的态度。

第八，清代汉学家只是把汉学当作打宋学的工具，因他们的主观太强，在训诂上并非能完全了解汉学，也非完全尊重汉学。兹就他们所特别标举出来的作举例性的考查：

《诗·烝民》歌颂宣王时贤臣仲山甫，说他"古训是式"，《毛传》："古，故；训，道。"《毛传》释"训"为道，本于《尔雅·释诂》，所以古训乃古日之道。古日之道，载于典籍，故郑康成伸之为"先王之遗典"。而孔颖达即以"遵法（式）""古昔（古）先王之训典"疏之。遵法先王之训典，乃周公的常教，此参阅《尚书》中所录周公之言而可见。《无逸》一篇，可以说都是周公教成王以"古训是式"的。毛、郑、孔的解释，以训诂为可据，于义理为明顺。乃惠氏转一个弯以"古训"为解文释字的"诂训"，为"训诂"，于是仲山甫在西周便遵法了清代汉学家所提倡的训诂之学了。这种牵强附会，轶出了常识范围，但居然发生了影响，被钱大昕、陈奂[1]们所信服。

---

[1] 陈奂著有《毛诗传疏》，收入《续皇清经解》。

戴震的人性论，总括地说一句，是以情善代替性善。先秦各家论性，概略言之，以存于中者为性，发于外者为情，性与情有内外之分而无性质之别。主张性善的，由性所发之情亦善；主张性恶的，由性所发之情亦恶；主张性无善恶的，情亦当然无善恶。到了汉代，则一方面趋向于把性分为三品，另一方面则将性与情从性质上加以分别，主张性善而情恶。这种看法，董仲舒始见其端，尔后几成为定论。许氏《说文》十下"情，人之阴气，有欲者"；"性，人之阳气，性善者也"。若站在训诂明而义理明的立场，戴氏既违反了汉人的训诂，其人性论便不是汉人的人性论，即不是"汉学"。

　　戴氏在训诂上沾沾自喜的，是他在《与王内翰凤喈（鸣盛）书》中，对《尚书·尧典》"光被四表"一句，伸张伪《孔传》的"光，充也"的解释，而谓这"非魏晋间人所能，必袭取（指伪《孔传》袭取）师师相传旧解，见其奇古有据，遂不敢易尔。后人不用《尔雅》及古注，殆笑《尔雅》迂远，古注胶滞，如光之训充（见《尔雅·释言》），兹类实繁"。这是戴氏"欲就一字以见考古之难"[1]的一例。钱大昕又为其举《后汉书》有"横被四表"之文，以伸张己说。按《尔雅·释言》虽谓"光，充也"，但《释诂》三则谓"光，照也"。岂《尔雅·释言》的"光，充也"是"师师相传"，而《尔雅·释诂》的"光，照也"不是"师师相传"吗？《说文》十上"光，明也。从火在人上，光明之意也"，是《释诂》之文与字的原义相合。而古典上正有把"光"字用在政治上的，如《易》"观国之光"，《左传·庄公二十二年》"光远而自他有耀

----

① 见《戴东原集》卷三《与王内翰凤喈书》。

者也"，岂不是依据"光"的本义以释"光被四表"，更与原意相合吗？钱大昕以"横被四表"之"横"字为戴举证，然《汉书·萧望之传》"圣德充塞天地，光被四表"；荀爽《易》注"圣王之信，光被四表"；班固《典引》"光被六幽"；蔡邕援《尚书》曰，光被四表"以为释；《中论·法家》篇"唐帝允恭克让，光被四表"；史晨《祀孔庙碑》"光于上下"，其他用"光"的本字者尚多。所以郑康成对此句的解释是"言尧德光耀及四海之外"。戴不信《说文》、郑注，不知郑注是根据两汉的通义，而信晚出的伪《孔传》的偏解，且引起许多人的赞美，这能证明他们在训诂上是真能了解汉学吗？何况王鸣盛《蛾术编》卷四"光被"条，"予虽与吉士（戴东原）相往还，未曾出鄙著相质，吉士从未以礼相投"，将《东原集》与他的书，与李象先自刻集，诡称曾与顾亭林论地理相比。戴氏因好名太过而作伪，其人格实不堪问。

阮元是当时的达官显宦，所以他的影响最大，而其立说亦最为迂稚，兹仅举二例。

阮氏《释心》[1]一文谓："汉刘熙《释名》曰'心，纤也'，言纤微无物不贯也。此训最合本义。盖纤细而锐者皆可名曰心，但言心而镵锐纤细之意见矣。"下引若干植物之以心言者为证，而独不引人为证，一若心之本义在植物而不在人。刘熙《释名》以"同声相谐"，更加推演，以作称名辨物的方法。顾广圻谓"释名之例有二，曰本字，曰易字"，而"易字"中又有"曰叠易字，曰再易字，曰转易字，曰省易字，曰省叠易字，曰易双字"。[2]易字解经，

<hr>

① 见《揅经室集》一集卷一。
② 见《思适斋集·释名略例》。

是训诂上的禁忌，而他对心的解释，即"易字"之一例。但《释名》原文是"心，纤也，所识纤微无物不贯也"。此处"纤微"两字，是指心所识之对象，意谓心不仅能认识粗巨之物，且能认识到纤细精微之物，故可无物不贯。此还可勉强说通。阮氏去掉"所识"两字，增一"言"字，则"纤微"两字变为指心的自身状态或作用而言，更易"微"字为"细"字，又加一"锐"字，把心说成是"镵锐纤细之物"，以此为最合心的本义。此对《释名》而言，是文义上的诬夺，对心的解释而言，是指心的形状的本义吗？则方寸之心，既不镵锐，也不纤细。是指心的作用的本义吗？则心的活动，无形无声，有何镵锐纤细可言。由阮氏的此一解释，于是孟子以"心之官则思"（《告子上》）言心的作用，庄子以虚、静、明言心的作用（《应帝王》、《天道》)，荀子以"虚一而静"言心的作用（《解蔽》篇），管子以"心也者智之舍也"言心的作用（《心术》篇)，淮南子说"心者形之君也"（《精神训》），董仲舒说"心气之君也"（《春秋繁露·循天之道》)，便一起被否定了，而人乃与植物之有刺者同科。两汉有这样荒谬的学问吗？但他认为只有这样解释，才能把宋、明学者言心的学问，和根拔起了。

然心性等都是带思想性的名词，凡属这一派的，遇到这类名词，便无法作相应的了解。从这点说阮氏是可以原谅的。但他对极寻常的名词，也常离开汉儒训诂的常规，而另作不通的解释。例如《诗·大雅·桑柔》一诗中有如下数句："瞻彼中林，牲牲其鹿。朋友已谮，不胥以穀。人亦有言，进退维谷。"《毛传》对"不胥以穀"之"穀"字释作"善也"，郑《笺》："今朝廷群臣皆相欺，皆不相与以善道，言其鹿之不如。"对"进退维谷"之"谷"释作"穷也"，郑《笺》："前无明君，却迫罪役，故穷也。"是"穷也"

指处于前后两谷间之窘境而言。这种解释，与全诗所说的情境，完全相合。而全诗共有两"穀"字，其一为"维此良人，作为式穀"，皆训善；有两"谷"字，其一为"大风有隧，有空大谷"，皆为山谷。这都分别得极清楚，极明畅的。乃阮氏特为此写《进退为谷解》一文①谓："传、笺皆训谷为穷。考谷无穷训，此望文生义也。案谷乃穀之假借字，本字为穀。'进退维穀'，穀，善也。此乃古语，诗人用之。近在'不胥以穀'之下，嫌其二'穀'相并为韵，即改一假借之'谷'以当之，此诗人义同字变之例。"更引《晏子春秋》叔向问晏子的故事，及《韩诗外传》石他的故事，皆引及此诗为证。按《诗经》共用有十三个"谷"字，除"谷风"连两字为一特别名词外，无不作"山谷"之"谷"解。有二十一个"穀"字，有十三个应作"善"字解。《小雅·小宛》"握粟出卜，自何能穀"，"惴惴小心，如临于谷"，此处之穀、谷异义，且以"如临于谷"形容惴惴小心，是无可置疑的。则《桑柔》之以"进退维谷"，形容处境的进退两难，而阮氏所引《晏子春秋》及《韩诗外传》，正因晏子与石他处于进退两难之境，故引此诗以作其行为之解释。则毛、郑引申"谷"义为"穷"，何以为"望文生义"？诗之韵，以声不以形，此处相并为韵者是声，改字形而声依然相同，依然可说是"相并为韵"。且此诗下面有"大风有隧，有空大谷。维此良人，作为式穀"；"大谷"之"谷"，也可以说是易"穀"为"谷"，以使其不致"相并为韵"吗？不贯通全诗上下之文义以言训诂，即不能真正了解汉人毛、郑的训诂，更由此而欲另出新鲜，实足暴露其锢蔽不学，而他们所标的汉学，目的

---

① 见《揅经室集》一集卷四。

只在以"汉"压"宋",他们即使在训诂上,也未能真正求得"汉学"。

四、清代汉学家在完全不了解宋学中排斥宋学

现更将清代汉学家心目中的宋学,提出稍作讨论。

第一,应当指出的,宋代除理学外,在史学、文学上的成就,皆远在清代学术之上。清代汉学家因排斥理学而忽视宋代史学与文学的成就,这是他们的固陋。

第二,将《礼记》中的《大学》、《中庸》两篇特别标出,不始于宋的二程,然二程常将此两篇配《论语》、《孟子》,开始形成"四子之书",与五经相提并论。及朱元晦为《大学》、《中庸》作《章句》,为《论语》、《孟子》作《集注》,"四书"之名大著,此自系事实。自二程以来,教人先读四书,次读五经,且视四书之重要性,在五经之上,其理由有二:一是四书中的训诂问题,较五经为少,学者易于读懂;另一是四书的内容,较五经为切于人生、社会,与实践容易结合在一起。元代以四书朱注取士,盖出于当时一部分学人想在异族黑暗的统治下,由此以保持人道于不坠。及明、清两代,这种意义完全没有了,只成为桎梏士人精神及精力的一种工具,于是四书遂成为陈羹土饭,为一般人内心所厌恶。汉学家特提出"汉学",实际即汉儒所解释的经学,以与四书相抗,要在研究对象上也压倒宋学。由此我们首先可以承认宋学与清代汉学,在古典研究的重点上确有不同,但汉代虽无四书之名,而《论语》在实际上的地位,实在五经之上,此由《汉书》昭、宣两纪,记两师所学者皆以《论语》、《孝经》为主,及张禹

诸人对《论语》所下的工夫而可见。由此可知宋学系汉学的发展，并不是两相对立的。王鸣盛《十七史商榷》卷六十四谓"学者若能识得康成深处，方知程、朱义理之学，汉儒已见及；程、朱研习义理，仍即汉儒意趣，两家本一家"，可知王氏亦早见及此。

第三，自顾亭林起，以为经之外无理，以为舍经而言理，便会流入异端。宋儒虽亦主张"由经穷理"，[①]但同时又以"天下之物，莫不有理"，而经为理的根源之一，只是格物中的对象之一。这是学术发展上的重大进步。程伊川下面的一段话，也意识到这一点。他说："古之学者，先由经以识义理，盖始学时尽是传授。后之学者，却须先识义理，方始看得经。"[②]由此可知他们很肯定地认为经外还有义理。并且认为要了解经中的义理，必须先识得经外之义理以作看经时的导引。对于义理根源的认定，是显然与清代汉学家不同的。汉儒虽尊经，但在其言论、著作中，亦援据诸子百家之言，未尝以经之外无理。从这一点看，宋学也是汉学的发展而不是相对立的。

第四，在读经的目的上来说，则宋儒近于汉儒，而清代汉学家则远于汉儒。因汉、宋儒读经的目的，用现时流行的语言说，都是为了"古为今用"，即是为了解决现前的人生、社会、政治的现实问题，不过汉儒偏重在政治方面，而宋儒则偏重在躬行实践的人生方面。清代汉学家的研求古典，则完全没有"今用"的要求，而只是为了知识的兴趣及个人的名誉地位。但不可以此与古希腊的"为知识而知识"的传承相傅会，已如前所述。

---

① 《二程遗书》第十五《伊川先生语》一。
② 同上。

第五，戴震批评宋儒以理杀人而不通人情，江藩批评宋儒"不达礼乐之原"，许多人又以宋儒是阳儒阴释。凡有关这一类的批评，只能反映出批评者的愚妄。程伊川所写的《明道先生行状》，凡四千余字，叙述明道在政治上之作为者凡三千七百余字；叙述学术方面者约六百一十六字。由此可知他们对政治事功的重视。而在叙述学术上，最重要的是下面一段话：

> 闻汝南周茂叔论道，遂厌科举之业，慨然有求道之志，未知其要。泛滥于诸家，出入于老、释者几十年，返求诸六经而后得之。明于庶物，察于人伦，知尽性至命，必本于孝弟。穷神知化，由通于礼乐。辨异端似是之非，开百代未明之惑……其（明道）言曰，道之不明，异端害之也。昔之害，近而易知；今之害，深而难辨。……自谓之穷神知化，而不足以开物成务，言为无不周遍，实则外于伦理，穷深极微，而不可以入尧、舜之道……病世之学者，舍近而趋远，处下而窥高，所以轻自大而卒无得也……

伊川曾告诉他的门人，他死后，门人应由此行状去了解他的学问。上面的一段话，意义真切而深远，假定清代汉学家及现代的许多人能了解这一点，对宋代理学的许多莫名其妙的误解，便不应当发生。

我们先了解礼乐在宋儒思想构造中所占的枢轴的地位，再看他们对礼乐的看法。

学礼者考文必求先王之意，得意乃可以沿革。①

礼孰为大，时为大，亦须随时……学者患在不能识时……今之人，自是与古之人别……故笾豆簠簋，自是不可施于今人，自是不相称，时不同也。时上尽穷得理。②

……然推本而言，礼只是一个序，乐只是一个和。只此两字，含畜多少义理。③

礼之本出于民之情，圣人因而道之耳。礼之器，出于民之俗，圣人因而节文之耳。圣人复出，必因今之衣服器用而为之节文。……④

由上面的材料看，是宋儒不知"礼乐之原"，还是江藩不知"礼乐之原"？礼乃立基于民情、民俗之上，"而礼即是理也"。⑤站在政治社会以言理，理亦即立基于民情、民俗之上，则何由而可谓宋儒违背民情，竟至以理杀人？戴震根本不了解儒家的传统是修己与治人，所用的宽严的尺度是根本不同的，我早曾在《儒家在修己与治人上的区别及其意义》一文中，⑥将此问题说清楚了。士人是统治阶层的预备军，不从事于生产劳动，过着寄生虫的生活，而其地位又高居四民之首。若士的修己不严，则不能担当所应负的文化责任，且将对社会的剥削性愈多，人民所受的压力也愈大。我们首先应从此角度，来了解理学家所实践之严格的人生规范。

---

①《二程遗书》第二上《二先生语》上。
②《二程遗书》第十五《伊川先生语》一。
③《二程遗书》第十八《伊川先生语》四。
④《二程遗书》第二十五《伊川先生语》十一。
⑤《二程遗书》第十五《伊川先生语》一。
⑥ 此文收入本书中。

第六，清代汉学家责宋儒不通文字训诂，所以宋儒对经的解释是不可靠，因而宋儒所说的理也不可靠。宋儒不在文字训诂本身上立脚，而是要在古典的义理上立脚，宋儒认为由文字训诂以通向义理，中间还有一段需要用力的历程，而不认为训诂明，同时即义理明，这是与汉代卓越的儒家相接近，而与清代汉学家是相远的。但读古典必先通文字训诂，这是所有读古典者的共同要求，宋儒岂有例外之理。程伊川说"凡看文字，须先晓其文义，然后可求其意。未有文义不晓而见意者也"，① 至朱元晦读书之着重文义，只要看宋张洪、齐熙同编的《朱子读书法》，及陈澧《东塾读书记》卷二十一，即可明了。伊川若不通文字训诂，戴震何以要读他著的《易传》？朱子《论语训蒙口义序》谓："本之注疏以通其训诂，参之释文以正其音读。然后会之于诸老先生之说，以发其精微。"《论语要义自录序》谓："其文义名物之详，当求之注疏。"《与吕伯恭书》谓："不读《说文》，训诂易谬。"《答黄直卿书》谓："近日看得后生，且是教他依本字认训诂文义分明为急。"清潘衍桐特命诂经精舍诸生，辑《朱子论语集注训诂考》二卷，详考朱子训释之所自出，以明其言皆有根据。例如《论语集注》对开始"学而时习之"一句的解释是"学之为言效也"，出于《尚书大传》及《广雅·释诂》；"习，鸟数飞也"，出于《说文》。他在注释中用字的精审，常为浅陋者的了解所不及，因而妄生议论。我不能说他们的训诂完全没有问题，但敢断言，到现在为止，比后出的这类著作反而问题较少。他在四书注方面所出的问题，不在训诂上，而系在思想上。因为他未留心到三纲五常，

---

① 《程氏遗书》第二十二上《伊川先生语》八。

及理气关系等思想性的问题，为先秦儒家所未有，而系通过两汉才渐渐形成的。他在重要的注释中，常意识地或非意识地把本为孔、孟所无的观念用上去了，这便成为他的累赘。后人，尤其是现在的若干人，若稍稍了解一点朱元晦对四书所下的工夫的深密，经过程序的谨严，则对自己的信口雌黄，应感到惭愧。清代汉学家以全力推翻朱元晦对"一以贯之"的"贯"字的解释，经过我的考查，是王念孙、阮元们在训诂上出了问题，而不是朱元晦在训诂上出了问题。朱元晦的问题，还是在思想的格套上。[①] 一般人以为陆象山说"六经皆我注脚"，便以为他对古典的了解最不可靠。但他说"文才上二字一句，便要有出处"（《语录》）。而他读书"只看古注"，则所谓出处者正指古注的训诂而言。他未专作注解古典的工作，但在他的言论中若引用古典而加以解释时，无不精确不移。[②] 他的学生袁燮，有《絜斋毛诗经筵讲义》四卷，主要是向皇帝敷陈大义的，但其中涉及文字训诂者，无不精审有据，远在阮元辈之上。但他们只以此为起步的初学之事，为学的重点不在此，故不似清代汉学家，在此等处故作张皇。总的看来，宋人对古典的注释、了解，实承汉、唐经师之业，而有所发挥澄汰，这是随学术的进步而来的进步。清代汉学家则存心走回头路，所以他们在学问上不求了解宋学，也不能了解宋学，便可放肆而随意排斥了。

---

① 我曾写《〈论语〉"一以贯之"语义的商讨》一文，从训诂上作了详尽的讨论。此文收在三版的《中国思想史论集》里面。

② 请参阅拙文《象山学述》，收在《中国思想史论集》中。

五、对宋学及清代汉学作"近代的"再评价

这里我想站在"近代的"立场，对宋学及清代汉学作一简单的再评价。我这里用"近代的"一词，是代替梁启超所用的"科学的"一词的。

梁启超在他的《清代学术概论》中，以清代汉学与欧洲文艺复兴相比附，在《中国近三百年学术史》中又谓："总之乾嘉间学者，实自成一种学风，和近世科学的研究法极相近，我们可以给他一个特别名称，叫做'科学的古典学派'。"[①] 梁氏这一说法，为胡适们所继承，对近数十年来有关人文方面的研究，发生了坏的影响。因为：

（一）在学术上由中世之性格进入到近代之性格，必须在研究态度与研究对象上有一大的转换，即是由古典的注释走向思想史的把握；由书本走向现实的自然、社会、人生。清代汉学家，完全把研究对象限定在古典注释的范围之内，他们不是从思想史的角度去把握古典，乃是把古典当作压伏他人的偶像。而这种偶像的形成，并非他们在古典上真正得到了什么有价值的启发，仅出于争名好胜之心。在他们的研究中，完全与现实的自然、社会、人生绝缘。他们所研究的历算，也限定在书本上的历算。可以说，他们把中国学术进到近代之路隔断了。宋代理学家也不曾以思想史的角度去研究古典。但由"实践"的观念，把古典上的道理，落实到现实的人生、社会、政治，以现实的人生、社会、政治，考验古典的内容。且"涵养须用敬，为学则在致知"，这是程、朱

---

① 梁著《中国近三百年学术史》，"三、清代学术变迁与政治的影响（中）"页二二。

治学的大方向。在这一方向中，人格与知识相资并进，而何尝有混淆牵拘之弊。因致知而强调"格物"的观念，把研究的对象由书本上转到自然，面对自然作观察、作思考，虽然因时代的限制，他们所得的结论还很幼稚，但这种努力的性格是"近代的"，是可以接上近代的科学的。伊川说："致知在格物，格，至也。穷理而至于物，则物理穷。"[1] 意思是说穷究物理，而能达到恰如物自身所具备的，则物理才算完全为我们所把握了。他说：[2]

> 极为天地中是也。然论地中尽有说。据测景，以三万里为中，若有穷。然有至一边，已及一万五千里，而天地之运，盖如初也。然则中者亦时中耳。地形有高下，无适而不为中，故其中不可定下。
>
> 天地之中，理必相直，则四边当有空阙处，如何地下定无天？今所谓地者，特于天中一物耳。如云气之聚，以其久而不散也。

上面这种大胆的假定，怎能否定他没有近代的意义？即陆象山也说："若夫天文、地理，象数之精微，非有绝识，加以积学，未易言也。"[3] 而他的学生傅子云在祭文中说他是"莫大于历，夜观星象；莫神于《易》，昼索蓍卦。考礼问乐，远稽古制。曾不毕考，

---

① 《程氏遗书》第二上《二先生语》二上。
② 下引二条，皆见《程氏遗书》第二上《二先生语》二上。其中有记明明道或正叔（伊川）的，有未记明的。此二条似出于伊川。
③ 《象山全集》卷十五《与陶赞仲》。

今则坠矣"①。"曾不毕究"，是因为他五十四岁便死了，能说他不重视这方面的知识吗？只有到了朱元晦，把读书的意义提得太重，因而把伊川向自然界格物的意义反而减轻了，此观于他编的《近思录》卷三而可见。但朱本人对天象历算之学，还是面对当时的问题，不断地研究讨论。而他对自然现象观察之广且深，亦远非乾嘉学者所能及，至对当时政治的宏识伟论，只有西汉特指出的儒者才勉强可以相比。乾嘉学者在这一方面，太抱惭无地了。此由《朱子语类》的开始三卷而可以证明。梁氏的话，把事实完全说颠倒了。

（二）正如龚自珍所说，实事求是，乃各代学者所同，既非汉儒所得而专，亦非清代汉学家所得而专。而关涉到文字训诂上面时，汉、宋儒的态度并无二致。清代汉学家最大的缺点之一，即在文字训诂上，亦完全没有历史意识，既不能客观地了解宋儒在文字训诂上所下的工夫，更不了解宋儒由文字训诂前进一步去追求大义的工夫，尤其不了解对古典内容的发现，必受有各时代的要求与风气的影响，而重点各有不同，所以各民族的古典，都有各时代的解释，如何可固定于汉儒，而于汉儒中又固定于许、郑两家，对晋、唐、宋一律加以抹煞呢？难怪如上面所述，连他们自己也不能坚持立场。唐元行冲在《释疑》中引王邵《史论》的一段话，用在清代汉学家身上，十分恰当。王邵说："……惟草野生以专经自许，不能究览异义，择从其善。徒欲父康成、兄子慎（服虔），宁道孔圣误，讳闻郑、服非。然于郑服甚愦愦，郑服之外皆雠也。"梁氏特许清代汉学为"科学的"，我不了解梁氏对"科

---

① 《象山全集》卷三十六《年谱》后所附录。

学"作何界定？若以存疑、重证便是科学的，何以见得晋、唐、宋诸儒这一方面的工作便不是"科学的"？研究古典而完全缺乏历史意识，以时代先（汉）后（宋）作价值判断的标准，更缺乏批判精神。对与自己兴趣不合的，便作无了解的攻击，这是最不科学的态度、方法。梁氏由自由联想而来的比附，实犯了治学上的大忌。

（三）最重要的是，清代汉学家，正如龚自珍所指出，停顿在零碎饾饤的诂训、考据之上，以为即此而义理已明，决没有想到由归纳、抽象，以构成有条理、有系统的知识。而值得称为"思想"的，才是研究人文学科的到达点，他们对凡具有思想性的东西，必以"玄学"这类的名词加以抹煞。所以他们是一群缺乏思想性的学者，离近代的"知识"的要求，差得很远。严格地说，他们所做的，根本不能算是一种完整性的"学问"。这一点，焦循早指了出来。焦氏说：

> 国初经学，萌芽以渐而大备。近数十年来，江南千余里中，虽幼学鄙儒，无不知有许、郑者。所患习为虚声，不能深造而有得。盖古学未兴，道在存其学；古学大兴，道在求其通。前之弊患乎不学，后之学患乎不思。证之以实，而运之于虚，庶几学经之道也。乃近来为学之士，忽设一考据之名目，循去年在山东时，曾作札与孙渊如观察，反覆辨此名目之非。[1]

----

[1]《雕菰楼文集》卷十三《与刘端临教谕书》。

焦氏不承认文字考据算一门学问，虽稍偏了一点，但文字考据在学问中所占的分位，实在是有限的。焦氏的所谓"运之于虚"，实际乃是把由零碎饾饤所认知的材料，用抽象的方法，以构成思想的过程。自然科学研究，由观察而实验而演算，也是一种抽象的过程。而在人文方面，必须到达了思想的阶段，才够得上称为学问，因为人的特色之一，便在有思想，古典是由古代有思想的人所说所写的。梁氏把清代汉学家的零碎饾饤工作与科学相比附，一直到现在，国内有些学术机构，还是以反思想为科学。这是治人文学科方面的歧途。因为反思想，一个人的思考能力、客观态度及反省精神，便伸展不出来，所以凡是专以考据相标榜的人，多是非常主观、顽固，到死不肯认错的人。我们应该想到，由没有思想的人所作的考据工作，到底会得到什么样的结果呢？梁氏这种附会，所发生的弊害太大了。

然则清代汉学，为什么会发生这样大的影响呢？总结地说，也可举出三点：

第一，对当时的科举八股而言，如前所说，他们开辟了一种新的求知的天地，容易得到高的评价。

第二，这种学问，在行为上无拘束，在政治上无危险，而所要求的功力又不深，常可假多人之手，以成一己著作之功，故为达官巨宦所乐趋。中国社会风气，依然操纵在达官巨宦手上。

第三，作这类的学问，需要丰富的图书。在当时能收藏大量图书的，必是豪商地主。他们附庸风雅，以此接纳若干名士从事校勘或出版，以为名高，而许多名士，亦倚此为衣食之资，互相煽播，更助成此派的气焰。

受此派的影响，但突破所谓"汉学"的樊篱，扩大求知的活动，并逐渐赋予以思想性的，则系随清代专制之力已渐趋弛缓，士在某程度上可以面对政治社会问题而加以思考讨论的十九世纪的清代学术。但因受梁、胡们的影响，反被现代治中国文史的学人们所忽。即在现代大规模汇印的几种丛刊中，采录清代有思想性的著作，在比例上也特少，这是值得治清代学术史的人应重新加以考虑的。

一九五七年四月十五日《大陆杂志》五十四卷四期